정부청사

서울 / 대전 / 과천 / 세종

청원경찰

법학개론 단기완성

(경찰관직무집행법 포함)

청원경찰이란?

청원경찰이란 다음의 어느 하나에 해당하는 기관의 장 또는 시설 · 사업장 등의 경영자가 경비를 부담할 것을 조건으로 경찰의 배치를 신청하는 경우 그 기관 · 시설 또는 사업장 등의 경비를 담당하게 하기 위하여 배치하는 경찰을 말한다.

- 국가기관 또는 공공단체와 그 관리하에 있는 중요시설 또는 사업장
- 국내 주재 외국기관
- 그 밖에 행정안전부령으로 정하는 중요시설, 사업장 또는 장소

> - 선박, 항공기 등 수송시설
> - 금융 또는 보험을 업으로 하는 시설 또는 사업장
> - 언론, 통신, 방송 또는 인쇄를 업으로 하는 시설 또는 사업장
> - 학교 등 육영시설
> - 의료법에 따른 의료기관
> - 그 밖에 공공의 안녕질서유지, 국민경제를 위하여 고도의 경비가 필요한 중요시설, 사업체 또는 장소

청원경찰의 직무

청원경찰은 청원경찰의 배치결정을 받은 자와 배치된 기관 · 시설 또는 사업장 등의 구역을 관할하는 경찰서장의 감독을 받아 그 경비구역만의 경비를 목적으로 필요한 범위에서 경찰관직무집행법에 따른 경찰관의 직무를 수행한다.

정부청사 청원경찰의 응시자격

- 학력, 경력 및 거주지역 : 제한 없음
- 응시연령 : 18세 이상인자(2002.12.31. 이전 출생자)로서, 남자의 경우 군복무를 마쳤거나 면제된 자(청원경찰법 시행령 제3조)
- 다음 각 호의 신체조건을 갖춘 사람(청원경찰법 시행규칙 제4조)

> - 신체가 건강하고 팔다리가 완전할 것
> - 시력(교정시력을 포함한다)은 양쪽 눈이 각각 0.8 이상일 것

- 주간 · 야간 · 교대근무 및 임용 즉시 근무가 가능한 자
- 응시결격사유 등에 해당되지 않는 자

응시결격사유 등

국가공무원법 제33조(결격사유)

다음 각 호의 어느 하나에 해당하는 자는 공무원으로 임용될 수 없다.

1. 피성년후견인 또는 피한정후견인

2. 파산선고를 받고 복권되지 아니한 자

3. 금고 이상의 실형을 선고받고 그 집행이 종료되거나 집행을 받지 아니하기로 확정된 후 5년이 지나지 아니한 자

4. 금고 이상의 형을 선고받고 그 집행유예 기간이 끝난 날부터 2년이 지나지 아니한 자

5. 금고 이상의 형의 선고유예를 받은 경우에 그 선고유예 기간 중에 있는 자

6. 법원의 판결 또는 다른 법률에 따라 자격이 상실되거나 정지된 자

6의2. 공무원으로 재직기간 중 직무와 관련하여 「형법」 제355조 및 제356조에 규정된 죄를 범한 자로서 300만원 이상의 벌금형을 선고받고 그 형이 확정된 후 2년이 지나지 아니한 자

6의3. 「성폭력범죄의 처벌 등에 관한 특례법」 제2조에 규정된 죄를 범한 사람으로서 100만원 이상의 벌금형을 선고받고 그 형이 확정된 후 3년이 지나지 아니한 사람

6의4. 미성년자에 대한 다음 각 목의 어느 하나에 해당하는 죄를 저질러 파면·해임되거나 형 또는 치료감호를 선고받아 그 형 또는 치료감호가 확정된 사람(집행유예를 선고받은 후 그 집행유예기간이 경과한 사람을 포함한다)

    가. 「성폭력범죄의 처벌 등에 관한 특례법」 제2조에 따른 성폭력범죄

    나. 「아동·청소년의 성보호에 관한 법률」 제2조 제2호에 따른 아동·청소년대상 성범죄

7. 징계로 파면처분을 받은 때부터 5년이 지나지 아니한 자

8. 징계로 해임처분을 받은 때부터 3년이 지나지 아니한 자

청원경찰법 제10조의6(당연퇴직)

3. 나이가 60세가 되었을 때. 다만, 그 날이 1월부터 6월 사이에 있으면 6월 30일에, 7월부터 12월 사이에 있으면 12월 31일에 각각 당연 퇴직된다.

※ 기타 저소득층 구분모집 응시대상자 등은 정부청사 청원경찰 채용시험 공고문 참조

정부청사 청원경찰 공개경쟁 채용시험

선발예정인원 및 시험과목

선발예정인원 (총 188명)		시험과목	비 고
세종 (25명)	남 : 23명 남 : 저소득 1명 여 : 1명	① 제1차(필기시험) - 법학개론 - 민간경비론 ② 제2차(실기시험) ③ 제3차(면접시험)	※ 제2차 시험부터는 각 청사별로 진행되며, 응시원서 접수 시 선택한 선발기관에서 근무예정
대전 (53명)	남 : 45명 남 : 저소득 1명 여 : 7명		
서울 (61명)	남 : 55명 남 : 저소득 1명 여 : 5명		
과천 (49명)	남 : 42명 남 : 저소득 1명 여 : 6명		

※ 응시자는 응시원서에 표기된 응시지역(세종, 서울, 과천, 대전)에서만 시험(필기, 실기, 면접)에 응시할 수 있습니다.
※ 응시원서에 표기된 응시지역은 임용 시 근무예정지역과 동일하며, 응시지역은 복수로 선택할 수 없습니다.

전형절차

제1차 시험
선택형
필기시험

제2차 시험
실기시험
(체력검사)

제3차 시험
면접시험

※ 이전 시험 합격자에 한하여 다음 시험의 응시가 가능합니다.

2020년도 응시원서 접수기간 및 시험일정

구 분	접수 및 취소기간	시험장소 공고일	시험일	합격자 발표일	비고
제1차 시험 (필기시험)	▶ 접수 : 1.15.(수)~1.17.(금) ▶ 취소 : 1.15.(수)~1.20.(월)	3.13.(금)	3.21.(토)	3.27.(금)	
제2차 시험 (실기시험)	응시포기 의사가 없는 경우 모두 응시로 간주	4.3.(금)	4.11.(토)	4.24.(금)	–
제3차 시험 (면접시험)		5.1.(금)	5.9.(토)	5.15.(금)	

※ 시험일정 등은 기관 사정에 따라 변경될 수 있으며, 변경된 사항은 정부청사관리본부 홈페이지(www.chungsa.go.kr)에서 확인할 수 있습니다.

제1차 시험 : 필기시험

- 선택형 필기시험(4지 선다형)으로 시행합니다.
- 필기시험 합격자는 각 청사별 채용인원의 3배수 이내에서 고득점자 순으로 결정됩니다.
- 각 과목별 만점의 40% 이상 득점하지 못하면 불합격 처리됩니다.

대상	시험과목	시험과목	문항수	시험시간
청원경찰	제1과목	법학개론(경찰관직무집행법 포함)	20문항	40분
	제2과목	민간경비론(청원경찰법 · 경비업법 포함)	20문항	

※ 정부청사관리본부 청사보안기획과(044-200-1422) 확인사항

제2차 시험 : 실기시험(체력시험)

- 실기시험 합격자는 각 청사별 채용인원의 1.5배수 이내에서 고득점자 순으로 결정됩니다.
- 종목별 최저점(1점) 득점 종목이 2개 이상인 경우 불합격 처리됩니다.

대상	시험과목
청원경찰	100m 달리기, 1,000m 달리기, 윗몸일으키기, 좌우 악력, 팔굽혀펴기

※ 인사혁신처장이 고시한 금지약물을 복용하거나 금지방법을 사용하는 경우 불합격 처리되며, 향후 5년간 정부청사관리본부에서 주관하는 청원경찰 채용시험의 응시자격이 정지되고 명단이 공개될 수 있으며, 금지약물 복용여부 확인을 위해 검사를 실시할 수 있습니다.

시험성적 및 합격자 발표 등

- 시험성적 안내일정은 정부청사관리본부 홈페이지에 게시하며, 시험성적은 본인에 한하여 확인할 수 있습니다.
- 합격자 발표 등에 관한 사항은 정부청사관리본부 홈페이지를 통해 안내하며, 시험운영상 합격자 발표일 등은 변경될 수 있습니다.

유의사항

- 신분증을 지참하지 않은 경우, 모든 시험절차에서 응시가 불가합니다.
  ※ 인정되는 신분증 : 주민등록증, 주민등록 발급신청 확인서, 운전면허증, 주민번호가 인쇄된 장애인 등록증, 여권
- 시험에 있어 부정한 행위를 하거나 시험에 관한 증명서류에 허위사실을 기재하여 시험결과에 부당한 영향을 주는 행위를 한 자에 대해서는 당해 시험을 정지 또는 무효로 하거나 합격결정을 취소하고, 향후 5년간 정부청사에서 주관하는 청원경찰 임용시험에 응시자격이 정지됩니다.
- 최종합격자로 결정되더라도 공무원 채용 신체검사 규정에 의한 신체검사 결과 응시자격(신체조건)에 미달되거나, 불합격 판정을 받은 경우와 청원경찰법 제5조의 규정 등에 의하여 임용 승인(각 청사 소재지 경찰청장)이 되지 않을 경우 합격이 취소될 수 있습니다.
- 임용(채용)후보자 발표 후 각 청사별 결원 사정 등을 고려하여 성적순에 따라 순차적으로 임용될 수 있습니다.

2020 정부청사 청원경찰 단기완성 법학개론은!
고득점자순으로 합격자가 결정되는 정부청사 청원경찰 필기시험을 위한 맞춤형 수험서입니다.

STEP 1 **고득점을 위한 체계적인 핵심이론!**

- 방대한 법학개론(경찰관직무집행법 포함)의 내용을 체계적으로 수록!
- 최신 개정법령을 반영, 출제 가능성이 높은 테마별 핵심이론 구성!

CHAPTER

02 헌 법

1 **헌법 총설**

1 **헌법의 개념과 분류**

(1) 헌법의 의의 및 특성

국가의 통치조직과 작용, 국가기관 상호간의 관계 및 국가와 국민과의 관계에 관한 근본규칙을 정한 최고
법으로 정치성, 개방성, 이념성, 역사성, 최고규범성, 기본권보장 규범성, 수권적 조직규범성, 권력제한

❶ (3) 헌법의 이중성(양면성)

헌법은 한 나라의 권력관계를 나타내는 정치적 측면의 사실을 나타내는 **사실적 특성**을 가지기도 하고
국가생활, 정치생활에 있어야 할 모습을 제시하고 규율하는 **규범적 특성**을 가지고 있는데, 이를 **헌법의
이중성(양면성)**이라고 한다.

헌법은 한 나라의 권력관계를 나타내는 정치적 측면의 사실을 나타내는 **사실적 특성**을 가지기도 하고
국가생활, 정치생활에 있어야 할 모습을 제시하고 규율하는 **규범적 특성**을 가지고 있는데, 이를 **헌법의

❷ 헌법의 규범적 특성
- 최고규범성 : 헌법은 한 국가의 실정법 체계 속에서 최고의 단계에 위치하는 규범
- 수권적 조직규범성 : 헌법은 국가의 조직을 구성하고 그 권한을 부여하는 규범
- 권력제한 규범성 : 국가기관은 헌법에 의해 부여된 권한만을 행사할 수 있으며, 통치조직에 대한 규제가 일어남
- 기본권보장 규범성 : 헌법의 가장 기초적 이념은 국민의 기본권을 보장하는 것
- 생활규범성 : 헌법은 국민의 모든 생활영역을 대상으로 하여 국민의 생활 속에서 실현되고 발전되는 규범

❶ 단기간 반복학습을 위한
최적의 맞춤형 이론 수록

❷ 심화학습을 위한 핵심정리
& 법령박스

STEP 2 출제 가능성이 높은 적중예상문제 수록!

- 학습사항을 점검하고 실제 시험유형을 확인할 수 있는 적중예상문제 수록!
- 최신 청원경찰 채용시험의 출제경향을 반영, 각 출제 POINT별로 핵심만 엄선!

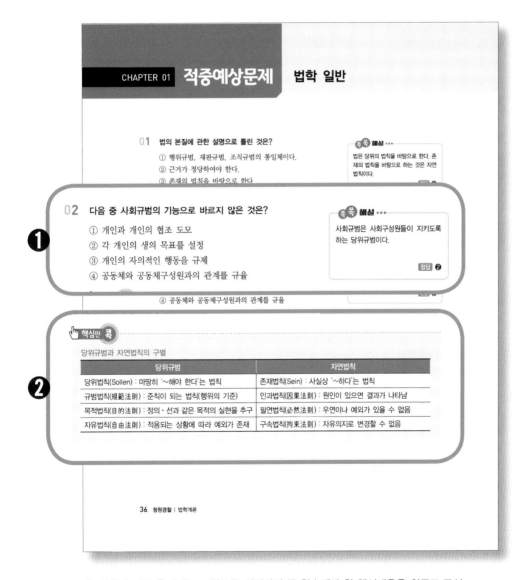

CHAPTER 01 **적중예상문제** 법학 일반

01 법의 본질에 관한 설명으로 틀린 것은?

① 행위규범, 재판규범, 조직규범의 통일체이다.
② 근거가 정당하여야 한다.
③ 존재의 법칙을 바탕으로 한다.

쏙쏙 해설 •••

법은 당위의 법칙을 바탕으로 한다. 존재의 법칙을 바탕으로 하는 것은 자연법칙이다.

❶ 02 다음 중 사회규범의 기능으로 바르지 않은 것은?

① 개인과 개인의 협조 도모
② 각 개인의 생의 목표를 설정
③ 개인의 자의적인 행동을 규제
④ 공동체와 공동체구성원과의 관계를 규율

쏙쏙 해설 •••

사회규범은 사회구성원들이 지키도록 하는 당위규범이다.

정답 ❷

④ 공동체와 공동체구성원과의 관계를 규율

❷ **핵심만 콕** ....

당위규범과 자연법칙의 구별

당위규범	자연법칙
당위법칙(Sollen) : 마땅히 '~해야 한다'는 법칙	존재법칙(Sein) : 사실상 '~하다'는 법칙
규범법칙(規範法則) : 준칙이 되는 법칙(행위의 기준)	인과법칙(因果法則) : 원인이 있으면 결과가 나타남
목적법칙(目的法則) : 정의·선과 같은 목적의 실현을 추구	필연법칙(必然法則) : 우연이나 예외가 있을 수 없음
자유법칙(自由法則) : 적용되는 상황에 따라 예외가 존재	구속법칙(拘束法則) : 자유의지로 변경할 수 없음

36 청원경찰 | 법학개론

❶ 시험에 자주 출제되는 포인트를 선별하여 꼭 학습해야 할 핵심내용을 위주로 구성
❷ 핵심이론을 다시 찾아보는 일이 없을 정도로 상세한 해설을 수록한 핵심만 콕 & 법령

CONTENTS
목 차

법학개론

경찰관직무집행법 포함

CHAPTER 01 법학 일반

1 법의 의의

1 법의 본질

(1) 법의 일반적 특징

① **사회규범(Social norm)** : 사회구성원이 지키도록 하는 당위규범이다. 즉, 사회질서를 유지하기 위하여 사회의 구성원이 준수하여야 할 행위의 준칙을 의미한다.

② **강제규범(Zwangs norm)** : 국가권력에 의하여 그 준수가 강제되는 규범이다. 이와 같은 점에서 법규범은 종교, 도덕, 관습 따위의 사회규범과 구별된다.

③ **문화규범(cultural norm)** : 정의를 구현하고자 하는 인간들의 문화 산물이다.

④ **당위규범(Sollen norm)** : 법은 사회구성원들이 지켜야 할 행위의 준칙을 정하는 당위규범으로서, 있는 그대로의 존재를 설명하는 자연법칙과는 구별된다.

[당위규범과 자연법칙의 비교]

당위규범	자연법칙
당위법칙(Sollen) : '~해야 한다'는 법칙	존재법칙(Sein) : '~하다'는 법칙
규범법칙(規範法則) : 준칙이 되는 법칙(행위의 기준)	인과법칙(因果法則) : 원인이 있으면 결과가 나타남
목적법칙(目的法則) : 정의·선과 같은 목적의 실현을 추구	필연법칙(必然法則) : 우연이나 예외가 있을 수 없음
자유법칙(自由法則) : 적용되는 상황에 따라 예외가 존재	구속법칙(拘束法則) : 자유의지로 변경할 수 없음

> **함무라비법전**
> 기원전 1700년경 고대 바빌로니아의 함무라비왕에 의해 제정된 성문법으로, '눈에는 눈, 이에는 이'라는 동해보복형(같은 피해에는 같은 방법으로 보복을 함)을 규정하고 있다.

법언(法諺)

법언은 실제 시험에 자주 나오는 부분이다. 법언은 법 분야의 속담이라고 생각하면 된다. 시험에서 자주 인용되기 때문에 반드시 의미를 연관 지어 알아두어야 한다.

1. 사회규범 : 사회가 있는 곳에 법이 있다.
2. 강제성 : 강제력이 없는 법은 타지 않는 불이요, 비치지 않는 등불이다.
3. 정의(正義) : 세상이 망하더라도 정의를 세우라 ★
4. 합목적성 ★
   1) 민중의 행복이 최고의 법률
   2) 국민이 원하는 것이 법이다.
5. 법적안정성 ★
   1) 정의의 극치는 부정의의 극치이다.
   2) 무질서한 것보다 오히려 불평등한 것이 낫다.
   3) 악법도 법이다.
6. 법과 도덕과의 관계 : 도덕은 법의 최대한이고, 법은 도덕의 최소한이다. ★
7. 법치주의 : 국왕도 법 아래에 있다.
8. 권리의 절대성 : 자기 권리를 행사하는 자는 어느 누구도 해하지 않는다.

(2) 법의 3중 구조(법규범의 종류)

① 행위규범 : 법은 관습이나 도덕규범과 같이 인간의 행위를 규율한다. 여기에서 말하는 규범은 어떠한 행위를 행하도록 명하거나 어떠한 행위를 하지 말도록 **금지하는 관계를 규정하는 규범으로 사회규범**의 전형적인 형태이다.

② 조직규범 : 공동사회를 운영하기 위하여 필요한 조직체의 구성과 운영에 관한 규범이다. 즉, 조직규범은 행위규범과 재판규범을 통합하며 그 존립의 기초와 작용방식을 부여하는 조직원리에 관한 규범으로 헌법, 국회법, 법원조직법, 정부조직법 등이 이에 속한다. 이 조직규범은 일반국민에 대한 행위의무를 명하지 않으며, 그 직접의 **수범자는 국가기관의 구성자**이다.

③ 강제규범(=재판규범) : 행위규범이 정하고 있는 명령 또는 금지에 위반하는 경우에는 **강제력(형벌, 강제집행)이 발동**된다. 이때 강제력의 발동은 재판을 통해서 하게 되므로 이를 재판규범이라고 한다. 이와 같이 법규범의 강제규범성은 법의 본질적 요소 중의 하나이며 예링(Jhering)은 "강제를 수반하지 않는 법은 타지 않는 불, 비치지 않는 등불이나 마찬가지로 그 자체가 모순"이라고 하였다. 그러므로 법규범은 행위규범에 강제규범을 결합시킨 중층구조를 형성하고 있다는 것이 통설이다.

(3) 법과 사회규범

① 법과 도덕

㉠ 법과 도덕의 관계

- **내용적 측면** : 법과 도덕은 내용면에서 많은 부분이 중첩하는 관계로서 공공의 질서, 선량한 풍속, 신의성실의 원칙 등은 법과 도덕에 **모두 준용**되며, 효력면에서는 **상호보완관계**이다. 즉 법은 강제를 수단으로 도덕의 내용을 실현하며 도덕은 법의 효력을 뒷받침한다.
- **규범의 내용적 측면** : 규범의 내용면에서 볼 때 국가질서를 유지하는 데 최소한으로 필요한 도덕을 실효적으로 만들기 위한 것이 법이다. 따라서 도덕규범의 내용이 그대로 법의 내용이 될 수도 있고, 반대로 먼저 법적 의무로 규정되고 시간이 흐름에 따라 도덕규범으로 되는 경우도 있다.
- **규범의 효력적 측면** : 규범의 효력면에서도 법의 강제력이 도덕의 효력을 뒷받침하기도 하고, 반대로 도덕의 효력이 법의 효력을 뒷받침하는 경우가 있다. 법과 도덕은 항상 일치하는 것은 아니며 도덕의 영역은 법의 영역보다 넓다.

㉡ 법과 도덕에 관한 학자들의 견해

- **칸트(Kant)** : 내면성과 외면성이라는 내용적인 기준보다는 **합법성과 도덕성으로 구별**하여, 법은 동기의 여하와는 관계없이 **합법성**에 만족하고, 도덕은 의무감이 행위의 동기가 됨과 동시에 **도덕성**까지 요구한다고 하였다. ★
- **예링(Rudolf von Jhering)** : 법은 국가권력에 의한 강제성이 보장되어 있으나 도덕은 그렇지 않다면서, 법과 도덕의 구별이 매우 어렵다는 의미로 수많은 배들이 자주 난파했던 남미의 최남단 희망봉(Cape Horn)에 비유하였다. ★
- **옐리네크(Georg Jellinek)** : '**법은 도덕의 최소한이다**'라고 보고 도덕규범 중 꼭 지켜져야 할 적은 부분이 법으로서 **강제성**을 띠게 된다고 보았다. ★
- **라드브루흐(Radbruch)** : '법은 법이념에 봉사한다는 의미를 지니는 현실이다'라고 하였다. **법은 행위를 규율**하는 것이며 **도덕은 내심의 규범**이라고 보았다. 그러나 관심방향과 관련시켜, 법은 내면적인 것을 문제 삼을 때에도 외면적인 것에 관심방향이 기울어지고, 도덕은 외면적인 행위를 문제 삼을 때에도 내면적인 것에 관심방향이 기울어진다고 하면서 법과 도덕의 구별에 있어서 절충적인 입장을 취하였다. ★
- **슈몰러(Schmoller)** : "법은 도덕의 최대한이며 결코 최소한은 아니다"라고 하면서 도덕규범 중 꼭 필요하다고 인정되는 것은 법으로 정립하여 강제성을 띤다고 보았다. 즉, 도덕규범이 법으로 제정되어 도덕이 사회생활 전면에 확대 적용되는 것을 강조하였다. ★

ⓒ 법과 도덕의 비교(차이점)
- **법의 외면성, 도덕의 내면성** : **법은 사람의 외면에 나타난 행위만을 규율**할 뿐이고, 내심까지 간섭하지 않으나, **도덕은 내심(양심)만을 대상**으로 하고 있다. 그러나 최근의 입법례에 있어서는 법도 행위자의 외면적인 행위보다도 내면적인 동기, 고의, 과실, 선의, 악의 등에 대한 관심이 커지고 있으며, 반면에 도덕에 있어서도 외부에 행위로 나타나지 않는 내심에 대해서는 그리 높게 평가하지 않는 것이 일반적으로 받아들여지고 있다.
- **법의 강제가능성, 도덕의 강제불가능성** : **법에는 강제가 있으나 도덕에는 강제가 없다.** 즉, 사실에 있어서 법에 위반되는 행위가 있었을 때에는 강제(범죄에 대한 형벌, 불법행위에 대한 강제집행)가 따르는데 도덕의 명령에 위반했을 때에는 이러한 강제가 따르지 않는다.
- **법의 양면성과 도덕의 일면성(편면성)** : 법은 국가와 국민, 권리와 의무, 채권과 채무와 같이 대립되는 양면을 가진 사회사실을 규제하는 양면성을 가지고 있으나, 도덕은 권리는 없고 의무만 있다. 따라서 도덕이 다루는 것은 의무뿐이라는 전제에서 이를 도덕의 일면성(편면성)이라고 한다.
- **법의 타율성과 도덕의 자율성** : 법은 복종자에 대하여 밖에서 의무지우는 **타율성의 규범**이고, 도덕은 고유한 인격을 통한 자발적인 **자율성의 규범**이다.

[법과 도덕의 비교(차이점)]

구 성	법(法)	도덕(道德)
목 적	정의(Justice)의 실현	선(Good)의 실현
규율대상	평균인의 현실적 행위 · 결과	평균인의 내면적 의사 · 동기 · 양심
규율주체	국 가	자기 자신
준수근거	타율성	자율성
표현양식	법률 · 명령형식의 문자로 표시	표현양식이 다양함
특 징	외면성 : 인간의 외부적 행위 · 결과 중시	내면성 : 인간의 내면적 양심과 동기를 중시
	강제성 : 위반시 국가권력에 의해 처벌 받음	비강제성 : 도덕규범의 유지 · 제재에 강제가 없음
	양면성 : 권리에 대응하는 의무가 있음	일면성(편면성) : 의무에 대응하는 권리가 없음

② 법과 관습
일정한 행위가 특정한 지역의 다수인 사이에서 반복됨으로써 발생하는 사회규범이 관습이며, 관습의 규범력을 보장하는 것은 공공적 의견이자 사회적 통념이다.
ⓐ 법과 관습의 차이점 : 법은 인위적으로 만들어지는 반면 관습은 자연발생적 현상으로 생성된다. 관습은 비조직적인 사회의 규범(관행)이고 법은 공고한 조직적 사회인 국가의 규범으로 관습의 위반에 대해서는 사회의 비난에 그치지만, 법의 위반은 국가권력에 의한 강제가 규정되어 있다.
ⓑ 법과 관습과의 관계 : 관습법은 관습이 법규범화된 것이다(민법 제1조). 또 사실인 관습도 일정한 요건하에서는 법적 효력을 가진다(민법 제106조). ★

> **법원(민법 제1조)**
> 민사에 관하여 법률에 규정이 없으면 관습법에 의하고 관습법이 없으면 조리에 의한다.
>
> **사실인 관습**
> 법령 중의 선량한 풍속 기타 사회질서에 관계없는 규정과 다른 관습이 있는 경우에 당사자의 의사가 명확하지 아니한 때에는 그 관습에 의한다(민법 제106조). 다만 관습법이 법원으로서 법령과 같은 효력을 가질 수 있는 것과 달리 사실인 관습은 법령으로서의 효력이 없는 단순한 관행으로서 법률행위의 당사자의 의사를 보충함에 그친다는 것이 판례의 태도이다. 즉, 사실인 관습은 민법 제1조의 관습법에 해당하지 않는다. (대판 1983.6.14, 80다3231)

③ **법과 종교**

㉠ **공통점** : 종교는 관습·도덕과 함께 중요한 사회규범이라는 공통점을 갖는다.

㉡ **차이점** : 종교는 신앙의 요소를 가지고 절대적인 신에 의존하고 있다는 점과 사람의 사회생활의 기준으로서 사람의 내부적 의사를 규율하므로 의사중심의 외면성을 갖는다. 반면에 법은 행위중심의 외면성을 가지고 사회생활의 질서유지를 위한 규범으로 국가에 의해 강제된다는 점에서 차이가 있다.

(4) 자연법과 실정법

일반적으로 우리가 법이라고 말할 때에는 이른바 실정법을 뜻하는데, 실정법은 인간이 만든 경험적인 법이며 때와 장소에 따라 변하는 상대적인 규범이다. 한편 자연법론자들은 실정법의 배후에 자연법이 존재한다고 주장하면서 자연법이란 인간이 제정한 법이 아니라 때와 장소를 초월한 보편타당한 법이며 선험적인 규범이라고 하였다.

> **자연법과 실정법**
> 1. 자연법은 시대와 민족, 국가와 사회를 초월하여 보편타당하게 적용되는 객관적 질서로 부당한 실정법을 개정하는 기준이 된다. 자연법론자들은 법과 도덕의 구별을 부인한다. ★
> 2. 실정법론자들은 법과 도덕의 구별을 인정한다. ★

2 법의 목적(이념)

(1) 의의

① 법의 목적 : 인간이 법을 통해 실현하려고 하는 사회생활의 실천목표로, 법의 배후에서 법의 원동력이 되는 하나의 이념가치이며, 효력의 근거이고 법의 가치를 평가하는 척도이다. 이는 또한, 법이 존재하는 이유가 되기도 한다.

② 법의 목적에 관한 제 학설

㉠ 플라톤과 아리스토텔레스 : 정의를 원칙으로 한 도덕생활의 실천이다. ★

㉡ 루소 : 개인의 자유・평등의 확보 및 발전이다. ★

㉢ 칸트 : 도덕적 개인 인격의 확보이다. ★

㉣ 예링 : 법의 목적을 전체 법의 창조자로 그 중요성을 강조하면서, 법의 목적은 사회의 제 생활 조건의 확보라고 보았다. ★

㉤ 파운드 : 특정한 때와 장소에 있어서의 문화의 법적 공리이다.

㉥ 맹거, 레너 : 경제적 기본권의 확보와 실현이다.

㉦ 라드브루흐 : 법의 목적은 정의, 안정성, 합목적성의 3가지 기본가치의 추구라고 보았다. ★

(2) 정의(법의 추상적 목적)

정의(Justice)는 법이 추구하는 이념의 **출발점인 동시에 궁극적인 목적**이다. 정의는 인간이 사회생활을 하는 데 있어서 마땅히 지켜야 할 **생활규범**의 이념이자 평등한 사회관계를 내용으로 하여 인간관계의 조화를 이룩하는 **사회질서의 이념**으로 **법과 불가분의 관계**를 맺고 있다.

> **정의론(Theory of Justice)**
>
> **플라톤의 정의론**
>
> 정의란 공동생활에 있어서 각자의 계급에 합당한 덕을 다하는 것이라고 하였다.
>
> 1. 철인계급(통치자계급)의 덕 : 지혜
> 2. 무인계급(군인계급)의 덕 : 용기
> 3. 생산자계급(농민・노동자계급)의 덕 : 절제
>
> **아리스토텔레스의 정의론**
>
> 정의를 일반적 정의(광의)와 특수적 정의(협의)로 구분하였고, 특수적 정의는 아래와 같이 나누어진다.
>
> 1. 평균적 정의 : 개인은 동일한 가치를 가지고 평등하게 다루어져야 한다는 형식적・절대적 평등을 주장하는 산술적・교환적 정의 ★
> 2. 배분적 정의 : 개인 각자의 능력과 가치에 따라 적합하게 분배되어야 한다는 실질적・상대적 평등을 주장하는 상대적・비례적 정의

(3) 합목적성

① 합목적성의 개념 : "정의에 대한 지침과 구체적 방식에 대한 답을 제시하는 법의 이념이다"(Radbruch). **정의가 법의 내용을 일반화하는 데 반하여 합목적성은 법을 개별화하는 경향**이 있으며, 개인주의 · 단체주의, 사익과 공익의 대립 · 모순되는 가치관의 조절은 법의 합목적성을 통해서 가능하다. 따라서 법의 내용이 합목적성을 결여하게 되면 법으로서의 정당성을 상실하게 되므로 법의 정립에 있어서는 목적에 부합될 것이 요구된다. ★

② 라드브루흐의 합목적성의 유형(개인주의와 단체주의, 문화주의) ★

    ㉠ 개인주의 : 개인이 궁극적 가치의 기준이 되며, 국가나 단체는 개인의 자유와 행복이 최대한 보장되도록 노력해야 한다. 따라서 국가를 포함한 단체는 개인보다 하위의 가치에 서게 되며, 모든 개인이 평등하게 존중되도록 평균적 정의가 강조된다.

    ㉡ 단체주의(초개인주의) : 단체(예컨대 민족이나 국가)를 최고의 가치로 신봉하고, 개인은 단체의 부분으로 단체의 가치를 실현하는 범위 안에서 인정되고 존중된다. 단체주의는 단체를 유지 · 발전시키기 위하여 단체의 입장에서 개인들에게 비례적인 평등을 실현시키면서 배분적 정의에 중점을 두게 된다.

    ㉢ 문화주의(초인격주의) : 개인도 단체도 아닌 인간이 만든 문화 혹은 작품을 최고의 가치로 신봉하는 태도이다. 수천만의 노예의 목숨보다 피라미드가 위대하고, 불난 집에서 아이보다 라파엘의 그림을 먼저 꺼내야 한다는 견해이다. 개인과 국가는 이러한 문화를 창조해 나가는 범위 안에서만 부차적인 가치를 가진다고 본다.

③ 상대주의의 관용 : 진정한 상대주의의 의미는 "내 것이 소중하기 때문에 네 것도 소중하다"는 관용의 정신으로 법의 목적은 국가나 세계관에 따라 달라질 수 있다고 본다. 민주주의 국가에서는 상대주의적 세계관이 지배하기 때문에 어떤 목적 하나만이 절대적이라고 인정되지는 않는다.

(4) 법적 안정성

① 법적 안정성의 의의

법은 공동생활의 질서로서 여러 의견들을 종합한 단일의 법질서가 필요하므로 정의나 합목적성을 위하여 다음과 같은 몇 가지 사항이 요구된다.

    ㉠ 법의 내용이 명확해야 한다(성문법주의).

    ㉡ 법이 쉽게 변경되어서는 안 되며, 특히 입법자의 자의로부터 쉽게 영향을 받아서는 안 된다.

    ㉢ 법은 실제로 실행 가능한 것이어야 하며 높은 이상만 추구하여서는 안 된다.

    ㉣ 법은 민중의 의식, 즉 법의식에 합치되는 것이어야 한다.

② 법적 안정성의 필요성

    ㉠ 법의 제1차적 기능은 질서를 유지하고 분쟁이 발생한 경우에 평화를 회복하고 유지하는 데 있다. 법은 법 자체의 안정성과 사회질서의 안정성을 요구한다.

ⓛ 법적 안정성이 보장되어야 사회질서의 안정도 보장된다. 왜냐하면 법이란 행위규범인 동시에 재판규범의 기준으로서 법이 자주 변경된다면 국민이 행동의 지침을 잃게 되고 사회도 안정될 수 없기 때문이다.

ⓒ 법적 안정성의 구체적인 예 : 소멸시효(공소시효, 형의 소멸시효), 취득시효(소유권취득), 사법상의 점유보호, 선의취득 및 국제법에서의 현상유지이론 등 ★

법적 안정성과 관련된 법언(法言) ★
• 법은 함부로 변경되어서는 안 된다.
• 정의(법)의 극치는 부정의(불법)의 극치
• 권리 위에 잠자는 자는 보호받지 못한다.
• 부정의의 법도 무질서보다는 낫다.
• 악법(惡法)도 법(法)이다.

(5) 법 목적의 상관관계

① 정의는 법의 내용, 법적 안정성은 법질서 정립의 기능에 관한 법이념이다.

② 정의는 윤리적 가치, 합목적성은 공리적 가치와 결부되는 법이념이다.

③ 정의는 법의 내용을 일반화하고 합목적성은 그것을 개별화하는 경향이 있으며, 정의·합목적성은 이념적이고, 법적 안정성은 사실로부터의 실정성이 요구된다.

④ 법실증주의 시대에서는 법의 실증성과 안정성을 유지하기 위하여 정의나 합목적성이 소홀히 취급되었으며, 근대 자연법의 전성기에는 정의를 가장 중시하였다.

⑤ 정의만 강조하면 **"세상은 망하더라도 정의는 세우라"**고 하고, **"정의만이 통치의 기초이다"**라고 주장한다. 그러나 정의만을 강조하면 법적 안정성을 해치고, 안정성만 강조하면 정의를 망각하는 경우가 발생할 수 있다. ★

⑥ 합목적성을 강조하면 **"민중의 행복이 최고의 법률이다"**라고 하고, **"국민이 원하는 것이 법이다"**라고 주장하게 된다. ★

⑦ 법적 안정성을 강조하면 **"악법도 법이다"**라고 하고, **"정의(법)의 극치는 부정의(불법)의 극치"**라고 한다. ★

3 법의 효력

(1) 법의 실질적 효력

① 의의 : 법규범을 현실적으로 실현시키고 복종시킬 수 있는 힘으로, 일정한 사항을 요구하고 금지할 수 있는 법의 '**규범적 타당성**'과 법규범이 정한 대로 사회적 사실을 움직이는 힘인 '**사실적 실효성**'이 있어야 한다. 법은 행위규범과 강제규범의 중층구조로 이루어져 있는데 행위규범에 관계되는 문제가 법의 '타당성'이며, 강제규범에 관한 것이 법의 '실효성' 문제이다.

② 법의 타당성과 실효성의 관계
    ㉠ 법이 타당성은 있으나 실효성이 없는 경우 : 법은 사문화 될 가능성이 있다.
    ㉡ 법이 실효성이 있으나 타당성이 없는 경우 : 법은 악법(惡法)에 해당하므로 위헌법률심판 등을 통해서 그 법률의 형식적 효력을 제거해야 한다.

(2) 법의 형식적 효력(적용 범위)

① 의의 : 실정법이 적용되는 효력 범위·적용 범위를 말한다. 즉, 구체적 사실이 어떠한 시기, 어떤 장소, 어떠한 사람에 의하여 발생되었는가 하는 일정한 한계를 갖기 마련인데, 이러한 한정된 범위 안의 효력을 말한다.

② 법의 시간적 효력(법의 유효기간)
    ㉠ 법의 유효기간 : 법은 **시행일부터 폐지일까지** 그 효력을 갖는다. ★
    ㉡ 법의 시행 : 관습법은 성립과 동시에 효력을 가지나 제정법률은 특별한 규정이 없는 한 **공포한 날부터 20일을 경과함으로써 효력이 발생**된다(헌법 제53조 제7항).

> **법령 등 공포에 관한 법률**
> • 법령 등의 공포일 또는 공고일은 해당 법령 등을 게재한 관보 또는 신문이 발행된 날로 한다(제12조).
> • 대통령령, 총리령 및 부령은 특별한 규정이 없으면 공포한 날부터 20일이 경과함으로써 효력을 발생한다(제13조). ★
> • 국민의 권리 제한 또는 의무 부과와 직접 관련되는 법률, 대통령령, 총리령 및 부령은 긴급히 시행하여야 할 특별한 사유가 있는 경우를 제외하고는 공포일부터 적어도 30일이 경과한 날부터 시행되도록 하여야 한다(제13조의2). ★

    ㉢ 법의 폐지 : 법 시행기간이 종료되었거나, 특정 사항을 목적으로 제정된 때 그 목적사항의 소멸 또는 신법에서 명시규정으로 구법의 일부 또는 전부를 폐지한다고 한 때에는 그 구법의 일부 또는 전부가 폐지되는 것을 명시적 폐지라 하고, 동일 사항에 관하여 서로 모순·저촉되는 신법의 제정으로 구법이 당연히 폐지되는 것을 묵시적 폐지라 한다. ★

  ② 법률불소급의 원칙
   • 원칙 : 법의 효력은 **시행 후에 발생한 사항에 관해서만 적용되고 시행 이전에 발생한 사항에 대하여는 소급하여 적용하지 못한다는 원칙**을 말한다.

> **법률불소급 원칙의 예(헌법 제13조 제1항 · 제2항)**
> • 모든 국민은 행위시 법률에 의하여 범죄를 구성하지 아니하는 행위로 소추되지 아니한다.
> • 모든 국민은 소급입법에 의하여 참정권의 제한을 받거나 재산권을 박탈당하지 아니한다.

   • 예외 : 소급효의 인정이 정의 · 형평의 관념에 부합할 때에는 예외를 인정하며, 구법에 의해 생긴 기득권은 신법의 시행으로 변경되거나 소멸될 수 없다는 기득권 존중의 원칙이 있다. 이 원칙은 절대적인 것은 아니며 신법이 도리어 관계자에게 유리하거나 소급하여 적용함이 기득권을 침해하는 일이 되지 않거나 또는 침해한다 할지라도 소급시킬 공법상의 필요가 있을 때에는 불소급의 원칙이 배제된다.

> **법률불소급 원칙의 예외**
> 범죄 후 법률의 변경에 의하여 그 행위가 범죄를 구성하지 아니하거나 형이 구법보다 경한 때에는 신법에 의한다(형법 제1조 제2항). 즉, 범죄 후 법률이 변경이 피고인에게 유리한 경우에는 소급적용이 허용된다. ★

  ⑩ 경과법(經過法) : 법령의 제정 · 개폐가 있었을 때 구법시행시의 사항에는 구법을 그대로 적용하고 신법시행 후의 사항에 대하여는 신법이 적용되는 것이 원칙이나 어떤 사항이 구법 시행시 발생하여 신법시까지 진행되고 있을 경우, 구법 · 신법 중 어떤 것을 적용할 것인가에 대하여 그 법령의 부칙 또는 시행법령에 특별한 경과규정을 두는 것을 말한다.

③ 법의 장소적 효력
  ㉠ 속지주의(원칙) : 한 나라의 법은 원칙적으로 그 국가의 주권이 미치는 모든 영역인 영토 · 영해 및 영공의 전반에 걸쳐 그 효력이 미친다. 즉, 국가의 통치권은 그 나라의 영토 전반에 미치는 것이므로 통치권에 의하여 제정된 법도 그 영역 전반, 즉 내국인이건 외국인이건 국적을 불문하고 그 영역 내에 있는 사람 전체에 적용되는 것이다. 또한 자국의 선박, 항공기는 자국영토의 연장으로 보아 공해상은 물론 타국의 영역 내에서도 자국법이 적용된다(기국주의).
  ㉡ 속인주의(예외) : 외국에서의 행위라 해도 자국민의 행위에 대해서는 자국법을 적용한다는 것으로, 자국에 있는 외국의 대사관(재외공관) 등 치외법권 지역의 경우 속인주의가 예외적으로 적용된다.
  ㉢ 보호주의 : 외국에서의 범죄라도 자국 또는 자국민의 이익이 침해되는 경우에는 자국의 형법을 적용하는 주의이다(형법 제5조 · 제6조).
  ㉣ 세계주의 : 반인도적 범죄행위에 대하여는 세계적 공통의 연대성을 가지고 각국이 자국의 형법을 적용하는 주의이다(형법 제296조의2).

> **형법상 장소적 적용범위**
> * 속지주의(제2조) : 본법은 대한민국영역 내에서 죄를 범한 내국인과 외국인에게 적용한다.
> * 속인주의(제3조) : 본법은 대한민국영역 외에서 죄를 범한 내국인에게 적용한다.
> * 기국주의(제4조) : 본법은 대한민국영역 외에 있는 대한민국의 선박 또는 항공기 내에서 죄를 범한 외국인에게 적용한다.
> * 보호주의(제5조) : 본법은 대한민국영역 외에서 다음에 기재한 죄를 범한 외국인에게 적용한다.
>   1. 내란의 죄
>   2. 외환의 죄
>   3. 국기에 관한 죄
>   4. 통화에 관한 죄
>   5. 유가증권, 우표와 인지에 관한 죄
>   6. 문서에 관한 죄 중 공문서관련 죄
>   7. 인장에 관한 죄 중 공인 등의 위조, 부정사용
> * 보호주의(제6조) : 본법은 대한민국영역 외에서 대한민국 또는 대한민국국민에 대하여 전조에 기재한 이외의 죄를 범한 외국인에게 적용한다. 단, 행위자의 법률에 의하여 범죄를 구성하지 아니하거나 소추 또는 형의 집행을 면제할 경우에는 예외로 한다.
> * 세계주의 : 총칙에서는 규정이 없으나 각칙에서는 세계주의를 인정하고 있다(제296조의2)

④ 법의 대인적 효력

　㉠ 속지주의 : **국가의 영토를 기준**으로 하여 그 **영토 내에 거주**하는 사람은 내·외국인을 막론하고 모두 **그 나라의 법을 적용**받는다는 주의이다. 역사적으로 속인주의에서 속지주의로 변천해 왔으며 오늘날 국제사회에서 영토의 상호존중과 상호평등원칙이 적용되므로 **속지주의가 원칙**이며 **예외적으로 속인주의가 가미**된다. 속지주의의 예외로는 속인주의가 적용되는 경우(참정권, 청원권, 병역의무 등), 타국에 있는 외국인에게 자국법이 적용되는 경우(내란죄, 외환죄, 국기에 관한 죄, 통화, 유가증권·문서에 관한 죄, 우표·인지에 관한 죄 등), 외교상 특권, 대통령과 국회의원의 형사상 특권, 특별법에 의한 인적 효력의 제한(국가공무원법, 근로기준법) 등이 있다.

　㉡ 속인주의 : 대인고권에 의해 **자국의 국적을 가지는 한 그 소재지를 불문하고 자국법을 적용**하는 것이다. 즉, 외국에 사는 자국민에 대하여도 자국법이 적용된다고 하는 주의이다.

　㉢ 절충주의 : 국제사회에서는 영토를 상호존중하는 입장에서 속지주의가 원칙이고, 모순이나 문제점이 있을 경우 이를 해결·보충하기 위하여 속인주의를 가미한다.

2 법 원

1 법원의 개념

(1) 법원의 의의

① 법원(法源)이란 법의 연원으로 **법에 대한 인식수단 내지는 존재 형식**을 말하는데 **법의 존재 형식**으로서의 법원은 크게 **성문법과 불문법**으로 나뉜다.

   ㉠ 성문법(成文法) : 성문법(제정법)은 문서화된 법인 동시에 일정한 절차를 거쳐 일정한 형식으로 공포된 법으로서 법률·명령·조약·규칙·조례 등이 있다.

   ㉡ 불문법(不文法) : 불문법은 성문법 이외의 법으로 관습법, 판례법, 조리가 있다. 불문법은 문장으로 표현되지 않으며 일정한 법제정기관에 의한 소정의 절차를 거치지 않고 생긴다. 역사적으로 불문법에서 성문법으로 발전해 왔으며, 현대에서 성문법과 함께 중요한 법원이 되고 있다.

② 대부분의 **대륙법계**(독일·프랑스·스위스 등) 국가에서는 **성문법주의를 영미법계** 국가에서는 **불문법주의**를 취하지만 오늘날 영미법계에서는 보통법(Common Law)이라는 불문법의 불비(不備 : 모두 갖춰지지 않음)를 보충 또는 수정·보완하기 위해 성문법을 제정하기도 한다.

③ **우리나라에서는 성문법주의를 원칙**으로 하고 불문법은 성문법의 결함을 보충하는 데 적용하고 있다.

(2) 성문법과 불문법의 장단점

구 분	성문법	불문법
장 점	• 법의 존재와 의미를 명확히 할 수 있다. • 법적 안정성을 기할 수 있다. • 법의 내용을 객관적으로 알려 국민이 법적 문제에 예측가능성을 갖는다. • 입법기간이 짧다. • 발전적으로 사회제도를 개혁할 수 있다. • 외국법의 계수와 법체계의 통일이 쉽다.	• 사회의 구체적 현실에 잘 대처할 수 있다. • 법의 적용에 융통성이 있다. • 입법자의 횡포가 불가능하다. • 법현실이 유동적이다.
단 점	• 입법자의 횡포가 가능하다. • 문장의 불완전성으로 법해석의 문제가 발생한다. • 개정 절차가 필요하므로 사회변동에 능동적으로 대처하지 못하여 법현실이 비유동적이다. • 법이 고정화되기 쉽다.	• 법의 존재와 의미가 불명확하다. • 법의 내용을 객관화하기 곤란하며 법적 변동의 예측이 불가능하다. • 법적 안정성을 기하기 어렵다. • 법적 기능을 갖는 데 기간이 오래 걸린다. • 외국법의 계수와 법체계의 통일이 어렵다.

2 성문법

(1) 헌 법

① 헌법(憲法)은 국가의 이념이나 조직 및 작용, 국가기관 상호 간의 관계, 국가와 국민의 관계에 관한 기본원칙을 정한 국가 최고의 기본법이다.

② **국가의 최상위 규범**으로서 하위법인 법률·명령·규칙 등이 헌법에 위반될 경우 무효로 한다. 따라서 헌법은 그 나라의 법원 중에서 최상위에 위치하여 모든 하위법규의 근거·기준·한계가 되는 법이다.

(2) 법 률

① 법률(法律)이란 실질적 의미로는 넓게 법(Law, Recht)을 말하나, 형식적으로는 입법기관인 **국회의 의결**을 거쳐 대통령이 서명·공포하여 제정된 성문법을 말한다.

② **법률은 제1차적 법원**으로서 가장 중요한 것이다.

> **성문법의 주체 및 명령의 효력**
> • 성문법의 주체 : 헌법(국민), 법률(국회), 명령(행정부), 조례(지방의회), 규칙(지방자치단체의 장), 조약(다수의 국가)
> • 법률과 동일한 효력의 명령 : 대통령의 긴급명령 또는 긴급재정경제명령은 법률과 동일한 효력을 갖는다.

(3) 명 령

① 명령(命令)은 **국회의 의결을 거치지 않고** 법률에 따라 **행정기관**에 의하여 제정되는 **성문법규**를 말한다.

② 명령의 제정은 사회적 법치국가의 출현과 위기정부 내지 비상사태의 일반화 현상에서 필요성을 찾아볼 수 있다.

③ 명령은 **헌법에 근거**하여 제정권자를 기준으로 **대통령령·총리령·부령**으로 나눌 수 있고, 명령의 성질에 따라 **법규명령**과 **행정명령**으로 나뉘고, 법규명령은 다시 **위임명령**과 **집행명령**으로 나누어진다.

> **행정입법**
> ① 법규명령 : 법규명령이란 행정기관이 국민의 권리·의무에 관한 사항을 규정하는 것으로 대국민적 구속력을 가지는 법규적 명령을 말한다. 여기서 법규명령은 다시 위임명령과 집행명령으로 나누어진다.
> • 위임명령 : 위임명령은 법령의 내용을 보충하는 보충명령으로 법률 또는 상위명령에 의하여 위임받은 사항에 관하여 내리는 명령이다.
> • 집행명령 : 집행명령은 법률의 범위 내에서 법률의 실시에 관한 세부적·기술적 사항을 규율하기 위해 발하는 명령이다. 집행명령은 법률의 명시적 수권이 없더라도 발할 수 있으나 모법을 보충할 수 없고 국민의 새로운 권리·의무에 관한 사항을 규율할 수 없다는 점에서 위임명령과 차이가 있다.
> ② 행정명령 : 넓은 의미의 행정명령은 법규의 성질을 지닌 법규명령을 포괄하는 의미로 사용되나, 일반적으로는 법규의 성질을 지니지 않은 훈령·지시·명령 등 행정규칙의 의미로 사용된다.

(4) 조례와 규칙 ★

① **조례** : 지방자치단체는 법령의 범위 안에서 그 사무에 관하여 조례를 제정할 수 있다. 다만, 주민의 권리 제한 또는 의무 부과에 관한 사항이나 벌칙을 정할 때에는 법률의 위임이 있어야 한다(지방자치법 제22조).

② **규칙** : 지방자치단체의 장은 법령이나 조례가 위임한 범위에서 그 권한에 속하는 사무에 관하여 규칙을 제정할 수 있다(지방자치법 제23조).

③ **조례와 규칙의 입법한계** : 시·군 및 자치구의 조례나 규칙은 시·도의 조례나 규칙을 위반하여서는 아니 된다(지방자치법 제24조).

(5) 국제조약과 국제법규

① **법원성(法源性)**

㉠ 국제질서의 존중을 위하여 **국제조약과 국제법규**는 당연히 **국제법의 법원**이 되며, 한편 조약과 국제법규는 국내법과 마찬가지로 국민을 지배하므로 **국내법의 법원**도 된다고 할 것이다.

㉡ 우리나라 헌법은 "**헌법에 의하여 체결·공포된 조약과 일반적으로 승인된 국제법규는 국내법과 같은 효력을 가진다.**"고 규정하고 있다.

② **조 약**

그 명칭 여하를 불문하고 **문서에 의한 국가 간의 합의**를 조약(條約)이라 한다. **헌법에 의하여 체결·공포한 조약은 국내법과 같은 효력**을 가진다.

③ **일반적으로 승인된 국제법규**

국제사회의 일반적 보편적 규범으로서 세계의 대다수 국가가 승인하고 있는 것으로서 **국내법과 같은 효력**을 가진다.

(6) 성문법 상호간의 관계

① **상위법우선의 법칙**

한 국가의 실정법 질서는 '**헌법 → 법률 → 명령 → 조례 → 규칙**'이라는 단계적 구조를 이루고 있는데, 상위의 법규는 하위의 법규에 우월하며 **상위의 법규에 저촉되는 하위의 법규는 그 효력을 상실한다.**

② **특별법우선의 원칙**

동일한 사항에 대하여 규정이 상반되는 경우 특별법은 일반법에 우선하여 적용된다. 예를 들어 상법은 민법에 대한 특별법이므로 동일한 사항에 관하여 민법의 규정과 상법의 규정이 충돌할 때에는 상법이 우선하여 적용되는 것이다.

> **법의 적용순위의 예**
> 민법 및 민법의 특별법의 지위에 있는 상법의 적용은 상법 > 상사관습법 > 민법 > 민사관습법 > 조리의 순서로 적용된다.

③ 신법우선의 원칙

법령이 새로 제정되거나 개정된 경우에는 **신법은 구법에 우선**한다. 그러나 일반법과 특별법 사이에는 법규성립의 선·후가 아니라 **특별법우선의 원칙**에 따라 효력이 정해진다. 또한 **구법이 신법보다 유리한 때**에는 구법이 적용될 수 있다. ★

④ 법률불소급의 원칙

법적 안정성의 확보를 위하여 법규에는 **소급효가 없다는 원칙**이 인정되고 있다. 우리 헌법도 소급입법에 의한 **참정권의 제한** 또는 **재산권의 박탈**을 **금지**하고 있다(헌법 제13조 제2항)

3 불문법

(1) 관습법

① 관습법의 의의

관습법(慣習法)은 사회생활상 **일정한 사실**이 **장기간 반복**되어 그 생활권의 사람들을 구속할 수 있는 **규범으로 발전**된 경우 사회나 국가로부터 **법적 확신**을 획득하여 법적 가치를 가진 불문법으로서, 권력남용이나 독단적인 권력행사를 할 수 있다는 단점이 있고, '**사실인 관습**'과는 **구별**된다.

> **관습법과 사실인 관습**
> • 사실인 관습은 사회의 법적 확신의 뒷받침이 없는 단순한 사실로서의 관습을 말한다.
> • 사실인 관습은 민법상 임의규정에 우선하여 법률행위 해석의 기준이 되나, 관습법은 임의규정이라 할지라도 성문법규가 있는 사항에 관해서는 그 존재가 인정될 수 없다는 점에서 구별된다. ★

② 관습법의 성립요건 ★★

㉠ 어떠한 관행이 존재할 것

㉡ 그 관행이 **선량한 풍속**, 기타 **사회질서에 반하지 않을 것**

㉢ 그 관행을 **국민일반**이 **법규범으로서의 의식**을 가지고 지킬 것

> **관습형법**
> 법률이 없으면 범죄도 형벌도 없다는 죄형법정주의의 원칙상 관습형법은 금지된다. ★

③ 관습법의 효력 ★

    ㉠ 관습법은 **성문법을 보충하는 효력**이 있다(민법 제1조). 그러므로 성문법과 내용을 달리하는 관습법은 존재하지 못한다.

    ㉡ 관습법은 오직 법령의 규정에서 **명문으로 인정하는 경우**이거나 또는 **법령에 규정이 없는 사항**에 관하여서만 성립할 수 있다.

(2) 판례법

① 법원의 판결은 본래 어떤 구체적인 사건의 해결방법으로서의 의미만을 가질 뿐이나, 사실상 판례가 그 후의 재판을 구속할 때 그 판례는 법원이 되고 이를 판례법(判例法)이라 한다. 따라서 판례법은 **법적 안정성 및 예측가능성 확보에 불리**하다. ★

② 영미법계의 국가에서는 **선례기속의 원칙**이 확립되어 **판례법**이 **제1차적 법원**으로서 그 **구속력과 법규성**이 인정되고 있다. ★

③ **대륙법계 국가**는 **성문법주의**를 취하기 때문에 판례법은 구속력은 갖지 못하며 **제2차적 법원**으로서 법의 **보충적 기능**만을 담당한다. ★

④ **우리나라의 경우**에도 **성문법 중심의 대륙법계의 법체계**를 따르고 있어 **판례법의 구속력은 보장되지 않는다.** 그러나 「**법원조직법**」에서 상급법원의 판단은 해당 사건에서만 하급법원에 기속력을 지닌다고 규정(제8조)하는 한편, 대법원에서 종전의 판례를 변경하려면 대법관 전원의 3분의 2 이상의 합의가 있어야 한다고 엄격한 절차를 규정(제7조 제1항 제3호)하고 있어 하급법원은 상급법원의 판결에 기속된다. 따라서 **우리나라의 경우 판례는 사실상의 구속력을 지닌다**고 볼 수 있다.

(3) 조 리

① 조리(理)란 일반인의 **건전한 상식으로 판단할 수 있는 사물의 본질적 도리**로서 **경험법칙·사회통념·사회적 타당성·공서양속·신의성실·정의·형평의 원칙** 등을 총칭하는 것으로 법의 흠결시에 최후의 법원으로서 재판의 준거가 된다. ★

② 조리는 **법의 흠결시의 제3차적 법원**이 될 뿐 아니라, **법률행위의 해석의 기준**이 되기도 한다. ★

③ 우리 민법 제1조는 **성문법·관습법이 없을 때에는 조리에 의하여 재판**한다고 규정하여 조리의 **법원성**을 인정하고 있다.

> **법의 흠결**
> 법의 흠결이란 구체적 사건에 적용할 법이 없는 경우를 말하는데, 이러한 경우 형사사건에 있어서는 무죄판결을 할 수도 있지만(죄형법정주의), 민사재판에서는 적용할 법이 없다고 하여 재판을 거부할 수 없다(재판거절의 불허). 조리는 이와 같은 법의 흠결의 경우에 최후의 법원으로서 재판의 준거가 되는 것이다. ★

3 법의 구조(체계)와 분류

1 법의 체계

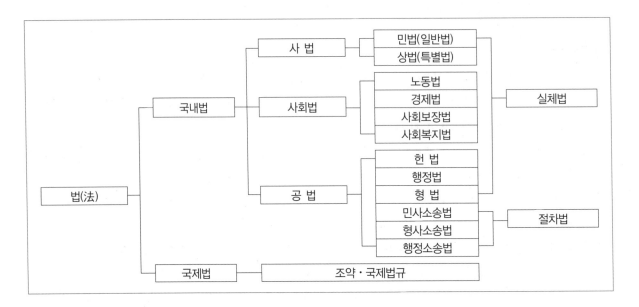

(1) 법체계

복수의 법규범에 의하여 형성된 체계를 법체계(法體系)라고 한다. 즉, 모든 법규칙들은 기준에 따라 정돈·분류하고 계통을 수립하여 논리적 통일성에 맞추어 체계를 세움으로써 구체적인 법률생활의 안전·신속·확실과 원활을 도모할 수 있다.

(2) 법질서

법규범이 통일된 하나의 체계를 이룰 때 이것을 법질서(法秩序)라고 한다. 동일한 법질서 안에 포함된 개개의 법규는 각기 독자적인 의미와 체계를 가지면서 통일적이고 복합적인 법질서의 일부를 구성한다. 그러나 법질서의 통일성도 입법의 시기·입안자의 차이 등에서 오는 우연이나 과오 때문에 파괴되기도 하고, 새로운 법분야가 나타남으로써 분열되기도 하는데 이러한 과정을 통하여 새로운 법질서가 확립된다.

(3) 법단계설(Kelsen)

법단계설(法段階說)에 의하면 법에 규범성을 주는 것은 상위의 법규범이고, 법 창설행위는 보다 상위법규범의 위임에 의해서만 가능하다고 하여 실정법의 체계는 헌법을 정점으로 피라미드형의 단계구조를 이룸으로써 전체로서의 통일성을 갖는다고 한다.

> **켈젠(Kelsen)의 법단계설**
> 켈젠은 법에는 상·하위 단계가 있다고 하여, 피라미드형의 단계구조를 헌법 > 법률 > 명령 > 규칙 등으로 하여 효력을 위임받는다 하였으며, 정점인 헌법은 "근본규범"이라는 가설적 최고규범을 내세워 정당화하였다.

(4) 국내법체계

① 국내법체계는 **국가를 단위**로 구성되는 모든 법체계를 말하며, 법체계는 국가의 사회·경제를 토대로 구축된다. 크게 **자본주의적 법체계**와 **공산주의적 법체계**의 대립이 있다.

② 국내법체계는 다시 **공법·사법·사회법의 3법체계**로 나누어진다. ★

③ 국내법체계와 대립하는 것이 **국제법체계**인데, 국제법은 주로 국가 간의 관계를 규율하는 법이나 국내법체계와 같이 통일성이 명확하지 못하다.

④ **국제사법** 또는 **섭외사법**은 **국내법의 일부**로서, 통설은 공법도 사법도 아닌 **제3의 법**으로 본다. ★

2 법의 분류

(1) 국내법과 국제법

① **국내법(國內法)** : 국가와 국민 또는 국민상호간의 권리·의무관계를 규율하는 국내사회의 법으로 한 나라의 주권이 미치는 범위 내에서 효력을 가진다. 공법, 사법, 사회법, 국제사법 등이 있다. ★

> **국제사법(國際私法)**
> • 국제적 법률관계에 적용될 사법을 지정하는 법칙, 즉 사법적 법률관계와 이에 적용될 사법법규를 연결 시키는 법칙이 국제사법이다.
> • 국제사법(개정 전 섭외사법)은 이러한 국제사법에 관한 우리나라의 실정법으로 국제민법과 국제상법이 모두 포함된다.

② **국제법(國際法)** : 국가 상호 간의 관계 또는 국제조직 등에 대하여 규율하는 국제사회의 법으로 다수국가들 사이에서 효력을 가지며, **헌법에 의해 체결·공포된 조약**과 **일반적으로 승인된 국제법규**는 **국내법과 동일한 효력**을 가진다. 조약, 국제관습법, 일반적으로 승인된 국제법규 등이 있다. ★

③ 국내법과 국제법의 관계

　　㉠ 일원론 : 법질서란 결국은 같은 것이고 단지 그 체계 구성에 두 가지 요소가 있을 뿐이라고 보는 견해로 국제법 우위론은 H. Kelsen, A. Verdross 등 빈 학파가 주장하였고, 국내법 우위론은 Philip Zorn, Max Wenzel 등 본 학파가 주장하였다. 우리나라 헌법 제6조는 양자의 동등성을 인정하고 있다.

　　㉡ 이원론 : 국제법과 국내법은 그 법적 타당근거, 법원, 적용 등이 본질적으로 다르기 때문에 각기 독립된 별개의 법체계라고 보는 것으로 H. Triepel, D. Anzliotti, L. Oppenheim 등이 주장하였다.

(2) 공법, 사법, 사회법

① 공법(公法)

　　공법과 사법의 구별은 대륙법계의 특징이다. 공법은 국가의 조직과 기능 및 공익작용을 규율하는 법으로 헌법, 행정법, 형법, 형사소송법, 민사소송법, 행정소송법, 국제법 등이 이에 해당된다.

② 사법(私法)

　　개인상호 간의 권리·의무관계를 규율하는 법으로 공법에 대응하며, 민법, 상법, 회사법, 어음법, 수표법 등이 있다.

[공법과 사법의 구별기준에 관한 학설]

이익설(목적설)	관계되는 법익에 따른 분류로 공익보호를 목적으로 하는 법을 공법, 사익보호를 목적으로 하는 법을 사법으로 본다.
주체설 (다수 판례)	법률관계의 주체에 따른 기준을 구하여 국가 또는 공공단체 상호 간, 국가·공공단체와 개인 간의 관계를 규율하는 것을 공법, 개인 상호 간의 관계를 규율하는 것을 사법으로 본다.
성질설 (법률관계설)	불평등관계(권력·수직관계)를 규율하는 것을 공법, 평등관계(비권력·대등·수평관계)를 규율하는 것을 사법으로 본다.
생활관계설	국민으로서의 생활관계를 규율하는 것을 공법, 인류로서의 생활관계를 규율하는 것을 사법으로 본다.
통치관계설	법이 통치권의 발동에 관한 것이냐 아니냐에 따라 국가통치권의 발동에 관한 법이 공법이고, 그렇지 않은 법이 사법이라 본다.
귀속설 (신주체설)	행정주체에 대해서만 권리·권한·의무를 부여하는 경우를 공법, 모든 권리주체에 권리·의무를 부여하는 것을 사법으로 본다.

공법(公法)과 사법(私法)의 우선순위
공법과 사법은 규율대상이 다르기 때문에 서로 충돌하지 않으므로 우선순위가 없다.

행정법(行政法)
국가의 조직과 기능 및 공익작용을 규율하는 법으로, 포괄적인 통일법전이 없이 다수의 관련 법률로 규정되어 있다.

③ 사회법(社會法)

    ⊙ 사회법은 **고도자본주의적인 법원리**로서 시민법적 법원리를 수정하려는 것으로 자본주의의 문제와 모순을 합리적으로 해결하여 **경제적 · 사회적 약자**를 **보호**할 목적으로, **비교적 근래에 등장한 법**이다.

    ⓒ 사법영역에 공법적 요소를 가미한 **제3의 법영역으로, 사법과 공법의 성격을 모두 갖는데 법의 사회화 · 사법의 공법화 경향**을 띤다. 노동법(⑩ 노동조합 및 노동관계조정법, 근로기준법 등), 경제법, 산업재해보상보험법, 연금법, 보험법, 사회보장법 등이 있다. 사회법은 근로자에게 **인간다운 생활을 보장**하기 위하여 출발하였고 사법 중에서 **고용계약법**을 수정하여 **노동법으로 발전**되었으며, 다시 **경제법**을 비롯하여 **사회보장법 · 사회복지법** 등이 나타나 **제3의 법영역**으로 형성되었다.

    ⓒ 사회법은 주로 **사법의 영역에 대한 국가의 개입**이라는 형태로 나타났으며, 사법에 있어서의 **평균적 정의의 원리**에 **배분적 정의**를 폭넓게 가미한 것을 뜻한다.

(3) 실체법과 절차법

① **실체법(實體法)** : 권리 · 의무의 실체, 즉 권리나 의무의 발생 · 변경 · 소멸 · 성질 · 내용 및 범위 등을 규율하는 법으로 헌법, 민법, 형법, 상법 등이 이에 해당한다.

② **절차법(節次法)** : 권리나 의무의 실질적 내용을 실현하는 절차, 즉 권리나 의무의 행사 · 보전 · 이행 · 강제 등을 규율하는 법으로 민사소송법, 민사집행법, 형사소송법, 행정소송법, 채무자 회생 및 파산에 관한 법률, 부동산등기법 등이 있다.

③ **실체법과 절차법과의 관계** : 실체법은 절차법을 통하여 그 목적을 달성할 수 있으므로 실체법이 목적인 데 대하여 절차법은 수단이라 할 수 있다. 또한 절차법을 형식법이라고도 하며, 다시 실체법을 주법(主法), 절차법을 조법(助法)이라고도 한다.

(4) 일반법과 특별법

① **일반법(一般法)** : 장소 · 사람 · 사물에 제한 없이 일반적으로 적용되는 법으로 헌법, 민법, 형법 등이 있다.

② **특별법(特別法)**

    특정한 장소 · 사람 · 사물에만 적용되는 법으로 상법, 군형법, 소년법, 국가공무원법, 조례, 규칙 등이 있으며 타 법에 대하여 우선하는 법칙이 있다(특별법 우선의 법칙).

③ **일반법과 특별법의 구별**

    적용되는 **법의 효력범위**가 일반적인가 또는 특수적인가에 의한 분류로서, 대체로 일반법은 그 효력범위가 넓고 특별법은 비교적 좁은 효력범위를 갖는다.

    ⊙ **사람을 표준으로** : 전국민에 대하여 효력이 미치는 법을 일반법이라 하고(민법 · 형법 등), 국민 중에서 어떤 특정된 직업이나 신분을 가진 사람에 한해서만 적용되는 법을 특별법이라 한다(군형법, 공무원법, 소년법 등). ⑩ 형법 – 군형법의 관계

ⓛ **장소를 표준으로** : 국토의 전반에 걸쳐 적용되는 법이 일반법이고(헌법, 법률, 명령 등) 국토 내의 한정된 일부 지역에만 적용되는 법이 특별법이다(도의 조례, 규칙 등). 예 지방자치법과 서울특별 시 행정특례에 관한 법률의 관계

ⓒ **사항을 표준으로** : 어떤 사항 전반에 걸쳐서 효력이 미치는 법이 일반법이고, 특정한 사항에 대해 서만 효력을 갖는 법이 특별법이다(예 민법에 대해 상법은 특별법의 지위를 갖는다). 구별하는 실익은 동일한 사항에 대하여 특별법이 일반법에 우선하여 적용되고 특별법에 규정이 없는 경우 에는 일반법의 규정이 보충적으로 적용되는 데 있다.

(5) 강행법과 임의법

① **강행법(强行法)** : 당사자의 의사와는 관계없이 절대적(강제적)·일반적으로 적용되는 법으로 헌법· 형법 등 공법의 대부분이 이에 해당한다.

② **임의법(任意法)** : 당사자의 의사에 따라 그 적용을 받기도 하고 안 받기도 하는 법이다. 즉, 당사자가 법의 규정과 다른 의사표시를 한 경우 그 법의 규정을 배제할 수 있는 법으로 민법·상법 등 대부분의 사법이 이에 해당된다.

③ **구별방법 및 실익**

법조문에 명백히 나타나 있지 않은 경우에는 법규의 각 조항의 규정이 주로 공익을 위한 것이면 강행법 규로, 사익을 위한 것이면 임의법규로 보는 것이 통설이다. 의사표시, 기타의 행위가 임의법규의 내용 과 상이한 때에는 유효하거나 또는 적어도 불법한 것이 되지 않는다. 그러나 강행법규에 반한 것인 경우에는 무효이거나 취소할 수 있고 또한 일정한 제재를 받게 된다.

(6) 고유법과 계수법(연혁에 따른 구별)

① **고유법(固有法)** : 그 국가 안에서의 국민생활에서 발생하고 발달해온 전통적인 고유의 법으로, 국가· 민족 고유의 사회적·역사적 흐름 속에서 자연적으로 생성된다.

② **계수법(繼受法)** : 외국의 법을 번역하여 자국의 법으로 만들거나, 이를 참고·기초하여 자국의 사회현 상을 고려하여 만든 법이다.

③ **고유법과 계수법의 구별**

외국에서 전래되었는지 여부에 따른 구분으로 상대적인 의미이다. 따라서 계수법도 오랜 시일을 경과 하여 국민생활 속에 소화·흡수되면 고유법으로서의 성질을 갖게 된다.

(7) 원칙법과 예외법(법의 효력 범위에 따른 구별)

   ① 원칙법(原則法) : 일정한 사항에 대해 일반적으로 적용되는 법이다.

   ② 예외법(例外法) : 일정한 사항에 대해 특별한 사정이 있는 경우에 원칙법의 적용을 배제한 예를 정한 법이다.

   ③ 양자의 구별실익 : 예외법은 엄격히 해석해야 한다는 해석원칙이 있어 예외규정을 함부로 확장하여 해석해서는 안 된다는 점에 있다.

> **원칙법과 예외법의 구별**
> "특수경비원은 국가중요시설의 경비를 위하여 무기를 사용하지 아니하고는 다른 수단이 없다고 인정되는 때에는 필요한 한도 안에서 무기를 사용할 수 있다. 다만, 다음 각 호의 1에 해당하는 때를 제외하고는 사람에게 위해를 끼쳐서는 아니 된다(경비업법 제14조 제8항)."에서 본문에서는 특수경비원 무기사용을 일반적으로 규정하고, 단서에서는 예외를 규정하였는데, 이 중에서 본문은 원칙법이고, 단서는 예외법이다.

(8) 행위법과 조직법

   ① 행위법(行爲法) : 사회생활에 있어서 사람의 행위 자체를 규율하는 법이다.

   ② 조직법(組織法) : 사람의 행위의 기초 또는 수단으로 될 조직·제도를 정하는 법이다.

(9) 실정법과 자연법(법의 개념에 따른 구별)

   ① 실정법(實定法) : 인간의 경험을 근거로 만든 법으로서 시간과 장소에 따라 변하는 상대적 개념이다.

   ② 자연법(自然法) : 인간이 제정한 법이 아니고 또한 시간과 장소에 따라 변하지 않는 보편타당한 선험적 규범이다.

> **법의 분류 기준 정리**
> • 성문법과 불문법 : 법의 존재형식, 법원(法源)
> • 국내법과 국제법 : 법의 제정주체와 법의 효력이 미치는 장소적 범위
> • 공법과 사법, 사회법 : 법이 규율하는 생활관계, 공법과 사법의 구별은 대륙법계의 특징 ★★
> • 일반법과 특별법 : 적용되는 법의 효력 범위
> • 실체법과 절차법 : 법이 규율하는 내용(권리·의무의 실체) 유무
> • 강행법과 임의법 : 강행성 유무, 당사자의 의사로 법의 적용을 배제할 수 있는지 여부
> • 고유법과 계수법 : 법의 연혁, 법 제정의 자생성 유무
> • 자연법과 실정법 : 실정성 여부, 보편타당성 여부, 시간과 장소의 초월 여부
>
> **한시법(限時法)**
> 일정한 기간에 한하여 효력이 있는 것으로 제정된 법률로, 그 시행기간이 경과하여 적용되지 않게 된 경우에는 명시적 폐지에 해당한다. 반면 동일한 사항에 대해 새로 제정된 법이 기존의 법과 저촉 또는 모순될 경우에는 신법 우선의 법칙에 의해 기존의 법이 묵시적으로 폐지된다.

4 법의 적용과 해석

1 법의 적용

(1) 의 의

어떠한 구체적 사건이 발생하였을 경우 실정법의 어느 규정이 그 사건에 적용될 것인지를 판단하는 과정을 법의 적용이라 한다.

(2) 법의 적용절차

먼저 소전제인 구체적 사실이 어떠한가를 확정하여야 하고(사실의 확정), 다음에는 그 확정된 구체적 사실에 적용될 법이 어떤 것인지를 찾아(법규의 검색), 그 법의 내용을 확정(법의 해석)하여야 한다.

> 구체적 사실의 확정(입증) → 법규의 검색 → 법의 해석

(3) 사실의 확정

사회생활에서 실제로 발생하는 무수한 사건에 대하여 법규를 적용하기 전에 **법적으로 가치 있는 사실만**을 확정하는 법적 인식작용으로, **객관적 증거에 의함**을 원칙으로 한다. 여기서 확정의 대상인 사실은 자연적으로 인식한 현상 자체가 아니라 법적 가치가 있는 사실로 한정된다.

① 입증(立證)

사실의 인정을 위하여 증거를 주장하는 것을 입증이라 하며, 이 입증책임(거증책임)은 그 사실의 존부를 주장하는 자가 부담한다. 그리고 사실을 주장하는 데 필요한 증거는, 첫째로 증거로 채택될 수 있는 자격, 즉 증거능력이 있어야 하고 둘째로 증거의 실질적 가치, 즉 증명력이 있어야 한다. 만일 이것이 용이하지 않을 경우를 위해 추정과 간주를 두고 있다.

② 추정(推定)

입증부담을 완화하기 위하여 입증이 용이하지 않은 **확정되지 않는 사실**(불명확한 사실)을 통상의 상태를 기준으로 하여 사실로 인정하고 이에 **상당한 법률효과**를 주는 것을 말한다. 그러나 추정은 입증을 기다리지 않고 사실을 가정하는 것이므로 추정된 사실과 **다른 반증**을 들어 추정의 효과를 뒤집을 수 있다.
예 2인 이상이 동일한 위난으로 사망한 경우에는 동시에 사망한 것으로 추정한다(민법 제30조).

> **추정에서의 반증**
> 추정된 사실과 다른 주장을 하는 자는 <u>반증을 들어 추정의 효과를 뒤집을 수 있다.</u> ★

③ 간주(看做)

불명확한 사실에 대하여 공익 또는 기타 법정책상의 이유로 사실의 진실성 여부와는 관계없이 확정된 사실로 확정하여 일정한 법률효과를 부여하고 **반증을 허용하지 않는 것**으로, **사실의 의제**(擬制)라고도 한다. **법문상 '∼(으)로 본다.'**라고 규정한 경우가 이에 해당한다. 간주는 따로 **취소의 절차**를 밟지 않는 한 반증만으로는 그 효과가 번복되지 않는다는 점이 추정과 다르다.

예 실종선고를 받은 자는 실종기간이 만료된 때 사망한 것으로 본다(민법 제28조). 만약 실종선고를 받은 자가 생존하고 있거나 기타의 반증 등이 있는 경우 법원의 판결로서 실종선고를 취소하여야 한다.

2 법의 해석

(1) 의 의

구체적이고 개별적인 사건이나 사실에 법을 적용하기 위하여 추상적·일반적으로 규정된 법규의 내용을 명확하게 하고, 그 참뜻을 밝히는 일을 말한다. 이러한 법해석의 목표는 법적 안정성을 저해하지 않는 범위 내에서 구체적 타당성을 찾는 데 있다.

해석의 목표
법해석의 목표는 법적 안정성을 저해하지 않는 범위 내에서 구체적 타당성을 찾는 데 두어야 한다. ★

(2) 법 해석의 본질

법의 규정은 추상적(불확정적) 개념으로 되어 있어 그 의미와 내용이 명확하지 않은 경우가 많고, 사회생활의 변천에 따라 법이 예견하지 못한 사실이 발생하기 때문에 법규의 단순한 문리적 의미뿐만 아니라 법 질서 전체의 정신에 따른 합리적 의미를 찾아내는 것이 법 해석의 본질적 문제이다.

(3) 법 해석의 방법

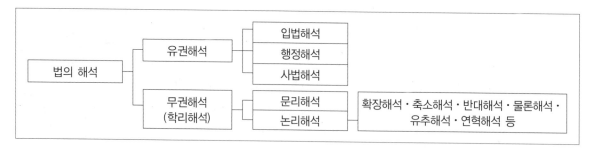

① 유권해석(有權解釋) : 권한을 가진 국가기관에 의하여 행하여지는 해석으로서 공적인 구속력을 가지는 공권적 해석을 말한다.

　㉠ 입법해석(立法解釋) : 입법기관이 입법권에 근거하여 일정한 법 규정이나 법 개념의 해석을 당시 법 규정으로 정해 놓은 것으로, **가장 구속력이 강한 법해석**이다.

　㉡ 사법해석(司法解釋) : 사법기관이 **재판을 하는 권한에 근거**하여 내리는 해석이다.

　㉢ 행정해석(行政解釋) : 행정기관이 법을 집행하기 위하여 필요한 경우 **법집행 권한에 근거**하여 내리는 해석이다.

② 무권해석(無權解釋) : 학리해석(學理解釋)이라고도 한다. 법학자나 일반 사인에 의한 학리적 해설을 말하며, 유권해석과 같은 구속력은 없으나, 유권해석에 상당한 영향을 미친다. 무권해석은 다시 문리해석과 논리해석으로 나누어진다.

　㉠ 문리해석(文理解釋) : **법문을 형성하는 용어, 문장을 기초**로 하여 그 문자가 가지는 의미에 따라서 **법규 전체의 의미를 해석**하는 것으로, 가장 우선적이고 기본적인 해석방법이다.

　㉡ 논리해석(論理解釋) : **법의 해석에 문자나 문구의 의미에 구애받지 않고** 법의 입법 취지 또는 법 전체의 유기적 관련, 법의 목적, 법 제정 시의 사회사정, 사회생활의 실태 등을 고려하여 논리적 추리에 의하여 **법의 객관적 의미를 밝히는 것**을 말한다.

[논리해석의 구분]

구 분	내 용
확장해석	• 법규의 자구(字句)의 의미를 그 입법취지에 비추어 보통의 일반적인 의미보다 넓게 해석 • 형법에 있어서는 유추 해석·확대해석 금지(죄형법정주의 원칙) ★
축소해석 (= 제한해석)	• 법률의 문언을 문리보다 좁게 엄격히 해석 • 형법 제250조에서 '사람'이라 함은 '법인'과 '자연인'이라도 '자기 자신'은 포함하지 않게 해석하는 것 ★
유추해석	• 두 개의 유사한 사실 중 법규에서 어느 하나의 사실에 관해서만 규정하고 있는 경우에 나머지 다른 사실에 대해서도 마찬가지의 효과를 인정하는 해석방법이다. • 형법은 개인의 권리와 자유에 대한 예외적인 규정이기 때문에 유추해석이 금지된다.

반대해석	• 법문이 규정하는 요건과 반대의 요건이 존재하는 경우에 그 반대의 요건에 대하여 법문과 반대의 법적 판단을 하는 해석 • 19세로 성년이 되므로(민법 제4조), 19세 미만인 자를 미성년자로 해석하는 것
물론해석	• 법문에 규정된 사항 이외의 사항도 물론 포함되는 것으로 하는 해석 ★ • '실내에 개를 데리고 들어갈 수 없다'는 규정은 개뿐만 아니라 고양이, 돼지 등의 다른 동물도 물론 데리고 들어갈 수 없다고 해석하는 것
보정해석	• 법문의 용어에 착오(錯誤)가 명백한 경우에 그 자구를 보정하여 해석 ★ • 입법자의 의사가 그릇되게 표현된 것이 명확할 때, 명백히 확정적인 학리에 반할 때, 사회적 수요에 반하는 것이 명백하고 확정적일 때에만 한함
연혁해석	• 법의 해석에 입법의 연혁, 법의 제안이유서나 입안자의 의견, 의사록(議事錄) 및 관계위원의 설명 등을 참작하여 그 진의를 찾아내는 해석
목적해석	• 법의 제정 목적을 고려하여 그에 합당하게 해석
비교해석	• 외국의 입법례(立法例)와 비교하여 해석

3 법의 제재

(1) 국내법상의 제재

① **헌법상의 제재** : 헌법 위반자에 대한 제재로 특별한 경우 탄핵을 규정하고 있으며 국회가 소추를 의결하고 헌법재판소가 심판한다.

② **행정법상의 제재** : 행정법규에 위반한 자에 대한 제재를 말한다.

    ㉠ **공무원** : 징계처분(파면, 해임, 강등, 정직, 감봉, 견책)

    ㉡ **일반국민** : **행정벌**{행정형벌, 행정질서벌(과태료)}, **행정강제**(대집행, 집행벌, 직접강제, 행정법 상의 강제징수 등)

③ **형법상의 제재** : 형벌법규에 위반한 자에 대한 제재로 생명형(사형), 자유형(징역, 금고, 구류), 명예형(자격상실, 자격정지), 재산형(벌금, 과료, 몰수)이 있다.

④ **사법상의 제재** : 민법・상법 등 사법의 규정에 위반한 자에 대하여 가하는 제재를 말한다.

(2) 국제법상의 제재

국제조약 등 국제법을 위반한 경우에 상대국에 대하여 경제단교・외교단절・무력제재・전쟁 등의 방법에 의하여 제재를 가하는 방법을 말하나, 국제사회는 조직적인 공권력이 확립되어 있지 않으므로 실질적인 효과를 기대하기가 어렵다.

5 권리와 의무

1 권리의 의의

(1) 권리의 개념

권리(權利)는 특별한 법익을 누리기 위하여 법이 허용하는 힘을 말하며, 법의 핵심개념이자 개인의 존엄과 가치의 표현이기도 하다. 권리는 권한(權限), 권능(權能), 권원(權原) 등과는 다른 개념으로 구분된다.

(2) 권리의 본질

① **의사설(意思說)** : 권리를 법에 의해 인정되는 의사의 힘, 의사의 자유 또는 의사의 지배로 보는 학설로 칸트, 헤겔, 사비니, 빈트샤이트에 의해 주장되었으나, 의사설에 따르면 태아 · 유아 · 정신병자는 권리를 갖지 못하게 되는 문제점이 있다.

② **이익설(利益說)** : 예링은 이익법학과 목적법학의 이론에 입각하여 이익이 권리의 본질이며 법에 의해 보호되는 이익이 권리의 본체라고 보았다. 그러나 이익이란 권리의 목적 또는 권리행사의 결과에 불과한 것이지 권리 그 자체는 아닌 것이다. 이익설에 따르면 반사적 이익(反射的利益)에 불과함에도 권리로 인정되는 결함이 있다.

③ **권리법력설(權利法力說)** : 권리를 일정한 이익을 향유할 수 있도록 법에 의하여 권리주체에게 주어진 법률상의 힘이라 보는 학설로 메르켈, 레겔스베르거 등에 의해 주장되었으며 현재의 통설로 되어 있다.

④ **권리부인설(權利否認說)** : 권리란 사회적 기능에 불과하다는 설로 뒤기, 켈젠이 주장하였고, 사회연대주의(뒤기), 법적 의무의 반사적 이익(켈젠)을 권리로 보았다.

권리와 구별되는 개념

구 분	내 용
권한(權限)	본인 또는 권리자를 위하여 법률행위를 할 수 있는 법률상의 자격이다(예 이사의 대표권, 국무총리의 권한 등).
권능(權能)	권리에서 파생되는 개개의 법률상의 자격을 권능이라 한다(예 소유권자의 소유권에서 파생되는 사용권 · 수익권 · 처분권).
권력(權力)	일정한 개인 또는 집단이 공익을 달성할 목적으로 다른 개인 또는 집단을 강제 또는 지배하는 힘을 말한다(예 국가 공권력, 사법권력, 정치권력 등).
권원(權原)	어떤 법률적 또는 사실적 행위를 하는 것을 정당화시키는 법률상의 원인을 말한다(예 지상권, 대차권).

반사적 이익 (反射的 利益)	법이 일정한 사실을 금지하거나 명하고 있는 결과, 어떤 사람이 저절로 받게 되는 이익으로서 그 이익을 누리는 사람에게 법적인 힘이 부여된 것은 아니기 때문에 타인이 그 이익의 향유를 방해하더라도 그것의 보호를 청구하지 못한다(예 도로·공원 등 공물의 설치로 인한 공물이용자의 이익, 공중목욕탕 영업의 거래제한으로 인하여 이미 허가를 받은 업자의 사실상의 이익).

권리의 행사와 남용

구 분	내 용
권리의 행사	권리행사는 권리자의 임의에 맡기고 어떠한 강제도 따르지 않음이 원칙이다. 다만 일정한 기간 권리를 행사하지 않으면 소멸시효에 의해 권리 그 자체가 소멸하는 경우가 있다.
권리의 남용	권리의 행사는 법이 설정한 한계 내에서 해야 하며, 사회성에 반하는 경우에는 권리의 남용이 된다. • 신의성실의 원칙 : 권리의 행사와 의무의 이행은 신의에 좇아 성실히 하여야 한다(민법 제2조 제1항). → 신의성실원칙의 파생원칙 : 사정변경의 원칙, 실효의 원칙, 금반언의 원칙 • 권리남용금지의 원칙 : 민법 제2조 제2항은 '권리는 남용하지 못한다.'라고 규정하고 있다. '권리남용'이라 함은 외형적으로는 권리의 행사인 것처럼 보이나, 실질적으로는 신의성실의 원칙과 권리의 사회성에 반하여 정당한 권리행사로 인정될 수 없는 것을 말한다.

2 의무의 의의

(1) 의무의 개념

① 의무(義務)란 권리자의 권리에 대비되는 개념으로 자기의사 여하에도 불구하고 일정한 행위(작위 또는 부작위)를 강제당하는 법률상의 구속을 말한다.

② 의무에는 적극적으로 일정한 행위를 하여야 할 **작위의무**, 일정한 행위를 하지 아니하여야 할 **부작위의무**, 다른 사람이 하는 일정한 행위를 승인해야 할 **수인의무** 등이 있다.

(2) 의무의 본질

① **의사설(意思說)** : 법에 의하여 정하여진 의사의 구속력을 의무의 본질로 보는 설이다. 그러나 의사설에 의하면 의사무능력자가 의무를 지는 것을 설명할 수 없다.

② **책임설(責任說)** : 의무를 법률상의 책임이라고 하는 설이다. 그러나 책임은 의무 위반에 의하여 일정한 제재(형벌, 강제집행, 손해배상 등)를 받을 수 있는 바탕을 말하며 의무 자체와는 다르다는 점에서 난점이 있다(소멸시효완성 후의 채무는 의무는 있으나 책임은 없다).

③ **법적 구속력설** : 일정한 작위 또는 부작위를 하여야 할 법적 구속력을 말하며 현재의 통설이다.

3 권리·의무의 종류

(1) 권리의 종류

① 공권(公權)

공법관계에 의해서 발생하는 권리를 말하는 것으로 공법상의 권리라는 점에서 사권과 다르며, 국가적 공권과 개인적 공권으로 나눌 수 있다.

㉠ 국가적 공권 : **국가나 공공단체가** 법률 규정에 따라 **개인(국민)에 대하여 가지는 권리**를 말한다.

국가의 3권 기준	입법권·사법권·행정권
권리의 목적 기준	조직권·군정권·경찰권·재정권·형벌권 등
권리의 내용 기준	명령권·강제권·형성권 등

㉡ 개인적 공권 : **개인이** 공법관계에서 **국가 또는 공공단체에 대하여 가지는 권리**로서 인간의 존엄과 가치, 평등권, 자유권, 참정권, 청구권, 생존권, 수익권 등으로 분류한다.

㉢ 옐리네크(Georg Jellinek)의 개인적 공권(내용을 기준으로 분류)

자유권(自由權)	국가기관으로부터 개인의 자유를 침해당하지 않는 것을 내용으로 하는 소극적 권리이다.
수익권(受益權)	국가의 일정한 봉사(급부)를 적극적으로 요구하는 권리이다.
참정권(參政權)	개인이 국가정치에 직·간접적으로 참여하는 권리이다.

② 사권(私權)

사법상의 권리로서 개인 상호간에 인정되는 권리를 말하며, **공권에 대응되는 개념**이다. 다양한 사회적 생활이익을 다루기 때문에 사권도 여러 가지 기준에 의하여 분류될 수 있다.

㉠ 권리의 내용에 따른 분류

인격권(人格權)	권리자 자신을 객체로 하는 권리로 권리자와 분리할 수 없다(예 생명권, 신체권, 초상권, 자유권, 명예권 등).
가족권(家族權)	친족관계에서 발생하는 신분적 이익을 내용으로 하는 권리로 신분권(身分權)이라고도 한다(예 친권, 징계권, 부부 간의 동거청구권, 친족 간 부양청구권, 상속권 등).
재산권(財産權)	금전으로 평가될 수 있는 경제적 이익을 내용으로 하는 권리를 말한다(예 물권, 채권, 무체재산권, 위자료청구권 등).
사원권(社員權)	단체의 구성원이 그 구성원의 지위에서 단체에 대하여 갖는 권리이다(예 의결권, 업무집행감독권, 이익배당청구권 등).

CHAPTER 01

ⓛ 권리의 작용(효력)에 따른 분류

지배권(支配權)	권리의 객체를 직접·배타적으로 지배할 수 있는 권리를 말한다(예 물권, 무체재산권, 친권 등).
청구권(請求權)	타인에 대하여 일정한 급부 또는 행위(작위·부작위)를 적극적으로 요구하는 권리이다(예 채권, 부양청구권 등).
형성권(形成權)	권리자의 일방적인 의사표시에 의하여 일정한 법률관계를 발생·변경·소멸시키는 권리이다(예 취소권, 해제권, 추인권, 해지권 등).
항변권(抗辯權)	청구권의 행사에 대하여 급부를 거절할 수 있는 권리로, 타인의 공격을 막는 방어적 수단으로 사용되며 상대방에게 청구권이 있음을 부인하는 것이 아니라 그것을 전제하고, 다만 그 행사를 배척하는 권리를 말한다(예 보증인의 최고 및 검색의 항변권, 동시이행의 항변권 등).

ⓒ 권리의 대외적 효력범위에 따른 분류

절대권(絕對權)	모든 사람에 대하여 권리의 효력을 주장할 수 있는 '대세적' 권리를 말한다(예 인격권, 물권 등).
상대권(相對權)	특정인에게만 권리의 내용을 주장할 수 있는 '대인적' 권리이다(예 부양청구권, 채권 등).

ⓔ 권리의 독립성 여부에 따른 분류

종(從)된 권리	다른 권리의 효력을 담보하거나 증대하기 위하여 이에 종속되는 권리를 의미한다(예 원본에 대한 이자채권, 주채무에 대한 보증채권, 피담보채권에 대한 저당권·질권·유치권 등의 담보물권).
주(主)된 권리	종된 권리의 전제가 되는 권리를 말한다.

ⓜ 권리의 양도성 유무에 따른 분류

일신전속권 (一身專屬權)	권리의 주체와 긴밀한 관계에 있어 양도 또는 상속으로 타인에게 귀속될 수 없거나 혹은 그 주체만이 행사할 수 있는 권리로서 귀속상의 일신전속권(예 인격권, 초상권, 친권 등)과 행사상의 일신전속권(예 위자료청구권 등)으로 나뉜다.
비전속권 (非專屬權)	권리의 주체로부터 분리할 수 있는 권리로, 양도 또는 상속으로 타인에게 이전할 수 있다(예 재산권, 실용신안권, 물권, 채권, 법정지상권, 분묘기지권 등).

③ 사회권(社會權)

ⓐ 현대 사회의 복잡한 발전에 따라 전통적으로 개인 간의 관계라고 생각하던 분야에 국가가 적극 개입하게 됨에 따라 발생하게 된 권리로서 근로권·단결권·단체교섭권·단체행동권·모성 및 보건을 보호받을 권리·교육을 받을 권리·인간다운 생활을 할 권리를 말한다.

ⓛ 사회법은 **공법과 사법을 혼합한 성질**을 가지고 있으므로 사회법에 의해 인정되는 사회권도 공권과 사권을 혼합한 성질을 가진다. ★

(2) 의무의 종류

① **공의무(公義務)** : 공법에 의하여 의사를 구속받는 것으로서 **국가의 공의무**와 **사인(개인)의 공의무**로 나눌 수 있다.

　㉠ **국가 공의무** : 국가가 국민에 대하여 지는 의무(국민의 기본권을 보장하는 의무)

　㉡ **개인 공의무** : 국방의무, 납세의무, 근로의무, 교육의무 등

② **사의무(私義務)** : 당사자의 자유로운 의사표시에 의하여 생성되는 것이 원칙인 사법상의 법률관계에서 발생하는 의무를 말한다(채무와 같은 재산법상의 의무, 부양의무 등과 같은 가족법상의 의무 등).

③ **사회법(社會法)상의 의무** : 공법과 사법의 중간 영역인 사회법의 효과로 생겨나는 의무를 말하며 노동법상이나 사회보장법상의 여러 의무 등이 이에 해당한다(근로자의 노동3권을 보장해 주어야 할 사용자의 의무 등).

④ **작위(作爲) 의무와 부작위(不作爲) 의무** : 일정한 행위를 하여야 하는 의무가 작위 의무, 하지 말아야 할 의무가 부작위 의무이다.

　＊ **수인의무** : 타인의 일정한 행위를 승인해야 할 의무이다.

4　권리 · 의무의 주체와 객체

(1) 권리 · 의무의 주체

권리를 가지는 특정인을 권리의 주체라고 하며 의무를 부담하는 자를 의무의 주체라고 부른다. 자연인은 누구나 당연히 권리 · 의무의 주체가 되지만, 법인은 관청의 허가를 얻고 등기를 해야 비로소 권리 · 의무의 주체가 된다.

① **자연인(自然人)**

유기적인 생물학적 육체를 가진 인간으로 근대사회에서 자연인은 **생존하는 동안 모두 법 앞에 평등한 권리능력**을 가지며, **권리 · 의무의 주체인 지위**가 부여된다. 그러나 공권은 일정한 범위 내의 자에게만 인정되는 경우가 많다. ★

② **법인(法人)**

사람의 집단이나 재화의 합성체에 법률상의 인격이 부여되는 것을 법인이라 하며, 사람의 집단을 사단법인, 재화의 합성체를 재단법인이라 한다. 또 공법인과 사법인, 영리법인과 비영리법인 등으로 나눌 수 있다. **재단법인에는 비영리법인만 인정된다**(재단법인은 일정한 목적을 위해 출연된 재산을 바탕으로 설립된 법인으로, 재단법인은 사원이 없어 이익의 분배가 불가능하기 때문에 비영리법인이다). ★

CHAPTER 01

(2) 권리·의무의 객체

권리 또는 의무의 목적이 되는 것을 말하며, 유체물(유형적인 것)과 무체물(무형적인 것)로 나눌 수 있다.

① 유체물(有體物) : 유형적 존재를 가지고 공간의 일부를 차지하는 물건

    ㉠ 부동산과 동산 : 토지와 그 정착물이 부동산이며, 부동산 이외의 물건을 동산이라고 한다.

    ㉡ 특정물과 불특정물 : 물건의 개성이 명시되어 있어 다른 물건으로 바꿀 수 없는 것을 특정물(예 경마대회에서 1등을 한 말)이라 하고 종류와 수량만으로 정해져 있어 다른 물건으로 바꾸어 질 수도 있는 것이 불특정물이다(예 쌀 한 가마니).

    ㉢ 소비물과 불소비물 : 한번 사용하면 다시 같은 용도로 사용할 수 없는 물건을 소비물이라고 하고 건물과 같이 여러 번 같은 용도로 반복해서 사용할 수 있는 물건을 불소비물이라고 한다.

    ㉣ 주물과 종물 : 물건의 소유자가 그 물건의 효용에 지속적으로 이바지하기 위하여 자기 소유의 다른 물건을 부착했을 때 그 둘을 주물과 종물이라고 한다(예 시계와 시곗줄, 주유소와 주유기, 배와 노).

    ㉤ 융통물과 불융통물 : 사법상 거래의 목적으로 할 수 있는 물건을 융통물이라고 하고, 거래가 법률적으로 금지된 물건을 불융통물이라고 한다.

    ㉥ 원물과 과실 : 수익을 낳게 하는 물건을 원물이라고 하고 원물로부터 생기는 수익을 과실이라고 한다(예 나무와 열매, 예금과 그 이자)

② 무체물(無體物) : 생명, 자유, 행위 또는 권리 등 무형의 것

5 권리·의무의 변동

(1) 권리·의무의 발생(권리의 취득)

① 원시취득(절대적 취득) ★

다른 사람의 권리에 근거하지 않고 사회적으로 존재하지 않던 것을 새로 취득하는 것이다(예 건물의 신축에 의한 소유권 취득, 취득시효, 선의취득, 무주물선점, 유실물 습득, 매장물 발견, 부합, 첨부, 매매 계약에 기한 채권의 취득 등

> **무주물선점(無主物先占)**
> • 소유자가 없는 동산(야생의 동물, 남이 버린 물건 등)을 남보다 먼저 점유하는 것을 말한다.
> • 민법 제252조는 무주(無主)의 동산을 소유의 의사로 점유한 자는 그 소유권을 취득한다고 규정함으로써 소유권의 원시적 취득원인으로 하고 있지만 무주의 부동산은 국유로 하므로 선점의 목적이 되지 않는다. ★

② **승계취득(상대적 취득)** ★

다른 사람의 권리에 근거하여 취득하는 권리로 권리의 주체만 달라지는 것이므로 권리의 상대적 발생이라고도 한다(예 상속 등). 이러한 승계취득은 **이전적 승계**와 **설정적 승계**로 나누어진다.

㉠ **이전적 승계(취득)** : 구권리자의 권리가 그 동일성을 그대로 유지하면서 신권리자에게 이전되는 것으로 이전적 승계는 다시 **특정적 승계**와 **포괄적 승계**로 나눠볼 수 있다.

특정적 승계(취득)	권리마다 별개의 취득원인으로 각각 승계하는 것(예 매매, 임대차, 증여, 사인증여, 교환에 의한 소유권 취득 등)
포괄적 승계(취득)	하나의 취득원인에 의하여 여러 권리를 포괄적으로 승계하는 것(예 상속, 포괄유증, 회사의 합병 등)

㉡ **설정적 승계(창설)** : 구권리자의 권리는 존속하면서 신권리자가 그 권리의 일부를 취득 즉, 타인의 권리가 소멸되지 아니하고 그대로 존속하면서 그 권능 중의 일부를 취득하는 것을 말한다(예 설정에 의한 지상권, 담보계약에 의한 저당권, 전세권 등의 제한물권을 설정하는 경우 또는 임차권을 설정하는 경우 등).

(2) 권리의 변경

권리 그 자체는 계속 유지되면서 내용·효과에 있어서 변경이 생기는 것이다.

① **내용의 변경** : 권리의 내용, 성질이나 수량이 변경되는 것

② **효과의 변경** : 동일한 물건에 대하여 여러 명의 채권자가 있을 때, 그 우선순위가 빨라지는 경우가 대표적인 예가 된다.

(3) 권리의 소멸(상실)

① **절대적 소멸** : 권리 자체가 사라져 버리는 것(채무이행에 의한 채권·채무의 소멸)

② **상대적 소멸** : 권리의 주체가 바뀐 것(매매, 증여 등에 따른 승계 등)

(4) 권리·의무의 변동 원인(법률요건)

① **용태(容態)** : 민법상의 개념으로서 사람의 의식이나 정신작용에 의한 법률사실을 뜻한다. 크게 외부적 용태와 내부적 용태로 나뉜다.

㉠ **외부적 용태(행위)** : 의사가 외부에 표현되는 용태로서 작위·부작위를 포함한다. 적법행위와 위법행위로 나누는데, 적법행위에는 의사표시와 준법률행위가 있다.

적법행위	의사표시	법률행위의 불가결의 요소로서, 일정한 법률효과의 발생을 의욕하는 효과의 표시이다.
	준법률행위	법률적 행위라고도 하며, 행위자의 의도와는 관계없이 법률의 규정에 의하여 일정한 효과가 부여되는 것을 말한다. 준법률행위에는 표현행위와 비표현행위가 있다. 표현행위에는 의사의 통지, 관념의 통지, 감정의 표시가 속하고, 비표현행위에는 순수사실행위, 혼합사실행위가 속한다. ★

위법행위	법질서에 위반되기 때문에 행위자에게 불이익한 효과를 발생케 하는 법률사실을 말한다. 채무불이행(민법 제390조 이하)과 불법행위(민법 제750조)가 있다.

ⓛ 내부적 용태(내심적 의식) : 내부적 의사 또는 관념을 말하며, 예외적인 경우에 한하여 일정한 법률효과가 부여된다. 관념적 용태와 의사적 용태가 있다.

관념적 용태	일정한 사실을 아느냐 모르느냐의 내심적인 사실(예 선의, 악의, 정당한 대리인이라는 신뢰)
의사적 용태	어느 사람이 일정한 의사를 가지느냐 안 가지느냐 하는 내심적인 사실(예 소유의 의사, 사무 관리에 있어 본인의 의사)

② 사건(事件) : 사람의 정신작용에 기하지 않은 법률사실(예 출생, 사망, 실종, 시간의 경과, 물건의 자연적 발생과 소멸, 부당이득)

6 권리의 충돌과 순위

(1) 물권 상호 간

① 소유권과 제한물권 간 : **제한물권**이 언제나 **소유권에 우선**한다. ★

② 제한물권 상호 간

㉠ 서로 종류를 달리하는 물권일 때 : 일정한 원칙이 없고, **법률의 규정**에 의하여 순위가 정하여진다.

ⓛ 같은 종류의 권리 상호 간 : **먼저 성립한 권리가 후에 성립한 권리에 우선**한다는 원칙이 지배한다. 즉, 동일한 물건 위에 앞의 물권과 동일한 내용을 갖는 물권은 그 후에 다시 성립할 수 없고, 그것이 인정된다 하더라도 앞의 물권의 내용인 지배를 해치지 않는 범위 내에서만 뒤의 물권이 성립할 수 있을 따름이다. ★

(2) 채권 상호 간

① **채권자 평등의 원칙**에 따라 동일채무자에 대한 여러 개의 채권은 그의 발생원인·발생시기의 선후·채권액의 다소를 묻지 않고서 평등하게 다루어진다. 즉, 채권은 성립의 선후에 따른 우선순위의 차이가 없고 **모든 채권자는 같은 순위**로 **변제**를 받는 것이 원칙이다. ★

② 채권자는 임의로 그의 채권을 실행할 수 있고, 먼저 채권을 행사한 자가 이익을 얻는다는 결과가 된다. 이것을 **선행주의**라고 한다.

(3) 물권과 채권 간

① 하나의 물건에 대하여 **물권과 채권이 병존하는 경우**에는 그 성립시기를 불문하고 원칙적으로 **물권이 우선**한다. ★

② 대항요건을 갖춘 **부동산의 임차권**은 나중에 성립한 **전세권에 우선**한다. ★

01 법의 본질에 관한 설명으로 틀린 것은?

① 행위규범, 재판규범, 조직규범의 통일체이다.
② 근거가 정당하여야 한다.
③ 존재의 법칙을 바탕으로 한다.
④ 사회의 공통선을 목적으로 하는 사회규범이다.

 쏙쏙 해설 •••

법은 당위의 법칙을 바탕으로 한다. 존재의 법칙을 바탕으로 하는 것은 자연법칙이다.

정답 ❸

02 다음 중 사회규범의 기능으로 바르지 않은 것은?

① 개인과 개인의 협조 도모
② 각 개인의 생의 목표를 설정
③ 개인의 자의적인 행동을 규제
④ 공동체와 공동체구성원과의 관계를 규율

 쏙쏙 해설 •••

사회규범은 사회구성원들이 지키도록 하는 당위규범이다.

정답 ❷

 핵심만 콕 •••

당위규범과 자연법칙의 구별

당위규범	자연법칙
당위법칙(Sollen) : 마땅히 '~해야 한다'는 법칙	존재법칙(Sein) : 사실상 '~하다'는 법칙
규범법칙(規範法則) : 준칙이 되는 법칙(행위의 기준)	인과법칙(因果法則) : 원인이 있으면 결과가 나타남
목적법칙(目的法則) : 정의·선과 같은 목적의 실현을 추구	필연법칙(必然法則) : 우연이나 예외가 있을 수 없음
자유법칙(自由法則) : 적용되는 상황에 따라 예외가 존재	구속법칙(拘束法則) : 자유의지로 변경할 수 없음

03 법과 관습에 관한 설명으로 옳지 않은 것은?

① 법은 인위적으로 만들어지는 반면, 관습은 자연발생적 현상으로 생성된다.

② 법은 국가 차원의 규범인 반면, 관습은 부분 사회의 관행이다.

③ 법위반의 경우에는 법적 제재가 가능한 반면, 관습 위반의 경우에는 사회적 비난을 받는데 그친다.

④ 법은 합목적성에 기초하는 반면, 관습은 당위성에 기초한다.

 쏙쏙 해설 •••

관습 또한 사회규범의 하나이므로 합목적성과 당위성에 기초한다. 법과 구별되는 관습의 특징으로는 자연발생적 현상, 반복적 관행, 사회적 비난 등이 있다. 법학개론을 공부할 때는 특히 상위개념과 하위개념, 비교개념 등을 떠올리면서 공부를 해야 함정에 빠지지 않고 정답을 골라낼 수 있다.

정답 ❹

CHAPTER 01

04 "눈에는 눈, 이에는 이"와 같이 동해보복형(同害報復刑)을 규정하고 있는 고대 바빌로니아의 법전은?

① 마누법전

② 함무라비법전

③ 마그나 카르타

④ 권리장전

 쏙쏙 해설 •••

함무라비법전은 기원전 1700년경 고대 바빌로니아의 함무라비왕에 의해 제정된 성문법으로 '눈에는 눈, 이에는 이'라는 말과 같이, 같은 피해에는 같은 방법으로 보복을 하는 동해보복의 특징을 가지고 있다.

정답 ❷

05 법과 도덕에 관한 설명으로 옳지 않은 것은?

① 법은 행위의 외면성을, 도덕은 행위의 내면성을 다룬다.

② 법은 강제성을, 도덕은 비강제성을 갖는다.

③ 법은 타율성을, 도덕은 자율성을 갖는다.

④ 권리 및 의무의 측면에서 법은 일면적이나, 도덕은 양면적이다.

쏙쏙 해설 •••

법은 권리에 대응하는 의무가 있는 반면(양면적), 도덕은 의무에 대응하는 권리가 없다(일면적).

정답 ❹

06 법과 도덕의 차이점에 관한 설명으로 옳지 않은 것은?

① 법은 강제성이 있지만 도덕은 강제성이 없다.
② 법은 타율성을 갖지만 도덕은 자율성을 갖는다.
③ 법은 내면성을 갖지만 도덕은 외면성을 갖는다.
④ 법은 양면성을 갖지만 도덕은 일면성을 갖는다.

 쏙쏙 해설 •••

법은 외면성을 갖지만 도덕은 내면성을 갖는다.

정답 ❸

 핵심만 콕

법과 도덕의 비교(차이점)★★

구 성	법(法)	도덕(道德)
목 적	정의(Justice)의 실현	선(Good)의 실현
규율대상	평균인의 현실적 행위·결과	평균인이 내면적 의사·동기·양심
규율주체	국 가	자기 자신
준수근거	타율성	자율성
표현양식	법률·명령형식의 문자로 표시	표현양식이 다양함
특 징	외면성 : 인간의 외부적 행위·결과 중시	내면성 : 인간의 내면적 양심과 동기를 중시
	강제성 : 위반시 국가권력에 의해 처벌 받음	비강제성 : 규범의 유지·제재에 강제가 없음
	양면성 : 의무에 대응하는 권리가 있음	일면성(편면성) : 의무에 대응하는 권리가 없음

07 법의 성격에 관한 다음 설명 중 타당하지 않은 것은?

① 자연법론자들은 법과 도덕은 그 고유한 영역을 가지고 있지만 도덕을 법의 상위개념으로 본다.
② 법은 타율성에, 도덕은 자율성에 그 실효성의 연원을 둔다.
③ 법은 인간행위에 대한 당위의 법칙이 아니라 필연의 법칙이다.
④ 법은 국가권력에 의하여 보장되는 사회규범의 하나이다.

 쏙쏙 해설 •••

법규범은 자유의지가 작용하는 자유법칙으로 당위의 법칙이다.

정답 ❸

08 법의 목적에 관한 설명 중 연결이 잘못된 것은?

① 칸트 – 인격의 완성
② 루소 – 국가이익의 추구
③ 예링 – 생활이익의 확보
④ 벤담 – 최대다수의 최대행복

 쏙쏙 해설 •••

루소는 개인의 이익이 국가적 이익보다 우선하며, 법의 목적은 개인의 자유와 평등의 확보 및 발전이라고 보았다.

정답 ❷

09 법과 도덕의 관계에 대한 설명으로 틀린 것은?

① 법은 인간의 외면적 행위를 주로 규율하고, 도덕은 인간의 내면적 의사를 주로 규율한다.
② 법은 권리·의무의 양 측면을 규율하고, 도덕은 의무적 측면만을 규율하므로 권리가 없거나 의무가 없는 법은 존재하지 않는다.
③ 법도 때에 따라서는 '선의' 또는 '악의'와 같은 인간의 내부적 의사를 중요시한다.
④ 법의 효력은 국가의 강제력에 의하여 보장되지만 도덕은 개인의 양심에 의해 구속받는다.

쏙쏙 해설 •••

권리와 의무의 관계에 있어서는 권리가 있으면 이에 대응하는 의무가 있는 것이 원칙이다. 그러나 권리와 의무는 언제나 서로 대응하여 존재하는 것은 아니다. 권리가 대응하지 않는 의무도 있고, 의무가 대응하지 않는 권리도 있다.

정답 ❷

10 법의 개념에 대한 견해와 학자가 바르게 연결된 것은?

① 법은 도덕의 '최대한'이다 – 슈몰러(Schmoller)
② 법은 법이념에 봉사한다는 의미를 지니는 현실이다 – 라렌츠(Larenz)
③ 법은 도덕의 '최소한'이다 – 라드부르흐(Radbruch)
④ 법은 사회적 조직체의 공동정신이다 – 키케로(Cicero)

 쏙쏙 해설 •••

법은 도덕의 '최대한'이라고 주장한 학자는 슈몰러(Schmoller)이다.★

정답 ❶

 핵심만 콕 ···

② 법은 법이념에 봉사한다는 의미를 지니는 현실이다 – 라드부르흐(Radbruch)★
③ 법은 도덕의 최소한이다 – 옐리네크(Jellinek)★
④ 법은 사회적 조직체의 공동정신이다 – 몽테스키외(Montesquieu)★

11 "부정의의 법도 무질서보다는 낫다."라는 표현에 가장 적합한 개념은?

① 정 의　　　　　② 합목적성
③ 법적 안정성　　④ 타당성

12 법의 이념 중에서 "법은 함부로 변경되어서는 안 된다."는 명제와 직접적으로 관련된 것은?

① 정 의　　　　　② 형평성
③ 합목적성　　　④ 법적 안정성

13 "악법도 법이다"라는 말이 강조하고 있는 법의 이념은?

① 법적 타당성　　② 법적 안정성
③ 법적 형평성　　④ 법적 효율성

14 아리스토텔레스의 정의론에 대한 설명으로 옳지 않은 것은?

① 정의를 인간의 선한 성품인 덕성이라는 관점에서 보았다.
② 정의에는 준법성을 지향하는 것과 균등을 원리로 하는 것의 두 가지가 있다고 보았다.
③ 광의의 정의는 법과 도덕이 미분화된 상태의 관념에 따른 것이다.
④ 광의의 정의는 평균적 정의와 배분적 정의로 나누어진다.

15 아리스토텔레스의 정의론에 관한 설명으로 옳은 것은?

① 정의는 일반적 정의와 특수적 정의로 나뉜다.
② 일반적 정의는 평균적 정의와 배분적 정의로 나뉜다.
③ 평균적 정의는 상대적·실질적 평등을 의미한다.
④ 배분적 정의는 절대적·형식적 평등을 의미한다.

쏙쏙 해설 •••

아리스토텔레스의 정의론에 따르면 정의는 일반적(광의) 정의와 특수적(협의) 정의로 나뉘며, 특수적 정의는 평균적(절대적·형식적 평등) 정의와 배분적(상대적·실질적 평등) 정의로 나뉜다.★

정답 ❶

16 조리(條理)의 다른 표현으로서 옳지 않은 것은?

① 경험법칙　　② 사회통념
③ 임의재량　　④ 공서양속

쏙쏙 해설 •••

조리란 사람의 건전한 상식으로 판단할 수 있는 사물의 본질적 도리로서 경험법칙·사회통념·사회적 타당성·공서양속·신의성실·정의·형평원칙 등을 총칭하며 법의 흠결시에 최후의 법원으로서 재판의 준거가 된다.

정답 ❸

17 법원(法源)에 관한 설명으로 옳지 않은 것은?

① 영미법계 국가에서는 판례의 법원성이 부정된다.
② 죄형법정주의에 따라 관습형법은 인정되지 않는다.
③ 대통령령은 헌법에 근거를 두고 있다.
④ 민사에 관하여 법률에 규정이 없으면 관습법에 의하고 관습법이 없으면 조리에 의한다.

쏙쏙 해설 •••

영미법계 국가에서는 선례구속의 원칙에 따라 판례의 법원성이 인정된다.

정답 ❶

18 법원(法源)에 관한 설명으로 옳은 것은?

① 성문법은 불문법에 비해 사회변화에 따른 필요에 신속히 대응할 수 있다는 장점이 있다.

② 명령은 국회의 의결을 거쳐 제정되는 법령이다.

③ 민사에 관하여 법률에 규정이 없으면 관습법에 의하고 관습법이 없으면 조리에 의한다.

④ 상관습법은 상법의 법원이 될 수 없다.

 해설 •••

③ 민법 제1조

① 성문법은 문장화되어 있어 사회변화에 신속하고 능동적으로 대처하지 못하는 것이 단점이다.

② 명령은 국회의 의결을 거치지 않고 행정기관에 의하여 제정되는 성문법규이다.

④ 상사에 관하여 본법에 규정이 없으면 상관습법에 의하고 상관습법이 없으면 민법의 규정에 의한다(상법 제1조).

정답 ❸

19 법원(法源)으로서 조례(條例)에 관한 설명으로 옳은 것은?

① 조례는 규칙의 하위규범이다.

② 국제법상의 기관들은 자체적으로 조약을 체결할 수 없다.

③ 시의회가 법률의 위임 범위 안에서 제정한 규범은 조례에 해당한다.

④ 재판의 근거로 사용된 조리(條理)는 조례가 될 수 있다.

 해설 •••

① 조례는 규칙의 상위규범이다.

② 국제법상의 기관들은 자체적으로 조약을 체결할 수 있다.

④ 재판의 근거로 사용된 조리(條理)와 법원으로서의 조례는 서로 무관하다.

정답 ❸

20 다음 중 성문법주의의 단점인 것은?

① 법체계의 통일

② 법의 존재 파악

③ 법적 안정성 유지

④ 법의 고착화

해설 •••

①·②·③은 성문법주의 장점이고, ④는 단점이다.

정답 ❹

21 "모든 국민은 법 앞에 평등하다. 누구든지 성별 · 종교 또는 사회적 신분에 의하여 정치적 · 경제적 · 사회적 · 문화적 생활의 모든 영역에 있어서 차별을 받지 아니한다."고 한다. 여기서의 법 앞의 평등의 의미로 옳은 것은?

① 실질적인 법
② 형식적인 법
③ 특별법
④ 실질적인 일체의 법과 형식적인 법

쏙쏙 해설 •••

여기서 법이란 형식적인 법과 실질적인 일체의 법을 의미한다.

정답 ④

22 다음 ( )에 들어갈 법원(法源)으로 옳은 것은?

- (ㄱ) : 국가의 조직 · 통치 및 기본권에 관한 근본법
- (ㄴ) : 지방자치단체 의회가 제정하는 자치법규
- (ㄷ) : 문서로써 국가 간에 체결되고 국제법에 의하여 규율되는 합의

① ㄱ : 헌법, ㄴ : 조례, ㄷ : 조약
② ㄱ : 헌법, ㄴ : 법률, ㄷ : 명령
③ ㄱ : 법률, ㄴ : 조약, ㄷ : 조례
④ ㄱ : 법률, ㄴ : 명령, ㄷ : 조약

쏙쏙 해설 •••

법원(法源)에서 빈출되는 지문으로, 국가라는 단어에서 헌법을, 지방자치단체라는 단어에서 조례를, 국가 간이라는 단어에서 조약을 유추할 수 있다.

정답 ❶

23 성문법주의와 불문법주의에 대한 다음 기술 중 틀린 것은?

① 성문법주의 하에서는 법률만능주의에 따른 폐단이 생길 수도 있다.
② 성문법주의는 법내용의 예측가능성과 법적 안정성의 확보에 유리하다.
③ 불문법주의는 사회현실에 적응하기 쉽고 법의 존재가 명확하다.
④ 성문법주의와 불문법주의의 구별은 결코 절대적인 것이 아니다.

쏙쏙 해설 •••

불문법은 사회 변천에 적응하기 쉽지만 법의 존재와 의미를 명확히 하기 어려운 단점이 있다.

정답 ❸

24 법단계설을 주장한 학자는?

① 켈젠(H. Kelsen)

② 슈미트(C. Schmitt)

③ 예링(R. v. Jhering)

④ 스멘트(R. Smend)

 쏙쏙 해설 •••

• 켈젠 : 국내법인 헌법 · 법률 · 명령 · 규칙 · 자치법규는 모두 동일한 효력이 있는 것이 아니라, 헌법을 최상위로 하여 일정한 단계를 이루고 있어서 하위의 법은 상위의 법에 저촉하여서는 안 되며, 또 하위의 법으로써 상위의 법을 개정하거나 폐지할 수 없다는 법단계설을 주장하였다.

• 슈미트 : 헌법제정권력을 법적의사나 규범적인 것이라기보다는 사실적인 힘으로 보았다.

• 예링 : 법은 국가권력에 의한 강제성이 보장되어 있으나 도덕은 그렇지 아니하다고 보면서, 법과 도덕의 구별이 매우 어렵다는 뜻에서 수많은 배들이 자주 난파됐던 남미의 최남단 Cape Horn에 비유하였다.

• 스멘트 : 헌법을 규범과 현실의 상호 연관 속에서 통합되는 기본 법질서로 보았다(통합주의).법단계설을 주장한 학자는 켈젠(H. Kelsen)이다.

정답 ❶

25 다음의 법학자 중 법단계설을 주장한 사람은 누구인가?

① 아리스토텔레스

② 다이시

③ 홉스

④ 켈젠

쏙쏙 해설 •••

켈젠은 법단계설에서 성문법에는 여러 가지가 있으나, 이들은 모두 동일한 효력이 있는 것이 아니라 위로부터 헌법 · 법률 · 명령 · 자치법규(조례 · 규칙)의 형식으로 단계를 이루고 있고 조례가 규칙보다 상위에 있다고 하였다. 이러한 단계 구조에 따라 상위의 성문법은 하위의 성문법의 근거와 한계가 되며, 하위규범은 상위규범에 위배될 수 없는데, 이를 법의 단계라고 하였다.

정답 ❹

26 다음 중 법단계에 관한 것으로 옳은 것은?

① 헌법 → 법률 → 명령 → 조례 → 규칙
② 헌법 → 법률 → 명령 → 규칙 → 조례
③ 조례 → 규칙 → 명령 → 법률 → 헌법
④ 법률 → 헌법 → 명령 → 규칙 → 조례

 해설 •••

성문법은 '헌법 → 법률 → 명령 → 자치법규(조례 → 규칙)'의 단계적 구조로 이루어져 있다.

정답 ❶

27 관습법에 관한 설명으로 옳지 않은 것은?

① 관습법은 당사자의 주장·입증이 있어야만 법원이 이를 판단할 수 있다.
② 민법 제1조에서는 관습법의 보충적 효력을 인정하고 있다.
③ 형법은 관습형법금지의 원칙이 적용된다.
④ 헌법재판소 다수의견에 의하면 관습헌법도 성문헌법과 동등한 효력이 있다.

해설 •••

사실인 관습은 그 존재를 당사자가 주장·입증하여야 하나, 관습법은 당사자의 주장·입증을 기다림이 없이 법원이 직권으로 이를 판단할 수 있다(대판1983.6.14 80다3231).

정답 ❶

28 관습법의 성립요건이 아닌 것은?

① 관행이 존재할 것
② 그 관행이 선량한 풍속, 기타 사회질서에 반하지 않을 것
③ 관행을 일반국민이 법규범으로서의 의식을 가지고 지킬 것
④ 관행이 법원의 판결 속에 나타날 것

해설 •••

관행이 법원의 판결 속에 나타나는 경우에 인정되는 것은 판례법이다.

정답 ❹

29 다음 중 내용이 상충될 때에 가장 우선적으로 적용되는 법은?

① 법 률　　　　② 헌 법
③ 대통령령　　　④ 조 약

해설 •••

제정법 상호 간의 관계에 있어서 신법 우선의 원칙과 특별법 우선의 원칙, 상위법 우선의 원칙이 적용되는데, 상위법과 하위법의 내용이 다를 때에는 상위법이 우선 적용된다.

정답 ❷

30 다음에서 법의 우선 순위를 바르게 나열한 것으로 옳은 것은?

① 상법 → 민법 → 상관습법 → 민사특별법
② 민법 → 상법 → 민사특별법 → 상관습법
③ 민사특별법 → 상법 → 민법 → 상관습법
④ 상법 → 상관습법 → 민사특별법 → 민법

 해설 ···

상사에 관하여는 상법에 규정이 없으면 상관습법에 의하고 상관습법이 없으면 민법의 규정에 의한다(상법 제1조)는 점을 주의하여야 한다. 따라서 상법의 적용순서는 '상법 → 상관습법 → 민사특별법 → 민법 → 민사관습법 → 조리'의 순이다.

정답 ❹

31 법원에 대한 다음 설명 중 옳은 것은?

① 판례법은 법적 안정성 및 예측가능성 확보에 유리하다.
② 우리 민법 제1조는 조리의 법원성을 인정하고 있다.
③ 불문법은 시대의 변화에 즉각적으로 대처하기 어렵다.
④ 관습법은 권력남용이나 독단적인 권력행사를 막는다는 장점이 있다.

해설 ···

③ 불문법은 복잡·다양하고 시시각각으로 변화하는 사회현상에 즉각적으로 대처할 수 있다.
④ 관습법은 권력남용이나 독단적인 권력행사를 할 수 있다는 단점이 있다.
② 우리 민법 제1조는 "민사에 관하여 법률의 규정이 없으면 관습법에 의하고 관습법이 없으면 조리에 의한다."고 규정하고 있어 조리의 법원성을 인정하고 있다.

정답 ❷

32 법의 체계에 관한 설명으로 옳은 것은?

① 강행법과 임의법은 실정성 여부에 따른 구분이다.
② 고유법과 계수법은 적용대상에 따른 구분이다.
③ 일반법과 특별법은 적용되는 효력 범위에 따른 구분이다.
④ 공법과 사법으로 분류하는 것은 영미법계의 특징이다.

해설 ···

강행법과 임의법은 당사자 의사의 상관성 여부에 따른 구분이고, 고유법과 계수법은 연혁에 따른 구분이며, 공법과 사법은 법이 규율하는 생활관계에 따라 분류하는 것으로 대륙법계의 특징에 해당한다. ★

정답 ❸

33 다음 중 판례의 법원성에 관해 규정하고 있는 법은?

① 대법원 규칙
② 국회법
③ 법원조직법
④ 형 법

쏙쏙 해설 •••

우리나라는 「법원조직법」에서 판례의 법원성에 관해 규정하고 있다.

정답 ❸

핵심만 콕

우리나라 불문법의 법원성

판례법	법원의 판결은 본래 어떤 구체적인 사건의 해결방법으로서의 의미만을 가질 뿐이나, 실제로는 사실상 뒤의 재판을 강력하게 기속하는 구속력이 있으므로, 같은 내용의 사건에 대해서는 같은 내용의 판결이 내려지게 된다. 판례법이란 이와 같이 거듭되는 법원의 판결을 법으로 보는 경우에 있게 된다. 영미법계의 국가에서는 이러한 판례의 구속력이 인정되나, 대륙법계의 국가에서는 대체로 성문법주의이기 때문에 판례법은 제2차적 법원에 지나지 않는다. 우리나라의 경우에도 성문법 중심의 대륙법계의 법체계를 따르고 있어 판례법의 구속력은 보장되지 않는다. 그러나 「법원조직법」에서 상급법원의 판단은 해당 사건에서만 하급법원에 기속력을 지닌다고 규정(제8조)하는 한편, 대법원에서 종전의 판례를 변경하려면 대법관 전원의 3분의 2 이상의 합의가 있어야 한다고 엄격한 절차를 규정(제7조 제1항 제3호)하고 있어 하급법원은 상급법원의 판결에 기속된다. 따라서 우리나라의 경우 판례는 사실상의 구속력을 지닌다고 볼 수 있다.
관습법	사회생활상 일정한 사실이 장기간 반복되어 그 생활권의 사람들을 구속할 수 있는 규범으로 발전된 경우 사회나 국가로부터 법적 확신을 획득하여 법적 가치를 가진 불문법으로서 관행의 존재와 그에 대한 법적 확신, 또한 관행이 선량한 풍속이나 사회질서에 반하지 않을 것이며 그러한 관행을 반대하는 법령이 없을 때 혹은 법령의 규정에 의하여 명문으로 인정한 관습일 때에 관습법으로 성립되며 성문법을 보충한다.
조리	법원은 구체적 사건에 적용할 법규가 없는 경우에도 재판을 거부할 수 없으며 조리는 이러한 법의 흠결 시에 재판의 준거가 된다. 또한 법률행위의 해석의 기준이 되기도 한다. 우리나라 민법 제1조에는 "민사에 관하여 법률에 규정이 없으면 관습법에 의하고 관습법이 없으면 조리에 의한다."라고 규정하고 있다.

34 법의 분류에 관한 설명으로 옳지 않은 것은?

① 자연법은 시·공간을 초월하여 보편적으로 타당한 법을 의미한다.
② 임의법은 당사자의 의사에 의하여 그 적용이 배제될 수 있는 법을 말한다.
③ 부동산등기법은 사법이며, 실체법이다.
④ 오늘날 국가의 개입이 증대되면서 '사법의 공법화' 경향이 생겼다.

쏙쏙 해설 •••

사법은 개인 상호간의 권리·의무관계를 규율하는 법으로 민법, 상법, 회사법, 어음법, 수표법 등이 있으며, 실체법은 권리·의무의 실체, 즉 권리나 의무의 발생·변경·소멸 등을 규율하는 법으로 헌법, 민법, 형법, 상법 등이 이에 해당한다. 부동산등기법은 절차법으로 공법에 해당한다는 보는 것이 다수의 견해이나 사법에 해당한다는 소수 견해도 있다. 따라서 ③은 사법에 해당하는지 여부와 관련하여 견해 대립이 있으나 부동산등기법은 절차법이므로 틀린 지문이다.

정답 ❸

35 법은 일정한 기준에 따라 여러 가지로 분류될 수 있는데 다음 중 분류 기준과 내용이 바르게 연결되지 않은 것은?

① 규율하는 생활관계 − 공법과 사법
② 효력이 미치는 범위 − 일반법과 특별법
③ 법을 제정하는 주체 − 국내법과 국제법
④ 법이 규율하는 내용 − 신법과 구법

 해설 •••

법이 규율하는 내용에 따라 실체법과 절차법으로 분류한다.

정답 ❹

36 일반법과 특별법의 관계에 관한 설명으로 옳지 않은 것은?

① 법률의 적용에 있어서 특별법은 일반법에 우선하여 적용된다.
② 특별법에 규정이 없는 경우에 일반법의 규정이 보충적으로 적용된다.
③ 일반법과 특별법의 관계는 단일 법률의 규정 상호간에는 적용되지 않는다.
④ 지방자치법과 서울특별시 행정특례에 관한 법률은 일반법과 특별법의 관계이다.

해설 •••

민법 제580조(매도인의 하자담보책임)와 제109조(착오로 인한 의사표시)의 관계와 같이 단일 법률 규정 상호 간에도 특별법과 일반법의 관계가 성립할 수 있다. 즉, 매도인의 담보책임이 성립하는 범위에서는 착오에 관한 법 제109조는 적용이 없다고 보는 것이 통설로, 민법 제580조의 담보책임에 관한 규정은 매매와 같은 유상계약에만 적용되는 '특별법'이고, 착오에 관한 민법 제109조는 의사표시에 일반적으로 적용되는 '일반법'이기 때문이다.

정답 ❸

37 공법과 사법으로 분류할 때, 공법으로만 나열된 것은?

① 형사소송법, 민사소송법
② 상법, 형법
③ 어음법, 수표법
④ 민법, 부동산등기법

해설 •••

• 공법 : 헌법, 행정법, 형법, 형사소송법, 민사소송법, 행정소송법, 국제법 등
• 사법 : 민법, 상법, 회사법, 어음법, 수표법 등
• 사회법 : 근로기준법, 연금법, 보험법, 사회보장법, 산업재해상보험법 등

정답 ❶

38 법의 분류에 관한 설명으로 옳지 않은 것은?

① 이익설은 보호법익이 공익이냐 사익이냐에 따라 공법과 사법을 구별한다.

② 형사소송법, 행정소송법은 절차법이다.

③ 일반적으로 승인된 국제법규는 국내법과 같은 효력을 가진다.

④ 민법, 상법, 민사소송법은 사법(私法)이다.

 쏙쏙 해설 ‥‥

민법과 상법은 사법(私法)이나, 민사소송법은 공법(公法)에 해당한다.

정답 ④

39 다음 중 공법과 사법의 구별 기준에 관한 학설의 내용으로서 거리가 먼 것은?

① 공익을 위한 것인가 사익을 위한 것인가에 따라 구별한다.

② 권력적인 것인가의 여부에 따라 구별한다.

③ 권력의무의 주체에 따라 구별한다.

④ 법규의 명칭에 따라 구별한다.

 쏙쏙 해설 ‥‥

법규의 명칭에 따른 구별기준에 관한 학설은 존재하지 않는다.

정답 ④

 핵심만 콕 ‥‥‥‥‥‥‥‥‥‥‥‥‥‥‥‥‥‥

공법과 사법의 구별기준에 관한 학설

이익설(목적설)	관계되는 법익에 따른 분류로 공익보호를 목적으로 하는 법을 공법, 사익보호를 목적으로 하는 법을 사법으로 본다.
주체설	법률관계의 주체에 따른 분류 기준을 구하여 국가 또는 공공단체 상호 간, 국가·공공단체와 개인 간의 관계를 규율하는 것을 공법, 개인 상호 간의 관계를 규율하는 것을 사법으로 본다.
성질설(법률관계설)	법이 규율하는 법률관계에 대한 불평등 여부에 따른 분류기준으로 불평등관계(권력·수직관계)를 규율하는 것을 공법, 평등관계(비권력·대등·수평관계)를 규율하는 것을 사법으로 본다.
생활관계설	사람의 생활관계를 표준으로 삼아 국민으로서의 생활관계를 규율하는 것을 공법, 국가와 직접적 관계가 없는 인류로서의 생활관계를 규율하는 것을 사법으로 본다.
통치관계설	법이 통치권의 발동에 관한 것이냐 아니냐에 따라 국가통치권의 발동에 관한 법이 공법이고, 그렇지 않은 법이 사법이라 본다.
귀속설(신주체설)	행정주체에 대해서만 권리·권한·의무를 부여하는 경우를 공법, 모든 권리주체에 권리·의무를 부여하는 것을 사법으로 본다.

40 공법과 사법의 구별에 관한 다음 설명 중 틀린 것은?

① 공법과 사법의 구별은 행정법의 범위를 결정하는 데 도움이
  된다.
② 독일, 프랑스 등 대륙법계국가에서는 양자를 구별해 왔다.
③ 영국, 미국은 불문법의 국가이지만 양자를 구별해 왔다.
④ 공·사법의 구별은 역사적 산물이다.

 해설 •••

영국·미국은 불문법의 국가이기 때문에 공법과 사법의 구별을 중요시하지 않으며 사법 우위주의를 취하고 있다.

정답 ❸

41 법체계에 관한 설명으로 옳지 않은 것은?

① 일반적으로 승인된 국제법규는 국내법과 같은 효력을 가진다.
② 대통령의 긴급명령은 법률과 같은 효력을 가진다.
③ 민법이 사법이므로 민사소송법도 사법에 속한다.
④ 민법과 상법은 실체법이다.

해설 •••

민사·형사소송법은 절차법으로서 공법에 해당한다.

정답 ❸

42 사회법에 관한 설명으로 옳지 않은 것은?

① 공법영역에 사법적 요소를 가미하는 제3의 법영역이다.
② 노동법, 경제법, 사회보장법은 사회법에 속한다.
③ 자본주의의 부분적 모순을 수정하기 위한 법이다.
④ 사회적·경제적 약자의 이익 보호를 목적으로 한다.

해설 •••

사회법은 자본주의의 문제점(사회적 약자 보호)을 합리적으로 해결하기 위해 근래에 등장한 법으로, 점차 사법과 공법의 성격을 모두 가진 제3의 법영역으로 형성되었으며 법의 사회화·사법의 공법화 경향을 띤다.

정답 ❶

43 다음 중 사회법에 속하는 것은?

① 상 법
② 가등기담보 등에 관한 법률
③ 특정범죄 가중처벌 등에 관한 법률
④ 산업재해보상보험법

 해설 •••

사회법에서 사회란 의미는 약자보호를 의미한다. 산업재해보상보험법이 사회법에 해당한다.

정답 ❹

··

- **공법** : 헌법, 행정법, 형법, 형사소송법, 민사소송법, 행정소송법, 국제법 등
- **사법** : 민법, 상법, 회사법, 어음법, 수표법 등
- **사회법** : 근로기준법, 연금법, 보험법, 사회보장법, 산업재해보상보험법 등

44 다음은 실체법과 절차법에 관한 설명이다. 맞지 않는 것은?

① 민사소송법은 민사절차법이다.
② 부동산등기법은 민사절차법이다.
③ 국가보안법은 형사실체법이다.
④ 부정수표단속법은 형사절차법이다.

 쏙쏙 해설 ···

실체법은 권리·의무의 발생·변경·소멸·성질·내용 및 범위 등을 규율하는 법으로 헌법, 민법, 형법, 상법 등이 이에 해당하며, 절차법은 권리·의무의 행사, 보전, 이행, 강제 등을 규율하는 법으로 민사소송법, 민사집행법, 형사소송법, 행정소송법, 채무자 회생 및 파산에 관한 법률, 부동산등기법 등이 있으며 부정수표단속법은 형사실체법에 해당한다.

정답 ❹

45 다음 설명 중 틀린 것은?

① 법의 제정 주체와 효력이 미치는 지역적 범위를 기준으로 국내법과 국제법으로 분류할 수 있다.
② 법이 규율하는 생활의 실체를 기준으로 공법·사법·사회법으로 구분할 수 있다.
③ 법이 규율하는 내용을 기준으로 일반법·특별법으로 구분할 수 있다.
④ 효력의 강제성 여부에 따라 강행법·임의법으로 구분할 수 있다.

 쏙쏙 해설 ···

일반법·특별법의 구별기준은 법의 효력이 미치는 범위를 기준으로 한다.

정답 ❸

46 법의 분류에 관한 설명으로 옳지 않은 것은?

① 당사자가 법의 규정과 다른 의사표시를 한 경우 그 법의 규정을 배제할 수 있는 법은 임의법이다.

② 당사자의 의사와 관계없이 강제적으로 적용되는 법은 강행법이다.

③ 국가의 조직과 기능 및 공익작용을 규율하는 행정법은 공법이다.

④ 대한민국 국민에게 적용되는 헌법은 특별법이다.

쏙쏙 해설 •••

헌법은 널리 일반적으로 적용되므로 특별법이 아니라, 일반법에 해당한다.

정답 ❹

47 계수법에 대한 다음 설명 중 틀린 것은?

① 외국으로부터 받아들여지거나 외국법을 자료로 하여 제정된 법을 계수법이라고 한다.

② 계수법을 자법(子法), 계수의 기본이 되는 법을 모법(母法)이라고 한다.

③ 한 국가의 국민생활에서 발생·발달된 고유법과 구별된다.

④ 외국법을 참고하여 자국의 특수사정 등을 고려해서 만든 법을 관습적 계수법이라고 한다.

쏙쏙 해설 •••

계수법은 외국의 법을 그대로 번역하여 자국의 법으로 만들거나(직접 계수법), 이를 참고·기초하여 자국의 사회현상을 고려하여 만든 법(간접 계수법)이다. ④는 간접 계수법에 대한 설명이다.

정답 ❹

48 국가의 전통적 구성요소가 아닌 것은?

① 국 민   ② 영 토

③ 주 권   ④ 헌법재판소

쏙쏙 해설 •••

④ 헌법재판소는 국가의 헌법기관일 뿐이다.
①·②·③ 일반적으로 국가는 국민, 주권, 영토로 구성된다.

정답 ❹

49 법의 효력에 관한 규정으로 옳지 않은 것은?

① 법률은 특별한 규정이 없는 한 공포한 날로부터 20일을 경과함으로써 효력을 발생한다.

② 모든 국민은 소급입법에 의하여 참정권의 제한을 받거나 재산권을 박탈당하지 않는다.

③ 대통령은 내란 또는 외환의 죄를 범한 경우를 제외하고는 재직 중 형사상의 소추를 받지 아니한다.

④ 범죄의 성립과 처벌은 재판 시의 법률에 의한다.

50 다음 중 법의 효력에 관한 내용 중 틀린 것은?

① 상위법은 하위법에 우선한다.

② 특별법은 일반법에 우선한다.

③ 신법은 구법에 우선한다.

④ 임의규정은 강행규정에 우선한다.

51 법의 효력에 관한 설명으로 옳지 않은 것은?

① 민법은 특별한 규정이 있는 경우 외에는 법률불소급의 원칙이 적용된다.

② 소급법률에 의한 참정권 제한 금지는 헌법에 규정되어 있다.

③ 법이 효력을 가지려면 실효성과 타당성이 동시에 있어야 한다.

④ 하위 법규범으로 상위 법규범을 개폐할 수 없다.

52 법의 효력에 관한 설명으로 옳은 것은?

① 법은 제정과 동시에 효력이 발생한다.
② 법의 효력기간이 미리 정해진 법률을 특별법이라 한다.
③ 모든 국민은 소급입법에 의하여 참정권의 제한을 받지 아니한다.
④ 속인주의는 영토주권이 적용되는 원칙이다.

 해설 •••

③ 헌법 제13조 제2항
① 법은 시행일부터 폐지일까지 그 효력을 갖는다.
② 특별법은 특정인 또는 특정사항·지역에 한하여 적용되는 것이다. 그 예로 상법은 민법의 특별법인 것을 들 수 있다.
④ 속지주의에 대한 내용이다.

정답 ❸

53 국제사회에서 법의 대인적 효력에 관한 입장으로 옳은 것은?

① 속지주의를 원칙적으로 채택하고 속인주의를 보충적으로 적용
② 속인주의를 원칙적으로 채택하고 속지주의를 보충적으로 적용
③ 보호주의를 원칙적으로 채택하고 피해자주의를 보충적으로 적용
④ 피해자주의를 원칙적으로 채택하고 보호주의를 보충적으로 적용

해설 •••

역사적으로 속인주의에서 속지주의로 변천해 왔으며 오늘날 국제사회에서 영토의 상호존중과 상호평등원칙이 적용되므로 속지주의가 원칙이며 예외적으로 속인주의가 가미된다.

정답 ❶

54 법의 효력에 관한 설명으로 옳지 않은 것은?

① 법률의 시행기간은 시행일부터 폐지일까지이다.
② 법률은 특별한 규정이 없는 한 공포일로부터 30일을 경과하면 효력이 발생한다.
③ 범죄 후 법률의 변경이 피고인에게 유리한 경우에는 소급적용이 허용된다.
④ 외국에서 범죄를 저지른 한국인에게 우리나라 형법이 적용되는 것은 속인주의에 따른 것이다.

해설 •••

법률은 특별한 규정이 없는 한 공포한 날부터 20일이 경과함으로써 효력을 발생한다(헌법 제53조 제7항).

정답 ❷

55 범죄의 성립과 처벌은 어느 때의 법률을 기준으로 하는가?

① 행위시법주의   ② 재판시법주의

③ 한시법주의   ④ 실효시법주의

> **쏙쏙 해설** •••
>
> 형법 제1조 제1항에 의해 범죄의 성립과 처벌은 행위시의 법률에 의한다.
>
> 정답 ❶

CHAPTER 01

56 법의 이념 중 합목적성에 대한 설명으로 옳지 않은 것은?

① 법의 정립에 있어서 목적에 부합될 것을 요구한다.

② 라드브루흐의 합목적성의 유형은 개인주의, 단체주의, 공중주의이다.

③ 합목적성만을 강조할 경우 집단주의·독재 가능성 등의 문제점이 있다.

④ 합목적성은 법을 개별화하는 경향이 있다.

> **쏙쏙 해설** •••
>
> 라드브루흐는 국가가 선택할 수 있는 가치관으로 개인주의, 단체주의, 문화주의(초인격주의)를 열거하였다.
>
> 정답 ❷

57 법의 형식적 효력에 관한 다음 기술 중 타당하지 않은 것은?

① 법률은 법률의 별도 규정이 없는 한 그 공포일부터 20일이 경과하면 효력을 발생한다.

② 한시법에 있어서 시행기간이 경과하여 적용되지 않게 된 경우, 이는 명시적 폐지에 해당한다.

③ 구법에 의해 취득한 기득권은 신법의 시행으로 소급하여 박탈하지 못한다는 원칙은 절대적인 것이어서 입법으로도 제한할 수 없다.

④ 범죄행위가 있은 후 법률의 변경에 의하여 그 행위가 범죄를 구성하지 아니하거나 형이 구법보다 가벼운 때에는 신법에 의한다.

> **쏙쏙 해설** •••
>
> 법률불소급의 원칙에서 신법은 기왕의 사실에 거슬러서 적용될 수 없다는 법 적용상의 제한이지 소급효 있는 법을 제정하는 것 자체를 금지한다는 입법상의 원칙은 아니다. 또한 이 원칙은 절대적인 것이 아니므로 신법이 오히려 구법보다 당사자에게 유리하거나 소급 적용이 기득권을 침해하는 일이 없는 경우, 만약 기득권을 침해한다 할지라도 소급 적용할 공익상의 필요가 있을 때에는 법률불소급의 원칙을 배제할 수 있다.
>
> 정답 ❸

58 법규를 구체적 사안에 적용할 수 있도록 그 의미·내용을 명확히 하는 과정을 무엇이라 하는가?

① 사실의 확정   ② 법의 해석

③ 법의 적용   ④ 입증

 해설 •••

법을 구체적 사실에 적용하기 위하여 법의 의미·내용을 명확히 하는 것을 법의 해석이라고 한다.

정답 ❷

59 사실확정을 위한 실정법의 추정규정으로 옳지 않은 것은?

① 공유자의 지분은 균등한 것으로 추정한다.
② 아내가 혼인 중에 임신한 자녀는 남편의 자녀로 추정한다.
③ 2인 이상이 동일한 위난으로 사망한 경우에는 동시에 사망한 것으로 추정한다.
④ 실종선고를 받은 자는 실종기간이 만료한 때에 사망한 것으로 추정한다.

 해설 •••

④ 실종선고를 받은 자는 실종기간이 만료한 때에 사망한 것으로 간주한다(민법 제28조).
① 민법 제262조 제2항
② 민법 제844조 제1항
③ 민법 제30조

정답 ❹

60 다음 중 일반적인 법령공포 후 효력발생의 시기는?

① 20일   ② 30일

③ 40일   ④ 50일

 해설 •••

• 법률은 특별한 규정이 없으면 공포한 날로부터 20일을 경과함으로써 효력을 발생한다.

정답 ❶

핵심만 콕

법의 시행과 폐지
• 법의 효력은 시행일로부터 폐지일까지만 계속되는데 이를 시행기간(또는 시효기간)이라 한다.
• 관습법은 성립과 동시에 효력을 가지나 제정법은 시행에 앞서 국민에게 널리 알리기 위하여 공포를 해야 하는데, 공포일로부터 시행일까지의 기간을 주지기간이라 한다.
• 법률은 특별한 규정이 없으면 공포한 날로부터 20일을 경과함으로써 효력을 발생한다.

61 "형법 제329조 절도죄의 객체인 「재물」에 부동산은 포함되지 아니한다"고 해석한다면 이는 무슨 해석인가?

① 축소해석 ② 유추해석
③ 반대해석 ④ 확장해석

쏙쏙 해설 •••

축소해석은 법률의 문언을 문리보다 좁게 엄격히 해석하는 방법이다.

정답 ❶

 핵심만 콕

법의 해석의 종류

해석의 구속력에 따라	• 유권해석 : 입법해석, 사법해석, 행정해석 • 학리해석 : 문리해석, 논리해석
해석의 방법에 따라	• 확장해석 : 법규의 용어의 의미를 통상의 의미 이상으로 확장하여 해석 • 축소(제한)해석 : 법규의 용어의 의미를 통상의 의미보다 축소하여 해석 • 반대해석 : 법문이 규정한 이외의 사항에 대하여는 그 규정의 효과와는 반대의 효과를 인정하는 취지로 추리하여 해석 • 물론해석 : 법문이 규정하는 사항에 관한 입법상의 취지로 미루어 보아 다른 사항에 관하여는 그 성질상 더 타당한 경우 그 법문의 규정이 적용된다는 해석

62 다음은 실정법 해석상의 일반원칙에 대하여 설명한 것이다. 가장 옳지 않은 것은?

① 사법의 해석은 당사자의 대등관계를 전제로 하므로 당사자 간의 이익형량과 공평성이 유지되도록 해석하여야 한다.
② 행정법은 기술성・구체성을 가지므로 헌법의 가치를 실현할 수 있도록 해석해야 하고, 실질적 법치주의의 실현과 구체적 타당성의 확보를 위하여 목적론적 해석이 이루어져야 한다.
③ 헌법은 국가의 기본법이며 정치적 성격이 강하고 공익우선적 법이므로 국가에게 유리하도록 해석하여야 한다.
④ 사회법의 해석은 그 성격이 당사자 사이의 관계를 실질적으로 보완하기 위한 법이므로 이들 사이의 실질적인 법적 평등이 보장되는 방향으로 해석해야 한다. 따라서 약자보호의 측면이 강조된다.

쏙쏙 해설 •••

법해석의 목표는 법적 안정성을 저해하지 않는 범위 내에서 구체적 타당성을 찾는 데 두어야 하는데 그 중 헌법의 해석에 있어서는 헌법이 국가의 기본법이며 기본권 보장 규범이므로 개인에게 유리하도록 해석해야 한다.

정답 ❸

63 다음 중 법의 적용 및 해석에 관하여 맞게 기술한 것은?

① 문리해석은 유권해석의 한 유형이다.

② 법률용어로 사용되는 선의·악의는 일정한 사항에 대해 아는 것과 모르는 것을 의미한다.

③ 유사한 두 가지 사항 중 하나에 대해 규정이 있으면 명문규정이 없는 다른 쪽에 대해서도 같은 취지의 규정이 있는 것으로 해석하는 것을 준용이라 한다.

④ 간주란 법이 사실의 존재·부존재를 법정책적으로 확정하되, 반대사실의 입증이 있으면 번복되는 것이다.

 해설 •••

법률 용어로서의 선의(善意)는 어떤 사실을 알지 못하는 것을 의미하며 반면 악의(惡意)는 어떤 사실을 알고 있는 것을 뜻한다.

정답 ❷

 핵심만 콕 ....

① 문리해석과 논리해석은 학리해석의 범주에 속한다.★

③ 유추해석에 관한 설명이다.

④ 간주(看做)와 추정(推定) : 추정은 불명확한 사실을 일단 인정하는 것으로 정하여 법률효과를 발생시키되 나중에 반증이 있을 경우 그 효과를 발생시키지 않는 것을 말한다. 간주는 법에서 '간주한다 = 본다 = 의제한다'로 쓰이며, 추정과는 달리 나중에 반증이 나타나도 이미 발생된 효과를 뒤집을 수 없는 것을 말한다. 예를 들어 어음법 제29조 제1항에서 '말소는 어음의 반환 전에 한 것으로 추정한다.'라는 규정이 있는데, 만약, 어음의 반환 이후에 말소했다는 증거가 나오면 어음의 반환 전에 했던 것은 없었던 걸로 하고, 어음의 반환 이후에 한 것으로 인정한다. 그러나, 만약에 '말소는 어음의 반환 전에 한 것으로 본다.'라고 했다면 나중에 반환 후에 했다는 증거를 제시해도 그 효력이 뒤집어지지 않는다(즉, 원래의 판정과 마찬가지로 어음의 반환 전에 한 것으로 한다).

64 다음에서 논리해석에 해당하지 않는 것은 무엇인가?

① 확장해석

② 축소해석

③ 반대해석

④ 사법해석

 해설 •••

• 논리해석에는 확장해석, 축소해석, 반대해석, 물론해석, 보정해석, 연혁해석, 목적해석 등이 있다.

정답 ❹

핵심만 콕 ....

법의 해석

• **유권해석** : 입법해석, 사법해석, 행정해석

구 분	내 용
입법해석	입법기관이 입법권에 근거하여 일정한 법규정이나 법개념의 해석을 당시 법규정으로 정해 놓은 것으로, 가장 구속력이 강한 법해석이다.
사법해석	사법기관이 재판을 하는 권한에 근거하여 내리는 해석이다.
행정해석	행정기관이 법을 집행하기 위하여 필요한 경우 법집행권한에 근거하여 내리는 해석이다.

- **무권해석** : 문리해석, 논리해석★★
  - **논리해석** : 확장해석, 축소해석, 반대해석, 물론해석, 보정해석, 연혁해석, 목적해석 등

구 분	내 용
확장해석	• 법규의 자구(字句)의 의미를 그 입법취지에 비추어 보통의 일반적인 의미보다 넓게 해석 • 형법에 있어서는 유추 해석·확대해석 금지(죄형법정주의 원칙)★
축소해석 (=제한해석)	• 법률의 문언을 문리보다 좁게 엄격히 해석 • 형법 제250조에서 '사람'이라 함은 '법인'과 '자연인'이라도 '자기 자신'은 포함하지 않게 해석하는 것★
유추해석	• 두 개의 유사한 사실 중 법규에서 어느 하나의 사실에 관해서만 규정하고 있는 경우에 나머지 다른 사실에 대해서도 마찬가지의 효과를 인정하는 해석방법이다.★ • 형법은 개인의 권리와 자유에 대한 예외적인 규정이기 때문에 유추해석이 금지된다.★
반대해석	• 법문이 규정하는 요건과 반대의 요건이 존재하는 경우에 그 반대의 요건에 대하여 법문과 반대의 법적 판단을 하는 해석★ • 19세로 성년이 되므로(민법 제4조), 19세 미만인 자를 미성년자로 해석하는 것
물론해석	• 법문에 규정된 사항 이외의 사항도 물론 포함되는 것으로 하는 해석 • '실내에 개를 데리고 들어갈 수 없다'는 규정은 개뿐만 아니라 고양이, 돼지 등의 다른 동물도 물론 데리고 들어갈 수 없다고 해석하는 것★
보정해석	• 법문의 용어에 착오(錯誤)가 명백한 경우에 그 자구를 보정하여 해석 • 입법자의 의사가 그릇되게 표현된 것이 명확할 때, 명백히 확정적인 학리에 반할 때, 사회적 수요에 반하는 것이 명백하고 확정적일 때에만 한함
연혁해석	• 법의 해석에 입법의 연혁, 법의 제안이유서나 입안자의 의견, 의사록(議事錄) 및 관계위원의 설명 등을 참작하여 그 진의를 찾아내는 해석
목적해석	• 법의 제정 목적을 고려하여 그에 합당하게 해석
비교해석	• 외국의 입법례(立法例)와 비교하여 해석

65 소위 정의규정(定義規定)은 다음 중 어디에 해당하는가?

① 행정해석
② 사법해석
③ 입법해석
④ 반대해석

 해설 •••

입법해석이란 입법기관이 입법권에 근거한 일정한 법규정이나 법개념의 해석을 당시 법규정으로 정해놓은 것이다. 즉, 법률의 규정으로 직접 법률의 정의개념을 해석하는 것이다.

정답 ❸

66 법의 해석에 관한 설명으로 옳지 않은 것은?

① 법해석의 방법은 해석의 구속력 여부에 따라 유권해석과 학리해석으로 나눌 수 있다.

② 법해석의 목표는 법적 안정성을 저해하지 않는 범위 내에서 구체적 타당성을 찾는 데 두어야 한다.

③ 법의 해석에 있어 법률의 입법취지도 고려의 대상이 된다.

④ 민법, 형법, 행정법에서는 유추해석이 원칙적으로 허용된다.

 해설 ⋯

④ 형법에서는 유추해석과 확대해석을 동일한 것으로 보아 금지하며(죄형법정주의의 원칙), 피고인에게 유리한 유추해석만 가능하다고 본다.

정답 ❹

67 법해석 방법 중 가장 우선적이고 기본적인 것은?

① 논리해석
② 문리해석
③ 행정해석
④ 사법해석

 해설 ⋯

② 문리해석 : 법문을 형성하는 용어, 문장을 기초로 하여 그 문자가 가지는 의미에 따라서 법규 전체의 의미를 해석하는 것이다. 가장 우선적이고 기본적인 법해석이다.

정답 ❷

 핵심만 콕

① 논리해석 : 법의 해석에 문자나 문구의 의미에 구애받지 않고 법의 입법 취지 또는 법 전체의 유기적 관련, 법의 목적, 법 제정시의 사회사정, 사회생활의 실태 등을 고려하여 논리적 추리에 의하여 법의 객관적 의미를 밝히는 것을 말한다.

③ 행정해석 : 행정기관이 법을 집행하기 위하여 필요한 경우 법집행권한에 근거하여 내리는 해석이다.

④ 사법해석 : 사법기관이 재판을 하는 권한에 근거하여 내리는 해석이다.

68 법의 적용에 관한 설명으로 옳지 않은 것은?

① 법을 적용하기 위한 사실의 확정은 증거에 의한다.

② 확정의 대상인 사실이란 자연적으로 인식한 현상 자체를 말한다.

③ 사실의 추정은 확정되지 못한 사실을 그대로 가정하여 법률효과를 발생시키는 것이다.

④ 간주는 법이 의제한 효과를 반증에 의해 번복할 수 없다.

 해설 ···

법을 적용하기 위한 사실의 확정에서 확정의 대상인 사실은 자연적으로 인식한 현상 자체가 아닌 법적으로 가치 있는 구체적 사실이어야 한다.

정답 ❷

 핵심만 콕 ··········

사실의 확정 방법

구 분	내 용
입 증	사실의 인정을 위하여 증거를 주장하는 것을 입증이라 하며, 이 입증책임(거증책임)은 그 사실의 존부를 주장하는 자가 부담한다. 그리고 사실을 주장하는 데 필요한 증거는, 첫째로 증거로 채택될 수 있는 자격, 즉 증거능력이 있어야 하고 둘째로 증거의 실질적 가치, 즉 증명력이 있어야 한다. 만일 이것이 용이하지 않을 경우를 위해 추정과 간주를 두고 있다.
추 정	편의상 사실을 가정하는 것으로, "~한 것으로 추정한다"라고 하며, 반증을 들어서 부정할 수 있다. 예를 들면 "처가 혼인 중에 포태한 자는 부의 자로 추정한다."라고 규정하고 있어 친생자관계를 인정하고 있으나, 부는 그 자가 친생자임을 부인하는 소를 제기할 수 있다고 하여 법률상의 사실은 반증을 들어 이를 부정할 수 있다.
간 주	일정한 사실을 확정하는 것으로(간주하다 = 본다), '~한 것으로 간주한다, ~한 것으로 본다'라고 하며, 반증을 들어서 이를 부정할 수 없다. 예를 들어 "대리인이 본인을 위한 것임을 표시하지 아니한 때에는 그 의사표시는 자기를 위한 것으로 본다."고 규정한 것은 '사실의 의제'의 예라 할 수 있다.

69 다음 ( )에 들어갈 용어로 알맞은 것은?

( )은 법문에 일정한 사항을 정하고 있을 때 그 이외의 사항에 관해서도 사물의 성질상 당연히 그 규정에 포함되는 것으로 해석하는 것이다.

① 물론해석　　　② 유추해석
③ 확장해석　　　④ 변경해석

 해설 ···

물론해석은 법문에 규정된 사항 이외의 사항도 당연히 포함되는 것으로 해석하는 것이다.

정답 ❶

② 두 개의 유사한 사실 중 법규에서 어느 하나의 사실에 관해서만 규정하고 있는 경우에 나머지 다른 사실에 대해서 나머지 다른 사실에 대해서도 마찬가지의 효과를 인정하는 해석방법이다.

③ 법규의 자구(字句)의 의미를 그 입법취지에 비추어 보통의 일반적인 의미보다 넓게 해석하는 방법이다.

④ 법문의 용어에 착오가 명백한 경우에 그 자구를 보정하여 해석하는 방법이다.

70 법의 해석방법 중 유추해석 방법에 해당하는 것은?

① 서로 반대되는 두 개의 사실 중 하나의 사실에 관해서만 규정이 되어 있을 때 다른 하나에 관해서는 법문과 반대의 결과를 인정하는 해석방법

② 법규의 문자가 가지는 사전적 의미에 따라서 법규의 의미를 확정하는 해석방법

③ 두 개의 유사한 사실 중 법규에서 어느 하나의 사실에 관해서만 규정하고 있는 경우에 나머지 다른 사실에 대해서도 마찬가지의 효과를 인정하는 해석방법

④ 법규의 내용에 포함되는 개념을 문자 자체의 보통의 뜻보다 확장해서 효력을 인정함으로써 법의 타당성을 확보하려는 해석방법

 쏙쏙 해설 ···

③ 유추란 단어는 규정이 없을 때 유사한 법규를 끌어 쓴다는 의미이다.

① 반대해석
② 문리해석
④ 확장해석

정답 ❸

71 법의 적용에 관한 설명이 잘못된 것은?

① 법규의 추상적인 의미·내용을 개별적인 사회현상에 맞추어 구체적으로 실현하는 것을 법의 적용이라 한다.

② 법의 적용에 있어서의 대전제는 추상적인 법규이다.

③ 법의 적용에 있어서의 소전제는 구체적·개별적 사실이다.

④ 법의 적용문제는 사실의 확정, 법의 해석, 권리·의무와 관련이 있다.

쏙쏙 해설 ···

법의 적용문제를 넓게 보면 사실의 확정·법의 발견·법의 해석이 그 내용을 이룬다.

정답 ❹

72 법의 적용에 관한 설명으로 옳은 것은?

① 구체적 사실을 확정하는 것은 법률문제이다.

② 반증을 허용하지 않고 법률이 정한 효력을 당연히 생기게 하는 것을 추정이라고 한다.

③ 추정된 사실과 다른 반증을 들어 추정의 효과를 뒤집을 수 있다.

④ 사실의 존재여부에 관하여 확신을 가지게 하는 것을 간주라고 한다.

 해설 •••

③ 추정은 입증을 기다리지 않고 사실을 가정하는 것이므로 추정된 사실과 다른 반증을 들어 추정의 효과를 뒤집을 수 있다.

정답 ❸

 핵심만 콕

① 구체적 사실을 확정하는 것은 법을 적용할 만한 가치가 있는 사실들을 확정하는 것이다.
② 반증을 허용하지 않는 것은 간주에 해당하며, 추정은 반증을 통해 효력을 뒤집을 수 있다.
④ 사실의 존재여부에 관하여 확신을 가지게 하는 것은 입증이다.

73 법 해석의 단계로서 타당한 것은?

① 체계해석 – 논리해석 – 문리해석

② 문리해석 – 체계해석 – 논리해석

③ 문리해석 – 논리해석 – 체계해석

④ 논리해석 – 체계해석 – 문리해석

 해설 •••

법 해석은 대체로 3단계를 거쳐 해석할 때 완전을 기할 수 있다. 1단계로는 성문법조문의 문장의 의미·내용을 파악하고(문리해석), 2단계로 논리법칙에 따라 해석하고(논리해석), 3단계로 타 법규와 대조 또는 관련하여서 통일적 체계성을 보지(保持)하도록 한다(체계해석).

정답 ❸

74 사실의 확정에 대한 설명으로 옳은 것은?

① 원칙적으로 법률집행의 문제에 속한다.
② 적용법규의 발견이 전제가 된다.
③ 법관의 자유재량에 의한다.
④ 증거에 의하여 법규적용의 전제가 된다.

 해설 •••

④ 사실의 확정은 법규를 적용하기 전에 법적으로 가치 있는 사실만을 확정하는 법적 인식작용으로, 객관적 증거에 의함을 원칙으로 한다.★

정답 ❹

핵심만 콕

① 사실의 확정은 법률문제는 아니며 사실문제이다.
② 구체적 사실이 어떠한지를 확정하는 사실의 확정이 전제가 된다.
③ 법관의 자유재량이 아니라 객관적 증거에 의함을 원칙으로 한다.

75 불명확한 사실에 대하여 공익 또는 기타 법정책상의 이유로 사실의 진실성 여부와는 관계없이 확정된 사실로 의제하여 일정한 법률효과를 부여하고 반증을 허용하지 않는 것은?

① 간 주   ② 추 정
③ 준 용   ④ 입 증

쏙쏙 해설 •••

간주는 법의 의제를 말한다. 사실 여하를 불문하고 일정한 상태를 법에 의하여 사실관계로 확정하는 것으로 법문상 "～(으)로 본다"라고 규정한 경우가 이에 해당한다. 또한 반증을 허용하지 않는다는 점이 특징이다.

정답 ❶

76 권리와 관련된 설명으로 옳지 않은 것은?

① 사권(私權)은 권리의 작용에 의해 지배권, 청구권, 형성권, 항변권으로 구분된다.
② 사권은 권리의 이전성에 따라 절대권과 상대권으로 구분된다.
③ 권능은 권리의 내용을 이루는 개개의 법률상의 힘을 말한다.
④ 권한은 본인 또는 권리자를 위하여 일정한 법률효과를 발생케 하는 행위를 할 수 있는 법률상의 자격을 말한다.

 해설 •••

사권은 권리의 이전성(양도성)에 따라 일신전속권과 비전속권으로 구분된다. 절대권과 상대권은 권리의 효력 범위에 대한 분류이다.

정답 ❷

사권의 분류

권리의 내용	• 인격권 : 생명, 신체, 자유, 명예, 성명 등에 부착된 권리 • 신분권 : 가족, 부부, 친자, 친족 등 일정한 신분관계에서 발생하는 권리 • 재산권 : 경제적 이익을 목적으로 하는 권리 • 사원권 : 단체구성원의 지위에서 발생하는 권리
권리의 작용(효력)	지배권, 청구권, 형성권, 항변권
권리의 효력 범위	절대권, 상대권
권리의 양도성 여부	일신전속권, 비전속권
권리의 독립성 여부	주된 권리, 종된 권리

권리의 작용(효력)에 따른 분류

지배권(支配權)	권리의 객체를 직접·배타적으로 지배할 수 있는 권리를 말한다(예 물권, 무체재산권, 친권 등).
청구권(請求權)	타인에 대하여 일정한 급부 또는 행위(작위·부작위)를 적극적으로 요구하는 권리이다(예 채권, 부양청구권 등).
형성권(形成權)	권리자의 일방적인 의사표시에 의하여 일정한 법률관계를 발생·변경·소멸시키는 권리이다(예 취소권, 해제권, 추인권, 해지권 등).
항변권(抗辯權)	청구권의 행사에 대하여 급부를 거절할 수 있는 권리로, 타인의 공격을 막는 방어적 수단으로 사용되며 상대방에게 청구권이 있음을 부인하는 것이 아니라 그것을 전제하고, 다만 그 행사를 배척하는 권리를 말한다(예 보증인의 최고 및 검색의 항변권, 동시이행의 항변권 등).

77 다음 중 권리에 대한 설명으로 타당하지 않은 것은?

① 재산적 이익을 내용으로 하는 권리를 재산권이라 한다.

② 권리는 타인을 위하여 그 자에 대하여 일정한 법률효과를 발생케 하는 행위를 할 수 있는 법률상의 자격이다.

③ 권리는 일정한 이익을 향수케 하기 위하여 법이 부여한 힘이다.

④ 형성권이란 권리자의 일방적 의사표시에 의하여 법률관계를 변동시킬 수 있는 권리이다.

② 권리는 법에 의하여 부여된 법률상의 힘이다. 여기서 말하는 힘은 타인을 구속함으로써 존재하는 것이고 힘은 타인의 행위를 강제한다. 즉, 법적 절차에 의해서 소기의 목적을 달성할 수 있는 법적 능력 내지 자격을 말하는 것이다.

 정답 ❷

78 다음 각 용어에 관한 설명으로 옳은 것은?

① 권능이란 권리의 내용을 이루는 각개의 법률상의 작용을 말한다.

② 권원이란 일정한 법률상 또는 사실상 행위의 결과로 나타나는 효과를 말한다.

③ 반사적 이익이란 특정인이 법률규정에 따라 일정한 행위를 하였을 때 그 법률상 이익을 직접 누릴 수 있는 권리를 말한다.

④ 법인의 대표이사가 정관 규정에 의하여 일정한 행위를 할 수 있는 힘을 권리라 한다.

 해설 •••

① 권능은 소유권에서 파생되는 사용권·수익권·처분권과 같이 권리에서 파생되는 개개의 법률상의 자격을 말한다.

정답 ❶

권리와의 구별개념

구 분	내 용
권한(權限)	타인을 위하여 법률행위를 할 수 있는 법률상의 자격이다(예 이사의 대표권, 국무총리의 권한 등).
권능(權能)	권리에서 파생되는 개개의 법률상의 자격을 권능이라 한다(예 소유권자의 소유권에서 파생되는 사용권·수익권·처분권).
권원(權原)	어떤 법률적 또는 사실적 행위를 하는 것을 정당화시키는 법률상의 원인을 말한다(예 지상권, 대차권).
반사적 이익 (反射的 利益)	법이 일정한 사실을 금지하거나 명하고 있는 결과, 어떤 사람이 저절로 받게 되는 이익으로서 그 이익을 누리는 사람에게 법적인 힘이 부여된 것은 아니기 때문에 타인이 그 이익의 향유를 방해하더라도 그것의 보호를 청구하지 못한다(예 도로·공원 등 공물의 설치로 인한 공물이용자의 이익, 공중목욕탕 영업의 거래제한으로 인하여 이미 허가를 받은 업자의 사실상의 이익).

79 권리와 구별되는 개념에 관한 설명으로 옳은 것은?

① 의사무능력자는 권능의 주체가 될 수 있다.

② 법규정에 의해 인정되는 반사적 이익은 권리가 될 수 있다.

③ 권원은 그 작용에 따라 지배권, 청구권, 형성권, 항변권으로 분류된다.

④ 권한은 일정한 법률적 또는 사실적 행위를 정당화시키는 법률상의 원인을 말한다.

 해설 •••

의사무능력자는 행위능력에만 제한을 받으므로 권리에서 파생되는 개개의 법률상의 작용인 권능의 주체는 될 수 있다. 법규정에 의해 인정되는 반사적 이익은 권리가 될 수 없고, 작용에 따라 지배권, 청구권, 형성권, 항변권으로 분류되는 것은 권리이며 일정한 법률적·사실적 행위를 정당화시키는 법률상의 원인은 권원이다. ★

정답 ❶

80 다음 중 공법상 의무가 아닌 것은?

① 납세의무　　　　　② 부양의무
③ 교육의무　　　　　④ 국방의무

CHAPTER 01

81 권리에 관한 설명으로 옳지 않은 것은?

① 인격권은 권리자 자신을 객체로 하는 권리이다.
② 사원권은 단체의 구성원이 그 구성원의 지위에서 단체에 대하여 가지는 권리이다.
③ 형성권은 권리자의 일방적 의사표시에 의해 권리변동의 효과가 발생하는 권리이다.
④ 지배권은 배타적 지배를 하면서 타인의 청구를 거절할 수 있는 권리이다.

82 사권(私權)에 관한 설명으로 옳지 않은 것은?

① 사원권이란 단체구성원이 그 구성원의 자격으로 단체에 대하여 가지는 권리를 말한다.
② 타인의 작위·부작위 또는 인용을 적극적으로 요구할 수 있는 권리를 청구권이라 한다.
③ 취소권·해제권·추인권은 항변권이다.
④ 형성권은 권리자의 일방적 의사표시로 권리변동의 효과를 발생시키는 권리이다.

83 권리의 주체와 분리하여 양도할 수 없는 권리는?

① 실용신안권　② 초상권
③ 법정지상권　④ 분묘기지권

쏙쏙 해설

권리의 주체와 분리하여 양도할 수 없는 권리라 함은 권리의 귀속과 행사가 특정주체에게 전속되는 일신전속권을 말한다. 이러한 일신전속적인 권리에는 생명권, 자유권, 초상권, 정조권, 신용권, 성명권 등이 있다.

정답 ❷

84 타인이 일정한 행위를 하는 것을 참고 받아들여야 할 의무는?

① 작위의무　② 수인의무
③ 간접의무　④ 권리반사

쏙쏙 해설

다른 사람이 하는 일정한 행위를 승인해야 할 의무는 수인의무이다.

정답 ❷

핵심만 콕

- 작위의무 : 적극적으로 일정한 행위를 하여야 할 의무이다.
- 간접의무 : 통상의 의무와 달리 그 불이행의 경우에도 일정한 불이익을 받기는 하지만, 다른 법률상의 제재가 따르지 않는 것으로 보험계약에서의 통지의무가 그 대표적인 예이다.
- 권리반사 또는 반사적 효과(이익) : 법이 일정한 사실을 금지하거나 명하고 있는 결과, 어떤 사람이 저절로 받게 되는 이익으로서 그 이익을 누리는 사람에게 법적인 힘이 부여된 것은 아니기 때문에 타인이 그 이익의 향유를 방해하더라도 그것의 법적보호를 청구하지 못함을 특징으로 한다.

85 권리·의무에 관한 설명으로 옳지 않은 것은?

① 물권과 채권이 병존하는 경우 채권이 우선하는 것이 원칙이다.
② 납세의무는 공법상 의무이다.
③ 사람은 생존한 동안 권리와 의무의 주체가 된다.
④ 계약해제권은 형성권으로서 그에 대응하는 의무가 없다.

쏙쏙 해설

물권과 채권이 병존하는 경우, 성립시기를 불문하고 물권이 채권보다 우선하는 것이 원칙이다.

정답 ❶

86 권리의 작용(효력)에 따른 분류에 속하지 않는 것은?

① 항변권   ② 인격권

③ 형성권   ④ 청구권

 해설 •••

인격권은 권리의 내용에 따른 분류에 속한다. 권리의 작용(효력) 따라 분류하면 지배권, 청구권, 형성권, 항변권으로 나누어진다.

정답 ❷

CHAPTER 01

 핵심만 콕

권리의 작용(효력)에 따른 분류

지배권(支配權)	권리의 객체를 직접·배타적으로 지배할 수 있는 권리를 말한다(예 물권, 무체재산권, 친권 등).
청구권(請求權)	타인에 대하여 일정한 급부 또는 행위(작위·부작위)를 적극적으로 요구하는 권리이다(예 채권, 부양청구권 등).
형성권(形成權)	권리자의 일방적인 의사표시에 의하여 일정한 법률관계를 발생·변경·소멸시키는 권리이다(예 취소권, 해제권, 추인권, 해지권 등).
항변권(抗辯權)	청구권의 행사에 대하여 급부를 거절할 수 있는 권리로, 타인의 공격을 막는 방어적 수단으로 사용되며 상대방에게 청구권이 있음을 부인하는 것이 아니라 그것을 전제하고, 다만 그 행사를 배척하는 권리를 말한다(예 보증인의 최고 및 검색의 항변권, 동시이행의 항변권 등).

CHAPTER 02 헌 법

1 헌법 총설

1 헌법의 개념과 분류

(1) 헌법의 의의 및 특성

국가의 통치조직과 작용, 국가기관 상호간의 관계 및 국가와 국민과의 관계에 관한 근본규칙을 정한 최고법으로 정치성, 개방성, 이념성, 역사성, 최고규범성, 기본권보장 규범성, 수권적 조직규범성, 권력제한 규범성, 생활규범성을 특성으로 한다.

(2) 헌법의 최고규범성

헌법은 명문의 규정을 두고 있지는 않지만 국가의 최고규범이자 근본규범이다. 헌법은 법률, 명령, 규칙 등 하위 법령의 해석에 있어 기준이 되며, 헌법에 위반한 하위 법령은 그 효력이 부인된다.

(3) 헌법의 이중성(양면성)

헌법은 한 나라의 권력관계를 나타내는 정치적 측면의 사실을 나타내는 **사실적 특성**을 가지기도 하고 국가생활, 정치생활에 있어야 할 모습을 제시하고 규율하는 **규범적 특성**을 가지고 있는데, 이를 **헌법의 이중성(양면성)**이라고 한다.

> **헌법의 규범적 특성**
> • 최고규범성 : 헌법은 한 국가의 실정법 체계 속에서 최고의 단계에 위치하는 규범
> • 수권적 조직규범성 : 헌법은 국가의 조직을 구성하고 그 권한을 부여하는 규범
> • 권력제한 규범성 : 국가기관은 헌법에 의해 부여된 권한만을 행사할 수 있으며, 통치조직에 대한 규제가 일어남
> • 기본권보장 규범성 : 헌법의 가장 기초적 이념은 국민의 기본권을 보장하는 것
> • 생활규범성 : 헌법은 국민의 모든 생활영역을 대상으로 하여 국민의 생활 속에서 실현되고 발전되는 규범

(4) 헌법개념의 역사적 변천 ★★

① **고유한 의미의 헌법** : 헌법이란 국가의 영토·국민·통치권 등 국가의 근본조직과 작용에 관한 기본법으로 국가가 있는 이상 어떤 형태로든 존재한다.

② **근대 입헌주의 헌법** : 국법과 왕법을 구별하는 근본법(국법) 사상에 근거를 두고 국가권력의 조직과 작용에 관한 사항을 정하며 동시에 국가권력의 행사를 제한하여 국민의 자유와 권리 보장을 이념으로 하는 헌법으로 **버지니아헌법(≒ 권리장전, 1776년), 미합중국헌법(1787년), 프랑스 인권선언(1789년)** 등이 그 효시이다.

③ **현대 복지국가 헌법** : 근대 입헌주의 헌법정신을 바탕으로 하면서 **국민의 인간다운 생활을 보장**하기 위하여 **복지증진을 중심**으로 개편된 것으로 **바이마르헌법(1919년)**이 그 효시이다.

[근대·현대 헌법의 비교]

근대 입헌주의 헌법	현대 복지국가 헌법
• 기본권의 보장(형식적 평등) • 권력분립 • 의회주의 • 형식적 법치주의 • 성문헌법·경성헌법 • 시민적 법치국가 • 국민주권주의	• 생존권의 보장(실질적 평등) • 행정국가화 경향, 권력분립의 완화 • 사회적 시장경제질서, 사회국가적 복지국가 • 실질적 법치주의 • 헌법재판제도의 강화 • 국제평화주의, 복지국가적 경향 • 국민주권주의의 실질화(국민투표제도)

(5) 헌법의 분류 ★

① **실질적 의미의 헌법과 형식적 의미의 헌법**

㉠ **실질적 의미의 헌법** : **국가의 조직·작용에 관한 기본원칙**을 정하고 있는 **법규범 전체**를 말한다. 그 존재형식은 불문한다.

㉡ **형식적 의미의 헌법** : **헌법전**이라는 특별한 형식으로 성문화된 법규범을 말한다.

관습헌법(헌정 관습법)

1. 개념
관습헌법이란 반복된 관행이 국민의 법적 승인을 통하여 헌법적 효력을 가지는 것을 의미한다. 성문헌법과 같이 국내법 질서에서 최고의 효력을 갖는 헌법적 사항에 대한 관습법이다.

2. 성립요건 ★
① 헌법 사항일 것
② 일관성이 있는 관행이 존재할 것
③ 국민의 승인이 있을 것
④ 헌법의 명문에 반하는 관행이 아닐 것(소극적 요건)

3. 관련판례 ★

우리나라는 성문 헌법을 가진 나라로서 기본적으로 우리 헌법전(憲法典)이 헌법의 법원(法源)이 된다. 그러나 성문헌법이라고 하여도 그 속에 모든 헌법사항을 빠짐없이 완전히 규율하는 것은 불가능하고 또한 헌법은 국가의 기본법으로서 간결성과 함축성을 추구하기 때문에 형식적 헌법전에는 기재되지 아니한 사항이라도 이를 불문헌법 내지 관습헌법으로 인정할 소지가 있다. (중략) 강제력이 있는 헌법규범으로서 인정되려면 엄격한 요건들이 충족되어야만 하며, 이러한 요건이 충족된 관습만이 관습헌법으로서 성문의 헌법과 동일한 법적 효력을 가진다 (헌재 2004.10.21, 2004헌마554 등).

② 제정주체에 따른 분류 ★

 ㉠ **군주헌법(흠정헌법)** : 군주의 단독의사에 의하여 일방적으로 제정한 헌법(예 일본의 명치헌법, 19세기 전반의 독일 각 연방헌법)

 ㉡ **협약헌법** : 국민과 군주 간의 협의에 의하여 제정된 헌법(예 대헌장, 권리장전)

 ㉢ **민정헌법** : 국민의 대표자로 구성된 제헌 의회를 통하여 제정된 헌법(예 오늘날 자유민주주의 국가의 대부분의 헌법)

 ㉣ **국약헌법** : 둘 이상의 국가 간의 합의의 결과로 국가연합을 구성하여 제정한 헌법(예 미합중국 헌법)

③ 성문 여부(존재형식)에 따른 분류

 ㉠ **성문헌법** : 헌법이 성문화되어 있는 헌법(예 1776년의 버지니아 헌법)

 ㉡ **불문헌법** : 주요부분이 관습 등에 의하여 성립된 것으로 헌법전의 형식으로 존재하지 않는 헌법(예 영국·뉴질랜드 등의 헌법)

불문헌법

1. 불문헌법국가 : 영국, 뉴질랜드, 캐나다, 이스라엘
2. 불문헌법에서 인정되는 것 : 헌법의 국가창설적 기능, 헌법변천, 헌법해석, 헌법보호 ★
3. 불문헌법에서 인정되지 않는 것 : 헌법개정, 위헌법률심판 ★

④ 개정절차의 난이도에 따른 분류

 ㉠ **경성헌법** : 개정절차가 일반 법률의 개정절차보다 까다로운 헌법(예 대부분의 국가들이 취하고 있는 헌법)

 ㉡ **연성헌법** : 개정절차가 일반 법률과 동일한 절차로 행할 수 있는 헌법(예 1948년의 이탈리아 헌법, 1947년의 뉴질랜드 헌법)

⑤ 유래에 따른 분류

 ㉠ **독창적 헌법** : 새로이 창조되어 다른 것에서 유래되지 않은 원칙적인 헌법(예 영국의 의회주권주의 헌법, 미국의 대통령제 헌법, 프랑스의 나폴레옹 헌법, 1931년의 중화민국 헌법 등)

 ㉡ **모방적 헌법** : 국내외의 과거의 헌법을 모방하여 만든 헌법(예 영연방의 여러 헌법들, 남미의 헌법들)

⑥ **효력에 따른 분류(뢰벤슈타인)** ★

　　㉠ **규범적 헌법** : 헌법 규정과 효력 행사의 현실이 일치하는 헌법(예 서구 여러 나라의 헌법)

　　㉡ **명목적 헌법** : 헌법을 이상적으로 제정하였으나 사회여건은 이에 불일치하는 헌법(예 남미 여러 나라의 헌법)

　　㉢ **장식적 헌법** : 헌법이 권력장악자의 지배를 안정시키고 영구화하는데 이용되는 수단이나 도구에 지나지 않는 가식적 헌법(예 구소련 등의 공산주의 국가의 헌법)

(6) 헌법의 기능 ★

① **국가창설적 기능** : 헌법은 비조직 사회를 정치적으로 통일시킴으로써 국가를 창설하는 기능을 가진다.

② **정치생활주도 기능** : 헌법은 국가의 정치생활을 주도하고 규제하는 기능을 가진다.

③ **기본권 보장을 통한 사회통합 기능** : 헌법은 사회공동체의 공감대적 가치를 보장하고 이를 실현하는 사회적 통합의 기능을 가진다.

④ **권력제한적 기능** : 헌법은 국가기관을 설치하고, 권한을 부여하며 권력을 제한하는 기능을 가진다.

2 헌법의 제정과 개정

(1) 헌법의 제정

헌법의 제정이란 실질적으로는 정치적 통일체의 종류와 형태에 관하여 헌법제정권자가 행하는 법창조행위(헌법제정행위)를 의미하며, 형식적으로는 헌법사항을 성문헌법화 하는 것을 의미한다.

(2) 헌법제정권력 ★

① **헌법제정권력의 개념** : 국민이 정치적 존재에 관한 근본 결단을 내리는 정치적 의사이며 법적권한으로 **시원적 창조성**과 자유성, 항구성, **단일불가분성, 불가양성** 등의 본질을 가진다.

　　㉠ **시원적 창조성** : 헌법제정권력은 제정의 본질상 당연히 국가적 질서와 헌법적 질서를 창조하는 시원적 창조성을 그 본질로 한다.

　　㉡ **자유성** : 어떠한 법형식이나 절차에 구애받지 않고 스스로 의도한 바에 따라 발동된다.

　　㉢ **항구성** : 헌법제정권력은 다른 모든 권력의 기초가 되며 분할할 수 없다.

　　㉣ **단일불가분성** : 한 번 행사되었다고 소멸하는 것이 아니라 영원히 지속된다.

　　㉤ **불가양성** : 국민에게만 존재할 뿐 양도될 수 없다. 그러나 그 행사를 위임할 수는 있다(제정의회)

② **행사방법과 한계** : 헌법제정회의의 의결로 행사되며(제헌의회, 국민투표 등으로 표현), 인격 불가침, 법치국가의 원리, 민주주의 원리 등과 같은 근본규범의 제약을 받는다.

③ 헌법제정권력 이론(칼 슈미트와 시이예스) ★

구 분	칼 슈미트	시이예스
주 체	힘과 권력, 정치적 의지를 갖춘 실력자 (신, 군주, 국민, 귀족 등)	국 민
정당성	혁명성	시원성
권력 행사방법	국민투표	제헌의회
특 징	혁명성, 정치적 의지, 힘과 권력	시원적이고 창조적인 권력
헌법제정권력의 한계	한계×	한계×

(3) 헌법의 개정

① **헌법개정의 개념** : 헌법의 개정이란 헌법의 규범력을 높이기 위해 헌법에 규정된 헌법개정절차에 따라 헌법의 기본적 동일성을 유지하면서 성문헌법전의 전부 또는 일부를 의식적으로 수정, 삭제 또는 증보함으로써 헌법의 형식이나 내용에 종국적인 변경을 가하는 행위를 말한다. ★

② **헌법개정의 형식** : 개정 조항만을 추가해 나가는 경우(예 미국연방헌법)와 이미 있는 조항을 수정 또는 삭제하거나 새로운 조항을 설정하는 형식을 취하는 경우가 있다. ★

[헌법개정의 형식]

구 분	내 용
수정식 · 개폐식 개정	이미 있는 조항을 수정 또는 삭제하거나 새로운 조항을 삽입하는 유형으로 우리나라는 이 유형에 해당한다.
추가식 개정	기존의 조항들을 그대로 둔 채 개정조항만을 추가하는 유형으로 미국헌법은 이 유형에 해당한다.

③ 우리나라 헌법의 개정절차

㉠ 제안(헌법 제128조 제1항) : **국회 재적의원 과반수 또는 대통령의 발의**로 제안

㉡ 공고(헌법 제129조) : 제안된 헌법개정안은 대통령이 **20일 이상**의 기간동안 공고

㉢ 국회의결(헌법 제130조 제1항) : 공고일로부터 **60일 이내**에 국회 **재적의원 2/3 이상의 찬성**으로 의결 (기명투표, 수정의결 불허)

㉣ 국민투표(헌법 제130조 제2항) : 국회의결 후 **30일 이내**에 국회의원 **선거권자 과반수의 투표와 투표자 과반수의 찬성**으로 **확정**

㉤ 공포(헌법 제130조 제3항) : 대통령이 **즉시 공포**

(4) 헌법의 변동(슈미트의 구분) ★★

칼 슈미트(C. Schmitt)는 헌법 개정과 구별되는 개념으로서 헌법의 파괴, 폐제(폐지), 헌법침해, 헌법정지를 들었다.

① 헌법의 파괴(수직적 교체) : 혁명 등에 의해 **헌법제정권력이 경질**되는 경우(예 프랑스 대혁명에 의한 군주제 헌법 파괴, 러시아 프롤레타리아혁명에 의한 제정헌법의 파괴)

② 헌법의 폐지(수평적 교체 · 헌법전의 교체) : 쿠데타, 즉 **기존헌법을 배제**하기는 하지만 **헌법제정권력의 주체는 변경이 없는** 경우(예 나폴레옹의 쿠데타, 나폴레옹 3세의 쿠데타, 드골헌법)

③ 헌법의 정지 : 헌법의 **특정조항에 대해 효력을 일시적으로 중단**시키는 경우 합헌적 헌법정지(예 유신헌법상의 긴급조치권 발동), 초헌법적인 헌법정지(예 5 · 16 군사정변 이후의 국가비상조치에 의한 헌법정지)

④ 헌법의 침해 : **위헌임을 알면서도** 헌법에 위반되는 명령이나 조치를 취하는 경우(예 비상계엄이 선포된 경우 헌법의 특정조항이 침해될 가능성이 있음)

⑤ 헌법의 변천 : 헌법의 조문은 그대로 있으면서 **그 의미나 내용이 실질적으로 변화**하는 경우(예 헌법해석에 의한 변천, 헌법관행에 의한 변천, 헌법의 흠결을 보완하기 위한 변천)와 **미 연방대법원의 위헌법률심사권, 미국대통령선거**(예 간접선거임에도 직접선거처럼 운용), 영국국왕의 권한 상실과 수상의 내각지배 등

> **우리나라 헌법의 변천 사례 ★**
> 1952년 민의원과 참의원의 양원제 규정을 두었음에도 실질적으로 단원제로 운영하여 참의원을 구성하지 않은 사례나, 3공화국(제3차 개정헌법) 당시 지방자치단체 규정에도 불구하고 지방자치단체를 구성하지 않은 사례를 들 수 있다.

3 헌법의 보장

(1) 의 의

협의로는 국가형태, 정치형태 또는 기본권적 가치질서를 보호대상으로 하고, 국가의 최고법으로서의 헌법효력의 보장을 의미하며, 광의로는 특정한 국가의 법적 · 사실적 존재 자체를 내외의 침해로부터 보호하는 국가 보장을 의미한다.

(2) 우리나라의 헌법 보장제도의 종류

구 분	사전예방적 헌법수호	사후교정적 헌법수호
평상시	• 합리적 정당정치 구현 • 선거민의 국정통제 • 국민의 호헌의식 • 헌법 준수의무 선언 • 헌법의 최고규범성 선언 • 국가의 권력분립 • 헌법개정의 경성화 • 정치적 중립성 • 방어적 민주주의	• 위헌법률심사제도 • 탄핵제도 • 위헌정당의 강제해산제 • 의회해산제 • 공무원 책임제 • 국회의 긴급명령 등에 대한 승인권 • 각료의 해임건의권, 해임의결권
비상시		• 국가긴급권 • 저항권

2 대한민국 헌법

1 대한민국 헌법사

(1) 제 정

1948년 5 · 10 선거로 198인의 국회의원이 선출, 국회 본회의를 통과하여 **1948년 7월 17일 헌법 공포, 즉일로 시행**

(2) 건국 헌법의 내용 ★

근로자의 이익분배균점권, 단원제국회, 대통령은 **임기 4년(국회에서 선출),** 대통령의 법률안거부권 및 법률안제출권, 부서제도, 국무원, 가예산제도, **헌법개정은 국회 의결로 가능,** 헌법위원회의 위헌법률심사권, 탄핵재판소의 탄핵심판권, 자연자원의 국유화 원칙

> **근로자의 이익분배균점권**
> 제헌헌법 18조는 "영리를 목적으로 하는 사기업에 있어서는 근로자는 법률이 정하는 바에 따라 이익의 분배에 균점할 권리가 있다"는 규정을 통해 근로자의 이익분배균점권을 인정하였는데, 제5차 개정헌법(1962.12.17)에서 삭제되었다. 건국헌법은 단원제를 규정하였으나 제1차 개정헌법(1952.7.4)에서 양원제로 개정되었다.

2 헌법전문

(1) 헌법전문의 의의

① 개 념

헌법전문이란 헌법제정의 유래와 헌법제정권자, 헌법제정의 목적, 헌법의 기본원리 등을 선언하고 있는 헌법서문이다.

② 대한민국 헌법 전문

유구한 역사와 전통에 빛나는 우리 대한국민은 3·1 운동으로 건립된 대한민국임시정부의 법통과 불의에 항거한 4·19 민주이념을 계승하고, 조국의 민주개혁과 평화적 통일의 사명에 입각하여 정의·인도와 동포애로써 민족의 단결을 공고히 하고, 모든 사회적 폐습과 불의를 타파하며, 자율과 조화를 바탕으로 자유민주적 기본질서를 더욱 확고히 하여 정치·경제·사회·문화의 모든 영역에 있어서 각인의 기회를 균등히 하고, 능력을 최고도로 발휘하게 하며, 자유와 권리에 따르는 책임과 의무를 완수하게 하여, 안으로는 국민생활의 균등한 향상을 기하고 밖으로는 항구적인 세계평화와 인류공영에 이바지함으로써 우리들과 우리들의 자손의 안전과 자유와 행복을 영원히 확보할 것을 다짐하면서 1948년 7월 12일 제정되고 8차에 걸쳐 개정된 헌법을 이제 국회의 의결을 거쳐 국민투표에 의하여 개정한다.

③ 주요내용 ★★

현행 헌법전문에 명문으로 규정되어 있는 것	대한민국의 건국이념(3·1운동, 대한민국의 임시정부 법통과 4·19 이념의 계승), 국민주권주의, 자유민주적 기본질서의 확립, 기본권의 존중, 국제평화주의, 정의로운 복지사회의 구현
현행 헌법전문에 명문으로 규정되어 있지 않은 것	• 권력분립 • 민주공화국, 국가형태(제1조) • 5·16 군사정변(제4공화국 헌법) • 침략전쟁의 부인(제5조 제1항) • 자유민주적 기본질서에 입각한 평화적 통일정책(제4조) • 국가의 전통문화계승발전과 민족문화창달의무(제9조) • 대한민국 영토(제3조) • 개인과 기업의 경제상의 자유와 창의(제119조 제1항) • 인간의 존엄과 가치, 행복추구권(제10조)

대한민국의 구성요소(전통적 입장)
1. 주권(헌법 제1조 제2항)
2. 국민(헌법 제1조 제2항, 헌법 제2조)
3. 영토(헌법 제3조)

④ 헌법전문의 효력에 관한 학설

　㉠ **부정설** : 헌법전문은 단순히 헌법제정의 역사적 설명에 불과하다거나 제정 유래나 목적 또는 헌법
제정에 있어서 국민의 의사를 선언한 것에 불과하다.

　㉡ **긍정설** : 헌법전문은 형식적으로 헌법전의 일부를 구성하고, 실질적으로는 헌법규범 중 가장 기초
적인 최상위의 규범으로써 헌법의 본질적 부분을 형성하여 헌법개정의 한계가 된다.

⑤ 법적 효력 ★

　㉠ **최고규범성** : 헌법전문은 본문을 비롯한 모든 법규범의 내용을 한정하고 그 타당성의 근거가 된다.
따라서 한 국가의 법체계에서 최상위의 근본규범이다.

　㉡ **법령의 해석 기준** : 헌법전문은 헌법본문과 기타법령의 해석기준이 된다.

　㉢ **재판규범성** : 헌법전문의 법적 효력을 인정하는 입장에서도 헌법전문이 직접적인 재판규범인지에
대해서는 긍정설과 부정설로 나뉜다. 헌법재판소는 헌법전문의 재판규범성을 인정하고 있다. ★

　㉣ **헌법개정의 한계** : 헌법전문의 자구수정은 가능하나 핵심적인 내용은 헌법개정의 한계이다. 제 5 · 7 ·
8 · 9차 개정헌법은 헌법전문을 개정한 바 있다. ★

　㉤ **기본권 도출** : 헌법전문으로부터 곧바로 국민의 개별적 기본권을 도출해 낼 수는 없다. ★

2 대한민국 헌법의 기본원리

(1) 국민주권의 원리

헌법 제1조 제2항에 국민주권주의를 표명하고 있고, 이는 헌법의 근본 규범으로서 헌법개정의 한계가 된
다. 이를 구현하기 위한 제도로서 기본권 보장, 국민대표제, 복수정당제, 지방자치제, 법치주의, 권력분립
등이 있다.

(2) 자유민주주의의 원리

헌법전문에 표명된 자유민주주의는 자유주의와 민주주의가 결합된 정치원리로서 국민주권, 자유, 평등,
정의, 복지 등을 기본가치로 삼는다. 자유민주주의는 모든 폭력적 지배와 자의적인 지배를 배제하고 그때
그때의 다수의 의사와 자유 및 평등에 의거한 국민의 자기결정을 토대로 하는 법치국가적 통치원리를
말한다.

민주적 기본질서의 원리
- 권력분립주의
- 법치주의
- 의회민주주의
- 자유와 평등의 보장
- 다수결의 원리

다수결의 원리
1. 의 의 : 민주주의의 실현의 수단
2. 다수결원리의 전제조건
    ① 결정참여자 간의 평등한 지위 보장
    ② 구성원 간의 다수결 원리에의 상호합의와 신뢰
    ③ 구성원 간에 기본적 가치에 대한 합의가 존재하고, 조정될 수 없는 근본적인 대립관계가 존재하지 않을 것
    ④ 자유롭고 개방된 의사형성이 가능할 것
    ⑤ 소수파와 다수파 간의 교체가능성이 열려 있을 것

(3) 기본권존중주의

인간의 존엄과 인격의 존중을 바탕으로 하는 기본적 인권의 보장은 자유민주주의의 가장 기본적인 요소라고 할 수 있다. 헌법 제10조는 인간의 존엄과 가치의 존중, 행복추구권을 규정하여 이러한 기본권존중의 대원칙을 선언하고 있다.

(4) 권력분립주의

① 의 의

권력분립이라 함은 국가의 통치작용을 입법, 사법, 행정으로 나누어 각각 독립한 별개의 기관에 귀속시켜 기관 상호간에 권력의 억제와 균형을 유지하고 국민의 자유를 보장하기 위한 통치조직의 원리를 말한다.

② 헌법규정

㉠ 입법권은 국회에 속한다(헌법 제40조).

㉡ 행정권은 대통령을 수반으로 하는 정부에 속한다(헌법 제66조 제4항).

㉢ 사법권은 법관으로 구성된 법원에 속한다(헌법 제101조 제1항).

(5) 법치주의의 원리

① 의의 및 성격
법치주의의 원리라 함은 모든 국가적 활동과 국가적 생활은 국민의 대표기관인 국회가 제정한 법률에 근거를 두고(법률유보원칙), 법률에 따라(법률우위원칙) 이루어져야 한다는 헌법원리이다. 적극적으로 국가권력의 발동근거로서의 기능, 소극적으로는 국가권력을 제한하고 통제하는 기능을 수행한다. ★

② 법치주의의 원리의 구현방법
성문헌법주의, 권력분립의 확립, 법률에 의한 기본권의 제한, 기본권보장과 적법절차의 보장, 사법심사 및 권리구제 절차제도, 신뢰보호원칙, 소급입법금지의 원칙, 체계정당성의 원리, 법치행정, 위헌법률심사제 등 ★

법치주의에 위배되는 것 ★
- 포괄적 위임입법
- 소급입법에 의한 처벌규정

법치주의에 위배되지 않는 것 ★
- 법률유보원칙
- 간이절차에 의한 재판
- 행정심판 전치주의

---

(6) 사회국가의 원리

① 사회국가의 원리의 헌법적 수용
현행 헌법은 명시적인 사회국가조항을 두지 아니하고 사회적 기본권 등의 사회국가적 목표를 개별적으로 헌법에 규정하고 있다.

② 헌법규정 ★
㉠ 인간다운 생활의 보장(헌법 제34조 제1항 내지 제6항)
㉡ 근로자의 권익보장과 최저임금(헌법 제32조・제33조)
㉢ 교육제도(헌법 제31조)
㉣ 환경권(헌법 제35조)
㉤ 경제민주화와 사회적 시장경제질서(헌법 제9장의 경제조항)

③ 사회국가의 원리의 한계 ★
이념적 한계(자유시장경제질서의 준수), 보충성에 의한 한계(경제적・사회적 문제의 해결은 1차적으로 개인적 차원에서 해결을 시도하고 개인적 차원에서의 해결이 불가능한 경우에 비로소 국가가 개입해야 한다는 의미), 그 밖의 재정・경제상의 한계, 경제정책상의 한계, 기본권 제한상의 한계, 권력분립상의 한계 등

(7) 문화국가의 원리

문화국가의 원리란 국가가 문화를 보호·형성하면서도 국가로부터 문화의 자율성을 보장해야 한다는 원리이다. 현행 헌법은 헌법전문과 제9조에서 문화국가의 원리를 선언하고 있다.

3 헌법의 기본질서

(1) 민주적 기본질서

민주적 기본질서는 자유민주적 기본질서와 사회민주적 기본질서를 포괄하는 개념이기는 하나 우리 헌법이 보다 역점을 두고 있는 쪽은 자유민주적 기본질서이다. 헌법재판소는 자유민주적 기본질서의 내용으로 기본권의 존중, 권력분립, 의회제도, 복수정당제도, 선거제도, 사유재산과 시장경제를 골간으로 하는 경제질서, 사법권의 독립 등을 열거하고 있다.

(2) 사회적 시장경제질서

① 현행 헌법상 경제질서의 성격 : 사회적 시장경제질서
② 현행 헌법상 경제조항의 구체적 검토

천연자원의 원칙적 국유화(헌법 제120조 제1항), 농지소작제도의 절대적 금지(헌법 제121조 제1항)와 법률에 의해 인정되는 농지 임대차와 위탁경영(헌법 제121조 제2항), 국토의 효율적이고 균형 있는 이용·개발과 보전(헌법 제122조), 농·어촌종합개발 및 중소기업 보호·육성 등(헌법 제123조), 소비자보호운동의 보장(헌법 제124조), 사영기업의 국·공유화 또는 경영의 통제·관리의 원칙적 금지(헌법 제126조), 국가표준제도의 확립(헌법 제127조 제2항)

(3) 평화주의적 국제질서

20세기 들어 양차대전의 참혹성을 체험한 세계 각국은 헌법에서 국제평화주의를 선언하고 있다. 우리 헌법도 헌법 전문에서 "세계평화와 인류공영에 이바지 할 것"을 선언하고, 침략전쟁의 부인(헌법 제5조 제1항), 국제법질서 존중(헌법 제6조 제1항), 상호주의에 의한 외국인의 법적 지위의 보장(헌법 제6조 제2항), 평화통일의 정책(헌법 제4조) 등을 규정하고 있다.

3 대한민국의 기본제도

(1) 정당제도

① 의 의

국민의 이익을 위하여 책임 있는 정치적 주장이나 정책을 추진하고 공직선거의 후보자를 추천 또는 지지함으로써 국민의 정치적 의사 형성에 참여함을 목적으로 하는 **국민의 자발적 조직**이다(정당법 제2조).

② 헌법상의 지위

설립의 자유와 복수정당제의 보장, 그 목적과 조직 및 활동이 민주적이어야 하며 만일 민주적 기본 질서에 위배될 때에는 헌법재판소의 심판에 의하여야만 해산할 수 있다. ★

> **방어적 민주주의**
>
> 세계 각국은 양차대전 후 상대주의적 세계관에 제한을 가하여 "민주주의의 적에게는 자유를 인정할 수 없다"는 방어적 민주주의를 채택하게 되었다. 우리 헌법은 제8조 제4항에서 민주적 기본질서에 위배되는 정당의 해산제도를 규정하고 있다.
> 2014년 통합진보당이 이로 인해 해산되었으며, 1958년 진보당의 해산은 방어적 민주주의가 아닌 행정청의 등록취소라는 행정처분에 의한 해체에 해당한다. ★

③ 법적 성격

정당은 국가와 국민의 정치적 의사형성의 중개적 권력이라는 **제도적 보장설**(중개적 권력설)이 다수설이며 그 밖에 헌법기관설(국가기관설), 사법적 결사설이 있다.

> **정당의 기본권 주체성** ★
>
> 권리능력 없는 사단에 대해 헌법재판소는 기본권 주체성과 헌법소원청구능력을 인정하였다.
>
> **정당의 권한쟁의심판 청구능력** ★
>
> 헌법 제111조 제1항 제4호는 권한쟁의 심판의 당사자를 국가기관과 지자체로 규정하고 있다. 정당은 국가기관도 아니고 지자체도 아니므로 권한쟁의 심판을 청구할 능력이 인정되지 아니한다.

④ 조 직

정당은 **5개 이상의 시·도당**을 가져야 하며, 시·도당은 **1천인 이상**의 당원을 가져야 한다.

⑤ 특 권

정당의 설립·활동·존립·해산 등에 있어 특권을 가진다. 구체적으로 정치적 의사형성에 참여할 권리, 균등하게 경쟁할 기회를 보장받을 권리, 선거참가인지명권, 정당운영자금의 국고보조 등을 포함한 정치자금을 모집할 권리를 가진다. ★

⑥ 의 무

당헌과 강령의 공개의무 및 재원을 공개할 의무가 있다. 또한 조직 및 활동 등을 관할 선거관리위원회에 보고하여야 한다.

⑦ 정당의 해산

정당의 목적 및 활동이 민주적 기본질서에 위반될 때 헌법질서를 수호 및 유지하기 위해 헌법재판소가 정당을 강제로 해산하는 제도를 위헌정당 해산제도라고 한다.

> **정당 해산 시 의원직 상실여부 ★**
>
> 헌법재판소의 해산결정으로 정당이 해산되는 경우에 그 정당 소속 국회의원이 의원직을 상실하는지에 대하여 명문의 규정은 없으나, 정당해산심판제도의 본질은 민주적 기본질서에 위배되는 정당을 정치적 의사형성과정에서 배제함으로써 국민을 보호하는 데에 있는데 (중략) 이러한 정당해산제도의 취지 등에 비추어 볼 때 헌법재판소의 정당해산결정이 있는 경우 그 정당 소속 국회의원의 의원직은 당선 방식을 불문하고 모두 상실되어야 한다(헌재 2014.12.19, 2013헌다1).

(2) 선거제도

① 개 념

합의에 의한 정치를 구현하기 위하여 국민의 대표자를 선출하는 행위를 말한다.

② 선거제도의 원칙 ★

보통선거제	제한선거제에 반대되는 것으로서 사회적 신분·재산·납세·교육·신앙·인종·성별 등에 차별을 두지 않고 원칙적으로 모든 성년자에게 선거권을 부여하는 제도이다.
평등선거제	차등선거제에 반대되는 것으로서 선거인의 투표가치가 평등하게 취급되는 제도이다.
직접선거제	간접선거제에 반대되는 것으로서 선거인이 직접 선거하는 제도이다.
비밀선거제	공개선거제에 반대되는 것으로서 선거인이 누구에게 투표했는가를 제3자가 알 수 없게 하는 제도이다.
임의선거제 (자유선거제)	강제선거제에 반대되는 것으로서 투표를 선거인의 자유에 맡기고 기권에 대해서도 하등 제재를 과하지 않는 제도이다.

③ 선거구제도 ★

의원을 선출하는 단위로서의 지구를 말하며, <u>소선거구제는 1선거구에서 1인의 대표자를 선출하는 제도</u>이고 <u>중선거구제는 1선거구에서 2~5인의 대표자를 선출하는 제도</u>이다. 대선거구제는 중선거구제 이상의 대표자를 선출하는 제도이다.

[선거구제의 장단점]

구 분	장 점	단 점
대선거구제	사표의 방지, 부정투표의 방지, 인물선택의 범위 확대	군소정당 출현, 정국 불안정, 다액의 선거비용, 보궐선거나 재선거의 실시곤란, 후보자 파악의 곤란
소선거구제	양대정당 육성, 정국안정, 선거의 공정성 확보, 의원과 선거민과의 밀접한 유대관계, 선거비용의 소액	사표의 가능성, 게리멘더링(Gerry mandering)의 위험성, 지방적인 소인물의 배출

④ 대표제도(의원 정수의 결정방법) ★

다수대표제	하나의 선거구에서 다수득표를 얻은 자를 당선자로 하는 제도로, 소선구제와 결부된다.
소수대표제	한 선거구에서 다수득표자뿐만 아니라 소수득표자도 당선자로 낼 수 있는 제도로, 대선거구제를 그 전제로 한다.
비례대표제	각 정당에게 그 득표수에 비례하여 의석을 배분하는 대표제를 말한다.
직능대표제	선거인을 각 직역으로 그 직역을 단위로 하여 대표를 선출하는 방법이며, 정치의 경제화에 그 원인이 있다.

비례대표제 ★

1. 장 점

   투표의 성과가치 평등 실현 : 국민의사와 대표선출간의 비례성 확보, 평등선거 원리와 조화를 통해 소수보호에 유리하고 다원적 국민대표 선출, 사표방지, 정당본위 선거발전, 선거비용 절감, 선거구획정문제의 해결 등이 있다.

2. 단 점

   득표율에 따른 의석배분으로 군소정당이 난립하고 연립내각의 필요성이 가중되어 정국의 불안정을 가져온다. 정당의 개입으로 선거인과 의원과의 유대가 약화되고 정당의 민주화가 안 된 경우 정당간부의 횡포, 독점과 정치판도의 고정화를 초래할 수 있다.

바이어스(Bias)현상 ★

정당의 득표율과 의석수가 역전되는 현상으로, 즉 표에서 이기고 의석수에서 지는 현상으로 영국에서 유래하였다. 바이어스(Bias) 현상은 다수대표제의 단점으로 지적되는데 이는 평등선거의 원칙에 비춰 볼 때 문제점이 발생한다.

⑤ 우리나라의 선거제도

보통·평등·직접·비밀·자유선거의 선거 원칙을 따르며, 비례대표제(전국구 국회의원, 광역의회 의원)를 가미한 소선거구·다수대표제이다.

(3) 공무원제도

① 의 의

직·간접으로 국가나 공공단체의 공무를 담당하는 자를 총칭한다.

② 헌법상의 지위 ★

국민 전체에 대한 봉사자이며 국민에 대한 봉사자의 지위를 확립하고, 그 직무에 공정한 수행과 정치적 중립을 보장하기 위하여 일정한 범위에서 기본권을 제한하고, 국민에 대하여 책임을 진다.

③ 직업 공무원제도 ★

정당국가에 있어서 정당의 교체에 관계없이 행정의 독자성을 유지하기 위하여 헌법 또는 법률에 의하여 공무원의 신분이 보장된 공무원제도로 **정치적 중립**과 **성적주의**(능력실증), **정치활동**과 **근로 3권의 제한**을 내용으로 한다.

④ 공무원의 근로 3권 ★

㉠ 근로자는 근로조건의 향상을 위하여 자주적인 단결권·단체교섭권 및 단체행동권을 가진다(헌법 제33조 제1항).

㉡ 공무원인 근로자는 법률이 정하는 자에 한하여 단결권·단체교섭권 및 단체행동권을 가진다(헌법 제33조 제2항).

㉢ 법률이 정하는 주요방위산업체에 종사하는 근로자의 단체행동권은 법률이 정하는 바에 의하여 이를 제한하거나 인정하지 아니할 수 있다(헌법 제33조 제3항).

⑤ 공무원의 분류

㉠ 경력직 공무원

• **일반직** : 기술·연구 또는 행정일반에 대한 업무를 담당하는 공무원

• **특정직** : 법관, 검사, 외무, 경찰, 소방, 교원, 군인, 군무원, 헌법재판소 헌법연구관, 국가정보원의 직원과 특수 분야의 업무를 담당하는 공무원

㉡ 특수경력직 공무원

• **정무직** : 선거취임, 국회동의임명직, 고도의 정책결정업무담당자 또는 이 업무보조자

• **별정직** : 비서관·비서 등 보좌업무 등을 수행하거나 특정한 임무를 담당하기 위해 별도로 임용된 공무원

기능직·계약직 공무원 폐지

2013년 12월 12일부터 기능직·계약직 공무원이 폐지되어 경력직 공무원은 일반직과 특정직으로, 특수경력직 공무원은 정무직과 별정직으로 분류된다. ★

(4) 지방자치제도

① 의 의

일정한 지역을 기초로 하는 단체나 **일정한 지역의 주민**이 국가로부터 **자치권**을 부여받아 자치단체의 고유 사무를 자신의 책임 하에서 자신이 선출한 기관을 통하여 처리하는 제도로서 민주주의(**주민자치**)와 지방분권(**단체자치**)을 기반으로 한다.

> **주민자치와 단체자치의 비교**
>
> 1. 주민자치(정치적 의미)
>   주민자치는 민주주의 이념을 기초로 하며 자치권을 자연법상 주민의 권리로 본다. 자치단체에 권한 부여방법에 대해서는 개별적 수권주의의 입장이며 기관 통합주의에 따라 내각제형을 취하고 있다. 국가는 입법적·사법적 감독을 중심으로 하며 지방세에 대해서는 독립세주의 입장에 있다. 주민자치에서는 고유사무와 위임사무의 구별이 없다.
>
> 2. 단체자치(법률적 의미)
>   단체자치는 지방분권사상에 이념적 기초를 두고 있으며 자치권의 성질을 실정법에서 부여 되는 단체의 권리로 본다. 권한 부여방법에 대해서는 포괄적 수권주의의 입장에 있으며 권력분립 주의에 따른 대통령제 형태를 띤다. 지방세에 대해서는 부가세 주의를 취하고 고유사무와 위임사무를 구분한다.

② 기 능

권력의 억제기능, **민주주의의 학교** 기능, 주민의 기본권 실현 기능

③ 자치단체의 종류(법률로 정함)

특별시·광역시·특별자치시·도·특별자치도(정부직할), 시·군·자치구(특별시·광역시 관할), 지방자치단체 조합·특별 지방자치단체

④ 자치단체의 권한 ★

자치행정권, 자주재정권, 자치입법권, 조례와 규칙제정권, 자치조직권

⑤ 자치단체의 기구

지방의회의원으로 구성된 지방의회와 규칙제정권, 조례공포권, 재의요구권, 선결처분권 등을 가진 자치단체의 장이 있다.

⑥ 대한민국의 지방자치제

㉠ 종류 : 보통 지방자치단체로 특별시·광역시·특별자치시·도·특별자치도의 상급 지방자치단체와 시·군·구의 하급 지방자치단체가 있고, 특별 지방자치단체로 지방자치단체조합이 있다.

㉡ **지방자치단체의 구성요소** : 일정한 지역, 주민, 자치권 ★

(5) 가족제도와 교육제도

① 가족제도

개인의 존엄과 양성의 평등을 기초로 하는 혼인제도로 가족생활의 보장, 민주적인 혼인제도, 제도적 보장으로 주관적 방어권을 가진다(헌법 제36조 제1항).

② 교육제도

교육의 자주성·전문성·정치적 중립성, 교육제도의 법정(교육법)이 보장(헌법 제31조 제4항)되며, 대학자치제가 시행되고 있다.

(6) 군사제도

군사에 관한 헌법원칙에는 병정통합의 원칙, 문민우위의 원칙 등이 있다.

3 기본권

1 기본권 서론

(1) 기본권의 발전 ★★

① 고전적 기본권

㉠ 중세 자연법학설에서 싹트기 시작하여 근세의 영국에서 전제군주와 평민과의 항쟁과정에서 보장되었으나, 군주의 권력에 대하여 군주의 양해 하에 일정한 제약을 가하는 데에 머물렀다.

㉡ 1215년 마그나 카르타 → 1295년 모범의회 → 1628년 권리청원 → 1647년 인민협정 → 1679년 인신보호법 → 1688년 명예혁명 → 1689년 권리장전

② 근대적 기본권

㉠ 18세기 후반에 미국·프랑스에서 일어난 개인주의·자유주의사상을 배경으로 한 자유획득의 투쟁 결과 이루어진 몇 가지 권리선언에서 발전되는 것으로 자연법사상을 기반으로 한다.

㉡ 1776년 미국의 버지니아 권리장전(자유권적 기본권을 최초로 규정), 1776년 미국 독립선언서, 1789년 프랑스 인권선언, 1791년 미국의 수정헌법, 1906년 러시아의 국가기본법 등

③ 현대적 기본권

기본권의 사회화 경향(1919년 바이마르헌법–생존권적 기본권, 즉 사회적 기본권을 헌법적 차원에서 처음으로 규정), 자연권성 강조(1948년 UN인권선언), 기본권 보장의 국제화(1945년 UN헌장, 1948년 세계인권선언, 1950년 유럽인권규약, 1966년 UN인권규약, 1993년 비엔나 인권선언)가 특색이다.

현대적 기본권 보장의 특징

1. 자유권과 사회적 기본권의 조화
2. 자유권의 생활권화 현상
3. 제3세대 인권 : 제1세대 인권은 정치적 인권, 제2세대 인권은 경제적·문화적 인권이고 제3세대 인권은 제2차 세계대전 이후에 제기된 인권으로 개발에 대한 권리, 평화에 대한 권리, 의사소통의 권리, 서로 다를 수 있는 권리, 환경권 등이다. 제1·2세대 인권이 이미 법질서에 의해 확립된 권리라면 제3세대 인권은 생성 중에 있는 권리라는 면에서 그 특징이 있다. 제1세대, 제2세대 인권이 프랑스 혁명의 자유·평등의 이념을 구체화시킨 권리라면 연대권으로서 제3세대 인권은 프랑스 혁명사상의 박애정신을 구체화시킨 권리이다.

(2) 기본권의 성격과 제도적 보장

① 기본권의 성격

개인을 위한 주관적 공권이며, 자연법상의 권리이다. 그러나 기본권은 주관적으로는 개인을 위한 주관적 공권을 의미하지만, 객관적으로는 국가의 가치질서인 기본적 법질서의 구성요소로서의 성격을 띠고 있으므로 헌법이 보장하는 기본권은 이중적 성격 내지 양면성을 가지고 있으며 보편성·고유성·항구성·불가침성이 그 특질이다.

② 제도적 보장 ★

국가 자체의 존립의 기초가 되는 객관적 제도를 헌법에 규정하여 당해 제도의 본질을 헌법이 보장하는 것으로 **Wolff가 창안, Schmitt가 체계화하였다.** 제도적 보장의 대상은 역사적·전통적으로 형성된 기존의 제도이며, 특정한 제도의 본질에 대한 최소한의 보장을 하기만 하면 되며, 제도 보장의 침해를 이유로 개인이 헌법소원을 제기할 수 없다.

기본권의 포기·불행사 ★

기본권의 포기는 일정한 기본권 제한에 대한 자발적인 승낙 내지 동의로 국가와 개인 사이뿐 아니라 사인 상호간에도 이루어진다. 기본권의 본질적 내용이나 기본권의 전체를 포기할 수 없으며 자발성과 포기의 의사표시를 형식적 요건으로 한다. 기본권의 불행사는 위헌적인 공권력 행사에 대해 사법적인 권리구제절차를 밟지 않아 시간의 경과로 권리가 소멸되는 것이나, 기본권의 포기는 위헌적인 조치를 합헌화 시킨다는 점에서 차이가 있다.

(3) 기본권의 분류

포괄적 기본권	① 인간의 존엄과 가치 ② 행복추구권 ③ 평등권
자유권적 기본권	① 인신의 자유권(생명권, 신체의 자유) ② 사생활의 자유권(거주·이전의 자유, 주거의 자유, 사생활의 비밀과 자유, 통신의 자유) ③ 정신적 자유권(양심의 자유, 종교의 자유, 언론·출판의 자유, 집회·결사의 자유, 학문의 자유, 예술의 자유) ④ 사회·경제적 자유권(직업선택의 자유, 재산권의 보장)
생존권(사회권)적 기본권	① 인간다운 생활을 할 권리 ② 교육을 받을 권리 ③ 근로의 권리 ④ 근로 3권 ⑤ 환경권 ⑥ 혼인·가족·모성 보호에 관한 권리
청구권적 기본권	① 청원권 ② 재판청구권 ③ 형사보상청구권 ④ 국가배상청구권 ⑤ 손실보상청구권 ⑥ 범죄피해자 구조청구권
참정권	① 선거권 ② 공무담임권 ③ 국민표결권

(4) 기본권의 주체

① **국민** : 기본적 인권의 주체로서의 국민에는 **모든 자연인**이 해당된다.

② **외국인**

참정권, 생존권적(사회권적) 기본권 등의 주체는 될 수 없으나 인간의 존엄과 가치·행복추구권, 구체적 평등권 및 대부분의 자유권적 기본권에 있어서의 주체는 될 수 있다.

> **외국인과 기본권**
> 1. 적극적으로 인정되는 기본권 ★
> 인간의 존엄과 가치, 신체의 자유, 신체의 자유보장을 위한 실체적·절차적 보장, 종교의 자유, 예술·학문의 자유, 사생활의 자유, 소비자의 권리, 재산권, 언론·출판·집회·결사의 자유, 환경권, 보건권, 노동3권
>
> 2. 제한받는 기본권 ★
> 입국의 자유, 선거권, 피선거권, 공무담임권, 근로의 권리, 인간다운 생활을 할 권리

③ 법인

경제활동의 발전으로 사법상 법인실재설에 대응하여 법인에 대하여도 국민의 권리와 의무에 관한 규정이 인정된다고 본다(통설). 성질상 내국법인이 누릴 수 있는 법 앞의 평등, 직업선택의 자유, 주거·이전의 자유, 통신의 불가침, 언론·출판의 자유, 재산권의 보장, 재판청구권 등의 기본권을 누릴 수 있으나 **생명권, 선거·피선거권, 행복추구권, 사회적 기본권(생존권)** 등은 성질상 누릴 수 없다.

(5) 기본권의 제한과 한계

① 헌법유보에 의한 기본권의 제한

정당의 목적과 활동(제8조 제4항), 언론·출판의 자유(제21조 제4항), 군인·공무원·경찰공무원 등의 국가배상청구권(제29조 제2항), 공무원의 근로 3권(제33조 제2항), 방위산업체 근로자의 단체행동권(제33조 제3항)

기본권의 제한

<u>헌법유보에 의한 기본권의 제한</u>이란 기본권을 제한하는 근거를 헌법에 직접 규정한다는 것이고, <u>법률유보에 의한 기본권의 제한</u>은 헌법상 보장된 기본권을 하위 단계인 법률로써 그 행사 방법 등을 제한한다는 의미이다. 헌법유보의 방식은 입법권자가 기본권 제한에서 갖는 재량권을 축소시키는 기능(헌법을 개정하지 않는 한 법률로 제한할 수는 없기에)을 한다. 하지만 헌법이 직접 기본권을 제한하는 경우에도 헌법해석을 함에 있어 과잉금지원칙 등을 고려해야 한다. ★

헌법유보에 의한 기본권의 제한

• 헌법 제8조 제4항 : 정당의 목적이나 활동이 민주적 기본질서에 위배될 때에는 정부는 헌법재판소에 그 해산을 제소할 수 있고, 정당은 헌법재판소의 심판에 의하여 해산된다.
• 헌법 제29조 제2항 : 군인·군무원·경찰공무원 기타 법률이 정하는 자가 전투·훈련 등 직무집행과 관련하여 받은 손해에 대하여는 법률이 정하는 보상 외에 국가 또는 공공단체에 공무원의 직무상 불법행위로 인한 배상은 청구할 수 없다.
• 헌법 제33조 제2항 : 공무원인 근로자는 법률이 정하는 자에 한하여 단결권·단체교섭권 및 단체행동권을 가진다.
• 헌법 제33조 제3항 : 법률이 정하는 주요방위산업체에 종사하는 근로자의 단체행동권은 법률이 정하는 바에 의하여 이를 제한하거나 인정하지 아니할 수 있다.

---

② 법률유보에 의한 기본권의 제한

국가안전보장·질서유지·공공복리를 위하여 필요한 경우에 '**법률**'로써 제한할 수 있다. 단, 제한하는 경우에도 자유와 권리의 본질적인 내용을 침해할 수 없다(헌법 제37조 제2항).

법률에 의한 기본권 제한의 예외
- 긴급명령, 긴급재정·경제처분 및 그 명령에 의한 제한(헌법 제76조) : 국민의 자유와 권리를 잠정적으로 정지(상대적 기본권만 제한)
- 비상계엄선포에 의한 제한(헌법 제77조) : 영장제도, 언론·출판·집회·결사의 자유, 정부나 법원의 권한에 대한 특별조치
- 특별권력관계에 의한 제한 : 공무원, 군인, 군무원, 수형자, 국공립학교 학생 등에 대하여는 특별권력관계를 설정한 목적에 따라 합리적 범위에서 제한

③ 기본권 제한의 한계 ★

원칙적으로 형식적 법률에 의해서만 제한할 수 있으며 그 법률은 일반적이어야 하고 명확하여야 하며, 구체적인 기본권을 대상으로 하여야 한다. 제한의 목적도 국가안전보장·질서유지·공공복리에 한하여야 하며, 제한시 본질적 내용의 침해는 금지된다.

기본권 제한의 한계

1. 기본권 제한입법의 목적상 한계
   (1) 국가안전보장
      국가안전보장은 제7차 개정헌법 때 규정되었지만 그 이전에도 국가의 존립과 안전 등은 질서유지의 개념에 속한다고 보아 기본권 제한의 목적으로 사용되었다.
   (2) 질서유지
      협의의 개념으로는 공공의 안녕질서를 의미하며 광의의 개념으로는 헌법의 기본질서유지 이외에 타인의 권리유지, 도덕질서유지, 사회공공질서유지가 포함되는 개념이다.
   (3) 공공복리
      공공복리란 국가구성원 전체를 위한 행복과 이익이다. 공공복리는 개인과 대립되는 것이 아니라 개인을 포함한 국민의 전체적인 복리를 뜻한다.
   (4) 기본권 제한의 목적과 한계 ★
      기본권은 최대한 보장원칙과 최소 제한원칙이 적용되므로 기본권 제한 목적은 적극적으로 해석되어서는 안 되고 소극적으로 해석되어야 한다. 또한 이러한 기본권 제한의 목적은 기본권을 제한하는 국가가 기본권 제한의 목적의 존재를 입증해야 한다.

2. 기본권 제한입법의 방법상 한계 ★
   (1) 과잉금지의 원칙
      광의의 과잉금지의 원칙이라 함은 "국가의 권력은 무제한적으로 행사되어서는 안 되고 이는 반드시 정당한 목적을 위하여 그리고 또한 이러한 목적을 달성하기 위하여 필요한 범위 내에서만 행사되어야 한다."는 의미로 이해되고 있다.
   (2) 과잉금지원칙의 내용
      ① 목적의 정당성
      ② 방법의 적정성
      ③ 피해의 최소성
      ④ 법익의 균형성

3. 기본권 제한입법의 내용상 한계
(1) 기본권의 본질적 내용 침해 금지
  법률에 의해 기본권을 제한하더라도 기본권의 본질적 내용을 침해해서는 안 된다는 원칙이다.
(2) 학설과 판례의 입장
  ① 다수설의 입장 : 절대설이 다수설로 비례의 원칙을 준수하는 것 외에도 본질적 내용 침해금지의 요청까지 충족되어야 한다는 것이다. 즉 본질적인 내용은 고정적이며 기본권 제한이 과잉금지원칙에 위반되지 않아도 본질적 내용 침해금지원칙에 위반될 수 있다는 입장이다.
  ② 헌법재판소 판례 : 일관되지 않지만 절대설에 가까운 판례가 많다.

(6) 기본권의 침해와 구제

① 입법기관에 의한 침해와 구제 : 기본권 침해 **법률에 대한 위헌심사**를 구하거나 **헌법소원의 제기·청원**으로 구제받을 수 있으며, 입법의 부작위로 기본권이 침해된 경우에는 헌법소원 제기가 가능하나 생존권적 기본권에 있어서는 **부정설이 다수설**이다.

② 행정기관에 의한 침해와 구제 : **행정쟁송을 제기**하거나 **국가배상**이나 **손실보상**을 청구할 수 있다.

국가배상과 손실보상
• 국가배상 : 공무원의 직무상 불법행위로 손해를 받은 국민은 법률이 정하는 바에 의하여 국가 또는 공공단체에 정당한 배상을 청구할 수 있다(헌법 제29조 제1항).
• 손실보상 : 공공필요에 의한 재산권의 수용·사용 또는 제한 및 그에 대한 보상은 법률로써 하되, 정당한 보상을 지급하여야 한다(헌법 제23조 제3항). 즉, 적법성 여부로 양자를 구별할 수 있다.

③ 사법기관에 의한 침해와 구제 : 오판이나 재판의 지연에 의한 침해시에는 **상소, 재심, 비상상고, 형사보상청구**에 의한 방법으로 구제받을 수 있다.

④ 사인(私人)에 의한 침해와 구제 : **고소·고발이나 손해배상청구**의 방법이 있다.

(7) 기본권의 효력 ★

① 대국가적 효력

  원칙적으로 입법·사법·행정 등 모든 국가권력을 구속하며 권력작용뿐만 아니라 비권력작용인 관리행위·국고행위에 대해서도 기본권 규정이 적용된다.

② 제3자적 효력

  오늘날은 국가나 공공단체에 의한 기본권 침해보다도 국가유사기능을 행사하는 사회적 세력·단체들에 의한 기본권 침해가 크게 문제가 되고 있다. 여기에 기본권의 타당 범위를 국가권력 외에 사인 상호 간으로 확대하여 사인에 의한 법익의 침해에 대해서도 기본권의 보장효력을 인정할 필요가 있게 되는데, 이것이 기본권의 제3자적 효력의 문제이다.

③ 대한민국 헌법에 있어서의 제3자적 효력
   ㉠ 직접 적용의 경우 : 인간의 존엄과 가치, 행복추구권, 근로조건의 기준, 여자와 연소근로자의 보호, 근로
      3권
   ㉡ 간접 적용의 경우 : 평등권, 사생활의 비밀, 양심·신앙·표현의 자유

2 포괄적 기본권

(1) 인간으로서의 존엄과 가치

① 의의 : 인간의 본질적인 인권과 인간으로서의 독자적인 가치를 말한다고 할 수 있다(인격주체성).
② 법적 성격 : 객관적 최고원리, 전국가적 자연권성, 개인주의적 성격, 최고규범성
③ 주체 : 인간(모든 국민, 외국인)
④ 효력 : 주관적 공권, 제3자적 효력
⑤ 주요내용 : 인간의 존엄과 가치는 **헌법상의 최고원리**로서 모든 국가권력은 이에 구속되고 이에 반하는 헌법 개정은 허용되지 아니한다. 인간의 존엄과 가치는 헌법상 기본권 보장의 **대전제가 되는 최고의 원리이다. 이를 침해하는 국가권력에 대한 국민은 저항권을 행사할 수 있고, 이를 침해하는 행정처분이나** 재판에 대해서는 **재판청구권의 행사, 헌법소원 등**을 통해 침해행위의 **배제를 청구**할 수 있다.

(2) 행복추구권

① 의의 : 고통이 없고 만족감을 느낄 수 있는 상태를 실현할 수 있는 권리
② 법적 성격 : 주관적 권리, 자연법상 권리이자 실정권, 포괄적 권리 ★
③ 주체 : 인간(모든 국민, 외국인) ★
④ 효력 : 주관적 공권, 제3자적 효력 ★
⑤ 유래 : **1776년 버지니아 권리장전** ★
⑥ 주요내용 : 생명권, 신체불훼손권, 인격권, 평화적 생존권, 휴식권, 안면권 등

헌법재판소가 인간존엄·행복추구권에서 파생된 권리로 본 것
모든 국민은 인간으로서의 존엄과 가치를 가지며, 행복을 추구할 권리를 가진다. 국가는 개인이 가지는 불가침의 기본적 인권을 확인하고 이를 보장할 의무를 진다(헌법 제10조).

- 일반적 행동의 자유권(사적자치권·계약의 자유권)
- 자기운명결정권(성적 자기결정권)
- 하기 싫은 일을 강요당하지 아니할 권리
- 마시고 싶은 물을 자유롭게 선택할 권리
- 흡연권 < 혐연권

- 개성의 자유로운 발현권
- 인간다운 생활공간에서 살 권리
- 기부금품 모집행위
- 미결수용자의 접견교통권(만나고 싶은 사람을 만날 권리)
- 하객들에게 주류와 음식물을 접대하는 행위

(3) 평등권

① 의의 : 적극적으로 평등한 대우를 요구할 권리와 합리적인 이유 없이 국가에 의하여 불평등한 대우를 받지 않을 권리, 즉 법 앞의 평등으로 법의 정립, 집행 및 적용에 있어서의 평등을 뜻하며 입법·사법·행정기관까지도 구속하는 기본권이다. ★

② 법적 성격

　　㉠ 객관적 법질서이며 주관적 공권, 전국가적 자연권

　　㉡ **상대적·비례적·실질적 평등**으로 합리적 차별 가능

③ 주체 : 개인, 법인, 권리능력 없는 사단, 재단, 외국인(제한가능) ★

④ 주요내용 : 자연법을 포함한 모든 법 앞에서의 평등과 법 내용의 평등까지도 포함하며, **정치영역에서는 절대적 평등을, 사회·경제영역에서는 상대적 평등**을 추구한다. 또한, 성별·종교·사회적 신분을 초월하여 정치·경제·사회·문화의 전 영역에 걸쳐 차별을 금지한다. ★

> **평등권 위반 심사 기준**
> 1. 자의금지의 원칙 : 차별적 취급 존부 심사
> 2. 비례의 원칙 : 당해 차별의 정당성 및 균형성 심사

⑤ 구현 형태 : 차별 대우의 금지, 사회적 특수 계급제도의 금지, 특권제도의 금지(영전일대의 원칙), 개별적 평등권의 제도화(평등선거의 원칙, 교육의 기회균등, 혼인과 가족생활에 있어서의 양성의 평등, 여성노동자의 차별대우금지·경제적 복지의 평등), 경제질서의 사회적 평등, 지역 간의 균형 발전 등

⑥ 평등권의 제한(합리적 차별)

　　㉠ 헌법에 의한 제한 : 정당의 특권, 대통령의 형사상 특권, 국회의원의 불체포·면책특권, 공무원의 근로 3권의 제한·국가유공자의 보호, 국회의원 겸직 금지, 대통령 피선거권 연령 제한, 군인 등의 배상청구권 금지, 방위산업체 노동자의 단체행동권 제한, 현역군인의 국무총리·국무위원 임명제한 등

　　㉡ 법률에 의한 제한 : 공무원법, 형의 집행 및 수용자의 처우에 관한 법률, 누범 가중처벌, 누진세제도, 공직선거법, 출입국관리법 등에서 규정 등

> **평등권의 적용과 기본권**
> 1. 외국인에게 평등의 원칙이 배제되는 기본권 : 참정권, 생존권적 기본권 ★
> 2. 외국인에게 평등의 원칙이 적용되는 기본권 : 신체의 자유, 재판관련 기본권, 학문, 예술, 종교·양심의 자유권
> 3. 절대적 평등이 적용될 수 있는 기본권 : 참정권 등 정치적 기본권
> 4. 절대적 평등이 적용되기 힘든 기본권 : 사회적·경제적 기본권 ★

3 자유권적 기본권

(1) 자유권적 기본권의 의의와 법적 성격

① 의의 : 자신의 자유영역에 관하여 국가로부터 침해를 받지 않을 권리이다.

② 법적 성격 : **천부적·전국가적인 권리이자 소극적이며 방어적인 권리**이며 **포괄적 권리**이다. ★

③ 주체 : 국민, 외국인

④ 효력 : 모든 국가 기관을 직접 구속하는 구체적이고 현실적인 권리 ★

⑤ 자유권의 종류 ★

ⓐ 인신의 자유권 : 생명권, 신체의 자유

ⓑ 사회·경제적 자유권 : 거주·이전의 자유, 직업선택의 자유, 주거의 자유, 사생활의 비밀과 자유, 통신의 자유, 재산권의 보장

ⓒ 정신적 자유권 : 양심의 자유, 종교의 자유, 언론·출판의 자유, 집회·결사의 자유, 학문의 자유, 예술의 자유

(2) 인신 자유권

① 생명권

ⓐ 의의 : 인간의 인격적·육체적 존재형태인 생존에 관한 권리로서, 생명에 대한 모든 형태의 국가적 침해를 방어하는 권리

ⓑ 헌법적 근거 : 우리 헌법에는 명문 규정은 없지만 통설과 판례는 인간의 존엄성 규정, 신체의 자유, 헌법에 열거되지 아니한 권리 등에서 생명권의 헌법상 근거를 들어 인정하고 있다. ★

② 신체의 자유

ⓐ 의의 : 법률에 따르지 않고서는 신체적 구속을 받지 아니할 자유를 말하는 것으로, 신체의 자유는 인간의 모든 자유 중에서 **가장 원시적인 자유**이다. ★

ⓑ 제도 보장

• 죄형법정주의와 적법절차의 보장(헌법 제12조 제1항)

– 모든 국민은 신체의 자유를 가진다. 누구든지 <u>법률</u>에 의하지 아니하고는 체포·구속·<u>압수</u>·<u>수</u>색 또는 심문을 받지 아니하며, <u>법률과 적법한 절차</u>에 의하지 아니하고는 <u>처벌·보안처분·강제노역</u>을 받지 아니한다.

• 고문의 금지와 불리한 진술 거부권(헌법 제12조 제2항)

– 모든 국민은 고문을 받지 아니하며, 형사상 자기에게 불리한 진술을 강요당하지 아니한다.

- 영장주의(헌법 제12조 제3항)
  - 체포·구속·압수 또는 수색을 할 때에는 <u>적법한 절차</u>에 따라 <u>검사의 신청</u>에 의하여 <u>법관이 발부한 영장</u>을 제시하여야 한다. 다만, <u>현행범인</u>인 경우와 <u>장기 3년 이상의 형</u>에 해당하는 죄를 범하고 도피 또는 증거인멸의 염려가 있을 때에는 <u>사후에 영장을 청구</u>할 수 있다.
- 변호인의 조력을 받을 권리와 국선변호인제도(헌법 제12조 제4항)
  - 누구든지 체포 또는 구속을 당한 때에는 <u>즉시</u> 변호인의 조력을 받을 권리를 가진다. 다만, <u>형사피고인</u>이 스스로 변호인을 구할 수 없을 때에는 법률이 정하는 바에 의하여 국가가 변호인을 붙인다.
- 구속사유 고지제도(헌법 제12조 제5항)
  - <u>누구든지 체포 또는 구속의 이유와 변호인의 조력을 받을 권리가 있음을 고지 받지 아니하고는 체포 또는 구속을 당하지 아니한다. 체포 또는 구속을 당한 자의 가족 등 법률이 정하는 자에게는 그 이유와 일시·장소가 지체 없이 통지되어야 한다.</u>
- 체포구속적부심사제도(헌법 제12조 제6항)
  - 누구든지 <u>체포 또는 구속을 당한 때</u>에는 적부의 심사를 법원에 청구할 권리를 가진다.
- 자백의 증거능력제한(헌법 제12조 제7항)
  - 피고인의 <u>자백이 고문·폭행·협박·구속의 부당한 장기화 또는 기망 기타의 방법에 의하여 자의로 진술된 것이 아니라고 인정될 때 또는 정식재판에 있어서 피고인의 자백이 그에게 불리한 유일한 증거일 때</u>에는 이를 유죄의 증거로 삼거나 이를 이유로 처벌할 수 없다.
- 형벌불소급·일사부재리의 원칙(헌법 제13조 제1항)
  - 모든 국민은 행위 시의 법률에 의하여 범죄를 구성하지 아니하는 행위로 소추되지 아니하며, 동일한 범죄에 대하여 거듭 처벌받지 아니한다.

이중처벌이 아닌 것
① 형벌 + 징계
② 형벌 + 보안처분 또는 보호감호
③ 외국의 확정판결을 받은 동일한 행위에 대한 우리나라에서의 판결에 따른 형벌
④ 누범과 상습범 가중 처벌
⑤ 검사가 불기소 처분했다가 다시 기소하는 것
⑥ 직위해제 + 감봉처분
⑦ 불공정거래행위에 대한 형벌과 과징금부과
⑧ 청소년 성범죄자에 대한 형벌 + 신상공개
⑨ 형벌 + 출국금지
⑩ 형벌 + 운전면허취소

- 연좌제의 금지(헌법 제13조 제3항)
  - 모든 국민은 자기의 행위가 아닌 친족의 행위로 인하여 불이익한 처우를 받지 아니한다.

개념비교

1. 일사부재리의 원칙 ★
   일사부재리의 원칙이란 실체판결이 확정되어 기판력이 발생하면 그 후 동일한 사건에 대해서 거듭 심판할 수 없다는 원칙이다. 확정판결이 있는 사건에 대해 다시 공소가 제기되면 법원은 면소의 선고를 해야 한다. 일사부재리의 원칙은 죄형법정주의와는 구별되는 원칙이다.

2. 이중위험금지의 원칙 ★
   이중위험금지의 원칙은 미연방수정헌법 제5조(누구든지 동일한 범행에 대하여 재차 생명 또는 신체에 대한 위협을 받지 아니한다)에 근거한 원칙으로 일정절차단계에 이르면 동일절차를 반복하여 다시 위험에 빠뜨릴 수 없다는 절차법상 원리이다.

3. 일사부재의의 원칙 ★
   일사부재의의 원칙은 의회에서 일단 부결된 의안은 동일 회기 내에서 다시 발의·심의하지 못한다는 원칙으로 회의의 원활한 운영의 방해를 방지하기 위한 것으로 소수파에 의한 의사방해(필리버스터)를 배제하려는데 그 목적이 있다.

4. 영장실질심사 ★
   체포된 피의자에 대하여 구속영장을 발부받은 판사는 지체 없이 피의자를 심문하여야 한다. 이 경우 특별한 사정이 없는 한 구속영장이 청구된 날의 다음날까지 심문하여야 한다(형사소송법 제201조의2 제1항).

---

(3) 사생활의 자유권

① 거주·이전의 자유(헌법 제14조)

  ㉠ 국내 거주·이전의 자유, 국외 거주·이전의 자유, 해외여행, 국적이탈의 자유가 포함되나 무국적의 자유는 인정되지 않는다. ★

  ㉡ 바이마르 헌법에서 처음 명문화되었다. ★

  ㉢ 국민과 국내법인은 거주·이전의 자유를 가지나 외국인은 원칙적으로 입국의 자유를 가지지 못한다. ★

  ㉣ 국가안전보장·질서유지·공공복리를 위하여 법률로써 제한될 수 있다.

② 주거의 자유(헌법 제16조)

  ㉠ 주거의 안전과 평온을 제3자나 공권력으로부터 침해당하지 않을 권리이다.

  ㉡ 주거에 대한 압수·수색에는 영장주의를 채택하고 있다. ★

  ㉢ 경찰관 직무집행법, 소방기본법, 우편법, 마약류 관리에 관한 법률 등에 의해 제한될 수 있다.

③ 사생활의 비밀과 자유(헌법 제17조)

  ㉠ 사생활의 부당한 공개로부터의 자유와 개인의 사생활의 영위에 대한 간섭의 금지, 사생활에 대한 국가의 위법한 침해를 받지 않을 권리를 포함한다.

  ㉡ 사생활의 비밀과 자유의 <u>주체는 외국인을 포함한 자연인이고, 법인은 원칙적으로 사생활의 비밀과 자유의 주체가 되지 못한다.</u> ★

  ㉢ 국가권력에 의한 침해가 있을 때에는 위헌법률심사·청원·손해배상으로, 사인에 의한 침해가 있을 때에는 손해배상·정정요구 등을 통해 구제받을 수 있다.

④ 통신의 자유(헌법 제18조)

  ㉠ 서신·전신·전화·텔렉스·소포 등의 검열·도청을 금지하고, 통신의 비밀을 보장받을 권리이다.

  ㉡ 국가안전보장·질서유지·공공복리를 위하여 필요한 경우에 한하여 제한할 수 있다.

  ㉢ 통신비밀보호법, 국가보안법, 전파법, 형의 집행 및 수용자의 처우에 관한 법률 등에 제한규정이 존재한다.

(4) 정신적 자유권

① 양심의 자유

  ㉠ 양심상 결정의 자유, 양심 유지의 자유, 양심에 반하는 행위를 하지 않을 자유, 침묵의 자유 등이 포함된다.

  ㉡ 양심의 자유 중 양심형성의 자유는 내용을 제한할 수 없는 **절대적 기본권**이다. ★

② 종교의 자유

  신앙의 자유, 개종·종교 선택의 자유, 종교적 행사의 자유, 종교적 집회 및 결사의 자유, 포교 및 종교 교육의 자유 등이며, <u>국교의 금지와 정교분리의 원칙</u>도 아울러 규정하고 있다.

③ 언론·출판의 자유

  ㉠ 의견의 표현과 전파의 자유, 정보의 자유(알 권리), 보도의 자유 및 방송·방영의 자유 등이 포함된다.

  ㉡ <u>언론·출판은 타인의 명예나 권리 또는 공중도덕이나 사회윤리를 침해해서는 안 된다.</u> 관련 법률로 신문 등의 진흥에 관한 법률, 방송법 등이 있고, <u>허가제와 검열제를 원칙적으로 제한</u>하고 있다. ★

헌법제정권력의 특성

1. **권리포기이론**
자살과 같은 경우에 사생활의 비밀과 자유를 포기한 것으로 간주, 언론이 공개하더라도 위법이 되지 않는다.

2. **공익의 이론**
국민에게 알리는 것이 공공의 이익이 되는 교육적·보도적 가치가 있는 사실을 국민에게 알리는 것은 사생활의 비밀과 자유에 우선한다(예 범죄인의 체포·구금, 공중의 보건과 안전, 사이비 종교).

3. **공적 인물의 이론**
공적 인물은 일반인에 비해 사생활 공개 시 수인해야 할 범위가 넓으므로 언론의 자유 영역이 넓어진다는 이론이다. 공적 인물이란 정치인, 고급관료, 연예인, 운동선수 등 자발적으로 유명해진 인사와 범죄인, 그 가족 등 비자발적으로 유명인사가 된 경우가 있다. 헌법재판소는 유명교회의 목사도 공적인물로 보았다.

액세스권
언론의 자유와 관련된 기본권 중 하나로, 개인이 언론기관을 통해 여론을 형성하는 데 참여할 수 있도록 매스미디어에 자유롭게 접근하여 이용할 수 있는 권리이다.

④ 집회·결사의 자유

㉠ 집단적인 표현의 자유의 성격을 갖기 때문에 언론·출판의 자유보다 통제를 받기 쉽다. 허가제는 인정되지 않으며, 시위도 움직이는 집회로서 집회의 개념 속에 포함된다. ★

㉡ 관계법으로는 집회 및 시위에 관한 법률, 비영리민간단체지원법이 있다.

⑤ 학문의 자유

㉠ 학문의 자유는 1849년 프랑크푸르트 헌법에서 최초로 보장된 이래, 독일에서는 교수의 자유, 영미에서는 시민의 자유로 인식되었다. ★

㉡ 학문의 자유는 진리 탐구의 자유로서 학문적 활동에 대한 어떠한 간섭이나 방해를 받지 아니할 자유이며 그 구체적 내용으로는 교수의 자유, 연구의 자유, 연구의 결과를 발표할 자유, 학문을 위한 집회·결사의 자유, 대학의 자치 등이 있다.

⑥ 예술의 자유

예술의 자유는 예술의 연구·발표·논의의 자유(헌법 제22조 제1항)를 말한다. 예술의 자유는 예술창작의 자유와 예술표현의 자유, 그리고 예술적 결사의 자유를 그 내용으로 한다.

절대적 기본권
내심의 작용으로서의 신앙의 자유, 종교의 자유, 양심과 침묵의 자유, 연구와 창작의 자유 등을 말하는 것으로 어떠한 경우에도 제한되거나 침해될 수 없는 기본권이다. 이와 반대로 국가적 질서와 목적을 위하여 제한이 가능한 기본권이나 내심의 작용을 내용으로 하지 않는 모든 권리와 자유는 상대적 기본권에 해당한다. 상대적 기본권은 헌법 유보나 법률유보로써 제한이 가능하지만 그 권리의 본질적인 내용까지 침해할 수는 없다. ★

(5) 경제적 자유권

① 직업선택의 자유(헌법 제15조)

　　㉠ 자유롭게 직업을 선택하고 종사하며 그 직업을 변경할 수 있는 권리이다.

　　㉡ 직업결정의 자유, 직업수행의 자유, 영업의 자유, 전직의 자유, 무직업의 자유 등이 포함된다.

　　㉢ 대국가적 효력을 가지며, 대사인적 효력은 제한된 범위 내에서 간접적 효력을 가진다. 사법인은 직업선택의 자유의 주체가 되는 반면 공법인은 그 주체가 되지 못한다. ★

② 재산권의 보장(헌법 제23조)

　　㉠ 모든 국민의 재산권은 보장되고, 소급입법에 의한 재산권의 박탈은 금지되며, 공공필요에 의한 재산권의 수용・사용 또는 제한 시 그에 대한 보상은 법률로써 하되 정당한 보상을 지급하여야 한다.

　　㉡ 재산권의 내용과 한계는 법률로서 정하되 핵심적인 내용은 침해할 수 없으며, 재산권의 행사는 공공복리에 적합하도록 하여야 하기에 복지국가 실현에 있어서 자유권 중 가장 제한받기 쉬운 권리이다.

　　㉢ 재산권은 물권과 채권으로 대별되며, 법률과 관습법이 인정하는 물권 이외에는 당사자들이 마음대로 새로운 물권을 창설할 수 없다. ★

4 생존권적 기본권(사회적 기본권)

(1) 생존권적 기본권의 개념

① 의의 : 국민이 인간다운 생활을 영위할 수 있도록 생활에 필요한 제 조건을 국가가 적극적으로 관여하여 확보해 줄 것을 요청할 수 있는 권리를 말한다. → **1919년 바이마르헌법에서 처음으로 규정**되었다.

② 자유권과 생존권의 비교 ★

구 분	자유권적 기본권	생존권적 기본권
이념적 기초	• 개인주의적・자유주의적 세계관 • 시민적 법치국가를 전제	• 단체주의적・사회정의의 세계관 • 사회적 복지국가를 전제
법적 성격	• 소극적・방어적 권리 • 전국가적・초국가적인 자연권 • 구체적 권리・포괄적 권리	• 적극적 권리 • 국가 내적인 실정권 • 추상적 권리・개별적 권리
주체	• 자연인(원칙), 법인(예외) • 인간의 권리	• 자연인 • 국민의 권리
내용 및 효력	• 국가권력의 개입이나 간섭 배제 • 모든 국가권력 구속, 재판규범성이 강함 • 제3자적 효력(원칙)	• 국가적 급부나 배려 요구 • 입법조치문제, 재판규범성이 약함 • 제3자적 효력(예외)
법률 유보	• 권리제한적 법률유보	• 권리형성적 법률유보
제한 기준	• 주로 안전보장・질서 유지에 의한 제한(소극적 목적)	• 주로 공공복리에 의한 제한(적극적 목적)

(2) 인간다운 생활을 할 권리(헌법 제34조)

① 인간의 존엄성에 부합하는 건강하고 문화적인 생활을 영위할 권리로서 사회적 기본권 중에서 가장 근원이 되는 권리이다. ★

② 인간다운 생활을 할 권리는 제10조의 '인간으로서의 존엄과 가치'에 관한 규정과 더불어 헌법상 최고의 가치를 가진다. ★

③ 인간다운 생활을 확보하기 위한 수단으로 최저생활이 불가능한 국민에게는 사회보장·사회복지의 방법을 통해 인간다운 생활을 확보해주도록 하고 있다. 또한 생활무능력자에게는 생계비 지급 등의 방법으로 생존을 보장해줄 국가의 의무도 규정하고 있다.

(3) 교육을 받을 권리

① 교육을 받을 수 있도록 국가의 적극적인 배려를 청구할 수 있는 권리로 문화국가와 복지국가의 실현의 수단이 된다.

② 개인의 능력에 따라 균등하게 교육을 받을 권리이며, 교육의 의무, 의무교육의 무상, 교육의 자주성과 정치적 중립성, 대학의 자율성, 교육제도의 법률주의를 규정하고 있다.

(4) 근로의 권리

① 의의 : 근로자가 자신의 적성·능력·취미에 따라 일의 종류·장소 등을 선택하여 근로관계를 형성하고 타인의 방해 없이 근로관계를 계속 유지하는 권리이며, 가장 유리한 조건으로 노동력을 제공하여 얻는 대가로 생존을 유지하며, 근로의 기회를 얻지 못하면 국가에 대하여 이를 요구할 수 있는 권리를 말한다.

② 근로의 권리(제32조) : 근로의 기회제공을 요구할 권리, 국가의 고용증진, 적정임금보장의 의무, 최저임금제, 근로조건 기준의 법정, 여자와 연소자 근로의 특별보호, 국가유공자 등의 우선취업기회보장 등이 있다.

③ 근로자의 근로3권

㉠ 단결권 : 근로조건의 유지·개선을 목적으로 **사용자와 대등한 교섭력을 가진 단체를 자주적으로 구성**할 수 있는 권리

㉡ 단체교섭권 : 근로자단체가 근로조건에 관하여 **사용자와 교섭**할 수 있는 권리

㉢ 단체행동권 : 노동쟁의가 발생한 경우에 **쟁의행위**를 할 수 있는 권리

> **근로3권의 주체**
>
> 1. 근로자
>   근로3권의 주체는 근로자이다. 근로자란 직업의 종류를 불문하고 임금·급료 기타 이에 준하는 수입에 의하여 생활하는 자를 말한다. 근로3권을 향유하기 위해서는 세 가지 조건을 갖추어야 하는데 ① 대가(임금)를 받아 생활하는 사람일 것, ② 노동력을 제공하는 사람과 그 대가를 지급하는 사람이 동일인이 아닐 것 즉, 개인택시업자, 소상인은 주체가 아니다. ③ 현실적 또는 잠재적으로 노동력을 제공하는 사람일 것. 따라서 실업 중이라도 노동력을 제공할 의사가 있으면 근로3권을 향유할 수 있다.
>
> 2. 사용자
>   사용자는 근로3권의 주체가 될 수 없다.

④ 권리의 제한 ★★

　㉠ 헌법 제33조에 의한 제한 : **공무원인 근로자**는 **법률이 정한 자에 한하여** 근로3권을 가진다. ★

　㉡ **주요 방위산업체의 근로자의 단체행동권은 제한**할 수 있다. ★

　㉢ 헌법 제37조 제2항(국민의 모든 자유와 권리는 국가안전보장·질서유지 또는 공공복리를 위하여 필요한 경우에 한하여 **법률로써 제한할 수 있으며**, 제한하는 경우에도 **자유와 권리의 본질적인 내용을 침해할 수 없다**)에 의해 제한할 수 있다. ★

(5) 환경권(헌법 제35조)

깨끗한 환경 속에서 인간다운 생활을 할 수 있는 권리이며, 타기본권의 제한을 전제로 하는 기본권으로 의무성이 강하고 경제성장의 장애요인의 성격이 있고 미래세대의 기본권적 성격이 있다. 국가의 환경침해에 대한 배제청구권(방어권), 사인의 환경침해에 대한 배제청구권(공해배제청구권), 생활환경의 조성·개선청구권을 그 내용으로 한다.

(6) 혼인의 순결과 보건을 보호받을 권리(헌법 제36조)

헌법은 혼인과 가족생활에 대한 제도보장을 규정하고 있고, 양성의 평등, 보건에 관한 국가의 보호의무, 모성의 보호 등을 규정하고 있다.

5 청구권적 기본권(기본권 보장을 위한 기본권)

(1) 청구권적 기본권의 의의와 법적 성격

① 의의 : 국가에 대하여 일정한 행위를 적극적으로 청구할 수 있는 **국민의 주관적 공권**으로서, 그 자체가 권리의 목적이 아니라 **기본권을 보장하기 위한 절차적 기본권**이다. ★

② 법적 성격 : 청구권적 기본권은 자유권적 기본권과 함께 가장 오래된 기본권 중의 하나로서 직접적 효력이 발생하는 **현실적 권리**이며 **국가내적 권리**이다.

(2) 청원권 · 청구권

① 청원권(헌법 제26조) : 오늘날 청원권은 권리구제의 수단이라기보다는 국민의 의사 · 희망을 개진하는 수단으로 기능을 하고 있다. **청원은 반드시 문서로 하며**, 국가기관은 이를 수리 · 심사할 의무를 진다. 청원권의 주체는 **국민뿐만 아니라 법인도 청원권의 주체**가 될 수 있다. 따라서 **공무원, 군인, 수형자**도 청원을 할 수 있다. 다만 공무원, 군인, 수형자 등은 **직무와 관련된 청원**이나 **집단적 청원**은 할 수 없다. **외국인**은 청원권의 주체가 될 수 있다는 것이 다수설이나 외국인은 헌법상 주체가 아니라 법률상 주체라는 견해도 있다. 공법인은 원칙적으로 주체가 되지 아니하며, 예외적으로 주체가 된다. ★

> **청원사항(청원법 제4조) ★**
> 청원은 다음 각 호의 어느 하나에 해당하는 경우에 한하여 할 수 있다.
> 1. 피해의 구제
> 2. 공무원 위법 · 부당한 행위에 대한 시정이나 징계의 요구
> 3. 법률 · 명령 · 조례 · 규칙 등의 제정 · 개정 또는 폐지
> 4. 공공의 제도 또는 시설의 운영
> 5. 그 밖에 국가기관 등의 권한에 속하는 사항

② 재판청구권(헌법 제27조) : 모든 국민은 '**헌법과 법률에 정한 법관**'에 의하여 '**법률**'에 의한 '**정당한 재판**'을 받을 권리를 가진다. 또한 원칙상 **군사재판을 받지 아니할 권리**, 신속 · 공개 · 공정한 재판을 받을 권리, 판결확정 전에는 **무죄추정**을 받을 권리, **형사피해자의 공판정 진술권** 등이 있다.

③ 형사보상청구권(헌법 제28조) : **형사피의자** 또는 **형사피고인**으로 구금되었던 자가 **불기소처분**이나 **무죄판결**을 받을 경우 그가 입은 **정신적 · 물질적 손실**을 법률에 의하여 **정당한 보상**을 **청구**할 수 있는 권리이다.

> **형사보상청구권의 주체**
> 형사보상청구권의 주체는 형사피고인과 피의자이다. 보상을 청구할 수 있는 자가 청구를 하지 아니하고 사망하였을 경우와 사망한 자에 대한 재심 또는 비상상고절차에서 무죄재판이 있었을 경우 외국인도 형사보상청구권의 주체가 될 수 있다. 법인은 형사보상청구권의 주체가 될 수 없다. ★

④ **국가배상청구권(헌법 제29조)** : **공무원의 직무상 불법행위**로 말미암아 손해를 입은 자가 국가 또는 공공단체에 대하여 배상을 청구할 수 있는 권리이다. 요건으로는 **공무원(널리 공무에 종사하고 있는 자를 포함)의 행위**, **직무행위**이어야 하며, **고의나 과실이 있는 위법한 행위**이어야 하고, **손해가 발생**하여야 한다. 그 밖에 **공공시설의 설치·관리의 하자로 인한 배상**, 군인·군무원·경찰공무원 등에 대한 배상제한을 규정하고 있다.

> **국가배상청구권의 주체**
> 헌법 제29조는 국가배상청구권의 주체를 국민이라고 규정하고 있으므로, 국가배상청구권은 대한민국 국민에게만 인정된다. 외국인에 대하여서는 국가배상법 제7조의 상호보증주의에 따라 한국국민에 대하여 국가배상책임을 인정하고 있는 외국의 국민에게만 예외적으로 국가배상청구권이 인정된다. 또한 국가배상청구권은 자연인뿐만 아니라 법인에게도 인정된다(통설). ★

⑤ **손실보상청구권(헌법 제23조 제3항)** : **국가의 적법한 권력행사**로 인하여 **재산상의 손실**을 입은 자가 그 보상을 청구할 수 있는 권리로, 이는 특별한 희생에 대한 **공평부담의 원칙**에 근거한 것이다.

⑥ **범죄피해자 구조청구권(헌법 제30조)** : **가해자가 불명**하거나 **무자력의 타인의 범죄행위**(피해자에게 귀책사유 없을 것)로 인하여 **생명·신체에 대한 피해**를 입은 경우에 국가에 대하여 구조를 청구할 수 있는 권리이다.

6 참정권적 기본권

(1) 참정권의 의의와 법적 성격

① **의의** : 국민이 주권자로서 국정에 참여할 수 있는 기본권, 즉 국민이 국가기관의 구성원으로서 국가의 공무에 참여할 수 있는 권리를 말한다.

② **법적 성격** : 정치적 기본권은 국가내적 권리로서 일신전속적 권리이며 이 권리의 불행사에 따른 법적 의무는 인정되지 않는다.

(2) 선거권

국민이 국가기관을 구성하는 공무원을 선출하는 권리로 개인을 위한 주관적 공권인 동시에 공무로서의 성격을 가진다. 현행헌법상 국민의 선거권에는 대통령선거권, 국회의원선거권, 지방의회의원선거권, 지방자치단체장선거권이 있다.

(3) 공무담임권

행정부, 입법부, 사법부, 지방자치단체 등의 공공단체의 직무를 담임하는 것을 말하며, 이와 같은 국가기관의 일원으로 피선되고 국가기관에 취임할 수 있는 권리이다.

> **판례에 의해 공무원으로 간주되는 자** ★
>
> 1. 공무원으로 간주되는 자
>   전입신고서에 확인인을 찍는 통장, 소집 중인 예비군, 방범대원, 집달관(집행관), 미군부대의 카투사, 철도건널목 간수, 소방원, 시청소차의 운전수, 교통할아버지
>
> 2. 공무원으로 간주되지 않는 자
>   의용소방대원, 시영버스운전사

(4) 국민투표(표결)권

① 국민이 국가의 의사형성에 직접으로 참여할 수 있는 권리로 **국민발안, 국민소환, 국민표결(국민투표)**이 있다. ★
  ㉠ **국민발안** : 일정 수의 국민이 헌법 개정안이나 법률안 등을 의회에 직접 발의할 수 있는 제도
  ㉡ **국민소환** : 국민이 선출한 공무원을 임기만료 전에 투표를 통해 해임하는 제도
  ㉢ **국민투표** : 헌법 개정이나 국가의 중요 정책을 결정할 때 투표를 통해 국민의 의사를 묻는 제도
② 현행 헌법에서는 대통령이 회부한 국가안위에 관한 **중요정책에 대한 국민투표**(헌법 제72조)와 **헌법개정안에 대한 국민투표**(헌법 제130조)에 대해서만 인정하고 있다. ★

> **주민소환제**
> 지방자치제도의 폐단을 막기 위해 지역 주민들이 통제할 수 있도록 한 제도로, 2007년 시행된 주민소환에 관한 법률에 규정되어 있다. ★

7 국민의 의무

(1) 고전적 의무

국가의 존립을 유지하고 보위(保衛)하기 위한 국민의 의무를 말한다.

① **납세의 의무** : 모든 국민은 법률이 정하는 바에 의하여 납세의 의무를 진다(헌법 제38조).

② **국방의 의무** : 모든 국민은 법률이 정하는 바에 의하여 국방의 의무를 진다(헌법 제39조 제1항).

(2) 현대적 의무

고전적 의무와 달리 국민에 국한하지 않고 국적의 여하를 막론하며, 모든 인간에게 공통되는 기본 의무를 말한다.

① **교육을 받게 할 의무** : 모든 국민은 그 보호하는 자녀에게 적어도 초등 교육과 법률이 정하는 교육을 받게 할 의무를 진다(헌법 제31조 제2항).

② **근로의 의무** : 모든 국민은 근로의 의무를 진다(헌법 제32조 제2항).

③ **환경 보전의 의무** : … 국민은 환경 보전을 위하여 노력하여야 한다(헌법 제35조 제1항).

④ **재산권행사의 공공복리적합성의 의무** : 재산권의 행사는 공공복리에 적합하여야 한다(헌법 제23조 제2항).

4 통치구조

1 통치구조의 원리와 형태

(1) 통치원리

① **국민주권의 원리**

국가의사를 궁극적으로 결정할 수 있는 권력이 국민에게 있다는 것으로 주권자인 국민이 그들의 대표를 선출하고 선출된 대표자들로 정치를 담당케 하여 대표자들의 의사를 전체 국민의 의사로 보는 원리이다.

② **권력분립의 원리**

우리 헌법은 입법권은 국회에 두고(헌법 제40조), 행정권은 대통령을 수반으로 하는 정부에 두며(헌법 제66조 제4항), 사법권은 법원에 속한다고 하여(헌법 제101조 제1항), 권력분립(3권분립)을 규정하고 그외 권력상호간의 견제와 균형을 도모하기 위한 여러 규정을 함께 두고 있다. ★

> **3권분립론**
> 입법권, 집행권, 사법권 간의 견제와 균형을 통하여 궁극적으로는 국민의 인권과 자유권을 보장하기 위한 이론이다.

③ 의회주의의 원리

국민에 의하여 선출된 대표자로 구성되는 의회에서 국가의사가 결정되고 의회를 중심으로 국정이 운용되는 정치방식으로서 대표관계의 정당한 구성, 합리적인 공개토론, 정권의 평화적 교체, 언론의 자유 등을 전제로 한다. 의회주의의 구성원리로는 국민대표의 원리 · 다수결의 원리 · 법안 및 정책심의의 원리 · 국정통제의 원리를 들 수 있다.

④ 법치주의의 원리

국민의 권리와 자유 보장을 위하여 국가가 **국민의 자유 · 권리를 제한하거나 국민에게 새로운 의무를 부과**하려 할 때에는 **반드시 국회가 제정한 법률**에 의하거나 법률에 근거가 있어야 한다는 원리이다. ★

(2) 통치구조의 형태

① 대통령제

대통령제는 엄격한 권력분립에 입각하여 행정부의 수반(대통령)이 국민에 의하여 선출되고, 그 임기 동안 의회에 대하여 책임을 지지 않고 의회로부터 완전히 독립한 지위를 유지하는 정부형태이다.

> **대통령제의 본질적 요소가 아닌 것**
> 1. 정부의 법률안 제출권
> 2. 권력의 공화관계
> 3. 국회의 양원제
> 4. 대통령의 국회 해산권
> 5. 내각의 연대책임

② 의원내각제

행정부(내각)가 의회(하원)에 의하여 구성되고 의회의 신임을 그 존립의 요건으로 하는 정부형태이다.

> **의원내각제의 본질적 요소가 아닌 것**
> 1. 대통령의 법률안 거부권
> 2. 각료에 대한 의회의 탄핵소추권
> 3. 각료와 수상의 동등한 지위
> 4. 독립성의 원칙(↔ 의존성의 원리)
> 5. 양원제
> 6. 엄격한 권력분립
> 7. 대통령의 직선제

[대통령제와 의원내각제의 비교]

구 분	대통령제	의원내각제
성립 · 존속관계 (본질)	• 엄격한 삼권분립, 정부와 국회의 관계 대등 • 대통령 : 민선 • 정부 : 대통령이 독자적으로 구성 • 대통령이 의회에 대해 무책임	• 입법권과 행정권의 융합 • 대통령 : 의회에서 간선 • 정부 : 의회에서 간선 • 의회는 정부불신임권 보유, 정부는 의회 해산권 보유
정부의 구조관계	국가대표와 행정수반이 대통령에 귀속(실질적 권한)	• 국가대표는 대통령(또는 군주)에게 귀속(형식적 · 의례적 권한) • 행정수반은 수상(또는 총리)에게 귀속(실질적 행정권)
기능상의 관계	• 의원의 정부각료 겸직 불허 • 정부의 법률안 제출권, 정부의 의회출석 · 발언권 없음	• 의원의 정부각료 겸직 허용 • 정부의 법률안 제출권, 정부의 의회출석 · 발언권 있음
기타 제도상의 관계	• 민선의 부통령제를 채택 • 대통령의 법률안 거부권 인정 • 국무회의는 법률상 기관, 임의적 기관, 자문기관	• 총리제 : 의회의 동의를 얻어 국가 원수가 총리를 임명 • 부서제도를 채택 • 국무회의는 헌법상 기관, 필수적 기관, 의결기관
장 점	• 대통령 임기동안 정국안정 • 국회 다수당의 횡포견제 가능	• 정치적 책임에 민감(책임정치) • 독재방지
단 점	• 정치적 책임에 둔감 • 독재의 우려	• 정국불안정 • 다수당의 횡포 우려

③ 우리나라의 정부형태

대통령제 요소와 의원내각제 요소가 절충되고 있으나, 국정이 대통령중심제로 이루어지고 행정부의 수반과 국가원수가 동일인인 대통령인 점에 비추어 대통령제라 할 수 있다.

대통령제적 요소	의원내각제적 요소
• 대통령이 국가원수 겸 행정부 수반이 됨(집행부가 일원화) • 대통령이 국민에 의해 직접 선출 • 행정부 구성원의 탄핵소추 • 법률안 거부권 ★ • 국회가 대통령을 불신임하거나, 대통령이 국회를 해산하지 못함 ★ • 국정조사 및 국정감사제도 ★	• 정부의 법률안 제출권 ★ • 국무총리와 국무위원에 대한 해임건의권 ★ • 국무총리 및 관계 국무위원의 부서제도 ★ • 국무총리제 ★ • 국회의원과 국무위원의 겸직 허용 ★ • 국무총리 및 국무위원 등의 국회 및 위원회 출석발언권 및 출석발언요구권 • 국무회의제

2 통치기구

(1) 국 회

① 의회의 개념

국민에 의하여 선출된 의원들로 구성되는 합의체의 국가기관으로서 입법권을 행사한다.

② 단원제와 양원제

의회는 하나 또는 둘의 합의체로써 구성되는데, 전자를 단원제, 후자를 양원제라 한다.

[단원제와 양원제의 장단점]

구 분	단원제	양원제
장 점	• 국정의 신속한 처리 • 국회의 경비절약 • 책임소재의 분명 • 국민의사의 직접적 반영	• 연방국가에 있어서 지방의 이익옹호 • 직능적 대표로 상원이 원로원 구실을 하여 급진적 개혁방지 • 하원의 경솔한 의결이나 성급한 과오 시정 • 상원이 하원과 정부의 충돌 완화
단 점	• 국정심의의 경솔 • 정부와 국회의 충돌 시 해결의 곤란 • 국회의 정부에 대한 횡포의 우려	• 의결의 지연 • 경비과다 • 전체 국민의 의사 왜곡 우려

양원의 운영관계

미국은 양원이 동등한 권한을 가지거나 또는 상원이 약간 우월한 권한을 갖는다고 평가되나, 대개의 국가에서는 하원의 권한이 강하다. 하원의원의 임기보다 상원의원의 임기가 장기이다. 양원제 의원내각제라면 보통 하원이 내각 불신임권을 갖는다.

양원의 운영상관계

1. 독립조직의 원칙 : 각원은 그 구성원을 달리하여 한 원의 의원은 다른 원의 의원이 될 수 없고 다른 원에 출석 · 발언할 권한도 없다.
2. 독립의결의 원칙 : 양원은 독립하여 회의를 개최하고 의사진행과 의결도 독자적으로 한다.
3. 동시활동의 원칙 : 양원은 동시에 개회하고 동시에 폐회한다.

③ 국회의 헌법상 지위 ★

㉠ **국민의 대표기관** : 국회는 국민이 선출한 의원으로 구성되고, 국회가 행한 행위는 국민의 행위로 간주된다. 국민주권주의 하에 있어서는 국민이 주권을 가지고 있으며, 법률은 국민의 총의의 표현이기에 입법권을 가진 국회는 헌법에 의하여 국민의 대표기관으로 지정되어 있다.

㉡ **입법기관** : 국회의 가장 본질적인 권한은 입법에 관한 권한이다.

㉢ **국정의 통제기관** : 국회는 국정을 감시 · 비판하는 기관으로서 탄핵소추권, 국무총리 · 국무위원해임건의권, 국정감사권 · 조사권 등을 가진다.

④ 국회의 구성 ★

국민의 **보통·평등·직접·비밀선거**에 의하여 선출된 의원과 비례대표제에 의한 간선의원으로 구성
되며, 의원정수는 법률로 정하되 200인 이상으로 한다(헌법 제41조 제1항·제2항).

> **국회의원**
> • 국회의원의 임기는 4년으로 한다.
> • 국회의원은 법률이 정하는 직을 겸할 수 없다.
> • 국회의원이 궐위되어 보궐선거로서 다시 의원을 선출하는 경우 당선된 의원의 임기는 잔여임기로 한다.

⑤ 국회의 의사정족수(헌법 제49조)

㉠ 국회의 일반의결정족수

정족수	사 항	
재적의원의 과반수 출석과 출석의원의 과반수 찬성 : 가부동수인 경우 부결된 것으로 본다.	• 법률안 의결 • 예산안 의결 • 조약동의 • 일반사면동의	• 예비비 승인 • 긴급명령의 승인 • 공무원 임명동의 • 의원의 체포·석방동의

㉡ 국회의 특별의결정족수

정족수	사 항
재적의원 2/3 이상 찬성	• 헌법개정안의결 • 국회의원 제명 • 대통령에 대한 탄핵소추의결
재적의원 과반수의 찬성	• 헌법개정안 발의 • 대통령탄핵소추 발의 • 탄핵소추 의결(대통령은 제외) • 국무총리 등 해임 건의 • 계엄 해제 요구 • 국회의장 및 부의장 선출 (예외적으로 선거투표제 있음)
재적의원 1/3 이상 찬성	• 국무총리 등 해임 발의 • 탄핵소추 발의(대통령은 제외)
재적의원 과반수 출석과 출석의원 2/3 이상 찬성	법률안의 재의결
재적의원 1/4 이상 찬성	임시국회 집회요구
재적의원 과반수 출석과 출석의원 다수 찬성	• 국회법상 : 임시의장·상임위원회의 위원장 선출 • 헌법상 : 국회에서의 대통령당선자 결정
출석의원 과반수 찬성	본회의 비공개결정

⑥ 회기와 회의

국회의 회기는 국회가 의사활동을 할 수 있는 기간을 말한다.

㉠ 정기회 : **매년 1회(9월 1일)** 집회되며, **100일을 초과할 수 없다**(헌법 제47조 제1항·제2항).

㉡ 임시회 : 대통령 또는 국회재적의원 4분의 1 이상의 요구 시, 재적의원 4분의 1이상의 국정조사 요구 시 집회되며, 회기는 30일을 초과할 수 없다(헌법 제47조 제1항·제2항).

㉢ 회의의 원칙

- 의사공개의 원칙 : 회의의 내용은 **원칙적으로 공개**한다(헌법 제50조 제1항).
- 회기계속의 원칙 : 회기 중 의결하지 못한 의안은 폐기되지 않고 다음 회기에 자동으로 넘겨 심의를 계속하도록 하는 제도이다. 다만, 국회의원의 **임기가 만료된 때에는 그러하지 아니한다**(헌법 제51조).
- 일사부재의 원칙 : 회기 중 한 번 부결된 안건은 같은 회기 내에 재발의하지 못하도록 하는 제도로 계속 똑같은 안건을 발의하여 원활한 회의진행을 방해하는 것을 사전에 차단하는 원칙이다(국회법 제92조).

> **헌법상 규정**
> - 의사공개의 원칙, 회기계속의 원칙, 일반의결정족수는 헌법에 직접 규정되어 있으나 일사부재의의 원칙과 일반의사정족수는 국회법에 규정되어 있다. ★★
> - 의사공개의 원칙은 입법기와 회기에 관계없이 적용되는 의사절차원칙이나 회기계속의 원칙은 한 입법기 내에, 일사부재의의 원칙은 한 회기 내에 적용된다. ★

⑦ 권 한

㉠ 입법 : 헌법개정안 발의·의결권, 법률안제출권, 법률제정권, 조약의 체결·비준에 대한 동의권, 국회규칙제정권

㉡ 재정(재정의회주의 채택) : 조세법률주의, 예산 및 추가경정예산의 심의·확정권, 결산심사권, 기채동의권, 예산 외의 국가부담계약체결에 대한 동의권, 예비비 설치에 대한 의결권과 그 지출승인권 등

㉢ 헌법기관 구성 : 대법원장·헌법재판소장·국무총리·감사원장임명동의권, 헌법재판소재판관·선거관리위원회위원의 일부선출권 등

㉣ 국정통제 : 탄핵소추권, 해임건의권, 긴급재정경제처분 및 명령·긴급명령에 대한 승인권, 국정감사권·국정조사권·계엄해제요구권, 국방·외교정책에 대한 동의권, 일반사면에 대한 동의권, 국무총리 등의 국회출석요구 및 질문권 등

㉤ 국회 내부사항에 관한 자율권 : 국회규칙제정권, 의원의 신분에 관한 권한(의원의 제명·징계·자격심사), 내부조직권, 내부경찰권 등

⑧ 권 리

특권(**면책특권**, **불체포특권**), 의사운영에 관한 권리(출석권, 발의권, 질문권, 질의권, 토론권, 의결권), 임시회소집을 요구할 권리(재적의원 4분의 1 이상), 수당·여비를 받을 권리, 국유교통수단의 이용권

> **국회의원의 특권**
>
> 1. 불체포특권
>   - 국회의원은 현행범인인 경우를 제외하고는 회기 중 국회의 동의 없이 체포 또는 구금되지 아니한다(제44조 제1항).
>   - 국회의원이 회기 전에 체포 또는 구금된 때에는 현행범인이 아닌 한 국회의 요구가 있으면 회기 중 석방된다(제44조 제2항).
>
> 2. 면책특권(헌법 제45조)
>   국회의원은 국회에서 직무상 행한 발언과 표결에 관하여 국회 외에서 책임을 지지 아니한다.

⑨ 의 무

국민 전체에 대한 봉사자로서의 봉사의무, **겸직금지의무**, 청렴의무, **국익우선의무**, 지위남용금지의무, 선서의무, 국회·위원회출석의무, 의장의 내부경찰권에 복종할 의무, 의사에 관한 법령·규칙준수의무, 의회장질서유지에 관한 명령복종 준수 등

(2) 대통령

① 대통령의 헌법상 지위

㉠ 국민대표기관으로서의 지위
- 대통령은 국회와 더불어 국민의 대표기관이다.

㉡ 국가원수로서의 지위
- 대외적인 국가대표 지위 : 조약체결비준, 외교사절신임·접수 또는 파견. 그리고 외국에 대하여 선전포고와 강화를 할 수 있다.
- 국가 및 「헌법」의 수호자로서의 지위 : 대통령은 국가의 독립, 영토의 보존, 국가의 계속성과 헌법을 수호할 책무를 진다(헌법 제66조 제2항). 이 지위에서 긴급재정경제처분 및 명령권, 긴급명령권, 계엄선포권, 위헌정당해산 제소권을 갖는다.
- 국정의 통합조정자로서의 지위 : 「헌법」개정제안권, 중요정책의 국민투표회부권, 위헌정당해산 제소권, 법률안제출권, 사면권 등이 있다.
- 「헌법」기관 구성권자로서의 지위 : 대법원장·헌법재판소장·감사원장의 임명, 대법관·헌법재판소재판관·중앙선거관리위원회위원 3인의 임명권, 감사위원임명권 등이 있다.

ⓒ 행정부의 수반으로서의 지위
   • 대통령은 행정부를 조직·통할하는 집행에 관한 최고책임자로서의 지위가 있다. 법률집행권, 국무회의 소집권, 예산안 제출권, 대통령령 제정권, 일반공무원 임명권 등이 있다.

② 선 임 ★
   보통·평등·직접·비밀선거의 원칙에 따라 무기명투표·단기투표방법으로 국민이 직접 선출(전국단위의 대선거구제), 당선자결정방법은 상대적 다수대표제이고 예외로 1인의 후보자인 경우에는 선거권자 총 수의 3분의 1 이상을 득표해야 당선(무투표당선제를 부인)이 되며, 최고득표자가 2인 이상인 경우에는 국회 재적의원 과반수의 공개회의에서 다수표를 얻은 자가 당선된다(헌법 제67조).

③ 임 기
   대통령의 임기는 5년으로 하며, 중임할 수 없다(헌법 제70조). 대통령의 임기연장 또는 중임변경을 위한 헌법개정은 그 헌법개정제안 당시의 대통령에 대하여는 효력이 없다(헌법 제128조 제2항).

④ 의무와 특권
   대통령은 헌법준수·국가보위·조국의 평화적 통일·민족문화의 창달 등의 직무를 성실히 수행할 의무를 지며, 공·사의 직을 겸할 수 없으며, 국가의 독립·영토의 보전·국가의 계속성과 헌법을 수호할 책무를 진다. 또한 대통령은 내란 또는 외환의 죄를 범한 경우를 제외하고는 재직 중 형사상의 소추를 받지 아니하며, 탄핵결정에 의하지 아니하고는 공직으로부터 파면되지 아니한다.

⑤ 권 한
   ㉠ 대권적 권한 : 긴급명령과 긴급재정경제처분 및 명령권, 계엄선포권, 국민투표회부권, 헌법기구구성권
   ㉡ 행정에 관한 권한 : 행정에 관한 최고결정권과 최고지휘권, 법률집행권, 외교에 관한 권한, 정부의 구성과 공무원임명권, 국군통수권, 재정에 관한 권한(예산안제출권, 예비비지출권), 영전수여권
   ㉢ 국회와 입법에 관한 권한 : 임시국회소집요구권, 국회출석발언권, 국회에 대한 서한에 의한 의사표시권, 헌법개정에 관한 권한, 법률안제출권, 법률안거부권, 법률안공포권, 행정입법권(위임명령·집행명령제정권)
   ㉣ 사법에 관한 권한 : 위헌정당해산 제소권, 사면·감형·복권에 관한 권한
   ㉤ 권한행사의 방법 : 대통령의 권한행사는 문서로써 하여야 하며, 국무총리와 관계 국무위원의 부서가 있어야 한다. 한편, 일정한 사항에 대하여는 국무회의의 심의, 국가안전보장회의의 자문 등을 거쳐야 한다.
   ㉥ 권한행사에 대한 통제방법 : 국민은 대통령을 선출함으로써, 국회는 대통령의 권한행사에 대한 승인권·탄핵소추권·계엄해제요구권을 통해, 법원은 대통령의 명령·처분을 심사함으로써 대통령의 권한행사를 통제한다.
   ㉦ 권한대행 : 대통령이 궐위되거나 사고로 인하여 직무를 수행할 수 없게 된 때에는 1차적으로 국무총리가 그 권한을 대행하고, 2차적으로는 법률이 정한 국무위원의 순서에 따라 그 권한을 대행한다(헌법 제71조).

(3) 행정부

① 국무총리

㉠ 대통령의 보좌기관으로서 대통령의 명을 받아 행정각부를 통할한다(헌법 제86조 제2항).

㉡ 행정부의 제2인자로서 대통령 권한대행의 제1순위가 되며, 국무회의의 부의장이 된다(헌법 제88조 제3항).

㉢ 국회의 동의를 얻어 대통령이 임명하고(헌법 제87조 제1항), 해임은 대통령의 자유이나 국회가 해임건의를 할 수 있다(헌법 제63조 제1항).

㉣ 국무위원의 임명제청권과 해임건의권, 대통령의 권한 대행 및 서리권, 국무회의의 심의·참가권, 국회에의 출석·발언권, 부서권, 행정각부 통할권, 총리령 제정권을 가지며 부서할 의무, 국회의 요구에 따라 출석·답변할 의무가 있다.

② 국무위원

㉠ 국무회의의 구성원으로서 대통령의 보좌기관으로(헌법 제87조 제2항) 임명은 국무총리의 제청으로 대통령이 하고(헌법 제88조 제1항) 해임은 대통령이 자유로이 한다.

㉡ 법률이 정하는 순서에 따라 대통령의 권한대행권, 국무회의의 심의·의결권, 부서권, 국회에의 출석·발언권이 있으며, 부서할 의무, 국회의 요구에 따라 출석·답변할 의무가 있다.

> **국무위원의 순서(정부조직법 제26조 제1항)**
> 1. 기획재정부
> 2. 교육부
> 3. 과학기술정보통신부
> 4. 외교부
> 5. 통일부

③ 국무회의

㉠ 대통령을 의장으로 하고 국무총리를 부의장으로 하며 15인 이상 30인 이하의 국무위원으로 구성하는 정부의 권한에 속하는 중요정책을 심의하는 기관이다.

㉡ 헌법상의 필수기관이며 최고의 정책심의기관이며 독립된 합의제기관이다(헌법 제88조).

④ 행정각부

대통령 내지 국무총리의 지휘·통할 하에 법률이 정하는 행정사무를 담당하는 중앙행정관청으로, 각 부의 장은 국무위원 중 국무총리 제청으로 대통령이 임명하며 대통령 내지 국무총리와 상명하복관계이다. 독임제 행정관청으로서 소속직원이나 소관사무에 관한 지방행정의 장을 지휘·감독하며, 필요한 행정처분·부령발포권을 가진다.

> **국무위원과 행정각부의 장**
> 행정각부의 장은 모두 국무위원이나, 모든 국무위원이 행정각부의 장은 아니다. 국무위원 중 일부가 행정각부의 장이 되기 때문에, 국무위원 중 행정각부의 장이 아닌 경우가 존재한다. ★

⑤ 대통령의 자문기관 ★

국가안전보장회의는 필수적 자문기관이나 국가원로자문회의, 민주평화통일자문회의, 국민경제자문회의는 임의적 기관이다.

㉠ **국가안전보장회의** : 국가안전보장에 관련되는 중요정책의 수립에 관한 국무회의의 전심기관

㉡ **국가원로자문회의** : 국정의 중요시항에 관한 대통령의 자문에 응하기 위한 대통령의 임의기관으로 국가원로로 구성되며, 의장은 직전대통령이 되고 직전대통령이 없을 때는 대통령이 지명 ★

㉢ **민주평화통일자문회의** : 평화통일정책의 수립에 관한 대통령의 자문에 응하기 위한 대통령의 임의기관

㉣ **국민경제자문회의** : 국민경제의 발전을 위한 중요정책의 수립에 관한 대통령의 자문에 응하기 위한 임의적 자문기관

> **대통령의 자문기관**
> 1. 국가원로자문회의, 국가안전보장회의, 민주평화통일자문회의, 국민경제자문회의는 헌법상 기관이나 국가과학기술자문회의는 헌법상의 기관이 아니라 법률상의 기관이다.
> 2. 국무회의는 심의기관이나 자문회의는 자문기관이다.
> 3. 연 혁
>   1) 국가원로자문회의, 민주평화통일자문회의 : 제5공화국 도입
>   2) 국가안전보장회의 : 제3공화국 도입
>   3) 국민경제자문회의 : 현행헌법 도입

⑥ 감사원

㉠ 원장을 포함한 **5인 이상 11인 이하**의 위원으로 조직된다(헌법 제98조 제1항).

㉡ 임기는 **4년, 1차에 한하여 중임**이 가능하다(헌법 제98조 제2항).

㉢ **감사위원**의 정년은 **65세**이지만, **감사원장**의 정년은 **70세**로 한다(감사원법 제6조 제2항).

㉣ 원장은 국회의 동의를 얻고 위원은 원장의 제청으로 대통령이 모두 임명한다(헌법 제98조 제2항·제3항).

㉤ **대통령의 직속기관**이지만 기능상 독립되어 있으며 **합의제의 헌법상 필수기관**이다.

㉥ 국가의 세입·세출의 결산을 매년 검사하여 대통령과 차년도 국회에 결과를 보고하며(헌법 제99조), 국가 및 법률에 정한 단체의 회계검사, 행정기관 및 공무원의 직무에 관한 감찰, 기타 변상책임 유무의 판단, 징계처분 및 문책, 시정의 요구, 수사기관에의 고발, 재심의 등의 일을 한다.

> **감사원장의 직무 대행(감사원법 제4조 제3항)**
> 원장이 사고(事故)로 인하여 직무를 수행할 수 없을 때에는 감사위원으로 최장기간 재직한 감사위원이 그 직무를 대행한다. 다만, 재직기간이 같은 감사위원이 2명 이상인 경우에는 연장자가 그 직무를 대행한다. ★

(4) 법 원

① 법원의 지위

사법에 관한 권한을 행사하며, 입법·행정기관과 더불어 동위의 독립된 주권을 행사하는 기관이며, 국민의 기본권이 침해된 경우에 그 사법적 보장을 위한 기관이다.

② 사법권의 조직 ★★

ㄱ 법원은 최고법원인 대법원과 각급의 법원으로 조직된다(헌법 제101조 제2항). 하급법원으로 고등법원, 행정법원, 특허법원, 지방법원, 가정법원 그리고 특별법원으로서의 군사법원이 있다.

ㄴ 대법원장은 국회의 동의를 얻어 대통령이 임명하며(헌법 제104조 제1항), 임기는 6년이고 중임할 수 없다(헌법 제105조 제1항).

ㄷ 대법관은 대법원장의 제청으로 국회의 동의를 얻어 대통령이 임명하며(헌법 제104조 제2항), 임기는 6년이고 연임할 수 있다(헌법 제105조 제2항).

ㄹ 대법원장과 대법관이 아닌 법관은 대법관회의의 동의를 얻어 대법원장이 임명하며(헌법 제104조 제3항) 임기는 10년이고, 연임할 수 있다(헌법 제105조 제3항).

> **대법원의 조직**
>
> 1. 대법관 수 ★
> 대법관 수에 대해서는 직접 헌법에서 규정하지 않고 있다. 법원조직법에서 대법원장을 포함하여 14인으로 규정하고 있다.
>
> 2. 대법관회의 ★
> 헌법상 필수기관이며 대법관으로 구성된다. 대법관 전원의 3분의 2 이상 출석과 출석과반수의 찬성으로 의결하며 의장은 표결권과 가부동수인 때에는 결정권을 가진다.
>
> 3. 대법원의 심판권 행사
>
> | 재판부 구성 | 부 | 전원합의체 |
> |---|---|---|
> | 구성방식 | • 대법관 4인으로 구성
• 대법원에 3개 부 | • 대법원장이 재판장
• 대법관 전원의 3분의 2 이상으로 구성 |
> | 합의방식 | 전원 의견일치에 따라 재판 | 출석 과반수 의견에 따라 심판 |
> | 대상사건 | 주로 부에서 심판 | • 부에서 의견이 일치되지 못한 경우
• 명령·규칙이 헌법 또는 법률에 위반된다고 인정하는 경우
• 종전에 대법원에서 판시한 헌법·법률·명령 또는 규칙의 해석적용에 관한 의견을 변경할 필요가 있다고 인정하는 경우
• 부에서 재판함이 적당하지 않다고 인정하는 경우 |

③ 권 한

　법원의 고유한 권한으로는 민사·형사·행정소송 등 법률적 쟁송에 관한 재판권이 있으며, 그 외에 비송사건의 관장, 명령·규칙·처분의 심사권, 위헌법률심판제청권, 대법원의 규칙제정권, 사법행정권, 법정질서유지권, 대법원장의 헌법재판소재판관과 선거관리위원회위원 지명권(각 3인을 지명) 등이 있다.

④ 사법절차와 운영

　㉠ 재판의 심급제

　　재판은 원칙적으로 심급제를 채택하고, 예외적으로 이심제, 단심제를 채택하고 있다.

　㉡ 재판의 공개제

　　공개함을 원칙으로 하나 재판의 심리가 국가안전보장 또는 안녕질서를 방해하거나 선량한 풍속을 해칠 염려가 있을 때에는 법원의 결정으로 공개하지 않을 수 있다. 또한 재판공개의 원칙은 비송사건절차나 가사심판절차에는 적용되지 아니한다.

　㉢ 배심제·참심제

　　• 배심제 : 일반시민으로 구성된 배심원단이 직업법관으로부터 독립하여 사실문제에 대한 평결을 내리고, 법관이 그 사실판단에 대한 평결결과에 구속되어 재판하는 제도

　　• 참심제 : 일반시민인 참심원이 직업법관과 함께 재판부의 일원으로 참여하여 직업법관과 동등한 권한을 가지고 사실문제 및 법률문제를 모두 판단하는 제도

국민의 형사재판 참여에 관한 법률

1. 정의(제2조)
　"국민참여재판"이란 배심원이 참여하는 형사재판을 말한다(제2항). ★

2. 대상사건(제5조)
　피고인이 국민참여재판을 원하지 아니하거나 제9조 제1항에 따른 배제결정이 있는 경우는 국민참여재판을 하지 아니한다(제2항). ★

3. 필요적 국선변호(제7조)
　이 법에 따른 국민참여재판에 관하여 변호인이 없는 때에는 법원은 직권으로 변호인을 선정하여야 한다. ★

4. 피고인 의사의 확인(제8조) ★
　① 법원은 대상사건의 피고인에 대하여 국민참여재판을 원하는지 여부에 관한 의사를 서면 등의 방법으로 반드시 확인하여야 한다. 이 경우 피고인 의사의 구체적인 확인 방법은 대법원규칙으로 정하되, 피고인의 국민참여재판을 받을 권리가 최대한 보장되도록 하여야 한다.
　② 피고인은 공소장 부본을 송달받은 날부터 7일 이내에 국민참여재판을 원하는지 여부에 관한 의사가 기재된 서면을 제출하여야 한다. 이 경우 피고인이 서면을 우편으로 발송한 때, 교도소 또는 구치소에 있는 피고인이 서면을 교도소장·구치소장 또는 그 직무를 대리하는 자에게 제출한 때에 법원에 제출한 것으로 본다.
　③ 피고인이 제2항의 서면을 제출하지 아니한 때에는 국민참여재판을 원하지 아니하는 것으로 본다.
　④ 피고인은 제9조 제1항의 배제결정 또는 제10조 제1항의 회부결정이 있거나 공판준비기일이 종결되거나 제1회 공판기일이 열린 이후에는 종전의 의사를 바꿀 수 없다.

5. 배심원의 권한과 의무(제12조)

배심원은 국민참여재판을 하는 사건에 관하여 사실의 인정, 법령의 적용 및 형의 양정에 관한 의견을 제시할 권한이 있다(제1항). ★

6. 배심원의 수(제13조)

법정형이 사형·무기징역 또는 무기금고에 해당하는 대상사건에 대한 국민참여재판에는 9인의 배심원이 참여하고, 그 외의 대상사건에 대한 국민참여재판에는 7인의 배심원이 참여한다. 다만, 법원은 피고인 또는 변호인이 공판준비절차에서 공소사실의 주요내용을 인정한 때에는 5인의 배심원이 참여하게 할 수 있다(제1항). ★

7. 배심원의 자격(제16조) ★

배심원은 만 20세 이상의 대한민국 국민 중에서 이 법으로 정하는 바에 따라 선정된다.

8. 간이공판절차 규정의 배제(제43조) ★

국민참여재판에는 「형사소송법」 제286조의2를 적용하지 아니한다.

국민의 형사재판 참여에 관한 법률

9. 배심원의 증거능력 판단 배제(제44조) ★★

배심원 또는 예비배심원은 법원의 증거능력에 관한 심리에 관여할 수 없다.

10. 재판장의 평의 및 평결(제46조)

① 심리에 관여한 배심원은 제1항의 설명을 들은 후 유·무죄에 관하여 평의하고, 전원의 의견이 일치하면 그에 따라 평결한다. 다만, 배심원 과반수의 요청이 있으면 심리에 관여한 판사의 의견을 들을 수 있다(제2항). ★

② 배심원은 유·무죄에 관하여 전원의 의견이 일치하지 아니하는 때에는 평결을 하기 전에 심리에 관여한 판사의 의견을 들어야 한다. 이 경우 유·무죄의 평결은 다수결의 방법으로 한다. 심리에 관여한 판사는 평의에 참석하여 의견을 진술한 경우에도 평결에는 참여할 수 없다(제3항). ★

③ 제2항부터 제4항까지의 평결과 의견은 법원을 기속하지 아니한다(제5항). ★

11. 판결서의 기재사항(제49조)

배심원의 평결결과와 다른 판결을 선고하는 때에는 판결서에 그 이유를 기재하여야 한다(제2항). ★

⑤ 신분보장 ★

　　㉠ 법관은 탄핵 또는 금고 이상의 형의 선고에 의하지 아니하고는 파면되지 아니하며, 징계처분에 의하지 아니하고는 정직·감봉 기타 불리한 처분을 받지 아니한다.

　　㉡ 법관이 중대한 심신상의 장해로 직무를 수행할 수 없을 때에는 법률이 정하는 바에 의하여 퇴직하게 할 수 있다.

> **법관의 정년**
>
> 1. 법관의 정년제도 자체는 헌법상 제도이나 정년연령은 헌법에서 법률에 위임하고 있다(헌법 제105조 제4항). 법원조직법은 대법원장 정년 70세, 대법관 정년 70세, 판사정년 65세로 정하고 있다(제45조).
> 2. 법관의 임기는 헌법에 규정되어 있으므로 법률개정으로 이를 단축하거나 연장할 수 없으나 법관의 정년은 법원조직법에 규정되어 있으므로 법률개정으로 변경할 수 있다.

⑥ 사법권의 독립 ★

　　㉠ 의의 : 공정한 재판을 보장하기 위하여 사법권을 입법권과 행정권으로부터 분리하여 독립시키고, 법관이 구체적인 사건을 재판함에 있어서 누구의 지위나 명령에도 구속받지 않는 것을 의미한다.

　　㉡ 법관의 직무상의 독립 : "법관은 헌법과 법률에 의하여 그 양심에 따라 독립하여 심판한다(헌법 제103조)."라고 하여, 법관은 국가권력이나 그 외의 세력의 영향을 받지 않고 법과 양심에 의하여 독립적으로 재판해야 함을 규정하고 있다.

　　㉢ 법관의 신분상의 독립 : 법관 임기·정년의 법정(헌법 제105조), 법관 자격의 법정(헌법 제101조 제3항), 법관의 신분 보장(헌법 제106조 제1항) 등을 통하여 법관의 신분상 독립을 보장하고 있다.

(5) 헌법재판소

① 헌법재판소의 지위와 구성

　　㉠ 정치적 사법기관으로서 사법적 방법에 의하여 헌법을 보장하는 기관이다. 헌법재판을 통하여 권력을 통제하여 조화를 이룰 뿐만 아니라 직접 또는 간접적인 방법으로 특히 헌법소원심판이나 위헌법률심판을 통하여 기본권을 보장한다.

　　㉡ 법관의 자격을 가진 **9인의 재판관**으로 구성하며(헌법 제111조 제2항), **국회에서 선출**하는 **3인**과 **대법원장이 지명하는 3인**을 포함하여 9인의 재판관은 대통령이 임명한다(헌법 제111조 제2항·제3항). 헌법재판소의 장은 국회의 동의를 얻어 재판관 중에서 대통령이 임명하며, 재판관의 자격은 법관자격자로 한다(헌법 제111조 제4항).

　　㉢ 임기는 **6년**이며 연임이 가능하고, 정당·정치에 관여할 수 없다(헌법 제112조 제1항·제2항).

　　㉣ **탄핵** 또는 **금고 이상의 형의 선고**에 의하지 않고서는 파면당하지 아니한다(헌법 제112조 제3항).

② 권 한

㉠ 위헌법률심판권 ★
- 의의 : 국회가 만든 법률이 헌법에 위반되는지를 심사하고, 헌법에 위반되는 경우 그 법률의 효력을 잃게 하거나 적용하지 못하게 하는 것을 말한다.
- 요건 : 심판대상이 법률 또는 법률조항이어야 하고, 재판의 전제성을 갖추어야 하며, 법원의 제청이 있어야 한다. 즉, 법률이 헌법에 위반되는가의 여부가 재판의 전제가 되었을 때 법원은 직권 또는 당사자의 신청에 의해서 위헌법률심판을 제청한다(헌법재판소법 제41조 제1항).
- 효력 : 위헌으로 결정된 법률 또는 법률조항은 그 결정이 있는 날부터 효력을 상실한다. 다만, 형벌에 관한 법률 또는 법률조항은 소급하여 그 효력을 상실하되 해당 법률 또는 법률의 조항에 대하여 종전에 합헌으로 결정한 사건이 있는 경우에는 그 결정이 있는 날의 다음날로 소급하여 효력을 상실한다(헌법재판소법 제47조 제2항·제3항). ★

㉡ 탄핵심판권 ★
- 의의 : 사법절차나 징계절차에 따라 소추되거나 징계하기 곤란한 행정부의 고위직 공무원(대통령, 국무총리, 국무위원 등) 또는 법관과 같이 신분이 보장된 공무원이 그 직무집행에 있어 헌법이나 법률을 위배한 때에 국회가 해당 공무원을 탄핵소추하면 헌법재판소가 심판을 통해 그를 공직에서 파면하는 제도이다(헌법재판소법 제48조).
- 절차 : 탄핵소추는 국회재적의원 3분의 1 이상의 발의에 의하여 국회재적의원 과반수의 찬성으로 의결한다. 단, 대통령에 대한 탄핵소추는 국회재적의원 과반수의 발의와 국회재적의원 3분의 2 이상의 찬성이 있어야 한다. 탄핵심판은 헌법재판소 전원재판부에서 재판관 3분의 2 이상의 찬성으로 피청구인을 파면하는 결정을 한다.
- 효과 : 탄핵소추의 의결을 받은 자는 탄핵심판이 있을 때까지 그 권한행사가 정지된다. 탄핵심판 청구가 이유 있는 때에는 헌법재판소는 당해 공직에서 파면하는 결정을 선고하는데, 탄핵결정이 민사상 또는 형사상의 책임을 면해주는 것은 아니다.

㉢ 위헌정당해산심판권 : 정부는 정당의 목적이나 활동이 민주적 기본질서에 위배되는 정당에 대하여 헌법재판소에 그 해산을 제소할 수 있으며(헌법재판소법 제55조), 헌법재판소의 위헌정당해산 결정으로 정당은 해산되고 그 정당의 재산은 국고에 귀속된다(정당법 제48조 제2항). ★

㉣ 권한쟁의심판권 : 국가기관 상호 간, 국가기관과 지방자치단체 간 또는 지방자치단체 상호 간에 권한의 존부 또는 범위에 관하여 발생한 적극적 또는 소극적인 분쟁에 대한 심판을 한다(헌법재판소법 제62조 제1항).

㉤ 헌법소원심판권 ★
- 의의 : 공권력의 행사 또는 불행사로 인하여 자신의 헌법상 보장된 기본권이 직접적·현실적으로 침해당했다고 주장하는 국민의 기본권침해구제청구에 대한 심판을 말한다(헌법재판소법 제68조 제1항).

O Private Police Guards

- **대상** : 헌법소원은 공권력작용을 대상으로 한다. 그렇기에 사인으로부터의 기본권 침해행위는 헌법소원심판의 대상이 될 수 없다. 공권력의 행사는 입법권·행정권의 행사를 모두 포함하나 다만 법원의 재판에 대해서는 헌법소원심판을 청구할 수 없다(헌법재판소법 제68조 제1항).
- **보충성** : 헌법소원심판을 제기하기 위해서는 다른 구제절차를 다 거쳐야만 한다(헌법재판소법 제68조 제1항 단서). 따라서 법원에 계류 중인 사건에 대해서는 헌법소원을 청구할 수 없다.
  - ⑪ **헌법재판소 규칙제정권** : 법률에 저촉되지 아니하는 범위 안에서 심판에 관한 절차, 내부규율과 사무처리에 관한 규칙을 제정할 수 있다(헌법재판소법 제10조 제1항). ★

(6) 선거관리위원회

① **구 성** ★

중앙선거관리위원회는 대통령이 임명하는 3인, 국회에서 선출하는 3인, 대법원장이 지명하는 3인의 위원으로 구성한다. 위원장은 위원 중에서 호선한다(헌법 제114조 제2항).

② **위원의 지위**

위원의 임기는 6년이며(헌법 제114조 제3항), 정당에 가입하거나 정치에 관여할 수 없다(헌법 제114조 제4항). 위원은 탄핵 또는 금고 이상의 형의 선고에 의하지 아니하고는 파면되지 아니한다(헌법 제114조 제5항).

③ **권 한** ★

법령의 범위 내에서 선거관리·국민투표관리 또는 정당사무에 관한 규칙을 제정할 수 있으며(헌법 제114조 제6항) 선거사무와 국민투표사무에 관하여 관계 행정기관에 필요한 지시를 할 수 있다(헌법 제115조 제1항).

선거관리위원회의 설치(선거관리위원회법 제2조)
선거관리위원회의 종류와 위원회위원의 정수는 다음과 같다.
① 중앙선거관리위원회 9인
② 특별시·광역시·도 선거관리위원회 9인
③ 구·시·군 선거관리위원회 9인
④ 읍·면·동 선거관리위원회 7인

CHAPTER 02 | 헌 법 **121**

01 우리나라 헌법의 기본질서에 해당하지 않는 것은?

① 사법국가적 기본질서
② 자유민주적 기본질서
③ 사회적 시장경제질서
④ 평화주의적 국제질서

 해설 •••

우리나라 헌법은 전문과 헌법 제4조에서 자유민주적 기본질서를 명시적으로 규정하고 있고 헌법 제119조 제2항이 사회적 시장경제질서를, 헌법 제5조 제1항은 평화주의적 국제질서를 표방하고 있다.

 정답 ❶

02 우리나라 헌법은 1948년 이후 몇 차례의 개정이 있었는가?

① 5차
② 7차
③ 8차
④ 9차

 해설 •••

③ 헌법 제130조 제3항
우리나라 헌법은 1987년 10월 29일에 제9차로 개정되었다. 헌법 전문상의 제8차라고 밝히고 있는 것은 9차 개정의 현행 헌법을 공표하면서 그때까지 8차례에 걸쳐 개정되었던 것을 이제 9차로 개정하여 공포하는 취지를 밝힌 것이다.

 정답 ❹

03 헌법을 결단주의에 입각하여 국가의 근본상황에 관하여 헌법제정권자가 내린 근본적 결단이라고 한 사람은?

① Oppenheimer
② C. Schmitt
③ Anschut
④ Sieyes

 해설 •••

C. Schmitt(칼 슈미트)는 헌법은 헌법제정권력의 행위에 의한 정치생활의 종류와 형태에 관한 근본적 결단이라 하였다.

 정답 ❷

04 우리나라 헌법에 관한 설명 중 틀린 것은?

① 대통령의 계엄선포권을 규정하고 있다.
② 국무총리의 긴급재정경제처분권을 규정하고 있다.
③ 국가의 형태로서 민주공화국을 채택하고 있다.
④ 국제평화주의를 규정하고 있다.

쏙쏙 해설 •••

② 긴급재정경제처분·명령권(헌법 제76조 제1항): 중대한 재정·경제상의 위기에 있어서 국가안전보장 또는 공공의 안녕질서를 유지하기 위해 대통령이 행하는 재정·경제상의 처분이다.
① 헌법 제77조 제1항
③ 헌법 제1조 제1항
④ 헌법 전문·헌법 제5조·제6조 등에서 국제평화주의를 선언하고 있다.

정답 ❷

05 헌법의 개념 요소에 포함되는 내용이 아닌 것은?

① 국가의 통치조직과 작용에 관한 법
② 국가기관 상호간의 관계에 관한 법
③ 국가와 국민의 관계에 관한 법
④ 국민 상호간의 관계에 관한 기본법

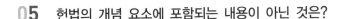

쏙쏙 해설 •••

헌법은 국가의 통치조직과 작용, 국가기관 상호간의 관계 및 국가와 국민과의 관계에 관한 근본규칙을 정한 최고법으로 정치성, 개방성, 이념성, 역사성, 최고규범성, 기본권 보장 규범성, 수권적 조직규범성, 권력제한규범성, 생활규범성을 특성으로 한다. ④는 사인(私人) 간의 관계에 관한 기본법으로 민법에서 규정하고 있다.

정답 ❹

06 다음 중 정부형태의 전통적 분류에 속하지 않는 것은?

① 입헌군주제　　　　② 대통령제
③ 의회정부제　　　　④ 의원내각제

쏙쏙 해설 •••

정부형태의 전통적 분류에서는 입법부와 행정부(집행부)의 관계를 중심으로 하여 그 관계가 절대적·경성적 분립관계를 형성하고 있으면 대통령제로, 상대적·연성적 분립관계를 형성하고 있으면 의회내각제로, 융합적·위계적 분립관계를 형성하고 있으면 의회정부제 등으로 분류하고 있다.

정답 ❶

핵심만 콕

정부형태의 현대적 분류 중 뢰벤슈타인의 분류에서는 권력이 현실적으로 통제되고 있는지의 여부와 정치권력의 현실적
행사과정이 민주적인지의 여부를 기준으로 정부형태를 전제주의적 정부형태와 입헌주의적 정부형태로 분류한다.

07 다음 설명 중 근대 입헌주의적 의미의 헌법에 해당하는 것은?

① 권력분립과 기본권 보장이 없는 국가는 헌법이 없다.
② 영국을 제외하고 모든 나라는 헌법을 가지고 있다.
③ 국가라고 하는 법적 단체가 있는 곳에는 헌법이 있다.
④ 공산주의 국가에도 헌법은 있다.

 쏙쏙 해설 •••

근대 입헌주의 헌법은 국법과 왕법을
구별하는 근본법(국법) 사상에 근거를
두고 국가권력의 조직과 작용에 대한
사항을 정하고 동시에 국가권력의 행사
를 제한하여 국민의 자유와 권리 보장
을 이념으로 하고 있다.

정답 ❶

08 다음 중 헌법의 전통적 분류방법에 해당되지 않는 것은?

① 제정주체 – 흠정헌법·민정헌법·협약헌법·국약헌법
② 개정절차의 난이도 – 경성헌법·연성헌법
③ 존재론적 – 규범적 헌법·명목적 헌법·장식적 헌법
④ 존재형식 – 성문헌법·불문헌법

 쏙쏙 해설 •••

③은 헌법의 효력에 따른 분류방법으
로 뢰벤슈타인이 제시하였다.

정답 ❸

09 다음 중 군주 단독의 의사에 의하여 제정되는 헌법은?

① 국약헌법
② 민정헌법
③ 흠정헌법
④ 명목적 헌법

 쏙쏙 해설 •••

헌법의 제정 주체에 따른 분류 중 흠정
헌법(군주헌법)에 관한 설명이다. 흠정
헌법은 군주가 제정한다 하여 군주헌법
이라고도 한다. 전제군주제를 취했던
나라에서 군주의 권력을 유보하고 국민
에게 일정한 권리나 자유를 은혜적으로
인정하면서 제정한 헌법(입헌군주제로
의 이행)을 말하는데, 일본의 명치헌법,
19세기 전반의 독일 각 연방헌법 등이
이에 해당한다.

정답 ❸

① 국약헌법 : 둘 이상의 국가 간의 합의의 결과로 국가연합을 구성하여 제정한 헌법(예 미합중국 헌법)
② 민정헌법 : 국민의 대표자로 구성된 제헌의회를 통하여 제정된 헌법(예 오늘날 자유민주주의 국가 대부분이 해당)
④ 명목적 헌법 : 헌법을 이상적으로 제정하였으나, 사회여건은 이에 불일치(예 남미 여러 나라의 헌법)

10 신대통령제 국가나 전체주의적 독재국가의 헌법은 다음 어디에 해당하겠는가?

① 독창적 헌법   ② 명목적 헌법

③ 가식적 헌법   ④ 규범적 헌법

 해설 •••

가식적 헌법 혹은 장식적 헌법에 관한 설명이다. 가식적 헌법은 헌법이 권력 장악자의 지배를 안정시키고 영구화하는 데 이용되는 수단이나 도구에 지나지 않는 것으로, 구소련 등의 공산주의 국가의 헌법을 말한다.

정답 ❸

11 헌법제정권력에 관한 기술로서 옳지 못한 것은?

① 민주국가에서는 국민이 그 주체가 된다.
② 이는 제도적 권리이므로 자연법상의 원리에 의한 제약은 받지 않는다.
③ 헌법제정권력은 시원적이며, 자율성을 갖는다.
④ 헌법개정권력에 우선한다.

쏙쏙 해설 •••

헌법제정권력은 국민이 정치적 존재에 대한 근본결단을 내리는 정치적 의사이며 법적 권한으로 시원적 창조성과 자유성, 항구성, 단일불가분성, 불가양성 등의 본질을 가지며 인격 불가침, 법치국가의 원리, 민주주의의 원리 등과 같은 근본규범의 제약을 받는다.

정답 ❷

12 헌법개정에 관한 설명으로 옳지 못한 것은?

① 헌법에 규정된 개정절차에 따라야 한다.
② 헌법의 기본적 동일성이 변경되는 것이다.
③ 헌법의 형식이나 내용에 변경을 가하는 것이다.
④ 헌법의 파괴는 개정이 아니다.

 해설 •••

헌법의 개정은 헌법의 동일성을 유지하면서 의식적으로 헌법전의 내용을 수정·삭제·추가하는 것을 말한다.

정답 ❷

13 헌법의 개정과 유사한 개념 중에서 기존 헌법을 배제하고 수평적 헌법전의 교체가 이루어지는 것을 무엇이라 하는가?

① 헌법의 폐지 ② 헌법의 파괴
③ 헌법의 정지 ④ 헌법의 침해

쏙쏙 해설 •••

헌법의 폐지는 기존의 헌법(전)은 배제하지만 헌법제정권력의 주체는 경질되지 않으면서 헌법의 근본규범성을 인정하고 헌법의 전부를 배제하는 경우이다.

정답 ❶

14 헌법상 헌법개정에 관한 설명으로 옳은 것은?

① 헌법개정은 국회 재적의원 과반수 또는 정부의 발의로 제안된다.
② 대통령의 임기연장 또는 중임변경에 관해서는 이를 개정할 수 없다.
③ 헌법개정이 확정되면 대통령은 즉시 이를 공포하여야 한다.
④ 헌법개정안에 대한 국회의결은 출석의원 3분의 2 이상의 찬성을 얻어야 한다.

쏙쏙 해설 •••

③ 헌법 제130조 제3항
① 헌법개정은 국회 재적의원 과반수 또는 대통령의 발의로 제안된다.
② 개정은 가능하나 그 헌법개정 제안 당시의 대통령에 대하여는 효력이 없다.
④ 헌법개정안에 대한 국회의결은 재적의원 3분의 2 이상의 찬성을 얻어야 한다.

정답 ❸

15 헌법상 헌법개정안이 국회에서 의결된 경우, 그 이후의 절차로 옳은 것은?

① 대통령은 20일 이상의 기간 동안 이를 공고하여야 한다.
② 대통령이 거부권을 행사할 수 있다.
③ 대통령이 공포하지 않고 15일이 경과하면 효력이 발생한다.
④ 대통령이 30일 이내에 국민투표에 부쳐야 한다.

쏙쏙 해설 •••

헌법의 개정절차 : 대통령이나 국회 재적의원 과반수의 발의로써 제안 → 대통령이 20일 이상의 기간 동안 공고 → 공고일로부터 60일 이내에 국회 재적의원 2/3 이상의 찬성으로 의결 → 국회 의결 후 30일 이내에 국회의원 선거권자 과반수의 투표와 투표자 과반수의 찬성으로 확정 → 대통령이 즉시 공포

정답 ❹

16 우리 헌법상 헌법개정에 의하여 수정할 수 없는 것은?

① 대통령의 임기
② 의원내각제의 채택
③ 기본권 보장의 폐지
④ 헌법전문의 자구수정

 쏙쏙 해설 •••

민주공화국, 국민주권원리, 민주적 기본질서, 기본적 인권의 핵심이 되는 내용, 국제평화주의, 복수정당제 등은 헌법개정한계설을 취하는 입장에서 볼 때, 개정할 수 없다고 본다.

정답 ❸

17 헌법이 명시하고 있는 법규명령이 아닌 것은?

① 부 령
② 총리령
③ 대통령령
④ 감사원규칙

 쏙쏙 해설 •••

헌법 제75조(대통령령)와 제95조(총리령, 부령)에 법규명령의 근거가 명시되어 있다. 주의할 점은 감사원 규칙은 헌법이 명시된 규정이 없으나 감사원법에 근거한 법규명령으로 보는 것이 다수설의 입장이다.

정답 ❹

18 우리나라 헌법의 기본원리라고 볼 수 없는 것은?

① 국민주권의 원리
② 법치주의
③ 문화국가의 원리
④ 사회적 민주주의

 쏙쏙 해설 •••

①·②·③ 이외에 자유민주주의, 권력분립주의, 기본권존중주의, 복지국가원리, 국제평화주의, 사회적 시장경제주의원리 등을 표방하고 있다.

정답 ❹

19 헌법전문에 관한 설명 중 틀린 것은?

① 전문에 선언된 헌법의 기본원리는 헌법해석의 기준이 된다.
② 우리 헌법전문은 헌법제정권력의 소재를 밝힌 전체적 결단으로서 헌법의 본질적 부분을 내포하고 있다.
③ 헌법전의 일부를 구성하며 당연히 본문과 같은 법적 성질을 내포한다.
④ 헌법전문은 전면 개정을 할 수 없으며 일정한 한계를 갖는다.

쏙쏙 해설 •••

헌법전문의 법적 효력에 대해서는 학설 대립으로 논란의 여지가 있어 전문이 본문과 같은 법적 성질을 '당연히' 내포한다고 단정을 지을 수는 없다.

정답 ❸

20 헌법상 기본권보장의 대전제가 되는 최고의 원리는?

① 생명권의 보호 ② 근로3권의 보장
③ 사유재산권의 보호 ④ 인간의 존엄과 가치

21 다음의 설명 중 바르지 못한 것은?

① 국가의사의 최종 결정권력이 국민에게 있다는 원리를 국민주권의 원리라 한다.
② 우리 헌법상 국민주권의 원리를 구현하기 위한 제도로는 대표민주제, 복수정당제, 국민투표제 등이 있다.
③ 모든 폭력적인 지배와 자의적인 지배를 배제하고, 그때그때의 다수의 의사와 자유 및 평등에 의거한 국민의 자기결정을 토대로 하는 법치국가적 통치질서를 자유민주적 기본질서라 한다.
④ 자유민주적 기본질서의 내용으로는 기본적 인권의 존중, 권력분립주의, 법치주의, 사법권의 독립, 계엄선포 및 긴급명령권, 양대정당제 등이 있다.

22 헌법상 조약과 국제법규에 관한 설명으로 옳지 않은 것은?

① 일반적으로 승인된 국제법규는 국내법과 동일한 효력을 갖는다.
② 헌법에 의해 체결·공포된 조약은 국내법의 법원(法源)이 될 수 없다.
③ 외국인은 국제법과 조약이 정하는 바에 의하여 그 지위가 보장된다.
④ 대통령은 조약을 체결·비준하고, 외교사절을 신임·접수 또는 파견하며, 선전포고와 강화를 한다.

23 현행 헌법에 규정되어 있는 내용이 아닌 것은?

① 국정감사권 ② 국민소환권
③ 헌법소원 ④ 긴급명령권

 해설 •••

② 현행 헌법에는 국민소환을 채택하고 있지 않다.
① 헌법 제61조 제1항
③ 헌법 제111조
④ 헌법 제76조

정답 ❷

CHAPTER 02

24 다음 중 자유민주적 기본질서의 원리와 거리가 먼 것은?

① 법치주의 ② 권력분립주의
③ 의회민주주의 ④ 포괄위임입법주의

해설 •••

자유민주적 기본질서는 모든 폭력적 지배와 자의적 지배 즉 반국가단체의 일인독재 내지 일당독재를 배제하고 다수의 의사에 의한 국민의 자치 자유·평등의 기본원칙에 의한 법치주의적 통치질서이고 구체적으로는 기본적 인권의 존중, 권력분립, 의회제도, 복수정당제도, 선거제도, 사유재산과 시장경제를 골간으로 한 경제질서 및 사법권의 독립 등이다. 따라서 법치주의에 위배되는 포괄위임입법주의는 민주적 기본질서의 원리와 거리가 멀다.

정답 ❹

25 헌법재판에 관한 설명으로 옳은 것은?

① 헌법은 헌법재판소장의 임기를 5년으로 규정한다.
② 헌법재판의 전심절차로서 행정심판을 거쳐야 한다.
③ 헌법재판소는 지방자치단체 상호간의 권한쟁의심판을 관장한다.
④ 탄핵 인용결정을 할 때에는 재판관 5인 이상의 찬성이 있어야 한다.

해설 •••

③ 헌법 제111조 제1항 제4호

정답 ❸

① 헌법재판소 재판관의 임기는 6년으로 하며, 법률이 정하는 바에 의하여 연임할 수 있다(헌법 제112조 제1항).
② 헌법 중 제5장 '법원'에 관한 부분에서 재판의 전심절차로서 행정심판을 할 수 있다(헌법 제107조 제3항 전문)라고 규정하고 있다.
④ 헌법재판소에서 법률의 위헌결정, 탄핵의 결정, 정당해산의 결정 또는 헌법소원에 관한 인용결정을 할 때에는 재판장 6인 이상의 찬성이 있어야 한다(헌법 제113조 제1항).

26 현행 헌법상 정당설립과 활동의 자유에 관한 설명으로 옳지 않은 것은?

① 정당의 설립은 자유이며, 복수정당제는 보장된다.
② 정당은 그 목적, 조직과 활동이 민주적이어야 한다.
③ 정당의 목적과 활동이 민주적 기본질서에 위배될 때에는 국회는 헌법재판소에 그 해산을 제소할 수 있다.
④ 국가는 법률이 정하는 바에 의하여 정당의 운영에 필요한 자금을 보조할 수 있다.

 쏙쏙 해설 •••

③ 정당의 목적이나 활동이 민주적 기본질서에 위배될 때 정부는 헌법재판소에 그 해산을 제소할 수 있고, 정당은 헌법재판소의 심판에 의하여 해산된다(헌법 제8조 제4항).
① 헌법 제8조 제1항
② 헌법 제8조 제2항
④ 헌법 제8조 제3항

정답 ❸

27 헌법 제8조에 따르면 정당의 목적이나 활동이 민주적 기본질서에 위배될 때에는 정부는 헌법재판소에 그 해산을 제소할 수 있다. 이는 헌법상의 어느 원리가 구체화된 것인가?

① 자유민주주의
② 국민주권의 원리
③ 방어적 민주주의
④ 사회적 시장경제주의

쏙쏙 해설 •••

민주주의의 적에게는 자유를 인정할 수 없다는 방어적 민주주의가 구체화된 것이다.

정답 ❸

28 정당에 관한 다음 설명 중 옳지 않은 것은?

① 자유민주주의 질서를 긍정하여야 한다.

② 정강이나 정책을 가져야 하며 국민의 정치적 의사형성에 참여하여야 한다.

③ 정당의 목적이나 활동이 민주적 기본질서에 위배될 때는 정부의 제소에 의해 헌법재판소의 판결로 해산된다.

④ 정당이 공직선거자의 후보를 추천하지 아니하거나 선거에 참여하지 아니할 때에는 해산된다.

 해설 •••

정당은 국민의 이익을 위하여 책임있는 정치적 주장이나 정책을 추진하고 공직선거의 후보자를 추천 또는 지지함으로써 국민의 정치적 의사 형성에 참여함을 목적으로 하는 국민의 자발적 조직으로, 설립의 자유가 보장되며 헌법재판소의 정당해산 심판결정에 의해서만 해산될 수 있다.

정답 ❹

29 선거관리위원회에 관한 설명으로 틀린 것은?

① 헌법상 필수기관이며 합의제 행정관청이다.

② 9인의 위원으로 구성되며, 위원장은 위원 중에서 호선한다.

③ 선거와 국민투표, 정당에 관한 사무를 처리한다.

④ 위원 3분의 2 이상으로 개의하고 출석위원 과반수의 찬성으로 의결한다.

해설 •••

각급 선거관리위원회는 재적위원 과반수 출석으로 개의하며 출석위원 과반수 이상의 찬성으로 의결한다(선거관리위원회법 제10조 제1항).

정답 ❹

30 선거에 관한 다음 설명 중 틀린 것은?

① 평등선거는 일정한 연령에 달한 모든 사람에게 선거권을 인정한다.

② 우리나라 국회의원의 선거제도로는 소선거구제와 비례대표제를 채택하고 있다.

③ 선거구 간의 인구편차가 너무 벌어지도록 선거구를 분할하는 것은 평등선거에 위배될 소지가 있다.

④ 무소속 입후보자에게 일정수 이상의 추천인을 요구하는 것은 평등선거에 위배되지 않는다.

해설 •••

사회적 신분·재산·납세·교육·신앙·인종·성별 등에 차별을 두지 않고 원칙적으로 모든 성년자에게 선거권을 부여하는 제도를 보통선거의 원칙이라고 한다.

정답 ❶

31 소선거구제에 관한 것 중 틀린 것은?

① 소선거구제하에서는 게리맨더링이 일어날 수 있다.

② 소선거구제하에서는 군소정당이 난립할 가능성이 있다.

③ 소선거구제하에서는 지연·혈연이 작용할 수 있다.

④ 소선거구제하에서는 비례대표의 목적이 손상될 우려가 있다.

 해설 •••

중·대선거구제와 비례대표제는 군소 정당이 난립하여 정국이 불안정을 가져 온다는 단점이 있다. 그에 비해 소선거 구제는 양대정당이 육성되어 정국이 안 정된다는 장점이 있다.★

정답 ❷

32 헌법상 통치구조에 관한 다음 기술 중 옳지 않은 것은?

① 법원의 재판에 이의가 있는 자는 헌법재판소에 헌법소원심판 을 청구할 수 있다.

② 헌법재판소는 지방자치단체 상호간의 권한의 범위에 관한 분 쟁에 대하여 심판한다.

③ 행정법원은 행정소송사건을 담당하기 위하여 설치된 것으로 서 3심제로 운영된다.

④ 법원의 재판에서 판결선고는 항상 공개하여야 하지만 심리는 공개하지 않을 수 있다.

해설 •••

헌법소원은 공권력의 행사 또는 불행 사로 인하여 자신의 헌법상 보장된 기 본권이 직접적·현실적으로 침해당했 다고 주장하는 국민의 기본권침해구제 청구에 대하여 심판하는 것이다. 이를 제기하기 위해서는 다른 구제절차를 모두 거쳐야 하므로 법원에 계류중인 사건에 대해서는 헌법소원을 청구할 수 없다.★

정답 ❶

33 비례대표제에 관한 다음 설명 중 틀린 것은?

① 사표를 방지하여 소수자의 대표를 보장한다.

② 군소정당의 난립이 방지되어 정국의 안정을 가져온다.

③ 득표수와 정당별 당선의원의 비례관계를 합리화시킨다.

④ 그 국가의 정당사정을 고려하여 채택하여야 한다.

해설 •••

비례대표제는 각 정당에게 그 득표수에 비례하여 의석을 배분하는 대표제로 군 소정당의 난립을 가져와 정국의 불안을 가져온다는 것이 일반적 견해이다.

정답 ❷

34 공무원의 헌법상 지위에 관한 설명 중 타당한 것은?

① 공무원은 국민대표기관인 국회에 대하여 책임을 진다.
② 공무원에 대하여 근로자의 권리를 제한하는 것은 위헌이다.
③ 국민 전체에 대한 봉사자라는 뜻은 국민주권의 원리에 입각하여 국민에 대한 책임을 진다는 것을 말한다.
④ 공무원은 특정 정당에 대한 봉사자가 될 수 있다.

 쏙쏙 해설 •••

공무원은 국민 전체에 대한 봉사자로서 국민에 대해서 책임을 진다. 따라서 공무원은 특정 정당에 대한 봉사자여서는 안 되며, 근로3권이 제약된다.

정답 ❸

35 다음 중 공무원의 헌법상 지위와 관련된 내용으로 거리가 먼 것은?

① 정당가입의 금지
② 주요방위산업체에 종사하는 근로자의 단체행동권의 제한
③ 경찰공무원에 대한 직무집행에 관한 손해배상청구권의 제한
④ 언론·출판의 자유에 대한 제한

쏙쏙 해설 •••

①은 헌법 제7조 제2항, ②는 헌법 제33조 제3항, ③은 헌법 제29조 제2항에 규정되어 있다.

정답 ❹

36 다음 중 지방자치단체에 대한 설명으로 틀린 것은?

① 지방자치단체는 독자적으로 자치권을 행사하는 공법인이다.
② 지방자치단체는 관할 구역, 주민, 위임사무를 구성의 3대 요소로 한다.
③ 지방자치단체는 행정 주체로서 권한을 행사하고 의무를 진다.
④ 지방자치단체의 종류는 법률로 정한다.

쏙쏙 해설 •••

지방자치단체는 장소로서의 관할 구역, 인적 요소로서의 주민, 법제적 요소로서의 자치권을 그 구성의 3대 요소로 하고 있다. 따라서 지방자치단체는 행정 주체로서의 지위를 가지므로 권리능력의 주체가 되어 권한을 행사하고 의무를 진다.

정답 ❷

37 다음 인권선언과 관계된 사건들을 시간순서대로 바르게 나열한 것은?

① 권리청원 → 마그나 카르타 → 미국의 독립선언 → 프랑스의 인권선언

② 마그나 카르타 → 프랑스의 인권선언 → 연방헌법 → 영국의 권리장전

③ 버지니아 권리장전 → 마그나 카르타 → 프랑스의 인권선언 → 영국의 인신보호법

④ 마그나 카르타 → 영국의 권리장전 → 미국의 독립선언 → 프랑스의 인권선언

 해설 •••

마그나 카르타(1215년) → 영국의 권리장전(1689년) → 미국의 독립선언(1776년) → 프랑스의 인권선언(1789년)

정답 ❹

38 생명·자유·재산에 대한 권리와 행복·안전을 추구하는 권리가 최초로 선언된 것은?

① 1776년 6월 버지니아 권리장전

② 1776년 7월 미국의 독립선언

③ 1789년 프랑스 인권선언

④ 1779년 미연방헌법

해설 •••

개인주의와 자유주의 사상을 배경으로 한 근대적 기본권인 생명·자유·행복추구권 등은 미국의 독립선언(1776년)에 규정되어 있으나, 재산권의 보장 등을 최초로 규정한 것은 버지니아 권리장전(1776년)이다.

정답 ❶

39 현행 헌법에서 명문으로 규정하고 있는 기본권은?

① 생명권

② 인간다운 생활을 할 권리

③ 주민투표권

④ 흡연권

해설 •••

헌법 제34조 제1항은 인간다운 생활을 할 권리를 규정하고 있다.

정답 ❷

40 기본권존중주의에 관한 설명 중 옳지 않은 것은?

① 자유와 권리의 본질적 내용은 결코 침해되어서는 아니 된다.
② 법률의 형식에 의하기만 한다면 얼마든지 기본권을 제한할 수 있다.
③ 표현의 자유에 대한 사전 검열제는 금지되어야 한다.
④ 사회적 국가원리도 기본권존중주의의 기초가 된다.

 해설 •••

기본권 보장은 국가권력의 남용으로부터 국민의 기본권을 보호하려는 것이기 때문에 국가의 입법에 의한 제한에도 불구하고 그 본질적인 내용의 침해는 금지된다. 우리 헌법은 본질적 내용의 침해를 금지하는 규정을 제37조 제2항에 명시하고 있다.

정답 ❷

41 기본권의 효력에 관한 다음 설명 중 틀린 것은?

① 기본권의 효력은 대국가적 효력을 갖는 것이 원칙이다.
② 기본권의 제3자적 효력에서 평등권은 간접적용 된다고 볼수 있다.
③ 기본권의 사인(私人) 간의 직접적 효력을 헌법이 명문으로 규정한 예로 근로3권과 언론·출판에 의한 명예 또는 권리침해 금지가 있다.
④ 기본권의 사인 간의 효력은 헌법이 직접적 효력을 규정함이 원칙이나 예외적으로 간접적 효력을 갖는 경우도 있다.

 해설 •••

기본권의 제3자적 효력에 관하여 간접적용설(공서양속설)은 기본권 보장에 관한 헌법 조항을 사인관계에 직접 적용하지 않고, 사법의 일반규정의 해석을 통하여 간접적으로 적용하자는 설로 오늘날의 지배적 학설이다.

정답 ❹

42 우리 헌법에 있어서 제도적 보장의 성질을 띠고 있다고 볼 수 없는 것은?

① 복수정당제도
② 재산권의 보장
③ 교육의 자주성과 전문성
④ 재판청구권

 해설 •••

우리 헌법에서 제도적 보장의 성격을 띠고 있는 것은 직업공무원제, 복수정당제, 사유재산제의 보장, 교육의 자주성·전문성 및 정치적 중립성의 보장, 근로자의 근로3권, 지방자치제도, 대학자치, 민주적 선거제도 등이 있다.

정답 ❹

43 중앙선거관리위원회의 사무에 해당되지 않는 것은?

① 선거소송에 관한 심판
② 정당관리
③ 국민투표의 관리
④ 당선자의 결정

쏙쏙 해설 •••

중앙선거관리위원회는 선거관리권을 가지나 분쟁에 관한 심판권은 갖지 아니한다. 선거소송에 관한 심판은 대법원이 갖는다.

정답 ❶

44 기본권에 대한 다음 설명 중 잘못된 것은?

① 기본권의 주체에는 미성년자나 정신병자, 수형자 등도 포함된다.
② 성질상 법인이 누릴 수 없는 기본권이 있다.
③ 외국인에게는 자유권적 기본권의 대부분이 제한된다.
④ 외국인에게는 사회적 기본권은 원칙적으로 보장되지 않는다.

쏙쏙 해설 •••

외국인에게 인정 불가능한 것은 참정권, 생존권 등이고, 제한되는 것은 평등권, 재산권, 직업선택의 자유, 거주·이전의 자유(출입국의 자유), 국가배상청구권(국가배상법 제7조의 상호보증주의) 등이다. 외국인에게도 내국인과 같이 인정되는 것은 형사보상청구권, 인간의 존엄과 가치, 신체의 자유, 양심의 자유, 종교의 자유 등이다.

정답 ❸

45 우리 헌법재판소가 목적의 정당성, 방법의 적절성, 피해의 최소성, 법익의 균형성 등으로 기본권의 침해 여부를 심사하는 위헌 판단원칙은?

① 과잉금지원칙
② 헌법유보원칙
③ 의회유보원칙
④ 포괄위임입법금지원칙

쏙쏙 해설 •••

①은 국가의 권력은 무제한적으로 행사되어서는 안 되고 국민의 기본권을 제한하는 법률은 목적의 정당성·방법의 적절성·침해의 최소성·법익의 균형성을 갖추어야 한다는 원칙이다. 헌법 제37조 제2항은 과잉금지의 원칙을 '필요한 경우에 한하여' 법률로써 기본권을 제한할 수 있다고 표현하고 있다.

정답 ❶

- 헌법유보원칙 : 헌법에서 직접 기본권 제한에 관한 내용을 규정하는 것으로 헌법은 정당의 목적과 활동(헌법 제8조 제4항), 언론·출판의 자유(헌법 제21조 제4항), 군인·공무원·경찰공무원 등의 국가배상청구권(헌법 제29조 제2항), 공무원의 근로 3권(헌법 제33조 제2항) 등에 대하여 규정하고 있다.
- 의회유보원칙 : 이른바 법률유보의 원칙이라고 하며, 일정한 행정권의 발동은 법률에 근거하여 이루어져야 한다는 원칙이다. 헌법은 국가안전보장·질서유지·공공복리를 위하여 필요한 경우에 '법률'로써 제한할 수 있다고 규정하고 있다(헌법 제37조 제2항).
- 포괄위임입법금지원칙 : 법률에서 구체적으로 범위를 정하지 않고 일반적·포괄적으로 위임하는 것을 금지하는 원칙이다.

46 헌법 제37조 제2항에 의한 기본권의 제한에 대한 설명으로 틀린 것은?

① 국회의 형식적 법률에 의해서만 제한할 수 있다.
② 처분적 법률에 의한 제한은 원칙적으로 금지된다.
③ 국가의 안전보장과 질서유지를 위해서만 제한할 수 있다.
④ 기본권의 본질적 내용은 침해할 수 없다.

 해설 •••

기본권은 국가안전보장, 질서유지 또는 공공복리라고 하는 세 가지 목적을 위하여 필요한 경우에 한하여 그 제한이 가능하며 제한하는 경우에도 자유와 권리의 본질적인 내용은 침해할 수 없다(헌법 제37조 제2항).

 정답 ❸

47 다음 중 행정기관에 의하여 기본권이 침해된 경우의 구제수단으로서 부적당한 것은?

① 행정소송
② 형사재판청구권
③ 국가배상청구권
④ 이의신청과 행정심판청구

 해설 •••

행정기관에 의한 기본권이 침해된 경우 행정쟁송(이의신청과 행정심판청구, 행정소송)을 제기하거나 국가배상·손실보상을 청구할 수 있다. 형사재판청구권은 원칙적으로 검사만이 가지고(형사소송법 제246조), 일반국민은 법률상 이것을 가지지 아니하는 것이 원칙이다.

 정답 ❷

48 자유권적 기본권을 최초로 규정한 헌법이라고 볼 수 있는 것은?

① 버지니아헌법 ② 바이마르헌법
③ 프랑크프르트헌법 ④ 독일기본법

 핵심만 콕

헌법의 분류

근대 입헌주의 헌법	국법과 왕법을 구별하는 근본법(국법) 사상에 근거를 두고 국가권력의 조직과 작용에 관한 사항을 정하며 동시에 국가권력의 행사를 제한하여 국민의 자유와 권리보장을 이념으로 하는 헌법으로 버지니아헌법(1776년), 미합중국헌법(1787년), 프랑스 인권선언(1789년) 등이 그 효시이다.
현대 복지국가 헌법	근대 입헌주의 헌법 정신을 바탕으로 하고, 국민의 인간다운 생활을 보장하기 위하여 복지 증진을 중심으로 개편된 것으로 바이마르헌법(1919년)이 그 효시이다.

49 인간의 존엄과 가치에 관한 설명 중 틀린 것은?

① 인간으로서의 존엄과 가치를 규정한 헌법 제10조는 대한민국 헌법에 있어서 최고의 객관적 규범을 의미하는 헌법구성원리이다.
② 헌법 제10조는 개인 대 국가의 대립관계에 있어서 국가는 인간을 위해서 존재한다는 반 전체주의적 경향을 내용으로 한다.
③ 헌법 제10조는 우리 헌법질서에 있어서 최고규범을 의미하기 때문에 헌법에 규정된 개정절차에 의해서만 폐지될 수 있다.
④ 인간의 존엄과 가치에 관한 원칙규정은 제5차 개헌에 비로소 명문으로 신설되었다.

50 법 앞의 평등에 관한 설명 중에서 바르지 않은 것은?

① 법 앞의 평등은 절대적인 것이 아니고 상대적인 것이다.
② 법의 적용뿐만 아니라 법 내용의 평등까지 요구한다.
③ 독일에서는 자의의 금지를, 미국에서는 합리성을 그 기준으로 들고 있다.
④ 차별금지사유인 성별, 종교, 사회적 신분 등은 열거적 규정이다.

 해설 •••

헌법 제11조 제1항은 차별금지 사유로 성별·종교·사회적 신분만을 열거하고 있고 모든 사유라는 표현이 없어 그것이 제한적 열거규정이냐 예시규정이냐의 문제가 제기되는데, 우리의 학설과 판계의 입장은 예시규정으로 보고 있다.

정답 ❹

CHAPTER 02

51 현행 헌법상의 신체의 자유에 관한 설명 중 맞는 것은?

① 법률과 적법한 절차에 의하지 아니하고는 강제노역을 당하지 아니한다.
② 누구든지 체포·구금을 받을 때에는 그 적부의 심사를 법원에 청구할 수 없다.
③ 체포, 구속, 수색, 압수, 심문에는 검사의 신청에 의하여 법관이 발부한 영장이 제시되어야 한다.
④ 법관에 대한 영장신청은 검사 또는 사법경찰관이 한다.

 해설 •••

① 헌법 제12조 제1항 후문
② 우리 헌법은 구속적부심사청구권(제12조 제6항)을 인정하고 있다.
③ 심문은 영장주의 적용대상이 아니다(헌법 제12조 제3항 본문).
④ 영장발부신청권자는 검사에 한한다(헌법 제12조 제3항 본문).

정답 ❶

52 다음 중 자유권적 기본권이 아닌 것은?

① 신체의 자유
② 종교의 자유
③ 직업선택의 자유
④ 청원권

 해설 •••

청원권은 청구권적 기본권에 해당한다. 자유권적 기본권에는 인신의 자유권(생명권, 신체의 자유), 사생활의 자유권(거주·이전의 자유, 주거의 자유, 사생활의 비밀과 자유, 통신의 자유), 정신적 자유권(양심의 자유, 종교의 자유, 언론·출판의 자유, 집회·결사의 자유, 학문의 자유, 예술의 자유), 사회·경제적 자유권(직업선택의 자유, 재산권의 보장)이 있다.

정답 ❹

53 청구권적 기본권에 관한 설명으로 옳지 않은 것은?

① 국민이 국가기관에 청원할 때에는 법률이 정하는 바에 따라 문서로 해야 한다.

② 형사피고인과 달리 형사피의자에게는 형사보상청구권이 없다.

③ 군인이 훈련 중에 받은 손해에 대하여는 법률이 정하는 보상 외에는 이중배상이 금지된다.

④ 재판청구권에는 공정하고 신속한 공개재판을 받을 권리뿐만 아니라 재판절차에서 진술할 권리도 포함된다.

 해설 •••

② 형사피의자 또는 형사피고인으로서 구금되었던 자가 법률이 정하는 불기소처분을 받거나 무죄판결을 받은 때에는 법률이 정한 바에 의하여 국가에 정당한 보상을 청구할 수 있다(헌법 제28조).

① 헌법 제26조 제1항

③ 헌법 제29조 제2항

④ 헌법 제27조 제3항 · 제5항

정답 ❷

54 다음 기본권 중 의무의 성격을 동시에 갖지 않는 것은?

① 환경권

② 근로의 권리

③ 근로자의 단체행동권

④ 교육을 받을 권리

해설 •••

근로자의 단체행동권은 노동쟁의가 발생한 경우에 쟁의행위를 할 수 있는 권리이다. 국민의 기본의무의 내용으로는 재산권 행사의 공공복리적합의 의무(헌법 제23조 제2항), 교육을 받게 할 의무(헌법 제31조 제2항), 근로의 의무(헌법 제32조 제2항), 환경보전의 의무(헌법 제35조 제1항), 납세의 의무(헌법 제38조), 국방의 의무(헌법 제39조)가 있다.

정답 ❸

55 직업선택의 자유에 관한 설명으로 잘못된 것은?

① 경제적 자유로서의 성격이 강하다.

② 바이마르헌법에서 최초로 규정되었으며 법인에게도 인정된다.

③ 헌법상 근로의 의무가 있으므로 무직업의 자유는 인정되지 않는다.

④ 그 내용으로는 직업결정의 자유, 직업수행의 자유, 영업의 자유가 포함된다.

해설 •••

현행 헌법상 근로의 의무가 있다고 하여도 직업을 가지지 않을 자유가 부인되는 것은 아니다.

정답 ❸

56 청구권적 기본권에 관한 설명으로 옳지 않은 것은?

① 청원은 구두로도 할 수 있다.
② 재판청구권에는 신속한 재판을 받을 권리도 포함된다.
③ 형사보상제도는 국가의 무과실책임을 규정한 것이다.
④ 헌법은 범죄행위로 인한 피해구조에 관해 규정하고 있다.

 해설 •••

모든 국민은 법률이 정하는 바에 의하여 국가기관에 문서로 청원할 권리를 가진다(헌법 제26조 제1항). 청원은 청원인의 성명(법인인 경우에는 명칭 및 대표자의 성명을 말한다)과 주소 또는 거소를 기재하고 서명한 문서(전자정부법에 의한 전자문서를 포함한다)로 하여야 한다(청원법 제6조 제1항).

정답 ❶

57 다음 중 재산권에 관한 내용 중 틀린 것은?

① 재산권 수용은 공공복리에 적합하여야 한다.
② 재산권의 핵심적인 내용은 침해할 수 없다.
③ 공공복리를 위하여 재산권 수용시 보상을 지급하지 않을 수 있다.
④ 재산권의 수용과 사용은 법률의 규정에 의한다.

해설 •••

공공필요에 의한 재산권의 수용·사용 또는 제한 및 그에 대한 보상은 법률로 하되, 정당한 보상을 지급하여야 한다(헌법 제23조 제3항).

정답 ❸

58 일반적으로 법률로도 제한할 수 없는 자유권적 기본권은?

① 언론·출판의 자유
② 학문의 자유
③ 종교의 자유
④ 양심의 자유

해설 •••

양심의 자유는 외부로 표출될 때는 상대적 자유권이 되나 근본적으로 내심의 자유로서 절대적 자유의 성격이 강하여 법률로도 제한할 수 없다고 본다.

정답 ❹

59 재산권의 자유를 규정한 헌법 제23조의 재산권의 개념으로서 타당한 것은?

① 소유권뿐만 아니라 물권, 채권 등 사법상 경제적 가치가 있는 모든 권리
② 사법이나 공법상 소유권과 채권
③ 사법이나 공법상 경제적 가치가 있는 모든 권리
④ 공법상 경제적 가치가 있는 모든 권리

 해설 ···

우리 헌법상 보호되는 재산권의 개념으로서는 공·사법을 불문한 경제적 가치가 있는 모든 권리를 말하며 법률이 정하는 바에 의하여 보장된다.

정답 ❸

60 헌법재판소에 관한 설명으로 옳지 않은 것은?

① 포괄적인 재판권과 사법권을 가진다.
② 헌법 규정에 대하여는 위헌심판을 할 수 없다.
③ 공권력의 행사 또는 불행사로 기본권을 침해받은 자는 헌법소원심판을 청구할 수 있다.
④ 법률이 헌법에 위반되는가의 여부는 재판의 전제가 되었을 때 법원은 직권 또는 당사자의 신청에 의해서 위헌법률심판을 제청한다.

 해설 ···

① 우리나라 헌법은 대법원에 대하여 포괄적인 재판권과 사법권을 부여하지만 헌법재판소에 대하여는 헌법 제111조 제1항과 제113조 제2항에 따른 위헌법률심판권, 탄핵심판권, 위헌정당해산심판권, 권한쟁의 심판권, 헌법소원심판권, 헌법재판소 규칙제정권만을 부여한다.

정답 ❶

 핵심만 콕 ·····

② 위헌법률심판의 대상은 법률이므로 헌법 규정에 대해서는 위헌법률심판을 할 수 없다.
③ 헌법재판소법 제68조 제1항 본문
④ 헌법재판소법 제41조 제1항

61 다음 중 사회권적 기본권에 해당하는 것은?

① 사유재산권
② 교육을 받을 권리
③ 국가배상청구권
④ 직업선택의 자유

쏙쏙 해설 •••

사회권적 기본권은 현대 사회의 복잡한 발전에 따라 전통적으로 개인 간의 관계라고 생각하던 분야에 국가가 적극 개입하게 됨에 따라 발생하게 된 권리로서 근로권·단결권·단체교섭권·단체행동권·모성 및 보건을 보호받을 권리·교육을 받을 권리·인간다운 생활을 할 권리를 말한다. ①은 경제적 기본권, ③은 청구권적 기본권, ④는 경제적 기본권에 해당한다.

정답 ❷

 핵심만 콕

헌법상 기본권의 분류 ★★

포괄적 기본권		인간의 존엄과 가치, 행복추구권, 평등권
자유권적 기본권	인신의 자유	생명권, 신체의 자유
	사생활의 자유	주거의 자유, 사생활의 비밀과 자유, 거주이전의 자유, 통신의 자유
	정신적 자유	양심의 자유, 종교의 자유, 학문의 자유, 예술의 자유, 언론 출판의 자유, 집회 및 결사의 자유
경제적 기본권		재산권, 직업선택의 자유, 소비자의 권리
정치적 기본권		정치적 자유권, 참정권
청구권적 기본권		청원권, 재판청구권, 형사보상청구권, 국가배상청구권, 범죄피해자구조청구권
사회권적 기본권		인간다운 생활을 할 권리, 교육을 받을 권리, 근로의 권리, 근로3권(단결권·단체교섭권·단체행동권), 환경권, 보건권, 혼인의 자유와 모성의 보호를 받을 권리

62 문화국가·복지국가의 이념과 가장 밀접한 관계가 있는 기본권은?

① 재산권의 보장
③ 재판청구권
② 교육을 받을 권리
④ 노동의 권리

쏙쏙 해설 •••

교육을 받을 권리는 문화국가를 실현하기 위한 것이다.

정답 ❷

63 자유권적 기본권과 생존권적 기본권의 비교에서 그 내용이 바르지 않은 것은?

 해설 •••

자유권은 주관적·구체적 권리로서의 성격이, 생존권(생활권)은 객관적·추상적 권리로서의 성격이 강하다.

	자유권	생존권
①	자유주의·개인주의	단체주의·사회적 기본권
②	추상적 권리	주권적 공권
③	소극적·방어적 권리	국가에 대한 급부·수익요구권
④	법률 이전에 존재하는 권리	헌법정책적·실정법적 권리

정답 ❷

 핵심만 콕 ••••

자유권적 기본권과 생존권적 기본권의 비교

구 분	자유권적 기본권	생존권적 기본권
이념적 기초	• 개인주의적·자유주의적 세계관 • 시민적 법치국가를 전제	• 단체주의적·사회정의의 세계관 • 사회적 복지국가를 전제
법적 성격	• 소극적·방어적 권리 • 전국가적·초국가적인 자연권 • 구체적 권리·포괄적 권리	• 적극적 권리 • 국가 내적인 실정권 • 추상적 권리·개별적 권리
주 체	• 자연인(원칙), 법인(예외) • 인간의 권리	• 자연인 • 국민의 권리
내용 및 효력	• 국가권력의 개입이나 간섭 배제 • 모든 국가권력 구속, 재판규범성이 강함 • 제3자적 효력(원칙)	• 국가적 급부나 배려 요구 • 입법조치문제, 재판규범성이 약함 • 제3자적 효력(예외)
법률 유보	• 권리제한적 법률유보	• 권리형성적 법률유보
제한 기준	• 주로 안전보장·질서 유지에 의한 제한 • 소극적 목적	• 주로 공공복리에 의한 제한 • 적극적 목적

64 다음 중 재판의 공개주의에 대한 예외에 해당되는 경우는?

① 정치범을 재판할 때
② 검사가 요구하고 피고인이 동의한 때
③ 국가의 안전보장 또는 안녕질서를 방해하거나 선량한 풍속을 해할 염려가 있을 때
④ 부녀자를 재판할 때

 해설 •••

재판의 심리는 국가의 안전보장 또는 안녕질서를 방해하거나 선량한 풍속을 해할 염려가 있을 때에는 법원의 결정으로 공개하지 아니할 수 있다(헌법 제109조).

정답 ❸

65 청원권에 관하여 틀린 것은?

① 정부에 제출된 청원의 심사는 국무회의를 경유하여야 한다.
② 공무원·군인 등은 그 직무와 관련하여 청원할 수 없다.
③ 공무원의 비위시정의 요구·처벌·징계요구의 청원도 가능하다.
④ 헌법은 청원의 수리·심사·통지의 의무를 규정하고 있다.

④ 청원의 심사의무는 헌법에서, 청원의 수리·심사·결과의 통지에 대해서는 청원법에서 규정하고 있다.

① 정부에 제출된 청원의 심사는 국무회의를 경유하여야 한다.

② 공무원, 군인, 수형자도 청원을 할 수 있다. 다만 직무와 관련된 청원이나 집단적 청원은 할 수 없다.

③ 청원법 제4조 제2호에 의하면 공무원의 위법·부당한 행위에 대한 시정이나 징계의 요구의 청원도 가능하다.

정답 ❹

66 다음 사회권적 기본권을 설명한 내용 중 옳은 것은?

⊙ 사회권은 국민의 권리에 해당한다.
ⓒ 바이마르헌법에서 사회권을 최초로 규정하였다.
ⓒ 사회권은 천부인권으로서의 인간의 권리이다.
ⓒ 사회권은 강한 대국가적 효력을 가진다.

① ㉠, ㉡
② ㉡, ㉢
③ ㉢, ㉣
④ ㉠, ㉣

⊙ 사회권은 인간의 권리가 아니라 국민의 권리에 해당한다.
ⓒ 사회권은 바이마르헌법에서 최초로 규정하였다.
ⓒ 천부인권으로서의 인간의 권리는 자연권을 의미한다.
ⓒ 대국가적 효력이 강한 권리는 자유권이다. 사회권은 국가 내적인 권리인 동시에 적극적인 권리이며 대국가적 효력이 약하고 예외적으로 대사인적 효력을 인정한다.

정답 ❶

67 우리 헌법상 인정되지 않는 것은?

① 국민발안
② 헌법개정안에 대한 국민표결권
③ 공무담임권
④ 청원권

직접 참정권의 내용으로는 국민표결·
국민발안·국민소환의 3종이 있는데 우
리 헌법에서는 국민표결만이 인정된다.

정답 ❶

68 권력분립론에 관한 설명으로 잘못된 것은?

① 로크(Locke)는 최고 권력은 국민에게 있고, 그 아래에 입법
권, 입법권 아래에 집행권과 동맹권이 있어야 한다고 주장하
였다.
② 몽테스키외(Montesquieu)의 권력분립론은 자의적인 권력
혹은 권력의 남용으로부터 개인의 자유와 권리를 보장하는
데 그 목적이 있다.
③ 권력분립론은 모든 제도를 정당화시키는 최고의 헌법원리이다.
④ 뢰벤슈타인(Lowenstein)은 권력분립에 대한 비판에서 국가작용
을 정책결정, 정책집행, 정책통제로 구분하였다.

③ 모든 제도를 정당화시키는 최고의
헌법원리는 국민주권의 원리이다.

정답 ❸

69 대통령제의 제도적 내용이 아닌 것은?

① 행정부의 이원성
② 의회와 정부의 성립상의 독립
③ 의회와 정부의 존속상의 독립
④ 정부성립의 국민에의 의존

대통령제하에서의 행정부는 일원적으
로 구성된다.

정답 ❶

70 국회와 행정부 간의 관계를 설명한 것으로 옳지 않은 것은?

① 국회는 국무총리 또는 국무위원의 해임을 대통령에게 건의할 수 있다.

② 대통령은 국회에 출석하여 발언하거나 서한으로 의견을 표시할 수 있다.

③ 국회는 국정을 감사하거나 특정한 국정사안에 대하여 조사할 수 있다.

④ 대통령은 국회에서 의결된 법률안의 일부에 대하여 재의를 요구할 수 있다.

 쏙쏙 해설 •••

④ 대통령은 법률안의 일부에 대하여 또는 법률안을 수정하여 재의를 요구할 수 없다(헌법 제53조 제3항). ★

① 헌법 제63조 제1항

② 헌법 제81조

③ 헌법 제61조 제1항

정답 ④

71 국회의 단원제의 장단점에 관한 설명 중 타당하지 않은 것은?

① 국민이 직접 선출한 국회의원이므로 민의를 보다 정확하게 반영할 수 있다.

② 비교적 국고를 절약할 수 있다.

③ 국회의 결정이 경솔하게 이루어지기 쉽다.

④ 국회 구성에 권력분립의 원리를 도입함으로써 의회다수파의 횡포를 견제할 수 있다.

 쏙쏙 해설 •••

단원제는 의회구성이 하나의 합의체로 구성되는 제도로 '정부에 대한 의회의 횡포 우려'라는 단점이 있다.

정답 ④

 핵심만 콕

단원제 국회의 장단점

장 점	단 점
• 의안의 신속한 처리. 국정운영비 절감	• 의안심의의 경솔·졸속 입법 가능성
• 책임소재의 분명	• 정부와 국회의 충돌시 해결의 곤란(중재자 부재)
• 국민의사의 직접적 반영	• 정부에 대한 의회의 횡포 우려
• 국회의 지위강화(효율적 정부 견제)	• 직능대표제 도입이 곤란

72 탄핵소추에 관한 설명으로 옳지 않은 것은?

① 대통령이 그 직무집행에 있어서 헌법이나 법률을 위배한 때에는 탄핵소추의 대상이 된다.

② 대통령에 대한 탄핵소추는 국회 재적의원 3분의 2 이상의 찬성이 있어야 의결된다.

③ 대통령이 탄핵소추의 의결을 받은 때에는 국무총리, 법률이 정한 국무위원의 순서로 그 권한을 대행한다.

④ 탄핵결정으로 공직으로부터 파면되면 민사상의 책임은 져야 하나, 형사상의 책임은 면제된다.

 해설 •••

탄핵결정은 공직으로부터 파면함에 그친다. 그러나 이에 의하여 민·형사상의 책임이 면제되지는 않는다(헌법 제65조 제4항).

정답 ④

73 다음 국회 권한의 성격 중 다른 하나는?

① 법률 제정

② 조약체결 동의

③ 국정감사

④ 국회규칙 제정

 해설 •••

국회 내부사항에 관한 자율권 : 국회 규칙제정권, 의원의 신분에 관한 권한(의원의 제명·징계·자격심사), 내부조직권, 내부경찰권 등[의사자율권, 내부조직권, 내부경찰권(질서자율권), 신분자율권, 규칙제정권 등]

정답 ④

74 국회의 권한으로 옳은 것은?

① 탄핵심판권

② 권한쟁의심판권

③ 긴급명령에 대한 승인권

④ 명령·규칙에 대한 최종심사권

해설 •••

①·②는 헌법재판소의 권한, ④는 대법원의 권한

정답 ③

75 다음 중 국정감사 및 조사에 관하여 옳은 설명은?

① 국정감사는 공개가 원칙이고, 국정조사는 비공개가 원칙이다.
② 재판절차의 신속성에 하자가 있는 경우 국정조사의 대상이 될 수 없다.
③ 개인의 사생활에 관계되는 것은 예외적으로도 국정조사의 대상이 될 수 없다.
④ 국정감사는 정기적이며 국정조사는 수시로 할 수 있다.

쏙쏙 해설 •••

국정감사권이란 국회가 매년 정기적으로 국정 전반에 관하여 감사할 수 있는 권한을 말하고, 국정조사권이란 국회가 그 권한을 유효적절하게 행사하기 위하여 특정한 국정사안에 대하여 조사할 수 있는 권한을 말한다.

정답 ❹

76 다음 중 국회의 권한으로 옳은 것은?

① 선전포고에 대한 동의
② 예비비 지출에 대한 동의
③ 국무총리에 대한 해임동의
④ 헌법개정안의 확정동의

쏙쏙 해설 •••

국회는 선전포고, 국군의 외국에의 파견 또는 외국 군대의 대한민국 영역 안에서의 주류에 대한 동의권을 가진다(헌법 제60조 제2항).

정답 ❶

77 헌법상 국회의원의 권리와 의무에 관한 설명으로 옳지 않은 것은?

① 법률이 정하는 직을 겸할 수 없다.
② 국가이익을 우선하여 양심에 따라 직무를 행한다.
③ 현행범인이라도 회기 중에는 국회의 동의 없이 체포 또는 구금되지 아니한다.
④ 국회에서 직무상 행한 발언과 표결에 관하여 국회 외에서 책임을 지지 아니한다.

쏙쏙 해설 •••

국회의원은 현행범인인 경우를 제외하고는 회기 중 국회의 동의 없이 체포 또는 구금되지 아니한다(헌법 제44조 제1항).

정답 ❸

78 다음 중 국회의 임명동의권과 관계가 없는 것은?

① 국무총리
② 중앙선거관리위원장
③ 대법원장
④ 헌법재판소장

 해설 •••

중앙선거관리위원회의 위원장은 위원 중에서 호선한다(헌법 제114조 제2항).

정답 ❷

79 외국과의 조약·체결의 동의권을 갖는 것은?

① 헌법재판소
② 국회
③ 선거관리위원회
④ 감사원

해설 •••

외국과의 조약·체결의 동의권 등의 권한은 국회의 권한 중 국정통제에 관한 권한에 속한다.

정답 ❷

80 다음 중 대통령의 권한이 아닌 것은?

① 선전포고권
② 조약의 체결·비준권
③ 감사원장 임명권
④ 국가원로자문회의 의장

해설 •••

국가원로자문회의의 의장은 전직 대통령 중 전임 대통령이 되며 직전의 전임 대통령이 없을 때에는 대통령이 지명하게 된다.

정답 ❹

 핵심만 콕

대한민국 대통령의 권한	
비상적 권한	긴급명령권 및 긴급재정경제처분·명령권, 계엄선포권, 국민투표부의권,
행정적 권한	행정에 관한 최고결정권과 최고지휘권, 법률집행권, 외교에 관한 권한(조약체결·비준권, 선전포고 및 강화권, 외교권), 정부의 구성과 공무원임면권, 국군통수권, 재정에 관한 권한(예산안제출권, 예비비지출권), 영전수여권
입법적 권한	임시국회소집요구권, 국회출석발언권, 국회에 대한 서한에 의한 의사표시권, 헌법개정에 관한 권한, 법률안제출권, 법률안거부권, 법률안공포권, 행정입법권(위임명령·집행명령제정권)
사법적 권한	위헌정당해산제소권, 사면·감형·복권에 관한 권한

81 대통령의 긴급명령권에 관한 설명으로 타당하지 않은 것은?

① 긴급명령권은 국가의 안위에 관계되는 중대한 교전상태에 있어서 국가를 보위하기 위하여 발동하는 권한이다.

② 국회의 집회가 불가능한 때에 한한다.

③ 대통령의 긴급명령권의 발동에 따라 부당하게 권리침해를 받은 자는 법원에 제소하여 구제를 받을 수 있다.

④ 긴급명령권은 국가의 위기가 발생할 우려가 있을 때 또는 발생하였을 때에 발동하는 권한이다.

쏙쏙 해설 •••

긴급명령권은 사후적 긴급권이다.

정답 ❹

82 국무총리의 지위에 관한 다음 기술 중 타당하지 않은 것은?

① 국무회의 의장

② 국무위원의 임명제청

③ 국무회의 부의장

④ 대통령의 명을 받아 행정각부 통할

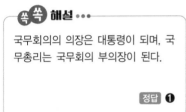

쏙쏙 해설 •••

국무회의의 의장은 대통령이 되며, 국무총리는 국무회의 부의장이 된다.

정답 ❶

83 다음 중 국무회의에 관한 설명으로 타당하지 않은 것은?

① 국무회의는 국무총리가 부의장이 된다.

② 국무회의는 심의기관이다.

③ 국무회의는 의사결정기관이다.

④ 대통령은 국무회의의 심의에 구속되지 않는다.

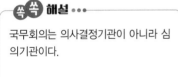

쏙쏙 해설 •••

국무회의는 의사결정기관이 아니라 심의기관이다.

정답 ❸

84 감사원에 관한 설명 중 잘못된 것은?

① 감사위원은 원장을 포함하여 7인이며, 임기는 4년으로 1차에 한하여 중임할 수 있다.

② 대통령의 직속기관으로 직무상 대통령의 지휘·감독을 받는다.

③ 행정기관과 공무원의 직무에 대한 직무감찰권이 있다.

④ 감사원장 유고시에는 최장기간 재직한 감사위원 순으로 직무를 대행한다.

 쏙쏙 해설 •••

② 감사원은 대통령의 직속기관이나 기능상으로는 독립되어 있다.

① 감사위원은 원장을 포함하여 7인이며(감사원법 제3조), 임기는 4년으로 1차에 한하여 중임할 수 있다(헌법 제98조 제3항).

③ 감사원의 권한에는 행정기관 및 공무원의 직무에 관한 감찰권이 포함된다(헌법 제97조).

④ 감사원법 제4조 제3항

정답 ❷

85 다음 설명 중 사법권의 독립과 가장 관계가 먼 것은?

① 법관의 정년제

② 법관의 임기제

③ 법원의 위헌법률심사

④ 법관의 자격제

쏙쏙 해설 •••

사법권의 독립은 법원의 자율을 위한 법원의 독립과 재판의 독립을 위한 법관의 독립을 그 내용으로 한다.

정답 ❸

86 우리 헌법재판소의 관장사항이 아닌 것은?

① 법원의 제청에 의한 법률의 위헌여부 심판

② 지방자치단체 상호간의 권한쟁의심판

③ 국회의원에 대한 탄핵심판

④ 법률에 대한 헌법소원심판

쏙쏙 해설 •••

③ 헌법은 대통령·국무총리·국무위원·행정각부의 장·헌법재판소 재판관·법관·중앙선거관리위원회 위원·감사원장·감사위원 기타 법률이 정한 공무원이 그 직무집행에 있어서 헌법이나 법률을 위배한 때에는 국회는 탄핵의 소추를 의결할 수 있다(헌법 제65조 제1항)고 규정하고 있으므로 국회의원은 탄핵심판의 대상이 아니다.★

① 헌법 제111조 제1항 제1호

② 헌법 제111조 제1항 제4호

④ 헌법 제111조 제1항 제5호

정답 ❸

CHAPTER
03 민사법

1 민법

1 민법의 의의 및 특성

(1) 의의

민법은 개인 간의 사적인 권리·의무관계 및 가족관계를 규율하는 것을 내용으로 하는 법이다.

(2) 특성

① 사법(私法) : 민법은 사인 상호 간의 관계를 규율하는 법이다.

② 일반법(一般法) : 민법은 누구나, 어떤 상황에나 모두 적용되는 일반법으로서, 어떤 사항에 관하여 특별법이 있는 경우에는 그 특별법을 먼저 적용하며, 특별법이 없는 경우 일반법을 적용한다.

③ 실체법(實體法) : 민법은 당사자의 권리·의무를 규정하는 실체법이다. 실체적 권리를 보장하기 위한 절차를 규정하는 법은 절차법이라고 한다.

(3) 민법의 법원

① 의의 : 민법의 법원이란 민법의 존재형식을 말하며, 성문법원과 불문법원이 있다. 우리나라 민법은 성문법주의를 취함과 동시에 관습법과 조리의 법원성도 인정하고 있다. ★

② 범위 : 민법 제1조에서는 "**민사**에 관하여 **법률**에 규정이 없으면 **관습법**에 의하고, 관습법이 없으면 **조리**에 의한다."고 규정하고 있다. ★

　㉠ **법률(法律)** : 민법 제1조의 '법률'은 민법전, 민사특별법, 조약, 명령, 규칙, 자치법규, 조례 등을 포함하는 개념이다.

ⓛ 관습법(慣習法) ★

사회생활상의 무의식적으로 반복되어 나타나는 행동양식인 관습을 바탕으로 형성되는 법을 의미한다.

성립요건	사회구성원 간의 거듭된 관행이 존재하고, 그 관행을 법규범으로 인식하는 법적 확신이 있으며, 그 관행이 선량한 풍속 기타 사회질서에 반하지 않는 경우 관습법이 성립한다.
판례상 인정된 관습법	분묘기지권, 관습법상의 법정지상권, 동산의 양도담보, 사실혼, 수목의 집단이나 미분리과실의 소유권이전에 관한 명인방법 등이 있다.
효 력	판례와 다수설은 관습법은 성문법이 없는 경우에 한하여 성문법을 보충하는 효력만을 가진다고 한다(보충적 효력설). ★

ⓒ 조리(條理) : 사물의 본질적 법칙, 도리를 의미하며 다수설과 판례는 조리의 법원성을 인정한다. ★

2 기본원리와 지도이념

(1) 근대 민법의 기본원리

① 소유권절대의 원칙(=사유재산 존중의 원칙) ★

사유재산권 일반에 대한 국가권력으로부터의 불가침을 규정하여 소유권의 행사는 소유자 개인의 자유에 맡기고 국가나 그 밖의 사인은 이에 간섭하지 못하게 하였다.

② 계약자유의 원칙(=사적 자치의 원칙) ★

계약체결 여부의 자유, 계약체결의 상대방을 선택하는 자유, 계약내용을 결정하는 자유, 계약방식의 자유 등이 있다.

③ 과실책임의 원칙(=자기 책임의 원칙) ★

고의 또는 과실로 위법하게 타인에게 가한 손해에 대하여만 손해배상 책임을 진다는 원칙이다.

(2) 현대 민법의 구성원리 ★

① 소유권공공의 원칙

소유권은 소유자를 위한 절대적인 것이 아니라 사회 전체의 권익을 위하여 제한을 받아야 한다는 것이다. 즉, 소유권의 사회적 구속성이 강조되어 권리의 남용은 금지되고 소유권의 행사도 **공공복리에 적합**해야 한다.

② 계약공정의 원칙

사회질서에 반하는 계약뿐만 아니라 **현저히 공정성을 잃은 계약은 보호를 받을 수 없다는 원칙**을 말한다.

③ 무과실책임의 원칙

권리의 행사로 인하여 타인에게 손해를 준 경우에 가해자(권리자)에게 **아무런 과실이 없을 때에도 손해배상의 책임을 지우는 원칙**이다.

우리 민법의 기본원리

우리 민법의 기본원리는 근대민법의 3대 원칙에 바탕을 두고, 이에 수정원리까지도 기본으로 하고 있다고 본다. 우리 민법은 인격존중의 원칙과 공공복리의 원칙을 최고원리로 하고, 이를 실천하는 원리로서 신의성실·권리남용 금지·거래안전 등의 원리 아래 소유권절대의 원칙·사적자치의 원칙·과실책임의 원칙을 기본원리로 삼고 있다고 할 수 있다. 따라서 우리 민법에는 근대민법의 3대 원리와 현대민법의 수정원리가 모두 존재하는 것이다.

(3) 민법의 지도이념

① 신의성실의 원칙(민법 제2조 제1항) ★

권리의 행사와 의무의 이행은 신의에 좇아 성실히 하여야 한다. 따라서 신의성실의 원칙에 반하는 권리 행사는 권리남용이 되고 의무이행도 신의성실의 원칙에 반할 때에는 의무불이행으로 간주된다.

② 권리남용금지의 원칙(민법 제2조 제2항)

권리남용이란 외형적으로는 권리의 행사인 것처럼 보이나, 실질적으로 보면 신의성실의 원칙과 권리의 사회성에 반하는 권리행사로 인정되는 경우이다.

신의칙(신의성실의 원칙)의 파생원칙
• 권리남용금지의 원칙
• 실효의 원리
• 금반언의 원칙(외형주의)

3 권리의 주체

(1) 자연인(自然人)

① 권리능력 : 권리의 주체로 될 수 있는 지위 또는 자격을 권리능력 또는 인격(법인격)이라 하며 민법은 사람은 생존한 동안 권리와 의무의 주체가 된다고 규정하여 모든 자연인에게 평등한 권리능력을 인정하고 있다.

㉠ 권리능력의 시기

권리능력은 **출생한 때부터 시작하여(전부노출설) 생존한 동안 계속**된다. 따라서 출생 전의 태아에게는 원칙적으로 권리능력이 없으나 불법행위로 인한 손해배상청구, 재산상속, 대습상속, 유증, 인지 등의 경우에는 예외적으로 인정된다(계약의 경우에는 권리능력이 인정되지 않는다). ★★

ⓛ 권리능력의 종기

권리능력은 사망시 소멸한다. 통설은 심장과 호흡이 영구적으로 정지한 때를 사망 시로 보고 있으며(심장박동정지설), 실종선고를 받은 경우 사망으로 간주되지만(민법 제28조) 권리능력을 상실하는 것은 아니다. ★

ⓒ 외국인의 권리능력

외국인은 원칙적으로 내국인과 동일한 일반권리능력을 가지나 예외적으로 토지에 관한 권리, 한국 선박 등의 취득에 있어 제한받는 경우가 있다(외국인토지법 제5조, 선박법 제2조).

ⓔ 강행규정 ★

권리능력에 대한 규정은 강행규정으로서 권리능력의 시기나 종기는 당사자의 합의로 달리 정할 수 없다.

> **강행규정 VS 임의규정**
> 강행규정은 당사자의 의사에 의해 적용을 배제할 수 없으나 임의규정은 이와는 달리 당사자의 의사에 의해 적용을 배제할 수 있다는 점에서 양자는 구별된다.

② 의사능력 : 개개의 법률행위를 함에 있어서 그 행위의 결과를 합리적으로 판단할 수 있는 능력

③ 행위능력 : 단독으로 완전·유효하게 법률행위를 할 수 있는 능력

ⓖ 제한능력자 : 제한능력자제도는 의사능력의 유무의 입증곤란을 해결하기 위해 행위능력을 판단하는 객관적이고 획일적인 기준을 두어서 제한능력자를 보호하고 제한능력자의 상대방도 이에 대처할 수 있도록 하는 제도이다.

ⓛ 미성년자

- 19세에 달하지 않는 자는 미성년자이다(민법 제4조).
- 미성년자가 법률행위를 함에는 법정대리인의 동의를 얻어야 하며 단독으로 유효한 법률행위를 할 수 없다. 즉, 미성년자가 법정대리인의 동의 없이 행한 법률행위는 취소할 수 있다(민법 제5조). ★

> **미성년자가 법정대리인의 동의 없이 할 수 있는 행위 ★**
> - 권리만을 얻거나 의무만을 면하는 행위 : 부담 없는 증여를 받는 행위, 채무의 면제, 부양료의 청구(단, 부담부 증여나 유리한 매매계약의 체결, 상속을 승인하는 행위 등은 의무도 함께 부담하는 행위이므로 단독으로 할 수 없다)
> - 범위를 정하여 처분을 허락한 재산의 처분행위(예 미성년자에게 주는 용돈)
> - 허락을 얻은 특정한 영업에 관한 행위
> - 대리행위 : 대리인은 행위능력자임을 요하지 않는다.
> - 근로계약의 체결과 근로임금의 청구행위
> - 유언행위(만 17세에 달한 미성년자의 경우)

ⓒ 피성년후견인
- 의의 : 질병, 장애, 노령, 그 밖의 사유로 인한 정신적 제약으로 **사무를 처리할 능력이 지속적으로 결여된 사람**으로서 가정법원에 의해 성년후견개시의 심판을 받은 사람
- 성년후견개시의 요건
  - 본인, 배우자, 4촌 이내의 친족, 미성년후견인, 미성년후견감독인, 한정후견인, 한정후견감독인, 특정후견인, 특정후견감독인, 검사 또는 지방자치단체의 장의 청구에 의하여 성년후견개시의 심판을 한다(민법 제9조 제1항).
  - 가정법원은 성년후견개시의 심판을 할 때 본인의 의사를 고려하여야 한다(민법 제9조 제2항). ★
- 피성년후견인의 행위와 취소 ★
  - 피성년후견인의 법률행위는 취소할 수 있다(민법 제10조 제1항). 단, 가정법원은 취소할 수 없는 피성년후견인의 법률행위의 범위를 정할 수 있다(민법 제10조 제2항).
  - 가정법원에 의한 취소할 수 없는 법률행위의 결정(민법 제10조 제2항, 제3항), 일상생활에 필요한 거래(민법 제10조 제4항), 대리행위(민법 117조) 등에 대해서는 피성년후견인의 행위능력을 예외적으로 인정한다.

ⓓ 피한정후견인
- 의의 : 질병, 장애, 노령, 그 밖의 사유로 인한 정신적 제약으로 사무를 처리할 능력이 부족한 사람으로서 가정법원에 의해 한정후견 개시의 심판을 받은 사람
- 한정후견개시의 요건
  - 본인, 배우자, 4촌 이내의 친족, 미성년후견인, 미성년후견감독인, 성년후견인, 성년후견감독인, 특정후견인, 특정후견감독인, 검사 또는 지방자치단체의 장의 청구에 의하여 한정후견개시의 심판을 한다(민법 제12조 제1항).
  - 가정법원은 한정후견개시의 심판을 할 때 본인의 의사를 고려하여야 한다(민법 제12조 제2항). ★
- 피한정후견인의 행위와 동의 ★
  - 가정법원은 피한정후견인이 한정후견인의 동의를 받아야 하는 행동의 범위를 정할 수 있으며(민법 제13조 제1항), 동의를 받아야 하는 법률행위를 동의 없이 한 경우에는 한정후견인은 그 행위를 취소할 수 있다(민법 제13조 제4항 본문).
  - 일용품의 구입 등 일상생활에 필요하고 그 대가가 과도하지 아니한 법률행위에 대해서는 한정후견인이 취소할 수 없다(민법 제13조 제4항 단서).

ⓜ 피특정후견인
- 의의 : 질병, 장애, 노령, 그 밖의 사유로 인한 정신적 제약으로 일시적 후원 또는 특정한 사무에 관한 후원이 필요하여 가정법원에 의해 특정후견의 심판을 받은 사람을 말한다(민법 제14조의2 제1항). ★
- 특정후견은 본인의 의사에 반하여 할 수 없다(민법 제14조의2 제2항). ★
- 특정후견의 심판을 하는 경우에는 특정후견의 기간 또는 사무의 범위를 정하여야 한다(민법 제14조의2 제3항). ★
- 특정후견은 피특정후견인에 대한 후원만을 내용으로 하므로, 피특정후견인의 행위능력을 제한하지 않는다(민법 제14조의2). 따라서 특정후견이 개시되어도 피특정후견인은 완전한 행위능력을 보유한다.

ⓗ 제한능력자의 상대방 보호
- 확답을 촉구할 권리(상대방의 최고권) ★
  - 제한능력자의 상대방은 제한능력자가 능력자가 된 후에 1개월 이상의 기간을 정하여 취소할 수 있는 행위를 추인할 것인지의 여부의 확답을 촉구할 수 있다. 능력자로 된 사람이 그 기간 내에 확답을 발송하지 않으면 그 행위를 추인한 것으로 본다(민법 제15조 제1항).
  - 제한능력자가 아직 능력자가 되지 못한 경우에는 그의 법정대리인에게 위의 촉구를 할 수 있고, 법정대리인이 그 정하여진 기간 내에 확답을 발송하지 않은 경우에는 그 행위를 추인한 것으로 본다(민법 제15조 제2항).
  - 특별한 절차가 필요한 행위는 정하여진 기간 내에 그 절차를 밟은 확답을 발송하지 아니하면 취소한 것으로 본다(민법 제15조 제2항).
- 상대방의 철회권 : 제한능력자가 맺은 계약은 추인이 있을 때까지 상대방이 그 의사표시를 철회할 수 있다. 단, 상대방이 계약 당시에 제한능력자임을 알았을 경우에는 철회할 수 없다(민법 제16조 제1항). ★
- 상대방의 거절권 : 제한능력자의 단독행위는 추인이 있을 때까지 상대방이 거절할 수 있다(민법 제16조 제2항). ★
- 취소권의 배제 : 제한능력자가 속임수로써 자신을 능력자로 믿게 하거나, 미성년자・피한정후견인이 속임수로써 법정대리인의 동의가 있는 것으로 믿게 한 경우에는 그 행위를 취소할 수 없다(민법 제17조). ★

④ 책임능력

 ㉠ 위법행위로 인한 자신의 행위에 대해 책임을 질 수 있는 인식능력을 말하며 불법행위능력이라고도 한다. 법률행위 영역에서 의사능력이 담당하는 기능을 불법행위 영역에서는 책임능력이 담당하게 된다.

 ㉡ 미성년자의 책임능력 : 미성년자는 그 행위의 책임을 인식할 지능이 없는 때에는 손해배상책임을 부담하지 않는다. 따라서 미성년자라도 책임변식능력, 즉 책임능력이 있으면 불법행위에 대한 책임을 진다. 이때, 감독자는 원칙적으로 책임을 지지만, 본인이 과실없음을 입증하면 면책받을 수 있다.

 ㉢ 심신상실자의 책임능력 : 심신상실 중에 타인에게 손해를 가한 자는 배상의 책임이 없다. 그러나 고의 또는 과실로 인하여 심신상실을 초래한 때에는 그러하지 아니하다.

⑤ 주 소

 ㉠ 의의

  사람의 생활의 근거가 되는 곳을 말하는데, 민법은 이 주소에 대하여 여러 가지 효력을 부여하고 있다.

 ㉡ 민법상 주소

  우리 민법은 주소에 관하여 **실질주의 · 객관주의 · 복수주의**를 취하고 있는데, 주민등록지는 주소로 인정될 수 있는 중요한 자료가 되며 반증이 없는 한 주소로 추정된다. ★

주소에 대한 민법의 태도
- **실질주의** : 생활관계의 실질적인 중심이 되는 장소(생활의 근거로 삼고 있는 곳)를 주소로 한다.
- **객관주의** : 주관적 요소(주거의 의사)를 요건으로 하지 않고 객관적 요소(주거의 사실)만에 의하여 주소를 정한다.
- **복수주의** : 주소는 1개의 장소만 가능한 것이 아니며 동시에 두 곳 이상 있을 수 있다.

거소 · 가주소
- **거소** : 주소만은 못하지만 일정한 사람이 어느 정도의 기간 계속해서 머무르는 장소이다. <u>주소를 알 수 없거나 국내에 주소가 없는 때에는 거소를 주소로 본다</u>(민법 제19조).
- **가주소** : 당사자 간의 편의를 위하여 특정거래에 관하여 <u>일정한 장소를 주소로 하기로 합의하여 정해지는 곳</u>(민법 제21조)

---

⑥ 부재자(민법 제22조 내지 제26조)

 ㉠ 부재자제도의 의의

  부재자란 종래의 주소나 거소를 떠나서 단시일 내에 돌아올 가망이 없어 그 주소나 거소에 있는 재산을 관리할 수 없는 상태에 있는 자를 말한다. 그의 잔류 재산의 관리 및 잔존배우자나 상속인 등의 이익을 보호하기 위하여 부재자 재산관리 제도를 두고 있다.

ⓛ 부재자의 재산관리
- 부재자가 재산관리인을 두지 않은 경우 가정법원은 이해관계인 또는 검사의 청구에 의하여 재산관리에 필요한 처분을 명할 수 있다. 이해관계인에는 부재자의 배우자·채권자·상속인 등이 해당한다.
- 가정법원은 이해관계인의 청구에 의하여 재산관리인을 선임할 수 있다. 재산관리인은 법정대리인이며 부재자 재산의 보존행위를 할 권한을 가진다.

⑦ 실 종
㉠ 실종선고제도의 의의
실종선고란 부재자의 생사불명 상태가 오래 계속되어 죽은 것으로 여겨지나 분명한 사망의 증거는 없는 경우에 가정법원의 선고로 그 자를 사망한 것으로 보는 제도이다.
㉡ 실종선고의 요건(민법 제27조)

생사불명	부재자의 생사가 불분명하고 그 생사불명이 일정기간 계속되어야 한다.
실종기간 및 기산점	보통실종의 실종기간은 5년, 기산점은 부재자가 살아 있다는 것을 증명할 수 있는 최후의 시기로 한다. 특별실종의 실종기간은 1년, 기산점은 전쟁이 종지한 때·선박이 침몰한 때·비행기가 추락한 때·기타 위난이 종료한 때로 한다. ★
이해관계인 또는 검사의 청구	이해관계인은 직접적인 법률상의 이해관계인에 한하며, 사실상의 이해관계를 가진 자는 이에 해당하지 않는다. 이해관계인의 범위는 '부재자의 법률상 사망으로 인하여 직접적으로 신분상 또는 경제상의 권리를 취득하거나 의무를 면하게 되는 사람'에 국한하여 한정적으로 해석한다. ★

㉢ 실종선고의 효과

사망간주	실종선고를 받은 자는 실종기간이 만료한 때 사망한 것으로 본다. 실종선고시 사망으로 보는 시기까지는 생존한 것으로 본다. 추정이 아니라 간주이므로 반증에 의하여 사망의 효력을 깰 수 없다.
사망으로 의제되는 범위	종래의 주소를 중심으로 하는 사법관계에서만 사망한 것으로 본다(민법 제28조). 실종선고를 받은 자가 종전의 주소지와 다른 곳에서 생존하면서 형성한 법률관계나 종래의 주소에 귀래하여 새로운 법률관계를 형성하는 것에 대하여는 영향을 미치지 않는다.

⑧ 동시사망과 인정사망

동시사망 (민법 제30조)	동일한 위난으로 수인이 사망한 경우 그들은 동시에 사망한 것으로 추정하는 것으로 사망의 선후를 증명하는 어려움을 구제하기 위한 제도이다. 즉, 다수의 사람이 동일한 위난으로 사망한 경우에는 그 사망시기가 불분명한 경우에 그들은 동시에 사망한 것으로 추정하여 사망한 사람들 사이에는 상속이나 대습상속 그리고 유증이 발생하지 않게 된다.
인정사망	사망의 확실한 증거는 없지만 수해·화재·그 밖의 사변 등으로 인하여 사망한 것이 확실하다고 생각되는 경우, 그 사실을 조사한 관공서의 사망보고에 의해 사망한 것으로 취급하는 제도이다. 인정사망은 특별실종과는 달리, 반증에 의하여 그 사망의 추정력이 상실된다.

(2) 법인(法人)

① 의 의

법인이란 일정한 목적을 위하여 결합된 사람의 단체(사단법인) 또는 일정 목적을 위하여 출연된 재산으로서 자연인이 아니면서 법에 의하여 권리능력이 인정된 자(재단법인)이다.

② 법인의 존재이유

법인은 단체를 둘러싼 각종 법률관계를 간단·명료하게 처리해 법적거래를 간이화할 수 있으며, 단체의 재산을 그 단체를 구성하는 자연인의 재산과 분리하여 독립한 것으로 다룸으로써 단체 구성원의 책임을 제한해 주는 기능을 하고 있다.

③ 법인의 본질

　㉠ 법인의제설 : 법인에 대해서는 권리·의무의 주체로서의 지위를 인정할 수 없고, 법인이 권리능력을 갖는 것은 법률이 의제하기 때문이라는 학설

　㉡ 법인부인설 : 법인의 본체를 '일정한 목적에 바쳐진 주인 없는 재산', '법인으로부터 이익을 얻고 있는 다수의 개인' 또는 '현실적으로 법인재산을 관리하고 있는 자'라고 보는 학설

　㉢ 법인실재설 : 법인은 권리의 주체로서의 실질을 가지는 사회적 실체라고 보는 학설

④ 법인의 종류

　㉠ 공법인과 사법인

　　사적자치의 원칙이 적용되지 않으며 국가에 의하여 설립되는 공법인은 법인의 조직 등이 법률로 정하여지며 기관·구성원들에 대하여 국가가 관여한다. 반면에 사법인은 사적자치의 원칙이 적용된다.

　㉡ 영리법인과 비영리법인

　　사원의 이익을 목적으로 하는 법인을 영리법인이라고 하며, 영리 아닌 사업을 목적으로 하는 법인을 비영리법인이라고 한다. <u>재단법인에는 비영리법인만이 있으며, 영리법인은 사단법인의 형태로만 존재한다.</u> ★

　㉢ 사단법인과 재단법인

　　사단법인은 일정한 목적을 위해 결합된 사람의 단체이고, 재단법인은 일정한 목적에 바쳐진 재산의 단체이다.

⑤ 법인의 설립

　㉠ 법인설립에 관한 입법태도

　　준칙주의, 허가주의, 인가주의, 특허주의, 강제주의

　㉡ 사단법인의 설립 요건 ★★

　　• 목적의 비영리성 : 학술·종교·자선·기예·사교 기타 영리가 아닌 사업을 목적으로 하여야 한다.

　　• 설립행위(정관 작성) : 2인 이상의 설립자가 정관을 작성하여 기명날인하여야 한다(<u>요식행위·합동행위, 민법 제40조</u>). ★

- 정관의 필요적 기재사항 : 목적, 명칭, 사무소의 소재지, 자산에 관한 규정, 이사의 임면에 관한 규정, 사원자격의 득실에 관한 규정, 존립시기나 해산사유를 정하는 때에는 그 시기 또는 사유(민법 제40조)
- **주무관청의 허가** : 사단법인으로서 법인격을 취득하기 위해서는 주무관청의 허가를 얻어야 한다 (민법 제32조). 그리고 법인의 목적과 관련된 주무관청이 두 개 이상의 행정관청인 경우에는 이들 모두의 허가를 받아야 한다.
- **설립등기** : 법인은 그 주된 사무소의 소재지에서 설립등기를 함으로써 성립한다(민법 제33조). 법인의 설립등기는 법인격을 취득하기 위한 '성립요건'으로 되어 있다. ★

ⓒ 재단법인의 설립 ★★
- **목적의 비영리성** : 재단법인은 본질적으로 비영리법인이다. ★
- **설립행위**
  - 설립자는 일정한 재산을 출연하고 정관을 작성하여 이를 서면에 기재하고 기명날인하여야 한다(상대방 없는 단독행위).
  - 정관의 필요적 기재사항 : 목적, 명칭, 사무소의 소재지, 자산에 관한 규정, 이사의 임면에 관한 규정(민법 제43조)
  - 출연재산의 귀속시기 : 판례는 출연재산이 부동산인 경우에 출연자와 법인 사이에서는 법인의 성립 이외에 부동산의 등기를 필요로 하는 것은 아니지만, 제3자에게 출연재산의 법인에의 귀속을 주장하기 위해서는 등기를 필요로 한다고 한다(민법 제48조). ★
- **설립허가 · 등기** : 주무관청의 설립허가를 받아 법인의 주된 사무소의 소재지에서 설립등기를 함으로써 법인이 성립한다(민법 제33조).

ⓓ 법인의 소멸
법인의 소멸은 해산과 청산을 거쳐서 행해지는데, 해산만으로는 소멸하지 않으며 청산이 사실상 종료됨으로써 소멸한다. ★

법인의 해산사유

1. **사단법인 · 재단법인의 공통 해산사유**
   ① 법인 존립기간 만료 기타 정관에 정한 해산사유의 발생
   ② 법인의 목적달성 또는 목적달성의 불가능
   ③ 설립허가의 취소
   ④ 이사의 법인 파산신청

2. **사단법인에만 있는 해산사유**
   ① 사원이 1인도 없게 된 때
   ② 총회의 임의해산결의가 있을 때

---

⑥ 법인의 능력

ⓐ 권리능력 : 법인은 법률의 규정에 좇아 정관으로 정한 목적의 범위 내에서 권리와 의무의 주체가 된다.

- 성질에 의한 제한 : 법인은 자연인과 같은 생명체가 아니므로 자연인의 성질을 전제로 하는 권리를 가질 수 없다.
- 법률에 의한 제한 : 법인의 권리능력은 법률에 의하여 제한될 수 있다.
- 목적에 의한 제한 : 민법은 '**정관으로 정한 목적 범위 내**'에서만 법인의 권리능력을 인정하고 있다. 판례는 목적 범위 내의 행위란 정관에 명시된 목적 자체에 국한되는 것이 아니라 그 목적을 수행하는 데 있어 직접 또는 간접으로 필요한 행위는 모두 포함되는 것으로 넓게 보고 있다. ★

권리능력이 없는 사단
- 사단으로서의 실질은 갖추고 있으나 법인등기를 하지 아니하여 법인격을 취득하지 못한 사단, 단체
- 종중, 교회, 동·리, 자연부락, 채권자로 이루어진 청산위원회, 주택조합, 아파트부녀회, 공동주택입주자대표자회의 등
- 재산의 귀속형태는 사원의 총유 또는 준총유(민법 제275조 제1항)

ⓑ 행위능력

법인의 행위능력에 대해 명문규정은 없으나 통설은 법인의 권리능력의 범위 내에서 행위능력을 가진다고 본다. ★

ⓒ 불법행위능력

- 법인의 불법행위의 성립요건 : 법인은 이사 기타 대표자가 그 직무에 관하여 타인에게 가한 손해를 배상할 책임이 있는데, 이사 기타 대표자는 이로 인하여 자기의 손해배상책임을 면하지 못한다(민법 제35조 제1항).
- 법인의 불법행위가 성립하지 않는 경우 : 대표기관의 행위라도 법인의 직무와 관련이 없는 경우에는 법인의 불법행위가 성립하지 않고 행위자가 개인적으로 책임을 지며, 법인의 목적 범위 외의 행위로 인하여 타인에게 손해를 가한 때에는 그 사항의 의결에 찬성하거나 그 의결을 집행한 사원·이사 및 기타 대표자가 연대하여 배상하여야 한다(민법 제35조 제2항).

⑦ 법인의 기관

ⓐ 의의와 종류

- 의 의 : 법인의 기관이란 법인의 의사를 결정하고, 이를 집행하는 일정한 조직을 말한다. 업무집행기관·의사결정기관·감독기관이 법인의 기관이다.
- 종류 : 기관의 종류로는 최고기관인 의사결정기관으로서 사원총회, 업무집행기관으로 이사, 감독기관으로 감사가 있다. 사원총회와 이사는 비영리사단법인의 필수기관이고, 감사는 임의기관이다. 비영리재단법인에는 그 성질상 사원총회가 존재하지 않는다. ★★

ⓛ 이 사
- 의의 : <u>이사는</u> 법인을 대표하고 법인의 업무를 집행하는 필수기관으로 <u>사단법인과 재단법인 모두의</u> <u>필수적 기관이다</u>(민법 제57조). 이사의 인원수는 정관으로 정할 수 있으며, <u>이사는 반드시 자연인</u> <u>이어야 한다. 이사의 임면 방법은 정관의 필요적 기재사항이며, 법인과 이사와의 임면 관계는 민법상</u> <u>위임에 관한 규정을 준용한다.</u> ★★
- 권 한
  - 대표권 : 수인의 이사는 법인의 사무에 관하여 각자 법인을 대표한다(민법 제59조 제1항). 이사 가 2인 이상 있어도 각 이사는 단독으로 대표할 수 있는 것이 원칙이다. 법인의 대표에 관하여는 대리에 관한 규정을 준용한다(민법 제59조 제2항).
  - 대표권의 제한 : 대표권은 정관·사원총회의 의결로 제한될 수 있다(민법 제59조 단서). 정관에 의한 제한은 정관에 기재하여야 효력이 있고, 이를 등기하지 않은 한 선·악의를 불문하고 제3 자에 대항할 수 없다(민법 제60조). ★★
  - 업무집행권 : 이사는 법인의 모든 업무를 집행할 권한이 있다. 이사가 2인 이상일 경우에는 이 사의 과반수로 결정한다(민법 제58조).

ⓒ 감 사
- 의의 : 감사는 사단법인·재단법인의 이사에 대한 감독기관이다. <u>비영리법인에서의 감사</u>는 필수는 아니며 <u>임의기관이다</u>(민법 제66조). ★
- 직무 : 법인의 재산상황의 감독, 이사의 업무집행의 감독, 재산상황·업무집행에 부정·불비가 발견될시 이를 총회 또는 주무관청에 보고하는 일, 보고가 필요할 때 임시총회를 소집하는 일을 한다(민법 제67조).

ⓓ 사원총회
- 의의 : <u>사원총회는 사단법인의 필요기관으로서 최고의 의사결정기관이다.</u> 재단법인은 <u>성질상 사원총</u> <u>회를 가지지 않는다.</u> ★
- **통상총회** : 매년 1회 이상 일정한 시기에 소집되는 총회(민법 제69조)
- **임시총회** : 이사가 필요하다고 인정하는 때, 총사원의 5분의 1 이상이 요구하는 때, 감사가 소집하는 때 열리는 총회이다. 사원의 5분의 1 이상의 요구에도 이사가 2주일 내에 총회소집절차를 밟지 아니하는 경우에는 청구한 사원은 법원의 허가를 얻어 스스로 총회를 소집할 수 있다(민법 제70조).
- **의결** : 총회의 결의에 관하여 정관에 다른 규정이 없으면 그 정족수는 사원 과반수의 출석과 출석 사원의 결의권의 과반수의 찬성으로 한다(민법 제75조 제1항). 단, 정관변경에 관한 사항은 총사 원의 3분의 2, 임의해산은 4분의 3 이상의 찬성이 있어야 한다. ★★

ⓔ 이사회
법인의 이사가 여러 명 있는 경우, 이러한 이사들의 의결기관이다.

ⓗ 임시이사 ★

어떤 사유로 <u>이사가 전혀 없게 되거나 정관에서 정한 이사의 수에 결원이 생겨 손해가 생길 염려가 있는 때</u>에는 법원은 이해관계인이나 검사의 청구에 의하여 임시이사를 선임하여야 한다(민법 제63조).

ⓐ 특별대리인 ★

<u>법인과 이사 간에 이익이 상반하는 사항이 있는 경우</u> 그 이사에 갈음하여 법인을 대표하는 기관으로 이해관계인·검사의 청구에 의하여 법원이 선임하는 임시기관이다(민법 제64조).

4 권리의 객체

(1) 권리의 객체의 의의

권리의 효력이 미치는 대상을 지칭하나 민법총칙에서는 권리의 객체에 관한 일반적 규정을 두고 있지 않고, 다만 물건에 관한 규정만을 두었다.

(2) 물건의 의의

민법에서 물건이란 **유체물 및 전기 기타 관리할 수 있는 자연력**을 말한다(민법 제98조). ★

① 유체물이거나 또는 관리가능한 자연력이어야 한다. '관리가능한 자연력'이라 함은 전기, 광열, 원자력 등의 에너지를 말한다.

② 인간이 지배할 수 있는 것(**지배가능성**)이어야 한다.

③ 외계의 일부인 것이어야 한다. 따라서 인체 또는 그 일부는 물건이 아니다. ★

물건(物件)

• <u>시체(屍體)</u>는 물건이지만 일반의 물건과 같이 거래의 대상은 아니고 매장, 제사에 제공될 뿐인 특수한 물건이다. 시체는 <u>상주(常主), 즉 제사(祭祀)를 주재하는 자에게 속한다.</u>

• 물건은 하나의 독립한 존재이어야 한다. 즉, 물건의 일부분이나 그 구성부분은 하나의 물건이 아니고, 물건의 집단도 하나의 물건이 아니다(<u>일물일권주의</u>). 그러나 <u>사회적 필요가 있거나 공시가 가능한 방법이 있을 때에는 일물일권주의의 예외를 인정한다.</u>

(3) 물건의 종류

① 동산과 부동산(민법 제99조)

부동산이란 토지 및 그 정착물을 말하며, 부동산 이외의 물건은 모두 동산이다.

② 종물과 주물(민법 제100조)

㉠ 의의 : 동일 소유자의 물건으로 사회통념상 계속해서 주물의 경제적 효용을 높이는 물건을 종물이라고 하고 종물이 이바지해주는 물건을 주물이라고 한다(민법 제100조 제1항). 따라서 **주물과 종물은 원칙적으로 소유자가 같은 사람이어야 하고 장소적으로도 밀접한 관계에 있어야 한다.** ★

> **관련 판례**
> "… 3층 건물 화장실의 오수처리를 위하여 위 건물 옆 지하에 바로 부속하여 설치되어 있음을 알 수 있어 독립된 물건으로서 종물이라기보다는 위 3층 건물의 구성부분으로 보아야 할 것이다."(대판 1993.12.10. 93다42399)

㉡ 종물의 요건 ★

- 종물은 하나의 독립된 물건이어야 한다. 즉, 종물이 주물의 구성부분이 아니어야 한다. **주물·종물은 동산이든 부동산이든 상관없다.**
- 종물은 주물의 상용에 이바지하여야 한다.
- **주물과 종물은 원칙적으로 같은 소유자의 것이어야 한다.**

㉢ 종물의 효과 ★

- 종물은 주물과 운명을 같이하는 것이므로 **종물은 주물의 처분에 따른다**(민법 제100조 제2항). 주물 위에 저당권이 설정된 경우에 그 저당권의 효력은 저당권 설정 당시의 종물은 물론 설정 후의 종물에도 미친다. ★★
- **종물은 주물의 처분에 따른다는 규정은 강행규정이 아니고** 당사자의 의사에 따라 달리 정할 수 있는 **임의규정**이다.

> **관련 판례**
> 종물은 주물의 처분에 수반된다는 민법 제100조 제2항은 임의규정이므로, 당사자는 주물을 처분할 때에 특약으로 종물을 제외할 수 있고 종물만을 별도로 처분할 수도 있다(대판 2012.1.26 2009다76546).

③ 원물과 과실(민법 제101조·제102조) ★★

원물은 경제적 수익을 낳는 원천인 물건이고, 그 수익이 과실이다. 과실에는 천연과실과 법정과실이 있는데 **천연과실**은 원물의 용법에 따라 그로부터 수취되는 산출물이고(젖소의 우유), **법정과실**은 원물을 타인에게 사용시킨 대가로서 얻는 과실이다(집세, 이자 등). 법정과실은 수취할 권리의 존속기간 일수의 비율로 취득한다.

5 법률행위

(1) 의 의

일정한 법률효과의 발생을 목적으로 하여, 한 개 또는 수 개의 의사표시를 불가결의 요소(법률사실)로 하는 법률요건이다. 법률행위는 원칙적으로 자유로이 할 수 있으나 **강행규정이나 선량한 풍속, 기타 사회질서에 반하는 법률행위는 무효이다.**

[법률행위의 요건]

성립요건	일반성립요건	당사자, 목적, 의사표시
	특별성립요건	개개의 법률행위에 대하여 법률이 특별히 추가하는 요건(예 대물변제·질권설정계약에서의 인도, 혼인에서의 신고, 유언의 방식 등)
효력발생요건	일반효력 발생요건	• 당사자가 능력(권리능력, 의사능력, 행위능력)을 가지고 있을 것 • 법률행위의 목적이 가능·적법하며 사회적으로 타당하고 확정될 수 있을 것 • 의사와 표시가 일치하며 의사표시에 하자가 없을 것
	특별효력 발생요건	개개의 법률행위의 특별한 효력발생요건(예 조건·기한부법률행위에서 조건의 성취·기한의 도래, 대리행위에서 대리권의 존재, 유언에 있어 유언자의 사망 등)

(2) 종 류

① 단독행위 ★★

행위자 한 사람의 한 개의 의사표시만으로 성립하는 법률행위로, 상대편의 이익을 위하여 조건이나 기한 등의 부관을 붙일 수 없다.

㉠ 특정한 상대방이 있는 단독행위 : 취소, 추인, 채무면제, 계약의 해제 또는 해지, 상계, 법정대리인의 동의 등

㉡ 특정한 상대방이 없는 단독행위 : 재단법인의 설립행위, 유언, 소유권의 포기, 상속의 포기, 공탁소에 대한 채권자의 공탁승인 등 ★

② 계약 : **서로 대립하는 두 개 이상의 의사표시의 합치**로써 성립하는 법률행위(예 매매, 교환, 임대차 등)

③ 합동행위 : **방향을 같이 하는 두 개 이상의 의사표시의 합치**로써 성립하는 법률행위(예 사단법인의 설립행위)

④ 요식행위와 불요식행위 : 의사표시에 서면, 기타의 일정한 방식을 필요로 하는가에 따른 분류이다.

⑤ 채권행위 : 채권의 발생을 목적으로 하는 법률행위(예 매매, 임대차 등)

⑥ 물권행위 : 물권의 변동(득실변경)을 목적으로 하는 법률행위(예 소유권의 이전, 지상권 또는 저당권의 설정 등)

⑦ 준물권행위 : 물권 이외의 권리의 변동(발생, 변경, 소멸)을 목적으로 하는 법률행위(예 채권양도, 채무면제 등)

법률행위의 목적

법률행위의 목적은 행위자가 그의 법률행위로 하여금 달성하고자 하는 내용에 의해 정해진다. 행위자의 의사표시 내용을 실현하려면 법률행위 목적의 확정·가능·적법·사회적 타당성이라는 4가지 요건이 필요하다.

구 분	내 용
목적의 **확정성**	법률행위가 효과를 나타내려면 그 목적과 내용이 확정되어야 하며 목적을 확정할 수 없는 법률행위는 무효이다. 법률행위의 목적은 법률행위 성립 당시에 명확하게 확정되어 있어야 하는 것은 아니고 목적이 실현될 시점까지 확정할 수 있는 정도이면 족하다. ★
목적의 **가능성**	법률행위는 그 실현이 가능하여야 한다. 가능하다는 것은 물리적으로는 물론 법률적으로도 가능해야 하며, 그 가능 여부의 표준은 그 당시 사회관념에 의해 결정된다.
목적의 **적법성**	법률행위의 목적은 강행법규에 위반하는 것이어서는 안 된다. 강행법규란 법령 중 선량한 풍속 기타 사회질서와 관계있는 규정으로서 당사자의 의사에 의하여 그 적용을 배척할 수 없는 규정을 말한다.
목적의 **사회적 타당성**	법률행위의 목적이 개개의 강행법규에 위반하지는 않더라도 '선량한 풍속 기타 사회질서'에 위반하는 경우에는 그 법률행위는 무효가 된다. ★

(3) 법률행위의 요건 ★★

성립요건	일반적 성립요건	당사자, 목적, 의사표시
	특별성립요건	개개의 법률행위에 대하여 법률이 특별히 추가하는 요건(예 대물변제·질권설정계약에서의 인도, 혼인에서의 신고, 유언의 방식 등)
효력발생 요건	일반적 효력발생요건	• 당사자가 능력(권리능력, 의사능력, 행위능력)을 가지고 있을 것 • 법률행위의 목적이 가능·적법하며 사회적으로 타당하고 확정될 수 있을 것 • 의사와 표시가 일치하며 의사표시에 하자가 없을 것
	특별효력 발생요건	개개의 법률행위의 특별한 효력발생요건(예 조건·기한부 법률행위에서 조건의 성취·기한의 도래, 대리행위에서 대리권의 존재, 유언에 있어 유언자의 사망 등)

(4) 의사표시

① 의의 : 일정한 법률효과를 발생시키려고 하는 권리주체의 의사를 표시하는 행위로서 의사표시를 함에는 행위능력과 의사능력이 필요하다. 의사표시는 **상대방에게 도달한 때** 효력이 발생한다(**도달주의**). ★

의사표시의 효력발생시기

1. 표백주의
   표의자가 의사표시를 완성하여 외형적인 존재를 갖춘 때에 효력이 발생한다는 것이다. 지나치게 표의자중심이다.

2. 발신주의
   의사표시가 표의자의 지배를 떠나서 상대방을 향하여 보내진 때 효력이 발생한다는 것이다. 우리 민법은 이 주의를 예외적으로 인정한다.
   • 상대방 있는 의사표시이지만 객관적·획일적으로 의사표시의 효력을 발생하게 할 필요가 있는 경우(민법 제15조·제71조·제13조, 상법 제52조·제53조 등)
   • 상대방으로서는 의사표시의 내용을 인지할 필요 없이 의사표시의 발송만으로 그 효과를 발생시켜야 할 경우(민법 제531조)

3. 도달주의
   의사표시가 상대방에 도달한 때에 효력이 발생한다는 것이다. 이를 수신(受信)주의라고도 하는데 우리 민법은 이 주의를 원칙으로 하고 있다.

4. 요지주의
   의사표시의 내용을 상대방이 이해하여 안 때에 효력이 발생한다는 것이다. 지나치게 상대방 중심적이다.

---

② 종류 : 의사표시는 법률효과를 발생케 하려는 내심의 의사와 그것을 외부에 표시하는 표시행위로 이루어지는데, 양자가 일치하지 않는 불완전한 의사표시의 효력에 관해 민법은 다음과 같이 규정하고 있다.

㉠ 진의 아닌 의사표시(민법 제107조) : 표의자인 본인이 **내심의 의사와 표시상의 의사가 일치하지 않음**을 알면서 행한 경우로서 **표시한 대로 효과가 발생**한다.

㉡ 통정한 허위의 의사표시(민법 제108조) : 상대방과 통정한 허위의 의사표시는 무효로 한다. 다만, 선의의 제3자에게 그 무효를 주장하지는 못한다.

㉢ 착오로 인한 의사표시(민법 제109조) : 법률행위 내용의 **중요한 부분에 착오**가 있을 때에는 **취소할 수 있다.** 그러나 표의자의 **고의 또는 중대한 과실**로 인한 때에는 **취소하지 못한다.** 그것을 알지 못하는 제3자에 대해서는 취소의 효과를 주장할 수가 없다. 화해계약은 착오를 이유로 하여 취소하지 못한다.

㉣ 하자있는 의사표시(사기, 강박에 의한 의사표시)(민법 제110조) : **사기**(사람을 기망하여 착오에 빠지게 하는 행위) 또는 **강박**(공포심을 일으키게 하는 행위)에 의한 의사표시는 **취소할 수 있다.** 상대방이 있는 의사표시에 관하여 제3자가 사기나 강박을 행한 경우에는 상대방이 그 사실을 알았거나 알수 있었을 경우에 한하여 그 의사표시를 취소할 수 있다.

③ 의사표시와 구분해야 하는 개념 ★

　　㉠ 의사의 통지 : 의사의 통지는 의사를 외부에 표시하는 점에서는 의사표시와 같으나 그 의사가 법률효과에 향해진 효과의사가 아닌 점에서 의사표시와 다른 것을 말한다. **최고·거절**이 이에 속한다.

　　㉡ 관념의 통지 : 관념의 통지는 사실의 통지라고도 하며, 표시된 의식내용이 그 무엇을 의욕하는 의사가 아니라 어떤 객관적 사실에 관한 관념 또는 표상에 지나지 않는 것이다. 예를 들어 **채권양도, 채무승인, 사원총회소집통지, 대리권을 수여한 뜻의 통지**가 이에 속한다.

　　㉢ 감정의 표시 : 감정의 표시에는 민법 제556조, 제841조에서의 용서가 이에 속한다.

④ 의사표시의 적용 범위 : 의사표시에 관한 민법의 규정은 원칙적으로 **가족법상의 행위, 공법행위, 소송행위, 단체법상의 행위**에는 적용되지 않는다. 또한 **주식인수의 청약·어음행위**에도 원칙적으로 적용되지 않는다(예외로 통정허위표시규정은 적용됨). ★★

(5) 대 리

① 의의 : 타인(대리인)이 본인의 이름으로 법률행위를 하거나 또는 의사표시를 수령함으로써 그 법률효과가 직접 본인에게 발생케 하는 제도를 말한다. 이는 의사능력이나 행위능력이 없는 자에게 대리인에 의한 거래의 길을 열어줌으로써 사적 자치를 확장·보충하여 주는 사회적 기능을 가지고 있다.

대리와 구별되어야 하는 것

1. 간접대리 ★
위탁매매와 같이 타인의 계산으로 자기의 이름으로 법률행위를 하고 그 효과는 자신에게 생기고 후에 다시 그 취득한 권리를 타인에게 이전하는 관계를 말한다. 간접대리는 대리인이 자기의 이름으로 행위하고 효과도 자기가 받는다는 점에서 직접대리, 즉 보통 말하는 대리와 다르다.

2. 사자(使者)
본인의 의사표시를 전달하거나, 결정한 내심의 의사를 표시하는 심부름꾼을 사자라고 한다. 사실행위에도 사자는 허용된다. ★

3. 대 표
법인실재설에 의하면 법인의 대표기관은 법인의 본체이므로 법인의 대표자는 법인의 대리인이 아니다. 대표는 사실행위, 불법행위에도 인정된다. ★

---

② 종 류

법정대리	법률에 의해 대리권이 발생하고 대리인의 자격 및 대리권의 범위도 법률의 규정에 의해 정해진다.
임의대리	본인의 수권행위에 의해 대리권이 발생하고 본인의 의사에 따라 대리권의 범위가 결정되는 것을 말한다.
무권대리	대리권이 없는 자가 행한 대리
능동대리	대리인이 제3자(상대방)에 대하여 의사표시를 하는 대리
수동대리	대리인이 제3자의 의사표시를 수령하는 대리

③ 대리권의 발생원인

법정대리권은 법률의 규정(친권자, 후견인), 지정권자의 지정행위(지정후견인, 지정유언집행자), 법원의 선임행위(부재자 재산관리인 등)으로, 임의대리권은 본인의 수권행위로 발생한다. ★

④ 대리권의 소멸원인

　㉠ **공통의 소멸원인** : 본인의 사망, 대리인의 사망, 대리인의 성년후견의 개시 또는 파산

　㉡ **임의대리에 특유한 소멸원인** : 원인된 법률관계의 종료, 수권행위의 철회

　㉢ **법정대리에 특유한 소멸원인** : 법원에 의한 대리인의 개임・대리권 상실선고

⑤ 대리권의 제한

　㉠ **자기계약・쌍방대리의 금지(민법 제124조)** : 대리인은 본인의 허락이 없으면 본인을 위하여 자기와 법률행위를 하거나 동일한 법률행위에 관하여 당사자 쌍방을 대리하지 못한다. 그러나 채무의 이행은 할 수 있다.

　㉡ **공동대리**의 경우에는 다수의 대리인이 공동으로만 법률행위를 할 수 있다.

　㉢ 대리인이 수인일 때는 각자대리가 원칙이고, 대리인은 의사능력만 있으면 족하며 행위능력자임을 요하지 않는다. ★

> **대리권이 인정되지 않는 행위**
> 신분법상 행위, 불법행위, 사실행위(가공 등), 준법률행위(의사의 통지와 관념의 통지에는 대리를 유추 적용), 대리와 친하지 않는 행위(혼인, 인지, 유언 등), 자기계약, 쌍방대리

⑥ 대리행위

　㉠ 대리인이 대리행위를 함에 있어서 '본인을 위한 것임을 표시'하고 의사표시를 하여야 한다(민법 제114조 제1항).

　㉡ 수동대리의 경우에는 상대방이 대리인에 대하여 **본인을 위한 것임을 표시**하여야 한다(민법 제114조 제2항).

　㉢ 공동대리의 경우에는 대리인이 공동하여 법률행위를 하여야 하며, 자기계약이나 쌍방대리는 본인의 허락이 없으면 할 수 없다. 그러나 채무의 이행은 할 수 있다. ★

　㉣ 대리인은 **의사능력만 있으면 족하고, 행위능력자임을 요하지 않는다**(민법 제117조).

⑦ **대리행위의 효과** : 대리인이 대리권의 범위 내에서 한 대리행위에 의한 법률효과는 모두 직접 본인에게 귀속된다(민법 제114조). ★

⑧ **대리행위의 하자** : 의사표시의 효력이 의사의 흠결, 사기, 강박 또는 어느 사정을 알았거나 과실로 알지 못한 것으로 인하여 영향을 받을 경우에 그 사실의 유무는 대리인을 표준으로 하여 결정한다(민법 제116조 제1항). ★

⑨ **대리권의 범위** : 권한을 정하지 않은 대리인은 보존행위나 대리의 목적인 물건이나 권리의 성질을 변하지 아니하는 범위에서 그 이용 또는 개량하는 행위만 할 수 있고(민법 제118조), 처분행위는 할 수 없다. ★

⑩ **복대리** : 대리인이 자기의 이름으로 선임한 자에게 자기가 가지는 권한 내에서 대리행위를 시키는 관계를 말한다. ★

ㄱ **복대리인의 법적 성질** : 대리인이 선임한 본인의 대리인(대리인의 보조자나 사용자가 아님)으로서 대리인의 복임권 행사는 대리행위가 아니다. 복대리인의 선임 후에도 대리인은 여전히 대리권을 가진다. 또한 대리권이 소멸하면 복대리권도 함께 소멸한다. ★★

ㄴ **복임권** : 대리인이 복대리인을 선임할 수 있는 권한 ★
  • 임의대리인은 원칙적으로 복임권이 없으나, 본인의 승낙이 있거나 부득이한 사유가 있을 때는 복임권을 갖는다(선임·감독에 관한 책임).
  • 법정대리인은 그 책임으로 복대리인을 선임할 수 있다(복대리인의 행위에 관하여 전적인 책임).

⑪ **무권대리**

ㄱ **의의** : 무권대리란 대리권 없이 행한 대리행위 또는 대리권의 범위를 넘어 한 대리행위를 말한다. 무권대리행위는 그 대리권 행사의 효력이 본인에게 돌아갈 수 없어 <u>원칙적으로 무효여야 하나 우리 민법은 무권대리를 무조건 무효로 하지 아니하고 대리제도, 본인, 상대방을 조화롭게 보호할 수 있는 방법을 추구하고 있다.</u>

ㄴ **표현대리** : 표현대리란 본인과 무권대리인 사이에 실제로는 대리권이 없음에도 불구하고 대리인이 마치 대리권이 있는 것처럼 외형을 갖추고, 또 본인으로서도 그런 외형을 갖추는데 일정한 원인을 기여한 경우에 그 무권대리행위의 책임을 본인에게 부담하게 하는 제도이다. <u>민법은 다음의 3가지 경우에 표현대리를 인정하고 있다.</u>
  • 본인이 특정한 자에게 대리권을 부여하였음을 표시한 때(민법 제125조)
  • 다소의 범위의 대리권 있는 자가 그 권한 외의 행위를 한 경우에 상대방이 권한 내의 행위라고 믿을 만한 정당한 이유가 존재할 때(민법 제126조)
  • 대리인이 대리권이 소멸한 이후에 대리인으로서 행위를 한 경우에 상대방이 과실 없이 대리권의 소멸을 알지 못했을 때(민법 제129조)

표현대리의 유형

1. 대리권 수여 표시에 의한 표현대리(민법 제125조) ★
   대리권 수여표시에 의한 표현대리이므로 민법 제125조는 임의대리에만 적용된다는 것이 통설이다. 민법 제125조의 효과로 본인은 무권대리인 표현대리에 대해 책임을 진다. 이 경우 무권대리인 표현대리가 유권대리가 되는 것은 아니다. 따라서 상대방은 이를 무권대리행위로서 철회할 수 있고 이에 대해 본인이 추인함으로써 상대방의 철회를 막을 수 있다. 철회와 추인은 먼저 하는 것이 유효하다.

2. 권한을 넘은 표현대리(민법 제126조) ★
   민법 제126조의 경우 법정대리와 임의대리 모두에게 적용된다(통설, 판례). 표현대리의 효과는 본인에게 대리인의 권한을 넘은 대리행위의 책임을 지운다. 여타의 사항은 민법 제125조의 표현대리와 같다.

3. 대리권 소멸 후의 표현대리(민법 제129조) ★
   민법 제29조의 경우 법정대리, 임의대리에 모두 적용된다. 표현대리의 효력은 본인에게 표현대리 행위의 책임을 지게 한다.

ⓒ 무권대리의 효과 : 표현대리의 요건을 갖추지 않은 경우로서, 이때의 법률행위는 <u>본인이 추인하지 않는 한</u> 무권대리인 자신의 책임이 된다. 계약의 경우와 단독행위의 경우로 나누어진다.

계약의
경우
	• 본인과 상대방 사이
	  – 상대방은 본인에 대하여 무권대리행위에 대한 효과와 그에 따른 책임을 주장할 수 없음(민법 제130조) ★
	  – 본인은 추인에 의하여 무권대리행위를 유효인 것으로 할 수 있고, 추인거절에 의하여 무권대리행위를 무효인 것으로 할 수도 있음
	  – 상대방은 본인에 대하여 추인여부의 확답을 최고할 수 있고 무권대리인과 체결한 계약을 철회할 수 있음(민법 제134조) ★
	• 상대방과 무권대리인 사이 : 상대방은 행위능력자인 무권대리인에 대하여 계약의 이행 또는 손해배상을 청구할 수 있음(민법 제135조) ★
	• 본인과 무권대리인 사이 ★
	  – <u>무권대리행위를 본인이 추인하면 사무관리가 됨</u>
	  – <u>무권대리행위로 본인의 이익이 침해되면 불법행위가 성립</u>
	  – <u>무권대리인이 부당하게 이득을 얻으면 부당이득이 성립</u>

단독행위의 경우	• 상대방 없는 단독행위는 언제나 무효이며, 본인의 추인도 인정되지 않음 ★★ • <u>상대방 있는 단독행위도 원칙적으로 무효이지만,</u> 예외적으로 그 행위 당시에 상대방이 대리인이라 칭하는 자의 대리권 없는 행위에 동의하거나 그 대리권을 다투지 아니한 때 또는 대리권 없는 자에 대하여 그 동의를 얻어 단독행위를 한 때에는 <u>계약의 경우와 같게 취급됨</u>

(6) 무효와 취소

① 무효(無效)

㉠ 의의 : 법률행위가 성립한 당초부터 법률상 당연히 그 효력이 생기지 아니하는 것을 말한다. **비진의 표시(심리유보), 통정허위표시, 강행법규에 반하는 법률행위** 등 민법상 선량한 풍속 기타 사회질서에 위반한 사항을 내용으로 하는 법률행위는 무효로 한다. ★

㉡ 무효의 종류

절대적 무효와 상대적 무효	절대적 무효는 그 무효를 누구에게나 주장할 수 있는 무효로서 의사무능력자의 행위, 선량한 풍속 기타 사회질서 위반행위 등이다. 상대적 무효는 그 무효를 특정인에게만 주장할 수 있는 무효로서 허위표시와 같이 상대방에게만 주장할 수 있고 일정한 제3자에 대하여는 유효로 되는 것으로 그 예로는 통정의 허위표시를 기초로 한 법률행위가 있다.
확정적 무효와 유동적 무효	확정적 무효는 과거·현재·미래에 걸쳐 당사자가 의욕한 법률효과가 확정적으로 부인되므로 더 이상 그 법률행위가 효력을 발생할 수 없는 것으로 당사자의 추인에 의해서도 유효로 되지 않는다. 유동적 무효는 현재는 법률행위가 효력을 발생하지 못하고 있으나, 제3자의 행위 또는 조건의 성취 여부에 따라서 유효로 될 수도 있고, 또 무효로 확정될 수 있는 유동적인 법적 상태를 말한다.

㉢ 무효의 효과

법률행위의 일부무효	법률행위의 일부분이 무효인 때에는 그 전부를 무효로 한다. 그러나 그 무효부분이 없더라도 법률행위를 하였을 것이라고 인정될 때에는 나머지 부분은 무효가 되지 않는다(민법 제137조).
무효행위의 추인	무효행위의 추인이란 무효인 법률행위를 유효로 인정하는 당사자의 의사표시를 말한다. 민법은 당사자가 그 행위가 무효임을 알고서 이를 추인한 때에는 '새로운 법률행위'를 한 것으로 간주한다(민법 제139조 단서). 따라서 무효였던 법률행위는 새로운 별개의 법률행위로서 장래를 향하여 유효로 되고 소급적으로 처음부터 유효로 되지는 않는다.
무효행위의 전환	무효행위의 전환이란 A라는 법률행위로는 무효인데 그것이 B라는 법률행위로는 유효요건을 갖추고 있는 경우에 A를 B로 인정하는 것이다(민법 제138조). 예컨대 전세계약이 무효인데 임대차계약으로는 유효인 경우 등이다.

법정추인의 의미 ★
법정추인이란 추인권자의 명시적 의사표시가 없더라도 추인으로 인정될만한 일정한 사항이 있을 때에는 추인한 것으로 법률이 인정하는 것을 말한다.

법정추인의 요건(민법 제145조) ★
1. 전부나 일부의 이행
2. 이행의 청구
3. 경개
4. 담보의 제공
5. 취소할 수 있는 행위로 취득한 권리의 전부나 일부의 양도
6. 강제집행

법정추인의 효과

법정추인이 인정되면 추인한 것으로 보아, 취소권을 다시는 행사할 수 없는 효과가 생긴다. ★

② 취소(取消)

　㉠ 의의 : 취소할 수 있는 법률행위란 취소권자(무능력자, 하자 있는 의사표시를 한 자와 그 대리인 및 승계인)가 취소를 하기 전에는 일단 법률효과가 발생한다. 그러나 취소의 의사를 표시하면 처음부터 소급하여 법률효과가 소멸되는 것을 말한다(**사기, 강박** 등). **취소된 법률행위는 처음부터 무효인 것으로 본다.** ★

　㉡ 취소권자 : 제한능력자, 하자있는 의사표시를 한 자와 그 대리인 및 승계인

[무효와 취소의 차이]

구 분	무 효	취 소
기본적 효과	절대적 무효가 원칙	상대적 취소가 원칙
주장권자	누구라도 주장 가능	취소권자에 한하여 가능
기간의 제한	제한이 없음	제척기간(3년, 10년)
시간경과시 효력	효력변동 없음	제척기간 도과시 취소권 소멸, 유효한 것으로 확정됨
추 인	• 효력변동 없음 • 당사자가 무효임을 알고 추인한 때에는 새로운 법률행위로 봄	추인으로 확정적 유효가 됨
발생사유	• 반사회적 법률행위(민법 제103조) • 불공정한 법률행위(민법 제104조) • 진의표시 단서 규정(민법 제107조 제1항) • 통정허위표시(민법 제108조 제1항) 등	• 제한능력자의 행위(민법 제5조 제2항) • 착오(민법 제109조 제1항) • 사기・강박(민법 제110조 제1항)

(7) 법률행위의 부관(附款)

① 조건

　㉠ 의의 : 법률행위의 효과의 발생 또는 소멸을 장래의 도래가 불확실한 사실의 성부에 의존시키는 법률행위의 부관이다.

　㉡ 조건의 종류

　• 정지조건과 해제조건 ★★

정지조건	법률행위의 효력의 발생을 장래의 불확실한 사실에 의존시키는 조건(예 입학시험에 합격하면 시계를 사주겠다)
해제조건	법률행위의 효력의 소멸을 장래의 불확정한 사실에 의존시키는 조건(예 지금 학비를 주고 있지만 낙제하면 지급을 중지하겠다)

- 적극조건과 소극조건

적극조건	조건이 성취되기 위하여 조건이 되는 사실의 현상이 변경되는 조건(예 내일 비가 온다면 우산을 사주겠다)
소극조건	조건이 성취되기 위하여 조건이 되는 사실의 현상이 변경되지 않는 조건(예 내일 비가 오지 않는다면 운동화를 사주겠다)

- 가장조건 : 형식적으로는 조건이지만 실질적으로는 조건으로 인정받지 못하는 것이다. ★

기성조건	이미 이루어진 조건으로, 기성조건을 정지조건으로 한 경우에는 조건 없는 법률행위가 되고, 해제조건으로 하게 되면 무효가 된다.
불능조건	실현 불가능한 사실을 내용으로 하는 조건으로, 불능조건이 해제 조건이면 조건 없는 법률행위에 해당하고, 정지조건이면 무효가 된다.
법정조건	법률행위의 효력발생을 위해 법률이 명문으로 요구하는 조건이다.
불법조건	선량한 풍속 기타 사회질서에 위반하는 조건으로, 불법조건이 붙은 법률행위는 법률행위 전체가 무효이다.

- 수의조건과 비수의조건 ★★

수의조건	순수 수의조건	당사자의 일방적인 의사에 따라 조건의 성취가 결정되는 조건으로 항상 무효이다(예 내 마음이 내키면 시계를 사주겠다).
	단순 수의조건	"내가 미국에 여행을 가면 시계를 사주겠다"와 같이 당사자의 일방적 의사로 결정되기는 하지만 '미국 여행'이라는 의사결정에 기인한 사실상태의 성립도 요건으로 하는 조건으로 이는 유효하다.
비수의 조건	우성조건	당사자의 의사와 관계없이 자연적 사실에 의한 조건(예 내일 비가 온다면 우산을 사주겠다) ★
	혼성조건	당사자의 일방의 의사뿐만 아니라 제3자의 의사에도 의해서 성부가 결정되는 조건(예 당신이 갑녀와 결혼한다면 집을 한 채 사주겠다) ★

ⓒ 조건을 붙일 수 없는 법률행위(조건과 친하지 않는 법률행위) ★★
- 법률행위가 그 효과가 확정적으로 발생될 것이 요구되는 것(예 어음 및 수표행위와 혼인·입양·인지·상속의 승인 및 포기 등과 같은 신분행위)에는 조건을 붙일 수 없다.
- 조건을 붙이면 상대방의 지위를 현저하게 불안정·불리하게 하는 경우(예 단독행위 중에서 상계·취소·철회 등)에는 원칙적으로 조건을 붙일 수 없다.
- 단독행위라도 '상대방의 동의가 있거나' 또는 '상대방에게 이익만을 주는 경우'(예 채무면제, 유증 등)에는 조건을 붙이더라도 무방하다.
- 효과 : 조건과 친하지 아니한 법률행위에 조건을 붙이는 경우 특별한 규정이나 약정이 없는 한 '일부무효의 법리'가 적용된다고 할 것이다. 따라서 당사자의 반대의사를 인정할 만한 사정이 없는 경우에는 이러한 조건이 붙은 법률행위는 그 법률행위 자체가 전부무효로 된다고 할 것이다.

ㄹ 조건의 효력

- 정지조건이 있는 법률행위는 조건이 성취한 때로부터 그 효력이 생긴다.
- 조건 있는 법률행위의 당사자는 조건의 성부가 미정한 동안에 조건의 성취로 인하여 생길 상대방의 이익을 해하지 못한다.
- 조건의 성취가 미정한 권리의무는 일반규정에 의하여 처분, 상속, 보존 또는 담보로 할 수 있다.

② 기한

ㄱ 의의 : 법률행위의 효력의 발생·소멸 또는 채무의 이행을 도래할 것이 확실한 장래의 사실발생에 의존시키는 법률행위의 부관으로 확정기한, 불확정기한이 있다. **수표·어음행위에는 조건은 붙일 수 없으나, 기한(始期)은 붙일 수 있다.** ★

- 확정기한은 기한의 내용이 되는 사실이 발생하는 시기가 확정되어 있는 기한이다(예 내년 10월 3일에 금시계를 준다).
- 불확정기한은 기한의 내용이 되는 사실이 발생하는 시기가 확정되어 있지 않은 기한이다(예 내년 봄비가 처음 오는 날에 우산을 사준다).

ㄴ 기한 이익의 포기 : 기한의 이익은 포기할 수 있지만 상대방의 이익을 해하지 못하며, 소급효가 없으므로 장래에 향하여만 효력이 있다.

ㄷ 기한 이익의 상실

- 채무자가 담보를 손상하거나 **감소 또는 멸실**하게 한 때(민법 제388조 제1호)
- 채무자가 담보제공의무를 **이행하지 아니한 때**(민법 제388조 제2호)
- 채무자의 파산(채무자 회생 및 파산에 관한 법률 제425조)

(8) 소멸시효

① 의의 : 특정한 사실상태가 장기간 계속된 경우에 그 상태가 진실한 권리관계에 합치하는지 여부를 묻지 않고 그 사실 상태를 존중하여 그대로 권리관계를 인정하는 법률상의 제도이다. ★

② 시효제도의 존재이유

ㄱ 오랫동안 계속 되어온 일정한 사실상태에 대한 신뢰를 보호하여 거래의 안전과 사회질서의 안정

ㄴ 시간의 경과로 인한 정당한 권리관계에 대한 증명의 어려움

ㄷ 오랫동안 자신의 권리를 행사하지 않은 '**권리 위에 잠자는 자**'는 보호가치가 없기 때문

③ 시효의 구분

ㄱ 취득시효 : 권리행사의 외형인 **점유·준점유가 일정기간 계속됨**으로써 권리취득의 효과가 생기는 시효이다(예 20년간 소유의 의사로 평온·공연하게 부동산을 점유하는 자는 등기함으로써 그 소유권을 취득한다).

ⓒ 소멸시효 : **자기의 권리를 일정기간 사용하지 않음**으로 인하여 권리를 상실하게 되는 시효이다([예] 채권은 10년간 사용하지 아니하면 소멸시효가 완성한다).

ⓒ 제척기간 : **권리관계를 신속하게 확정**하기 위하여 법률이 미리 정하여 놓은 권리의 존속기간으로 중단·정지의 제도가 없고, 제척기간의 경과로 권리는 절대적으로 소멸한다.

제척기간과 소멸시효의 비교

1. 소급효의 부인
제척기간에 의한 권리의 소멸은 소급효가 없는 데 대하여, 소멸시효에 의한 권리의 소멸은 소급효가 있다. 즉 소멸시효는 그 기산일에 소급하여 효력이 생기지만(민법 제167조), 제척기간은 기간이 경과한 때로부터 장래에 향해 그 권리가 소멸한다.

2. 중단의 여부
소멸시효에는 권리자의 청구나 압류 등 또는 채무자의 승인의 사유로 인하여 시효진행의 중단이라는 것이 있는데 반하여(민법 제168조·제178조), 제척기간에는 제척기간의 중단이라고 하는 것이 없다. 제척기간에 있어서는 권리자의 권리의 주장이 있으면 그대로 효과가 발생하는 것이고, 이를 기초로 하여 다시 제척기간은 갱신되지 않는다.

3. 포기의 가부
시효의 이익은 시효기간이 완성 후에 이를 포기할 수 있으나(민법 제184조 제1항), 제척기간의 경과로 권리는 당연히 소멸하게 되므로 제척기간에는 포기가 인정되지 않는다.

4. 소송상의 주장
제척기간에 의한 권리의 소멸은 당사자의 주장을 기다리지 않고 법원이 할 '직권조사사항'인 데 대하여, 소멸시효의 주장은 변론주의에 의존하고 있으므로 소멸시효는 이를 당사자들이 소송에서 주장하여야 하고 법원의 직권조사사항이 아니다.

④ 소멸시효의 요건 ★

㉠ 권리가 그 성질상 시효로 소멸할 수 있는 것이어야 한다.

ⓒ 권리자가 법률상 그의 권리를 행사할 수 있어야 한다.

ⓒ 권리자가 일정한 기간 계속하여 권리를 행사하지 않아야 한다.

⑤ 소멸시효의 대상성 ★★

채 권	채권은 10년의 소멸시효에 걸린다(민법 제162조 제1항). 그러나 법률행위로 인한 등기청구권은 목적물을 인도받아 사용·수익하고 있는 동안 소멸시효에 걸리지 아니한다. 점유취득시효에 기한 등기청구권도 점유를 상실하지 않는 한 소멸시효에 걸리지 아니한다. ★★
소유권	소유권의 절대성과 항구성에 의해 소멸시효에 걸리지 아니한다. ★
점유·유치권	점유를 기반으로 하는 성질상 별도로 소멸시효에 걸리지 아니한다. ★
질권·저당권	피담보채권이 존속하는 한 독립하여 소멸시효에 걸리지 아니한다. ★
상린관계상의 권리 및 공유물분할청구권	기초가 되는 법률관계가 존속하는 한 소멸시효에 걸리지 아니한다. ★
지역권	소멸시효의 대상이 된다.
형성권	소멸시효가 아닌 제척기간의 적용을 받는다. ★

⑥ 소멸시효의 기산점 ★★

권 리	기산점
확정기한부 채권 ★	기한이 도래한 때
불확정기한부 채권 ★	기한이 객관적으로 도래한 때
기한을 정하지 않은 채권 ★	채권 성립시
조건부 권리	조건 성취시
선택채권 ★	선택권을 행사할 수 있는 때
채무불이행에 의한 손해배상청구권	채무불이행시
불법행위에 의한 손해배상청구권	채권 성립시
부당이득반환청구권	채권 성립시
하자 있는 행정처분에 의한 부당이득반환청구권	• 취소 : 행정처분을 취소하는 판결이 확정된 때 • 무효 : 무효인 행정처분이 있은 때
부작위채권	위반행위를 한 때
구상권 ★	• 보증인 : 행사할 수 있는 때 • 공동불법행위자 : 피해자에게 현실로 손해배상금을 지급한 때
물 권	권리가 발생한 때
동시이행항변권이 붙어있는 채권	이행기

⑦ 소멸시효기간 ★

20년	채권 및 소유권 이외의 재산권 ★
10년	보통의 채권, 판결·파산절차·재판상 화해·기타 판결과 동일한 효력이 있는 것에 의하여 확정된 채권
5년	상법상의 채권 ★
3년	이자, 부양료, 급료채권 등
1년	여관, 음식점, 오락장의 숙박료 등

3년의 단기소멸시효(민법 제163조) 두 이·의도 / 변변·생수
- **이자**, 부양료, 급료, 사용료 기타 1년 이내의 기간으로 정한 금전 또는 물건의 지급을 목적으로 한 채권
- **의사**, 조산사, 간호사 및 약사의 치료, 근로 및 조제에 관한 채권
- **도급**받은 자, 기사 기타 공사의 설계 또는 감독에 종사하는 자의 공사에 관한 채권
- **변호사**, 변리사, 공증인, 공인회계사 및 법무사에 대한 직무상 보관한 서류의 반환을 청구하는 채권
- **변호사**, 변리사, 공증인, 공인회계사 및 법무사의 직무에 관한 채권
- **생산자** 및 상인이 판매한 생산물 및 상품의 대가
- **수공업자** 및 제조자의 업무에 관한 채권

1년의 단기소멸시효(민법 제164조) 두 여·의·노·학
- **여관**, 음식점, 대석, 오락장의 숙박료, 음식료, 대석료, 입장료, 소비물의 대가 및 체당금의 채권
- **의복**, 침구, 장구 기타 동산의 사용료의 채권
- **노역인**, 연예인의 임금 및 그에 공급한 물건의 대금채권
- **학생** 및 수업자의 교육, 의식 및 유숙에 관한 교주, 숙주, 교사의 채권

⑧ 소멸시효의 중단

시효기간의 경과 중에 권리의 불행사라는 시효의 바탕이 되는 사실상태와 상반되는 사실이 발생하면 이미 진행한 시효기간은 무효로 하고 처음부터 다시 진행한다. 중단사유로는 **청구, 압류·가압류·가처분, 승인** 등이 있다. ★

⑨ 소멸시효의 정지

시효기간 만료시 시효를 중단시키기 곤란한 사정이 있을 때 시효의 완성을 일정기간 유예하는 제도로 **제한능력자를 위한 정지, 혼인관계의 종료에 의한 정지, 상속재산에 관한 정지, 천재지변 기타 사변에 의한 정지**가 있다.

⑩ 소멸시효의 효력

ㄱ 소멸시효와 소급효

소멸시효는 그 기산일에 소급하여 효력이 생긴다(민법 제167조). ★

ㄴ 소멸시효 이익의 포기

- 소멸시효의 이익의 포기는 시효완성 후에만 가능하다. 따라서 완성 전에는 포기할 수 없다(민법 제184조 제1항).
- 시효기간을 단축하거나, 시효요건을 경감하는 당사자의 특약은 유효하다(민법 제184조 제2항).
- 시효이익의 포기는 상대방 있는 단독행위이며 처분권능·처분권한이 있어야 한다. ★
- 시효이익의 포기는 상대적 효력을 가지기에 주채무자의 시효이익의 포기는 보증인에게는 효력이 미치지 아니한다(민법 제169조). ★
- 포기의 대상이 주(主)된 권리인 때에는 그 포기의 효력은 종(縱)된 권리에도 미친다. 따라서 주된 권리를 포기하면 종된 권리도 자동으로 포기한 것이 된다(민법 제183조).

6 물권법

(1) 물권의 종류

① 민법이 인정하는 물권

구 분		의 의
점유권		물건을 사실상 지배하는 권리
소유권		물건을 사용·수익·처분하는 권리
용익물권	지상권	타인의 토지에 건물이나 수목 등을 설치하여 사용하는 물권
	지역권	타인의 토지를 자기 토지의 편익을 위하여 이용하는 물권
	전세권	전세금을 지급하고 타인의 토지 또는 건물을 사용·수익하는 물권
담보물권	유치권	타인의 물건이나 유가증권을 점유한 자가 그 물건이나 유가증권에 관하여 생긴 채권이 있는 경우에 변제받을 때까지 그 물건이나 유가증권을 유치할 수 있는 담보물권
	질 권	채권자가 그의 채권을 담보하기 위하여 채무의 변제기까지 채무자로부터 인도받은 동산을 점유·유치하기로 채무자와 약정하고, 채무의 변제가 없는 경우에는 그 동산의 매각대금으로부터 우선변제 받을 수 있는 담보물권
	저당권	채권자가 채무자 또는 제3자(물상보증인)로부터 점유를 옮기지 않고 그 채권의 담보로 제공된 목적물(부동산)에 대하여 우선변제를 받을 수 있는 담보물권

유치권
- 유치권자는 <u>채권전부의 변제를 받을 때까지 유치물 전부에 대하여</u> 그 권리를 행사할 수 있다(민법 제321조). ★
- 유치권자는 <u>채권의 변제를 받기 위하여 유치물을 경매할 수 있다</u>(민법 제322조 제1항). ★
- <u>유치권의 행사는 채권의 소멸시효의 진행에 영향을 미치지 아니한다</u>(민법 제326조). ★
- <u>유치권은 점유의 상실로 인하여 소멸한다</u>(민법 제328조). ★

② 관습법에 의해 인정되는 물권
    ㉠ 분묘기지권
    ㉡ 관습법상 법정지상권
    ㉢ 동산양도담보

(2) 물권의 특성

① 물권은 객체를 <u>직접 지배</u>하는 성질이 있다.
② 물권은 객체를 <u>배타적으로 지배</u>하는 성질이 있다.
③ 물권의 효력은 누구에게나 주장할 수 있는 <u>절대적 성질</u>이 있다.
④ 물권은 <u>강한 양도성</u>이 있는 권리이다.

물권의 효력

1. 물권 상호 간의 효력
시간적으로 먼저 성립한 물권은 뒤에 성립한 물권에 우선한다.

2. 물권과 채권 간의 효력
(1) 원칙 : 물권과 채권 간에는 성립시기를 불문하고 물권이 우선한다.
(2) 예외 : 법률이 정한 특정한 경우에는 채권이 물권에 우선한다(예 근로기준법상의 임금우선특권, 주택임대차보호법상의 소액보증금우선특권). ★

(3) 동산 물권변동

① 법률행위에 의한 동산 물권변동 : <u>인도</u>에 의해 동산 물권변동의 <u>효력이 생긴다.</u>

② 선의취득 : 평온·공연하게 동산을 양수한 자가 선의이며 과실 없이 그 동산을 점유한 경우에는 양도인이 정당한 소유자가 아닌 때에도 즉시 그 동산의 소유권을 취득한다. ★

(4) 부동산 물권변동

① 원칙 : 법률행위에 의한 부동산 물권변동은 <u>등기하여야 그 효력이 생긴다</u>(민법 제186조). ★

② 예외 : 상속, 공용징수, 판결, 경매 기타 법률의 규정에 의한 부동산 물권취득은 등기를 요하지 아니한다. 그러나 등기를 하지 아니하면 이를 처분하지 못한다(민법 제187조). ★

(5) 소유권

① 개 념
소유권이란 물건을 전면적·포괄적으로 지배하는 권리이다.

② 취득시효에 의한 소유권의 취득

부동산의 시효취득	20년간 소유의 의사로 평온·공연하게 부동산을 점유하거나, 부동산의 소유자로 등기한 자가 10년간 소유의 의사로 평온·공연하게 선의·무과실로 부동산을 점유한 경우에는 그 소유권을 취득한다(민법 제245조).
동산의 시효취득	10년간 소유의 의사로 평온·공연하게 동산을 점유한 자는 그 소유권을 취득한다. 이러한 점유가 선의·무과실로 개시된 경우에는 5년이 지나면 그 소유권을 취득한다(민법 제246조).

평온·공연
- 평온 : 어떠한 일에 대하여 분쟁이 없음
- 공연 : 은비(隱秘)하지 않고 드러내 불특정 다수가 알 수 있는 상태

③ 소유권의 취득시기
  ㉠ 아파트를 분양받는 경우 소유권이전등기를 해야 비로소 소유권을 갖게 된다.
  ㉡ 단독주택을 상속받은 경우 상속등기를 하지 않더라도 그 단독주택은 상속인들이 소유권을 갖게 된다. ★
  ㉢ 승용차를 구입하는 경우 차량에 대한 소유권등록을 해야 비로소 소유권을 갖게 된다. ★
  ㉣ 토지를 인도해 달라는 재판에서 승소한 경우 자동으로 소유권을 갖게 된다.

소유권의 사례

問 甲이 과수가 식재된 乙 소유의 토지 위에 권원 없이 건물을 신축하고 있는 경우에 乙이 甲을 상대로 행사할 수 있는 권리는 무엇인가?

答 甲이 권원 없이 乙 소유의 토지를 불법점유하고 있는 경우에 해당되므로 乙은 그 소유권에 기하여 물권적 청구권으로서 방해배제청구권 및 공사중지청구권을 행사할 수 있다. 또한 손해가 있을 경우에는 불법행위에 기한 손해배상청구권도 행사할 수 있다.

7 채권법

(1) 보증채무와 연대채무

① 보증채무
  ㉠ 의의 : 보증채무란 채권자와 보증인 사이에 체결된 보증계약에 의하여 성립하는 채무로서, 주된 채무와 동일한 내용의 급부를 할 것을 내용으로 하여 주채무자가 급부를 이행하지 않을 경우에는 보증인이 이를 이행하여야 하는 채무이다. ★
  ㉡ 특 성 ★★
    • 독립성 : 보증채무는 주채무와 독립한 별개의 채무이다.
    • 부종성 : 주채무가 성립하지 않으면 보증채무도 성립하지 아니하며, 주채무의 소멸시 보증채무도 따라서 소멸한다.
    • 보충성 : 보증인은 주채무자가 이행하지 않는 경우 이행의 책임을 지며, 채권자가 주채무자에게 이행을 청구하지 않고 보증인에게 이행을 청구하는 경우에는 먼저 주채무자에게 청구할 것과 그 재산에 대하여 집행할 것을 항변할 수 있다.

② 연대채무
  ㉠ 의의 : 수인의 채무자가 채무 전부를 각자 이행할 의무가 있고, 채무자 1인의 이행으로 다른 채무자도 그 의무를 면하게 되는 채무로서, 채권자는 연대채무자 중 1인을 임의로 선택하여 채무 전부의 이행을 청구할 수 있다. 연대채무자는 최고·검색의 항변권이 없다. ★

ⓛ 연대채무자 1인에게 생긴 사유의 효력
- 절대적 효력 : 변제 · 대물변제 · 공탁, 상계, 채권자지체, 이행의 청구, 경개, 면제, 혼동, 시효의 완성
- 상대적 효력 : 시효의 중단 · 정지, 이행지체 · 이행불능(단, 채권자의 청구에 의한 지체는 절대적 효력), 채무자 한 사람에게 내려진 판결

(2) 채무불이행

① 이행지체
- ㉠ 개념 : 이행기에 채무의 이행이 가능함에도 불구하고 채무자의 책임 있는 사유에 의하여 이행을 하지 않는 것이다. 이행이 가능하다는 점에서 이행불능과 다르며, 이행행위가 없다는 점에서 불완전이행과 다르다.
- ㉡ 효과 : 강제이행청구권(민법 제389조), 손해배상청구권(민법 제390조), 책임의 가중(민법 제392조), 계약해제권(민법 제544조)이 발생한다.

② 이행불능
- ㉠ 개념 : 채무가 성립할 당시에는 이행이 가능하였으나 그 후 채무자의 귀책사유에 의해 이행이 불가능하게 된 경우
- ㉡ 효과 : 손해배상청구권(민법 제390조), 계약해제권(민법 제546조), 대상청구권이 발생한다.

③ 불완전이행 : 채무자가 이행을 했지만 그 이행이 채무의 내용에 좇은 완전한 것이 아닌 경우

배상액의 예정(민법 제398조)

1. 당사자는 채무불이행에 관한 손해배상액을 예정할 수 있다.
2. 손해배상의 예정이 부당히 과다한 경우에는 법원은 적당히 감액할 수 있다.
3. 손해배상액의 예정은 이행의 청구나 계약의 해제에 영향을 미치지 아니한다.
4. 위약금의 약정은 손해배상액의 예정으로 추정한다.

과실상계(민법 제396조)

채무불이행에 관하여 채권자에게 과실이 있는 때에는 법원은 손해배상의 책임 및 그 금액을 정함에 이를 참작하여야 한다.

대상청구권

이행불능의 원인과 동일한 사유로 채무자가 어떠한 이익을 얻은 때에 채무자에 대하여 그 이익의 이전을 청구할 수 있는 권리로, 민법상 명문의 규정이 없음에도 판례가 인정하고 있다. 예컨대 가옥의 매매계약을 체결한 후 화재로 손실되어 이행불능이 된 경우, 채권자는 채무자가 취득한 손해배상금 또는 화재보험금 등의 반환을 청구할 수 있게 된다.

(3) 채권자대위권과 채권자취소권 ★★

구 분	채권자대위권	채권자취소권
정 의	채권자가 자기의 채권을 보전하기 위하여 채무자의 권리(일신에 전속한 권리는 제외)를 행사할 수 있는 권리	채권자를 해함을 알면서 채무자가 행한 법률행위를 취소하고 채무자의 재산을 원상회복할 수 있는 권리
권리자	채권자	채권자
목 적	책임재산의 보전	책임재산의 보전
권리내용	채무자의 재산보전조치를 대행	재산감소행위의 취소 또는 원상회복
행사방법	• 재판상 및 재판 외 행사가능 ★ • 기한이 도래하기 전에는 법원의 허가 없이 행사 불가(단, 보전행위는 가능) ★	반드시 재판상 행사(채권자가 취소원인을 안 날로부터 1년, 법률행위있은 날로부터 5년내에 제기하여야 한다) ★
행사의 상대방	제3채무자	수익자 또는 전득자(단, 행위 또는 전득당시에 채권자를 해함을 알지 못한 경우에는 행사 불가) ★
행사의 효력	• 대위권 행사의 효과는 당연히 채무자에게 귀속하여 채무자의 일반재산에 편입됨 ★ • 대위소송의 기판력은 소송사실을 인지한 채무자에게 미침 ★	• 취소권행사의 효력은 소송상 피고에 한정됨 ★ • 소송당사자가 아닌 채무자, 채무자와 수익자, 수익자와 전득자 사이의 법률관계는 영향이 없음 ★

(4) 계약의 성립

① 청약과 승낙에 의한 계약의 성립

㉠ **청약** : 청약이란 승낙과 결합하여 일정한 계약을 성립시킬 것을 목적으로 하는 일방적·확정적 의사표시이다. 청약은 원칙적으로 상대방에게 도달해야 효력이 발생한다.

㉡ **승낙** : 승낙이란 청약의 상대방이 청약에 응하여 계약을 성립시킬 목적으로 하는 의사표시를 말한다. 승낙은 청약자라는 특정인을 대상으로 해야 하며 청약의 내용과 일치하는 내용이어야 한다.

② 청약·승낙 이외의 방법에 의한 계약의 성립

㉠ **교차청약에 의한 계약성립** : 당사자가 같은 내용을 서로 엇갈려 청약함으로써 성립하는 것으로 양청약이 상대방에게 도달한 때 계약이 성립한다.

㉡ **의사실현에 의한 계약성립** : 청약자의 특별한 의사표시나 관습에 의하여 승낙의 통지를 필요로 하지 않는 경우에는 승낙의 의사표시로 인정되는 사실이 있는 때에 계약이 성립한다.

(5) 민법상 계약의 종류

① 민법상 15개 전형계약

ㄱ 증여(贈與) : 당사자 일방이 무상으로 재산을 상대방에 수여하는 의사를 표시하고 상대방이 이를 승낙함으로써 효력 발생

ㄴ 매매(賣買) : 당사자 일방이 재산권을 상대방에게 이전할 것을 약정하고 상대방이 그 대금을 지급할 것을 약정함으로써 효력 발생

ㄷ 교환(交換) : 당사자 쌍방이 금전 이외의 재산권을 상호 이전할 것을 약정함으로써 효력 발생

ㄹ 소비대차(消費貸借) : 당사자 일방이 금전 기타 대체물의 소유권을 상대방에게 이전할 것을 약정하고 상대방은 그와 같은 종류, 품질 및 수량으로 반환할 것을 약정함으로써 효력 발생 ★

ㅁ 사용대차(使用貸借) : 당사자 일방이 상대방에게 무상으로 사용, 수익하게 하기 위하여 목적물을 인도할 것을 약정하고 상대방은 이를 사용, 수익한 후 그 물건을 반환할 것을 약정함으로써 효력 발생

ㅂ 임대차(賃貸借) : 당사자 일방이 상대방에게 목적물을 사용, 수익하게 할 것을 약정하고 상대방이 이에 대하여 차임을 지급할 것을 약정함으로써 효력 발생

ㅅ 고용(雇用) : 당사자 일방이 상대방에 대하여 노무를 제공할 것을 약정하고 상대방이 이에 대하여 보수를 지급할 것을 약정함으로써 효력 발생

ㅇ 도급(都給) : 당사자 일방이 어느 일을 완성할 것을 약정하고 상대방이 그 일의 효과에 대하여 보수를 지급할 것을 약정함으로써 효력 발생

ㅈ 여행계약(旅行契約) : 당사자 한쪽이 상대방에게 운송, 숙박, 관광 또는 그 밖의 여행 관련 용역을 결합하여 제공하기로 약정하고 상대방이 그 대금을 지급하기로 약정함으로써 효력 발생 ★

ㅊ 현상광고(懸賞廣告) : 광고자가 어느 행위를 한 자에게 일정한 보수를 지급할 의사를 표시하고 이에 응한 자가 그 광고에 정한 행위를 완료함으로써 효력 발생 ★

ㅋ 위임(委任) : 당사자 일방이 상대방에 대하여 사무의 처리를 위탁하고 상대방이 이를 승낙함으로써 효력 발생 ★

ㅌ 임치(任置) : 당사자 일방이 상대방에 대하여 금전이나 유가증권 또는 기타 물건의 보관을 위탁하고 상대방이 이를 승낙함으로써 효력 발생 ★

ㅍ 조합(組合) : 2인 이상이 상호 출자하여 공동사업을 경영할 것을 약정함으로써 효력 발생

ㅎ 종신정기금(終身定期金) : 당사자 일방이 자기, 상대방 또는 제3자의 종신까지 정기로 금전 기타의 물건을 상대방 또는 제3자에게 지급할 것을 약정함으로써 효력 발생

㉮ 화해(和解) : 당사자가 상호 양보하여 당사자 간의 분쟁을 종지할 것을 약정함으로써 효력 발생

② 쌍무계약과 편무계약

당사자끼리 **서로 대가적 채무를 부담하느냐**의 효과를 표준으로 한 계약의 분류이다.

구 분	종 류
쌍무계약	매매, 교환, 임대차, 고용, 도급, 조합, 화해, 유상소비대차, 유상위임, 유상임치 등
편무계약	사용대차, 무상소비대차, 무상위임, 무상임치, 증여, 현상광고

③ 유상계약과 무상계약

계약의 쌍방당사자가 서로 대가적 의미를 가지는 **출연** 내지 **출재**를 하느냐 하지 않느냐에 의하여 **유상계약**과 **무상계약**으로 구분된다.

구 분	종 류
유상계약	매매, 교환, 임대차, 고용, 도급, 조합, 화해, 현상광고, 유상소비대차, 유상위임, 유상임치, 유상종신정기금, 여행계약
무상계약	증여, 사용대차, 무상소비대차, 무상위임, 무상임치, 무상종신정기금

④ 낙성계약과 요물계약

당사자의 **합의만으로 성립**하는 계약을 **낙성계약**, 당사자의 **합의 이외에** 일방이 물건의 인도 등 **일정한 급부를** 하여야만 성립하는 계약을 **요물계약**이라고 한다.

구 분	종 류
낙성계약	현상광고를 제외한 14개 전형계약
요물계약	현상광고

(6) 채권성립의 원인

① 계약(契約)

서로 대립하는 두 개 이상의 의사표시의 합치로써 성립하는 법률행위이다.

② 부당이득(不當利得, 민법 제741 내지 749조)

법률상 원인 없이 타인의 재산 또는 노무로 인하여 이익을 얻고 이로 인해 타인에게 손해를 가하는 것으로, 손해를 가한 자에게 그 이득의 반환을 요구할 수 있다.

③ 사무관리(事務管理, 민법 제734 내지 740조)

법률상 또는 계약상의 의무 없이 타인을 위하여 사무를 처리함으로써 법정채권관계가 성립한다.

④ 불법행위(不法行爲, 민법 제750 내지 766조)

고의 또는 과실로 인한 위법행위로 타인에게 손해를 가한 경우에는 그 손해를 배상할 책임이 발생한다.

일반적인 불법행위 요건
일반적인 불법행위의 성립요건에는 ① 행위자의 고의·과실, ② 행위자의 책임능력, ③ 행위의 위법성, ④ 가해행위에 의한 손해발생 등이 있다.

민법상의 특수불법행위
민법은 6가지의 특수불법행위를 규정하고 있다. ① 책임무능력자의 감독자 책임(제755조), ② 사용자의 책임(제756조), ③ 도급인의 책임(제757조), ④ 공작물의 점유자·소유자 책임(제758조), ⑤ 동물점유자의 책임(제759조), ⑥ 공동불법행위자의 책임(제760조)

8 가족법

(1) 친족과 가족

① 친족(親族, 민법 제767조)

㉠ 배우자

㉡ 혈족(血族, 민법 제768조)

- 자기의 직계존속과 직계비속을 직계혈족이라 한다.
- 자기의 형제자매와 형제자매의 직계비속, 직계존속의 형제자매 및 그 형제자매의 직계비속을 방계혈족이라 한다.

㉢ 인척 : 혈족의 배우자, 배우자의 혈족, 배우자의 혈족의 배우자(민법 제769조)

② 친족의 범위

㉠ 8촌 이내의 혈족, 4촌 이내의 인척 및 배우자가 친족의 범위에 속한다(민법 제777조). ★

㉡ 친족관계 : 입양으로 인한 친족관계는 입양의 취소 또는 파양으로 인하여 종료한다(민법 제776조). ★

③ 가족의 범위(민법 제779조) ★

㉠ 배우자, 직계혈족 및 형제자매

㉡ 생계를 같이하고 있는 직계혈족의 배우자, 배우자의 직계혈족 및 배우자의 형제자매

(2) 혼인과 약혼

① 18세가 된 사람은 부모나 미성년후견인의 동의를 받아 약혼할 수 있다(민법 제801조).

② 피성년후견인은 부모나 성년후견인의 동의를 받아 약혼할 수 있다(민법 제802조).

③ 약혼은 강제이행을 청구하지 못하며 다음 각 호의 어느 하나에 해당하는 사유가 있는 경우에는 상대방은 약혼을 해제할 수 있다(민법 제804조).

      ⊙ 약혼 후 자격정지 이상의 형을 선고받은 경우

      ⓛ 약혼 후 성년후견개시나 한정후견개시의 심판을 받은 경우

      ⓒ 성병, 불치의 정신병, 그 밖의 불치의 병질(病疾)이 있는 경우

      ⓔ 약혼 후 다른 사람과 약혼이나 혼인을 한 경우

      ⓜ 약혼 후 다른 사람과 간음(姦淫)한 경우

      ⓗ 약혼 후 1년 이상 생사(生死)가 불명한 경우

      ⓢ 정당한 이유 없이 혼인을 거절하거나 그 시기를 늦추는 경우

      ⓞ 그 밖에 중대한 사유가 있는 경우

④ 만 18세가 된 사람은 혼인할 수 있다(민법 제807조).

⑤ 미성년자가 혼인을 한 때에는 성년자로 본다(성년의제)(민법 제826조의2).

⑥ 혼인은 「가족관계의 등록 등에 관한 법률」에 정한 바에 의하여 신고함으로써 그 효력이 생긴다.

> **성년의제(成年擬制)**
> 미성년자가 혼인함으로써 성년으로 의제되는 것으로(민법 제826조의2), 민사상 행위능력을 갖게 된다. 또한 민사소송법 제55조 규정에 의해 소송능력이 인정되며, 혼인이 취소되는 경우에도 성년의제의 효과는 소멸하지 않는다.

⑦ 혼인의 법률적 효과

      ⊙ 친족 관계의 발생

      ⓛ 가족관계등록부의 변동

      ⓒ 동거 · 부양 · 협조의 의무 발생

      ⓔ 정조 의무 발생(간통죄의 폐지로 형사처벌 X)

      ⓜ 성년의제

      ⓗ 부부 별산제

      ⓢ 일상 가사 대리권

(3) 이 혼

① **협의에 의한 이혼** : 부부는 협의에 의하여 이혼할 수 있다(민법 제834조).

② **재판상 이혼사유**(민법 제840조)

      ⊙ 배우자에 부정한 행위가 있었을 때

      ⓛ 배우자가 악의로 다른 일방을 유기한 때

      ⓒ 배우자 또는 그 직계존속으로부터 심히 부당한 대우를 받았을 때

      ⓔ 자기의 직계존속이 배우자로부터 심히 부당한 대우를 받았을 때

      ⓜ 배우자의 생사가 3년 이상 분명하지 아니한 때

      ⓗ 기타 혼인을 계속하기 어려운 중대한 사유가 있을 때

(4) 사망과 상속

① 상속의 의미와 승인

   ㉠ **상속의 의미** : 상속(相續)이란 피상속인의 사망(상속의 개시조건)으로 인해 그가 가지고 있던 재산이 상속인에게 승계되는 과정을 말한다.

   ㉡ **상속의 승인 ★**

     • **단순 승인** : 단순 승인은 적극재산·소극재산의 구분이 없이 모든 권리와 의무를 상속인이 포괄적으로 승계받는 것을 말한다.

     • **한정 승인** : 한정 승인은 적극재산의 범위 내에서 소극재산을 책임지는 것으로서, 적극재산이 소극재산보다 클 경우, 일단 적극재산으로 소극재산을 변제하고 남은 것을 상속받는 것이다. 반대로 소극재산이 적극재산보다 크면, 저극재산으로 소극재산 변제 후, 남은 채무에 대해서는 책임지지 않는다.

   ㉢ **상속의 포기** : 상속인은 상속개시있음을 안 날로부터 3개월 이내(가정법원에 신고)에 단순승인이나 한정승인 또는 포기를 할 수 있다. 상속인이 상속을 포기한 경우 후순위 권리자가 이를 승계받는다.

② **유언(遺言)**

   ㉠ **유언의 의미** : 유언이란 유언자가 유언능력을 갖추고 법적사항에 대해 엄격한 방식에 따라 하는 행위를 말한다.

   ㉡ **유언의 효력발생 요건** : 의사능력, 17세 이상(민법 제1061조), 법정 형식 준수(요식주의, 민법 제1060조)

   ㉢ **유언의 방식(민법 제1065조 내지 제1072조)**

자필증서	가장 간단한 방식으로, 유언자가 그 전문과 연월일, 주소, 성명을 자서하고 날인하는 것으로 증인이 필요 없는 유언방식(민법 제1066조)
녹음	유언자가 유언의 취지, 그 성명과 연월일을 구술하고 이에 참여한 증인이 유언의 정확함과 그 성명을 구술(민법 제1067조)
공정증서	유언자가 증인 2인이 참여한 공증인의 면전에서 유언의 취지를 구수하고 공증인이 이를 필기·낭독하여 유언자와 증인이 그 정확함을 승인한 후 각자 서명 또는 기명날인(민법 제1068조)
비밀증서	유언자가 필자의 성명을 기입한 증서를 엄봉날인하고 이를 2인 이상의 증인의 면전에 제출하여 자기의 유언서임을 표시한 후 그 봉서표면에 제출 연월일을 기재하고 유언자와 증인이 각자 서명 또는 기명날인(민법 제1069조)
구수증서	질병 기타 급박한 사유로 인하여 전4조의 방식에 의할 수 없는 경우에 유언자가 2인 이상의 증인의 참여로 그 1인에게 유언의 취지를 구수하고 그 구수를 받은 자가 이를 필기·낭독하여 유언자의 증인이 그 정확함을 승인한 후 각자 서명 또는 기명날인(민법 제1070조)

③ 유류분 제도(민법 제1112조 내지 제1118조)

피상속인의 유언과 상관없이 상속인에게 보장되는 상속비율로 유언의 효력을 제한하는 성격을 지닌다.

㉠ 피상속인의 직계비속 또는 배우자 : 법정 상속분의 1/2(민법 제1112조 제1호·제2호)

㉡ 피상속인의 직계존속 또는 형제자매 : 법정 상속분의 1/3(민법 제1112조 제3호·제4호)

④ 법정 상속

㉠ 상속 순위(민법 제1000조 제1항·제1003조 제1항)

• 1순위 : 직계비속 + 배우자

• 2순위 : 직계존속 + 배우자

• 3순위 : 형제자매

• 4순위 : 4촌 이내 방계혈족

㉡ 상속 비율

• 원칙 : 공동 상속자 간 균등 분배(민법 제1009조 제1항)

• 예외 : 피상속인의 배우자의 상속분은 직계비속과 공동으로 상속하는 때에는 직계비속의 상속분의 5할을 가산하고, 직계존속과 공동으로 상속하는 때에는 직계존속의 상속분의 5할을 가산한다(민법 제1009조 제2항). 1, 2순위 상속인이 없는 때에는 단독 상속인이 된다(민법 제1003조 제1항).

⑤ 대습 상속 ★

㉠ 대습 상속의 사유 : 상속 개시 전에 상속인이 될 직계 비속 또는 형제자매가 사망하거나 결격사유가 발생할 경우 그 직계비속이 있는 때에는 그 직계비속이 사망하거나 결격된 자의 순위에 갈음하여 상속인이 된다(민법 제1001조).

㉡ 대습 상속의 효과 : 사망한 자의 배우자, 직계비속이 사망한 자를 대신하여 상속을 받게 된다.

㉢ 대습상속분 : 상속인이 된 자의 상속분은 사망 또는 결격된 자의 상속분에 의하며, 사망 또는 결격된 자의 직계비속이 수인인 때에는 그 상속분은 사망 또는 결격된 자의 상속분의 한도에서 법정상속분(일반상속)에 의하여 이를 정한다(민법 제1010조).

⑥ 상속액의 계산법(민법 제1000조·제1003조·제1009조)

㉠ 사망자의 부모, 배우자, 자녀(아들과 딸은 차별 없음)가 모두 있는 경우 1순위자는 배우자와 자녀이며, 부모는 제외된다. 상속액은 배우자만 5할을 가산한다.

㉡ 사망자의 부모, 배우자만 있는 경우 부모와 배우자가 상속자가 된다. 상속액은 배우자만 5할을 가산한다.

㉢ 사망자의 부모, 자녀만 있는 경우 1순위자는 자녀이며, 부모는 제외된다. 다만, 자녀가 미성년자인 경우 부모(자녀의 조부모)는 친권을 행사하게 된다.

2 경비업무와 손해배상

1 경비업무와 손해배상의 개요

(1) 경비계약

① 경비계약은 경비대상시설에 대한 포괄적·전속적 경비의 실시와 그에 의한 일정기간 화재나 도난 등의 사고발생을 방지하기로 약속한 **'도급' 형식의 유상계약**이다.

② 민간경비의 시작은 당사자인 경비업자와 고객과의 경비계약 체결에 의하여 실시된다.

③ 계약은 당사자의 의사표시의 합치만으로 성립하지만, 계약의 실행과정 중에 문제가 발생할 경우를 대비하여 경비계획서에 경비대상, 내용, 방법, 요금, 손해배상의 한도 등을 기재하여 상호 합의함으로써 경비업무가 행해진다.

④ 경비업자는 경비계약상 채무를 선량한 관리자의 주의로 이행하여야 한다.

(2) 경비업자와 고객과의 분쟁유형

① **채무불이행** : 경비업자가 계약상의 의무를 이행하지 않았을 때 발생한다. 즉, 경비업무를 실시하는 과정에서 근무 태만으로 도난사고가 발생하거나 경비원의 부주의로 고객의 시설 및 설비를 파손하거나 업무과정에서 취득한 고객의 비밀을 누설하여 재산상의 손해를 끼친 경우이다.

② **불법행위** : 경비업무집행의 과정에서 고의 또는 과실로 인하여 타인의 권리나 이익을 불법으로 침해하여 상대방에게 손해를 끼친 경우이다.

　㉠ 경비원이 업무과정에서 고의 또는 과실로 제3자에게 부상을 입히거나 기물을 파손하고, 혹은 경비원의 과잉행위로 제3자의 자유를 속박하거나 폭력을 행사한 경우이다.

　㉡ 제3자란 사용자 및 실행행위자 이외의 자를 말한다.

③ **손해배상** : 채무불이행이나 불법행위가 발생했을 때에는 직접 손해를 끼친 자 혹은 업자가 사용자로서 손해배상책임을 지게 된다.

④ **고객의 강제이행청구** : 고객은 경비계약상의 채무가 이행되지 않는 경우 강제이행을 청구할 수 있다(민법 제389조 제1항). ★

선량한 관리자의 주의의무

경비업자는 경비계약상 채무를 선량한 관리자의 주의로 이행하여야 한다.

민법 제674조

1. 도급인이 파산선고를 받은 때에는 수급인 또는 파산관재인은 계약을 해제할 수 있다. 이 경우에는 수급인은 일의 완성된 부분에 대한 보수 및 보수에 포함되지 아니한 비용에 대하여 파산재단의 배당에 가입할 수 있다.
2. 전항의 경우에는 각 당사자는 상대방에 대하여 계약해제로 인한 손해의 배상을 청구하지 못한다. ★

---

2 분쟁의 법적 근거와 손해배상책임

(1) 채무불이행과 손해배상(민법 제390조)

① 법적 근거 : 채무자가 채무의 내용에 좇은 이행을 하지 아니한 때에는 채권자는 손해배상을 청구할 수 있다. 그러나 채무자의 고의나 과실 없이 이행할 수 없게 된 때에는 그러하지 아니하다.

② 경비업자의 손해배상

㉠ 채무불이행이란 채무자의 책임 있는 사유로 계약에서 약정된 내용대로 급부를 이행하지 아니하는 경우로 경비계약은 민법상 채권계약의 하나이기 때문에 경비업자는 계약상의 의무, 즉 채무에 대하여 신의성실의 원칙에 따라 이행하여야 한다.

㉡ 채무불이행의 경우에 고객은 강제이행, 손해배상, 계약의 해제를 신청할 수 있으며, 계약을 해제하더라도 그와 동시에 손해배상을 청구할 수도 있다. ★

㉢ 채무불이행책임의 발생원인은 **이행지체·이행불능·불완전이행**의 세 가지로 구분할 수 있다. ★

③ 이행지체

㉠ 의의 : 이행지체는 채무가 약정된 이행기에 이행이 가능함에도 불구하고 **채무자의 책임 있는 사유**로 인해 채무가 이행되지 않음으로써 위법한 것을 말한다.

예 민간경비에 있어서 경비원이 예정대로 모집되지 않거나 경비기계의 도착이 지연되어 경비계약 개시시간에 경비가 불가능한 경우 이행지체에 해당된다. ★

㉡ 성립요건 : 채무가 이행기에 있어야 하고, 채무의 이행이 가능하여야 하며, 채무자의 책임 있는 사유(고의·과실)로 이행하지 않아야 하며, 이행하지 않는 것이 위법하여야 한다. ★

㉢ 이행지체시 손해배상

• 이행지체에 의해 손해가 발생하면 경비업자(채무자)는 **손해배상의 책임**을 진다. 또한 채무가 계약상의 채무인 경우에는 채권자는 **계약을 해제**할 수 있다.

• 이행지체시에는 계약해제가 진행되기 이전에 **이행의 최고**를 할 수 있고 손해배상청구와 지연으로 인하여 발생한 **지연배상을 청구**할 수도 있다.

• 채무불이행으로 인한 손해배상은 **사회통념상의 손해를 그 한도**로 하며, 특별한 사정으로 인한 손해를 채무자가 그 사정을 알았거나 알 수 있었을 때에 한하여 배상의 책임이 있다(민법 제393조).

• 이행지체 후의 실행이 채권자에게 이익이 없는 때에는 채권자는 수령을 거절하고 이행에 갈음한 손해배상, 즉 **전보배상을 청구**할 수 있다(민법 제395조). ★

④ 이행불능

㉠ 의의 : 이행불능은 채권이 성립되었으나 채무자의 책임 있는 사유로 인하여 이행이 불가능한 경우이다.

예 민간경비에서 경비계약의 체결 후에 경비업체가 도산하였거나 기계경비계약을 체결한 후 경비기계의 대금을 변제하지 못해 차압당한 결과 이행이 불가능한 경우 이행불능에 해당된다. ★

ⓛ 성립요건 : 채무의 **이행이 불가능**하고, 그 불가능이 **채무자의 귀책사유**에 의한 것이고 **위법**하여야 한다. ★

ⓒ 이행불능시 손해배상

- 채무자의 귀책사유에 의한 이행불능시에는 이행에 갈음하는 **손해의 배상(전보배상)을 청구**할 수 있다.

- 이행불능의 경우에는 **최고를 하지 않고도 해제가 가능**하며, 계약의 해제여부를 불문하고 **채무자는 배상책임**을 지게 된다.

> **전보배상(塡補賠償)**
>
> 채무자가 채무의 이행을 지체한 경우에 채권자가 상당한 기간을 정하여 이행을 최고하여도 그 기간 내에 이행하지 아니하거나 지체 후의 이행이 채권자에게 이익이 없는 때에는 채권자는 수령을 거절하고 이행에 갈음한 손해배상을 청구할 수 있다(민법 제395조).

⑤ 불완전이행

ⓐ 의의 : 불완전이행이란 채무의 이행이 있기는 하지만 본래의 약정된 내용과 같은 완전한 급부를 이행하지 않은 경우이다. 즉, 하자가 있는 목적물을 인도한다거나 수량이 부족한 이행을 하는 경우 등이다.

ⓑ 성립요건 : **이행행위**가 있어야 하고, 그 이행이 **불완전한 이행**이어야 하며, 불완전이행이 **채무자의 귀책사유에 의한 것**이고 **위법**하여야 한다.

> **경비업무에서의 불완전이행의 사례**
> - 경비계약의 이행시 운송경비 중 트럭에서 물건을 떨어뜨려 부상을 입히거나 수량이 부족한 경우
> - 계약기간 중 경비하지 않은 날이 있거나, 심야에 경비계약대로 순회하지 않고 경비계약에 정한 인원수보다 적은 수의 경비원을 파견한 경우
> - 기계경비의 시스템에 이상이 생겨 작동하지 않거나(오작동), 작동을 하였으나 대처요원의 현장출동이 늦어 사고를 방지하지 못하고 고객의 신체 및 재산에 중대한 손해가 발생한 경우 등

ⓒ 불완전이행시 손해배상

- 이행의 불완전함으로 인해 채권자가 입은 손해로 **지연배상**이나 **전보배상을 청구**할 수 있다. ★

- 이행되더라도 채무의 내용에 하자가 있으면 **재차 채무의 내용의 이행을 요구**할 수 있다.

- 불완전이행의 결과로 이행지체·이행불능이 생긴 때에는 **계약을 해제**할 수 있다. ★

- 불완전이행에서 종류매매(물건의 종류를 지정하여 수량으로 매매하는 경우)의 경우에는 특정된 목적물에 하자가 있는 때에는 매수인은 이를 **안 날로부터 6개월 이내에 손해배상의 청구** 또는 하자 없는 **물건의 급부를 청구**할 수 있다(민법 제581조·제582조).

(2) 불법행위책임(민법 제750조·제751조)

① **불법행위의 내용** : **고의 또는 과실**로 인한 위법행위로 타인에게 손해를 가한 자는 그 손해를 배상할 책임이 있다.

② **재산 이외의 손해의 배상** : 타인의 신체, 자유 또는 명예를 해하거나 기타 정신상 고통을 가한 자는 재산 이외의 손해에 대하여도 배상할 책임이 있다. ★

> **경비업무에서의 불법행위 사례**
> • 경비원이 휴식 중 부주의로 석유 스토브를 넘어뜨려 화재가 일어나 경비대상시설 및 이웃 건물을 소실한 경우
> • 경비원이 회사의 업무수행을 위하여 회사소유의 자동차를 운전하다가 교통사고를 일으켜 타인에게 상해를 입힌 경우
> • 열쇠로 고객의 금고를 열고 현금을 절취한 경우
> • 경비 중에 고의 또는 과실로 제3자에게 부상을 입힌 경우

③ 불법행위책임

㉠ 민사책임과 형사책임이 동시에 성립하는 경우가 많으나, 양 책임은 서로 별개로 성립하는 책임이다. 따라서 민사책임이 성립하지 않더라도 형사책임이 성립하는 경우가 있으며, 그 반대의 경우도 있다.

㉡ 형사재판에서 유죄판결이 내려졌다고 해서 행위자의 민사상의 책임이 확인된 것으로는 되지 않으며, 행위자가 형의 집행을 받는다고 해서 민사상의 책임이 면책되지도 않는다.

> **공동불법행위책임** ★
> • 수인이 공동불법행위에 의해 타인에게 손해를 끼친 경우로, **각자 연대하여 배상책임**을 진다.
> • 기계경비에서 감시업무와 현장대처업무를 각기 다른 기업이 공동으로 실시한 경우에, 다른 한쪽의 과실로 현장대처가 현저하게 지연되어 사고의 확대방지조치를 취할 수 없었거나 현장 확인이 철저하지 못하여 사고를 방지할 수 없었던 경우에 **공동으로 손해배상책임**을 지는 경우이다.

(3) 사용자의 배상책임(민법 제756조)

① 법적 근거

㉠ 타인을 사용하여 어느 사무에 종사하게 한 자는 **사용자가 그 사무집행에 관하여 제3자에게 가한 손해를 배상할 책임이 있다.** 그러나 사용자가 피용자의 선임 및 그 사무감독에 상당한 주의를 한 때 또는 상당한 주의를 하여도 손해가 있을 경우에는 그러하지 아니하다.

㉡ 사용자에 갈음하여 그 사무를 감독하는 자도 위 ㉠의 책임이 있다.

㉢ 위 ㉠·㉡의 경우에 **사용자 또는 감독자는 피용자**에 대하여 **구상권**(타인에 갈음하여 채무를 변제한 사람이 그 타인에 대하여 가지는 상환청구권)을 행사할 수 있다.

② 경비업자의 책임

　　㉠ 경비원(피용자)이 경비업자(사용자)의 사무를 집행함에 있어서 타인에게 위법한 손해를 가한 경우에, **사용자**는 피용자의 가해행위로 말미암아 생긴 손해를 **직접 피해자에게 배상할 의무를 부담**한다. 또한 사용자를 갈음하여 그 사무를 감독하는 자도 사용자책임을 면할 수 없다(민법 제756조 제2항). ★

　　㉡ 사용자책임을 지는 것은 사용자와 대리감독자이나, 사용자가 법인인 경우에는 제756조 제2항에 의해 이사가 책임을 진다. 사용자책임이 성립한 경우라 할지라도 **종업원(경비원)은 독립하여 일반적 불법행위책임**을 진다. ★

　　㉢ 사용자가 피해자에게 손해를 배상한 경우에는 피용자에게 구상할 수 있으나, 그 구상범위는 피용자의 귀책사유 여하에 따라 **신의칙상 상당한 정도에 한해서만 구상권을 행사**할 수 있다. ★

(4) 도급인의 책임(민법 제757조)

도급인은 수급인이 해당 일에 관하여 제3자에게 가한 손해를 배상할 책임이 없다. 그러나 도급 또는 지시에 관하여 도급인에게 중대한 과실이 있는 때에는 그러하지 아니하다. ★

① 경비업무 도급인은 특별한 사정이 없는 한 경비업무를 완성한 후 지체 없이 경비업자에게 그 보수를 지급하여야 한다(민법 제665조 제2항). ★

② 경비업무 도급인은 경비업자가 경비업무를 완성하기 전이라도 손해를 배상하고 계약을 해제할 수 있다(민법 제673조). ★

③ 경비업무 도급인은 경비업자의 귀책사유로 그 업무의 이행이 불능하게 된 경우에 경비업자를 상대로 전보배상을 청구할 수 있다. ★

(5) 토지공작물의 점유자 · 소유자 책임(민법 제758조)

① **공작물의 설치 또는 보존의 하자**로 인하여 타인에게 손해를 가한 때에는 공작물 **점유자가 손해를 배상할 책임**이 있다. 그러나 점유자가 손해의 방지에 필요한 주의를 해태하지 아니한 때에는 그 소유자가 손해를 배상할 책임이 있다(민법 제758조 제1항).

② 위의 ①의 경우에 점유자 또는 소유자는 그 손해의 원인에 대한 책임 있는 자에 대하여 **구상권을 행사할 수 있다**(민법 제758조 제3항).

(6) 손해배상책임

① 경비업자는 경비원이 업무수행 중 과실로 경비대상에 손해가 발생하는 것을 방지하지 못한 때에는 그 손해를 배상하여야 한다(민법 제756조 제1항).

② 경비원이 업무수행 중 과실로 인한 위법행위로 제3자에게 손해를 입힌 경우, 경비원은 그 손해에 대하여 배상책임을 진다(민법 제750조).

③ 여러 명의 경비원이 공동의 불법행위로 타인에게 손해를 가한 경우, 각 경비원은 피해자에게 **연대하여 손해배상책임**을 진다(민법 제760조 제1항).

④ 불법행위로 인한 손해배상청구권은 피해자나 그 법정대리인이 그 손해 및 가해자를 **안 날로부터 3년간** 이를 행사하지 아니하면 시효로 인하여 소멸한다(민법 제766조 제1항).

(7) 자동차손해배상책임(자동차손해배상보장법)

① 법적 근거

㉠ 자기를 위하여 자동차를 운행하는 자는 그 운행으로 인하여 다른 사람을 사망하게 하거나 부상하게 한 경우에는 그 손해를 배상할 책임을 진다. 다만, 다음에 해당하면 그러하지 아니하다(제3조).

- 승객이 아닌 자가 사망하거나 부상한 경우에 자기와 운전자가 자동차의 운행에 관하여 주의를 게을리하지 아니하였고, 피해자 또는 자기 및 운전자 외의 제3자에게 고의 또는 과실이 있으며, 자동차의 구조상의 결함이나 기능상의 장해가 없었다는 것을 증명한 경우
- 승객이 고의나 자살행위로 사망하거나 부상한 경우

㉡ 자기를 위하여 자동차를 운행하는 자의 손해배상책임에 대하여는 위 제3조에 따른 경우 외에는 민법에 따른다(제4조).

② 경비업자의 책임

㉠ 자동차손해보상보장법은 자동차사고로 인한 피해자를 보호하기 위해 자동차의 운행공용자(자신을 위해 자동차를 운행하는 자)의 인신사고에 의한 피해에 대해 일정한도의 배상을 보장하고 있다. ★

㉡ 예를 들어 민간경비에서 경비원이 자동차로 경비대상시설로 향하던 중 제3자가 운전하는 자동차와 충돌하여 그를 사망 또는 부상을 입힌 경우로, 여기서 자동차가 경비업자의 소유라면 경비업자가 운행공용자가 되고, 경비원의 자가용이라 할지라도 경비업무에 사용되고 있으면 업무사용에 의해 경비업자에게 운행책임이 있다. ★

(8) 실화책임에 관한 법률

① 개정 이유

㉠ 실화(失火)의 경우 중대한 과실이 있을 때에만 민법 제750조에 따른 손해배상책임을 지도록 한 규정에 대하여 헌법재판소가 헌법불합치 및 적용중지 결정(헌재 2007.8.30. 2004헌가25)을 한 취지를 반영하여 경과실의 경우에도 민법 제750조에 따른 손해배상책임을 지도록 하였다.

㉡ 민법 제765조와 달리 생계곤란의 요건이 없어도 실화가 경과실로 인한 경우 실화자, 공동불법행위자 등 배상의무자에게 손해배상액의 경감을 청구할 수 있도록 하고, 법원은 구체적인 사정을 고려하여 손해배상액을 경감할 수 있도록 하여, 실화로 인한 배상의무자에게 전부책임을 지우기 어려운 사정이 있는 경우에 가혹한 손해배상으로부터 배상의무자를 구제하려고 하였다.

② 주요내용

㉠ 실화(失火)의 특수성을 고려하여 실화자에게 중대한 과실이 없는 경우 그 손해배상액의 경감에
관한 민법 제765조의 특례를 정한 것이다.

㉡ 실화로 인하여 화재가 발생한 경우 연소(延燒)로 인한 부분에 대한 손해배상청구에 한하여 적용
하며, 실화가 중대한 과실에 의한 것이 아닌 경우 그로 인한 손해의 배상의무자는 법원에 손해배
상액의 경감을 청구할 수 있으며, 법원은 화재의 원인과 규모, 배상의무자 및 피해자의 경제상
태 등을 고려하여 손해배상액을 경감할 수 있도록 하였다.

적극적 채권침해행위책임

• 의의 : 채무의 이행과정에서 채권자에 대해 채무불이행에 의한 손해 이상의 특별한 손해를 입힌 경우에 발생하는
책임을 말한다. 예컨대 경비원이 순회 중에 고객의 시설 내지 설비의 일부를 손괴한 경우가 이에 해당한다.
• 책임 : 피해자는 불법행위책임(민법 제750조)과 사용자책임(민법 제756조)을 자유롭게 선택하여 손해배상을 청구
할 수 있다.

---

3 민사소송법 일반

1 민사소송제도

(1) 민사소송제도의 개념

① **의의** : 사법적 법률관계에 관한 분쟁을 국가의 재판권에 의해 강제적으로 해결하는 재판절차이다.

② **법원** : 성문법전인 **민사소송법**과 **민사집행법**이 있다.

③ **목적** : 민사소송제도의 목적이 사권의 보호에 있는지 또는 사법질서의 유지에 있는지에 대해 논쟁이
있었으나, 오늘날에는 사권보호를 위해 분쟁을 해결하면서 자연히 사법질서도 유지되는 것이라고 보
는 것이 통설이다. ★

④ **소송절차** : 당사자의 변론을 중심으로 하는 소송활동과 증거조사를 중심으로 하는 입증활동으로 구성
되며, 실체의 진실이 명백하게 드러나면 법원은 법률적용을 통하여 권리의 유무에 따라 승소 또는 패소
시키는 판결을 내리고, 그에 따른 권리실현을 이루게 함으로써 종결된다.

(2) 민사소송제도의 4대 이상 ★★

① **적정이상** : 내용상 사실인정에 있어서 정확성을 기하여 실체적 진실을 발견하고, 인정된 사실에 타당한 법률적용을 통하여 사회정의를 실현하는 것이다. 즉, 권리 있는 자는 승소하고 권리 없는 자는 패소한다는 결과를 확보하는 이상이다. 이와 같은 적정이상을 실현하기 위해서는 **구술주의, 석명권행사, 교호신문제도, 법관의 자격제한과 신분보장, 직접주의, 직권증거조사주의, 불복신청제도** 등이 보장되어야 한다. ★

② **공평이상** : 재판의 적정성을 기하기 위해서는 법관의 중립성, 무기평등의 원칙 등에 의해서 소송심리시에 당사자를 공평하게 취급하여야 한다는 이상이다. 공평이상을 실현하기 위한 제도에는 **심리의 공개, 법원직원에 대한 제척·기피·회피제도, 당사자평등주의, 변론주의, 소송절차의 중단·중지, 제3자의 소송참가제도** 등이 있다. ★

③ **신속이상** : 신속한 재판이 이루어져야 한다. 즉, 민주사법의 신뢰유지를 위해서는 공정하고 공평한 재판을 한다 하더라도 권리실현이 늦어지면 실효성을 잃게 되기 때문이다.

④ **경제이상** : 소송 수행에 있어 소송관계인의 시간을 단축하여 비용과 노력의 최소화가 이루어져야 한다.

(3) 민사소송법과 민사집행법

① **민사소송** : 사법적 법률관계에 관한 분쟁을 국가의 재판권에 의해 강제적으로 해결하는 재판절차이며, 이에 대한 법규범의 총체가 **민사소송법**과 **민사집행법**이다.

㉠ 민사집행법은 기존의 민사소송법상의 강제집행절차와 담보권 실행을 위한 경매, 민법·상법, 그 밖의 법률의 규정에 의한 경매, 부수절차의 하나인 보전처분의 절차를 분리하여 제정된 법이다. 따라서 민사소송의 성문법원 중 가장 중요한 것은 민사소송법과 민사집행법이다.

㉡ 민사소송법과 민사집행법은 공법이며 실체사법(민법, 상법 등)과 합하여 민사법이라고 한다. ★

② **민사소송법의 기본원리** ★★

㉠ 민사소송을 지배하고 있는 원리는 형식적 진실주의이다. ★

㉡ 당사자가 신청한 범위 내에서만 판결하는 처분권주의가 원칙이다.

㉢ 민사소송은 공개심리주의가 원칙이다.

㉣ 소송진행중이라도 청구의 포기나 인락을 통해 소송을 종료할 수 있다.

㉤ 이미 사건이 계속되어 있을 때는 그와 동일한 사건에 대하여 당사자는 다시 소를 제기하지 못한다 (중복제소의 금지, 예 A가 B를 상대로 대여금반환청구의 소를 서울지방법원에 제기한 뒤 이 소송의 계속 중 동일한 소를 부산지방법원에 제기하면 법에 저촉된다).

2 민사소송의 주체

(1) 법 원

① **법원의 관할** : 각 법원에 대한 재판권의 배분으로서 특정법원이 특정사건을 재판할 수 있는 권한을 말한다.

② **보통재판적**

㉠ 사람의 보통재판적은 원칙적으로 그의 주소에 따라 정한다.

㉡ 법인의 보통재판적은 그의 주된 사무소 또는 영업소가 있는 곳에 따라 정하고, 사무소와 영업소가 없는 경우에는 주된 업무담당자의 주소에 따라 정한다.

㉢ 국가의 보통재판적은 그 소송에서 국가를 대표하는 관청 또는 대법원이 있는 곳으로 한다.

㉣ 소는 피고의 보통재판적이 있는 곳의 법원이 관할한다.

(2) 당사자

① **당사자능력** : 소송의 주체(원·피고)가 될 수 있는 능력으로서 소송법상의 권리능력이라고 할 수 있다. 법인이 아닌 사단이나 재단은 대표자 또는 관리인이 있는 경우에는 그 사단이나 재단의 이름으로 당사자가 될 수 있다.

② **소송능력** : 법정대리인의 동의 없이 유효하게 스스로 소송행위를 하거나 소송행위를 받을 수 있는 능력으로 소송법상의 행위능력이라 할 수 있다. 제한능력자는 법정대리인에 의해서만 소송행위를 할 수 있다. 단, 제한능력자가 독립하여 법률행위를 할 수 있는 경우에는 그러하지 아니하다. ★

③ **변론능력** : 법정에서 유효하게 소송행위를 하기 위하여 사실을 진술하거나 법률적 의견을 진술할 수 있는 능력을 말한다. 법률에 따라 재판상 행위를 할 수 있는 대리인 외에는 변호사나 소송대리인이 될 수 없으므로, 변호사자격이 없는 자는 원칙적으로 타인의 소송대리인으로서의 변론능력이 없다.

3 민사소송절차의 종류

(1) 보통소송절차

① **판결절차**

㉠ 원고의 소제기에 의하여 개시되며, 변론을 거쳐 심리하고, 종국판결에 의하여 종료된다. 즉, 분쟁을 관념적으로 해결함을 목적으로 하는 절차이다.

㉡ 판결절차에는 **제1심, 항소심, 상고심의 3심 구조**로 되어 있으며, 고유의 의미의 민사소송이라고 하면 판결절차를 말한다. ★

ⓒ 제1심 절차는 소송물 가액에 따라 지방법원 합의부에 의한 절차와 지방법원 단독판사에 의한 절차로 나뉜다.

ⓔ **3,000만원 이하**의 소액사건은 **소액사건심판법**의 절차에 의한다. ★★

② 강제집행절차(민사집행법)

ⓐ 판결절차에 의하여 확정된 사법상의 청구권에 기하여 강제집행절차를 전개하는 것으로 채권자의 신청에 의하여 국가의 집행기관이 채무자에 대하여 강제력을 행사함으로써 채무명의에 표시된 이행청구권의 실행을 도모하는 절차이다.

ⓑ 강제집행절차는 판결절차의 부수적 내지 보조적 수단이 아님을 주의한다. ★★★

대체적 분쟁해결제도

1. 화해 : 분쟁당사자가 서로 양보하여 상호간의 분쟁을 종지할 것을 약정함으로써 성립하는 것을 의미한다. 화해는 크게 사법상의 화해(민법상 화해계약)와 재판상의 화해(합의시 확정판결과 동일한 효력)로 구분된다.
2. 조정 : 법관이나 조정위원회가 분쟁의 당사자 사이에 개입하여 화해로 이끄는 절차로서 조정이 성립되면 재판상 화해와 동일한 효력이 발생한다.
3. 중재 : 분쟁당사자의 합의에 따라 분쟁에 관한 판단을 법원이 아닌 제3자(중재인 또는 중재기관)에게 맡겨 그 판단에 복종함으로써 분쟁을 해결하는 절차로서 중재판정은 확정판결과 동일한 효력이 있다.

---

(2) 부수절차

판결절차나 강제집행절차에 부수하여 이들 절차의 기능을 돕는 절차를 말한다.

① **증거보전절차** : 판결절차에서 정식의 증거조사의 시기까지의 사이에 어떤 증거의 이용이 불가능하거나 곤란하게 될 수 있는 경우에 미리 그 증거를 조사하여 그 결과를 보전하기 위한 절차이다.

② **집행보전절차(민사집행법)** : 현상을 방치하면 장래의 강제집행이 불가능하거나 현저히 곤란하게 될 염려가 있는 경우에 그 현상의 변경을 금하는 절차로 가압류와 가처분이 있다.

③ **기타 파생절차** : 판결절차에 부수하는 소송비용액확정절차와 강제집행절차에 부수하는 집행문부여절차(민사집행법)가 있다.

민사소송법상 관할

• 법정관할 : 토지관할, 사물관할, 직무관할
• 당사자의 거동 : 합의관할, 변론관할
• 소송법상 효과 : 전속관할, 임의관할

---

(3) 특별소송절차

보통소송절차 외에 사건의 특수한 성질이나 가액에 따른 특수 민사사건에 대하여 적용되는 소송절차이다.

① 소액사건심판절차(소액사건심판법)

    ㉠ 소송물 가액이 3,000만원을 초과하지 아니하는 제1심의 민사사건에 관하여 소송의 신속하고 경제적인 해결을 도모하기 위해서 간이한 절차에 따라 재판이 진행될 수 있도록 특례를 인정한 절차이다. ★

    ㉡ 구술 또는 당사자 쌍방의 임의출석에 의한 소제기가 인정되고 당사자와 일정한 범위 내의 친족은 소송대리를 할 수 있으며, 가능한 1회의 변론기일로 심리를 종결한다. ★

② 독촉절차

    ㉠ 독촉절차는 정식의 일반소송절차를 경유할 수 있음을 조건으로 하여 일반 민사소송원칙의 일부를 생략한 것이다.

    ㉡ 채권자의 일방적 신청에 의해 채무자에게 지급을 명하는 **지급명령**을 발하고, 채무자가 **2주 이내에 이의신청**을 하지 아니하면 확정되어 채무명의가 된다. ★

    ㉢ 금전, 기타 대체물 또는 유가증권의 일정한 수량의 지급을 목적으로 하는 청구권에 관하여 인정되는 절차이다.

③ 파산절차(채무자 회생 및 파산에 관한 법률)

    ㉠ 파산절차는 채무자의 자력이 불충분하여 총채권자에게 채권의 만족을 주지 못할 상태에 이른 경우에 채권자들의 개별적인 소송이나 강제집행을 배제하고 강제적으로 채무자의 전 재산을 관리·환가하여 총채권자의 채권비율에 따라 공평한 금전적 배당을 할 것을 목적으로 행하는 재판상의 절차이다.

    ㉡ 강제집행을 개별집행이라고 함에 대하여, 파산절차는 일반집행이라고도 한다. ★

    ㉢ 파생절차는 채무초과의 경우에 채무자의 재산을 공평하게 분배하는 장점이 있는 반면, 청산절차가 너무 오래 걸리고, 채권자가 큰 만족을 얻기도 어려우며, 채무자의 갱생(更生)이 어렵다는 단점을 지닌다.

④ 개인회생절차(채무자 회생 및 파산에 관한 법률)

    ㉠ 개인회생절차는 재정적 어려움으로 인하여 파탄에 직면하고 있는 개인채무자로서 장래 계속적으로 또는 반복하여 수입을 얻을 가능성이 있는 자에 대하여 채권자 등 이해관계인의 법률관계를 조정함으로써 채무자의 효율적 회생과 채권자의 이익을 도모하기 위하여 마련된 절차로서, 2004. 9. 23.부터 시행하게 되었다.

    ㉡ **총채무액이 무담보채무의 경우에는 5억원, 담보부채무의 경우에는 10억원 이하**인 개인채무자로서 장래 계속적으로 또는 반복하여 수입을 얻을 가능성이 있는 자가 **3년 내지 5년간** 일정한 금액을 변제하면 나머지 채무의 면제를 받을 수 있는 절차이다. ★

⑤ 공탁절차
　　㉠ 공탁이란 법령의 규정에 따른 원인에 기하여 금전·유가증권·기타의 물품을 국가기관(법원의 공탁소)에 맡김으로써 일정한 법률상의 목적을 달성하려고 하는 제도이다.
　　㉡ 법령에 '공탁하여야 한다' 또는 '공탁할 수 있다'라고 규정하거나 그 공탁근거 규정을 준용하거나 담보제공 방법으로서 공탁을 규정한 경우에 한하여 공탁할 수 있으며 그러한 규정이 없는 경우에는 공탁할 수 없다. ★

4 민사소송의 종류

민사소송은 이행의 소, 형성의 소, 확인의 소로 구분할 수 있다.

(1) 이행의 소
① 국가의 공권력을 빌어 **강제집행을 가능하게 하는 이행판결을 목적으로 하는 소송형태**이다. ★
② 원고가 사법상 청구권의 존재를 기초로 하여 이행청구권의 확정과 피고에게 일정한 이행명령을 선고함을 목적으로 하는 소송형태이다.
③ 이행의 소에 본안 인용판결 중에 이행판결을 청구하는 것이 일반적이며, 이를 급부의 소 또는 급부의 판결이라고도 한다.
④ 이행의 소를 기각한 판결은 이행청구권의 부존재를 확인하는 소극적 확인판결이다. ★

(2) 형성의 소
① 형성의 소는 형성판결에 의하여 형성요건의 존재를 확정하는 동시에 **새로운 법률관계를 발생**하게 하거나, 기존의 법률관계를 **변경** 또는 **소멸**시키는 **창설적 효과**를 갖는다. ★
② 법률상태의 변동을 목적으로 하는 소송이며, 창설의 소 또는 권리 변경의 소라고도 한다. ★
③ 법률의 근거가 없는 형성의 소는 인정하지 아니한다. ★

(3) 확인의 소
① 당사자 간의 법률적 불안을 제거하기 위하여 실체법상의 권리 또는 법률관계의 존부나 법률관계를 증명하는 **서면의 진부 확인을 목적으로 하는 소송**이다. ★
② 권리관계의 존부를 확정하기 위한 것을 **적극적 확인의 소**, 부존재의 확정을 목적으로 하는 것을 **소극적 확인의 소**라고 한다. 또한 소송 도중에 선결이 되는 사항에 대한 확인을 구하는 **중간 확인의 소**가 있다. ★

③ 확인의 소가 제기되어 원고승소의 확정판결이 내려지면 원고가 주장한 법률관계의 존부가 확정되지만 집행력은 발생하지 아니하므로, 다툼이 있는 권리관계를 개념적으로 확정함으로써 분쟁이 해결되는 경우에 이용되는 소송형태이다.

5 심리의 제 원칙

(1) 변론주의

① 의의 : 변론주의란 소송자료, 즉 사실과 증거의 수집·제출의 책임을 당사자에게 맡기고 당사자가 수집하여 변론에서 제출한 소송자료만을 재판의 기초로 삼아야 한다는 심리원칙을 말한다. ★

② 변론주의의 내용 ★★

㉠ 주장책임 : 주요사실(요건사실)은 당사자가 변론에서 주장하지 않으면 판결의 기초로 삼을 수 없고, 그 사실은 없는 것으로 취급되어 불이익한 판단을 받게 된다는 것이다.

㉡ 자백의 구속력 : 당사자 간에 다툼이 없는 사실은 그대로 판결의 기초로 삼아야 한다.

㉢ 직권증거조사의 제한 : 다툼이 있는 사실의 인정에 쓰이는 증거자료는 당사자가 신청한 증거방법으로부터 얻어야 하고, 당사자가 제출하지 않는 증거는 원칙적으로 법원이 직권조사할 수 없다는 것이다.

(2) 처분권주의

① 의의 : 법원은 당사자가 신청하지 아니한 사항에 대하여는 판결하지 못한다. ★

② 처분권주의의 내용 : 심판의 대상과 범위는 당사자가 자유로이 결정할 수 있으며 법원은 이에 구속된다. 법원은 당사자가 신청하지 아니한 사항에 대하여 판결할 수 없으므로 당사자가 신청한 것과 다른 사항이나 신청한 범위를 넘어서 판결할 수 없다(처분권주의에 위배된 판결의 효력은 당연무효가 아니고 항소 또는 상고에 의하여 불복함으로써 그 취소를 구할 수 있을 뿐이다). ★

(3) 구술심리주의

① 의의 : 구술심리주의란 심리에 있어 당사자 및 법원의 소송행위, 특히 변론과 증거조사를 구술로 행하도록 하는 절차상 원칙을 말한다. 즉, 법원의 재판은 구술변론을 기초로 하여야 한다는 것이다.

② 구술심리주의의 내용

㉠ 민사소송법은 **구술주의를 원칙으로**, **서면심리주의를 보충적으로 병용**한다. 판결절차에 있어서는 원칙적으로 구술심리의 형식으로 변론을 열어야 하며, 변론에 관여한 법관만이 판결할 수 있다. ★

㉡ 증거조사도 넓은 의미의 변론에 속하므로 구술에 의하는 것이 원칙이다. 따라서 변론, 증거조사, 재판과 준비절차에서는 원칙적으로 구술주의가 채택된다. 다만, 준비절차의 결과는 변론에서 진술하여야 한다. ★

ⓒ 결정으로 완결할 사건, 소송판결, 상고심판결, 기록 자체에 의하여 기각할 수 있는 소액사건에 관하여는 변론을 거칠 필요가 없으므로 서면심리에 의할 수 있다.

ⓔ 단독사건과 소액사건의 특례 : 단독사건과 소액사건에 대하여는 특례규정을 두어 서면심리주의의 적용을 제한하고 있는데, 단독사건의 변론은 서면으로 준비하지 아니할 수 있고(민사소송법 제272조 2항), 소액사건의 소제기는 말로 할 수 있다(소액사건심판법 제4조).

(4) 직접심리주의

① 의의 : 직접심리주의란 당사자의 **변론 및 증거조사를 수소법원의 면전에서 직접 실시**하는 주의를 말하는데 이는 수명법관이나 수탁판사의 면전에서 시행하고 그 심리결과를 수소법원이 재판의 기초로 채용하는 주의인 간접심리주의에 대립된다. ★

② 직접심리주의의 내용

ⓐ 민사소송법에서 판결은 그 기본이 되는 변론에 관여한 법관이 하도록 하여 직접주의를 원칙으로 하고 있다.

ⓑ 단독사건의 판사의 경질이 있는 경우에 종전 신문한 증인에 대하여 당사자가 다시 신문을 신청한 때에는 법원은 그 신문을 하여야 한다. 합의부의 법관의 과반수가 경질한 경우에도 같다.

ⓒ 변론에 관여한 법관이 바뀐 경우에 처음부터 심리를 되풀이하는 것은 소송경제에 반하기 때문에 당사자가 새로 심리에 관여한 법관의 면전에서 종전의 변론결과를 진술하는 것으로 충분하다고 규정하고 있으므로(민사소송법 제204조 2항), 이 한도에서 직접심리주의가 완화되었다.

ⓓ 원격지나 외국에서의 증거조사는 수명법관 또는 수탁판사에게 촉탁하여 실시하게 하고 그 결과를 기재한 조서를 판결의 자료로 삼는 등 간접심리주의를 병용하고 있다.

(5) 공개심리주의

① 의의 : 공개주의 또는 공개심리주의란 **재판의 심리와 판결선고를 일반인이 방청할 수 있는 상태에서 행해야 한다**는 절차원리이다.

② 공개심리주의의 내용

ⓐ 재판의 심리와 판결은 공개한다(재판공개의 원칙). 다만, 심리가 국가의 안전보장 또는 안녕질서를 방해하거나 선량한 풍속을 해할 염려가 있을 때는 법원의 결정으로 이를 공개하지 아니할 수 있다고 규정하고 있다.

ⓑ 국민은 공개재판을 받을 권리가 있으며, 재판의 심리와 판결은 공개하여야 하며, 변론의 공개 여부는 변론조서의 필요적 기재사항이다. ★

ⓒ 공개재판을 위반한 채 내려진 판결은 상고심에서 취소사유가 된다. ★

ⓓ 재판의 공개는 변론절차와 판결선고절차의 경우이므로 공개의 대상은 소송에 한한다. 그러므로 재판의 합의, 준비절차, 비송 또는 중재, 조정, 그리고 변론 없이 결정으로 완결하는 절차에는 공개주의가 적용되지 아니한다. ★

(6) 쌍방심리주의(당사자 평등의 원칙)

① 의의 : 사건심리에 있어서 당사자 쌍방을 평등하게 대우하여 **공격·방어방법을 제출할 수 있는 기회를 평등하게 부여하는 입장**을 쌍방심리주의 또는 당사자 대등의 원칙이라고 한다.

② 쌍방심리주의의 내용

　㉠ 민사소송법은 판결절차에서 당사자를 대석시켜 변론과 증거조사를 하는 필요적 변론을 거치게 함으로써 쌍방심리주의를 기본으로 하고 있다. ★

　㉡ 결정·명령절차에 있어서는 임의적 변론에 의하므로 쌍방심리주의를 관철하지 아니하며, 강제집행절차나 독촉절차 또는 가압류절차에서는 당사자 대등이나 쌍방심리의 필요가 없으므로 일방심리주의가 적용된다. ★

　㉢ 독촉절차, 가압류절차에서는 채무자의 이의나 취소의 신청이 있는 경우에 한하여 쌍방심리를 구할 기회를 부여한다. ★

(7) 적시제출주의

① 의의 : 적시제출주의란 **당사자가 소송을 지연시키지 않도록 소송의 정도에 따라 공격방어방법을 적시에 제출**하여야 한다는 주의이다. 본래 수시제출주의를 채택하고 있었으나, 소송촉진과 집중심리를 위하여 2002년 개정되어 적용되고 있다.

② 적시제출주의의 내용

　㉠ 재정기간 제도 : 재판장은 당사자의 의견을 들어 한쪽 또는 양쪽 당사자에 대하여 특정한 사항에 관하여 주장을 제출하거나 증거를 신청할 기간을 정할 수 있고, 이 기간을 넘긴 때에는 정당한 사유가 있음을 소명한 경우를 제외하고는 주장을 제출하거나 증거를 신청할 수 없도록 하고 있다(민사소송법 제147조).

　㉡ 실기한 공격방어방법의 각하 : 적시제출주의에 위반하여 고의 또는 중대한 과실로 공격방어방법을 뒤늦게 제출함으로써 소송의 완결을 지연시키게 하는 것으로 인정할 때에는 법원은 직권으로 또는 상대방의 신청에 따라 결정으로 이를 각하할 수 있다(민사소송법 제149조 1항).

　㉢ 석명에 불응하는 공격방어방법의 각하 : 당사자가 제출한 공격방어방법의 취지가 분명하지 아니한 경우에, 당사자가 필요한 설명을 하지 아니하거나 설명할 기일에 출석하지 아니한 때에는 법원은 직권으로 또는 상대방의 신청에 따라 결정으로 이를 각하할 수 있다(민사소송법 제149조 2항).

　㉣ 변론준비기일을 거친 경우의 새로운 주장의 제한(민사소송법 제285조)

　㉤ 중간판결의 내용과 저촉되는 주장의 제한(중간판결의 기속력)

　㉥ 상고이유서 제출기간 도과 후의 새로운 상고이유 주장의 제한(민사소송법 제427조, 제429조)

　㉦ 본안에 관한 변론(준비)기일에서의 진술 후의 제한

6 종국판결과 중간판결

(1) 종국판결

① 법원은 **소송의 심리를 완료한 때**에는 종국판결을 한다.

② 종국판결이란 소 또는 상소에 의하여 계속되어 있는 사건의 전부나 일부에 대하여 당해 심급에서 완결하는 판결을 말한다.

③ **종국판결의 예** : 본안판결, 소각하판결, 소송종료선언, 환송판결이나 이송판결 등 ★

(2) 중간판결

① 중간판결이란 종국판결을 하기에 앞서 **소송심리 중**에 문제가 된 실체상 또는 소송상 개개의 **쟁점을 정리·해결하는 재판**이다. ★

② 법원은 독립한 공격 또는 방어의 방법, 그 밖의 중간의 다툼에 대하여 필요한 때에는 중간판결을 할 수 있다. 청구의 원인과 액수에 다툼이 있는 경우에 그 원인에 대하여도 같다(민사소송법 제201조). ★

③ 중간판결이 내려지면 당해 심급의 법원은 **중간판결의 주문에 표시된 판단에 기속**되고, 종국판결을 함에는 중간판결의 판단을 기초로 하여야 한다.

④ 중간판결이 내려진 때에는 그 변론 이후에 생긴 새로운 사유가 아닌 한 원인을 부정하는 항변을 제출할 수 없다. ★

⑤ 중간판결에 대하여는 독립하여 상소할 수 없고, 종국판결이 내려진 다음에 이에 대한 상소와 함께 상소심의 판단을 받아야 한다. ★

7 항 소

(1) 항소의 개념

하급법원의 제1심 판결에 불복하여 그 판결의 파기·변경을 상급법원인 고등법원 또는 지방법원 합의부에 신청하는 것을 말한다. ★

(2) 항소의 대상 및 절차, 취하

① **대상** : 항소는 제1심 법원이 선고한 종국판결에 대하여 할 수 있다. 단, 종국판결 뒤 양 당사자가 상고할 권리를 유보하고 항소하지 아니하기로 합의한 때에는 그렇지 아니하다(민사소송법 제390조). 소송비용 및 가집행에 관한 재판에 관하여는 독립하여 항소할 수 없다(민사소송법 제391조). ★

② **절차** : 항소는 판결서가 송달된 날로부터 2주 이내에 하여야 한다. 단, 판결서 송달 전에도 항소할 수 있다(민사소송법 제396조 제1항). 항소장의 부본은 피항소인에게 송달하여야 한다(민사소송법 제401조). ★

③ **취하** : 항소는 항소심의 종국판결이 있기 전에 취하할 수 있다(민사소송법 제393조 제1항). ★

01 경비계약에 관한 설명으로 옳지 않은 것은?

① 경비업자가 경비계약을 체결하는 상대방은 경비대상 시설의 소유자 또는 관리자이다.
② 경비업자는 경비계약상 채무를 선량한 관리자의 주의로 이행하여야 한다.
③ 보수는 시기의 약정이 없으면 관습에 의하고, 관습이 없으면 경비업무를 종료한 후 지체없이 지급하여야 한다.
④ 경비업무 도급인이 파산하면 경비업자는 경비계약을 해제하고 경비업무 도급인에게 손해배상을 청구할 수 있다.

쏙쏙 해설 •••

도급인이 파산선고를 받은 때에는 수급인 또는 파산관재인은 계약을 해제할 수 있다. 이 경우 각 당사자는 상대방에 대하여 계약해제로 인한 손해의 배상을 청구하지 못한다(민법 제674조).

정답 ❹

02 다음 민법에 대한 기술 중 옳지 못한 것은?

① 민법은 실체법이다.
② 민법은 재산·신분에 관한 법이다.
③ 민법은 민간 상호간에 관한 법이다.
④ 민법은 특별사법이다.

쏙쏙 해설 •••

민법은 인간이 사회생활을 영위함에 있어 상호간에 지켜야 할 법을 의미하는 것으로 즉, 사법(私法) 중 일반적으로 적용되는 일반사법이다.

정답 ❹

03 다음 민법상의 원칙들 중 공공복리의 원리와 거리가 가장 먼 것은?

① 계약자유의 원칙
② 신의성실의 원칙
③ 반사회질서행위금지의 원칙
④ 권리남용금지의 원칙

쏙쏙 해설 •••

근대민법의 3대 원칙이 개인의 자유와 평등을 실현하기 위한 원리였다면, 이에 대한 부작용을 반성하고 공공복리를 바탕으로 등장한 것이 현대 민법의 구성원리이다. ①은 근대민법의 원칙이고, ②·③·④는 현대민법의 구성원리와 관련이 있다.

정답 ❶

핵심만 콕

현대 민법의 구성원리

소유권공공의 원칙 (소유권절대의 원칙의 수정)	소유권은 소유자를 위한 절대적인 것이 아니라, 사회 전체의 이익을 위하여 제한을 받아야 하며, 따라서 권리자는 그 권리를 남용해서는 안 된다는 원칙이다. 우리 헌법 제23조의 제1항 전반에서 "모든 국민의 재산권은 보장된다"고 하면서도 제2항에서 "재산권의 행사는 공공복리에 적합하도록 하여야 한다"고 규정한 것이나, 민법 제2조 제2항에 "권리는 남용하지 못한다"고 규정한 것은 모두 무제한의 자유에 대한 수정의 원리를 표명한 것이다.
계약공정의 원칙 (계약자유의 원칙의 수정)	사회질서에 반하는 계약뿐만 아니라 심히 공정성을 잃은 계약은 보호받을 수 없다는 원칙이다. 공서양속에 반하는 법률행위를 무효로 한 것이나, 민법 제104조에서 "불공정한 법률행위는 무효로 한다"는 것이나, 동법 제2조에서 "권리의 행사와 의무의 이행은 신의에 좇아 성실히 하여야 한다"고 규정한 것 등은 계약자유의 원칙에 대한 제한이라 하겠다.
무과실책임의 원칙 (과실책임의 원칙의 수정)	손해의 발생에 관하여 고의·과실이 없더라도 그 배상책임을 진다는 원칙이다. 근로기준법에서는 노동자의 업무상의 재해에 관하여 사용자의 무과실책임을 인정하고 있지만 민법에서는 아직 일반원칙으로서 규정하지는 않고 있다.

CHAPTER 03

04 다음 중 소유권절대의 원칙과 가장 깊은 관계를 갖는 것은?

① 계약체결의 자유
② 물권적 청구권
③ 자기책임주의
④ 권리남용의 금지

 쏙쏙 해설 •••

'물권적 청구권'이라 함은 물권내용의 완전한 실현이 어떤 사정으로 방해되었거나 또는 방해될 염려가 있는 경우에 그 방해사실을 제거 또는 예방하여 물권내용의 완전한 실현을 가능케 하는 데 필요한 행위를 청구할 수 있는 권리로서 이는 사권의 보호를 위한 한 수단으로서 소유권절대의 원칙과 가장 관련이 깊다.

 정답 ❷

05 다음 중 민법의 현대적 수정원리에 대한 설명으로 바르지 못한 것은?

① 신의성실의 원칙
② 무과실책임의 원칙
③ 권리남용금지의 원칙
④ 소유권절대의 원칙

 쏙쏙 해설 •••

소유권절대의 원칙, 계약자유의 원칙, 과실책임의 원칙 등은 근대 민법의 기본원리로서 현대 민법의 수정원리가 아니다.

 정답 ❹

민법의 지도이념

신의성실의 원칙	권리의 행사와 의무의 이행은 신의에 좇아 성실히 하여야 한다. 따라서 신의성실의 원칙에 반하는 권리행사는 권리남용이 되고 의무이행도 신의성실의 원칙에 반할 때에는 의무불이행으로 간주된다.
권리남용금지의 원칙	민법 제2조 제2항은 "권리는 남용하지 못한다"라고 하여 권리남용금지의 법리를 규정하고 있다. 권리남용이라 함은 외형적으로는 권리의 행사인 것처럼 보이나, 실질적으로 보면 신의성실의 원칙과 권리의 사회성에 반하는 권리행사로 인정되는 경우이다.

06 근대민법의 3대원칙에 속하는 것은?

① 계약자유의 원칙   ② 소유권상대의 원칙
③ 신의성실의 원칙   ④ 무과실책임의 원칙

쏙쏙 해설 ···

소유권절대의 원칙(사유재산존중의 원칙), 계약자유의 원칙(사적자치의 원칙), 과실책임의 원칙(자기책임의 원칙)은 근대민법의 3대 원칙으로 개인의 자유와 평등을 실현하기 위한 원리이다.

정답 ❶

07 목욕탕에서 甲이라는 손님이 사물함에 귀중품을 넣어 두었는데 목욕을 하고 나와 보니 귀중품을 잃어 버렸다. 이때의 목욕탕의 주인인 乙은 어떠한 책임을 지는가?

① 과실의 경우에만 책임을 진다.
② 고의인 경우에만 책임을 진다.
③ 고의와 과실이 없는 한 책임이 없다.
④ 아무런 책임이 없다.

쏙쏙 해설 ···

손님이 목욕탕 주인에게 귀중품을 맡기지 않고 목욕 중 귀중품을 잃어버렸다면 분실에 대한 고의와 과실이 없는 한 책임이 없다.

정답 ❸

08 근대 민법의 기본원리는 오늘날 수정·변모되고 있다. 다음 중 현대 민법에 대한 설명으로 거리가 먼 것은?

① 무과실책임이론의 발달
② 권리의 공공성·사회성의 강조
③ 재산권행사의 공공복리 적합의무
④ 추상적 인격의 자유·평등

 해설 •••

근대 민법은 추상적 인격의 형식적 평등을 보장하려 했으나, 현대 민법은 구체적 인격의 실질적 평등을 보장하려 하고 있다.

정답 ❹

09 다음 중 신의칙과 거리가 먼 것은 어느 것인가?

① 사적자치의 원칙
② 권리남용금지의 원칙
③ 실효의 원리
④ 금반언의 원칙(외형주의)

 해설 •••

사적자치의 원칙
신분과 재산에 관한 법률관계를 개인의 의사에 따라 자유로이 규율하는 것이다. 즉, 계약의 내용 및 형식에 있어서 국가 또는 타인의 간섭을 배제하는 원칙을 말한다.

정답 ❶

10 사유재산의 존중과 가장 깊은 관계를 갖고 있는 것은?

① 계약내용결정의 자유
② 물권적 청구권
③ 신의성실의 원칙
④ 유류분제도

 해설 •••

물권적 청구권이라 함은 물권내용의 완전한 실현이 어떤 사정으로 방해되었거나 또는 방해될 염려가 있는 경우에 그 방해사실을 제거 또는 예방하여 물권내용의 완전한 실현을 가능케 하는 데 필요한 행위를 청구할 수 있는 권리로서 이는 사권의 보호를 위한 한 수단이다.

정답 ❷

11 다음 중 강행법규적 성질이 가장 약한 것은?

① 물권법　　　　　② 친족상속법
③ 계약법　　　　　④ 민사소송법

쏙쏙 해설 •••

강행법규는 선량한 풍속, 기타 사회질서에 관계되는 법규를 말하며, 임의법규는 이와는 관계없이 당사자의 의사에 기한 사적 자치가 허용되는 법규이다. 계약법은 일반적으로 임의법규에 해당한다.

정답 ❸

12 민법의 효력에 관한 설명 중 바르지 않은 것은?

① 민법에서는 법률불소급의 원칙이 형법에 있어서처럼 엄격하게 지켜지지 않는다.
② 민법은 성별·종교 또는 사회적 신분에 관계없이 모든 국민에게 적용된다.
③ 민사에 관하여는 속지주의가 지배하므로, 외국에 있는 대한민국 국민에 대해서는 우리 민법이 적용되지 않는다.
④ 법률불소급의 원칙은 법학에 있어서의 일반적 원칙이기는 하지만 민법은 소급효를 인정하고 있다.

쏙쏙 해설 •••

민법은 속인주의 내지 대인고권의 효과로 거주지 여하를 막론하고 모든 한국인에게 적용된다.

정답 ❸

13 권리와 의무는 서로 대응하는 것이 보통이나, 권리만 있고 그에 대응하는 의무가 없는 경우도 있다. 이와 같은 권리에는 무엇이 있는가?

① 친 권　　　　　② 특허권
③ 채 권　　　　　④ 취소권

쏙쏙 해설 •••

취소권, 추인권, 해제권과 같은 이른바 형성권에 있어서는 권리만 있고 그에 대응하는 의무는 존재하지 않는다.

정답 ❹

14 추정과 간주에 관한 설명 중 맞는 것은?

① 사실의 확정에 있어서 '추정'보다는 '간주'의 효력이 훨씬 강하다.

② 우리 민법에서 "~한 것으로 본다."라고 규정하고 있으면 이는 추정규정이다.

③ 우리 민법 제28조에서는 "실종선고를 받은 자는 전조의 규정이 만료된 때에 사망한 것으로 추정한다."라고 규정하고 있다.

④ '간주'는 편의상 잠정적으로 사실의 존부를 인정하는 것이므로, 간주된 사실과 다른 사실을 주장하는 자가 반증을 들면 간주의 효과는 발생하지 않는다.

쏙쏙 해설 •••

① 간주(의제)는 추정과 달리 반증만으로 번복이 불가능하고 '취소절차'를 거쳐야만 그 효과를 전복시킬 수 있다. 따라서 사실의 확정에 있어서 간주는 그 효력이 추정보다 강하다고 할 수 있다.

② "~한 것으로 본다."라고 규정하고 있으면 이는 간주규정이다.

③ 실종선고를 받은 자는 전조의 기간이 만료한 때에 사망한 것으로 본다 (민법 제28조).

④ 추정에 관한 설명이다.

정답 ❶

---

15 다음 중 권리의 주체에 대한 설명으로 틀린 것은?

① 행위능력은 모든 자연인에게 인정되고 있다.

② 자연인은 생존한 동안 권리와 의무의 주체가 된다.

③ 실종선고를 받은 자는 실종기간이 만료하면 사망한 것으로 본다.

④ 민법은 원칙적으로 권리능력자로서 자연인과 법인만을 인정하고 있다.

쏙쏙 해설 •••

모든 자연인은 권리능력의 주체가 될 수 있다. 그러나 건전한 판단력을 갖지 못한 자의 행위는 유효하지 못하다. 단독으로 유효한 법률행위를 할 수 있는 자를 행위능력자라고 부르고 이러한 능력이 없는 자를 제한능력자라 한다. 행위능력이 없으면 원칙적으로 취소 사유가 된다.

정답 ❶

---

16 다음 중 사람이 아닌 것은?

① 19세 미만의 미성년자　② 29세의 부녀

③ 태 아　④ 술에 만취한 자

쏙쏙 해설 •••

권리능력은 출생한 때부터 시작하여 (전부노출설) 생존한 동안 계속된다. 따라서 출생 전의 태아에게는 원칙적으로 권리능력이 없으나 불법행위로 인한 손해배상청구, 재산상속, 유증 등의 경우에는 예외적으로 인정된다.

정답 ❸

CHAPTER 03

17   자연인의 권리능력에 관한 설명으로 바르지 않은 것은?

① 자연인의 권리능력은 사망에 의해서만 소멸된다.
② 피성년후견인의 권리능력은 제한능력자에게도 차등이 없다.
③ 실종선고를 받으면 권리능력을 잃는다.
④ 우리 민법은 태아에 대해 개별적 보호주의를 취하고 있다.

 해설 •••

실종선고를 받아도 당사자가 존속한다면 그의 권리능력은 소멸되지 않는다. 실종선고기간이 만료한 때 사망한 것으로 간주된다(민법 제28조).

정답 ❸

18   다음 중 형성권에 해당하는 것은?

① 무능력자 상대방의 최고권
② 부양청구권
③ 대리권
④ 후견권

 해설 •••

권리자의 일방적인 의사표시에 의하여 법률관계의 발생·변경·소멸을 일어나게 하는 권리가 형성권이다.

정답 ❶

 핵심만 콕

형성권의 종류에는 다음과 같은 것이 있다.

권리자의 의사표시만으로서 효과를 발생하게 하는 것	무능력자의 상대방의 최고권 및 철회권, 거절권, 법률행위의 동의권, 취소권, 추인권, 계약해제권, 해지권, 상계권, 매매의 일방예약완결권, 약혼해제권, 상속포기권 등
법원의 판결에 의하여 비로소 효과를 발생하는 것	채권자취소권, 친생부인권, 입양취소권, 재판상 이혼권, 재판상 파양권 등

19   법정대리인의 동의 없이 소송을 제기할 수 있는 능력을 무엇이라 하는가?

① 행위능력   ② 권리능력
③ 소송능력   ④ 당사자능력

 해설 •••

소송능력에 대한 설명이다. 소송능력은 소송의 당사자로서 유효하게 각종 소송행위를 할 수 있는 능력을 말한다. 이러한 능력이 없는 자를 소송무능력자라고 하는데, 미성년자, 피한정후견인, 피성년후견인이 이에 해당한다.

정답 ❸

① 행위능력 : 민법상 단독으로 유효하게 각종 법률행위를 할 수 있는 능력
② 권리능력 : 민법상 권리의 주체가 될 수 있는 능력
④ 당사자능력 : 당사자가 될 수 있는 일반적·추상적 능력(소송법상 권리능력).

20 민법상의 제한능력자가 아닌 자는?

① 상습도박자
② 19세 미만인 자
③ 의사능력이 없는 자
④ 정신병자로서 성년후견이 개시된 자

성년후견인과 피한정후견인의 요건으로 가장 중요한 것이 법원의 선고를 받아야 한다는 점이다. 상습도박이나 낭비벽으로 자기나 가족의 생활을 궁박하게 할 염려가 있는 자라 하더라도 법원의 피한정후견의 심판이 없다면 피한정후견인에 해당되지 않는다.

정답 ❶

제한능력자

구 분	미성년자	피한정후견인	피성년후견인
요 건	19세 미만자	질병, 장애, 노령, 그 밖의 사유로 인한 정신적 제약으로 사무를 처리할 능력이 **부족한 사람**	질병, 장애, 노령, 그 밖의 사유로 인한 정신적 제약으로 사무를 처리할 능력이 **지속적으로 결여된 사람**
행 위	법정대리인이 대리하여 하거나 법정대리인의 동의를 얻어서 함	한정후견인의 동의가 필요한 법률행위를 동의 없이 하였을 때에는 취소할 수 있다. 다만, 일용품의 구입 등 일상생활에 필요하고 그 대가가 과도하지 아니한 법률행위에 대하여는 그러하지 아니하다.	피성년후견인의 법률행위는 취소할 수 있다. 단, 일용품의 구입 등 일상생활에 필요하고 그 대가가 과도하지 아니한 법률행위는 성년후견인이 취소할 수 없다.
해 소	19세가 되거나 혼인(성년의제)	한정후견종료의 심판	성년후견종료의 심판

21 다음 설명 중 틀린 것은?

① 행위능력이란 완전·유효한 법률행위를 단독으로 할 수 있는 능력을 말한다.

② 의사능력자가 행위능력이 없을 수도 있고 권리능력자가 의사능력이 없을 수도 있다.

③ 제한능력자제도는 거래안전의 보호에 그 중점이 있으며 제한능력자의 능력을 보충하기 위해 법정대리인제도가 있다.

④ 법정대리인의 동의가 있으면 단독으로 법률행위를 할 수 있는 자는 미성년자, 피한정후견인, 피성년후견인, 농아자가 있다.

 해설 •••

피성년후견인은 법정대리인의 동의가 있어도 단독으로 법률행위를 할 수 없다.

정답 ❹

22 제한능력자의 법률행위에 관한 설명으로 옳지 않은 것은?

① 피성년후견인이 법정대리인의 동의를 얻어서 한 재산상 법률행위는 유효하다.

② 법정대리인이 대리한 피한정후견인의 재산상 법률행위는 유효하다.

③ 법정대리인이 범위를 정하여 처분을 허락한 재산은 미성년자가 임의로 처분할 수 있다.

④ 제한능력자가 속임수로써 자기를 능력자로 믿게 한 경우 그 법률행위를 취소할 수 없다.

해설 •••

피성년후견인의 법정대리인인 성년후견인은 피성년후견인의 재산상 법률행위에 대한 대리권과 취소권 등을 갖지만 원칙적으로 동의권은 인정되지 않는다. 따라서 피성년후견인이 법정대리인의 동의를 얻어서 한 재산상 법률행위는 무효이다.

정답 ❶

23 다음 중 제한능력자의 상대방 보호를 위한 제도가 아닌 것은?

① 후견인
② 법정추인
③ 상대방의 최고권
④ 취소권의 단기소멸시효

해설 •••

후견인제도는 제한능력자를 보호하기 위한 제도이다. 제한능력자의 상대방 보호를 위한 제도는 ②·③·④ 외에 상대방의 철회권과 거절권, 취소권의 배제가 있다.

정답 ❶

24 제한능력자제도에 관한 설명이다. 타당하지 않은 것은?

① 19세에 이르면 성년이 된다.
② 제한능력자가 법정대리인의 동의 없이 한 법률행위는 무효이다.
③ 미성년자라도 혼인을 하면 성년이 된 것으로 본다.
④ 성년후견인은 일상생활에 필요하고 그 대가가 과도하지 않은 행위는 독자적으로 할 수 있다.

쏙쏙 해설 •••

제한능력자가 법정대리인의 동의 없이 한 법률행위는 무효가 아니라 취소할 수 있는 행위이다.

정답 ❷

25 제한능력자제도에 관해 옳지 않은 것은?

① 제한능력자에 관한 민법규정은 강행규정이다.
② 제한능력자를 보호하기 위한 것이다.
③ 제한능력자의 능력을 보충하기 위해 법정대리인을 두고 있다.
④ 행위능력에 관한 민법규정은 가족법상의 행위에도 그대로 적용된다.

쏙쏙 해설 •••

가족법상 행위에 있어선 본인의 의사를 존중해야 하기 때문에 행위능력에 관한 규정을 그대로 적용한다는 것은 타당하지 않다.

정답 ❹

26 다음 중 미성년자가 법정대리인의 동의 없이 유효한 법률행위를 할 수 있는 경우가 아닌 것은?

① 혼인과 같은 신분행위
② 권리만을 얻거나 의무만을 면하는 행위
③ 범위를 정하여 처분을 허락한 재산의 처분
④ 영업이 허락된 미성년자가 그 영업에 관하여 하는 행위

쏙쏙 해설 •••

혼인과 같은 신분행위는 미성년자 단독으로 할 수 없다. 만약, 미성년자가 법정대리인의 동의 없이 법률행위를 하였다면, 이는 취소(소급 무효) 또는 추인(정상적 효력 발생)의 사유에 해당된다. 취소는 미성년자 본인과 법정대리인 둘 다 가능하나 추인은 법정대리인만 가능하다.

정답 ❶

27 미성년자가 단독으로 유효하게 할 수 없는 행위는?

① 부담 없는 증여를 받는 것

② 채무의 변제를 받는 것

③ 근로계약과 임금청구

④ 허락된 재산의 처분행위

 해설 •••

채무의 변제를 받는 것은 이로 인하여 권리를 상실하는 것이므로, 단순히 권리만 얻거나 의무만을 면하는 행위에 속하지 않는다. 따라서 미성년자 단독으로 유효히 할 수 없고 법정대리인의 동의를 얻어서 해야 하는 행위에 속한다.

 정답 ❷

 핵심만 콕 ....

미성년자의 행위능력★

원 칙	법정대리인의 동의를 요하고 이를 위반한 행위는 취소할 수 있다.
예 외 (단독으로 할 수 있는 행위)	• 단순히 권리만을 얻거나 또는 의무만을 면하는 행위 • 처분이 허락된 재산의 처분행위 • 허락된 영업에 관한 미성년자의 행위 • 혼인을 한 미성년자의 행위(성년의제) • 대리행위 • 유언행위(만 17세에 달한 미성년자의 경우) • 법정대리인의 허락을 얻어 회사의 무한책임사원이 된 미성년자가 사원자격에 기해서 한 행위(상법 제7조) • 근로계약과 임금의 청구(근로기준법 제67조・제68조)

28 다음은 우리나라의 민법상의 주소, 거소, 가주소에 관해 설명한 내용이다. 옳지 않은 것은?

① 민법에서는 객관주의와 복수주의를 택한다.

② 국내에 주소가 없거나 주소를 알 수 없을 때에는 거소를 주소로 본다.

③ 법인의 주소효력은 주된 사무소의 소재지로부터 생긴다.

④ 현재지가 주소로서의 효력을 가지는 경우 등의 예외는 있다.

 해설 •••

법에 규정된 것 외 달리 예외를 두지 아니 한다.★

정답 ❹

주소, 거소, 가주소

주 소	생활의 근거가 되는 곳을 주소로 한다. 주소는 동시에 두 곳 이상 둘 수 있다(민법 제18조).
거 소	주소를 알 수 없으면 거소를 주소로 본다. 국내에 주소가 없는 자에 대하여는 국내에 있는 거소를 주소로 본다(민법 제19조~제20조).
가주소	어느 행위에 있어서 가주소를 정한 때에 있어서 그 행위에 관하여는 이를 주소로 본다(민법 제21조). 따라서 주소지로서 효력을 갖는 경우는 주소(주민등록지), 거소와 가주소가 있으며, 복수도 가능하다.

CHAPTER 03

29 우리의 민법이 인정하는 특별실종제도에 해당되지 않는 것은?

① 화재실종 ② 선박실종
③ 전쟁실종 ④ 항공기실종

 해설 •••

우리 민법은 특별실종으로 ②·③·④ 외에 위난실종을 인정하고 있다.

 정답 ❶

30 다음 중 부재자의 재산관리를 법원에 청구할 수 있는 이해관계인이 아닌 자는?

① 검 사 ② 상속인
③ 배우자 ④ 보증인

 해설 •••

이해관계인은 법률상 이해관계에 있는 자를 말하므로 상속인·배우자·채권자·보증인 등이 포함되나, 사실상 이해관계가 있는 자는 포함되지 않는다. 주의할 점은 검사는 청구권자이기는 하지만 이해관계인은 아니다.

 정답 ❶

31 민법상 법인의 설립요건이 아닌 것은?

① 주무관청의 허가
② 영리 아닌 사업을 목적으로 할 것
③ 설립신고
④ 정관작성

쏙쏙 해설 •••

법인은 그 주된 사무소의 소재지에서 설립신고가 아니라 설립등기로 성립한다. 법인은 모두 비영리법인으로 비영리법인의 설립에 관하여는 우리 민법은 허가주의를 취하여 법인의 설립요건에 주무관청의 허가를 얻어 설립등기를 함으로써 성립한다고 본다(민법 제33조).

정답 ❸

32 법인에 관한 설명 중 틀린 것은?

① 사단법인의 정관의 필요적 기재사항으로는 목적, 명칭, 사무소 소재지, 자산에 관한 규정, 이사의 임면, 사원의 자격 등이 있다.
② 법인의 이사가 수인인 경우에 사무집행은 정관의 규정에 따른다.
③ 재단법인은 법률, 정관, 목적, 성질, 그 외에 주무관청의 감독, 허가조건 등에 의하여 권리능력이 제한된다.
④ 사원총회는 법인사무 전반에 관하여 결의권을 가진다.

쏙쏙 해설 •••

사원총회는 정관으로 이사 또는 기타 임원에게 위임한 사항 외의 법인사무 전반에 관하여 결의한다. 사단법인의 이사는 매년 1회 이상 통상총회를 소집하여야 하며, 임시총회는 총사원의 5분의 1 이상의 청구로 이사가 소집한다.

정답 ❹

33 사단법인과 재단법인에 공통한 해산이유가 아닌 것은?

① 총회의 결의   ② 파 산
③ 설립허가의 취소   ④ 법인의 목적달성불능

쏙쏙 해설 •••

• 총회의 결의는 사단법인에만 인정되는 특유한 소멸사유이다(민법 제77조 제2항).

정답 ❶

핵심만 콕

• 법인에 공통적인 법인소멸사유 : 존립기간의 만료, 법인의 목적달성 또는 달성불능, 파산 또는 설립허가의 취소, 정관에서 정한 해산사유의 발생(민법 제77조 제1항)
• 사단법인에만 인정되는 특유한 소멸사유 : 사원이 없게 된 때, 총회의 결의(정관에 규정이 없는 때에는 총 사원 4분의 3 이상의 동의를 요함)(민법 제77조 제2항)

34 재산의 증여에 의하여 법인이 설립되는 것은?

① 재단법인　　　② 사단법인
③ 조 합　　　　④ 상법상 회사

쏙쏙 해설 •••

사단법인이란 법인의 실체가 일정한 목적을 위하여 결합된 사람의 단체(인적 결합체)인 경우를 말하고, 재단법인이란 그 실체가 일정한 목적을 위하여 바쳐진 재산(물적 결합체)인 경우를 말한다.

정답 ❶

35 민법이 규정하는 재단법인과 사단법인과의 차이에 관한 설명 중 틀린 것은?

① 사단법인에는 사원총회가 있으나 재단법인에는 없다.
② 양자는 모두 공익법인이다.
③ 재단법인의 기부행위는 반드시 서면으로 작성할 것을 요하지 않으나 사단법인의 정관은 반드시 서면으로 작성하지 않으면 안 된다.
④ 양자는 모두 설립에 있어서 주무관청의 허가를 필요로 한다.

쏙쏙 해설 •••

재단법인의 기부행위나 사단법인의 정관은 반드시 서면으로 작성하여야 한다.

정답 ❸

 핵심만 콕

사단법인과 재단법인의 비교

구 분	사단법인	재단법인
구 성	2인 이상의 사원	일정한 목적에 바쳐진 재산
의사결정	사원총회	정관으로 정한 목적(설립자의 의도)
정관변경	총사원 3분의 2 이상의 동의 요(要)	원칙적으로 금지

36 법인이 아닌 사단의 사원이 집합체로서 물건을 소유할 때의 소유 형태는?

① 단독소유   ② 공유

③ 합유   ④ 총유

 해설 •••

비법인사단은 사단으로서 실질을 갖추고 있으나 법인등기를 하지 아니하여 법인격을 취득하지 못한 사단을 말한다. 대표적인 예로 종중, 교회, 채권자로 이루어진 청산위원회, 주택조합, 아파트부녀회 등이 있으며, 재산의 귀속 형태는 사원의 총유 또는 준총유이다.

정답 ❹

37 민법상 법인에 관한 설명으로 옳은 것은?

① 모든 사단법인과 재단법인에는 이사를 두어야 한다.

② 수인의 이사는 법인의 사무에 관하여 연대하여 법인을 대표한다.

③ 법인의 대표에 관하여는 대리에 관한 규정을 준용하지 않는다.

④ 정관에 기재되지 아니한 이사의 대표권 제한은 유효하다.

 해설 •••

① 모든 사단법인과 재단법인에는 이사를 두어야 한다(민법 제57조).

정답 ❶

 핵심만 콕

② 수인의 이사는 법인의 사무에 관하여 각자 법인을 대표한다(민법 제59조 제1항).
③ 법인의 대표에 관하여는 대리에 관한 규정을 준용한다(민법 제59조 제2항).
④ 이사의 대표권에 대한 제한은 이를 정관에 기재하지 아니하면 그 효력이 없다(민법 제41조).

38 민법상 물건에 관한 설명으로 옳지 않은 것은?

① 건물 임대료는 천연과실이다.

② 관리할 수 있는 자연력은 동산이다.

③ 건물은 토지로부터 독립한 부동산으로 다루어질 수 있다.

④ 토지 및 그 정착물은 부동산이다.

 해설 •••

집세나 이자 등은 원물을 타인에게 사용시킨 대가로 얻는 과실로 법정과실이다(민법 제101조 제2항). ★

정답 ❶

 핵심만 콕

• 유체물 및 전기 기타 관리할 수 있는 자연력은 물건인데(민법 제98조), 부동산(토지 및 그 정착물) 이외의 물건은 동산이므로(민법 제99조) 관리할 수 있는 자연력은 동산이다.
• 토지 및 그 정착물은 부동산이므로 건물은 토지로부터 독립한 부동산으로 다루어질 수 있다(민법 제99조 제1항).

39 민법상 물건에 관한 설명으로 옳지 않은 것은?

① 물건이라 함은 유체물 및 전기 기타 관리할 수 있는 자연력을 말한다.
② 물건의 용법에 의하여 수취하는 산출물은 법정과실이다.
③ 종물은 주물의 처분에 따른다.
④ 법정과실은 수취할 권리의 존속기간 일수의 비율로 취득한다.

 해설 •••

② 물건의 용법에 의하여 수취하는 산출물은 천연과실이다(젖소의 우유 등). 법정과실은 원물을 타인에게 사용하게 한 대가로서 얻는 과실을 말한다(집세, 이자 등)(민법 제101조).
① 민법 제98조
③ 민법 제100조 제2항
④ 민법 제102조 제2항

 정답 ❷

---

40 민법상 과실(果實)에 해당하지 않는 것은?

① 지상권의 지료
② 임대차에서의 차임
③ 특허권의 사용료
④ 젖소로부터 짜낸 우유

 해설 •••

①·②는 법정과실, ④는 천연과실에 해당한다.

 정답 ❸

 핵심만 콕

법정과실은 반드시 물건의 사용대가로서 받는 금전 기타의 물건이어야 하므로 사용에 제공되는 것이 물건이 아닌 근로의 임금·특허권의 사용료, 사용대가가 아닌 매매의 대금·교환의 대가, 받는 것이 물건이 아닌 공작물의 임대료청구권 등은 법정과실이 아니다.

---

41 민법상 용익물권인 것은?

① 질권
② 지역권
③ 유치권
④ 저당권

 해설 •••

용익물권에는 지상권·지역권·전세권이 있고, 담보물권에는 유치권, 질권, 저당권이 있다.

 정답 ❷

42 다음 중 용익물권에 속하는 것이 아닌 것은?

① 저당권   ② 지상권

③ 지역권   ④ 전세권

쏙쏙 해설 •••

용익물권에는 지상권, 지역권, 전세권이 있고, 제한물권에는 유치권, 질권, 저당권이 있다.

정답 ❶

43 다음 중 법률행위의 효력발생 요건이 아닌 것은?

① 당사자가 의사능력·행위능력을 가지고 있을 것

② 법률행위의 목적이 확정·가능·적법·사회적 타당성이 있을 것

③ 의사와 표시가 일치하고 하자가 없을 것

④ 당사자가 존재할 것

쏙쏙 해설 •••

당사자의 존재는 효력발생 요건이 아니라 성립요건에 해당한다. 법률행위의 효력발생 요건으로는 당사자 권리능력, 의사능력, 행위능력을 가질 것, 법률행위의 목적이 확정·가능, 적법, 사회적 타당성이 있을 것, 의사표시에 있어 의사와 표시가 일치하고 의사표시에 하자가 없을 것 등이 있다.

정답 ❹

44 민법상 전형계약이 아닌 것은?

① 화 해   ② 경 개

③ 현상광고   ④ 종신정기금

쏙쏙 해설 •••

「민법」에 규정된 15가지 전형계약에는 증여, 매매, 교환, 소비대차, 사용대차, 임대차, 고용, 도급, 여행계약, 현상광고, 위임, 임치, 조합, 종신정기금, 화해가 있다. 경개, 공탁, 대물변제 등은 무명계약에 속한다.

정답 ❷

45 유언은 다음 중 어디에 해당하는가?

① 단독행위 ② 합동행위
③ 쌍방행위 ④ 계 약

 해설 •••

유언은 여러 법률행위 중 단독행위에 해당한다. 법률행위란 일정한 법률효과의 발생을 목적으로 하는 의사표시를 요소로 하는 법률요건을 말한다. 법률행위에는 단독행위·계약·합동행위가 있다.

정답 ❶

* 법률행위의 분류

단독행위	한 사람의 단독의사에 의해 법률행위가 성립하는 경우로서 상대방 있는 단독행위(동의·취소·채무변제 등)와 상대방 없는 단독행위(유언·재단법인 설립행위 등)가 있다. 단독행위는 법률이 허용하는 경우에만 할 수 있다.
합동행위	동일한 목적을 향한 복수의 의사표시가 합치함으로써 성립되는 법률행위(사단법인 설립행위)를 말한다.
계 약	계약은 서로 대립되는 둘 이상의 의사표시의 합치에 의하여 성립되는 법률행위(매매계약)를 말한다.

46 우리 민법이 의사표시의 효력발생시기에 대하여 채택하고 있는 원칙적인 입장은?

① 발신주의(發信主義) ② 도달주의(到達主義)
③ 요지주의(了知主義) ④ 공시주의(公示主義)

 해설 •••

의사표시의 효력발생시기에 관하여 우리 민법은 도달주의를 원칙으로 하고(민법 제111조 제1항), 격지자 간의 계약의 승낙 등 특별한 경우에 한하여 발신주의를 예외적으로 취하고 있다.

정답 ❷

47 의사표시의 효력발생에 관한 설명 중 틀린 것은?

① 격지자 간의 계약은 승낙의 통지를 발한 때에 성립한다.
② 우리 민법은 도달주의를 원칙으로 하고 예외적으로 발신주의를 택하고 있다.
③ 의사표시의 부도착(不到着)의 불이익은 표의자가 입는다.
④ 표의자가 그 통지를 발한 후 도달하기 전에 사망하면 그 의사표시는 무효이다.

 해설 •••

의사표시자가 그 통지를 발송한 후 사망하거나 제한능력자가 되어도 의사표시의 효력에 영향을 미치지 아니한다(민법 제111조 제2항).

정답 ❹

48 통정한 허위의 의사표시의 효과로서 옳은 것은?

① 당사자가 추인하면 소급하여 유효로 된다.
② 이러한 의사표시의 당사자의 채권자도 선의의 제3자에 대하여는 무효를 주장하지 못한다.
③ 통정한 허위의 의사표시는 취소할 수 있다.
④ 선의의 제3자에 대하여도 가장양도인은 그 목적물의 반환을 청구할 수 있다.

쏙쏙 해설 •••

통정한 허위의 의사표시란 통정(통모)해서 내심의 의사가 없는 법률행위를 가장하는 것으로 그 요건으로는 의사표시가 있을 것, 의사와 진의가 일치하지 않을 것, 표의자가 표시와 진의의 불일치를 알고 있을 것, 통정이 있을 것을 요한다. 또한 통정허위표시는 무효이고 선의의 제3자에게는 대항하지 못한다(민법 제108조).

정답 ❷

49 의사표시에 관한 다음 기술 중 옳지 않은 것은?

① 진의가 아닌 의사표시는 당사자 사이에는 원칙적으로 유효이다.
② 착오로 인한 의사표시는 원칙적으로 무효이다.
③ 허위표시는 당사자 간에는 언제나 무효이다.
④ 사기에 의한 의사표시는 취소할 수 있다.

쏙쏙 해설 •••

②의 경우는 중요한 부분의 착오시에 취소할 수 있다. 착오란 내심의 의사와 표시상의 의사가 일치하지 않음을 표의자가 모르는 경우로서 그 착오가 법률행위의 중요한 부분에 관한 것이고 표의자 본인이 그러한 착오를 하는 데 중대한 과실이 없으면 취소할 수 있다(민법 제109조). 그러나 그것을 알지 못하는 제3자에 대해서는 취소의 효과를 주장할 수가 없다.

정답 ❷

50 다음 중 의사와 표시의 불일치라고 볼 수 없는 경우는?

① 착 오
② 허위표시
③ 강박에 의한 의사표시
④ 진의 아닌 의사표시

쏙쏙 해설 •••

사기(사람을 기망하여 착오에 빠지게 하는 행위) 또는 강박(공포심을 일으키게 하는 행위)을 당하여 하는 의사표시는 의사와 표시가 일치하는 경우이다. 이러한 의사표시는 상대방이 그 사실을 알았거나 알 수 있었을 경우에 한하여 취소할 수 있지만 의사표시가 취소되더라도 그러한 사정을 모르는 선의의 제3자에 대하여는 취소의 효과를 주장할 수 없다(민법 제110조).

정답 ❸

의사와 표시의 불일치

진의 아닌 표시 (심리 유보)	표의자인 본인이 내심의 의사와 표시상의 의사가 일치하지 않음을 알면서 행한 경우로서 표시한 대로의 효과가 발생한다.
(통정)허위표시	상대방과 통정한 진의 아닌 허위의 의사표시로서 무효이다. 다만, 선의의 제3자에게 그 무효를 주장하지 못한다.
착오로 인한 의사표시	내심의 의사와 표시상의 의사가 일치하지 않음을 표의자가 모르는 경우로서 그 착오가 법률행위의 중요한 부분에 관한 것이고 표의자 본인이 그러한 착오를 하는 데 중대한 과실이 없으면 취소할 수 있다. 그러나 그것을 알지 못하는 제3자에 대해서는 취소의 효과를 주장할 수가 없다.

51 민법상 대리에 관한 설명으로 옳지 않은 것은?

① 행위능력자가 아니면 대리인이 될 수 없다.
② 대리인이 파산하면 대리권은 소멸된다.
③ 불법행위에서는 대리가 인정될 수 없다.
④ 복대리인은 그 권한 내에서 본인을 대리한다.

대리인은 행위능력자임을 요하지 아니한다(민법 제117조).

 정답 ❶

52 대리에 관한 다음 설명 중 옳은 것은?

① 대리인이 수인일 때는 공동대리를 원칙으로 한다.
② 대리인은 제한능력자라도 상관없다.
③ 대리인은 행위능력자이어야 한다.
④ 임의대리인은 자유로이 복대리인을 선임할 수 있다.

대리인은 의사능력만 있으면 족하고, 행위능력자임을 요하지 않는다.

 정답 ❷

53 다음 중 대리가 허용될 수 있는 행위는 어느 것인가?

① 사실행위
② 유 언
③ 불법행위
④ 매매계약

쏙쏙 해설 •••

신분법상 행위, 쌍방대리, 불법행위, 유언 등의 사실행위 등에는 대리가 허용되지 않는다. ★

정답 ❹

54 다음 중 대리에 관하여 틀린 것은?

① 불법행위책임도 본인이 부담한다.
② 무권대리에 대한 본인의 추인은 소급효가 있다.
③ 대리제도는 근대 사회의 소산이다.
④ 복대리인은 대리인이 대리인 자신의 이름으로 선임한 본인의 대리인이다.

쏙쏙 해설 •••

불법행위책임은 대리인이 부담한다.

정답 ❶

55 다음은 대리에 관한 기술이다. 옳지 않은 것은?

① 대리행위의 하자는 본인을 표준으로 결정하여야 한다.
② 자기계약이나 쌍방대리도 본인의 허락이 있으면 할 수 있다.
③ 대리인이 행한 의사표시의 효과는 직접 본인에게 귀속한다.
④ 대리인의 행위가 대리행위로서 성립하려면 본인을 위한 것임을 표시하여야 한다.

쏙쏙 해설 •••

본인을 위한 것임을 표시하는 것을 현명주의라 하며, 민법 제116조에서 "의사표시의 효력이 의사의 흠결, 사기, 강박 또는 어떤 사정을 알았거나 과실로 알지 못한 것으로 인하여 영향을 받을 경우에 그 사실의 유무는 대리인을 표준으로 결정한다."고 규정하고 있다.

정답 ❶

56 권한을 넘은 표현대리에 관한 다음 기술 중 틀린 것은?

① 권한을 넘은 표현대리규정에서 제3자라 함은 대리행위의 상대방만을 의미한다.
② 본인은 대리인의 행위에 대하여 책임을 져야 한다.
③ 본조의 일정한 행위에 대하여 대리권이 있어야 한다.
④ 대리권이 없는 자가 위임장을 위조하여 대리행위를 한 경우에도 본조의 적용을 받는다.

쏙쏙 해설 •••

민법 제126조는 대리권이 전혀 없는 자의 행위에 관하여는 그 적용이 없다.

정답 ❹

57 대리에 관한 설명 중 틀린 것은?

① 대리인은 반드시 행위능력이 있어야 한다.
② 복대리인은 본인의 대리인이다.
③ 준법률행위에는 대리가 인정되지 않는다.
④ 법정대리인의 발생원인은 법률규정의 경우, 지정권자의 지정행위 또는 법원의 선임행위에 의한 경우이다.

 해설 •••

대리인은 의사능력만 있으면 족하고, 행위능력자임을 요하지 아니한다(민법 제117조).

정답 ❶

58 복대리에 관한 설명 중 틀린 것은?

① 복대리인은 그 권한 내에서 본인을 대리한다.
② 대리인은 자기 이름으로 복대리인을 선임한다.
③ 법정대리인은 그 책임으로 복대리인을 선임할 수 있다.
④ 복대리인을 선임한 뒤에는 대리인의 대리권은 소멸된다.

 해설 •••

복대리인은 대리인의 대리권에 기하여 선임된 본인의 대리인으로 대리인의 감독을 받을 뿐만 아니라 그 대리권의 존재 및 범위에 의존하여 대리인과 동일한 권리·의무를 가지므로 복대리인을 선임한 뒤에도 대리인은 여전히 대리권을 가진다. 복대리인은 대리인의 대리권이 소멸하면 복대리인의 지위도 소멸한다.

정답 ❹

59 대리권의 소멸사유로 볼 수 없는 것은?

① 본인의 사망
② 본인의 성년후견의 개시
③ 대리인의 파산
④ 대리인의 성년후견의 개시

해설 •••

법정대리의 소멸원인에는 본인의 사망, 대리인의 사망, 대리인의 성년후견의 개시 또는 파산 등이 있다(민법 제27조).

정답 ❷

60 법률행위의 취소와 추인에 관한 설명이다. 가장 옳지 않은 것은?

① 취소할 수 있는 법률행위를 취소할 수 있는 자는 무능력자, 하자 있는 의사표시를 한 자, 그 대리인 또는 승계인이며, 추인할 수 있는 자도 같다.

② 취소할 수 있는 법률행위의 추인은 무권대리행위의 추인과는 달리 추인의 소급효는 문제되지 않는다.

③ 추인은 취소의 원인이 종료한 후에 하여야 효력이 있는데, 다만 법정대리인이 추인하는 경우에는 그렇지 않다.

④ 취소권자가 전부나 일부의 이행, 이행의 청구, 담보의 제공 등을 한 경우에는 취소의 원인이 종료되기 전에 한 것이라도 추인한 것으로 보아야 한다.

 쏙쏙 **해설** •••

④ 법정추인사유는 취소의 원인이 종료한 후에 발생하여야 한다.★
① 민법 제140조·제143조
② 무권대리의 추인은 소급효가 있다 (민법 제133조). 그러나 취소할 수 있는 법률행위의 추인은 소급효 자체가 무의미하다.★
③ 민법 제144조

정답 ❹

61 다음 중 법률효과가 처음부터 발생하지 않는 것은 어느 것인가?

① 착 오　　　　② 취 소
③ 무 효　　　　④ 사 기

 쏙쏙 **해설** •••

무효란 그 행위가 성립하던 당초부터 당연히 법률효과가 발생하지 못하는 것이며 비진의 표시(심리유보), 통정허위표시, 강행법규에 반하는 법률행위 등이 그 예이다.

정답 ❸

62 다음 중 취소가 되는 의사표시는?

① 진의 아닌 의사표시
② 중대한 과실로 인한 착오의 의사표시
③ 통정한 허위의 의사표시
④ 사기에 의한 의사표시

 쏙쏙 **해설** •••

①은 원칙적으로 유효인 의사표시이고, ②는 취소할 수 없는 의사표시이며, ③은 무효인 의사표시이다.

정답 ❹

63 법률행위의 취소에 관한 설명으로 틀린 것은?

① 취소의 효과는 선의의 제3자에게 대항할 수 없는 것이 원칙이다.

② 취소할 수 있는 법률행위는 취소의 원인이 종료되기 전에 추인을 할 수 있는 것이 원칙이다.

③ 취소된 법률행위는 처음부터 무효인 것으로 보는 것이 원칙이다.

④ 취소할 수 있는 의사표시를 한 자의 대리인도 그 행위를 취소할 수 있다.

쏙쏙 해설 •••

법률행위의 취소에 대한 추인은 취소의 원인이 종료한 후에 하여야 한다(민법 제144조 제1항).

정답 **❷**

64 법률행위의 조건에 관한 설명이다. 틀린 것은?

① 해제조건부 법률행위는 그 조건이 성취한 때로부터 그 효력이 생긴다.

② 조건이 사회질서에 반하는 것인 때에는 그 법률행위는 무효로 한다.

③ 조건의 성취가 아직 정하여지지 아니한 권리도 상속될 수 있다.

④ "내일 비가 오면 이 반지를 주겠다."는 약속은 정지조건부 법률행위이다.

쏙쏙 해설 •••

해제조건 있는 법률행위는 조건이 성취한 때로부터 그 효력을 잃고, 정지조건 있는 법률행위는 조건이 성취한 때로부터 그 효력이 생긴다(민법 제147조).

정답 **❶**

65 조건과 기한을 비교한 것이다. 틀린 것은?

① 양자 모두 법률행위의 부관이다.

② 조건이 되는 사실이나 기한이 되는 사실이나 모두 장래의 사실이다.

③ 기한은 도래함이 확실하고, 조건은 그 성부가 불확실하다.

④ 어음(수표)행위는 조건에는 친하나 기한에는 친하지 않다.

쏙쏙 해설 •••

④의 어음행위는 기한에는 친하나 조건은 붙이지 못한다.

정답 **❹**

CHAPTER 03

조건이라 함은 법률행위의 효력의 발생 또는 소멸이 장래의 불확정한 사실의 성부에 달려있는 부관을 말하며, 기한은 법률행위의 발생·소멸 또는 채무의 이행을 장래 도래할 것이 확실한 사실의 발생에 의존시키는 부관을 말한다. 양자는 모두 법률행위의 당사자가 임의로 정한 법률행위의 부관으로서 법률행위에서 보통 발생하는 효과를 특히 제한하기 위하여 법률행위의 일부로서 부과하는 약관이다.

---

66 다음 중 시효제도의 존재이유에 대하여 틀린 것은?

① 증거보전 곤란 구제
② 권리위에 잠자는 자는 보호하지 않음
③ 연속한 사실상태의 존중
④ 진정한 권리자의 보호

 쏙쏙 해설 •••

시효제도는 그 요건으로서 진정한 권리관계 여부를 묻지 않으므로 오히려 진정한 권리자의 권리를 불이익하게 할 수 있다.

정답 ❹

---

67 경비업자의 채무불이행책임이 발생하는 경우가 아닌 것은?

① 경비원의 부주의로 경비대상 시설이 파손된 경우
② 경비원이 업무수행 과정에서 과실로 제3자에게 부상을 입힌 경우
③ 경비원이 업무수행 과정에서 근무태만으로 인하여 도난사고가 발생한 경우
④ 경비원이 업무수행 과정에서 취득한 고객의 비밀을 누설하여 손해를 끼친 경우

쏙쏙 해설 •••

경비업무집행의 과정에서 고의 또는 과실로 인하여 타인의 권리나 이익을 불법으로 침해하여 상대방에게 손해를 끼친 경우에는 민법 제750조에 따른 불법행위책임이 발생한다.

정답 ❷

68 甲이 전파상에 고장난 라디오를 수리의뢰한 경우, 전파상 주인이 수리대금을 받을 때까지 甲에게 라디오의 반환을 거부할 수 있는 권리는?

① 저당권　　　　　　② 질 권
③ 지역권　　　　　　④ 유치권

해설 •••

유치권은 타인의 물건이나 유가증권을 점유한 자가 그 물건이나 유가증권에 관하여 생긴 채권이 있는 경우에 변제받을 때까지 그 물건이나 유가증권을 유치할 수 있는 담보물권을 말한다.

정답 ❹

69 다음 중 소멸시효의 중단사유가 아닌 것은?

① 청 구　　　　　　② 압 류
③ 취 소　　　　　　④ 승 인

해설 •••

소멸시효의 중단사유로는 청구·압류 또는 가압류·가처분·승인이 있다(민법 제168조).

정답 ❸

소멸시효의 중단과 정지
• 정당한 권리자는 사실상태의 진행을 중단시켜 시효의 완성을 방지할 필요가 있는 바, 이를 시효의 중단이라 한다. 시효의 중단은 당사자 및 그 승계인 간에만 효력이 있다(민법 제69조).
• 중단사유로는 청구·압류 또는 가압류·가처분·승인이 있다.
• 시효의 정지라 함은 시효완성 직전에 그대로 시효를 완성시켜서는 권리자에게 가혹하다는 사정이 있을 때 시효의 완성을 일정기간 유예하는 제도이다.

70 민법상 소멸시효기간이 3년인 것은?

① 의복의 사용료 채권
② 여관의 숙박료 채권
③ 연예인의 임금 채권
④ 도급받은 자의 공사에 관한 채권

해설 •••

④만 단기소멸시효 3년에 해당하고, 나머지는 1년의 소멸시효에 해당한다.

정답 ❹

CHAPTER 03

단기소멸시효 1년과 3년의 비교

1년의 소멸시효 (민법 제164조)	1. 여관, 음식점, 대석, 오락장의 숙박료, 음식료, 대석료, 입장료, 소비물의 대가 및 체당금의 채권
	2. 의복, 침구, 장구 기타 동산의 사용료의 채권
	3. 노역인, 연예인의 임금 및 그에 공급한 물건의 대금채권
	4. 학생 및 수업자의 교육, 의식 및 유숙에 관한 교주, 숙주, 교사의 채권
3년의 소멸시효 (민법 제163조)	1. 이자, 부양료, 급료, 사용료 기타 1년 이내의 기간으로 정한 금전 또는 물건의 지급을 목적으로 한 채권
	2. 의사, 조산사, 간호사 및 약사의 치료, 근로 및 조제에 관한 채권
	3. 도급받은 자, 기사 기타 공사의 설계 또는 감독에 종사하는 자의 공사에 관한 채권
	4. 변호사, 변리사, 공증인, 공인회계사 및 법무사에 대한 직무상 보관한 서류의 반환을 청구하는 채권
	5. 변호사, 변리사, 공증인, 공인회계사 및 법무사의 직무에 관한 채권
	6. 생산자 및 상인이 판매한 생산물 및 상품의 대가
	7. 수공업자 및 제조자의 업무에 관한 채권

71 채권자가 그의 채권을 담보하기 위하여 채무의 변제기까지 채무자로부터 인도받은 동산을 점유·유치하기로 채무자와 약정하고, 채무의 변제가 없는 경우에 그 동산의 매각대금으로부터 우선변제 받을 수 있는 담보물권은?

① 질 권
② 유치권
③ 저당권
④ 양도담보권

설문은 질권에 대한 내용이다(민법 제329조)

 ❶

② 유치권은 타인의 물건이나 유가증권을 점유한 자가 그 물건이나 유가증권에 관하여 생긴 채권이 변제기에 있는 경우에 그 채권을 변제받을 때까지 그 물건이나 유가증권을 유치할 수 있는 법정담보물권이다.
③ 저당권은 채권자가 채무자 또는 제3자로부터 점유를 옮기지 않고 그 채권의 담보로 제공된 부동산에 대하여 일반 채권자에 우선하여 변제를 받을 수 있는 약정담보물권이다.
④ 양도담보권은 채권담보의 목적으로 물건의 소유권을 채권자에게 이전하고 채무자가 이행하지 아니한 경우에는 채권자가 그 목적물로부터 우선변제를 받게 되지만, 채무자가 이행을 하는 경우에는 목적물을 다시 원소유자에게 반환하는 비전형 담보물권이다.

72 보증채무에 관한 설명으로 옳지 않은 것은?

① 주채무가 소멸하면 보증채무도 소멸한다.
② 보증채무는 주채무가 이행되지 않을 때 비로소 이행하게 된다.
③ 채무를 변제한 보증인은 선의의 주채무자에 대해서는 구상권을 행사하지 못한다.
④ 채권자가 보증인에 대하여 이행을 청구하였을 때, 보증인은 주채무자에게 먼저 청구할 것을 요구할 수 있다.

쏙쏙 해설 •••

주채무자의 부탁으로 보증인이 된 자가 과실없이 변제 기타의 출재로 주채무를 소멸하게 한 때에는 주채무자에 대하여 구상권이 있다(민법 제441조 제1항).

정답 ❸

73 여러 채무자가 같은 내용의 급부에 관하여 각각 독립해서 전부의 급부를 하여야 할 채무를 부담하고 그 중 한 채무자가 전부의 급부를 하면 모든 채무자의 채무가 소멸하게 되는 다수당사자의 채무관계는?

① 분할채권관계　　② 연대채무
③ 보증채무　　　　④ 양도담보

쏙쏙 해설 •••

② 연대채무 : 수인의 채무자가 채무 전부를 각자 이행할 의무가 있고 채무자 1인의 이행으로 다른 채무자도 그 의무를 면하게 되는 때에는 그 채무는 연대채무로 한다(민법 제413조).

정답 ❷

핵심만 콕 ··········

① 분할채권 : 같은 채권에 2인 이상의 채권자 또는 채무자가 있을 때 분할할 수 있는 채권을 말한다. 이런 채권을 가분채권(분할채권)이라고도 한다.
③ 보증채무 : 채권자와 보증인 사이에 체결된 보증계약에 의하여 성립하는 채무로서 주채무자가 그 채무를 이행하지 않는 경우에 보증인이 이를 보충적으로 이행하여야 하는 채무를 말한다.
④ 양도담보 : 채권담보의 목적으로 일정한 재산을 양도하고, 채무자가 채무를 이행하지 않는 경우에 채권자는 목적물로부터 우선변제(優先辨濟)를 받게 되나, 채무자가 이행을 하는 경우에는 목적물을 채무자에게 반환하는 방법에 의한 담보를 말한다.

74 다음 중 민법상 부당이득의 요건이 아닌 것은?

① 타인의 재산 또는 노무로 인하여 이익을 얻을 것
② 수익은 법률행위에 의하여 얻은 것일 것
③ 그 이익이 법률상의 원인이 없는 것일 때
④ 타인에게 손해를 가할 것

 쏙쏙 해설 •••

민법상 부당이득의 경우 수익은 법률행위에 의하여 얻은 것에 국한되지 않으며, 사실행위를 통하여 얻은 것도 인정된다.

정답 ❷

75 불법행위로 인한 손해배상책임의 성립요건으로 타당하지 않은 것은?

① 고의 또는 과실에 의한 행위일 것
② 위법행위
③ 중대한 과실에 의한 행위일 것
④ 손해의 발생

쏙쏙 해설 •••

불법행위의 내용과 관련하여 고의 또는 과실로 인한 위법행위로 타인에게 손해를 가한 자는 그 손해를 배상할 책임이 있다고 민법 제750조에서 규정하고 있다. 그러므로 중대한 과실을 요건으로 하지는 않는다.

정답 ❸

76 민법상 불법행위책임의 성립요건이 아닌 것은?

① 고의나 과실로 인한 가해행위일 것
② 가해행위가 위법성이 있을 것
③ 가해자의 행위능력이 있을 것
④ 가해행위로 인한 손해가 발생할 것

쏙쏙 해설 •••

민법 제750조는 일반불법행위 성립요건으로 고의나 과실에 의한 가해행위가 있을 것, 가해행위가 위법할 것, 가해자에게 책임능력이 있을 것, 가해행위로 타인에게 손해가 발생할 것을 요건으로 한다. 따라서 가해자의 행위능력은 일반불법행위 성립요건이 아니다.

정답 ❸

 핵심만 콕

책임능력과 행위능력
책임능력과 행위능력은 구별하여야 한다. 만 19세 이상은 행위능력자이지만 만 19세 미만자는 미성년자로서 제한능력자이다. 제한능력자라고 무조건 책임능력이 부정되지는 않는다. 책임무능력자는 일반적으로 만 14세 미만의 형사미성년자, 심신상실자를 말한다. 따라서 책임능력은 있어도 행위능력이 제한되는 가해자가 있을 수 있는 것이다.

77 손해배상에 관한 설명으로 옳지 않은 것은?

① 민법상의 손해배상은 금전배상을 원칙으로 한다.
② 불법행위로 인한 손해배상채무는 불법행위가 있었던 때부터 발생한다.
③ 불법행위로 인하여 피해자가 손해를 입음과 동시에 이익을 얻은 경우에는 배상액에 그 이익을 공제하여야 하며 이를 과실상계라 한다.
④ 여러 명이 공동으로 불법행위를 한 때에는 각자가 연대하여 손해배상책임을 진다.

쏙쏙 해설 •••

③은 손익상계에 대한 설명이다. 불법행위의 성립 또는 손해발생의 확대에 피해자의 유책행위가 존재하는 경우에 손해배상책임의 유무 또는 그 범위를 결정하는데 그것을 참작하는 제도를 과실상계라고 한다.

정답 ❸

78 민법상 불법행위로 인한 손해배상을 설명한 것으로 옳은 것은?

① 태아는 불법행위에 대한 손해배상청구에 있어서는 이미 출생한 것으로 본다.
② 피해자가 수인의 공동불법행위로 인하여 손해를 입은 경우 가해자 각자의 기여도에 대해서만 그 손해의 배상을 청구할 수 있다.
③ 고의 또는 과실로 심신상실을 초래하였더라도 심신상실의 상태에서 행해진 것이라면, 배상책임이 인정되지 않는다.
④ 미성년자가 타인에게 손해를 가한 경우에 그 행위의 책임을 변식할 지능이 없는 경우에도 배상책임이 있다.

쏙쏙 해설 •••

① 민법 제762조
② 공동불법행위의 경우에는 부진정연대채무를 부담한다.
③ 고의 또는 과실로 심신상실을 초래하였으므로 배상책임이 인정된다.
④ 책임능력이 없는 미성년자의 경우 배상책임이 없고, 그의 감독자 책임만이 문제된다(민법 제755조).

정답 ❶

79 A는 자신의 소유인 甲건물을 B에게 2억원에 매도하는 계약을 체결하였다. 그런데 이웃 건물에 화재가 나서 甲건물이 전소(全燒)되었다. 다음 설명 중 옳은 것은?

① A는 전소된 甲건물을 인도하고, 매매대금 중 일부만을 청구할 수 있다.

② A는 甲건물을 인도할 의무는 없지만, B에게 손해배상을 해주어야 한다.

③ A는 甲건물을 인도할 의무가 없으며, B에게 매매대금을 청구할 수 없다.

④ A는 전소된 甲건물을 인도하고, B에게 매매대금 전액을 청구할 수 있다.

 해설 •••

甲건물을 매수하기로 하고 계약을 체결하였으나 그 건물을 명도받기 전에 이웃에서 불이 나서 그 집이 불타버려 없어진 경우처럼 A나 B의 책임 없는 사유로 매매의 목적물이 없어져서 인도할 수 없게 되었을 때는 A는 B에게 잔금을 청구할 수 없고 동시에 B에게 집을 명도해 줄 의무도 없어진다. 그러므로 A는 B에게 나머지 매매대금을 달라고 할 수 없으나 B는 A에 대하여 이미 지급한 계약금의 반환을 청구할 수 있다(위험부담).

정답 ❸

80 경비회사 甲이 乙과 경비계약을 체결하기 위하여 제안서를 교부하였을 때, 다음 중 옳은 것은?

① 甲이 의사표시가 진의가 아님을 乙이 알았다면 甲의 의사표시는 무효이다.

② 甲의 의사표시가 乙의 사기로 인한 것이라면 甲의 의사표시는 무효이다.

③ 甲의 의사표시가 乙의 강박으로 인한 것이라면 甲의 의사표시는 무효이다.

④ 甲과 乙이 서로 통정한 허위의 의사표시라면 甲의 의사표시는 취소할 수 있다.

 해설 •••

①은 민법 제107조 제1항 단서의 무효사유이다. ②, ③은 민법 제110조 제1항의 취소사유이고, ④는 민법 제108조 제1항의 무효사유이다.

정답 ❶

81 고객 乙이 경비회사 甲을 상대로 손해배상을 원인으로 민사소송을 제기하였을 때, 다음 중 옳지 않은 것은?

① 乙은 강제집행을 보전하기 위하여 가압류 절차를 밟을 수 있다.
② 이 소송목적의 값이 5,000만 원 이하라면 소액사건심판법의 절차에 의한다.
③ 항소는 판결서가 송달된 날부터 2주 이내에 하여야 하나, 판결서 송달 전에도 할 수 있다.
④ 乙이 미성년자라도 독립하여 법률행위를 할 수 있는 경우에는 소송을 제기할 수 있다.

 쏙쏙 해설 •••

3,000만원을 초과하지 아니하는 소액사건은 소액사건심판법의 절차에 의한다(소액사건심판규칙 제1조의2). 즉, 3,000만원 이하의 소액사건은 소액사건심판법의 절차에 의하나, 3,001만원 이상의 소액사건은 소액사건심판법의 절차에 의할 수 없다.

 정답 ❷

CHAPTER 03

82 경비회사 甲의 경비원 A는 임산부 B를 경호하다가 A의 과실로 B의 태아 C가 사산되었다면, 다음 중 옳지 않은 것은?(단, 甲은 A의 선임 및 사무 감독에 상당한 주의를 다하지 않았음)

① B는 甲에게 손해배상청구를 할 수 있다.
② B는 A에게 손해배상청구를 할 수 있다.
③ C는 甲에게 손해배상청구를 할 수 없다.
④ C는 A에게 손해배상청구를 할 수 있다.

 쏙쏙 해설 •••

"출생 전의 태아에게는 원칙적으로 권리능력이 없으나 불법행위로 인한 손해배상청구, 상속, 유증 등의 경우에는 예외적으로 인정된다"는 논의는 태아가 살아있음을 전제로 한 논의이다. 사안처럼 태아 C가 사산된 경우에는 판례나 학설에 의할지라도 태아 C는 보호받을 수 없다.★★

 정답 ❹

83 경비업체 甲과 상가 건물의 건물주 乙이 경비계약을 체결한 경우, 경비원 A가 오토바이를 타고 순찰을 하던 중 부주의로 행인 B를 치어 상해를 입혔고 넘어진 오토바이로 인해 상가 건물의 화단이 훼손되었다. 甲과 A의 책임에 관한 설명으로 옳지 않은 것은?

① A는 乙에게 채무불이행에 기한 손해배상책임을 부담한다.

② B는 甲에게 사용자책임을 물어 직접 손해배상을 청구할 수 있다.

③ B는 A에게 불법행위에 기한 손해배상을 청구할 수 있다.

④ 甲은 A의 화단 훼손행위에 의한 손해를 乙에게 배상하여야 한다.

 해설 •••

A는 화단 훼손행위에 대하여 乙에게 불법행위에 따른 손해배상책임을 진다. 채무불이행에 따른 손해배상책임은 계약상 채권·채무관계가 성립한 경우 해당 채무를 이행하지 않은 경우에 발생하는 책임이다.

정답 ❶

84 경비견을 보관하는 경비원의 책임에 관한 설명으로 옳지 않은 것은?

① 경비원의 과실로 경비견이 고객의 애완동물을 죽인 경우, 형사상 재물손괴죄의 책임을 진다.

② 경비견이 지나가는 행인을 물어 사망케 한 경우, 형사상 과실치상죄의 책임을 질 수 있다.

③ 경비견이 지나가는 행인을 물어 손해를 가한 경우, 민사상 손해배상책임이 있다.

④ 경비견의 보관에 상당한 주의의무를 다한 것을 입증한 경우, 민사상 손해배상책임을 지지 않는다.

해설 •••

형사상 재물손괴죄는 과실로 인한 손괴의 경우에는 성립하지 않기 때문에 민법상 손해배상은 청구할 수 있으나 형사상의 책임은 발생하지 않는다.

정답 ❶

85 경비업무 중 근무태만으로 도난사고가 발생하여 고객이 재산상의 손해를 입은 경우 경비업자의 책임은 무엇인가?

① 하자담보
② 사무관리
③ 채무불이행
④ 부당이득

 쏙쏙 해설 •••

근무태만으로 도난사고가 발생한 것은 채무의 내용에 좇은 이행을 하지 아니한 것이므로 경비업자는 채무불이행책임을 지게된다(민법 제390조).

정답 ❹

 법령 채무불이행과 손해배상(민법 제390조)
채무자가 채무의 내용에 좇은 이행을 하지 아니한 때에는 채권자는 손해배상을 청구할 수 있다. 그러나 채무자의 고의나 과실없이 이행할 수 없게 된 때에는 그러하지 아니하다.

86 아파트 경비원이 근무 중 인근의 상가 건물에 화재가 난 것을 보고 달려가서 화재를 진압한 행위에 관한 설명으로 옳지 않은 것은?

① 경비업무의 범위를 벗어난 행위이기 때문에 경비원에게 화재를 진압할 법적 의무가 없다.
② 경비원은 상가 건물주에게 이익이 되는 방법으로 화재를 진압해야 한다.
③ 상가 건물주의 이익에 반하지만 공공의 이익을 위해 화재를 진압하다가 손해를 끼친 경우, 경비원은 과실이 없더라도 손해를 배상할 책임이 있다.
④ 경비원이 상가 건물 임차인의 생명을 구하기 위해 화재를 진압하다가 발생한 손해는 고의나 중과실이 없으면 배상할 책임이 없다.

 쏙쏙 해설 •••

③ 아파트 경비원이 상가 건물주의 이익에 반하지만 공공의 이익을 위해 화재를 진압하다가 손해를 끼친 경우 경비원에게 중대한 과실이 없으면 배상할 책임이 없다(민법 제734조 제3항).
① 경비업무의 범위를 벗어난 화재 진압은 경비업무의 법적의무 사항이 아니다.
② 민법 제734조 제1항
④ 민법 제735조

정답 ❸

 법령 사무관리의 내용(민법 제734조)
① 의무없이 타인을 위하여 사무를 관리하는 자는 그 사무의 성질에 좇아 가장 본인에게 이익되는 방법으로 이를 관리하여야 한다.
② 관리자가 본인의 의사를 알거나 알 수 있는 때에는 그 의사에 적합하도록 관리하여야 한다.
③ 관리자가 전2항의 규정에 위반하여 사무를 관리한 경우에는 과실없는 때에도 이로 인한 손해를 배상할 책임이 있다. 그러나 그 관리행위가 공공의 이익에 적합한 때에는 중대한 과실이 없으면 배상할 책임이 없다.

긴급사무관리(민법 제735조)
관리자가 타인의 생명, 신체, 명예 또는 재산에 대한 급박한 위해를 면하게 하기 위하여 그 사무를 관리한 때에는 고의나 중대한 과실이 없으면 이로 인한 손해를 배상할 책임이 없다.

87 A상가의 경비책임자인 乙의 부주의로 인해 甲점포에 도둑이 들었다. 이 경우 경비책임자인 乙의 민사상 손해배상 책임과 관련한 다음 설명 중 옳지 않은 것은?

① 불법행위로 인한 손해배상에 있어서는 정신적 손해가 포함될 수 없다.

② 乙은 甲에 대해 계약상의 손해배상책임을 부담할 수도 있다.

③ 甲이 乙에게 불법행위에 기한 손해배상을 청구하기 위해서는 乙에게 고의 또는 과실이 인정되어야 한다.

④ 乙의 불법행위책임이 인정되려면 乙의 부주의한 행위와 甲의 손해 사이에 인과관계가 인정되어야 한다.

 쏙쏙 해설 ‥‥

불법행위란 불법으로 타인의 권리 혹은 이익을 침해하여 손해를 입히는 것을 말하며, 손해를 입은 자에게 불법행위자 혹은 그와 긴밀한 관계에 있는 자가 지는 배상책임으로 재산상의 손해는 물론 정신적 피해도 포함될 수 있다.

정답 ❶

88 다음 중 혈족(血族)에 해당하지 않는 것은?

① 본인의 직계존속

② 본인의 배우자의 직계존속

③ 본인의 직계비속

④ 본인의 직계존속의 형제자매

 쏙쏙 해설 ‥‥

②는 인척관계이다.

정답 ❷

 법령

제767조(친족의 정의) 배우자, 혈족 및 인척을 친족으로 한다.

제768조(혈족의 정의) 자기의 직계존속과 직계비속을 직계혈족이라 하고 자기의 형제자매와 형제자매의 직계비속, 직계존속의 형제자매 및 그 형제자매의 직계비속을 방계혈족이라 한다.

제769조(인척의 계원) 혈족의 배우자, 배우자의 혈족, 배우자의 혈족의 배우자를 인척으로 한다

89 민법상 친족에 관한 설명으로 옳지 않은 것은?

① 자기의 직계존속과 직계비속을 직계혈족이라 한다.

② 자기의 형제자매와 형제자매의 직계비속, 직계존속의 형제자매 및 그 형제자매의 직계비속을 방계혈족이라 한다.

③ 혈족의 배우자, 배우자의 혈족, 배우자의 혈족의 배우자를 인척으로 한다.

④ 입양으로 인한 친족관계는 입양의 취소나 파양이 있어도 종료되지 않는다.

쏙쏙 **해설** •••

입양으로 인한 친족관계는 입양의 취소 또는 파양으로 인하여 종료한다(민법 제776조).

정답 ❹

90 민법상 재판상 이혼원인에 해당하지 않는 것은?

① 배우자의 생사가 1년간 분명하지 아니한 때

② 배우자가 악의로 다른 일방을 유기한 때

③ 배우자로부터 심히 부당한 대우를 받았을 때

④ 자기의 직계존속이 배우자로부터 심히 부당한 대우를 받았을 때

쏙쏙 **해설** •••

배우자의 생사가 3년간 분명하지 아니한 때에 재판상 이혼원인이 된다(민법 제840조 제5호).

정답 ❶

91 민사소송법상 보통재판적에 관한 설명으로 옳지 않은 것은?

① 소는 원고의 보통재판적이 있는 곳의 법원이 관할한다.

② 사람의 보통재판적은 원칙적으로 그의 주소에 따라 정한다.

③ 법인의 보통재판적은 주된 사무소 또는 영업소가 있는 곳에 따라 정하고, 사무소와 영업소가 없는 경우에는 주된 업무담당자의 주소에 따라 정한다.

④ 국가의 보통재판적은 그 소송에서 국가를 대표하는 관청 또는 대법원이 있는 곳으로 한다.

쏙쏙 **해설** •••

소는 피고의 보통재판적이 있는 곳의 법원이 관할한다(민사소송법 제2조).★

정답 ❶

92 민사소송법상 항소에 관한 설명으로 옳지 않은 것은?

① 항소장의 부본은 피항소인에게 송달하여야 한다.

② 항소는 판결서 송달 전에는 할 수 없고, 판결서가 송달된 날부터 2주 후에 할 수 있다.

③ 항소는 항소심의 종국판결이 있기 전에 취하할 수 있다.

④ 소송비용 및 가집행에 관한 재판에 대하여는 독립하여 항소를 하지 못한다.

 해설 •••

항소는 판결서가 송달된 날부터 2주 이내에 하여야 한다. 다만, 판결서 송달 전에도 할 수 있다(민사소송법 제396조 제1항).★

정답 ❷

93 소송자료의 제출을 소송당사자에게 일임하는 것을 무엇이라 하는가?

① 직권주의　　　　② 법률주의

③ 직접심리주의　　④ 변론주의

 해설 •••

변론주의란 소송자료의 수집·제출 책임을 당사자에게 일임하고 법원은 그에 의거 재판하는 민사소송법상의 원칙을 말한다.

정답 ❹

 핵심만 콕

① 직권주의 : 법원의 소송의 주도적 지위를 인정하여 법원의 직권에 의하여 심리를 진행하는 소송구조를 의미한다.
③ 직접심리주의 : 당사자의 변론 및 증거조사를 수소법원의 면전에서 직접 실시하는 주의를 말한다.

94 민사소송의 주체에 관한 다음 설명 중 옳은 것은?

① 보통재판적은 원칙적으로 원고의 주소지이므로, 일단 원고의 주소지의 관할 지방법원에 소를 제기하면 토지관할을 갖추게 된다.

② 민사소송을 제기할 수 있는 자격 또는 지위를 당사자능력이라고 하며, 이는 민법상 권리능력과 동일하다.

③ 소송대리인은 변호사가 아니라도 원칙적으로 무방하다.

④ 미성년자는 소송능력이 없으므로 그 법정대리인이 소송행위를 대리한다.

해설 •••

미성년자는 소송능력이 없으므로 원칙적으로 법정대리인에 의해서만 소송행위를 할 수 있다(민사소송법 제55조 제1항 본문).

정답 ❹

① 소(訴)는 피고의 보통재판적이 있는 곳의 법원이 관할한다(민사소송법 제2조).
② 민사소송법상 당사자능력이란 원고·피고 또는 참가인으로서 자기의 명의로 소송을 하고 소송상의 법률효과를 받을 수 있는 자격, 즉 소송법상의 권리능력이다. 당사자능력은 민법상의 권리능력에 대응하는 개념이며, 권리능력을 가진 자는 당사자능력을 가지지만, 당사자능력을 가진 자가 반드시 권리능력이 있는 것은 아니다.
③ 소송위임에 기한 소송대리인은 특정의 사건에 관하여 소송의 수행을 위임받아 이를 위한 대리권을 부여받은 대리인으로 원칙상 변호사이어야 하나(민사소송법 제87조) 법원의 허가가 있으면 변호사가 아니라도 될 수 있다(민사소송법 제88조).

95 다음은 판결의 종류를 설명한 것이다. 그 설명이 틀린 것은?

① 원고의 청구권을 인정하고 피고에게 의무이행을 명하는 것을 내용으로 하는 판결을 이행판결이라 한다.
② 권리·법률관계의 존재나 부존재를 확정하는 것을 내용으로 하는 판결을 확인판결이라 한다.
③ 종국판결은 소송사건의 심리가 다 끝난 뒤에 선고하여 그 심급을 종결시키는 판결로서, 일반적으로 판결이라 하면 이를 말한다.
④ 원고의 청구가 이유 없다고 배척하는 판결, 즉 원고를 패소시키는 판결을 각하판결이라 한다.

 해설 •••

④ 원고의 청구가 이유 없다고 배척하는 판결은 기각판결이다.

정답 ❹

법원은 소(訴)의 제기가 있으면 먼저 소송요건을 판단하여 소송판결을 한다. 소가 소송요건을 갖추지 못한 경우에는 각하판결을 하며, 소송요건을 갖춘 경우에는 본안에 관하여 심리를 하여 본안판결을 한다. 본안판결에는 청구 또는 주장이 정당하다고 인정하는 인용판결, 정당하지 않다고(이유 없다고) 인정하는 기각판결, 인용판결과 기각판결이 결합된 일부승소판결 등이 있다. 인용판결은 소의 형태에 따라 확인판결 형성판결, 이행판결로 나누어지며, 기각판결은 언제나 확인판결의 성질을 가진다. 소송요건의 흠결을 간과한 본안판결은 위법하다고 본다.

96 민사소송제도에 대한 설명으로 옳지 않은 것은?

① 민사소송은 공법적 제도이면서 사법적 성질도 함께 지니고 있다.

② 오늘날에는 개인의 권리를 보호하기 위하여 다툼을 해결하면 자연히 사법질서도 유지되는 것이라고 받아들여지고 있다.

③ 민사소송은 국가권력에 의하여 개인 간의 이해충돌을 강제적으로 해결·조정하며 동시에 이를 통하여 당대 사회의 가치이념의 구체적 실현을 도모하려 한다.

④ 민사소송제도는 사법질서의 유지만을 주장할 때 바로 설 수 있다.

 해설 •••

민사소송제도의 성격 중 어느 한 측면만을 강조하여 사인의 권리보호만을 주장하거나 또는 사법질서의 유지만을 주장해서는 결론이 나지 않는다.

정답 ❹

97 민사소송제도의 이상 중 적정이상을 구현하기 위한 제도가 아닌 것은?

① 재심제도   ② 법관의 신분보장제도

③ 전속관할제도   ④ 소액사건심판제도

 해설 •••

적정이상을 구현하기 위한 제도에는 변호사대리의 원칙, 심급제도 및 재심제도, 직권증거조사, 전속관할제도, 법관의 자격과 신분보장제도 등이 있다. ★

정답 ❹

98 "권리보호를 지연함은 권리보호를 부정한 것이나 다름없다."라는 설명과 관계있는 민사소송제도의 이상은 다음 중 어느 것인가?

① 적정이상   ② 신속이상

③ 공평이상   ④ 경제이상

해설 •••

신속이상에 관한 설명이다. 신속이상이란 재판은 신속하게 이루어져야 함을 의미하는데, 민주사법의 신뢰유지를 위해서는 공정하고 공평한 재판을 한다 하더라도 권리실현이 늦어지면 실효성을 잃게 되기 때문에 필요한 이상이다.

정답 ❷

99 다음 중 당사자간 다툼있는 법률관계를 관념적으로 확정하여 법률적 불안을 제거하려는 목적으로 제기되는 소는 어느 것인가?

① 확인의 소
② 이행의 소
③ 존재의 소
④ 형성의 소

 해설 ···

확인의 소란 권리 또는 법률관계의 존부나 법률관계를 증명하는 서면의 진부확인을 요구하는 소를 말한다.

정답 ❶

100 다음 중 우리 민사소송의 심리방식에 관한 기본원칙이라고 볼 수 없는 것은?

① 공개주의
② 서면주의
③ 적시제출주의
④ 직접주의

 해설 ···

현행법은 구술주의를 원칙으로 하면서, 그에 따른 결점은 서면주의로 보완하고 있다.

정답 ❷

101 민사소송법상 인정되는 관할로서 틀린 것은?

① 토지관할
② 합의관할
③ 송무관할
④ 사물관할

해설 ···

송무관할은 민사소송법상 인정되지 않는다. 민사소송법상 인정되는 관할에는 법정관할에 따른 토지관할, 사물관할, 직무관할, 당사자의 거동에 따른 합의관할, 변론관할, 소송법상 효과에 따른 전속관할, 임의관할이 있다.

정답 ❸

102 공익성을 갖는 특정사항에 관하여 당사자의 변론에 구속되지 아니하고 소송자료의 수집책임과 증거조사를 법원에 일임하는 입장으로 변론주의에 반대되는 원칙을 무엇이라 하는가?

① 직권진행주의
② 직권주의
③ 직권탐지주의
④ 직권조사주의

해설 ···

직권탐지주의는 특정사항에 관하여 당사자의 변론에 구속되지 아니하고 소송자료의 수집책임과 증거조사를 법원에 일임하는 입장으로 변론주의에 반대되는 입장이다.

정답 ❸

103 소송의 심리에 있어서 당사자 양쪽에 평등하게 진술할 기회를 주는 주의를 무엇이라 하는가?

① 공개심리주의   ② 쌍방심리주의
③ 일방심리주의   ④ 구술주의

 해설 •••

① 소송당사자가 아닌 자에게 변론, 증거조사, 재판선고 등의 방청을 허용하는 것을 의미하며 소송관여자 이외에는 공개하지 아니하는 밀행주의와 구별된다.
③ 당사자 중 한쪽에게만 절차상의 기회를 주는 주의이다.
④ 당사자의 소송행위, 특히 변론과 증거조사를 모두 구술로 시행하고 구술에 의한 자료만을 판결의 기초로 고려하는 입장이다.

정답 ❷

104 재판의 기초가 되는 사실 및 증거의 수집과 제출을 당사자의 책임과 권능으로 하는 소송심리의 원칙을 무엇이라고 하는가?

① 처분권주의   ② 직권탐지주의
③ 집중심리주의   ④ 변론주의

 해설 •••

변론주의에 관한 설명이다. 변론주의의 내용으로는 사실의 주장책임, 자백의 구속력, 증거신청주의가 있다.

정답 ❹

105 A가 B를 상대로 대여금반환청구의 소를 서울지방법원에 제기한 뒤 이 소송의 계속 중 동일한 소를 부산지방법원에 제기한 경우 저촉되는 민사소송법상의 원리는 무엇인가?

① 변론주의   ② 당사자주의
③ 재소의 금지   ④ 중복제소의 금지

쏙쏙 해설 •••

법원에 계속되어 있는 사건에 대하여 당사자는 다시 소를 제기하지 못한다(민사소송법 제259조). 이를 중복된 소제기의 금지 또는 이중소송의 금지원칙이라고 한다. 동일한 사건에 대하여 다시 소제기를 허용하는 것은 소송제도의 남용으로서, 법원이나 당사자에게 시간, 노력, 비용을 이중으로 낭비하게 하는 것이어서 소송경제상 좋지 않고, 판결이 서로 모순 및 저촉될 우려가 있기 때문에 허용되지 않는다는 취지이다.

정답 ❹

106 금전채권이나 금전으로 환수할 수 있는 채권에 대하여 후일 동산 또는 부동산에 대한 강제 집행을 보전하는 절차는 무엇인가?

① 가압류 　　　　　　② 가처분
③ 소액사건심판 　　　④ 파산절차

 해설 •••

가압류는 금전채권이나 금전으로 환산할 수 있는 채권에 대하여 후일 동산 또는 부동산에 대한 강제집행을 보전하는 절차이다. ★

정답 ❶

CHAPTER 04 형사법

1 형법

1 총론

(1) 형법의 기본개념

① 형법의 의의 : 형법이란 일정한 행위를 범죄로 하고 이에 대한 법적 효과로서 형벌이라는 국가적 제재를 과하게 되는 법규범의 총체를 의미한다.

② 형법의 성격

　　㉠ 법적 성격 : 국내법, 공법, 사법법, 형사법, 실체법

　　㉡ 규범적 성격 : 가설적 규범, 평가규범·의사결정규범, 행위규범·재판규범, 강제규범(예 "사람을 살해한 자는 사형·무기 또는 5년 이상의 징역에 처한다")

③ 형법의 기능 ★

　　㉠ 보장적 기능 : 국가형벌권의 발동한계를 명확히 하여 국가형벌권의 자의적인 행사로부터 **국민의 자유와 권리를 보장**하는 기능을 한다. ★

　　㉡ 보호적 기능 : 사회질서의 근본적 가치, 즉 **법익과 사회윤리적 행위가치를 보호**하는 형법의 기능을 말한다.

　　㉢ 규제적 기능 : 행위규범 내지 재판규범으로서 **일반국민과 사법 관계자들을 규제**하는 기능을 한다. ★

　　㉣ 사회보전적 기능 : 형벌수단을 통하여 **범죄행위를 방지함으로써 범죄자로부터 사회질서를 유지·보호하는 기능**을 한다.

(2) 형법의 이론 ★

구 분		구 파	신 파
사상적 배경		개인주의, 자유주의, 계몽주의, 합리주의, 자연법사상	실증주의, 전체주의
학 자		Kant, Hegel, Feuerbach, Beccaria, Binding, Mayer, Beling 등	Ferri, Garofalo, Liszt, Lombroso, Liepmann 등
인간상		의사자유주의	의사결정론
범죄론		객관주의(침해중시)	주관주의(인격중시)
책임론		도의적 책임론	사회적 책임론
형벌론	본질·목적	응보형주의	교육형(목적형)주의
	기 능	일반예방주의	특별예방주의
형벌과 보안처분		이원론	일원론

(3) 죄형법정주의

① **의의** : 일정한 행위를 범죄로 하고 형벌을 과하기 위해서는 반드시 성문의 법규를 필요로 한다는 원칙으로 근대 형법의 가장 중요한 기본원리이다. **"법률이 없으면 범죄도, 형벌도 없다."**로 표현된다.

② **연혁과 사상적 기초**

  ㉠ **연혁** : 포이어바흐(Feuerbach)에 의해 처음으로 사용되었고 영국의 대헌장(마그나 카르타)에 기원을 두고 있으며 미국의 독립선언, 프랑스 인권선언 등에 규정하고 있다.

  ㉡ **사상적 기초** : 계몽주의적 사상 및 자유주의를 사상적 배경으로 삼권분립론과 포이에르바하의 심리강제설을 이론적 기초로 한다.

  ㉢ **죄형법정주의의 파생원칙** ★★

관습형법의 배제	관습법은 형법의 법원이 될 수 없으며, 형법의 법원은 성문법에 한정된다는 원칙이다. 그러나 법률해석상 관습법을 통하여 형벌을 완화하거나 제거하는 것은 인정될 수 있는 경우가 있다. ★
소급효금지의 원칙	형법은 그 실시 이후의 행위만 규율할 뿐, 그 이전의 행위에는 효력이 미치지 않는다는 원칙이다. 그러나 인권침해의 염려가 없을 때에는 예외적으로 소급효가 인정된다.
유추해석금지의 원칙	형법은 문서에 좇아 엄격히 해석되어야 하며(문리해석), 법문의 의미를 넘는 유추해석은 허용되지 않는다는 원칙이다. 다만 피고인에게 유리한 유추해석은 예외적으로 허용된다.
절대적 부정기형의 금지 원칙	형기를 전혀 정하지 않은 절대적 부정기형은 금지된다는 원칙으로 형벌권의 자의적인 행사를 예방하기 위해 금지한다. 그러나 교육형주의에 따라 상대적 부정기형은 죄형법정주의에 반하지 않는 것으로 해석되고 있다.

(4) 형법의 효력

① 시간적 효력

㉠ 행위시법주의의 원칙(형벌불소급의 원칙) : 형법은 그 실시 이후의 행위에만 적용되고 실시 이전의 행위에 소급하여 적용되지 아니한다.

㉡ 재판시법주의의 예외 : 범죄 후 법률의 변경에 의하여 그 행위가 범죄를 구성하지 아니하거나 형이 구법보다 경한 때에는 신법에 의하고, 재판확정 후 법률의 변경에 의하여 그 행위가 범죄를 구성하지 아니하는 때에는 형의 집행을 면제한다. ★

② 장소적 효력

㉠ 속지주의(屬地主義) : 자국영토 내의 범죄는 자국의 형법을 적용한다(범죄가 행해진 국가의 이익 및 범인의 이익 보호). 기국주의도 속지주의의 하나이다.

㉡ 속인주의(屬人主義) : 자국민의 범죄에 대하여는 자국의 형법을 적용한다(자국민의 이익을 보호).

㉢ 보호주의(保護主義) : 외국에서의 범죄라도 자국 또는 자국민의 이익이 침해되는 경우에는 자국의 형법을 적용한다.

㉣ 기국주의(旗國主義) : 공해상의 선박·항공기는 국적을 가진 국가의 배타적 관할에 속한다는 원칙

㉤ 세계주의(世界主義) : 반인도적 범죄행위에 대하여는 세계적 공통의 연대성을 가지고 각국이 자국의 형법을 적용한다.

③ 대인적 효력 : 시간적·장소적 효력이 미치는 범위 내에서는 원칙적으로 모든 사람의 범죄에 적용(예외 : 대통령의 형사상 특권, 국회의원의 면책특권, 외국의 원수와 외교관의 치외법권)

2 범죄론

(1) 범죄의 의의와 종류

① 범죄의 의의 : 국가형벌권의 발생요건인 행위로서 구성요건에 해당하고 위법하여 책임성 있는 행위, 즉 형법상의 형벌을 과할 수 있는 행위이다.

② 범죄의 성립요건 : 범죄가 성립되기 위해서는 행위의 **구성요건해당성**, 행위의 **위법성**, 행위자의 **책임성**을 요한다.

③ 범죄의 처벌조건

㉠ 객관적 처벌조건 : 범죄의 성부와 관계없이 범죄에 대한 형벌권의 발생을 좌우하는 외부적·객관적 사유를 말한다(형법 제129조 제2항의 사전수뢰죄에서 공무원 또는 중재인이 된 사실).

㉡ 인적 처벌조각사유 : 이미 성립한 범죄에 대하여 행위자의 특수한 신분관계로 인하여 형벌권이 발생하지 않는 경우를 말한다(친족상도례에서 직계혈족·배우자·동거친족 등의 신분).

④ 범죄의 소추조건

범죄가 성립하고 형벌권이 발생하는 경우라도 그 범죄를 소추하기 위하여 소송법상 필요한 조건을 말하며, 형법이 규정하는 소추조건에는 친고죄와 반의사불벌죄가 있다.

㉠ 친고죄

- 친고죄에 대하여 고소할 자가 없는 경우에 이해관계인의 신청이 있으면 **검사는 10일 이내**에 고소할 수 있는 자를 **지정**하여야 한다(형사소송법 제228조).
- 친고죄에 대하여는 범인을 알게 된 날로부터 **6월을 경과**하면 고소하지 못한다(형사소송법 제230조 제1항 본문). ★
- 친고죄의 공범 중 그 1인 또는 수인에 대한 고소 또는 그 취소는 다른 공범자에 대하여도 효력이 있다(형사소송법 제233조).

㉡ 친고죄와 반의사불벌죄

- 고소는 **제1심 판결선고 전**까지 **취소**할 수 있다(형사소송법 제232조 제1항).
- 고소를 **취소한 자는 다시 고소하지 못한다**(형사소송법 제232조 제2항). ★
- 고소는 서면 또는 구술로써 검사 또는 사법경찰관에게 하여야 한다(형사소송법 제237조 제1항). ★

구 분	친고죄	반의사불벌죄
의 의	공소제기를 위하여 피해자 기타 고소권자의 고소가 있을 것을 요하는 범죄	피해자의 의사에 관계없이 공소를 제기할 수 있으나, 피해자의 명시한 의사에 반하여 처벌할 수 없는 범죄
종 류	• 절대적 친고죄 ★ 　- 모욕죄(제311조) 　- 비밀침해죄(제316조) 　- 업무상비밀누설죄(제317조) 　- 사자명예훼손죄(제308조) • 상대적 친고죄(친족상도례규정) : 절도, 사기, 공갈, 횡령, 배임, 장물, 권리행사방해죄의 일부(제328조)	• 외국원수 및 외국사절에 대한 폭행, 협박, 모욕죄(제107조 및 제108조) • 외국국기, 국장모독죄(제109조) • 폭행, 존속폭행죄(제260조) • 협박, 존속협박죄(제283조) • 명예훼손죄(제307조) ★ • 출판물 등에 의한 명예훼손죄(제309조) ★ • 과실치상죄(제266조) ★

반의사불벌죄 제외 ★
특수폭행(형법 제261조), 특수협박(형법 제284조), 학대, 존속학대(형법 제273조), 업무상과실, 중과실치사상(형법 제268조) 등은 반의사불벌죄에 포함되지 않음에 주의한다.

⑤ 범죄의 종류

㉠ 실질범과 형식범 : 결과의 발생을 구성요건의 내용으로 하는 범죄는 실질범(결과범 : 살인죄, 강도죄 등), 행위만으로 구성요건의 내용으로 규정된 범죄는 형식범(거동범 : 주거침입죄, 위증죄 등)이라 한다. ★

ⓛ **침해범과 위험범** : 법익의 현실적 침해를 요하는 범죄는 침해범, 법익 침해의 위험발생만을 구성요 건의 내용으로 하는 범죄는 위험범이라 한다. ★

ⓒ **즉시범·계속범** : 결과의 발생과 동시에 범죄도 완성되는 범죄는 즉시범, 침해사실의 계속성을 필요로 하는 범죄는 계속범이라 한다. ★

ⓔ **일반범·신분범·자수범** : 누구나 행위자가 될 수 있는 범죄는 일반범, 구성요건이 행위의 주체에 일정한 신분을 요하는 범죄를 신분범(진정·부진정 신분범), 행위자 자신이 직접 실행해야 범할 수 있는 범죄는 자수범이라 한다. ★

ⓜ **목적범** : 구성요건의 객관적 요소의 범위를 초과하는 일정한 주관적 목적이 구성요건상 전제로 되어 있는 범죄를 목적범이라 한다.

(2) 구성요건해당성

① **구성요건해당성의 의의** : 형벌을 과하는 근거가 되는 행위 유형을 추상적으로 기술한 것으로, 개개의 행위가 구성요건에 합치되는 것을 구성요건해당성이라 한다. 예컨대, 살인죄에 있어서 '사람을 살해한 사람은 사형 ·무기 또는 5년 이상의 징역에 처한다'(형법 250조 1항)는 규정은 그 배후에 사람을 살해하는 행위를 금지하는 금지규범을 전제로 하고 있다. 이러한 금지규범에 위반되는 행위가 구성요건에 해당하는 행위인 것이다.

② **구성요건의 충족요소**(행위, 행위의 주체·객체·상황)

ⓛ **행위(범죄)의 주체** : 모든 사람은 행위의 주체가 될 수 있다. <u>법인의 범죄능력은 부정하는 것이 통설이다.</u> ★

ⓒ **행위(범죄)의 객체** : 범죄의 대상으로 각 구성요건에 명시된다.

ⓔ **보호의 객체** : 구성요건에 의하여 보호되는 법익(예 살인죄의 보호법익은 타인의 생명, 절도죄의 보호법익은 타인의 소유권)

ⓔ **충족요소의 유무** : 보호법익이 없는 범죄는 없지만, 행위의 객체가 없는 범죄는 있을 수 있다(예 다중불해산죄, 단순도주죄, 퇴거불응죄 등). ★

③ **작위범과 부작위범** ★

ⓛ **작위범** : 작위를 구성요건의 내용으로 규정한 범죄를 작위범이라 한다.

ⓒ **부작위범** : 부작위범은 법규범이 요구하는 의무 있는 행위를 이행하지 않음으로써 성립한다. 부작위범의 종류에는 부작위를 구성요건으로 하는 진정부작위범과 작위를 구성요건으로 하는 범죄를 부작위로 실현하는 부진정부작위범이 있다.

진정 부작위범	형법규정에서 부작위에 의해 범할 것을 내용으로 하는 범죄로 퇴거불응죄(예 경비원이 자기 근무지 안으로부터의 퇴거를 요구했을 때 이에 불복한 경우), 집합명령위반죄, 다중불해산죄 등이 있다.
부진정 부작위범	형법규정에서 작위에 의해 범할 것을 내용으로 하는 범죄를 부작위에 의해 범하는 범죄(예 산모가 젖을 주지 않아 영아를 굶겨 죽인 경우)이다.

ⓒ 작위의무의 근거

법령에 의한 경우	민법상의 친권자보호의무, 친족 간의 부양의무, 의료법상 의사의 진료와 응급조치의무 등
계약에 의한 경우	고용계약에 의한 근로자보호의무, 간호사의 환자간호의무 등
조리에 의한 경우	관리자의 위험발생방지의무
선행행위에 의한 경우	자동차로 타인을 친 경우 운전자의 구호의무

부작위범의 구성요건
• **구성요건적 상황** : 구체적인 작위의무의 내용을 인식할 수 있는 사실관계
• **부작위** : 명령규범에 의해 요구되는 행위를 하지 않은 때에만 성립됨
• **행위가능성** : 객관적이고 일반적으로 행위가능성이 있어야 할 뿐만 아니라, 행위자의 개별적 능력에 비추어 행위가능성이 있어야 한다.

④ 인과관계
  ㄱ 의의 : **결과범**에 있어서는 그 **행위와 결과 사이에 인과관계**가 있어야 한다는 것을 말한다. ★
  ㄴ 관련 학설

조건설	행위와 결과 사이에 조건적 관계만 있으면 인과관계를 인정하는 학설
원인설	결과에 기여한 여러 조건 중에서 어떤 하나를 선택하여 그것만을 결과에 대한 원인이라고 하여 조건설의 한계를 정하려는 학설
상당인과관계설	사회경험상 특정 행위로부터 그 결과가 발생하는 것이 상당하다고 인정될 때 인과관계를 긍정하는 학설(통설·판례)

⑤ 고 의
  ㄱ 의의 : 행위자가 일정한 범죄 사실을 인식하면서 그러한 위법행위로 나오는 행위자의 의사태도를 말한다.
  ㄴ **고의의 구성요소** : 고의는 지적요소로 구성요건에 해당하는 객관적 사실의 인식을 요하고 의지적 요소로 구성요건적 결과발생을 희망·의욕하는 의사결정이 있어야 한다. ★

| 지적요소 | 구성요건에 해당하는 객관적 사실의 인식과 의미의 인식을 요함
• 의미의 인식이 전혀 없는 경우 → 사실의 착오
• 의미를 잘못 인식한 경우 → 금지착오(포섭의 착오), 구성요건에 해당하지 않는다고 오인 |
| 의지적요소 | 구성요건적 결과발생을 희망·의욕하는 의사결정을 요함
행위의사는 무조건적·확정적이어야 한다(적극적 의욕은 반드시 요하는 것은 아니고 미필적 고의로 충분) |

※ 고의의 이중 기능설(이중적 지위) : 고의가 구성요건 요소도 되며 동시에 책임 요소도 될 수 있다는 것을 말하는데 최근에는 이러한 고의의 이중적 지위가 인정되고 있다.

ⓒ **착오와의 구별**

사실의 착오	구성요건에 해당하는 객관적 사실에 대한 착오(구성요건적 착오)
법률의 착오	행위가 법적으로 허용되지 않는 점에 대한 착오(금지 착오)

ⓔ **고의의 종류 ★★**

확정적 고의		적극적으로 범죄의 실현을 행위자가 인식 또는 예견한 경우(직접적 고의)
불확정적 고의	미필적 고의	행위자가 결과의 가능성을 예견하고 그의 행위로 인하여 구성요건이 실현되는 것을 묵인한 경우(예 회사업무로 과속을 하면서 혹시 사람을 칠 수 있다고 생각했지만, 사람을 치어도 어쩔 수 없다고 생각하고 과속하는 경우)
	택일적 고의	결과발생은 확실하나 객체가 택일적이어서 둘 가운데 하나의 결과만 일어난 경우(예 총을 쏘면서 甲이나 乙 둘 중에서 누가 죽어도 좋다고 생각하는 경우)
	개괄적 고의	객체가 너무 많아서 무엇에 그 결과가 일어날 것인가가 확정되지 않은 경우(예 아무나 죽일 생각으로 인파가 붐비는 광장 안으로 차를 돌진한 경우)

⑥ **과 실**

ⓐ **의의** : 정상의 주의를 태만히 함으로써 범죄사실을 인식하지 못하고 범죄를 발생시킨 경우로 업무상 과실, 중과실, 인식 있는 과실, 인식 없는 과실 등이 있다.

ⓑ **과실의 종류**

업무상 과실	업무종사자가 당해 업무의 성격상 또는 그 업무의 지위상 특별히 요구되는 주의의무를 게을리한 경우의 과실을 말한다(예 의사가 주의의무 태만으로 의료사고를 일으킨 경우). ★
중과실	요구되는 주의에 대하여 행위자의 주의가 현저하게 결여되어 있는 경우의 과실을 말한다(예 가스통 옆에서 담배를 피우다 폭발사고를 일으킨 경우). ★
인식 있는 과실	구성요건이 실현될 수 있다는 것을 인식했지만, 주의의무에 위반하여 이것이 실현되지 않을 것으로 신뢰하다 구성요건사실을 실현한 것이다(예 사냥터에서 앞에 사람과 사슴이 있을 때, 사람을 맞히지 않을 거라 믿고 사격을 하다가 사람을 맞혀 부상을 입힌 경우). ★
인식 없는 과실	행위자가 주의의무 위반으로 구성요건이 실현될 가능성을 인식하지 못한 경우의 과실을 말한다(예 총에 총알이 장전된 줄 모르고 장난으로 방아쇠를 당겨 상대방을 사망하게 한 경우). ★

ⓒ **과실의 처벌** : 형법상 범죄의 성립은 고의범이 원칙이고 과실범은 법률에 특별한 규정이 있는 경우만 처벌한다(예 실화, 과실치사상). ★

> **형법 제266조(과실치상)**
> ① 과실로 인하여 사람의 신체를 상해에 이르게 한 자는 500만원 이하의 벌금, 구류 또는 과료에 처한다.
> ② 제1항의 죄는 피해자의 명시한 의사에 반하여 공소를 제기할 수 없다.

⑦ **결과적 가중범 ★**

㉠ 의의 : 고의에 의한 기본범죄에 의하여 행위자가 예견하지 않았던 중한 결과가 발생한 때에 형이 가중되는 범죄이다.

㉡ 결과적 가중범의 종류

진정결과적 가중범	고의에 의한 기본범죄에 기하여 과실로 중한 결과를 발생케 한 경우에 성립하는 범죄(예 상해치사죄 등)
부진정결과적 가중범	중한 결과를 과실로 야기한 경우뿐만 아니라 고의에 의하여 발생케 한 경우에도 성립하는 범죄 (예 교통방해치상죄, 현주건조물방화치상죄, 중상해죄 등)

(3) 위법성

① **위법성의 의의** : 법적 견지에서 허용되지 않는 것, 즉 법적 무가치성을 의미하며 구성요건에 해당하는 행위는 원칙적으로 위법성이 추정된다.

② **위법성 조각사유** : 비록 행위가 구성요건에 해당하더라도 행위가 행하여진 개별적·구체적 사정에 비추어 보아 법질서 전체의 입장에서 볼 때 위법한 것으로 볼 수 없어 범죄로 되지 않는 경우가 있다. 현행 형법은 위법성조각사유로서 다음의 5가지를 규정하고 있다.

㉠ **정당행위(형법 제20조)** : **법령에 의한 행위**(예 공무원의 직무집행행위, 징계권자의 징계행위, 현행범의 체포행위, 모자보건법상의 낙태행위, 노동쟁의행위 등), **업무로 인한 행위**(예 의사의 치료행위 등), **기타 사회상규에 위배되지 않는 행위**(예 전투 중의 군인의 살상행위, 권투 등 스포츠행위 등)는 벌하지 아니한다.

㉡ **정당방위(형법 제21조)** : **자기 또는 타인의 법익**에 대한 **현재의 부당한 침해**를 방지하기 위한 행위는 상당한 이유가 있는 때에는 벌하지 아니한다. ★

과잉방위	방위행위가 그 정도를 초과한 때에는 정황에 의하여 그 형을 감경 또는 면제할 수 있다. 야간 기타 불안스러운 상태 하에서 공포, 경악, 흥분 또는 당황으로 인한 때에는 벌하지 아니한다.
오상방위	정당방위의 요건이 되는 사실, 즉 자기나 타인의 법익에 대한 현재의 부당한 침해가 없는데도 그것이 있다고 잘못 생각하여 행한 방위행위로, 오상방위는 위법성조각사유의 전제사실에 대한 착오에 해당한다. 다수설(법효과제한적 책임설)은 고의(구성요건적 고의, 불법고의)를 인정하나 책임고의가 조각되어 과실범 처벌이 가능하다는 입장이다. 반면, 판례는 착오에 정당한 이유가 있으면 정당방위로 취급하여 위법성을 조각시킨다. (예 길을 묻기 위해서 뒤에서 다가와 어깨를 건드렸는데 강도의 공격으로 오인하여 폭행을 가한 경우).

㉢ **긴급피난(형법 제22조)** : **자기 또는 타인의 법익에 대한 현재의 위난을 피하기 위한 행위**는 상당한 이유가 있는 때에는 벌하지 아니한다. ★

예 A건물에서 대형화재가 난 후 B건물로 그 불이 옮겨 붙고 다시 C건물로 불이 옮겨 붙으려고 하자, C건물 주인이 B건물을 손괴함으로써 C건물로 불이 옮겨 붙지 않도록 한 경우

예 달려오는 광견을 피하기 위하여 남의 집에 뛰어들어 값비싼 도자기를 망가뜨린 경우

ⓔ 자구행위(형법 제23조) : 법정절차에 의하여 **청구권을 보전하기 불능한 경우**에 그 **청구권의 실행불능 또는 현저한 실행곤란을 피하기 위한 행위**는 상당한 이유가 있는 때에는 벌하지 아니한다. ★

  예 채권자가 빌린 돈을 갚지 않고 외국으로 도망치려는 때에 채무자가 공항에서 이를 발견하고 비행기를 타지 못하게 여권을 빼앗는 경우

  예 며칠 전 자신의 집에 침입하여 금품을 훔쳐 달아난 절도범인을 길에서 우연히 발견하고 붙잡아서 빼앗긴 금품을 탈환한 경우

과잉자구행위	행위가 그 정도를 초과한 때에는 정황에 의하여 형을 감경 또는 면제할 수 있다.
오상자구행위	객관적으로 자구행위의 요건이 구비되지 않았는데도 주관적으로 이것이 있다고 오신하여 자구행위를 한 경우로, 오상방위와 동일하게 위법성조각사유의 전제사실의 착오로 취급한다.

ⓜ 피해자의 승낙(형법 제24조) : **처분할 수 있는 자의 승낙**에 의하여 그 법익을 훼손한 행위는 법률에 특별한 규정이 없는 한 벌하지 아니한다. ★

ⓗ 의무의 충돌

  • 두 개 이상의 작위의무 중 하나만 이행함으로써 다른 의무를 이행하지 못했을 경우를 말한다(예 1명의 구조대원이 물에 빠진 2명 중 1명만 구할 수 있는 상황에서 1명만 구조한 경우).

  • 두 의무 중 상위가치보호의무 이행시는 위법성이 조각되고, 동등 가치보호의무 이행시에는 위법성조각설과 책임조각설이 대립되며, 하위가치보호의무 이행시는 위법성은 조각되지 않지만 책임이, 이익형량이 불가능한 경우에는 위법성이 조각된다. ★

(4) 책임성

① **책임성의 의의** : 책임이란 적법한 행위를 할 수 있었음에도 불구하고 위법한 행위를 한 행위자에 가해지는 **비난가능성**을 의미한다.

② **책임능력** ★

법이 요구하는 공동생활상의 규범에 합치할 수 있도록 의사결정을 할 수 있는 능력으로 일정한 행위가 구성요건에 해당하고 위법성을 갖추었더라도 **책임성이 결여**되면 범죄로 성립되지 않는다.

  ㉠ **책임무능력자** : **14세 미만 자(형사 미성년자)와 심신상실자**의 행위에 대해서는 **벌하지 않는다.**

  ㉡ 한정책임능력자

    • 심신미약자의 행위는 형을 감형할 수 있다[2018.12.18. 형법 개정].

    • 농아자의 행위는 형을 감경한다.

원인에 있어서 자유로운 행위

원인에 있어서 자유로운 행위란 고의 또는 과실로 자신을 심신장애 상태에 스스로 빠지게 한 후 범죄를 저지르는 행위(예 사람을 살해할 목적으로 음주 후 만취상태를 이용하여 상대방을 살해한 경우)로서 형법에서는 이를 처벌한다.

③ 위법성의 인식

　㉠ 의의 : 행위자의 행위가 공동사회의 질서에 반하고 법적으로 금지되어 있다는 것을 인식하는 것을 말하며, 이는 **책임비난의 핵심**이 된다.

　㉡ 의미상의 특징 ★
　　• 위법성의 인식은 법적 인식이므로 반윤리성에 대한 인식과 다르다.
　　• 자연범의 경우에는 대부분 위법성의 인식이 추론된다.
　　• 법정범의 경우에는 위법성에 대한 구체적인 인식이 필요하다.
　　• 위법성의 인식은 자기의 행위가 현실적으로 실정법체계 내에서 허용되지 않음을 인식하면 족하고 실정법의 정당성에 대한 평가는 별론으로 한다.

④ 법률의 착오(금지착오) ★

　㉠ 의의 : 행위자에게 그 행위사실의 인식은 있으나 행위의 **위법성에 대한 인식은 없는 경우**로서 **직접적 착오**와 **간접적 착오**로 나뉜다.

　㉡ 직접적 착오 ★

법률의 부지	행위자가 금지규범을 인식하지 못한 경우
효력의 착오	금지규범은 인식하였으나 그 규범의 효력이 없다고 오인한 경우
포섭의 착오	규범을 잘못 해석하여 그 행위에 대하여는 적용되지 않는다고 오인한 경우

　㉢ 간접적 착오 ★
　　행위자가 금지된 것을 인식하였으나 구체적인 경우에 위법성조각사유의 법적 한계를 오해하였거나 위법성조각사유가 존재하는 것으로 오인한 경우이다.

⑤ 기대가능성

　㉠ 의의 ★
　　기대가능성이란 행위 당시의 구체적 사정으로 미루어 보아 **범죄행위 대신 적법행위를 기대할 수 있는 가능성**을 말한다. **기대가능성이 없는 행위**는 **책임이 조각**된다.

　㉡ 형법상 책임조각사유
　　친족 간의 범인은닉죄(형법 제151조 제2항), 친족 간의 증거인멸죄(형법 제155조 제4항), 강요된 행위(형법 제12조), 과잉방위의 특수한 경우(형법 제21조 제3항), 과잉피난의 특수한 경우(형법 제22조 제3항)

　㉢ 초법규적 책임조각사유 ★
　　통설과 판례는 형법에 규정이 없는 일정한 경우에도 기대불가능성을 이유로 책임을 조각하고 있다.
　　• **면책적 긴급피난** : 동가치적 법익 사이에서 행하여진 긴급피난(예) 타이타닉 침몰 후 피난보트의 침몰을 막기 위해 한 사람을 물에 빠뜨려 숨지게 한 경우)

- **면책적 의무충돌** : 동가치 사이의 의무충돌 또는 다른 가치의 의무충돌에서 하위가치의 의무를 수행한 경우(예 1명의 구조대원이 물에 빠진 2명 중 1명만 구할 수 있는 상황에서 1명만 구조한 경우).
- **상관의 위법한 명령에 의한 행위** : 상관의 위법한 명령이 구속력이 있는 경우로서 적법행위에 대한 기대가능성이 없다면 책임이 조각된다(통설)는 견해(예 직속상관에 명령에 의해 쿠데타에 참여한 경우)

② **강요된 행위** : 저항할 수 없는 폭력이나 자기 또는 친족의 생명·신체에 대한 위해를 방어할 방법이 없는 협박에 의하여 강요된 행위는 벌하지 아니한다(형법 제12조). 피강요자는 기대가능성이 없어 책임이 조각되며, 강요자는 간접정범으로 처벌된다. ★

- **저항할 수 없는 폭력** : 사람의 의사형성에 작용하여 강요된 행위를 할 수 밖에 없도록 만드는 심리적·강제적 폭력을 의미한다. 육체적으로 저항할 수 없도록 하는 절대적 폭력(예 강제로 손을 잡아 지장을 찍게 하는 행위)에 의한 경우에는 형법상 행위라 볼 수 없기에 여기서 말하는 폭력에 해당하지 않는다.
- **자기 또는 친족의 생명·신체에 대한 위해** : 자기나 친족에는 사실혼 및 사생아도 포함된다. 생명·신체에 대한 위해에 한하고 자유·재산·명예·비밀에 대한 위해는 포함하지 않는다.
- **자초한 강제상태** : 피강요자의 책임 있는 사유로 인해서 강제상태가 발생한 때에는 강요된 행위에 해당하지 않아 처벌된다(예 스스로 월북한 자가 북한을 찬양하는 행위를 한 경우).

(5) 미수범과 불능범

① **미수범**

ㄱ **의의** : 범죄의 실행에 착수하여 행위를 종료하지 못하였거나 결과가 발생하지 아니한 때 성립한다. ★

ㄴ **처벌** : 형법 각 조에 규정이 있을 때에만 처벌되며, 그 형도 기수범에 비해 가볍게 처벌할 수 있다(임의적 감경, 형법 제25조 제2항). ★

② **미수범의 유형**

ㄱ **장애미수** : 행위자의 의사에 반하여 범죄를 완성하지 못하는 미수로 착수미수와 실행미수로 구분된다. ★

착수미수	착수는 했으나 실행이 미종료한 경우(절도를 하기 위해 차량운전석 손잡이를 잡고 당기다 경찰에 붙잡힌 경우)
실행미수	실행은 종료했으나 결과가 미발생(총알을 발사했으나 빗나간 경우)

ⓛ **중지미수** : 실행은 했으나 자의로 중지 또는 결과의 발생을 방지한 경우로 착수중지와 실행중지로 구분된다.

착수중지	범죄 실행에 착수한 자가 범죄 완성 전 자기 의사로 행위를 중지한 경우(절도를 위해 재물을 물색하다가 아내의 생일이라 중지한 경우)
실행중지	실행은 종료했으나 자의로 결과의 발생을 방지한 경우(살해하려고 독극물을 먹인 후 바로 후회하여 해독제를 먹여 살린 경우)

중지미수 관련판례
- 피고인이 피해자를 강간하려다가 피해자의 다음번에 만나 친해지면 응해주겠다는 취지의 간곡한 부탁으로 인하여 그 목적을 이루지 못한 후 피해자를 자신의 차에 태워 집에까지 데려다 주었다면 피고인은 자의로 피해자에 대한 강간행위를 중지한 것이고 피해자의 다음에 만나 친해지면 응해주겠다는 취지의 간곡한 부탁은 사회통념상 범죄 실행에 대한 장애라고 여겨지지는 아니하므로 피고인의 행위는 중지미수에 해당한다.
- 甲이 절도의 고의로 야간에 타인 주거에 담을 넘어 현관 쪽으로 접근하던 중 갑자기 지난밤의 불길한 꿈자리가 떠올라 그만두었다면, 중지미수가 성립한다.

③ 불능미수와 불능범
ⓐ 의 의
범죄의 실행에 착수하였으나 그 행위의 성질 또는 행위 대상인 객체의 성질상 범죄결과의 발생가능성(위험성)이 없어 미수범으로서도 처벌할 수 없는 경우로, **위험성의 유무가 미수범과 불능범을 구별하는 기준**이 된다. ★

ⓑ 처 벌
범죄결과의 발생이 불가능하고 위험성이 없는 불능범은 벌하지 않지만, 범죄결과의 발생이 불가능하더라도 위험성이 있으면 미수범으로 처벌하되, 다만 보통미수와는 달리 형의 감경뿐만 아니라 면제까지도 할 수 있도록 하였다(임의적 감면).

(6) 예비 · 음모
① 의 의
범죄의 음모 또는 예비행위가 실행의 착수에 이르지 아니한 때에는 법률에 특별한 규정이 없는 한 벌하지 아니한다(형법 제28조). ★

② 예비 · 음모로 처벌되는 죄
살인죄, 존속살인죄, 위계 · 위력에 의한 살인죄(형법 제255조), 강도죄(형법 제343조), 통화위조죄, 유가증권위조죄, 인지 · 우표위조죄(형법 제213조), 내란죄, 내란 목적 살인죄(형법 제90조 제1항) 등이 있다.

(7) 공범

① 의의 : 두 사람 이상이 협력·가공하여 실현하는 범죄로서 구성요건상 처음부터 다수인의 공동을 필요로 하는 필요적 공범과는 구별된다.

> **필요적 공범**
> 공범과 구별되는 개념으로 구성요건상 범죄가 성립하기 위해서는 처음부터 다수인의 공동을 필요로 하는 경우이다. ★★
>
> | 집합범 | 다수인이 동일한 방향에서 같은 목표를 향하여 공동으로 작용하는 범죄(소요죄, 내란죄 등) |
> |---|---|
> | 대향범 | 2인 이상의 대향적 협력에 의하여 성립하는 범죄
• 대향자 쌍방의 법정형이 같은 경우(아동혹사죄)
• 대향자 사이의 법정형이 다른 경우(뇌물죄에 있어서 수뢰죄와 증뢰죄)
• 대향자의 일방만을 처벌하는 경우(범인은닉죄) |

② 종류

ㄱ **공동정범** : 2인 이상이 공동하여 죄를 범한 때에는 각자를 그 죄의 정범으로 처벌(형법 제30조) ★

ㄴ **간접정범** : 타인을 도구로 이용하여 범죄를 실행

ㄷ **교사범** : 타인을 교사하여 죄를 범하게 한 자, 죄를 실행한 자와 동일한 형으로 처벌한다(형법 제31조 제1항).

• 미수의 교사 : 미수에 그칠 것이라고 인식하고 교사한 경우(**불가벌**)

• 교사의 미수

협의의 교사의 미수		• 피교사자가 실행에 착수했으나 미수에 그친 경우 • 미수범처벌 규정이 있으면 미수죄의 교사범으로 처벌
기도된 교사	실패한 교사	• 피교사자가 응하지 않거나 교사 전에 이미 결의하고 있는 경우 • 교사자는 예비·음모에 준하여 처벌
	효과 없는 교사	• 피교사자가 승낙하였으나 실행의 착수에 이르지 아니한 경우 • 교사자와 피교사자를 모두 예비·음모에 준하여 처벌

ㄹ **종범** : 타인의 범죄를 방조한 자는 종범으로 처벌하며, 정범의 형보다 감경한다(형법 제32조).

(8) 죄수론

① 일죄 : 범죄의 수가 한 개인 것으로 법조경합과 포괄일죄로 구분할 수 있다.

㉠ 법조경합 : 한 개 또는 수개의 행위가 외형상 수개의 형벌법규에 해당하는 것같이 보이나 실제로는 각 형벌법규에 정한 구성요건의 내용이 중복되기 때문에 그 중 어느 하나의 형벌법규만이 적용되고 그 이외의 법규의 적용이 배척되는 경우를 말한다(특별관계, 보충관계, 흡수관계, 택일관계). ★

특별관계	어느 구성요건이 다른 구성요건의 모든 요소를 포함하고, 그 이외의 다른 요소를 구비해야 성립하는 경우(예 존속살인죄와 살인죄, 강도죄와 폭행죄 등의 경우)
보충관계	어떤 형벌법규가 다른 형벌법규의 적용이 없을 때에 보충적으로 적용되는 것(예 예비와 기수, 과실범과 고의범)
흡수관계	어떤 구성요건에 해당되는 행위의 불법과 책임내용이 다른 구성요건에 흡수되는 경우(예 살인에 수반된 의복손상행위 또는 절도범이 훔친 재물을 손괴하는 것과 같은 불가벌적 사후행위)
택일관계	절도죄와 횡령죄, 강도죄와 공갈죄와 같이 양립되지 않는 2개의 구성요건 사이에 그 일방만이 적용되는 관계

㉡ 포괄일죄 : 수 개의 행위가 포괄적으로 한 개의 구성요건에 해당하여 일죄는 구성하는 경우를 말한다.

결합범	개별적으로 독립된 범죄의 구성요건에 해당하는 수개의 행위가 결합하여 한 개의 범죄를 구성하는 경우(예 강도죄와 강도살인죄)
계속범	범죄행위가 완료된 후에도 위법상태가 유지되는 범죄(예 주거침입죄, 감금죄 등)
접속범	단독에 의하여도 구성요건의 충족이 가능한 경우에 수개의 행위가 동일한 기회에 동일한 장소에서 불가분하게 결합되어 구성요건적 결과가 발생한 경우(예 동일기회에 같은 부녀를 수회 강간한 경우)
연속범	연속된 수개의 행위가 동종의 범죄에 해당하는 경우(예 매일 밤 동일한 창고에서 쌀 한 가마니씩 훔친 경우)
집합범	다수의 동종의 행위가 동일한 의사에 의하여 반복되지만 일괄하여 일죄를 구성하는 경우(예 영업범, 직업범, 상습범 등)

② 수죄

㉠ 상상적 경합범

1개의 행위가 수개의 죄에 해당하는 경우에는 가장 중한 죄에 정한 형으로 처벌한다(형법 제40조).

㉡ 실체적 경합범 : 판결이 확정되지 아니한 수개의 죄(동시적 경합범) 또는 금고 이상의 형에 처한 판결이 확정된 죄와 그 판결확정 전에 범한 죄(사후적 경합범)를 경합범으로 한다(형법 제37조).

• 동시적 경합범의 처분(형법 제38조)

흡수주의	가장 중한 죄에 정한 형이 사형 또는 무기징역이나 무기금고인 때에는 가장 중한 죄에 정한 형으로 처벌한다(제1항 제1호).
가중주의	각 죄에 정한 형이 사형 또는 무기징역이나 무기금고 이외의 동종의 형인 때에는 가장 중한 죄에 정한 장기 또는 다액에 그 2분의 1까지 가중하되 각 죄에 정한 형의 장기 또는 다액을 합산한 형기 또는 액수를 초과할 수 없다(제1항 제2호).
병과주의	각 죄에 정한 형이 무기징역이나 무기금고 이외의 이종의 형인 때에는 병과한다(제1항 제3호).

• **사후적 경합범의 처분** : 경합범 중 판결을 받지 아니한 죄가 있는 때에는 그 죄와 판결이 확정된 죄를 동시에 판결할 경우와 형평을 고려하여 그 죄에 대하여 형을 선고한다. 이 경우 그 형을 감경 또는 면제할 수 있다(형법 제39조 제1항).

3 형벌론

(1) 형벌의 의의와 종류

① **형벌의 의의** : 국가가 범죄에 대한 법률상의 효과로서 범죄자에 대하여 과하는 법익의 박탈(제재)하는 것을 의미한다. 현대사회에서는 국가에서 형벌권을 독점하고 있으므로 형벌은 곧 공형벌(公刑罰)만을 뜻한다. 형벌의 종류로 **사형, 징역, 금고, 자격상실, 자격정지, 벌금, 구류, 과료, 몰수**의 9가지를 규정하고 있으며(형법 제41조), 형의 경중도 이 순서에 의한다.

② **형벌의 종류**

구 분	내 용
생명형	• **사형** : 범인의 생명을 박탈하는 형벌이다.
자유형	• **징역** : 수형자를 교도소 내에 구치하여 정역에 복무 → 자유형 가운데 가장 무거운 형벌 • **금고** : 수형자를 교도소 내에 구치하여 자유 박탈 → 정역에 복무하지 않음 • **구류** : 수형자를 교도소 내에 구치하여 자유 박탈 → 정역에 복무하지 않음(1일~30일 미만) ★ • **징역 또는 금고의 기간(형법 제42조)** : 징역 또는 금고는 무기 또는 유기로 하고 유기는 1개월 이상 30년 이하로 한다. 단, 유기징역 또는 유기금고에 대하여 형을 가중하는 때에는 50년까지로 한다. ★
재산형	• **벌금** : 일정 금액의 지불의무를 강제로 부과하는 것으로 금액은 50,000원 이상이다(형법 제47조). • **과료** : 벌금형과 동일하나 2,000원 이상 50,000원 미만이다. • **몰수** : 범죄행위와 관련이 있는 재산을 강제적으로 국가에 귀속시키는 것으로 부가형이다(형법 제49조).
명예형	• **자격정지** : 일정한 자격의 전부 또는 일부를 일정기간 동안 정지시키는 것 • **자격상실** : 일정한 형의 선고가 있으면 그 형의 효력으로서 당연히 일정한 자격이 상실되는 것

(2) 형의 양정

① **의 의**

법관이 구체적인 행위자에 대하여 선고할 형을 정하는 것을 형의 양정 또는 형의 적용이라고 한다.

② **방 법**

㉠ 사형 및 무기징역 등의 감경 ★

• 사형을 감경할 때에는 무기 또는 20년 이상 50년 이하의 징역 또는 금고로 한다(형법 제55조 제1항 제1호).

• 무기징역 또는 무기금고를 감경할 때에는 10년 이상 50년 이하의 징역 또는 금고로 한다(형법 제55조 제1항 제2호).

ⓛ 형의 가중사유

경합범가중, 누범가중, 특수교사·방조가중

ⓒ 형의 감경사유 ★

• 법률상 감경

– 필요적 감경 : 농아자(형법 제11조), 종범(형법 제32조 제1항), 외국에서 받은 형의 집행으로 인한 감경(형법 제7조)

– 임의적 감경 : 심신미약(형법 제10조 제2항), 장애미수(형법 제25조 제2항)

– 필요적 감경 또는 면제 : 중지범(형법 제26조)

– 임의적 감경 또는 면제 : 불능미수(형법 제27조), 과잉방위(형법 제21조 제2항), 과잉피난(형법 제22조 제3항), 과잉자구행위(형법 제23조 제2항), 자수 또는 자복(형법 제52조)

• 재판상 감경 : 법원의 정상참작에 의한 감경(작량감경)

법률상의 감경(형법 제55조)

① 법률상의 감경은 다음과 같다.

1. 사형을 감경할 때에는 무기 또는 20년 이상 50년 이하의 징역 또는 금고로 한다.

2. 무기징역 또는 금고를 감경할 때에는 10년 이상 50년 이하의 징역 또는 금고로 한다.

3. 유기징역 또는 유기금고를 감경할 때에는 그 형기의 2분의 1로 한다.

4. 자격상실을 감경할 때에는 7년 이상의 자격정지로 한다.

5. 자격정지를 감경할 때에는 그 형기의 2분의 1로 한다.

6. 벌금을 감경할 때에는 그 다액의 2분의 1로 한다.

7. 구류를 감경할 때에는 그 장기의 2분의 1로 한다.

8. 과료를 감경할 때에는 그 다액의 2분의 1로 한다.

② 법률상 감경할 사유가 수개 있는 때에는 거듭 감경할 수 있다.

ⓔ 형의 가중·감경의 순서(형법 제56조)

형을 가중감경할 사유가 경험된 때에는 다음 순서에 의한다.

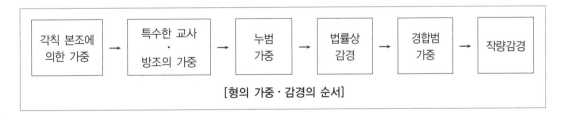

[형의 가중·감경의 순서]

ⓜ 형의 양형

법정형에서 법률상의 가중·감경 또는 작량감경을 한 처단형의 범위에서 구체적으로 선고할 형을 정하는 것을 말하며, 형법에서는 법관에게 양형에 대한 넓은 자유재량을 인정하면서도, 양형의 표준에 관한 일반적 지침을 제시하고 있다. 법관은 형의 결정 시 다음의 사항들을 참작하여야 한다(형법 제51조). 양형의 조건은 다음과 같다.

- 범인의 연령, 성행, 지능과 환경
- 피해자에 대한 관계
- 범행의 동기, 수단과 결과
- 범행 후의 정황

③ 누 범

㉠ 금고 이상의 형을 받아 그 집행을 종료하거나 면제를 받은 후 3년 내에 금고 이상에 해당하는 죄를 범한 자를 말한다(형법 제35조 제1항). ★

㉡ 누범의 형은 그 죄에 정한 형의 장기의 2배까지 가중한다(형법 제35조 제2항). ★

> **집행의 종료일**
> 집행 종료일이란 만기출소한 날, 가석방 기일이 경과한 날 등 형의 집행이 끝난 날로 집행유예기간 중이나 가석방기간 중의 재범은 아직 집행이 종료되지 않은 상태에서의 재범이므로 누범이 아니다. ★

④ 상습범

㉠ 어느 기본적 구성요건에 해당하는 행위를 한 자가 범죄행위를 반복하여 저지르는 습벽, 즉 상습성이라는 행위자적 속성을 갖추었다고 인정되는 경우에 이를 가중처벌 사유로 삼고 있는 범죄 유형이다. ★

㉡ 대한민국 형법에선 그 형을 가중하여 처벌하고 있다.

㉢ 상습으로 죄를 범한 자는 그 죄에 정한 형의 2분의 1까지 가중한다. ★

(3) 형벌의 적용

① 선고유예(형법 제59조)

형의 선고 자체를 유예하는 제도이다. 범죄의 정도가 가벼운 범죄인에 대하여 일정한 기간 형의 선고를 유예하고, 그 유예기간 중 특정한 사고 없이 지내면 형의 선고를 면해 준다. ★

㉠ 요건 : **1년 이하의 징역, 금고, 자격정지 또는 벌금의 형을 선고**할 경우, 양형의 조건을 참작하여 개전(改悛)의 정상이 현저하고 자격정지 이상의 형을 받은 전과가 없어야 한다(형법 제59조 제1항).

㉡ 효과 : 선고를 받은 날로부터 2년(법정기간)을 무사히 경과하면 **면소**된 것으로 본다(형법 제60조).

② 집행유예

형의 선고는 하되 **집행을 보류**하는 제도이다. 형(刑)을 선고하면서도 정상(情狀)을 참작하여 형의 집행을 일정기간 유예하고 그 기간이 무사히 경과되면 **형벌효과가 소멸**된다.

- ㉠ 요건 : **3년 이하의 징역이나 금고 또는 500만원 이하의 벌금의 형을 선고하는 경우에 그 정상에 참작할 만한 사유가 있는 때에는 1년 이상 5년 이하의 기간 동안 형의 집행을 유예할 수 있다. 다만, 금고 이상의 형을 선고한 판결이 확정된 때부터 그 집행을 종료하거나 면제된 후 3년까지의 기간에 범한 죄에 대하여 형을 선고하는 경우에는 그러하지 아니하다**(형법 제62조 제1항). ★
- ㉡ 효과 : 선고가 실효 또는 취소됨이 없이 유예 기간을 경과한 때에는 **형의 선고는 효력을 잃는다**(형법 제65조). ★

③ **가석방** : 징역 또는 금고의 집행 중에 있는 사람을 **형기의 완료 전에 행정처분**으로 석방하는 제도이다. ★

- ㉠ 요건 : 개전의 정이 현저하고 **무기는 20년, 유기는 형기의 3분의 1을 경과**한 후 행정처분으로 석방할 수 있다. 벌금 또는 과료의 병과가 있을 때에는 그 금액을 완납하여야 한다(형법 제72조). ★
- ㉡ 효과 : 가석방 처분을 받은 후 처분의 실효 또는 취소되지 아니하고 가석방 기간을 경과한 때에는 **형의 집행을 종료**한 것으로 본다(형법 제76조).

(4) 형의 집행

① **사형** : 사형은 형무소 내에서 교수하여 집행한다(형법 제66조).
② **징역** : 징역은 형무소 내에 구치하여 정역에 복무하게 한다(형법 제67조). ★
③ **금고와 구류** : 금고와 구류는 형무소에 구치한다(형법 제68조).
④ **벌금과 과료**(형법 제69조)

- ㉠ 벌금과 과료는 판결확정일로부터 30일 내에 납입하여야 한다. 단, 벌금을 선고할 때에는 동시에 그 금액을 완납할 때까지 노역장에 유치할 것을 명할 수 있다(형법 제69조 제1항) ★.
- ㉡ 벌금을 납입하지 아니한 자는 1일 이상 3년 이하, 과료를 납입하지 아니한 자는 1일 이상 30일 미만의 기간 노역장에 유치하여 작업에 복무하게 한다(형법 제69조 제2항) ★.

⑤ **노역장유치**(형법 제70조)

- ㉠ 벌금 또는 과료를 선고할 때에는 납입하지 아니하는 경우의 유치기간을 정하여 동시에 선고하여야 한다(형법 제70조 제1항). ★
- ㉡ 선고하는 벌금이 1억원 이상 5억원 미만인 경우에는 300일 이상, 5억원 이상 50억원 미만인 경우에는 500일 이상, 50억원 이상인 경우에는 1,000일 이상의 유치기간을 정하여야 한다(형법 제70조 제2항).

⑥ **유치일수의 공제** : 벌금 또는 과료의 선고를 받은 자가 그 일부를 납입한 때에는 벌금 또는 과료액과 유치기간의 일수에 비례하여 납입금액에 상당한 일수를 제한다(형법 제71조).

(5) 형의 시효와 소멸

① 형의 시효

ⓐ **시효의 효과** : 형의 선고를 받은 자는 시효의 완성으로 인하여 그 집행이 면제된다(형법 제77조).

ⓑ **시효의 기간** : 시효는 형을 선고하는 재판이 확정된 후 그 집행을 받음이 없이 다음의 기간을 경과함으로 인하여 완성된다(형법 제78조). ★

- 사형은 30년
- 무기의 징역 또는 금고는 20년
- 10년 이상의 징역 또는 금고는 15년
- 3년 이상의 징역이나 금고 또는 10년 이상의 자격정지는 10년
- 3년 미만의 징역이나 금고 또는 5년 이상의 자격정지는 7년
- 5년 미만의 자격정지, 벌금, 몰수 또는 추징은 5년
- 구류 또는 과료는 1년

ⓒ **시효의 정지** : 시효는 형의 집행의 유예나 정지 또는 가석방 기타 집행할 수 없는 기간은 진행되지 아니한다. 시효는 형이 확정된 후 그 형의 집행을 받지 아니한 자가 형의 집행을 면할 목적으로 국외에 있는 기간 동안은 진행되지 아니한다(형법 제79조).

ⓓ **시효의 중단** : 시효는 사형, 징역, 금고와 구류에 있어서는 수형자를 체포함으로, 벌금, 과료, 몰수와 추징에 있어서는 강제처분을 개시함으로 인하여 중단된다(형법 제80조).

② 형의 소멸

ⓐ **형의 실효** : 징역 또는 금고의 집행을 종료하거나 집행이 면제된 자가 피해자의 손해를 보상하고 자격정지 이상의 형을 받음이 없이 7년을 경과한 때에는 본인 또는 검사의 신청에 의하여 그 재판의 실효를 선고할 수 있다(형법 제81조).

ⓑ **복권** : 자격정지의 선고를 받은 자가 피해자의 손해를 보상하고 자격정지 이상의 형을 받음이 없이 정지기간의 2분의 1을 경과한 때에는 본인 또는 검사의 신청에 의하여 자격의 회복을 선고할 수 있다(형법 제82조).

4 각 론

(1) 국가적 법익에 관한 죄

① 국가의 존립에 대한 죄

⊙ 내란의 죄 : 국토를 찬탈하거나 국헌을 문란할 목적으로 폭동, 살해 등을 하여 국가의 존립을 위태롭게 하는 범죄로 내란죄, 내란목적 살인죄, 내란 예비·음모죄 등

ⓒ 외환의 죄 : 국가의 존립을 외부로부터 위태롭게 하는 범죄로 외환유치죄, 여적죄, 이적죄, 간첩죄 등

② 국가의 권위 및 기능에 대한 죄

⊙ 국가의 권위를 해하는 죄

| 국가에 관한 죄 | 국기·국장의 모독죄, 국기·국장의 비방죄 |
| 국교에 관한 죄 | 외국원수·외국사절에 대한 폭행죄, 외국의 국기·국장 모독죄(→ 반의사불벌죄) 등 |

반의사불벌죄(反意思不罰罪)
피해자가 가해자에 대한 처벌불원의사를 밝히는 경우 그 의사에 반하여 국가기관이 형사소추를 할 수 없도록 한 범죄를 말한다. 반의사불벌죄는 처벌을 원하는 피해자의 의사표시 없이도 수사는 물론 공소할 수 있다는 점에서 고소·고발이 있어야만 공소를 제기할 수 있는 친고죄(親告罪)와 구별된다. 「형법」 상 반의사불벌죄로 규정된 범죄로는 외국 원수에 대한 폭행·협박 등의 죄(제107조), 외국사절에 대한 폭행·협박 등의 죄(제108조), 외국의 국기·국장 모독죄(제109조), 단순·존속폭행죄(제260조 제3항), 과실치상죄(제266조 제2항), 단순·존속협박죄(제283조 제3항), 명예훼손죄 및 출판물 등에 의한 명예훼손죄(제312조 제2항) 등이 있다.

ⓒ 국가의 기능을 해하는 죄

공무원의 직무에 관한 죄	공무의 공정을 해하고 국가의 권위를 해하는 것을 본질로 하는 죄, 직무유기의 죄, 공무상 비밀누설죄, 선거방해죄, 뇌물에 관한 죄 등
공무방해에 관한 죄	공무집행방해죄, 직무·사직 강요죄, 위계에 의한 공무집행방해죄, 법정 또는 국회의장 모욕죄 등
도주와 범인은닉죄	체포·구금의 상태를 이탈하는 것, 집합명령 위반죄, 특수 도주죄, 도주 원조죄 등
위증과 증거인멸의 죄	법률에 의하여 선서한 증인이 허위의 진술을 하거나 타인의 형사사건·징계사건에 관한 증거를 인멸하는 죄 ★
무고의 죄	타인으로 하여금 형사처분·징계처분을 받게 할 목적으로 공무소 또는 공무원에 대하여 허위의 사실을 신고하는 죄

(2) 사회적 법익에 관한 죄

① **공공의 안전에 대한 죄**

㉠ **공안을 해하는 죄** : 범죄단체 조직죄, 소요죄, 다중불해산죄, 공무원 자격 사칭죄 등 ★

㉡ **폭발물에 관한 죄** : 폭발물 사용죄, 전시폭발물 제조 등의 죄 등

㉢ **방화와 실화의 죄** : 불을 놓아 사람의 주거에 사용하거나 사람이 현존하는 건조물, 기타 일정한 물건을 소훼하는 죄 ★

㉣ **일수와 수리에 관한 죄** : 수해를 일으켜 공공의 안전을 해하는 죄

㉤ **교통방해의 죄** : 교통방해 치사상죄, 과실 교통방해죄 등

② **공공의 신용에 대한 죄**

㉠ **통화에 관한 죄** : 행사의 목적으로 통화를 위조·변조하는 죄 ★

㉡ **유가증권·우표와 인지에 관한 죄** : 행사할 목적으로 유가증권을 위조·변조·허위작성하는 죄

㉢ **문서에 관한 죄** : 공문서 등의 위조·변조죄, 자격모용에 의한 공문서 등의 작성죄, 허위 공문서 등의 작성죄 등 ★

㉣ **공인 등의 위조·부정사용죄 등의 인장에 관한 죄 등**

③ **공중위생에 대한 죄**

㉠ **음용수에 관한 죄** : 음용수의 사용방해죄, 음용수혼독치사상죄, 수도불통죄 등

㉡ **아편에 관한 죄** : 아편 등의 제조 등죄, 아편흡식기의 제조 등죄

④ **사회도덕에 대한 죄**

㉠ **풍속을 해하는 죄** : 공연음란죄, 음행매개죄 등 ★

㉡ **도박과 복표에 관한 죄** : 국민의 건전한 근로관념과 공공의 미풍양속을 보호함을 목적으로 하는 죄 ★

㉢ **기타 신앙에 관한 죄 등** : 사체 등의 오욕죄, 분묘발굴죄 등

(3) 개인적 법익에 관한 죄

① **생명·신체에 대한 죄**

㉠ **살인죄** : 객체는 사람이며 보호법익은 생명으로 사망시기는 맥박종지설이 통설, 살인죄, 존속살인죄, 영아살인죄 등

㉡ **상해와 폭행의 죄** : 고의로 사람의 신체를 상해·폭행한 죄(폭행죄 → 반의사불벌죄)

㉢ **과실치사상의 죄** : 과실치상죄, 과실치사죄, 업무상 과실치사상죄 등

㉣ **낙태죄, 유기죄 등**

② **자유에 대한 죄**

㉠ **체포·감금죄** : 사람의 신체의 자유 또는 신체적 활동의 자유를 보호법익으로 하는 죄(형법 제276조 내지 제282조)

㉡ **협박죄** : 사람을 협박하여 의사결정의 자유를 침해하는 죄

㉢ 약취·유인죄 및 인신매매의 죄 : 영리·추행·간음을 위한 약취·유인죄, 국외 이송죄 등
㉣ 강간과 추행의 죄

> **감금죄의 성립**
> 경비원이 현행범인을 체포한 후 즉시 경찰관서에 인도하지 않고 장기간 구속한 경우에 성립한다. 현행범인이란 범죄를 실행 중이거나 실행 직후인 자로 사인이 현행범인을 체포한 때에는 즉시 검사 또는 사법경찰관리에게 인도하여야 한다.

③ 명예·신용 및 업무에 대한 죄
   ㉠ 명예에 관한 죄 : 사실의 적시 여부로 명예훼손죄와 모욕죄로 구분, 진실, 공공의 이익을 위한 목적일 경우 위법성 조각 ★
   ㉡ 신용·업무와 경매에 관한 죄 등 : 신용훼손죄, 업무방해죄, 경매·입찰방해죄
④ 사생활의 평온에 대한 죄
   ㉠ 비밀침해의 죄 : 개인의 비밀을 침해, 친고죄
   ㉡ 주거침입의 죄 등 : 주거침입죄, 퇴거불응죄 등
⑤ 재산에 대한 죄
   ㉠ 권리행사방해죄 : 타인의 점유 또는 권리의 목적이 된 자기의 물건 또는 전자기록등 특수매체기록을 취거, 은닉 또는 손괴하여 타인의 권리행사를 방해하는 죄
   ㉡ 절도죄 : 타인의 재물을 절취, 타인의 소유권을 침해, 단순절도죄, 야간주거침입절도죄 등
   ㉢ 강도죄 : 폭행·협박으로 타인의 재물을 강취 또는 기타 재산상의 이익을 취득하거나 제3자로 하여금 취득하게 하는 죄, 단순강도죄, 특수강도죄 등
   ㉣ 사기죄 : 기망의 수단을 사용, 타인의 재산상 손해 발생을 요건
   ㉤ 공갈죄 : 공갈의 수단을 사용, 상대방의 하자있는 의사표시로 재산상 이득을 발생
   ㉥ 컴퓨터 등 사용사기죄 : 컴퓨터 등 정보처리장치에 허위의 정보 또는 부정한 명령을 입력하거나 권한 없이 정보를 입력·변경하여 정보처리를 하게 하여 재산상의 이익을 취득하는 죄 ★
   ㉦ 횡령죄 : 자기가 보관하는 타인의 재물을 횡령 또는 반환의 거부 ★
   ㉧ 배임죄 : 타인의 사무를 처리하는 자가 이로 인하여 재산상의 이익을 취득 ★
   ㉨ 손괴죄 : 손괴죄란 타인의 재물, 문서 또는 전자기록 등 특수매체기록을 손괴 또는 은닉 기타 방법으로 그 효용을 해하는 죄 ★
   ㉩ 장물에 관한 죄 : 장물을 취득, 양도, 운반 또는 보관하는 죄

[법익에 관한 죄 정리] ★★★

개인적 법익에 관한 죄	생명과 신체에 대한 죄	살인죄, 상해와 폭행의 죄, 과실치사상의 죄, 낙태의 죄, 유기·학대의 죄
	자유에 대한 죄	협박의 죄, 강요의 죄, 체포와 감금의 죄, 약취·유인 및 인신매매 죄, 강간과 추행의 죄
	명예와 신용에 대한 죄	명예에 관한 죄, 신용·업무와 경매에 관한 죄
	사생활의 평온에 대한 죄	비밀침해의 죄, 주거침입의 죄
	재산에 대한 죄	절도의 죄, 강도의 죄, 사기의 죄, 공갈의 죄, 횡령의 죄, 배임의 죄, 장물의 죄, 손괴의 죄, 권리행사를 방해하는 죄
사회적 법익에 관한 죄	공공의 안전과 평온에 대한 죄	공안을 해하는 죄, 폭발물에 관한 죄, 방화와 실화의 죄, 일수와 수리에 관한 죄, 교통방해의 죄
	공공의 신용에 대한 죄	통화에 관한 죄, 유가증권·인지와 우표에 관한 죄, 문서에 관한 죄, 인장에 관한 죄
	공중의 건강에 대한 죄	음용수에 대한 죄, 아편에 대한 죄
	사회의 도덕에 대한 죄	성풍속에 관한 죄, 도박과 복표에 관한 죄, 신앙에 관한 죄
국가적 법익에 관한 죄	국가의 존립과 권위에 대한 죄	내란의 죄, 외환의 죄, 국기에 관한 죄, 국교(國交)에 관한 죄
	국가의 기능에 대한 죄	공무원의 직무에 관한 죄, 뇌물관련범죄, 공무방해에 관한 죄, 도주와 범인은닉의 죄, 위증과 증거인멸의 죄, 무고의 죄

2 형사소송법

1 총 칙

(1) 형사소송법의 의의

① 의의 : 국가형벌권 행사의 전과정을 형사소송이라 하고, 소송의 절차를 규율하는 법을 형사소송법이라 한다. 형사소송법은 공판절차뿐만 아니라 수사절차, 형집행 절차에 대해서도 규정하고 있다. ★

② 성격 : 형법의 적용·실현을 목적으로 하는 절차법이며 사법법(司法法), 공법, 성문법 ★

③ 법원 : 형사소송법, 법원조직법, 검찰청법, 변호사법, 소년법, 경찰관 직무집행법, 형사소송비용 등에 관한 법률, 형사보상법, 형의집행 및 수용자의 처우에 관한 법률 등

④ 형사소송법의 이념 ★

  ㉠ 실체적 진실주의 : 재판의 기초가 되는 사실의 진상을 규명하여 객관적 진실을 추구한다.

  ㉡ 적정절차의 원칙 : 공정한 법정절차에 의하여 형사절차가 진행되어야 한다.

  ㉢ 신속한 재판의 원칙 : 형사재판절차가 가능한 신속히 적정한 기간 내에 종료되어야 한다.

(2) 형사소송법의 기본구조

① 탄핵주의와 규문주의

　ㄱ 탄핵주의 : 재판기관인 법원이 재판기관 이외의 자(검사)의 소추에 의하여 재판절차를 개시하는 주의로, 우리나라 형사소송법은 탄핵주의를 채택하고 있다. → 불고불리의 원칙 : 검사가 공소를 제기하지 아니하면 심판을 할 수 없다는 원칙 ★

　ㄴ 규문주의 : 소추기관의 소추를 기다리지 않고 법원 직권으로 심판을 개시할 수 있는 주의이다(절차는 법원의 직권으로 함). ★

② 직권주의와 당사자주의

　ㄱ 직권주의 : 당사자, 기타 소송관계인의 의사 여하를 불문하고 법원의 직권에 의하여 소송을 진행시키고 심판하는 주의이다(대륙법체계에서의 기본원리). ★

> **현행 형사소송법의 직권주의적 요소**
> • 직권증거조사제도
> • 법원의 증인신문제도
> • 법원의 공소장변경요구권

　ㄴ 당사자주의 : 소송이 당사자의 공격·방어에 의하여 진행되는 방식으로 법원은 제3자의 위치에 있다(영미법체계에서는 철저한 당사자주의가 지배). ★

③ 실체적 진실주의와 형식적 진실주의

　ㄱ 실체적 진실주의 : 법원이 실질적으로 진상을 규명하여 진실한 사실을 인정하자는 형소법의 이념이다. ★

　ㄴ 형식적 진실주의 : 법원이 당사자의 사실상의 주장, 사실의 부인 또는 제출한 증거에 구속되어 이를 기초로 하여 사실의 진부를 인정하는 주의이다. ★

(3) 우리나라 형사소송법의 기본구조 ★★

① 탄핵주의 소송구조 : 국가소추주의, 기소독점주의(불고불리의 원칙) ★

② 당사자주의와 직권주의 절충 : 당사자주의적 소송구조를 취하면서 형벌권의 적정·신속을 위하여 직권주의도 아울러 채택하여 현행 형사소송법은 당사자주의와 직권주의를 혼합시킨 형태이다.

> **헌법재판소의 입장**
> 형사소송법은 제정 당시에는 직권주의가 기본이었으나 현재 헌법재판소 판례의 태도는 소송절차 전반에 걸쳐 기본적으로 당사자주의 소송구조를 취하고 있다는 입장을 보인 바가 있다(헌재 1995.11.30, 92헌마44).

③ **증거재판주의** : 공소범죄사실의 인정은 적법한 증거에 의하고, 증거에 대한 가치판단은 법관의 자유재량에 맡기는 자유심증주의를 채택 → 증거법정주의의 예외 인정

④ **공개중심주의** : 공판주의, 구두변론주의, 직접심리주의, 계속심리주의

---

2 소송의 주체

(1) 법 원

① **법원의 의의** : 재판권을 행사하는 국가기관의 총칭(광의), 법관으로 구성되는 재판기관, 즉 합의부와 단독판사(협의)를 말한다. 소송법상의 법원은 협의의 법원을 의미한다.

② **법원의 관할** : 관할이란 법원 간 재판권의 분배, 즉 특정법원이 특정사건을 재판할 수 있는 권한을 말한다. 특정사건에 대하여 관할권을 갖는 법원을 관할법원이라고 하며, 관할에는 사물관할, 토지관할, 심급관할 등의 법정관할과 재정관할이 있다.

사물관할	사건의 경중·성질에 따라 동일 지방법원·지방법원 지원의 단독판사와 합의부 간의 제1심 관할의 분배의 표준 ★
토지관할	사건의 토지적 관계에 의한 동등 법원 간에 있어서의 제1심 관할의 분배로 토지관할은 범죄지, 피고인의 주소, 거소 또는 현재지로 한다. ★
심급관할	항소사건은 고등법원에서, 상고사건은 대법원에서, 항고사건은 고등법원에서 각각 관할한다. ★
재정관할	법원의 관할에 관한 재판에 의하여 정하여진 관할로 관할의 지정, 이전이 이에 해당한다.

③ **법관의 제척·기피·회피**

㉠ **제척(除斥)** : 법관이 불공정한 재판을 할 현저한 법정의 이유가 있을 때 그 법관을 배제하는 제도이다. ★

> **법관의 제척 사유(형사소송법 제17조)**
> 1. 법관이 피해자인 때
> 2. 법관이 피고인 또는 피해자의 친족 또는 친족관계에 있었던 자인 때
> 3. 법관이 피고인 또는 피해자의 법정대리인, 후견감독인인 때
> 4. 법관이 사건에 관하여 증인, 감정인, 피해자의 대리인으로 된 때
> 5. 법관이 사건에 관하여 피고인의 대리인, 변호인, 보조인으로 된 때
> 6. 법관이 사건에 관하여 검사 또는 사법경찰관의 직무를 행한 때
> 7. 법관이 사건에 관하여 전심재판 또는 그 기초되는 조사, 심리에 관여한 때

ⓒ 기피(忌避) : 제척사유가 있는 법관이 재판에 관여하거나, 기타 불공정한 재판을 할 우려가 있을 때 당사자의 신청에 의해 그 법관을 배제하는 제도이다. ★

ⓒ 회피(回避) : 법관이 기피의 사유가 있다고 생각하여 스스로 직무집행에서 탈퇴하는 제도이다. ★

법관의 제척이유(형사소송법 제17조)
1. 법관이 피해자인 때
2. 법관이 피고인 또는 피해자의 친족 또는 친족관계에 있었던 자인 때
3. 법관이 피고인 또는 피해자의 법정대리인, 후견감독인인 때
4. 법관이 사건에 관하여 증인, 감정인, 피해자의 대리인으로 된 때
5. 법관이 사건에 관하여 피고인의 대리인, 변호인, 보조인으로 된 때
6. 법관이 사건에 관하여 검사 또는 사법경찰관의 직무를 행한 때
7. 법관이 사건에 관하여 전심재판 또는 그 기초되는 조사, 심리에 관여한 때

④ 법원사무관 등에 대한 제척·기피·회피(형사소송법 제25조)

ⓐ 법원직원의 제척, 기피, 회피 규정은 법 제17조 제7호의 규정을 제한 외에는 법원서기관·법원사무관·법원주사 또는 법원주사보(법원사무관등)와 통역인에 준용한다.

ⓑ 법원사무관등과 통역인에 대한 기피재판은 그 소속법원이 결정으로 하여야 한다. 단, 제20조 제1항의 결정은 기피당한 자의 소속법관이 한다.

(2) 검 사

형사소송에서 원고로서 검찰권을 행사하는 국가기관으로 현행제도에서 검사는 법무부에 속하는 단독제의 행정관청이다.

① **직무** : 형사에 관한 공익의 대표자로서 범죄수사, 공소제기와 그 유지에 필요한 행위를 하고, 사법경찰관리를 지휘·감독, 법원에 법령의 정당한 청구 및 재판집행의 지휘·감독을 하는 것

② **검사동일체의 원칙** : 모든 검사가 검찰총장을 정점으로 하여 피라미드형의 계층적 조직체를 형성하고 일체불가분의 유기적 통일체로 활동한다는 것을 말한다. ★

(3) 피고인

① **의의** : 형사사건에서 형사책임을 져야 할 자로 검사에 의해 공소가 제기된 자나 공소가 제기된 것으로 의제된 자로 신고·출석·재정·복종·수락의무가 있다.

② **권리** : 변호인선임권, 증거보전청구권, 진술거부권, 법관기피신청권, 방어권, 소송절차참여권 등이 있다.

③ **소송주체** : 형사소송절차상 피고인은 법원과 검사와 함께 소송주체가 된다.

④ **법인(法人)인 피고인** : 피고인이 법인인 때에는 그 대표자가 소송행위를 대표한다.

⑤ **피의자** : 죄를 범한 혐의로 수사기관의 수사대상이 되어 있는 자로서 아직 공소가 제기되지 않은 자. 공소가 제기되지 않았다는 점이 피고인과의 차이점이다. 따라서 피의자는 형사재판의 소송주체가 아니다.

(4) 변호인

피고인의 방어력을 보충하기 위하여 선임된 제3자인 보조자로서 형사소송상 피고인의 정당한 이익 옹호를 임무로 하는 자이며, 소송주체에 해당하지는 않는다. ★

① 권한 : 피고인과의 접견교통권, 피고인 및 증인심문권, 증거조사의 신청권 및 기록열람권, 상소심에서의 변론권, 구속의 취소, 보석의 청구, 증거보전의 청구 등

② 의무 : 비밀엄수의 의무, 진실의무, 직무수행의 의무

③ 국선변호인을 선임하는 경우(형사소송법 제33조)

㉠ 법원이 직권으로 선정 : 피고인이 구속된 때, 피고인이 미성년자인 때, 피고인이 70세 이상인 때, 피고인이 농아자인 때, 피고인이 심신장애의 의심이 있는 때, 피고인이 사형, 무기 또는 단기 3년 이상의 징역이나 금고에 해당하는 사건으로 기소된 때 ★

㉡ 피고인의 청구에 의한 선정 : 피고인이 빈곤 그 밖의 사유로 변호인을 선임할 수 없을 때

3 수사와 공소제기

(1) 수 사

① 의의 : 형사사건에 관하여 공소를 제기하고 이를 유지·수행하기 위한 준비로서 범죄사실을 조사, 범인 및 증거를 발견하고 수집하는 수사기관의 활동

② 수사기관 : 법률상 수사의 권한이 인정되어 있는 국가기관으로 검사, 사법경찰관리(검사의 지휘를 받음)

사법경찰관리(司法警察官吏)		
일반사법경찰관리	사법경찰관	검사의 지휘를 받아 수사를 행하는 수사기관 • 검찰주사 · 검찰주사보, 마약수사주사 · 마약수사주사보 • 경무관(경찰청해양경찰청 소속제외) · 총경 · 경정 · 경감 · 경위
	사법경찰리	검사 또는 사법경찰관의 지휘를 받아 수사의 보조를 할 수 있는 수사의 보조기관 • 검찰서기 · 검찰서기보, 마약수사서기 · 마약수사서기보 • 경사 · 경장 · 순경
특별사법경찰관리		세무공무원, 세관관리, 선장, 마약감시원, 철도승무원, 근로감독관, 헌병 등(산림, 전매, 세무, 군수사, 기타 특별한 사항에 관하여 사법경찰관리의 직무를 행함)

③ 수사의 개시

　ⓞ **수사의 단서** : 범죄의 혐의가 있다고 사료될 때, 현행범, 고소, 고발, 자수, 변사자의 검시 등이 수사 개시의 단서가 될 수 있다. ★

　ⓛ **고소와 고발**

　　고소는 범죄사실을 수사기관에 신고하여 그 소추를 구하는 것이고, 고발은 범인 또는 고소권자 이외의 자(누구든지)가 수사기관에 범죄사실을 신고하는 것이다. 고소와 고발은 서면 또는 구술로써 검사 또는 사법경찰관에게 해야 한다.

고 소	고 발
고소권자(범죄 피해자 및 법정대리인)만이 고소 가능	범죄를 인지한 자는 누구든지 고발 가능
고소를 취하한 자는 다시 고소할 수 없음	고발을 취소한 경우에도 다시 고발 가능
친고죄의 경우 범인을 알게 된 날로부터 6개월 이내	기간 제한 없음
대리가 허용됨	대리가 허용되지 않음

④ 수사의 방법

　ⓞ **임의수사**

　　강제력을 행사하지 않고 당사자의 승낙을 얻어서 행하는 수사로 출석요구, 참고인진술 청취, 통역·번역·감정의 위촉, 공도상의 수색·검증, 피의자신문 등

　ⓛ **강제수사** ★

　　임의수사에 대응하는 말로, 상대방의 의사와 관계없이 강제적 수단(강제처분)을 수반하는 수사를 말한다.

　　• **영장 없는 수사** : 현행범 체포, 특수한 경우의 압수·수색·검증 및 조회 등
　　• **영장에 의한 수사** : 체포·구속, 압수·수색(임의제출물의 압수 포함), 검증
　　• **청구에 의한 법관의 대리** : 수사상 증거보전, 증인신문 등

　ⓒ **수사의 일반원칙**

직권수사의 원칙	수사는 수사기관이 주관적으로 범죄의 혐의가 있다고 판단하는 때에는 객관적 혐의가 없을 경우에도 수사를 개시할 수 있다.
수사비례의 원칙	수사의 수단은 수사의 목적을 달성하는 데 적합하고(적합성), 다른 수단에 의해서는 그 목적을 달성할 수 없을 뿐만 아니라(필요성), 그 목적과 수단 사이에 비례가 유지되어야 한다는 원칙(상당성)을 말한다.
임의수사의 원칙	수사는 원칙적으로 임의수사에 의하고 강제수사는 법률에 규정된 경우에 예외적으로 허용된다는 원칙을 말한다.

강제수사 법정주의	수사상의 강제처분은 법률에 특별한 규정이 없으면 하지 못한다는 원칙이다. 강제수사는 엄격한 법정 규제가 가해지고 있기 때문에 법정의 요건과 절차를 준수하지 아니하고 획득한 증거는 증거능력이 부정된다.
불구속 수사의 원칙	피의자에 대한 수사는 불구속상태에서 함을 원칙으로 한다.
영장주의 원칙	사절차상 강제처분(체포·구속·압수 등)을 함에 있어서는 사법권 독립에 의하여 그 신분이 보장되는 법관이 발부한 영장에 의하지 않으면 안 된다는 원칙이다(헌법 제106조). 다만, 강제처분의 긴급성에 대처할 필요가 있거나 남용의 우려가 없는 경우에 예외를 인정하고 있다.

⑤ 체포와 구속
　㉠ 영장에 의한 체포(형사소송법 제200조의2)

영장발부요건	피의자가 죄를 범하였다고 의심할 만한 상당한 이유가 있고, 정당한 이유 없이 수사기관의 출석에 응하지 아니하거나 응하지 아니할 우려가 있을 것 ★
체포 후의 조치	피의자를 체포한 후 구속을 계속하기 위해서는 48시간 내에 구속영장을 청구하여야 하며, 기간 내에 영장을 청구하지 않았거나 청구가 기각된 때에는 즉시 석방하여야 한다. ★

　㉡ 영장 없이 체포가 가능한 경우

현행범인 체포	현행범은 누구든지 영장 없이 체포할 수 있다(형사소송법 제212조). 체포된 현행범에 대하여 구속을 계속하려면 48시간 이내에 구속영장을 청구하여야 한다. ★
긴급체포	사형·무기 또는 장기 3년 이상의 징역이나 금고에 해당하는 죄를 범하고 도망 또는 도망칠 우려가 있는 경우 또는 증거인멸의 염려가 있는 경우(형사소송법 제200조의3)

　㉢ 구속

구속요건	피의자가 죄를 범하였다고 의심할 만한 상당한 이유가 있으면서, 일정한 주거가 없는 경우·증거인멸의 우려가 있는 경우·도망하거나 도망할 염려가 있는 경우 중 하나에 해당할 때(형사소송법 제201조 제1항) ★
구속기간	• 사법경찰관과 검사는 10일의 범위 내에서 피의자를 구속할 수 있으며, 검사는 10일의 범위 내에서 1차에 한하여 연장할 수 있다(형사소송법 제205조 제1항). ★ • 사법경찰관이 피의자를 구속한 때에는 10일 이내에 피의자를 검사에게 인치하지 아니하면 석방하여야 하며(형사소송법 제202조), 검사가 피의자를 구속한 때 또는 사법경찰관으로부터 피의자의 인치 받은 때에는 10일 이내에 공소를 제기하지 아니하면 석방하여야 한다(형사소송법 제203조).

⑥ 수사의 종결 : 사법경찰관은 범죄를 수사한 후 신속히 관계서류와 증거물을 검사에게 송부하고, **검사는 사건의 기소** 또는 **불기소, 기타의 처분** → **수사 종결** ★

⑦ 검사의 처분 : 타관송치, 기소처분(공판청구, 약식명령청구), 불기소처분(혐의 없음, 공소권 없음, 기소유예, 공소보류, 죄가 아님)

[불기소처분의 형태] ★

협의의 불기소 처분 (검찰사건사무규칙 제69조)	공소권 없음 처분 (동조 제3항 제4호)	피의자의 사망·사면, 친고죄의 고소가 없는 경우, 반의사불벌죄에서 피해자가 처벌을 원하지 않는 경우 등 소추조건이 구비되지 않은 경우
	죄가 안 됨 처분 (동조 제3항 제3호)	범죄행위에는 해당하나 긴급피난, 심신상실, 정당방위 등의 사유로 위법성이나 책임이 조각되는 경우
	혐의 없음 처분 (동조 제3항 제2호)	증거가 없거나 범죄사실이 인정되지 않는 경우
	각하 (동조 제3항 제5호)	고소·고발 사건에서 혐의 없음·죄가 안 됨·공소권 없음 사유가 있음이 명백한 경우 등
	기소유예 (동조 제3항 제1호)	피의사실이 인정되나 범인의 연령, 성행, 지능과 환경, 피해자에 대한 관계, 범행의 동기, 수단과 결과, 범행후의 정황 등을 참작하여 소추를 필요로 하지 아니하는 경우
기소중지 (검찰사건사무규칙 제73조)		피의자나 참고인의 행방을 알 수 없는 경우 등 실질적으로 수사를 계속할 수 없을 때 일시적으로 수사를 중지하는 것

(2) 공소제기

① 의의 및 기본원칙

검사가 특정 범죄에 관한 형벌권의 존부 및 범위를 확정하는 것을 목적으로 법원에 대하여 그 심판을 구하는 의사표시를 말한다. 공소제기의 기본 원칙은 다음과 같다.

㉠ **국가소추주의** : 사인소추를 인정하지 않고 국가기관만이 소추를 행할 수 있는 것

㉡ **기소독점주의** : 국가기관 중에서도 검사만이 소송제기의 권한을 갖는 것

㉢ **기소편의주의** : 검사에게 기소·불기소에 관한 재량의 여지를 인정하는 것

㉣ **기소변경주의** : 공소취소를 인정하는 제도로 공소의 취소는 검사만이 할 수 있고 공소취소의 사유에는 법률상 제한이 없는 것

② 공소장(公訴狀)

㉠ **의의** : 공소를 제기함에는 '공소장'이라고 하는 서면을 관할법원에 제출하여야 하며, 급속을 요하는 경우라도 구두나 전보 또는 팩시밀리에 의한 공소제기는 허용되지 않는다(공소장 서면주의). 또한 공소장에는 피고인수에 상응한 공소장 부본을 첨부하여야 한다.

㉡ **공소장 기재사항** ★

필요적 기재사항	• 공소장에는 피고인의 성명 기타 피고인을 특정할 수 있는 사항, 죄명, 공소사실, 적용법조를 기재하여야 하며, 공소사실의 기재는 범죄의 시일, 장소와 방법을 명시하여 사실을 특정할 수 있도록 하여야 한다(형사소송법 제254조 제3·4항). • 피고인의 구속여부도 기재하여야 한다(형사소송규칙 제117조 제1항 제2호).
임의적 기재사항	공소장에는 수개의 범죄사실과 적용법조를 예비적 또는 택일적으로 기재할 수 있다(형사소송법 제254조 제5항).

CHAPTER 04

③ **공소제기의 효력** : 소송계속, 공소시효의 정지, 심판범위의 한정, 피고인의 지위, 강제처분 권한의 법원 이전 등

(3) 공소시효의 기간(형사소송법 제249조 제1항) ★

공소시효는 다음 기간의 경과로 완성한다.

구 분	기준 형기
① 사형에 해당하는 범죄	25년
② 무기징역 또는 무기 금고에 해당하는 범죄	15년
③ 장기 10년 이상의 징역 또는 금고에 해당하는 범죄	10년
④ 장기 10년 미만의 징역 또는 금고에 해당하는 범죄	7년
⑤ 장기 5년 미만의 징역 또는 금고, 장기 10년 이상의 자격정지 또는 벌금에 해당하는 범죄	5년
⑥ 장기 5년 이상의 자격정지에 해당하는 범죄	3년
⑦ 장기 5년 미만의 자격정지, 구류, 과료 또는 몰수에 해당하는 범죄	1년

※ 공소시효의 적용 배제 : 사람을 살해한 범죄(종범은 제외한다)로 사형에 해당하는 범죄에 대하여는 ①부터 ⑦ 까지에 규정된 공소시효를 적용하지 아니한다.

① **시효의 기산점** : 시효는 범죄행위의 종료한 때로부터 진행하며, 공범에는 최종행위의 종료한 때로부터 전공범에 대한 시효기간을 기산한다.

② **시효의 정지와 효력**

　㉠ 시효는 공소의 제기로 진행이 정지되고 공소기각 또는 관할위반의 재판이 확정된 때로부터 진행한다.

　㉡ 공범 1인에 대한 ㉠의 시효정지는 다른 공범자에게 대하여 효력이 미치고 당해 사건의 재판이 확정된 때로부터 진행한다.

　㉢ 범인이 형사처분을 면할 목적으로 국외에 있는 경우 그 기간 동안 공소시효는 정지된다.

(4) 소송요건 ★★

① **실체적 소송요건** : 소송의 실체면에 관한 사유가 소송요건으로 되는 것을 말하며 흠결시 면소판결로 소송을 종결한다.

　㉠ 확정판결이 없었을 것

　㉡ 사면이 없었을 것

　㉢ 공소시효의 만료가 되지 않았을 것

　㉣ 범죄 후 법령개폐로 형이 폐지되지 않았을 것

② **형식적 소송요건** : 소송의 절차면에 관한 사유가 소송요건으로 되는 것을 말하며, 흠결시 관할권위반, 공소기각의 재판으로 소송을 종결한다.

　㉠ 피고사건이 관할법원에 속할 것

　㉡ 공소기각의 판결·결정사유가 없는 때

4 공판절차

(1) 의의와 기본원칙

① **의의** : 공소가 제기되어 소송절차가 종결되기까지의 단계적 절차로서 형사소송의 중심이 된다.

　ⓐ **공판준비절차** : 공판기일에 있어서의 심리를 충분히 능률적으로 행하기 위한 준비로서 수소법원에 의하여 행하여지는 절차를 말한다.

　ⓑ **간이공판절차** : 피고인이 공판정에서 자백한 사건에 대하여 증거능력의 제한을 완화하는 등의 방법으로 심리를 신속하게 진행하기 위하여 인정되는 절차를 말한다.

② **기본원칙 ★**

　공판중심주의, 제1심 중심주의, 공개주의, 구두변론주의, 직접심리주의, 계속심리주의

(2) 공판절차의 순서

① **모두절차** : 피고인의 진술거부권 고지 → 인정신문 → 검사의 진술 → 피고인의 진술 → 쟁점정리

② **사실심리절차** : 증거조사(검사, 피고인, 직권) → 피고인 신문 → 최후변론(검사, 피고인, 변호인)

③ **판결선고절차** : 판결선고 – 변론종결기일 및 공개

(3) 증 거

① **의 의**

　형사소송법상 법원에서 사실의 존부에 관한 확신을 주기 위한 자료를 말한다.

② **증거의 기본원칙**

　ⓐ **증거재판주의** : 사실의 인정은 증거에 의하여야 한다(형사소송법 제307조 제1항).

　ⓑ **자유심증주의** : 증거의 증명력은 법관의 자유판단에 의한다(형사소송법 제308조).

　ⓒ **위법수집증거배제원칙** : 적법한 절차에 따르지 아니하고 수집한 증거는 증거로 할 수 없다(형사소송법 제308조의2).

　ⓓ **자백의 증거능력** : 피고인의 자백이 고문, 폭행, 협박, 신체구속의 부당한 장기화 또는 기망 기타의 방법에 의한 것으로 임의에 의한 진술이 아니라고 의심할만한 이유가 있는 때에는 이를 유죄의 증거로 하지 못한다(형사소송법 제309조).

　ⓔ **불이익한 자백의 증거능력** : 피고인의 자백이 그 에게 불이익한 유일한 증거인 때에는 이를 유죄의 증거로 하지 못한다(형사소송법 제310조).

　ⓕ **전문증거의 증거능력 제한** : 전문증거란 사실인정의 기초가 되는 사실을 체험자 자신이 직접 진술하지 않고 타인의 증언이나 진술 등으로 간접적으로 법원에 보고하는 것으로, 전문증거는 증거능력을 인정받지 못한다(형사소송법 제310조의2).

> **진술거부권**
> 피고인·피의자·증인·감정인 등이 질문 또는 신문에 대하여 진술을 거부할 수 있는 권리
>
> **진술거부권 미고지에 따른 증거능력 제한판례**
> 「형사소송법」이 보장하는 피의자의 진술거부권은 헌법이 보장하는 형사상 자기에 불리한 진술을 강요당하지 않는 자기부죄거부의 권리에 터 잡은 것이므로 <u>수사기관이 피의자를 신문함에 있어서 피의자에게 미리 진술거부권을 고지하지 않은 때에는 그 피의자의 진술은 위법하게 수집된 증거로서 진술의 임의성이 인정되는 경우라도 증거능력이 부인되어야 한다</u>(대판 2011.11.10, 2010도8294).

(4) 재판의 확정 ★

① 상고법원의 판결

원칙적으로 선고와 동시에 확정된다.

② 제1·2심 재판

상소기간 중 상소를 제기함이 없이 상소기간을 경과하거나 상소의 포기 또는 취하에 의하여 확정된다.

③ 일사부재리(一事不再理)의 원칙

판결이 확정되면 기판력이 발생하여 동일한 범죄사실에 대하여 다시 공소를 제기하거나 심판을 할 수 없다.

(5) 특별형사소송절차

① 약식절차

<u>공판절차 없이 서면심리만으로 피고인에게 벌금, 과료, 몰수를 과하는 간이 형사절차로, 검사가 청구한다</u>(형사소송법 제448조 제1항).

㉠ 청구대상 : 지방법원 관할 사건으로 벌금·과료 또는 몰수에 처할 수 있는 사건, 단독판사 또는 합의부 관할 불문

㉡ 효력 : 정식재판의 청구기간이 경과하거나 그 청구의 취하 또는 청구기각의 결정이 확정된 때에는 확정판결과 동일한 효력발생(형사소송법 제457조)

㉢ 정식재판의 청구 : 약식명령을 고지받은 날로부터 7일 이내에 명령을 한 법원에 서면으로 청구(형사소송법 제453조 제1항·제2항)

② 즉결심판절차

㉠ **청구권자** : 관할 경찰서장 또는 관할 해양경찰서장(즉결심판법 제3조 제1항)

㉡ 대상 : **20만원 이하의 벌금 또는 구류나 과료**에 처하는 경미한 범죄사건(즉결심판법 제2조)

㉢ 효력 : 즉결심판이 확정되면 확정판결과 동일한 효력이 있고(즉결심판법 제16조), <u>그 형의 집행은 경찰서장이 한다</u>(즉결심판법 제18조 제1항).

(6) 국민참여재판

① **의의** : 국민참여재판은 사법의 민주적 정당성을 강화하고 투명성을 높임으로써 국민으로부터 신뢰받는 사법제도를 확립하기 위하여 국민이 배심원으로서 형사재판에 참여하는 국민참여재판 제도가 도입되었다(국민의 형사재판참여에 관한 법률, 이하 '국민참여재판법'이라 칭함)

② **특징** : 국민참여재판은 배심제와 참심제를 혼합하여 우리의 현실에 맞게 수정을 가한 제도로서 배심원의 평결과 의견이 법원(法院)을 기속하지 않고, 권고적 효력만을 가진다는 점이 큰 특징이다. ★

③ **대상사건**(국민참여재판법 제5조 제1항) ★

　㉠ 합의부 관할사건(제척·기피사건 등은 제외)

　㉡ 합의부 관할사건의 대상사건의 미수죄·교사죄·방조죄·예비죄·음모죄에 해당하는 사건

　㉢ 합의부 관할사건의 대상사건과 관련사건으로서 병합하여 심리하는 사건

④ **용어의 정의**(국민참여재판법 제2조)

　㉠ **배심원** : 국민의 형사재판 참여에 관한 법률에 따라 형사재판에 참여하도록 선정된 사람을 말한다.

　㉡ **국민참여재판** : 배심원이 참여하는 형사재판을 말한다.

⑤ **필요적 국선변호** : 국민참여재판에 관하여 변호인이 없는 때에는 법원이 직권으로 변호인을 선정하여야 한다. ★

⑥ **피고인의 의사의 확인** ★

　㉠ 법원은 대상사건의 피고인에 대하여 국민참여재판을 원하는지 여부에 관한 의사를 서면 등의 방법으로 반드시 확인하여야 한다.

　㉡ 피고인이 국민참여재판을 원하지 아니하거나 법원의 배제결정이 있는 경우에는 국민참여재판을 할 수 없다.

⑦ **법원의 배제결정** : 법원은 공소제기 후부터 공판준비기일이 종결된 다음날까지 다음 중 어느 하나에 해당하는 경우 국민참여재판을 하지 아니하기로 하는 결정을 할 수 있다(국민참여재판법 제9조). ★

　㉠ 배심원·예비배심원·배심원후보자 또는 그 친족의 생명·신체·재산에 대한 침해 또는 침해의 우려가 있어서 출석의 어려움이 있거나 이 법에 따른 직무를 공정하게 수행하지 못할 염려가 있다고 인정되는 경우

　㉡ 공범 관계에 있는 피고인들 중 일부가 국민참여재판을 원하지 아니하여 국민참여재판의 진행에 어려움이 있다고 인정되는 경우

　㉢ 성폭력범죄의 처벌 등에 관한 특례법 제2조의 범죄로 인한 피해자(이하 "성폭력범죄 피해자"라 한다) 또는 법정대리인이 국민참여재판을 원하지 아니하는 경우

　㉣ 그 밖에 국민참여재판으로 진행하는 것이 적절하지 아니하다고 인정되는 경우

⑧ 배심원의 선정

　　㉠ 배심원의 종류 : 실제로 재판에 참여하여 평의와 평결을 하는 배심원과 평의와 평결은 하지 않고 결원 등에 대비하여 두는 예비배심원이 있다.

　　㉡ 배심원의 수 : 법정형이 사형·무기징역 또는 무기금고에 해당하는 대상사건에 대한 국민참여재판에는 9인의 배심원이 참여하고, 그 외의 대상사건에 대한 국민참여재판에는 7인의 배심원이 참여한다(원칙). 다만, 법원은 피고인 또는 변호인이 공판준비절차에서 공소사실의 주요내용을 인정한 때에는 5인의 배심원이 참여하게 할 수 있다(예외). 또한 법원은 배심원의 결원 등에 대비하여 5인 이내의 예비배심원을 둘 수 있다. ★

　　㉢ 배심원의 자격 : 배심원은 만 20세 이상의 대한민국 국민 중에서 선정된다. ★

　　㉣ 배심원의 결격사유 : 다음에 해당하는 사람은 배심원으로 선정될 수 없다(국민참여재판법 제17조). ★
　　　　• 피성년후견인 또는 피한정후견인
　　　　• 파산선고를 받고 복권되지 아니한 사람
　　　　• 금고 이상의 실형을 선고받고 그 집행이 종료(종료된 것으로 보는 경우를 포함한다)되거나 집행이 면제된 후 5년을 경과하지 아니한 사람
　　　　• 금고 이상의 형의 집행유예를 선고받고 그 기간이 완료된 날부터 2년을 경과하지 아니한 사람
　　　　• 금고 이상의 형의 선고유예를 받고 그 선고유예기간 중에 있는 사람
　　　　• 법원의 판결에 의하여 자격이 상실 또는 정지된 사람

　　㉤ 배심원의 권리 : 배심원은 국민참여재판을 하는 사건에 관하여 사실의 인정, 법령의 적용 및 형의 양정에 과한 의견을 제시할 권한이 있다(국민참여재판법 제12조 제1항). 그러나 배심원은 증거능력에 관한 심리에는 관여할 수 없다. ★

⑨ 국민참여재판의 절차 : 국민참여재판은 크게 배심원 선정절차, 공판절차, 평의절차, 판결선고 순서로 진행된다.

⑩ 평의절차(평의·평결·토의) ★

　　㉠ 재판장의 설명 : 재판장은 변론이 종결된 후 법정에서 배심원에게 공소사실의 요지와 적용법조 피고인과 변호인 주장의 요지, 증거능력, 그 밖에 유의할 사항에 관하여 설명하여야 한다. 이 경우 필요한 때에는 증거의 요지에 관하여 설명할 수 있다.

　　㉡ 평의절차의 진행 : 평의·평결 및 양형에 관한 토의는 변론이 종결된 후 연속하여 진행하여야 한다.

　　㉢ 만장일치 평결(원칙) : 심리에 관여한 배심원은 재판장의 설명을 들은 후 유·무죄에 관하여 평의하고, 전원의견이 일치하면 그에 따라 평결한다. 이 경우 배심원 과반수의 요청이 있으면 심리에 관여한 판사의 의견을 들을 수 있다.

　　㉣ 다수결 평결(예외) : 배심원은 유·무죄에 관하여 전원의 의견이 일치하지 아니하는 때에는 평결을 하기 전에 심리에 관여한 판사의 의견을 들어야 한다. 이 경우 유·무죄의 평결은 다수결의 방법으로 한다.

ⓜ **양형토의** : 만장일치 또는 다수결의 평결이 유죄인 경우 배심원은 심리에 관여한 판사와 함께 양형에 관하여 토의하고 그에 관한 의견을 개진한다. 재판장은 양형에 관한 토의 전에 처벌의 범위와 양형의 조건등을 설명하여야 한다.

ⓗ **평결의 효력** : 평결과 양형에 관한 의견은 법원을 기속하지 아니한다.

ⓢ **비공개와 누설금지** : 평의·평결 및 양형에 관한 토의는 공개하지 않으며, 배심원은 평의·평결 및 토의 과정에서 알게 된 판사 및 배심원 각자의 의견과 그 분포 등을 누설하여서는 아니된다.

5 법원의 재판

(1) 재판의 의의와 종류

공소제기 후 법원이 행하는 재판에는 그 형식에 따라 판결(判決)·결정(決定)·명령(命令)으로 나누어지고 내용적으로 사건의 실체에 대한 판단을 하는가의 여부에 따라 실체적 재판과 형식적 재판으로 분류된다. 또한 기능상 소송계속의 종결 여부에 따라 종국 전 재판과 종국적 재판으로 분류된다.

① **재판의 형식에 의한 분류**

ⓐ **판결(判決)** : 수소법원에 의한 종국 재판의 원칙적 형식을 말하는 것으로 실체적 재판인 유죄·무죄판결과 형식적 재판 중 관할위반·공소기각·면소판결이 있다.

ⓑ **결정(決定)** : 수소법원에 의한 종국 전 재판의 원칙적 형식을 말한다. 종국 전 재판인 중간재판으로 보석허가결정, 증거신청에 대한 결정, 공소장변경허가 결정이 이에 속하며. 종국재판으로 공소기각결정, 상소기각결정, 이송결정이 있다.

ⓒ **명령(命令)** : 법관(재판장·수명법관·수탁판사)이 하는 재판을 말하며, 명령은 모두 종국 전 재판이자 형식재판이다. 공판기일의 지정, 퇴정명령 등을 예로 들 수 있다(↔ 약식명령 X) ★

② **재판의 내용에 의한 분류**

ⓐ **실체적 재판** : 사건의 실체에 관하여 법률관계를 판단하는 재판으로 본안 재판이라고도 한다. 종국 재판 중에서 유죄·무죄 판결이 이에 속하며, 판결 후에는 기판력이 발생한다. ★

ⓑ **형식적 재판** : 사건의 실체에 관해서는 심리하지 않으며, 절차적, 형식적 법률관계를 판단하는 재판으로 본안 외 재판이라고도 한다. 종국 전의 재판 중 공소장변경허가결정 등과 종국재판 중 관할위반·공소기각·면소의 재판이 이에 속한다. ★

③ **재판의 기능에 의한 분류**

ⓐ **종국 전 재판** : 종국재판에 이르기까지의 절차에 관한 재판으로 중간재판을 말한다. 종국재판 이외의 결정·명령이 이에 속한다(예 보석허가결정, 공소장변경허가결정, 증거신청에 대한 결정 등). ★

ⓑ **종국재판** : 소송을 그 심급에서 종결하도록 하는 재판을 말하는 것으로 유죄·무죄판결, 관할위반·공소기각·면소의 재판, 상소심의 파기자판, 상소기각재판, 파기환송·파기이송판결이 있다. ★

(2) 종국재판

종 류	구체적 사유
유죄판결	• 사건의 실체에 관하여 피고인 범죄 사실의 증명이 있는 때
무죄판결 (형사소송법 제325조)	• 피고사건이 범죄로 되지 아니하는 때(구성요건해당성이 없거나 또는 위법성조각사유나 책임조각사유가 존재한다는 것이 밝혀진 경우를 말함) • 범죄사실의 증명이 없는 때
관할위반의 판결 (형사소송법 제319조)	• 피고사건이 법원의 관할에 속하지 아니하는 때
공소기각의 결정 (형사소송법 제328조 제1항)	• 공소가 취소되었을 때 • 피고인이 사망 또는 법인이 소멸한 때 • 동일사건이 사물관할을 달리하는 수개의 법원에 계속되거나 관할이 경합하는 경우(제12조 또는 제13조)의 규정과 관련하여 재판할 수 없는 때 • 공소장에 범죄가 될 만한 사실이 포함되지 아니할 때
공소기각의 판결 (형사소송법 제327조)	• 피고인에 대하여 재판권이 없는 경우 • 공소제기 절차가 위법무효인 경우 • 공소가 제기된 사건에 대하여 다시 공소가 제기된 경우 • 공소취소와 재기소(제329조)의 규정에 위반하여 공소가 제기되었을 때 • 친고죄에서 고소의 취소가 있는 때 • 반의사불벌죄에서 처벌을 희망하지 않는 의사표시가 있는 때
면소판결 (형사소송법 제326조)	• 확정판결이 있은 때 • 사면이 있는 경우 • 공소시효가 완성된 경우 • 범죄 후 법령개폐로 형이 폐지된 경우

6 상소제도와 비상구제절차

(1) 상소제도

① 의의 : 상소라 함은 미확정 재판에 대하여 상급법원에 구제적 재판을 구하는 불복신청의 제도를 말한다. 상소할 수 있는 자에는 검사와 피고인 및 피고인의 법정대리인이 있다.

② 특징 ★★

상소는 재판의 일부에 대하여 할 수 있다. 피고인의 법정대리인은 피고인을 위하여 상소할 수 있으며, 항소의 제기기간은 7일로 한다. 항소를 함에는 항소장을 원심법원에 제출하여야 한다.

③ 상소제도의 필요성 : 오판의 시정, 원심재판으로 인한 피고인의 불이익을 구제한다.

④ 상소의 종류

　㉠ 항소(抗訴) : **제1심 판결에 대한 상소**를 말한다. 단독판사의 제1심 판결은 지방법원 합의부에 항소하고, 지방법원 합의부의 제1심 판결은 고등법원에 항소한다.

　㉡ 상고(上告) : **제2심 판결에 대한 상소**를 말한다. 예외적으로 제1심 판결에 대해서도 상고가 허용된다. 관할 법원은 대법원, 상고심의 판결에 대해서는 상소가 허용되지 아니하고, 다만 오류정정신청 제도를 두고 있다.

　㉢ 항고(抗告) : 법원의 **결정에 대한 상소**이다. 특별항고와 재항고사건은 대법원 관할이다.

⑤ 불이익변경금지의 원칙

　㉠ 불이익변경금지의 원칙은 피고인이 상소한 사건 또는 피고인을 위하여 상소한 사건에 대하여 원심판결의 형보다 무거운 형을 선고할 수 없다는 원칙이다. ★

　㉡ 검사 단독으로 상소한 사건에는 원심의 형보다 무거운 형의 선고도 가능하다. ★

(2) 비상구제절차

① 재심(再審)

유죄의 확정판결에 대하여 주로 사실인정의 부당을 시정하기 위하여 인정되는 절차로 확정판결에 있어서의 사실인정의 과오를 시정함으로써 그 확정판결에 의해서 불이익을 받는 피고인을 구제할 수 있다. 원칙적으로 유죄의 확정판결에 대해서만 인정되지만 항소 또는 상고를 기각한 판결에 대해서도 인정된다.

② 비상상고

　㉠ 의의 : 확정판결에 대하여 그 심판의 법령위반을 이유로 하여 인정되는 비상구제절차로서 신청권자가 검찰청장에 국한되고 관할 법원이 대법원이며 판결의 효력은 피고인에게 미치지 아니한다는 점에서 재심과 구별된다. ★

　㉡ 절차

　　• 비상상고의 신청은 검찰총장(재량)이 대법원에 대하여 행해진다.

　　• 비상상고를 함에는 이유를 기재한 신청서를 대법원에 제출하여야 한다.

　　• 비상상고의 신청에 대하여는 기간의 제한이 없다. ★

　　• 형의 시효, 공소시효에 구애되지 않고 그 신청을 할 수 있고, 판결확정 후 언제든지 할 수 있다. ★

　　• 비상상고의 취하에 대하여는 명문상 규정은 없으나 검찰총장이 필요하다고 판단하는 경우에는 비상상고의 판결이 있을 때까지 취하할 수 있다. ★

　　• 공판기일에는 검사가 출석을 하여야 하며, 검사는 신청서에 의하여 진술하여야 한다(형사소송법 제443조). 공판기일에 피고인의 출석은 요하지 않는다. ★

- 피고인이 변호인을 선임하여 공판기일에 의견을 진술할 수 있는 가에 대하여 법률적 의견을 개진할 기회가 부여되어야 한다.
- 대법원은 신청서에 포함된 이유에 한하여 조사하여야 한다(형사소송법 제444조 제1항). 따라서 직권조사가 이뤄질 수 없다. 다만, 법원의 관할, 공소의 수리와 소송절차에 관하여는 사실조사를 할 수 있다(형사소송법 제444조 제2항).
- 비상상고가 이유 없다고 인정한 때에는 판결로써 이를 기각하여야 한다(형사소송법 제445조). 또 이유 있다고 인정한 때에도 원칙적으로 원판결의 법령위반의 부분 또는 법령위반의 원심소송절차(原審訴訟節次)를 파기하는 데 그친다(형사소송법 제446조). ★

ⓒ 비상상고의 필요성

법령의 해석 · 적용에 통일을 기할 수 있다.

ⓓ 비상상고에 의한 판결의 효력(형사소송법 제447조)

비상상고의 판결은 원판결이 피고인에게 불이익하여 파기자판하는 경우를 제외하고는 그 효력이 피고인에게 미치지 않는다. 즉 부분파기하는 경우에 원판결의 판결주문은 그대로 효력을 가지며, 따라서 판결은 원칙적으로 이론적 효력이 있을 뿐이다. ★

01 형법의 의의에 관한 기술 중 옳지 않은 것은?

① 형법은 공법이고 사법법이며, 형사법이고 실체법이다.
② 실질적 의미의 형법이란 범죄와 형벌을 정한 모든 법규를 말한다.
③ 형식적 의미의 형법이란 '형법'이란 명칭을 가진 것만을 말한다.
④ 형식적 의미의 형법에는 실질적 의미의 형법인 것만 규정되어 있다.

쏙쏙 해설 •••

범죄와 형벌의 관계를 규정한 것이면 형법에 속한다고 보는 것이 실질적 의미의 형법이므로, 형식적 의미의 형법에 실질적 의미의 형법을 모두 규정할 수는 없다.

정답 ④

02 국가형벌권의 발동과 관련하여 범죄인의 인권보장과 관계되는 것은?

① 보장적 기능
② 보호적 기능
③ 강제적 기능
④ 사회보전적 기능

쏙쏙 해설 •••

형법은 국가형벌권의 발동한계를 명확히 하여 국가형벌권의 자의적인 행사로부터 국민의 자유와 권리를 보장하는 기능을 한다.

정답 ①

 핵심만 콕

형법의 기능

보장적 기능	국가형벌권의 발동한계를 명확히 하여 국가형벌권의 자의적인 행사로부터 국민의 자유와 권리를 보장하는 기능을 한다.
보호적 기능	사회질서의 근본적 가치, 즉 법익과 사회윤리적 행위가치를 보호하는 형법의 기능을 말한다.
규제적 기능	행위규범 내지 재판규범으로서 일반국민과 사법 관계자들을 규제하는 기능을 한다.
사회보전적 기능	형벌수단을 통하여 범죄행위를 방지함으로써 범죄자로부터 사회질서를 유지·보호하는 기능을 한다.

03 형법에 관한 설명 중 틀린 것은?

① 현대에는 형사정책이 중요시되고, 법관의 자유재량 범위가 넓어지고 있다.

② 형벌제도는 복수시대−위하시대−박애시대−과학시대 순으로 변천되어 왔다.

③ 형법의 기능으로는 보장적 기능, 보호적 기능, 규율적 기능이 있다.

④ 자유민주주의 사회에서 특히 강조되는 형법의 기능은 보호적 기능이다.

쏙쏙 해설 •••

자유민주주의 사회의 핵심적인 이념은 국민의 자유와 권리의 보장이다. 형법전의 범죄 외에는 어떠한 행위에 대해서도 벌할 수 없도록 함으로써 국민의 자유를 최대한 보장하려는 자유민주주의사상에 적합한 기능은 보장적 기능이다. 보장적 기능은 국가권력의 자의와 남용을 통제하여 국민의 자유와 권리를 보장하는 데 있다. 보장적 기능은 죄형법정주의를 통해 구체화된다.

정답 ❹

04 다음 중 형법의 규범적 성질로 볼 수 없는 것은 어느 것인가?

① 가설규범 ② 조직규범

③ 행위규범 ④ 평가규범

쏙쏙 해설 •••

형법의 규범적 성질이라고 볼 수 있는 것에는 가설규범・평가규범・행위규범・재판규범・의사결정규범이 있다.

정답 ❷

05 죄형법정주의의 내용이 아닌 것은?

① 소급효 금지의 원칙

② 관습형법 금지의 원칙

③ 유추해석 금지의 원칙

④ 상대적 부정기형 금지의 원칙

쏙쏙 해설 •••

절대적 부정기형은 형기를 전혀 정하지 않고 선고하는 형이며, 이는 죄형법정주의에 명백히 위배되므로 금지된다. 반면 상대적 부정기형은 형기의 상한을 정하여 선고하는 것으로, 우리나라의 경우 소년법 제60조(부정기형)에서 확인할 수 있다.

정답 ❹

06 죄형법정주의에 대한 설명으로 옳은 것은?

① 관습법은 형법해석의 자료로 사용될 수 없다.

② 소급효금지의 원칙은 피고인에게 유리한 경우 적용되지 않는다.

③ 유추해석은 절대적으로 금지된다.

④ 상대적 부정기형은 명확성의 원칙에 반한다.

 쏙쏙 해설 •••

② 소급효금지의 원칙은 피고인에게 불리한 사후입법의 소급금지를 의미한다. 따라서 피고인에게 유리한 경우 소급금지의 원칙은 적용되지 않는다. 즉 유리한 사후입법이 소급적용된다는 의미이다.

정답 ❷

 핵심만 콕 ··

① 관습형법금지의 원칙은 관습법은 직접 형법의 법원으로 할 수 없다는 의미일 뿐이고 관습법이 성문의 법률법규에 내재하는 의미를 해석하는 경우에는 그 자료로 사용될 수 있다.

③ 유추해석금지의 원칙은 법관에 의한 법창조를 방지하여 법관의 자의로부터 개인을 보호하기 위한 것이기 때문에 피고인에게 불리한 유추해석은 금지되나 유리한 유추해석은 허용된다.

④ 절대적 부정기형은 명확성의 원칙에 위배되어 허용되지 않는다. 단, 상대적 부정기형은 인정된다(소년법 제60조).

07 다음 중 신파의 형법이론과 가장 관계가 없는 것은?

① 도의적 책임론

② 행위자주의

③ 형벌과 보안처분의 일원론

④ 사회적 책임론

 쏙쏙 해설 •••

도의적 책임론, 객관주의, 의사자유주의, 개인주의, 응보형주의, 일반예방주의 등은 구파의 형법이론이다.

정답 ❶

08 형법전에 규정되어 있지 않으나 사회적 위험부담이 큰 행위에 대한 조치로 바른 것은?

① 고의의 경우에만 벌한다.

② 벌하지 아니한다.

③ 특별법의 제정으로 해결한다.

④ 가장 근사한 조문에 의한다.

 쏙쏙 해설 •••

죄형법정주의의 유추해석금지의 원칙상 법률에 규정이 없는 사항에 대하여는 제한적인 범위에서만 인정되는 특별법의 제정을 통해 해결하는 것이 가장 바람직하다.

정답 ❸

09 일본인이 독일내 공원에서 대한민국 국민을 살해한 경우, 대한민국 형법을 적용할 수 있는 근거는?

① 속인주의   ② 속지주의

③ 보호주의   ④ 기국주의

 쏙쏙 해설 •••

형법의 장소적 효력 중 보호주의에 관한 설명이다.

정답 ❸

 핵심만 콕

형법의 장소적 효력

속지주의	자국영토 내의 범죄에 대해 자국의 형법을 적용
속인주의	자국민의 범죄에 대해 자국의 형법을 적용
보호주의	자국 또는 자국민의 이익이 침해되는 경우 국적·영토에 관계없이 자국의 형법 적용
기국주의	공해상의 선박·항공기는 국적을 가진 국가의 배타적 관할에 속한다는 원칙을 적용
세계주의	국적여하를 불문하고 문명국가에서 인정되는 공통된 법익을 침해하는 범죄에 대해 자국 형법을 적용

10 다음 형법의 효력과 관련하여 옳은 것은?

① 행위시법은 결과범에서는 결과발생 후에 의한다.

② 포괄일죄가 신법과 구법에 걸친 경우 구법에 의한다.

③ 행위시법, 재판시법, 중간시법이 있을 때 행위시법과 재판시법 중 가장 경한 형을 적용한다.

④ 가장 경한 형이라 할 때는 부가형, 벌금형까지 비교한다.

 쏙쏙 해설 •••

④ 형의 경중의 비교대상은 법정형이지만 법정형인 한 주형뿐만 아니라 부가형도 포함되고 가중감면사유와 선택형의 가능성도 비교해야 한다(판례).

정답 ❹

 핵심만 콕

① 행위시라 함은 실행행위의 종료를 의미하며 결과발생은 포함하지 않는다(판례).

② 포괄일죄로 되는 개개의 범죄행위가 법 개정의 전후에 걸쳐서 행하여진 경우에는 신·구법의 법정형에 대한 경중을 비교해 볼 필요 없이 범죄 실행종료시의 법이라 할 수 있는 신법을 적용하여 포괄일죄로 처단하여야 한다(판례).

③ 범죄 후 수차례 법률이 변경되어 행위시와 재판시 사이에 중간시법이 있는 경우에는 모든 법을 비교하여 가장 경한 법률을 적용한다(판례).

11 미국항구에 정박 중이던 우리나라 선박에서 선적작업을 하던 일본인 선원이 미국인을 살해한 경우에 다음 중 맞는 것은?

① 세계주의 원칙에 따라 우리 형법으로 처벌이 가능하다.
② 일본인이 범한 범죄이므로 우리 형법으로 처벌이 불가능하다.
③ 속지주의 원칙에 따라 우리 형법으로 처벌이 가능하다.
④ 미국 내에서 범한 범죄이므로 미국형법으로만 처벌이 가능하다.

 해설 •••

자국의 선박이나 항공기 내에서 발생한 범죄에 대하여 자국 형법을 적용한다는 속지주의 원칙(기국주의)에 따라 우리 형법으로 처벌이 가능하다.

 정답 ❸

12 범죄의 성립요건에 관한 다음 설명 중 옳지 않은 것은?

① 당해 행위를 한 주체인 행위자에 대한 비난가능성, 즉 책임능력자의 고의 또는 과실이 있어야 한다.
② 행위자가 자신의 행위에 대한 사실의 인식과 위법성의 인식이 있어야 한다.
③ 법률이 정하는 구성요건에 해당하는 행위를 하여야 한다.
④ 일개의 행위가 원칙적으로 법률이 규정한 수개의 죄에 해당하는 경우이어야 한다.

 해설 •••

④는 죄수론의 상상적 경합에 대한 설명이다. 성립요건에서는 1개의 행위가 1개의 죄이냐 수개의 죄이냐는 문제가 되지 않는다.

 정답 ❹

 핵심만 콕 ⋯⋯

범죄의 성립요건
• 형법상 범죄가 성립되기 위하여는 구성요건에 해당하는 위법한 행위를 한 자에게 책임이 있어야 한다. 구성요건해당성·위법성·책임성(유책성)을 범죄의 성립요건이라고 한다.
• 만일에 이들 3요소 중 어느 하나라도 결여되면 범죄는 성립하지 않게 된다. 구성요건에 해당하고 위법한 행위일지라도 책임능력이 없는 자의 행위는 범죄가 되지 아니하므로 위법행위가 모두 범죄인 것은 아니다.

CHAPTER 04

13 형법상 범죄의 성립요건이 아닌 것은?

① 구성요건해당성　　② 위법성
③ 책임성　　　　　　④ 객관적 처벌조건

쏙쏙 해설 •••

범죄의 성립요건으로는 구성요건해당성, 위법성, 책임성이 있다.

정답 ❹

14 범죄의 구성요건에 해당하는 위법한 행위가 책임을 질 수 있는 자에 의해 행하여졌을 때 범죄가 성립한다. 다음 중 우리 형법상 책임조각사유가 되는 경우는?

① 밀항하기로 하고 선주에게 도항비를 주었으나, 그 후에 밀항을 포기한 경우
② 저항할 수 없는 폭력에 의하여 절도행위를 한 경우
③ 설탕을 먹여서 사람을 죽이려고 한 경우
④ 범인이 자의로 실행에 착수하였으나 스스로 행위를 중지한 경우

쏙쏙 해설 •••

강요된 행위는 벌하지 않는다. 즉 저항할 수 없는 폭력이나 자기 또는 친족의 생명·신체에 대한 위해를 방어할 방법이 없는 협박에 의하여 성립된 행위는 형법상 책임이 조각되어 벌하지 아니한다(형법 제12조).

정답 ❷

15 법률상 요구되는 의무 있는 행위를 하지 않음으로써 처벌되는 것은?

① 부작위범
② 교사범
③ 미수범
④ 미필적 고의범

쏙쏙 해설 •••

부작위범에 관한 설명으로 부작위가 범죄로 성립하려면 규범적으로 요구된 일정한 의무 즉 작위의무가 있을 것을 전제로 한다. 부작위범은 형법규정에서 부작위에 의해 범할 것을 내용으로하는 진정 부작위범(예 퇴거불응죄 등)과 형법규정에서 작위에 의해 범할 것을 내용으로 하는 범죄를 부작위에 의해 범하는 범죄인 부진정 부작위범(예 젖을 주지 않아 영어를 굶겨 죽인 산모)으로 나누어진다.

정답 ❶

16 인과관계에 관한 설명으로 옳지 않은 것은?

① 인과관계는 실질범(결과범)에서만 문제된다.
② 인과관계의 유무 및 범위에 관하여 크게 조건설의 입장과 상당인과관계설로 대별된다.
③ 인과적 행위론으로도 부작위범을 설명할 수 있다.
④ 통설과 판례는 상당인과관계설을 취하고 있다.

  해설 •••

부작위에 있어서는 의사에 의하여 수행되고 일정한 결과를 발생하게 하는 신체적 동작이 인과적 행위론의 의미에서는 존재한다고 볼 수 없기 때문에 부작위범에 대하여 인과적 행위론은 설명할 수 없다.

정답 ❸

17 형법상 위법성조각사유에 관한 설명으로 옳지 않은 것은?

① 자구행위는 사후적 긴급행위이다.
② 정당방위에 대해 정당방위를 할 수 있다.
③ 긴급피난에 대해 긴급피난을 할 수 있다.
④ 정당행위는 위법성이 조각된다.

 해설 •••

정당방위는 위법한 침해에 대한 방어행위이므로 상대방은 이에 대해 정당방위를 할 수는 없으나 긴급피난은 가능하다.

정답 ❷

 핵심만 콕

• 자구행위는 이미 침해된 청구권을 보전하기 위한 사후적 긴급행위이다.
• 긴급피난은 위법한 침해일 것을 요하지 않으므로 긴급피난에 대해서는 긴급피난을 할 수 있다.
• 정당행위는 위법성이 조각된다(형법 제20조).

18 다음에서 위법성을 조각하는 사유가 아닌 것은?

① 본인의 자유로운 처분이 불가능한 법익에 대한 피해자의 승낙행위
② 타인의 법익에 대한 부당한 침해를 방위하기 위하여 상당한 이유가 있는 행위
③ 타인의 법익에 대한 현재의 위난을 피하기 위하여 상당한 이유가 있는 행위
④ 법령에 의한 행위 또는 업무로 인한 행위

 해설 •••

피해자의 승낙으로 인한 행위는 위법성이 조각된다. 즉, 처분할 수 있는 자의 승낙에 의하여 그 법익을 훼손한 행위는 특별한 규정이 없는 한 처벌하지 아니한다(제24조). 그러나 살인죄 등의 경우에는 승낙행위가 있어도 위법성이 조각되지 않고 처벌한다.

정답 ❶

CHAPTER 04

19 다음 중 위법성 조각사유가 아닌 것은?

① 사실의 착오　　　　　② 정당방위

③ 긴급피난　　　　　　④ 피해자 승낙

해설 •••

위법성 조각사유란 어떤 행위가 구성요건에 해당하나 특별한 사정에 의해 위법성을 배제시켜 주는 사유로서 정당행위, 정당방위, 긴급피난, 자구행위, 피해자의 승낙이 있다.

정답 ❶

20 정당방위에 관한 설명 중 잘못된 것은?

① 자기 또는 타인의 법익에 대한 현재의 부당한 침해를 방위하기 위한 상당한 이유가 있는 행위를 정당방위라 한다.

② 과거의 침해에 대한 정당방위는 불가하며, 부작위로 인한 소극적 침해에 대해서도 정당방위는 불가하다.

③ 방위행위가 상당한 정도를 초과하면 과잉방위가 되며, 그 때에는 형을 감경 또는 면제할 수 있다.

④ 행위자에게 방위의사가 없으면 정당방위는 성립하지 않는다.

해설 •••

부작위로 인한 침해에 대해서도 정당방위는 가능하다.

정답 ❷

21 다음 중에서 정당행위라고 인정할 수 없는 것은?

① 학생에 대한 교사의 징계행위

② 출생 후 양육할 수 없음을 고려한 낙태행위

③ 정신병자에 대한 감호행위

④ 소년원에서 원장의 소년들에 대한 징계행위

해설 •••

낙태는 형법 제269조(낙태), 형법 제270조(의사 등의 낙태, 부동의 낙태)의 죄로 처벌받는다. 따라서 낙태는 정당행위에 속하지 않는다.

정답 ❷

22 다음 중 긴급피난이 인정되는 것은?

① 甲男이 乙女 강간 도중 乙이 甲의 손가락을 깨물어 甲이 손가락을 빼다가 치아결손 상해를 입혔다.

② 경찰관 甲은 은신하고 있다가 명령에 따라 순순히 손들고 나오던 범인의 등에 권총을 쏘아 사망하게 하였다.

③ A대학교 학교측이 집회저지요청을 하자 경찰이 출입제한을 하여 B장소로 옮겨 집회를 하였다.

④ 선장 甲은 허가 없이 해상에 정박 중에 태풍이 오자 닻줄을 늘리는 바람에 피조개 양식장에 막대한 피해를 주었다.

 해설 •••

④ 이는 사회통념상 가장 적절하고 필요불가결한 조치라고 볼 수 있으므로 형법상 긴급피난으로서 위법성이 없어서 범죄가 성립되지 아니한다고 보아야 하고, 미리 선박을 이동시켜 놓아야 할 책임을 다하지 아니함으로써 위와 같은 긴급한 위난을 당하였다는 점만으로는 긴급피난을 인정하는 데 아무런 방해가 되지 아니한다(판례).

정답 ❹

 핵심만 콕

① 스스로 야기한 강간범행의 와중에서 피해자가 피고인의 손가락을 깨물며 반항하자 물린 손가락을 비틀며 잡아 뽑다가 피해자에게 치아결손의 상해를 입힌 경우를 가리켜 법에 의하여 용인되는 피난행위라 할 수 없다(판례).
② 순순히 나오는 범인에 대해 권총을 발사했으므로 긴급피난 상황이 인정되지 않는다.
③ 이는 법률이 허용한 행위이므로 정당행위가 인정되고 긴급피난에는 해당되지 않는다.

23 형법상 책임조각사유에 해당하는 것은?

① 피해자의 승낙 　② 강요된 행위
③ 정당방위 　④ 자구행위

 해설 •••

피해자의 승낙(제24조), 정당방위(제20조), 자구행위(제23조) 등은 형법상 위법성 조각사유에 해당한다. 강요된 행위(제12조)는 책임조각사유에 해당한다.

정답 ❷

24 달려오는 광견을 피하기 위하여 남의 집에 뛰어들어 값비싼 도자기를 망가뜨린 경우는 다음 중 어디에 해당하는가?

① 정당방위 ② 긴급피난
③ 정당행위 ④ 자구행위

쏙쏙 해설 •••

정당방위는 부정 대 정의 관계이며 긴급피난은 정 대 정의 관계이다. 그리고 정당방위나 긴급피난은 양자 모두 그 행위에 상당성을 요구하고 있으나 긴급피난은 그 상당성에 보충의 원칙과 법익균형의 원칙을 요구하고 있으므로 정당방위와 차이가 있다.

정답 ❷

25 다음 중 A건물에서 대형화재가 난 후, B건물로 그 불이 옮겨 붙고 다시 C건물로 불이 옮겨 붙으려고 하여, C건물주인이 B건물을 손괴하여 C건물로 불이 옮겨 붙지 않게 했다면, 이때의 위법성 조각 사유는 어느 것인가?

① 자구행위 ② 긴급피난
③ 정당방위 ④ 과잉방위

쏙쏙 해설 •••

긴급피난이란 현재의 위난에 처한 자가 그 위난을 피하기 위하여 부득이 정당한 제3자의 법익을 침해한 경우 이를 벌하지 아니한다(형법 제22조).

정답 ❷

26 물건을 배달하러 온 택배기사를 강도로 착각하여 폭행을 가한 경비원의 행위에 해당하는 것은?

① 정당방위 ② 우연방위
③ 오상방위 ④ 과잉방위

쏙쏙 해설 •••

정당방위의 요건이 되는 사실, 즉 자기나 타인의 법익에 대한 현재의 부당한 침해가 없는데도 그것이 있다고 잘못 생각하여 행한 방위행위는 오상방위로 위법성이 조각되지 않아 처벌된다.

정답 ❸

27 피해자의 승낙에 있어서 바르지 않은 것은?

① 승낙에 의한 행위가 모두 위법성을 조각하는 것은 아닌바, 살인죄, 낙태죄가 그 예이다.
② 법익의 처분권능을 가진 자가 자유로운 의사에 기한 것이어야 한다.
③ 승낙은 승낙의 의미를 인식할 수 있는 자의 승낙이어야 한다.
④ 승낙은 모두 명시적인 의사표시임을 요한다.

 해설 •••

피해자의 승낙이 외부에 인식될 수 있는 한 그 방법은 명시적이든 묵시적이든 불문한다는 절충설이 통설이다.

정답 ❹

28 의사가 환자를 치료하기 위해서 환자의 배를 절개하는 행위를 무엇이라고 하는가?

① 업무상 정당행위
② 피해자의 승낙
③ 자구행위
④ 법령상 정당행위

 해설 •••

정당한 의사의 진료행위는 정당행위로서 위법성이 조각된다. 정당행위는 정당사회상규에 위배되지 아니하여 국가적·사회적으로 정당시되는 행위로 법령에 의한 행위 또는 업무로 인한 행위 기타 사회상규에 위배되지 아니하는 행위는 벌하지 아니한다.

정답 ❶

 핵심만 콕 ....

정당행위의 범위
• 법령에 의한 행위 : 공무원의 직무집행행위, 징계행위, 사인의 현행범 체포행위, 노동쟁의행위 등
• 업무로 인한 행위 : 의사의 치료행위, 소극적 안락사, 변호사·성직자의 직무수행행위 등
• 사회상규에 위배되지 아니하는 행위 : 소극적 저항행위, 징계권 없는 자의 징계행위, 권리실행행위 등

29 법관이 발부한 구속영장에 의하여 사법경찰관이 피의자를 구속하는 행위에 적용될 수 있는 위법성조각사유는?

① 정당방위
② 긴급피난
③ 자구행위
④ 정당행위

 해설 •••

정당행위란 법령에 의한 행위(공무원의 공무집행행위 등), 업무로 인한 행위(의사의 치료행위 등) 기타 사회상규에 위배되지 아니하는 행위에 적용되는 위법성조각사유이다(형법 제20조).

정답 ❹

30 다음 중 형법상 책임무능력자는 몇 살인가?

① 17세 미만의 미성년자
② 18세 미만의 미성년자
③ 19세 미만의 미성년자
④ 14세 미만의 미성년자

 해설 •••

만 14세 미만의 미성년자(형법 제9조)는 형사무능력자로 우리 형법은 벌하지 아니한다.

정답 ❹

31 행위자가 범행을 위하여 미리 술을 마시고 취한 상태에서 계획한 범죄를 실행한 경우에 적용되는 것은?

① 추정적 승낙
② 구성요건적 착오
③ 원인에 있어서 자유로운 행위
④ 과잉방위

 해설 •••

심신장애로 인하여 사물을 변별할 능력이 없거나 의사를 결정할 능력이 없는 자의 행위는 벌하지 아니하고 그 능력이 미약한 자의 행위는 형을 감경할 수 있지만(임의적 감경사유), 위험의 발생을 예견하고 자의로 심신장애를 야기한 자의 행위는 형을 면제하거나 감경하지 아니한다(형법 제10조).

정답 ❸

32 다음 중 A는 B를 C로 오인하고 C를 살해할 의사로써 B를 칼로 찔러, B가 사망한 경우 A에 해당되는 죄는 다음 중 어느 것인가?

① 무 죄
② B에 대한 과실살인죄
③ C에 대한 살인미수죄
④ B에 대한 살인죄

 해설 •••

설문은 구체적 사실의 착오 중 객체의 착오로 통설·판례(법정적 부합설)에 의하면 발생한 사실에 대한 고의·기수, 즉 B에 대한 살인죄가 성립된다.

정답 ❹

33 아들이 아버지인지 모르고 자신의 아버지를 살해했을 경우에 무슨 죄에 해당하는가?

① 존속살인죄 　　　　② 존속상해죄
③ 살인죄 　　　　　　④ 특수살인죄

해설 •••

직계존속이라 하더라도 아들이 아버지임을 모르고 살해했다면 형법 제15조 제1항에 의해 일반살인죄에 해당한다.

정답 ❸

34 범죄의 형태에 관한 설명이다. 옳지 않은 것은?

① 실행의 수단 또는 대상의 착오로 인하여 결과의 발생이 불가능하더라도 위험성이 있는 때에는 처벌한다.
② 두 사람 이상이 공동으로 범죄를 행한 경우 각자를 그 죄의 정범으로 처벌한다.
③ 미수범은 처벌하는 것이 원칙이다.
④ 장애미수범에 대하여는 기수범에 비하여 그 형을 감경할 수 있다.

해설 •••

미수범은 범죄의 실행에 착수하였으나 그 행위를 종료하지 못하였거나 행위는 종료하였으나 결과가 발생하지 아니한 경우로 원칙적으로 처벌되지 않고 법률에 처벌 규정이 있는 경우에만 처벌된다.

정답 ❸

35 미수범에 관한 설명 중 틀린 것은?

① 예비·음모는 실행의 착수 이전의 행위다.
② 미수는 범죄의 실행에 착수하였으나 그 범죄의 완성에 이르지 못한 경우이다.
③ 미수는 형법 각 본조에 처벌규정이 있을 때에만 처벌된다.
④ 미수범을 처벌하는 것은 객관주의 입장이라고 할 수 있다.

해설 •••

주관주의(신파)는 행위자의 반사회적 성격에 중점을 둔다. 따라서 미수의 처벌은 주관주의의 입장이라고 할 수 있으며, 다만 임의적 감경사유로 한 것은 객관주의의 색체가 가미된 것이라고 할 수 있다.

정답 ❹

36 범죄사실의 발생가능성은 인식하였으나 상당한 주의를 결하여 결과의 발생을 부정하고 행한 경우는?

① 미필적 고의 ② 사후고의
③ 인식있는 과실 ④ 개괄적 고의

쏙쏙 해설 •••

인식있는 과실이란 행위자가 구성요건의 실현가능성을 인식했으나 그 위험의 정도를 과소평가하거나 자신의 능력을 과대평가하거나 또는 단순히 행운을 바라는 희망 속에서 법적 구성요건이 실현되지 않을 것을 의무위반적으로 신뢰한 경우를 말한다.

정답 ❸

37 불능범과 미수범이 특히 구별되는 것은 어느 것인가?

① 고의가 있느냐의 여부
② 결과발생이 있느냐의 여부
③ 위험성이 있느냐의 여부
④ 범죄구성요건을 충족시킬 가능의 여부

쏙쏙 해설 •••

형법 제27조는 "~위험성이 있는 때에는 처벌한다."라고 규정하고 있으므로 미수범과 불능범의 구별표준은 위험성의 존재 여부이다.

정답 ❸

38 산에서 사슴을 쏘려고 총을 겨누었을 때 부근에 사람이 있는 것을 알고도 '설마 맞지 않겠지.'하고 발사하여 사람이 맞은 경우, 결과의 발생 그 자체는 불명확하나 행위자가 결과발생의 가능성을 인식하는 고의를 무엇이라고 하는가?

① 미필적 고의 ② 택일적 고의
③ 선택적 고의 ④ 확정적 고의

쏙쏙 해설 •••

결과의 발생 그 자체는 불명확하나 행위자가 결과발생의 가능성을 인식하고 이를 용인 내지 감수하는 고의는 미필적 고의이다.

정답 ❶

39 甲·乙 양인을 향해 발포하여 그들 중 누구에 대해서 명중될지 불확실한 경우에 해당하는 것은?

① 택일적 고의
② 개괄적 고의
③ 미필적 고의
④ 사후 고의

해설•••

택일적 고의란 결과의 발생은 확실하나 객체(결과발생의 대상)가 불확정한 경우를 의미한다. 개괄적 고의란 행위자가 행위객체를 오인하지 않았지만 결과를 오인한 경우를 의미한다.

정답 ❶

40 다음 중 실행의 착수를 그만두거나 실행 후 그 결과를 방지하는 것과 관계있는 것은?

① 장애미수
② 착수미수
③ 실행미수
④ 중지미수

해설•••

④ 중지미수 : 범죄의 실행에 착수한 행위자가 스스로 범죄를 중지한 경우
① 장애미수 : 행위자의 의사에 반하여 범죄를 완성하지 못한 경우
② 착수미수 : 범죄의 실행에는 착수하였으나, 행위를 종료하지 못한 경우
③ 실행미수 : 실행행위는 종료하였으나, 결과가 발생하지 아니한 경우

정답 ❹

41 공범에 관한 설명으로 틀린 것은?

① 공동정범은 각자를 그 죄의 정범자로서 처벌한다.
② 교사범은 정범과 동일한 형으로 처벌한다.
③ 의사연락은 수인 간에 직접 공모함을 요하지 않고, 상호의사연락이 없는 편면적 공동정범을 인정하지 않는다.
④ 합동범은 임의적 공범의 일종이다.

해설•••

④ 합동범(특수도주, 특수절도, 특수강도)은 필요적 공범의 일종이다.
① 형법 제30조
② 형법 제31조 제1항
③ 편면적 공동정범은 인정되지 않는다

정답 ❹

42 다음 중 필요적 공범이 아닌 것은?

① 도박죄　　　　　　② 소요죄
③ 내란죄　　　　　　④ 낙태죄

쏙쏙 해설 •••
필요적 공범이란 형법 각칙의 구성요
건상 단독으로는 범할 수 없고 2인 이
상의 참가에 의하여 실현될 수 있도록
규정된 범죄로 도박죄, 부녀매매죄, 아
동혹사죄, 내란죄, 소요죄, 다중불해산
죄, 수뢰죄, 범인은닉죄, 촉탁·승낙살
인죄 등이 있다.

정답 ④

43 형법상 공범에 관한 설명 중 틀린 것은?

① 어느 행위로 인하여 처벌되지 아니하는 자를 교사하여 범죄
행위의 결과를 발생하게 한 자도 처벌한다.
② 교사를 받은 자가 범죄의 실행을 승낙하고 실행의 착수에 이
르지 아니한 때에는 교사자와 피교사자를 음모 또는 예비에
준하여 처벌한다.
③ 2인 이상의 공동으로 죄를 범한 때에는 각자를 그 죄의 정범
으로 처벌한다.
④ 종범은 정범과 동일한 형으로 처벌한다.

쏙쏙 해설 •••
④ 종범의 형은 정범의 형보다 감경한
다. 즉, 종범은 필요적 감경사유이
다. 그러나 여기서 감경하는 형은
법정형이므로 구체적인 선고형에
있어서는 종범의 형량이 정범보다
무거울 수도 있다.
① 형법 제34조 제1항
② 형법 제31조 제2항
③ 형법 제30조

정답 ④

44 종범(방조범)의 요건으로서 불필요한 것은?

① 정범을 방조하는 행위가 있어야 하고 정범의 실행 행위가 필
요하다.
② 종범의 형은 정범의 형보다 감경한다.
③ 정범을 방조하는 수단·방법에는 제한이 없다.
④ 정범과의 의사연결이 필요하다.

쏙쏙 해설 •••
형법은 타인의 범죄를 방조한 자는 종
범으로 처벌한다고 규정하고 있다(제
32조 제1항). 따라서 정범과의 의사연
락은 요건이 아니다.

정답 ④

45 타인의 범죄적 의사를 결정하게 하여 범죄를 실행하게 하는 경우는?

① 종 범　　　　② 교사범
③ 미수범　　　　④ 공동정범

46 교사범에 관한 설명 중 틀린 것은?

① 특정된 타인이 교사자의 지휘·감독을 받는 자인 경우에는 특수교사로 된다.
② 교사자에게 교사의 고의가 있고, 피교사자의 범죄결의가 있어야 한다.
③ 범죄를 교사했으나 실패한 교사범은 당해 범죄의 예비와 음모에 준하여 처벌한다.
④ 절도를 교사받고 강도를 한 경우 교사자는 교사의 책임을 지지 않는다.

47 다음 중 간접정범이 성립되지 않는 경우는?

① 상관이 절대적 구속명령을 이용하여 부하로 하여금 살인하게 한 경우
② 甲이 절도의 의사로써 乙로 하여금 丙의 물건을 乙의 물건으로 오인케 하여 지참하게 한 경우
③ 시비변별능력이 있는 13세의 소년을 이용하여 타인의 재물을 절취케 한 경우
④ 행사의 목적으로써 행사의 목적이 없는 자로 하여금 통화를 위조하게 한 경우

48 수인이 공모하고 그 중 1인의 실행행위가 있는 때에는 공모자 전원이 그 범죄의 공동정범으로서 책임을 지는 경우는?

① 공모공동정범 　　② 편면적 공동정범
③ 승계적 공동정범 　④ 우연적 공동정범

쏙쏙 해설 •••
수인이 범죄를 직접 모의하고 그 공모자 중 일부인으로 하여금 실행행위를 담당하게 한 경우 직접 실행행위에 가담하지 않은 자도 공동정범이 성립하여 공모공동정범으로 처벌된다.

정답 ❶

49 甲이라는 사람은 초등학교 5학년인 乙을 이용하여 범죄를 저지르게 하였다. 즉 甲은 乙을 사주하여 丙이라는 사람을 살해하게 하였다. 甲의 범죄 형태는?

① 간접정범 　　② 동시범
③ 공 범 　　　④ 미수범

쏙쏙 해설 •••
甲은 간접정범에 해당한다. 간접정범은 타인을(생명 있는) 도구로 이용하여 범죄를 실행하는 정범형태를 말한다. 즉, 의사가 그 사정을 모르는 간호사에게 독약이 든 주사를 놓게 하여 환자를 살해한 경우도 이에 해당한다.

정답 ❶

50 甲은 사제폭탄을 제조 丁 소유의 가옥에 투척하여 乙을 살해하고 丙에게 상해를 입혔다. 그리고 丁 소유의 가옥은 파손되었다. 이러한 경우 살인죄, 상해죄, 손괴죄의 관계는?

① 누 범 　　　② 포괄일죄
③ 상상적 경합범 ④ 경합범

쏙쏙 해설 •••
1개의 행위(폭탄투척)가 수개의 죄(살인죄, 상해죄, 재물손과죄)에 해당하는 것, 즉 한 개의 행위가 수개의 구성요건에 해당하는 상상적 경합범의 관계이다.

정답 ❸

51 상상적 경합에 관하여 틀린 것은?

① 1개의 행위가 수개의 죄에 해당하는 경우로 고의범이건 과실범이건 불문한다.

② 1발의 탄환으로 수인을 살해한 경우를 동종류의 상상적 경합이라고 한다.

③ 1개의 행위로 A를 살해하고 B의 물건을 손괴한 경우를 이종류의 상상적 경합이라고 한다.

④ 상상적 경합은 사실상으로나 처분상으로나 일죄이다.

 해설 •••

한 개의 행위가 수 개의 죄명에 해당하면서 처벌상 일죄로 취급되는 경우에 성립하는 범죄를 상상적 경합범이라고 한다. 이것은 수 개의 범죄 중 가장 중한 형으로 처벌한다.

정답 ④

52 甲은 살인죄를 범한 후 다시 6개월 뒤에 강도죄를 범하였다. 강도죄에 대해서 기소되어 확정판결을 받은 경우 살인죄와 강도죄의 관계를 무엇이라고 하는가?

① 누 범   ② 경합범

③ 포괄일죄   ④ 상상적 경합범

해설 •••

경합범이란 판결이 확정되지 아니한 수 개의 죄 또는 판결이 확정된 죄와 그 판결확정 전에 범한 죄를 말한다.

정답 ②

53 범죄가 성립하지 아니하여 처벌할 수 없는 경우는?

① 모욕죄에서 고소권자의 고소가 없는 경우

② 폭행죄에서 피해자가 명시적으로 처벌을 원하지 아니한 경우

③ 아들이 자신의 아버지 비상금을 몰래 절취한 경우

④ 정신병자가 심신상실 상태에서 이웃집에 불을 지른 경우

해설 •••

범죄가 성립하기 위해서는 구성요건해당성, 위법성, 책임을 갖추어야 한다. 정신병자의 심신상실 상태의 행위는 책임이 조각되어 범죄가 성립하지 아니한다. ①, ②, ③은 범죄는 성립하였으나 처벌조건 또는 소추요건의 부존재하는 경우에 해당한다.

정답 ④

54 선고유예에 관한 설명 중 틀린 것은?

① 형법 제51조의 사항(양형의 조건)을 참작하여 개전의 정상이 현저하여야 한다.

② 자격정지 이상의 형을 받은 전과가 없어야 한다.

③ 3년 이하의 징역이나 금고·자격정지 또는 벌금의 형을 선고할 경우라야 한다.

④ 유예기간 중에 자격정지 이상의 확정판결을 받으면 유예한 형을 선고한다.

 해설 •••

1년 이하의 징역이나 금고, 자격정지 또는 벌금의 형을 선고할 경우에 제51조의 사항을 참작하여 개전의 정상이 현저한 때에는 그 선고를 유예할 수 있다. 단, 자격정지 이상의 형을 받은 전과가 있는 자에 대하여는 예외로 한다 (형법 제59조 제1항).

정답 ❸

55 다음 중 집행유예의 요건으로 틀린 것은?

① 개전의 정이 있어야 한다.

② 금고 이상의 형을 선고한 판결이 확정된 때부터 그 집행을 종료하거나 면제된 후 3년이 지난 범죄에 대하여 형을 선고하는 경우에 적용된다.

③ 집행유예기간은 1~5년이다.

④ 3년 이하의 징역이나 금고 또는 500만원 이하의 벌금의 형을 선고할 경우

 해설 •••

개전의 정의 유무는 집행유예의 요건으로 하지 않는다.

정답 ❶

 법령 집행유예의 요건(형법 제62조)

① 3년 이하의 징역이나 금고 또는 500만원 이하의 벌금의 형을 선고할 경우에 제51조의 사항을 참작하여 그 정상에 참작할 만한 사유가 있는 때에는 1년 이상 5년 이하의 기간 형의 집행을 유예할 수 있다. 다만, 금고 이상의 형을 선고한 판결이 확정된 때부터 그 집행을 종료하거나 면제된 후 3년까지의 기간에 범한 죄에 대하여 형을 선고하는 경우에는 그러하지 아니하다.

② 형을 병과할 경우에는 그 형의 일부에 대하여 집행을 유예할 수 있다.

56 형법상 선고유예의 규정 내용이 아닌 것은?

① 선고유예기간 중 벌금형 이상의 판결이 확정된 때에는 유예한 형을 선고한다.

② 형을 병과할 경우에도 형의 전부 또는 일부에 대하여 그 선고를 유예할 수 있다.

③ 형의 선고를 유예하는 경우에 보호관찰을 명할 수 있다.

④ 형의 선고유예를 받은 날로부터 2년을 경과한 때에는 면소된 것으로 간주한다.

쏙쏙 해설 •••

형의 선고유예를 받은 자가 유예기간 중 자격정지 이상의 형에 처한 판결이 확정되거나 자격정지 이상의 형에 처한 전과가 발견된 때에는 유예한 형을 선고한다(형법 제61조 제1항).

정답 ❶

57 형의 소멸사유가 아닌 것은?

① 형집행의 종료
② 형의 시효의 완성
③ 형집행의 면제
④ 가석방처분

쏙쏙 해설 •••

가석방은 행정처분으로 형의 집행을 만기 전에 종료하여 사회로 귀속시키는 것이지 형을 소멸시키는 것은 아니다.

정답 ❹

58 가석방에 관한 설명으로 옳지 않은 것은?

① 수형자가 무기인 경우 20년, 유기인 경우는 형기의 1/3을 경과해야 한다.

② 가석방 중 금고 이상의 형의 선고를 받아 그 판결이 확정된 때에는 가석방은 그 효력을 잃는다.

③ 가석방의 처분을 받은 자가 감시에 관한 규칙에 위배된 때에는 가석방처분을 취소할 수 있다.

④ 가석방은 법원의 판결에 의하여 그 효력이 발생한다.

쏙쏙 해설 •••

④ 가석방은 법무부장관이 행하는 행정처분이다.
① 형법 제72조 제1항
② 형법 제74조 본문
③ 형법 제75조

정답 ❹

59 다음 중 몰수할 수 없는 것은?

① 금제품
② 강도범이 소유한 단도
③ 절도범이 절취한 타인의 물건
④ 도박죄에 있어서의 도금

 쏙쏙 해설 ···
범죄에 이용되는 물건은 몰수하는 것이 원칙이다. 절도, 강도, 사기, 공갈 등으로 범인이 취득한 물건은 피해자에게 환부해야 한다.

정답 ❸

60 다음 중 재산형의 종류에 해당하지 않는 것은 어느 것인가?

① 과 료   ② 추 징
③ 몰 수   ④ 벌 금

쏙쏙 해설 ···
재산형에는 벌금, 과료, 몰수가 있고 자유형에는 징역, 금고, 구류가 있다. 추징은 몰수에 갈음하는 사법적 처분으로 형벌은 아니다.

정답 ❷

61 형법상 형벌이 아닌 것은?

① 징 역   ② 자격정지
③ 과태료   ④ 과 료

쏙쏙 해설 ···
과태료는 행정법상 의무위반에 대한 제재로서 부과·징수되는 금전을 말하는 것으로 형벌과는 별개의 개념이다.

정답 ❸

62 형법상 인정되지 않는 형벌은?

① 생명형   ② 재산형
③ 명예형   ④ 신체형

쏙쏙 해설 ···
신체형은 소위 태형을 말하는 것으로 오늘날에는 거의 그 예가 없다. 형벌의 종류로는 형법상 9종이 있는데, '생명형 → 사형, 자유형 → 징역·금고·구류, 명예형 → 자격상실·자격정지, 재산형 → 벌금·과료·몰수 등'이다. (두 생·자·명·재)

정답 ❹

63 다음 중 임의적 감면사유에 해당하지 않는 것은 어느 것인가?

① 농아자의 행위
② 자 복
③ 과잉방위
④ 자 수

 해설 •••

임의적 감면사유에는 외국에서 받은 형의 집행, 과잉방위, 과잉피난, 과잉자구행위, 불능미수, 자수, 자복이 있다. 농아자의 행위는 필요적 감경사유에 해당한다(형법 제11조).

정답 ❶

64 다음 중 형법상 자유에 대한 죄가 아닌 것은?

① 체포 · 감금죄
② 비밀침해죄
③ 협박과 강요죄
④ 정조에 관한 죄

 해설 •••

형법이 보호하고 있는 자유에 대한 죄에는 ① · ③ · ④ 외에 약취와 유인죄 등이 있다.

정답 ❷

65 체포 · 감금죄에 관한 기술 중 틀린 것은?

① 행동과 신체의 자유를 침해하는 범죄이다.
② 계속범이다.
③ 미수범은 처벌하지 않는다.
④ 상습범에 대하여 형을 가중한다.

 해설 •••

체포 · 감금죄는 개인의 행동의 자유를 침해하는 범죄이며, 체포 · 감금은 어느 정도 시간적으로 계속하여 행하여져야 하는 계속범이다. 상습범에 대해서는 형을 가중하며 미수범도 처벌한다(형법 제280조).

정답 ❸

66 형법상 개인적 법익에 대한 죄가 아닌 것은?

① 절도죄
② 폭행죄
③ 도박죄
④ 공갈죄

 해설 •••

도박죄는 사회적 법익에 관한 죄 중 사회의 도덕에 대한 죄에 해당한다.

정답 ❸

67 다음 중 범죄의 분류상 성질이 다른 죄는?

① 협박죄   ② 절도죄
③ 사기죄   ④ 강도죄

 쏙쏙 해설 •••

협박죄는 개인적 법익에 관한 죄 중 자유에 대한 죄에 해당되고, 절도죄, 사기죄, 강도죄는 재산에 대한 죄에 해당된다.

정답 ❶

 핵심만 콕

법익에 따른 범죄의 분류★★

개인적 법익에 관한 죄	생명과 신체에 대한 죄	살인죄, 상해와 폭행의 죄, 과실치사상의 죄, 낙태의 죄, 유기·학대의 죄
	자유에 대한 죄	협박의 죄, 강요의 죄, 체포와 감금의 죄, 약취·유인 및 인신매매 죄, 강간과 추행의 죄
	명예와 신용에 대한 죄	명예에 관한 죄, 신용·업무와 경매에 관한 죄
	사생활의 평온에 대한 죄	비밀침해, 주거침입죄
	재산에 대한 죄	절도, 강도, 사기, 공갈, 횡령, 배임, 장물, 손괴, 권리행사방해죄
사회적 법익에 관한 죄	공공의 안전과 평온에 대한 죄	공안을 해하는 죄, 폭발물에 관한 죄, 방화 및 실화죄, 일수와 수리에 관한 죄, 교통방해의 죄
	공공의 신용에 대한 죄	통화에 관한 죄, 유가증권·우표와 인지에 관한 죄, 문서에 관한 죄, 인장에 관한 죄
	공중의 건강에 대한 죄	음용수에 대한 죄, 아편에 대한 죄
	사회의 도덕에 대한 죄	성풍속에 관한 죄, 도박과 복표에 관한 죄, 신앙에 관한 죄
국가적 법익에 관한 죄	국가의 존립과 권위에 대한 죄	내란의 죄, 외환의 죄, 국기에 관한 죄, 국교에 관한 죄
	국가의 기능에 대한 죄	공무원의 직무에 관한 죄, 뇌물관련범죄, 공무방해에 관한 죄, 도주와 범인은닉의 죄, 위증과 증거인멸의 죄, 무고의 죄

68 사회적 법익에 관한 죄 중에서 공공의 신용에 관한 죄는?

① 공안을 해하는 죄
② 폭발물에 관한 죄
③ 실화죄
④ 통화위조죄

 쏙쏙 해설 •••

공공의 신용에 관한 죄는 통화, 유가증권, 문서, 인장 등을 위조·변조하거나 위조·변조한 것을 행사하는 범죄 등이 있다.

 정답 ❹

69 명예훼손죄와 모욕죄의 구별기준은?

① 공연성의 여부
② 사실적시의 여부
③ 진실성의 여부
④ 허위성의 여부

 해설 •••

명예훼손죄는 사실의 적시가 있어야 성립하나, 모욕죄는 사실을 적시하지 아니하고 모욕(사람의 사회적 평가를 저하시킬 만한 추상적 판단이나 경멸적 감정의 표현)한 경우에 성립한다(통설·판례). 명예훼손죄와 모욕죄의 구별기준은 사실 적시의 여부이다.

정답 ❷

70 통화에 관한 죄의 설명 중 틀린 것은 어느 것인가?

① 실질범이다.
② 추상적 위험범이다.
③ 미수범을 처벌한다.
④ 보호법익은 통화발행권이다.

 해설 •••

통화에 관한 죄는 결과발생을 필요치 않는 추상적 위험범이고, 미수범은 처벌하므로 실질범이며, 예비·음모도 처벌한다. 보호법익은 통화의 공신력(통화에 대한 공공의 신용과 통화거래의 안전)이다.

정답 ❹

71 다음 중 경비원이 자기 근무지 안으로부터의 퇴거를 요구했을 경우 이에 불복하였을 때 해당하는 죄는?

① 상해죄
② 절도죄
③ 퇴거불응죄
④ 주거침입죄

 해설 •••

퇴거불응죄는 적법하게 또는 과실로 타인의 주거에 들어간 자가 퇴거 요구를 받고도 이에 불응하여 퇴거하지 않는 경우에 성립하는 진정부작위범이다(형법 제319조).

정답 ❸

72 다음 중 불가벌적 사후행위가 성립되는 범죄는?

① 절도죄
② 상해죄
③ 주거침입죄
④ 살인죄

 해설 ···

불가벌적 사후행위란 범죄에 의하여 획득한 재물이나 이익을 사용·처분하는 사후행위가 별도의 구성 요건에 해당하더라도 이미 주된 범죄에 의하여 완전히 평가되었기 때문에 별도의 범죄 행위를 구성하지 않는 행위를 말한다. 이에는 절도죄가 대표적이다.

정답 ❶

73 다음 중 반의사불벌죄가 아닌 것은?

① 횡 령
② 폭 행
③ 협 박
④ 명예훼손

해설 ···

반의사불벌죄란 피해자가 처벌을 희망하지 않는다는 의사를 명백히 한 때에는 처벌할 수 없는 죄를 말하며, 이에는 단순·존속폭행죄(형법 제260조), 과실치상죄(형법 제266조), 단순·존속협박죄(형법 제283조), 명예훼손죄(형법 제307조) 및 출판물 등에 의한 명예훼손죄(형법 제309조) 등이 있다.

정답 ❶

74 형법상 재산에 대한 죄를 모두 고른 것은?

ㄱ. 뇌물죄	ㄴ. 배임죄	ㄷ. 손괴죄
ㄹ. 신용훼손죄	ㅁ. 장물죄	

① ㄱ, ㄴ, ㄷ
② ㄱ, ㄷ, ㄹ
③ ㄴ, ㄷ, ㅁ
④ ㄴ, ㄹ, ㅁ

해설 ···

형법상 재산에 대한 죄로는 형법 각칙 제38장(절도와 강도의 죄)·제39장(사기와 공갈의 죄)·제40장(횡령과 배임의 죄)·제41장(장물에 관한 죄) 및 제42장(손괴죄)가 있다. 뇌물죄는 국가적 법익에 관한 죄 중 공무에 관한 죄이고 신용훼손죄는 명예·신용 및 업무에 대한 죄 중 신용·업무와 경매에 관한 죄이다.

정답 ❸

75 다음 중 친족상도례의 적용을 받지 않는 범죄는?

① 손괴죄
② 횡령죄
③ 권리행사방해죄
④ 공갈죄

 해설 •••

친족상도례란 친족 간의 재산범죄(강도죄, 손괴죄는 제외)에 대하여 그 형을 면제하거나 친고죄(고소가 있어야 공소를 제기할 수 있는 죄)로 정한 형법상 특례를 말한다.

정답 ❶

76 다음 중 문서위조죄의 문서에 해당하지 않는 것은?

① 의사의 진단서
② 실존하지 않는 공무소 명의 문서
③ 주민등록증
④ 명의인은 없으나 법률상 중요한 문서

해설 •••

문서는 의견표시이므로 작성명의인이 있어야 하며 명의인이 없는 문서는 문서에 관한 죄의 객체가 될 수 없다.

정답 ❹

77 업무상 과실에 대한 설명 중 타당한 것은?

① 주된 업무이어야 한다.
② 보수가 있거나 영리의 목적이 있어야 한다.
③ 법규에 의하거나 계약에 의한 직무이어야 한다.
④ 계속의 의사로써 하는 한, 단 1회의 행위도 업무가 된다.

해설 •••

형법상의 업무는 사람이 그의 사회적 지위에 기하여 계속적으로 종사하는 업무를 말하는바, 이러한 업무는 주된 것이든 부수적인 것이든 보수나 영리의 목적이 있든 없든, 적법이든 아닌 것이든지를 불문하며 계속의 의사가 있으면 단 1회의 행위도 업무가 된다.

정답 ❹

78 형사소송법상 직권주의적 요소가 아닌 것은?

① 직권증거조사제도
② 법원의 증인신문제도
③ 법원의 공소장변경요구권
④ 피고인의 증거신청권

쏙쏙 해설 •••

피고인의 증거신청권은 형사소송법상 당사자주의가 반영된 규정이다.

정답 ❹

 핵심만 콕

직권주의와 당사자주의
• 직권주의 : 당사자 및 기타 소송관계인의 의사 여하를 불문하고 법원의 직권에 의하여 소송을 진행시키고 심판하는 방식
• 당사자주의 : 소송이 당사자의 공격·방어에 의하여 진행되는 방식

79 형사소송법의 기본이념이 아닌 것은?

① 실체적 진실발견의 원리
② 적정절차의 원리
③ 재판 비공개의 원리
④ 신속한 재판의 원리

쏙쏙 해설 •••

형사소송법의 기본이념(목적)에는 실체적 진실주의, 적정절차의 원칙과 신속한 재판의 원칙이 있다.
형사소송법의 목적은 피고인의 유·무죄와 처벌의 경중을 정확히 판단하는데 있고, 이를 위해서는 사건의 진상을 정확히 파악할 것이 요구된다. 따라서 형사소송법의 최고 이념은 실체적 진실발견에 있다 할 것이다. 그러나 이를 유일한 목적으로 이해할 때는 수사기관의 인권침해 등의 염려가 있으므로 실체적 진실발견도 적정절차를 통하여 신속하게 이루어져야 한다.

정답 ❸

80 우리나라 형사소송법의 기본구조가 아닌 것은?

① 기소독점주의
② 공개재판주의
③ 증거재판주의
④ 형식적 진실주의

 해설 •••

우리나라 형사소송법은 실질적 진실주의를 기본구조로 한다. 형식적 진실주의는 법원이 당사자의 사실상의 주장, 사실의 부인 또는 제출한 증거에 구속되어 이를 기초로 하여 사실의 진부를 인정하는 주의이다.

정답 ❹

우리나라 형사소송법의 기본구조★★

불고불리의 원칙	검사가 공소를 제기하지 않으면 법원은 심판을 개시할 수 없으며, 검사가 공소장에 적시한 피고인과 범죄사실에 한해서만 심판할 수 있는 원칙이다(국가소추주의, 기소독점주의, 탄핵주의).
당사자주의와 직권주의 절충	당사자주의적 소송구조를 취하면서 형벌권의 적정·신속을 위하여 직권주의도 아울러 채택하여 현행 형사소송법은 당사자주의와 직권주의를 혼합시킨 형태이다.
증거재판주의	공소범죄사실의 인정은 적법한 증거에 의하고, 증거에 대한 가치판단은 법관의 자유 재량에 맡기는 자유심증주의를 채택하고 있다(증거법정주의의 예외 인정).
공개중심주의	공판주의, 구두변론주의, 직접심리주의, 계속심리주의 등으로 실현되고 있다.
실질적 진실주의	법원이 객관적 진실을 발견하여 사안의 진상을 규명하자는 주의이다.

81 우리나라 형사소송법의 기본구조에 관한 설명 중 틀린 것은?

① 대륙법체계의 직권주의만을 취하고 있다.
② 자유심증주의와 실체적 진실주의를 취하고 있다.
③ 직권주의와 당사자주의를 조화시킨 혼합형이다.
④ 형사소송의 기본적 성격은 법적 안정성의 유지에 있다.

 해설 •••

현행 형사소송법은 소송의 개시를 검사에게 맡기고(기소독점주의) 사실인정을 위한 입증자료의 제출을 당사자에게 맡기므로 당사자주의적 소송구조를 취하면서 법원의 피고인신문 인정, 증인신문 시의 보충신문, 직권증거조사의 인정 등 직권주의적 요소를 가미하고 있다. 따라서 현행 형사소송법은 당사자주의를 기본으로 하면서 직권주의를 혼합시킨 형태이다.

정답 ❶

82 피고인과 검사의 당사자에 의하여 소송이 진행되는 것은?

① 당사자주의   ② 직권주의

③ 구술주의   ④ 탄핵주의

 해설 •••

① 당사자주의 : 당사자인 검사와 피고인에게 소송의 주도권을 인정하여 당사자의 공격과 방어를 중심으로 심리가 진행되고, 법원은 제3자적 입장에서 당사자의 주장과 입증을 판단하는 소송구조이다.

정답 ❶

 핵심만 콕 ·······

② 직권주의 : 법원에 소송의 주도적 지위를 인정하여 법원의 직권에 의하여 심리를 진행하는 소송구조이다.
③ 구술주의 : 소송에서 당사자 및 법원이 하는 소송행위는 구술로 해야 한다는 주의를 말한다.
④ 탄핵주의 : 재판기관과 소추기관을 분리하여 소추기관의 공소제기에 의하여 법원이 절차를 개시하는 주의를 말한다.

83 다음은 A가 B를 C로 오인하고 C를 살해할 의사로써 B를 칼로 찔러, B가 사망한 경우 형사재판에 있어서 거증책임과 관련된 내용이다. 타당하지 않은 것은?

① 법관의 자유심증주의 원칙이 적용된다.
② 의심이 가는 피고인의 자백은 증거능력이 없다.
③ 피고인이 행한 행위의 사실인정은 증거에 의해야 한다.
④ 형사재판에 있어서의 거증책임은 피고인에게 있다.

해설 •••

증명불능으로 인한 불이익을 누구에게 부담시킬 것인가를 정하는 거증책임의 문제에서, 무죄추정은 형사소송법의 기본원칙이며 의심스러울 때는 피고인의 이익으로 판단하여야 하므로 거증책임은 원칙적으로 검사가 부담한다.

정답 ❹

84 우리나라의 형사소송법에 관한 설명으로 옳은 것은?

① 형법의 적용 및 실현을 목적으로 하는 실체법이다.
② 공판절차뿐만 아니라 수사절차도 규정하고 있다.
③ 순수한 직권주의를 기본구조로 하고 있다.
④ 형식적 진실발견, 적정절차의 원칙, 신속한 재판의 원칙을 지도이념으로 한다.

해설 •••

② 우리나라 형사소송법은 공판절차뿐만 아니라 수사절차도 규정하고 있다.
① 형사소송법은 형법의 적용 및 실현을 목적으로 하는 절차법이다.
③ 당사자주의를 기본적인 소송구조로 삼고 형벌권의 적정·신속을 위해 직권주의도 아울러 채택하여 당사자주의의 결함을 보충한다(이견 있음)
④ 실체적 진실발견, 적정절차의 원칙, 신속한 재판의 원칙을 지도이념으로 한다.

정답 ❷

85 기소 · 불기소의 재량권을 검사에게 위임하는 것을 무엇이라 하는가?

① 국가소추주의　　　　② 기소편의주의

③ 기소독점주의　　　　④ 검사동일체 원칙

해설 •••

기소편의주의란 검사가 기소 여부를 결정할 때 범죄의 혐의가 존재하고 소송조건을 갖추고 있음에도 검사의 재량에 의해 불기소처분을 할 수 있도록 하는 제도를 말한다(형사소송법 제247조 참조).

정답 **❷**

86 다음 중 실체적 소송요건에 해당하지 않는 것은 어느 것인가?

① 공소시효의 만료 전

② 확정판결이 없었을 것

③ 사면이 없었을 것

④ 피고사건이 법원의 관할에 속할 것

해설 •••

실체적 소송요건으로는 ① · ② · ③과 범죄 후 법령개폐로 형이 폐지되지 않았을 것 등이 있다. ④의 피고사건이 관할 법원에 속할 것, 공소기각의 판결 · 결정사유가 없을 것 등은 형식적 요건에 속한다.

정답 **❹**

87 형사소송법상 소송주체가 아닌 것은?

① 검 사　　　　② 피고인

③ 변호인　　　　④ 법 원

해설 •••

소송의 주체란 검사, 법원, 피고인을 말하며 증인, 감정인, 수사기관(검사 제외), 피해자, 고소인, 고발인, 변호인 등은 소송관계인이라고 한다.

정답 **❸**

88 형사소송법에 관하여 옳게 기술한 것은?

① 법관이 제척사유가 있는데도 불구하고 재판에 관여하는 경우 당사자의 신청에 의하여 그 법관을 직무집행에서 탈퇴시키는 제도를 회피라 한다.

② 형사사건으로 국가기관의 수사를 받는 자를 피고인이라 하며, 확정판결을 받은 수형자와 구별된다.

③ 수사기관은 주관적으로 범죄의 혐의가 있다고 판단하는 때에는 객관적 혐의가 없을 경우에도 수사를 개시할 수 있다.

④ 형사절차의 개시와 심리가 소추기관이 아닌 법원의 직권에 의하여 행해지는 것을 직권주의라고 한다.

 해설 •••

③ 수사는 수사기관이 범죄의 혐의가 있다고 판단하는 때에 개시되며 범죄혐의는 수사기관의 주관적 혐의를 의미한다.

정답 ❸

① 기피에 관한 설명이다. 회피란 법관 스스로 기피의 원인이 있다고 판단할 때 자발적으로 직무집행에서 탈퇴하는 제도이다.
② 공소제기 전에 수사기관에 의하여 수사의 대상이 되는 자는 피의자이고 공소가 제기된 자는 피고인이다.
④ 규문주의라고 한다.

89 형사소송에서 법관이 불공평한 재판을 할 염려가 있는 경우에 자발적으로 직무집행에서 탈퇴하는 것은?

① 기피   ② 회피
③ 제척   ④ 거부

 해설 •••

법관 자신이 기피의 사유가 있다고 생각하여 스스로 직무집행을 피하는 제도는 회피이다.

정답 ❷

• 기피 : 제척사유가 있는 법관이 재판에 관여하거나, 기타 불공정한 재판을 할 우려가 있을 때 당사자의 신청에 의해 그 법관을 배제하는 제도이다.
• 제척 : 법관이 불공평한 재판을 할 현저한 법정의 사유가 있을 때, 그 법관을 재판에서 배제하는 제도이다.
• 재판거부 : 일반적으로 국내 법원이 외국인에 대하여 재판을 거부하는 것을 말하며 이에는 외국인의 소송을 수리하지 않는 경우(협의의 재판의 거부), 심리 또는 재판의 부당한 지연이나 재판상 보호절차를 거부하는 경우(재판절차의 불공정), 명백히 불공평한 재판을 하는 경우(재판내용의 불공평), 내국인에 대하여 유죄판결을 집행하지 않거나 집행의 부당한 연기·특사를 하는 경우(재판집행의 불공평) 등을 포함한다.

90 법관이 불공평한 재판을 할 현저한 법정의 사유가 있을 때, 해당 법관을 그 재판에서 배제하는 제도는?

① 제척 ② 기피
③ 회피 ④ 포기

 해설

법관이 불공평한 재판을 할 현저한 법정의 사유가 있을 때, 그 법관을 재판에서 배제하는 것을 제척이라 한다.
- 기피 : 제척사유가 있는 법관이 재판에 관여하거나, 기타 불공정한 재판을 할 우려가 있을 때 당사자의 신청에 의해 그 법관을 배제하는 제도
- 회피 : 법관 자신이 기피의 사유가 있다고 생각하여 스스로 직무집행을 피하는 제도

정답 ❶

91 다음 중 형사소송의 원고에 해당하는 자는 누구인가?

① 피해자 ② 피고인
③ 검사 ④ 사법경찰관

 해설

검사는 형사소송에서 원고로서 검찰권을 행사하는 국가기관으로 법무부에 속하는 단독제의 행정관청이다.

정답 ❸

92 형사소송에서 피고인에 관한 설명으로 옳지 않은 것은?

① 피고인은 진술거부권을 가진다.
② 피고인은 당사자로서 검사와 대등한 지위를 가진다.
③ 검사에 의하여 공소가 제기된 자는 피고인이다.
④ 피고인은 소환, 구속, 압수, 수색 등의 강제처분의 주체가 된다.

 해설

피고인은 소환(형사소송법 제68조), 구속(형사소송법 제69조), 압수(형사소송법 제106조 제1항), 수색(형사소송법 제109조 제1항) 등의 강제처분의 객체가 된다. 검사에 의하여 공소가 제기된 자가 피고인이며, 피고인은 진술거부권을 가지고(형사소송법 제283조의2 제1항), 당사자로서 검사와 대등한 지위를 가진다(형사소송법 제275조 제3항).

정답 ❹

 핵심만 콕

피의자
죄를 범한 혐의로 수사기관의 수사대상이 되어 있는 자로서, 아직 공소가 제기되지 않은 자이다. 아직 공소가 제기되지 않았다는 점에서 피고인과 구별된다.

CHAPTER 04 | 적중예상문제 **321**

93 형사소송법상 피고인에 관한 설명으로 옳지 않은 것은?

① 피고인은 공판정에서 진술을 거부할 수 있다.

② 피고인은 불공평한 재판을 할 염려가 있는 경우 법관의 제척을 신청할 수 있다.

③ 피고인이 법인인 때에는 그 대표자가 소송행위를 대표한다.

④ 신체구속을 당한 피고인은 변호인과 접견할 수 있다.

쏙쏙 해설 •••

법관이 불공평한 재판을 할 염려가 있는 경우 검사 또는 피고인은 법관의 기피를 신청할 수 있다(형사소송법 제18조 참조).

정답 ❷

94 피고인에 대한 설명으로 옳은 것은?

① 범죄의 혐의를 받아 구속된 자

② 범죄의 혐의를 받아 검사로부터 공소가 제기된 자

③ 범죄의 혐의를 받아 사법경찰관의 조사를 받고 있는 자

④ 특정한 형사사건으로 재판이 확정된 자

쏙쏙 해설 •••

범죄의 혐의를 받아 검사나 사법경찰관의 수사를 받고 있거나 혹은 구속까지 당한 자라 할지라도 검사가 공소를 제기하기 전에는 피의자이고, 검사가 공소를 제기함으로써 피의자가 피고인이 된다.

정답 ❷

95 다음 중 연결이 잘못된 것은?

① 직권주의의 내용 – 직권진행주의, 직권심리주의, 자유심증주의

② 형사소송심리의 원칙 – 변론주의, 공개주의, 직접심리주의

③ 친고죄 – 모욕죄, 강제추행죄

④ 사법경찰관 – 경장, 총경, 수사사무관

쏙쏙 해설 •••

경사, 경장, 순경은 일반사법경찰관리 중 수사의 보조기관으로서 사법경찰리에 해당한다.

정답 ❹

사법경찰관리(司法警察官吏)

일반사법경찰관리(형사소송법 제196조 참조)	사법경찰관	검사의 지휘를 받아 수사를 행하는 수사기관 • 검찰주사 · 검찰주사보, 마약수사주사 · 마약수사주사보 • 경무관(경찰청해양경찰청 소속제외) · 총경 · 경정 · 경감 · 경위
	사법경찰리	검사 또는 사법경찰관의 지휘를 받아 수사의 보조를 할 수 있는 수사의 보조기관 • 검찰서기 · 검찰서기보, 마약수사서기 · 마약수사서기보 • 경사 · 경장 · 순경
특별사법경찰관리(형사소송법 제197조 참조)		세무공무원, 세관관리, 선장, 마약감시원, 철도승무원, 근로감독관, 헌병 등(산림, 전매, 세무, 군수사, 기타 특별한 사항에 관하여 사법경찰관리의 직무를 행함)

96 다음 중 피고인의 청구가 있어야 국선변호인을 선임하는 경우는?

① 피고인이 미성년자일 때
② 피고인이 70세 이상인 때
③ 피고인이 농아자인 때
④ 빈곤, 기타 사유로 변호사를 선임할 수 없는 때

쏙쏙 해설 •••

사선변호인이 선임되어 있지 않거나 선임되어 있더라도 출석하지 않은 경우, 피고인에게 위의 ① · ② · ③의 사유가 있는 때에 법원은 직권으로 국선변호인을 선정하여야 한다. ④의 경우에는 예외적으로 피고인의 선임청구가 있을 때에 한하여 국선변호인을 선임한다(형사소송법 제33조 제2항).

정답 ❹

97 다음 중 약식명령을 청구할 수 있는 자는?

① 판 사
② 검 사
③ 관할경찰서장
④ 피해자

쏙쏙 해설 •••

검사는 약식명령의 청구권자이다(형사소송법 제448조 제1항 참조).

정답 ❷

98 피고인의 권리가 아닌 것은?

① 구속적부심사청구권
② 증거보전청구권
③ 진술거부권
④ 법관기피신청권

 해설 •••

구속적부심사청구권은 피의자의 권리이고 피고인은 청구권이 없다. 다만, 보석에 대한 청구권이 있다. 피고인은 ② · ③ · ④ 외에 변호인선임권, 접견교통권, 방어권, 소송절차참여권 등이 있다.

정답 **❶**

99 다음 중 피고인의 청구가 없어도 국선변호인을 선임할 수 있는 경우가 아닌 것은?

① 농아자
② 미성년자
③ 60세 이상인 자
④ 심신장애의 의심이 있는 자

해설 •••

피고인이 구속된 때, 미성년자인 때, 70세 이상인 때, 농아자인 때, 심신장애의 의심이 있는 자일 때, 사형, 무기 또는 단기 3년 이상의 징역이나 금고에 해당하는 사건으로 기소된 때에는 법원이 직권으로 국선변호인을 선임하여야 한다(형사소송법 제33조 제1항).★★

정답 **❸**

100 다음 중 수사의 일반원칙이 아닌 것은?

① 임의수사의 원칙
② 수사자유의 원칙
③ 영장주의 원칙
④ 강제수사 법정주의 원칙

해설 •••

수사의 일반원칙으로 임의수사의 원칙, 영장주의 원칙, 강제수사 법정주의 원칙, 수사비례의 원칙, 수사 비공개의 원칙 등이 있다.

정답 **❷**

101 다음 중 수사개시의 단서가 아닌 것은?

① 증거조사   ② 현행범 체포

③ 변사자 검시   ④ 자 수

 해설 •••

증거조사는 법원이 공판절차에서 행하는 소송행위이다.

정답 ❶

수사개시의 단서
- 수사기관 체험에 의한 단서 : 현행범 체포, 변사자의 검시, 불심검문, 다른 사건 수사 중의 범죄발견, 기사, 풍설 등이 있다.
- 타인의 체험의 청취에 의한 단서 : 고소, 고발, 자수, 진정, 범죄신고 등

102 피해자가 수사기관에 대하여 범죄사실을 신고하여 수사 및 소추를 요구하는 의사표시는?

① 기 소   ② 상 소

③ 고 소   ④ 고 발

 해설 •••

고소는 범죄사실을 수사기관에 신고하는 것이다. 고발은 범인 또는 고소권자 이외의 자가 수사기관에 범죄사실을 신고하는 것이다.

정답 ❸

103 고소에 관한 설명 중 틀린 것은?

① 고소를 취소한 자는 다시 고소할 수 없다.

② 고소 또는 그 취소는 본인이 직접 하여야 한다.

③ 고소는 제1심 판결선고 전까지 취소할 수 있다.

④ 고소는 구술 또는 서면으로써 검사 또는 사법경찰관에게 하여야 한다.

 해설 •••

② 고소는 서면 또는 구술로 가능하며, 고소의 취소는 대리가 허용된다(형사소송법 제236조).
① 형사소송법 제232조 제2항
③ 형사소송법 제232조 제1항
④ 형사소송법 제237조 제1항

정답 ❷

104 고소와 고발에 관한 설명으로 옳지 않은 것은?

① 피해자가 아니면 고발할 수 없다.

② 고소를 취소한 자는 다시 고소하지 못한다.

③ 고소의 취소는 대리인으로 하여금 하게 할 수 있다.

④ 고소와 고발은 서면 또는 구술로써 검사 또는 사법경찰관에게 해야 한다.

 해설 •••

① 누구든지 범죄가 있다고 사료하는 때에는 고발할 수 있다(형사소송법 제234조 제1항).

② 형사소송법 제232조 제2항

③ 형사소송법 제236조

④ 형사소송법 제237조 제1항

정답 ❶

105 형사소송법상 임의수사에 해당하는 경우를 모두 고른 것은?

ㄱ. 검 증   ㄴ. 피의자신문   ㄷ. 사실조회   ㄹ. 수 색

① ㄱ, ㄴ

② ㄱ, ㄷ

③ ㄴ, ㄷ

④ ㄴ, ㄹ

쏙쏙 해설 •••

임의수사란 강제력을 행사하지 않고 당사자의 승낙을 얻어서 하는 수사를 말하며 피의자신문, 사실조회, 출석요구, 참고인진술 청취 등의 방법이 있다.

정답 ❸

106 형사소송에서 상소에 관한 설명으로 옳지 않은 것은?

① 검사 또는 피고인은 상소를 할 수 있다.

② 항소의 제기기간은 7일로 한다.

③ 항소권자는 항소를 제기하려면 항소기간 내에 항소장을 항소법원에 제출하여야 한다.

④ 판결에 대한 상소에는 항소와 상고가 있다.

쏙쏙 해설 •••

③ 항소를 함에는 항소장을 원심법원에 제출하여야 한다(형사소송법 제359조). ★

① 형사소송법 제338조 제1항

② 형사소송법 제358조

④ 상소는 미확정 재판에 대하여 상급법원에 구체적 재판을 구하는 불복신청제도로, 상소의 종류에는 항소・상고・항고(법원의 결정에 대한 상소)가 있다.

정답 ❸

107 고소인 또는 고발인이 검사의 불기소처분에 대하여 이의가 있을 때 다음 중 어느 방법에 의하여 소송을 법원에 제기할 수 있는가?

① 재 심
② 비상상고
③ 재정신청
④ 재항고

 해설 •••

재정신청이란 고소(대상범죄 제한 없음) 또는 고발(공무원의 직권남용죄)에 대한 불기소처분에 불복하는 고소·고발인의 법원에 대한 신청을 말한다. 법원이 공소제기결정을 하는 경우 종전에는 지정변호사가 공소를 유지하는 체계였지만, 2007년 법개정으로 검사가 공소를 제기하도록 하였다.

정답 ❸

108 형사소송법상 비상상고에 관한 설명으로 옳지 않은 것은?

① 검찰총장은 판결이 확정한 후 그 사건의 심판이 법령에 위반한 것을 발견한 때에는 대법원에 비상상고를 할 수 있다.
② 공판기일에는 검사는 신청서에 의하여 진술하여야 한다.
③ 대법원은 신청서에 포함된 이유에 한하여 조사하여야 한다.
④ 비상상고가 이유 없다고 인정한 때에는 결정으로써 이를 기각하여야 한다.

 해설 •••

④ 비상상고가 이유 없다고 인정한 때에는 판결로써 이를 기각하여야 한다(형사소송법 제445조).
① 형사소송법 제441조
② 형사소송법 제443조
③ 형사소송법 제444조 제1항

정답 ❹

109 수사기관의 최장 구속기간은 얼마인가?

① 10일
② 20일
③ 30일
④ 40일

 해설 •••

사법경찰관은 10일(형사소송법 제202조), 검사는 10일이나 1차에 한하여 10일의 한도에서 연장할 수 있다(형사소송법 제205조 제1항).

정답 ❸

110 다음 중 형사소송법상의 구속적 요건으로 법원이 피고인을 구속할 수 있는 사유로 볼 수 없는 것은?

① 사형, 무기, 단기 1년 이상의 징역에 처할 범죄를 범하였을 때
② 일정한 주거가 없는 때
③ 증거를 인멸할 염려가 있는 때
④ 도망 또는 도망할 염려가 있는 때

 쏙쏙 해설 •••

법원의 구속의 사유에는 ②·③·④가 있다.(형사소송법 제70조 제1항).

정답 ❶

111 형사소송법상 체포에 관한 설명으로 옳지 않은 것은?

① 검사 또는 사법경찰관리가 아닌 자가 현행범인을 체포한 때에는 48시간 이내에 수사기관에 인도해야 한다.
② 현행범인은 누구든지 영장 없이 체포할 수 있다.
③ 검사 또는 사법경찰관은 피의자 체포 시 피의사실의 요지, 체포의 이유와 변호인을 선임할 수 있음을 말하고 변명할 기회를 주어야 한다.
④ 검사가 체포한 피의자를 구속하고자 할 때에는 체포한 때부터 48시간 이내에 구속영장을 청구하여야 한다.

 쏙쏙 해설 •••

① 검사 또는 사법경찰관리가 아닌 자가 현행범인을 체포한 때에는 즉시 검사 또는 사법경찰관리에게 인도하여야 한다.(형사소송법 제213조 제1항).
② 형사소송법 제212조
③ 형사소송법 제200조의5
④ 형사소송법 제200조의4 제1항 후문

정답 ❶

112 다음 중 영장 없이 체포할 수 있는 경우로 옳은 것은?

① 준현행범인
② 사형·무기·무기금고에 해당하는 피의자
③ 범인이 영장 없이 체포당하지 않겠다고 반항할 때
④ 법원이 멀어서 영장을 받을 시간적 여유가 없고 범인을 놓아두면 도주할 것이 틀림없을 경우

쏙쏙 해설 •••

영장 없이 체포할 수 있는 전형적인 경우는 현행 범인과 현행 범인으로 추정되는 일정한 준현행범인이다.

정답 ❶

113 다음 중 현행범인을 체포한 후 구속영장을 청구하지 아니하는 때에는 즉시 피의자를 석방하여야 하는 법정허용시간은 얼마인가?

① 48시간
② 56시간
③ 60시간
④ 72시간

 해설 •••

검사 또는 사법경찰관이 현행범인을 긴급체포한 경우 피의자를 구속하고자 할 때에는 체포한 때로부터 48시간 이내에 검사는 관할지방법원 판사에게 구속영장을 청구하여야 하고 사법경찰관은 검사에게 신청하여 검사의 청구로 관할지방법원 판사에게 청구하여야 한다. 신청 후 구속영장을 발급받지 못하였을 때에는 피의자를 즉시 석방하여야 한다(형사소송법 제200조의4 제1항, 제2항).

 정답 ❶

114 긴급체포의 요건에 해당되지 않는 것은?

① 검사 또는 사법경찰관만이 할 수 있다.
② 금고 이상에 해당하는 죄를 범하였다고 의심할 만한 상당한 이유가 있어야 한다.
③ 증거를 인멸할 염려가 있거나 도망 또는 도망할 염려가 있어야 한다.
④ 사형·무기 또는 장기 3년 이상의 징역이나 금고에 해당하는 죄를 범하였다고 의심할 만한 이유가 있어야 한다.

 해설 •••

긴급체포의 요건으로는 사형·무기 또는 장기 3년 이상의 징역이나 금고에 해당하는 죄를 범하였다는 상당한 혐의가 있어야 하고 증거인멸 또는 도망할 염려가 있는 경우에 해당하여야 한다(형사소송법 제200조의3 제1항). 긴급체포를 한 경우 긴급체포서를 작성하여야 하고, 체포 후 48시간 이내에 구속영장을 청구하여야 한다.

정답 ❷

CHAPTER 04

115 다음 중 구속적부심사의 청구권자가 아닌 것은?

① 구속된 피의자
② 변호인
③ 피의자의 친구
④ 피의자의 직계친족

 해설 •••

• **구속적부심사를 청구할 수 있는 자** : 체포 또는 구속된 피의자, 그 피의자의 변호인·법정대리인·배우자·직계친족·형제자매·가족·동거인·고용주이다.
• **보석제도** : 피고인에게 인정되나, 피의자는 보석을 청구할 수 없으며 구속적부심사를 청구한 때에 법원의 직권으로 보석을 결정할 수 있다. 피고인의 경우에는 보석청구권이 인정된다.

정답 ❸

116 검찰의 소관 사항이 아닌 것은?

① 무혐의처분
② 약식기소
③ 즉결심판의 청구
④ 선도조건부 기소유예

해설 •••

즉결심판은 관할경찰서장 또는 관할해양경찰서장이 관할법원에 이를 청구한다(즉결심판에 대한 절차법 제3조 제1항).★

정답 ❸

117 형사절차에 관한 설명으로 틀린 것은?

① 수사기관은 피의자가 출석요구에 응하지 않으면 체포영장을 청구할 수 있다.
② 수사기관은 피의자의 죄질이 무겁고 도주의 우려가 있는 경우 구속영장을 청구할 수 있다.
③ 현행범은 누구든지 영장 없이 체포할 수 있다.
④ 수사기관은 24시간 이내에 구속영장을 청구하지 않은 경우 피의자를 즉시 석방해야 한다.

해설 •••

수사기관이 피의자를 영장 없이 긴급체포한 경우 체포한 때로부터 48시간 이내에 관할 지방법원 판사에게 구속영장을 청구하여야 하며, 구속영장을 청구하지 아니하거나 발부받지 못한 때에는 피의자를 즉시 석방하여야 한다(형사소송법 제200조의 4 제1항·제2항).

정답 ❹

118 법원의 관할에 관한 설명 중 틀린 것은?

① 관할위반의 소송행위는 효력이 없다.
② 관할위반은 법원이 직권으로 조사하여야 한다.
③ 제1심의 관할은 토지관할과 사물관할로 구분할 수 있다.
④ 관할이 없는 경우에는 관할위반의 판결을 하여야 한다.

 해설 •••

관할위반의 판명이 있는 경우 법원의 결정으로 사건을 재판권이 있는 심급의 법원으로 이송한다. 그러나 이때에도 이송 전에 행한 소송행위는 이송 후에도 그 효력에 영향이 없다.

정답 ❶

119 다음 중 자백에 관한 설명으로 틀린 것은?

① 고문에 의한 자백은 항상 증거로 할 수 없고 임의로 한 자백만이 증거능력이 있다.
② 일기장에 자기의 범죄를 인정하는 기재를 하는 것은 자백이 아니다.
③ 자백은 구술 또는 서면으로 할 수 있다.
④ 자백은 피고인·피의자 등 어떤 지위에서 행한 것이든 불문하고 사법절차 내에서 뿐 아니라 수사개시 전 사인에 대해한 것도 포함된다.

 해설 •••

자백은 재판상 자백과 재판 외의 자백으로 분류할 수 있으며 재판 외의 자백에서는 자백의 상대방이 없는 경우(일기장의 기재) 등에도 자백으로 성립한다. 형사소송법상 자백은 법원을 구속하지 못하며 임의성 없는 자백은 증거능력이 없고 자백이 피고인에게 불리한 유일의 증거인 때에는 이를 이유로 유죄의 판결을 할 수 없다.

정답 ❷

120 형사상 유죄의 확정판결에 중대한 사실오인이 있는 경우 판결을 받은 자의 이익을 위하여 판결의 부당함을 시정하는 비상구제절차는?

① 상 소
② 재 심
③ 항 고
④ 비상상고

 해설 •••

① **상소** : 미확정 재판에 대해 상급법원에 구제적 재판을 구하는 불복신청제도
③ **항고** : 법원의 결정에 대한 상소
④ **비상상고** : 확정판결에 대해 그 심판의 법령위반을 이유로 인정되는 비상구제절차

정답 ❷

121 다음 공판절차 중 가장 먼저 이루어지는 것은?

① 인정신문　　　　② 진술거부권의 고지
③ 피고인 신문　　　④ 판결의 선고

 해설 •••

공판절차상 가장 먼저 이루어지는 것은 모두절차상에서의 (피고인)진술거부권의 고지이다.

정답 ❷

공판절차의 순서

모두절차	피고인의 진술거부권 고지 → 인정신문 → 검사의 진술 → 피고인의 진술 → 쟁점정리
사실심리절차	증거조사(검사, 피고인, 직권) → 피고인 신문 → 최후변론(검사, 피고인, 변호인)
판결선고절차	판결의 선고 – 변론종결기일 및 공개

122 자유심증주의란 무엇인가?

① 증거의 증명력은 법관의 자유로운 판단에 의한다.
② 증거의 증명력은 법률이 정하는 바에 따른다.
③ 증거의 수집은 법관의 자유로운 판단에 의한다.
④ 법정증거주의에 바탕을 둔 원칙이다.

 해설 •••

자유심증주의란 증거의 증명력을 법관의 자유로운 판단에 맡기는 주의를 말하며 법정증거주의에 대립되는 것이다.

정답 ❶

123 형사소송법상 공소기각의 판결을 해야 하는 경우가 아닌 것은?

① 피고인에 대하여 재판권이 없는 때
② 친고죄 사건에 대하여 고소의 취소가 있는 때
③ 공소가 취소되었을 때
④ 공소제기의 절차가 법률의 규정에 위반하여 무효일 때

 해설 •••

'공소가 취소되었을 때'는 공소기각의 결정을 해야 하는 경우이다(형사소송법 제328조).

정답 ❸

공소기각 판결과 공소기각 결정의 사유★★

공소기각 판결(형사소송법 제327조)	공소기각 결정(형사소송법 제328조)
1. 피고인에 대하여 재판권이 없는 때 2. 공소제기의 절차가 법률의 규정에 위반하여 무효인 때 3. 공소가 제기된 사건에 대하여 다시 공소가 제기되었을 때 4. 제329조의 규정에 위반하여 공소가 제기되었을 때 5. 고소가 있어야 죄를 논할 사건에 대하여 고소의 취소가 있은 때 6. 피해자의 명시한 의사에 반하여 죄를 논할 수 없는 사건에 대하여 처벌을 희망하지 아니하는 의사표시가 있거나 처벌을 희망하는 의사표시가 철회되었을 때	1. 공소가 취소되었을 때 2. 피고인이 사망하거나 피고인인 법인이 존속하지 아니하게 되었을 때 3. 제12조 또는 제13조의 규정에 의하여 재판할 수 없는 때 4. 공소장에 기재된 사실이 진실하다 하더라도 범죄가 될 만한 사실이 포함되지 아니하는 때

---

124 공소제기 후 피고인이 사망하였을 때, 법원이 행하는 재판의 종류는?

① 공소기각의 결정   ② 공소기각의 판결
③ 면소의 판결   ④ 무죄의 판결

 해설 •••

공소제기 후 피고인이 사망하였을 때에는 형사소송법 제328조 제2호의 공소기각결정을 하여야 한다.

정답 ❶

핵심만 콕

공소기각의 결정 (형사소송법 제328조)	• 공소가 취소되었을 때 • 피고인이 사망 또는 법인이 소멸한 때 • 동일사건이 사물관할을 달리하는 수개의 법원에 계속되거나 관할이 경합하는 경우(제12조 또는 제13조)의 규정과 관련하여 재판할 수 없는 때 • 공소장에 범죄가 될만한 사실이 포함되지 아니할 때 (튀 취·사·소·경·불·포)
공소기각의 판결 (형사소송법 제327조)	• 피고인에 대하여 재판권이 없는 경우 • 공소제기 절차가 위법·무효인 경우 • 공소가 제기된 사건에 대하여 다시 공소가 제기된 경우 • 공소취소와 재기소(제329조)의 규정에 위반하여 공소가 제기되었을 때 • 친고죄에서 고소의 취소가 있는 때 • 반의사불벌죄에서 처벌을 희망하지 않는 의사표시가 있는 때
면소판결 (형사소송법 제326조)	• 확정판결이 있은 때 • 사면이 있는 경우 • 공소시효가 완성된 경우 • 범죄 후 법령개폐로 형이 폐지된 경우 (튀 확·사·시·폐)
무죄판결 (형사소송법 제325조)	• 피고사건이 범죄로 되지 아니하는 경우 • 범죄사실의 증명이 없는 경우

125 면소의 판결을 하는 경우가 아닌 것은?

① 피고인에 대하여 재판권이 없는 때
② 공소시효가 완성되었을 때
③ 범죄 후 법령개폐로 형이 폐지된 때
④ 사면이 있는 때

쏙쏙 해설 •••

피고인에 대하여 재판권이 없는 때는
공소기각의 판결을 한다. 면소판결의
사유로 형사소송법은 확정판결이 있은
때, 사면이 있은 때, 공소의 시효가 완
성되었을 때, 범죄 후의 법령개폐로 형
이 폐지되었을 때의 4가지를 규정하고
있다.

정답 ❶

126 국민의 형사재판 참여에 관한 법률의 내용으로 옳지 않은 것은?

① 피고인이 국민참여재판을 원하지 않는 경우에는 국민참여재
판을 할 수 없다.
② 국민참여재판은 필요적 변호사건이다.
③ 배심원은 만 18세 이상의 대한민국 국민 중에서 선정된다.
④ 배심원의 평결결과와 다른 판결을 선고할 수 있다.

쏙쏙 해설 •••

배심원은 만 20세 이상의 대한민국 국
민 중에서 이 법으로 정하는 바에 따라
선정된다(국민참여재판법 제16조).

정답 ❸

127 국민참여재판에 관한 설명으로 옳지 않은 것은?

① 법원은 대상사건의 피고인에 대하여 국민참여재판을 원하는지
여부에 관한 의사를 서면 등의 방법으로 반드시 확인하여야 한다.
② 심리에 관여한 배심원은 재판장의 설명을 들은 후 유·무죄
에 관하여 평의하고, 전원의견이 일치하면 그에 따라 평결한
다.이 경우 배심원 과반수의 요청이 있으면 심리에 관여한 판
사의 의견을 들을 수 있다.
③ 법정형이 사형·무기징역 또는 무기금고에 해당하는 대상사건에
대한 국민참여재판에는 7인의 배심원이 참여하고, 그 외의 대상
사건에 대한 국민참여재판에는 5인의 배심원이 참여한다
④ 법원은 공소제기 후부터 공판준비기일의이 종결된 다음날까지
공범 관계에 있는 피고인들 중 일부가 국민참여재판을 원하지
아니하여 국민참여재판의 진행에 어려움이 있다고 인정되는 경
우 국민참여재판을 하지 아니하기로 하는 결정을 할 수 있다.

쏙쏙 해설 •••

법정형이 사형·무기징역 또는 무기금
고에 해당하는 대상사건에 대한 국민참
여재판에는 9인의 배심원이 참여하고,
그 외의 대상사건에 대한 국민참여재판
에는 7인의 배심원이 참여한다(원칙).
다만, 법원은 피고인 또는 변호인이 공
판준비절차에서 공소사실의 주요내용
을 인정한 때에는 5인의 배심원이 참여
하게 할 수 있다(예외)(국민참여재판법
제13조 제1항 참조). 또한 법원은 배심
원의 결원 등에 대비하여 5인 이내의
예비배심원을 둘 수 있다(국민참여재
판법 제14조 제1항).

정답 ❸

CHAPTER 05 상법 일반

1 상법의 개요

1 상법의 개념

(1) 상법의 특색 ★★

① 영리성

ⓐ 영리성은 자본주의사회에서 기업활동의 본질이고, 상법상의 기본 개념인 상인, 상행위, 회사 등은 이 영리성을 기초로 성립한다.

ⓑ 상법은 기업활동에 있어서의 영리성을 보장하는 규정을 많이 갖고 있다. 그 예로 **상인의 보수청구권(상법 제61조), 법정이율의 인상, 소비대차 및 체당금의 이자청구권(상법 제55조)** 등을 들 수 있다.

② **집단성·반복성** : 경제사회가 대규모화됨에 따라서 거래가 집단적·반복적으로 행하여지고, 기업은 인적으로나 물적으로나 조직화되어 노력의 보충과 자본집중의 촉진을 꾀할 것을 필요로 하게 되었다.

③ 획일성·정형성

ⓐ 집단적으로 반복하여 이루어지는 기업활동에 있어서는 상사거래의 정형화가 요청된다.

ⓑ 실제 거래에 있어서 정찰제, 요금률의 확정, 보통거래약관에 의한 거래 등이 현저하게 발달하여 오늘날 기업거래는 이른바 부합계약화하는 것이 많다.

④ 공시주의 : 기업활동에 있어 거래의 안전을 보호하기 위해 상업등기나 회사의 중요사항에 대한 등기 및 공고제도 등이 발달하게 된다.

⑤ 기업책임의 가중과 경감 ★

기업의 신용유지 및 거래상대방의 보호를 위한 상사연대책임·무과실책임을 규정하고, 한편 기업 자체의 보호를 위해 주주의 인적 유한책임 등과 같이 기업의 책임을 경감한다.

⑥ 기업의 유지 강화 ★

기업의 유지를 도모하고 기업의 해체에서 오는 손실을 방지하기 위하여 자본의 집중(회사의 합병·설립), 위험의 분산(보험제도), 기업의 독립성 확보(독립법인으로서의 회사제도) 등을 규정하고 있다.

⑦ 기술성 · 진보성 ★

　　㉠ 상법은 기업법으로서 기업생활의 합리적 규제를 목적으로 하는 것이므로 전체로서 기술적 · 전문적인 성격을 띠게 된다.

　　㉡ 기업생활관계에서 나타나는 기술은 자본주의의 합리적 정신에 기한 경제적 수요에 따라 진보 · 발전하게 되는데, 여기서 상법은 민법에 비하여 진보적이고 유동적인 경향을 띠게 된다.

⑧ 세계성 · 통일성

　　㉠ 합리성을 기반으로 하여 이루어지는 각국의 상법상의 제도 사이에는 그 성질상 커다란 차이가 있다.

　　㉡ 상법은 세계적 · 통일적인 경향을 가장 많이 보인다고 할 수 있다. 예컨대 선박충돌 및 해난구조에 관한 조약, 선하증권통일조약, 어음법통일조약, 수표법통일조약 등이 대표적인 경우이다. ★

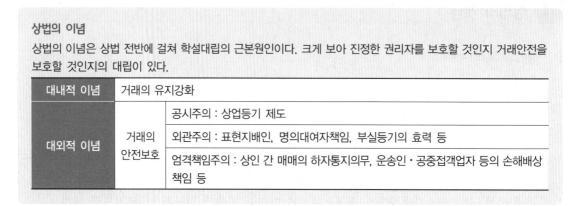

상법의 이념

상법의 이념은 상법 전반에 걸쳐 학설대립의 근본원인이다. 크게 보아 진정한 권리자를 보호할 것인지 거래안전을 보호할 것인지의 대립이 있다.

대내적 이념	거래의 유지강화	
대외적 이념	거래의 안전보호	공시주의 : 상업등기 제도
		외관주의 : 표현지배인, 명의대여자책임, 부실등기의 효력 등
		엄격책임주의 : 상인 간 매매의 하자통지의무, 운송인 · 공중접객업자 등의 손해배상책임 등

(2) 상법의 법원

상법 제1조는 "**상사에 관하여 본법에 규정이 없으면 상관습법에 의하고 상관습법이 없으면 민법의 규정에 의한다.**"고 규정하여 상법과 상관습법이 없는 경우 민법은 보충적으로 적용된다.

① **상사제정법** : 상법전, 상사특별법령, 상사관계조약과 국제법규 등이 있다. 현행 상법전은 1962년에 제정 · 공포되었으며 제1편 총칙, 제2편 상행위, 제3편 회사, 제4편 보험, 제5편 해상, 제6편 항공운송의 여섯 편과 부칙으로 구성되어 있다.

② **상관습법** : 기업에 관한 관행이 일반의 법적 확신에 의해 확립된 것으로 성문법의 보충적 효력을 갖는 법원이 된다.

③ **상사자치법** : 회사의 정관 등의 자치법규도 법원이 된다(단, 반대설도 있음).

④ **법원의 적용순서** (🔵 자 · 특 · 상 · 관 · 민 · 조)

| 상사자치법 | → | 상사특별법 | → | 상 법 | → | 상관습법 | → | 민 법 | → | 조 리 |

2 상법총칙

(1) 상인·상업사용인의 용어정의

① 익명조합 ★

당사자의 일방이 상대방의 영업을 위하여 출자하고 상대방은 그 영업으로 인한 이익을 분배할 것을 약정함으로써 그 효력이 생긴다(상법 제78조).

② 합자조합 ★

조합의 업무집행자로서 조합의 채무에 대하여 무한책임을 지는 조합원과 출자가액을 한도로 하여 유한책임을 지는 조합원이 상호출자하여 공동사업을 경영할 것을 약정함으로써 그 효력이 생긴다 (상법 제86조의2).

③ 대리상 ★

일정한 상인을 위하여 <u>상업사용인이 아니면서</u> 상시 그 영업부류에 속하는 거래의 대리 또는 중개를 영업으로 하는 자를 말한다(상법 제87조).

④ 중개인

타인간의 상행위의 중개를 영업으로 하는 자를 말한다(상법 제93조).

⑤ 위탁매매인 ★

<u>자기명의로써 타인의 계산으로 물건 또는 유가증권의 매매를 영업으로 하는 자를 말한다</u>(상법 제101조).

⑥ 운송주선인

자기의 명의로 물건운송의 주선을 영업으로 하는 자를 말한다(상법 제114조).

⑦ 운송인

육상 또는 호천, 항만에서 물건 또는 여객의 운송을 영업으로 하는 자를 말한다(상법 제125조).

> **기본적 상행위**
> 기본적 상행위는 영업성과 기업성을 갖춘 행위를 말한다. 영업성은 영리목적으로 동종행위를 반복하는 것(영리성, 계속성, 영업의사)이고 기업성은 임금을 받기 위한 행위이다. 따라서 노무에 종사하는 경우는 기업성이 없다.
>
> **민사회사**
> 민사회사의 대표적인 예는 농업·축산업·수산업 등 원시산업을 목적으로 하는 회사 등이다.

CHAPTER 05

(2) 상 인

상인은 기업활동에 있어서 **권리의무가 귀속되는 기업의 주체**로 상인의 행위는 **영업**을 위하여 하는 것으로 추정한다(상법 제47조 제2항).

① 상인의 종류

  ㉠ 당연상인(고유상인) : 자기명의로 상행위를 하는 자이다(상법 제4조). 기본적 상행위뿐만 아니라 타인의 영업을 대리하는 경우, 타인의 계산으로 타인의 영업수단을 이용하는 경우, 타인의 명의로 신고·납세하는 경우도 포함한다.

  ㉡ 의제상인 : 점포 기타 유사한 설비에 의하여 상인적 방법으로 영업을 하는 자는 상행위를 하지 아니하더라도 상인으로 보고 회사는 상행위를 하지 아니하더라도 상인으로 본다(상법 제5조).

  ㉢ 소상인 : 소규모 상인으로서 자본금이 1,000만원 미만으로 회사가 아닌 자를 말한다(상법 시행령 제2조). 이러한 소상인에 대하여는 지배인, 상호, 상업장부와 상업등기에 관한 규정의 적용을 받지 않는다(상법 제9조).

② 상인의 자격

  ㉠ 자연인의 영업능력 : 행위능력에 따른 제한 [2018.9.18 개정, 2018.12.19 시행]

구 분	영업능력 (상법 제6조)	무한책임사원 (상법 제7조)	영업의 대리 (상법 제8조)
미성년자	법정대리인의 허락	법정대리인의 허락	법정대리인이 영업을 하는 경우
피한정후견인원	×	×	
피성년후견인	×	×	
비 고	등기를 요함	사원자격으로 인한 행위에는 능력자로 봄	등기를 요함, 제한능력자가 상인

  ㉡ 법인의 영업능력 : 설립목적에 따른 제한 → 특수공법인(한국농어촌공사) → 특수사법인(협동조합·상호보험회사)은 영업능력이 없다. ★

  ㉢ 상인자격의 취득과 상실 ★

구 분	취 득	상 실
회 사	설립등기	청산종결
회사 외의 법인·자연인	영업준비행위의 객관적 인정	기업활동의 사실상 종결

(3) 상업사용인(영업보조자)

상인에 종속하여 기업상의 활동을 보조하는 자를 상업사용인이라 한다. 대리권의 범위를 기준으로 하여 다음과 같이 나눌 수 있다.

① 지배인

  ㉠ 의의 : 상인인 영업주에 갈음하여 그 영업에 관한 재판상 또는 재판 외의 모든 행위를 할 수 있는 경영보조자이다. 보통 지점장, 지사장 등이 이에 속한다. 이사는 지배인이 될 수 있으나 감사는 불가능하다.

  ㉡ 지배인의 선임과 종임
   • 소상인·청산회사·파산회사는 지배인의 선임이 불가능하고 성년후견의 개시·영업폐지·회사해산 등의 사유로 종임된다.
   • 선임과 종임은 등기사항으로 총지배인은 영업소 단위로 등기한다.

  ㉢ 지배인의 권한
   • 정형성·포괄성, 영업에 관한 재판상 또는 재판 외의 모든 행위를 할 권한(상법 제11조 제1항)
   • 지배인이 아닌 사용인 선임 가능(상법 제11조 제2항), 지배인의 선임에 관한 대리권을 수여받은 경우는 지배인도 선임 가능
   • 대리권의 제한은 명칭 여하에 불구하고 선의의 제3자에게 대항할 수 없다(상법 제11조 제3항).

  ㉣ 행위의 판단 : 지배인의 행위가 영업주의 영업에 관한 것인가의 여부는 지배인의 행위 당시의 주관적인 의사와는 관계없이 객관적 성질에 따라 추상적으로 판단하여야 한다. ★

  ㉤ 공동지배인과 표현지배인

공동지배인	능동대리는 공동으로, 수동대리는 단독으로 한다. 수인의 지배인과는 구별된다(상법 제12조).
표현지배인	사용인의 조건을 충족하고 지배인의 명칭을 사용하며 재판 외의 행위, 영업소의 실체, 거래의 직접 상대방이다. 지배인의 개인적 행위는 표현지배인의 대상이 아니다. 영업주가 그 사용인이 한 행위에 대하여 책임을 부담한다(상법 제14조).

  ㉥ 회사별 지배인 선임방법 ★★

합명회사	총사원 과반수의 결의(업무집행사원이 있는 경우에도, 상법 제203조)
합자회사	무한책임사원 과반수의 결의(업무집행사원이 있는 경우에도, 상법 제274조)
주식회사	이사회 결의(상법 제393조 제1항)
유한회사	이사 과반수 결의 또는 사원총회의 보통결의(상법 제564조 제1항·제2항)

② 부분적 포괄대리권을 가진 사용인 : 영업의 특정한 종류 또는 특정한 사항(예 판매, 구입, 대부, 출납 등)에 대한 위임을 받은 사용인을 말하며, 이에 관한 재판 외의 모든 행위를 할 수 있다(상법 제15조 제1항). 지배인과 달리 등기사항은 아니다. ★

③ **물건판매점포의 사용인** : 원칙적으로 대리권이 없으나 법은 판매에 관한 모든 권한이 있는 것으로 본다(상법 제16조 제1항). 외관이 중요 → 점포를 떠난 판매외무사원은 제외된다.

④ **상업사용인의 의무**(경업회피의무, 상법 제17조)

㉠ **의의** : 상업사용인은 영업주의 허락 없이 자기 또는 제3자의 계산으로 영업주의 영업부류에 속한 거래를 하거나 회사의 무한책임사원, 이사 또는 다른 상인의 사용인이 되지 못한다(제1항).

㉡ **효과** : 거래행위 자체는 유효하나 영업주는 손해배상청구권, 해임권(제3항), 개입권의 행사가 가능하다(제4항).

㉢ **영업주의 개입권** : 상업사용인이 얻은 이득을 영업주에게 귀속시킬 수 있는 권리(상업사용인이 자기의 계산으로 한 경우는 경제적 효과를 귀속시킬 수 있고 타인의 계산으로 한 경우는 상업사용인이 얻은 이득의 양도를 청구할 수 있음, 상법 제17조 제2항)이며, 개입권 행사 후에도 손해배상 청구 및 해임이 가능하다(상법 제17조 제3항). 단, 다른 회사의 무한책임사원·이사 또는 다른 상인의 상업사용인이 된 경우에는 개입권은 행사할 수 없다.

(4) 상 호

① **의의** : 상인이 영업상 자기를 표시하기 위해 사용하는 명칭(영업의 통일성을 위해)이다. 상인은 원칙적으로 상호를 선정하여 사용할 권리를 가진다(상호자유주의, 상법 제18조).

② **상호의 선정** ★

상호자유주의 + 약간의 제한(회사라는 명칭, 회사의 종류, 상법 제19조), 상호단일주의(수개의 영업에 하나의 상호 가능, 회사는 항상 1개의 상호, 지점은 본점과의 종속관계 표시, 상법 제21조)

③ **상호권** ★

㉠ **상호사용권** : 적극적 권리, 적법하게(타인의 상호사용권을 침해하지 않고) 선정 및 사용

㉡ **상호전용권** : 소극적 권리, 타인이 부정목적으로 동일 또는 유사한 상호의 사용을 배제

㉢ **등기의 효력** : 동종영업 상호로 등기 불가(상법 제22조), 등기상호의 사용 시에 부정목적이 추정됨(→ 입증책임의 전환으로 상호전용권의 강화) ★

④ 의 무

㉠ 회사의 상호에는 그 종류에 따라 **합명회사, 합자회사, 주식회사** 또는 **유한회사**의 문자를 사용하여야 한다(상법 제19조). ★

㉡ 회사가 아니면 상호에 회사임을 표시하는 문자를 사용하지 못한다. 회사의 영업을 양수한 경우에도 같다(상법 제20조). ★

㉢ **동일한 영업**에는 **단일상호**를 사용하여야 한다(상법 제21조 제1항).

㉣ 지점의 상호에는 **본점과의 종속관계**를 표시하여야 한다(상법 제21조 제2항).

㉤ 타인이 등기한 상호는 동일한 특별시·광역시·시·군에서 동종영업의 상호로 등기하지 못한다(상법 제22조).

> **명의대여자의 책임**
> 타인에게 어떤 사업에 관하여 자기의 명의를 사용할 것을 허용한 경우에 명의사용을 허가받은 사람이 업무수행을 함에 있어 고의 또는 과실로 다른 사람에게 손해를 끼쳤다면 명의사용을 허가한 사람은 민법 제756조에 의하여 그 손해를 배상할 책임이 있으며, 그 명의대여로 인한 사용관계의 여부는 실제적으로 지휘·감독하였느냐 여부에 관계없이 객관적으로 보아 사용자가 그 불법행위자를 지휘·감독할 지위에 있었느냐 여부를 기준으로 결정하여야 한다(대판 1996.5.10, 95다50462). ★

⑤ 상호의 양도 ★

   ㉠ 상호는 **영업을 폐지**하거나 **영업과 함께 하는 경우에 한하여** 이를 **양도**할 수 있다(상법 제25조 제1항).

   ㉡ 상호의 양도는 등기하지 아니하면 제3자에게 대항하지 못한다(상법 제25조 제2항).

(5) 상업장부

① 상인이 그 기업의 재산 상태를 명백히 하기 위하여 상법상의 의무로서 작성하는 장부를 상업장부라 한다.

② 상업장부에는 영업상의 재산 및 손익의 상황을 명백히 하기 위하여 작성하는 회계장부와 재무상태표가 있다(상법 제29조 제1항). ★

③ 상인은 **10년간** 상업장부와 영업에 관한 **중요서류를 보존**하여야 한다. 다만, 전표 또는 이와 유사한 서류는 **5년간** 이를 보존하여야 한다(상법 제33조 제1항). ★

> **상업장부의 구별**
> 상업장부는 「재무제표」와 동일하지 않다. 대차대조표는 상업장부이기도 하고 또한 재무제표이기도 하지만, 회계장부는 상업장부이지만 재무제표가 아니며, 손익계산서·이익잉여금처분계산서 또는 결손금처리계산서는 재무제표이지만 상업장부가 아니다.

(6) 영업의 공시(상업등기)

① 의 의

   ㉠ 영업에 관한 중요한 사항을 상법의 규정에 의하여 상업등기부에 등기하는 것을 상업등기라 한다.

   ㉡ 상업등기부의 종류 : 상업등기부에는 상호등기부, 미성년자등기부, 법정대리인등기부, 지배인등기부, 합자조합등기부, 합명회사등기부, 합자회사등기부, 유한책임회사등기부, 주식회사등기부, 유한회사등기부, 외국회사등기부에 관한 **11종**이 있다(상업등기법 제11조 제1항).[상업등기법 2018. 9. 18 개정, 2018. 12. 19 시행]

② **절차** : 당사자 신청주의

③ 등기소의 심사권 : 형식적 심사주의(판례), 수정실질적 심사주의(학설)

④ 등기의 공시 : 개별적·수동적 공시, 공고(일반적·능동적 공시) 없음

⑤ 효력 ★

ㄱ 일반적 효력 : 등기 전에 존재하던 법률관계를 확보·선언한다. **등기·공고 전에는 선의의 제3자에게 대항하지 못하고**(등기의 소극적 공시의 원칙), **등기·공고 후에는 선의의 제3자에게도 대항 가능**하다(등기의 적극적 공시의 원칙, 상법 제37조 제1항).

ㄴ 특수적 효력

• 창설적(확정적) 효력 : 회사의 설립·합병·분할등기로 효력 발생

• 보완적 효력 : 하자의 치유, 설립시 또는 증자시 주식인수인의 인수 취소 불가

• 부수적(해제적) 효력 : 설립등기로 주권발행 및 주식양도, 인적 회사사원의 책임소멸시효의 기산일 → 상호양도등기

등기의 대항력

등기사항에 관하여 등기가 있으면 제3자에게 대항할 수 있게 된다. 즉, 선의의 제3자에게도 대항할 수 있다. 그러나 제3자가 '정당한 사유'로 이를 알지 못하였을 때에는 그에게 대항하지 못한다. 정당한 사유는 되도록 엄격하게 해석하여 주관적 사유(예 장기여행 또는 질병 등)는 포함되지 않고, 객관적 사유(예 등기소의 화재 등으로 인한 등기부의 소실 등)에 한한다. ★

---

(7) 영업의 양도

① 의의 : 영업의 양도란 **기업의 동일성을 유지하면서 포괄적 일체인 영업 자체를 양도**하여 소유와 경영의 법적 관계에 변동을 가져오는 것을 말한다. **동일성이 유지되면 일부 양도도 가능**하다. ★

② 절차 : 낙성불요식 계약, 상호의 양도 수반은 선택사항이다. ★

구 분	주식·유한회사	합명·합자(정관변경 규정 준용)회사
양도인	주주(사원)총회 특별결의 : 전부·중요한 일부	총사원의 동의
양수인	주주(사원)총회 특별결의 : 전부	총사원의 동의

③ 영업양도의 효과

ㄱ 대내적 효과 : 영업재산의 이전(개별적인 이전 절차), 제3자에 대한 대항요건 구비, 경업피지의무, 동일·인접 행정구역에서 동종의 영업행위를 할 수 없다. **기간의 무약정시에는 10년, 약정시에는 20년 내에서 유효**하다(상법 제41조). ★

ㄴ 대외적 효과 : 선의 변제자의 면책, 양수인은 원칙적으로 상호사용시엔 책임이 있으나 상호불사용시에는 책임이 없다(상법 제42조 제1항). ★

ㄷ 소멸 : 영업양수인이 변제의 책임이 있는 경우에는 양도인의 제3자에 대한 채무는 영업양도 또는 광고 후 **2년이 경과**하면 **소멸**한다(상법 제45조). ★

> **양수인의 변제책임**
> 영업양도가 있었음에도 불구하고 채무인수가 없었고 또 양수인이 양도인의 상호를 계속 사용하는 경우에는 원칙적으로 양수인도 변제할 책임이 있다(상법 제42조 제1항). ★

3 상행위

(1) 의의 및 종류

① '상행위'란 실질적으로는 **영리에 관한 행위**이며 형식적으로는 상법과 특별법에서 상행위로서 규정한 행위를 말한다.

② 대부분의 상행위는 상인이 영리를 목적으로 하는 영업행위를 말하며, **영업적 상행위** 또는 **기본적 상행위**라고도 한다. 그리고 이 기본적 상행위 이외에 영업을 위하여 하는 행위를 **보조적 상행위** 또는 **부속적 상행위**라고 한다. ★

③ 소매상과 일반인의 거래와 같이 당사자 일방에게만 상행위가 되는 경우를 **일방적 상행위**라 하며, 반대로 도매상과 소매상의 거래와 같이 당사자 쌍방에게 상행위가 되는 경우를 **쌍방적 상행위**라고 한다.

(2) 상행위의 총칙적 규정

① **상행위일반에 관한 특칙** : 상행위는 영리를 목적으로 하는 상인의 행위로서 반복·계속되는 것이므로, 그 거래의 신속·원활을 기하기 위해서 **민법에 대한 특칙**을 규정하고 있다.

② **매매에 관한 특칙** : 상인 간의 매매에 있어 매수인이 그 영수한 목적물을 즉시 살피고 이의가 없는 한 매도인은 후일에 제기되는 이의에 응하지 아니하는 등 약간의 특칙을 규정하고 있다(상법 제67조 내지 제71조).

③ **상호계산** : 상인 상호간 또는 상인과 비상인 간에 이루어지는 **계속적 거래관계**에서 일정한 기간의 거래로 인한 채권·채무의 총액을 상계하고 그 잔액을 지불할 것을 계약하는 대차결제방법이다(상법 제72조 내지 제77조). ★

④ **익명조합** : 상인이 그 **영업을 위하여** 타인으로부터 **재산의 출자를 받고** 이에 대하여 **영업이익을 분배할 것을 약속하는 계약관계**이다. 이 익명조합은 경제적으로는 공동기업의 한 형태이나 법적으로는 영업자의 단독기업이다. 따라서 익명조합원은 출자의 의무와 이익배당의 권리가 있으며 제3자와는 아무런 법률관계가 없다(상법 제78조 내지 제86조). ★

(3) 어음법상 행위

배 서	어음상의 권리를 양도하기 위한 방법으로 어음소지인이 어음에 일정한 사항을 기재하고 기명날인하여 교부하는 것을 뜻한다. ★
지 급	채무를 변제하기 위하여 금전이나 어음 등을 채권자에게 주는 것으로, 확정일출급, 발행일자 후 정기출급 또는 일람 후 정기출급의 환어음 소지인은 지급을 할 날 또는 그날 이후의 2거래일 내에 지급을 받기 위한 제시를 하여야 한다.
양 도	물권의 주체가 법률행위에 의하여 그 물건을 타인에게 이전하는 것을 말한다.
인 수	지급인이 환어음상의 기재내용대로 어음대금을 지급하겠다는 의사를 밝히는 절차로서 지급의 승낙이다. 환어음의 소지인 또는 단순한 점유자는 만기에 이르기까지 인수를 위하여 지급인에게 그 주소에서 어음을 제시할 수 있다. ★

2 회사법

1 회사의 개념과 종류

(1) 회사의 개념

① 상법상 회사라 함은 상행위, 기타 영리를 목적으로 하는 사단법인으로서 상법상 회사편의 규정에 따라 설립된 것을 말한다(상법 제169조).

② 회사는 사원의 단체인 점에서 재산의 집합체인 재단과 구별되며 영리사업으로 얻은 이익을 각 구성원에게 분배하는 영리법인인 점에서 민법상 비영리법인과 구별된다. ★

(2) 회사의 권리능력

① 회사는 유증(遺贈)을 받을 수 있다.

② 회사는 상표권을 취득할 수 있다.

③ 회사는 명예권과 같은 인격권의 주체가 될 수 있다. ★

④ 회사는 다른 회사의 무한책임사원이 되지 못한다(상법 제173조). ★

(3) 회사의 종류

상법상의 회사에는 **합명회사, 합자회사, 주식회사, 유한회사, 유한책임회사**의 다섯 가지가 있다(상법 제170조). 사원의 인적 신용이 회사신용의 기초가 되는 회사를 **인적 회사**(예 개인주의적 회사, 합명회사・합자회사)라 하고, 회사재산이 회사신용의 기초가 되는 회사를 **물적 회사**(예 단체주의적 회사, 주식회사・유한회사)라 한다.

[회사의 종류]

구 분	유 형	내 용
인적 회사	합명회사	무한책임사원만으로 구성되는 회사
	합자회사	무한책임사원과 유한책임사원으로 구성되는 복합적 조직의 회사
물적 회사	유한회사	사원이 회사에 대하여 출자금액을 한도로 책임을 질 뿐, 회사채권자에 대하여 아무 책임도 지지 않는 사원으로 구성된 회사
	유한책임회사	주주들이 자신의 출자금액 한도에서 회사채권자에 대하여 법적인 책임을 부담하는 회사로서 이사, 감사의 선임의무가 없으며 사원 아닌 자를 업무집행자로 선임할 수 있다.
	주식회사	사원인 주주의 출자로 이루어지며 권리·의무의 단위로서의 주식으로 나누어진 일정한 자본을 가지고 모든 주주는 그 주식의 인수가액을 한도로 하는 출자의무를 부담할 뿐, 회사 채무에 대하여 아무런 책임도 지지 않는 회사

① 합명회사
   ㉠ 합명회사는 **2인 이상의 무한책임사원**으로 조직된 회사이다(상법 제178조). ★
   ㉡ **무한책임사원**이라 함은 회사에 대하여 **출자의무**와 **회사채무**에 대한 **직접·연대·무한의 책임**을 부담하는 사원을 말한다(상법 제212조 제1항).
   ㉢ **각 사원**은 정관에 특별한 규정이 없는 한, 회사의 **업무를 직접 집행하고 회사를 대표**할 권한을 가지고 있다(상법 제207조).
   ㉣ 인적 신뢰도가 기초가 되는 조직으로 사원이 소수임이 보통이고 **형식적**으로는 **사단**이지만 **실질적**으로는 **조합**에 가까운 성격을 띠고 있다. ★
   ㉤ 내부관계에 있어서도 정관 또는 상법에 특별한 규정이 없는 한, 민법상의 조합의 규정이 준용된다(상법 제195조). ★
   ㉥ 사원의 **출자는 금전, 현물, 노무, 신용 어느 것으로도** 출자할 수 있고 사원의 수가 1인이 된 때 회사는 해산하나 다른 사원을 가입시켜 회사를 계속할 수 있다(상법 제227조 제3호). ★

② 합자회사
   ㉠ 합자회사는 **무한책임사원**과 **유한책임사원**으로 조직된 **이원적 회사**이다(상법 제268조). ★
   ㉡ 무한책임사원은 합명회사의 경우와 같이 **직접·연대·무한의 책임**을 지지만, **유한책임사원**은 **출자가액의 한도 내에서** 책임을 진다. ★
   ㉢ 사원이 출자함에 있어서 **무한책임사원**의 경우에는 그 목적의 **제한이 없지만, 유한책임사원은 재산(금전·현물)으로만** 출자할 수 있다(상법 제272조). ★
   ㉣ 회사 경영이나 대표권은 무한책임사원만 맡을 수 있고, 유한책임사원의 경우에는 업무집행이나 회사대표의 권한은 없지만(상법 제278조) 감시권은 있다(상법 제277조).

CHAPTER 05

③ 유한회사

ㄱ 유한회사는 **지분을 가진 사원**으로 구성되는 **사단법인**이며 사원 전원이 회사에 대하여 원칙적으로 출자액을 한도로 유한책임을 지는 회사이다.

ㄴ 유한회사는 사원이 **출자금액을 한도로 간접 유한의 책임**을 지는 점(상법 제553조)에서 주식회사와 같으나, 지분의 양도가 자유스럽지 못한 점에서 주식회사와 다르다(상법 제556조). 출자의 종류는 재산출자에 한한다. ★

ㄷ 의사를 결정하는 최고 기관으로 **사원총회**가 있고, 업무집행기관으로 **이사**가 있으며, 임의기관으로 **감사**가 있다. ★

ㄹ 인적 회사의 성격이 가미되어 있어 주식회사보다는 소규모적 · 폐쇄적 · 비공개적인 회사이다. ★

④ 유한책임회사

ㄱ 2012년 개정된 상법에 도입된 회사의 형태로서, 주식회사보다 유연하고 탄력적인 지배구조를 가지고 있으며, 주주에게 법적책임이 없는 주식회사와 달리 주주들이 자신의 투자액 범위 내에서 회사채권자들에 대하여 법적인 책임을 부담하는 회사이다(상법 제287조의7). ★

ㄴ 유한책임회사는 주식회사에 비해 지분양도 · 양수가 자유롭지 못하다(상법 제287조의8 · 제287조의9). 따라서 작은 규모의 폐쇄적인 회사에 적합한 형태의 법인이다. ★

⑤ 주식회사

ㄱ 주식회사의 구성원인 사원을 주주라 하며 주주가 될 자는 회사에 대하여 출자를 하고 회사로부터 주권의 교부를 받는다는 점이 다른 회사와 다르다.

ㄴ 주주는 그 주식의 인수가액을 한도로 하는 출자의무를 부담할 뿐이며 회사 채무에 관하여는 아무런 책임을 부담하지 않고 회사 재산만으로 책임을 지는 회사이다. ★

ㄷ 주식회사의 설립에는 발기설립과 모집설립의 두 가지가 있다. ★

발기설립	1인 이상의 발기인이 설립시에 발행하는 주식을 전부 인수하고 일반으로부터는 공모하지 않는 경우이다(상법 제295조 제1항).
모집설립	발기인이 발행주식의 일부만을 인수하고 나머지 주식에 대하여는 주주를 모집하여 이를 인수시키는 경우이다(상법 제301조).

ㄹ 회사의 자본금의 구성

• 회사는 정관으로 정한 경우에는 주식의 전부를 무액면주식으로 발행할 수 있다. 다만, 무액면주식을 발행하는 경우에는 액면주식을 발행할 수 없다(상법 제329조 제1항). ★

• 액면주식의 금액은 균일하여야 한다(상법 제329조 제2항).

• **액면주식 1주의 금액**은 **100원 이상**으로 하여야 한다(상법 제329조 제3항). ★

• 회사는 정관으로 정하는 바에 따라 발행된 액면주식을 무액면주식으로 전환하거나 무액면주식을 액면주식으로 전환할 수 있다(상법 제329조 제4항).

ⓜ 회사의 기관 : 주식회사에는 기본적 사항에 관한 최고의사결정기관인 **주주총회**, 업무집행에 관한 의결기관인 **이사회**, 업무집행을 담당하고 회사를 대표하는 **대표이사**, 감독기관인 **감사**가 **법률상 필수 기관**이다. ★

주주총회	주주총회는 주주로써 구성되며, 회사의 조직이나 경영에 관한 중요사항을 결정하는 회사의사결정의 최고 기관이다.
이사회	주주총회에서 선임되는 이사로써 구성되는 주식회사의 업무집행기관으로, 이사는 3명 이상이어야 하고(자본의 총액이 10억원 미만인 회사는 1인 또는 2인도 가능) 그 임기는 3년을 초과하지 못한다. 이사의 자격에는 제한이 없으며, 따라서 주주가 아닌 자도 이사로 선임될 수 있다. 회사대표권을 가진 자를 대표이사라 하며 이사회에서 선정한다.
감 사	회사의 감사를 임무로 하는 주식회사의 필요적 상설기관으로 감사는 이사 또는 지배인, 기타 사용인의 직무를 겸하지 못하며, 이사의 직무의 집행을 감사한다.

ⓑ 이 사
- 이사는 주주총회에서 선임한다(상법 제328조 제1항).
- 이사는 3명 이상이어야 하고(다만, 자본금 총액이 10억원 미만인 회사는 1명 또는 2명) 임기는 3년을 초과하지 못한다(상법 제383조 제1항·제2항).
- 이사는 법령과 정관의 규정에 따라 회사를 위하여 그 직무를 충실하게 수행하여야 하고(충실의무, 상법 제382조의3), 재임 중 뿐만 아니라 퇴임 후에도 직무상 알게 된 회사의 영업상 비밀을 누설하여서는 아니 된다(비밀유지의무, 상법 제382조의4).
- 이사회의 승인이 없으면 자기 또는 제3자의 계산으로 회사의 영업부류에 속한 거래를 하거나 동종영업을 목적으로 하는 다른 회사의 무한책임사원이나 이사가 되지 못한다(경업금지).

ⓢ 의결권(상법 제369조)
- 의결권은 1주마다 1개로 한다.
- 회사가 가진 자기주식은 의결권이 없다.
- 회사, 모회사 및 자회사 또는 자회사가 다른 회사의 발행주식의 총수의 10분의 1을 초과하는 주식을 가지고 있는 경우 그 다른 회사가 가지고 있는 회사 또는 모회사의 주식은 의결권이 없다.

ⓞ 특 징
- 상법에 의하여 유한책임을 지는 다수의 주주가 출자하여 설립된 물적 회사이다. ★
- 소유와 경영이 분리되어 있다. ★
- 주식과 회사채를 발행하여 불특정다수인으로부터 대자본을 조달할 수 있다. ★
- 설립시에 현물출자는 발기인에 한정되지 않고 제3자도 가능하다. ★
- 주식과 분리하여 양도할 수 있다. ★
- 법원의 허가를 얻어야 납입은행을 변경할 수 있다(상법 제306조). ★
- 회사는 합병 또는 다른 회사의 영업전부의 양수로 인한 때에는 자기의 계산으로 자기주식을 취득할 수 있다(상법 제341조의2). 그러나 회사는 자기의 계산으로 또는 무상으로 자기주식을 취득하지 못한다(상법 제341조 제1항 본문 제1호).

- 상법상 주식은 원칙적으로 타인에게 이를 양도할 수 있다(상법 제335조 제1항). ★
- 주주는 그가 가지는 주식의 수에 비례하여 회사에 대하여 평등한 권리·의무를 갖는다. ★
- 주식은 자본의 균등한 구성단위로서의 의미뿐만 아니라 사원으로서의 지위라는 의미도 가지고 있다. ★

ⓩ 정관 및 설립등기 기재사항

정관의 절대적 기재사항(상법 제289조)	정관의 상대적 기재사항(변태설립사항, 상법 제290조)
• 목 적 • 상 호 • 회사가 발행할 주식의 총수 • 액면주식을 발행하는 경우 1주의 금액 • 회사의 설립 시에 발행하는 주식의 수 • 본점의 소재지 • 회사가 공고를 하는 방법 • 발기인의 성명·주민등록번호 및 주소	• 발기인이 받을 특별이익과 이를 받을 자의 성명 • 현물출자를 하는 자의 성명과 그 목적인 재산의 종류, 수량, 가격과 이에 대하여 부여할 주식의 종류와 수 • 회사성립 후에 양수할 것을 약정한 재산의 종류, 수량, 가격과 그 양도인의 성명 • 회사가 부담할 설립비용과 발기인이 받을 보수액

설립등기 기재사항(상법 제317조 제2항) ★	
• 목적 및 상호, 회사가 발행할 주식의 총수 • 액면주식을 발행하는 경우 1주의 금액, 본점 및 지점의 소재지 • 회사가 공고를 하는 방법 • 자본금의 액 • 발행주식의 총수, 그 종류와 각종 주식의 내용과 수 • 주식의 양도에 관해 이사회의 승인을 얻도록 정한 때 그 규정 • 주식매수선택권을 부여하도록 정한 때에는 그 규정 • 회사 존립기간 또는 해산사유를 정한 때 그 기간 또는 사유 • 주주에게 배당할 이익으로 주식 소각을 정한 때 그 규정	• 회사 대표할 이사 또는 집행임원의 성명·주민등록번호 및 주소 • 전환주식을 발행하는 경우에는 주식을 다른 종류의 주식으로 전환할 수 있다는 뜻, 전환의 조건, 전환으로 인하여 발행할 주식의 내용, 전환청구기간 또는 전환의 기간 • 사내이사, 사외이사, 그 밖에 상무에 종사하지 아니하는 이사, 감사 및 집행임원의 성명과 주민등록번호 • 둘 이상의 대표이사 또는 대표집행임원이 공동으로 회사를 대표할 것을 정한 경우에는 그 규정 • 명의개서대리인을 둔 때에는 그 상호 및 본점소재지 • 감사위원회를 설치한 때에는 감사위원회 위원의 성명 및 주민등록번호

2 회사의 설립, 합병·해산 등

(1) 회사의 설립

① 의의 : 회사의 설립이란 회사라는 하나의 단체를 형성하여 그것이 법률상의 인격자로서 존재하기에 이르는 절차를 말하며, 본점소재지에서 설립등기를 함으로써 성립한다(상법 제172조).

② 회사설립에 관한 입법주의 ★

회사의 설립에는 **자유설립주의, 면허주의**(허가주의), **인가주의, 준칙주의, 특허주의**가 있으며, 우리나라 **상법은 준칙주의**를 채택하고 있다. 즉, 법률로써 일정한 요건을 정하고 그 요건을 구비하면 법인격을 취득하게 하는 것이다.

     ⊙ 자유설립주의 : 민법에서는 배제하고 있다(민법 제31조).

     ⓛ 허가주의 : 법인의 설립행위 이외에 주무관청의 허가를 받음으로써 설립. 비영리법인의 설립이 이에 해당한다.

     ⓒ 인가주의 : 법률이 정한 일정요건을 갖추면 반드시 인가케 하는 입법주의. 변호사회, 상공회의소, 의사회, 자동차운수조합, 수출조합 등 각종 조합법인의 설립이 이에 해당한다.

     ⓔ 준칙주의 : 법률이 미리 정한 일정요건을 갖춤으로써 당연히 설립되며 영리사단법인의 설립, 상사회사의 설립이 이에 해당한다(우리나라). 우리 상법상 회사는 사단 결성 → 정관작성 → 주식인수 → 설립등기의 순서로 설립되며 설립등기를 완료하면 회사의 설립이 법적으로 완료된다.

     ⓜ 특허주의 : 법인을 설립하기 위하여 개별적인 법률의 제정이 필요한 경우를 말하며, 각종 특별법상의 법인(대한석탄공사법에 따른 대한석탄공사, 한국은행법에 따른 한국은행 등)이 해당된다.

  ③ 회사의 능력

     ⊙ 회사는 **권리의무의 주체**가 되며, **의사능력·행위능력·불법행위능력**을 갖는다. ★

     ⓛ 회사의 능력은 성질상·법령상 제한이 있으며, 회사는 성질상 법인이기 때문에 자연인에게 특유한 권리의무인 신체·생명에 관한 권리 등은 가질 수 없다. 법령상 제한으로는 상법 제173조에 의해 회사는 다른 회사의 무한책임사원이 되지 못하는 것 등이다. ★

  ④ 회사 설립의 무효와 취소 : 회사 설립의 무효는 그 사원에 한하여, 설립의 취소는 그 취소권이 있는 자에 한하여 회사성립의 날로부터 2년 내에 소만으로 이를 주장할 수 있다(상법 제184조)

(2) 회사의 합병·분할 및 조직변경

  ① 합병

     ⊙ 회사는 경영의 합리화, 사업의 확장, 무익한 경쟁의 회피 등을 위하여 다른 회사와 합병을 할 수 있다.

     ⓛ 합병은 같은 종류의 다른 회사와 할 수 있을 뿐 아니라, 다른 종류의 회사와도 합병할 수 있다. 다만 일정한 제한이 있다(상법 제174조). ★

     ⓒ **흡수합병**은 합병으로 인하여 당사회사 중의 1회사가 존속하고 다른 회사가 소멸하는 경우이며, **신설합병**은 당사회사의 전부가 소멸하고 새로운 하나의 회사가 설립되는 것이다(상법 제598조 내지 제603조).

  ② 분할

     ⊙ 회사가 재산과 사원관계를 포함하여 회사의 영업부문의 일부 또는 전부를 분리하고 다른 회사에 출자하거나 새로 회사를 설립함으로써 하나의 회사를 복수의 회사로 분할하는 것을 말한다.

     ⓛ 회사는 분할에 의하여 1개 또는 수개의 회사를 설립할 수 있다.

     ⓒ 본래의 회사는 소멸하거나 축소된 상태로 존속하고 그 주주는 본래 회사의 권리·의무를 승계한 회사의 주식을 취득하게 된다.

ⓔ 회사분할은 단순분할과 분할합병으로 나누어진다.

- **단순분할** : 회사가 분할되어, 영업부문의 일부가 원래의 회사에 남고 다른 일부가 신설회사가 되는 경우와, 분할된 영업부문이 각각 신설회사가 되며 원래의 회사는 소멸하는 경우가 있다.
- **분할합병** : 분할과 동시에 다른 회사 또는 다른 회사 영업부문의 일부와 합병하여 하나의 회사가 되는 것을 의미한다.

ⓜ 분할 또는 분할합병으로 회사분할의 효력이 발생하는 시기는 분할 또는 분할합병의 등기시이다.

③ 조직변경

ⓐ 회사의 조직변경이란 **회사가 그 인격의 동일성을 유지하면서 법률상의 조직을 변경하여 다른 종류의 회사로 되는 것**을 말한다. ★

ⓑ 상법상 회사의 조직변경은 **합명회사와 합자회사의 상호간(상법 제242조), 주식회사와 유한회사의 상호간(상법 제2878조의43 · 제287조의44)**에만 인정된다. 따라서 인적 회사와 물적 회사 상호간의 조직변경은 인정되지 않는다. ★★

(3) 회사의 해산과 청산

① **회사의 해산** : 회사의 법인격을 소멸시키는 원인이 되는 법률사실을 말한다.

② **회사의 청산** : 회사의 해산 후 재산관계를 정리하고 회사의 법인격을 소멸시키는 절차를 말한다.

③ **회사의 해산사유**

ⓐ 상법상 각 회사에 공통된 사유(상법 제517조)

- 존립기간의 만료 기타 정관으로 정한 사유의 발생, 합병, 파산, 법원의 명령 또는 판결
- 회사의 분할 또는 분할합병, 주주총회의 결의

ⓑ 상법상 각 회사의 개별사유 : 합명회사는 사원이 1인으로 된 때(상법 제227조 제3호), 합자회사는 무한책임사원 또는 유한책임사원 한쪽의 전원 퇴사(상법 제285조 제1항), 유한회사는 사원총회의 특별결의(상법 제609조 제1항 제2호), 주식회사는 주주총회의 특별결의 및 회사의 분할 또는 분할합병(상법 제517조 제1의2호 · 제2호), 유한책임회사는 사원이 없게 된 경우에 해산된다(상법 제287조의38 제2호).

④ **회사 해산시 권리능력** : 영업능력은 없게 되나 청산의 목적범위 내에서는 권리능력이 인정되고 청산절차가 끝나면 법인격은 소멸된다(상법 제245조). ★

3 보험법

1 보험의 개념

(1) 보험의 의의 및 기능, 종류

① **보험의 의의** : 우발적 사고나 재해에 대하여 경제생활의 불안을 제거 또는 경감하기 위하여 동질적인 종류의 경제상의 위험에 놓여있는 **다수인**(보험계약자)이 **사회적 위험단체**를 만들어 일정률의 금액(보험료)을 분담하고, 특정인(피보험자)에게 발생한 우연한 사고(보험사고)에 대해서 일정한 금액(보험금)을 지급하는 제도이다.

② **기능** : 우발적 사고나 위험에 의하여 생긴 손해의 전보 또는 재산상의 수요의 충족을 목적으로 하는 것으로서 이와 같은 손해의 전보, 수요의 충족을 다수인이 분담하여 위험을 분산시키는 제도이다.

③ **종류** : 보험에는 여러 가지 종류가 있으나 보험의 목적이 사람인가 물건인가에 따라 **손해보험**과 **인보험**이 있다. ★

상법상 보험

• 소급보험 : 보험계약은 그 계약 전의 어느 시기를 보험기간의 시기로 할 수 있다는 것(상법 제643조)
• 일부보험 : 보험금액이 보험가액에 달하지 않는 경우(상법 제674조)
• 단체보험 : 단체보험이란 일정한 단체에 소속되어 있는 사람 전체를 대상으로 보험계약을 맺고, 그 소속원이면 당연히 포괄적으로 피보험자가 되는 보험(상법 제735조의3)
• 중복보험 : 수인의 보험자가 동일한 피보험이익에 대하여 보험사고가 같고 보험기간을 공통으로 하는 복수의 손해보험을 각자 체결하는 경우(상법 제672조)

---

(2) 보험계약

① **보험계약의 의의** : 보험계약은 당사자의 일방이 약정한 보험료를 지급하고, 상대방이 피보험자의 재산 또는 생명이나 신체에 관하여 불확정한 사고가 생길 경우에 일정한 보험금액, 기타의 급여를 지급할 것을 약정하는 것이다(상법 제638조).

② **특성** : **유상 · 쌍무 · 낙성 · 불요식계약, 사행계약**이며, **영업적 상행위**이고, **부합계약**인 점을 들 수 있다.

　㉠ **유상 · 쌍무계약** : 보험계약은 보험사고의 발생을 전제로 보험계약자의 보험료지급에 대하여 보험자는 일정한 보험금액, 기타의 급여를 지급할 것을 약정하므로 유상계약이고, 보험계약의 보험료 지급채무와 보험자의 위험부담채무가 보험계약과 동시에 채무로서 이행되어야 하므로 대가관계에 있는 쌍무계약이다. ★

　㉡ **불요식 · 낙성계약** : 보험계약은 청약과 승낙이라는 당사자 쌍방의 의사표시의 합치만으로 성립하고 아무런 급여를 요하지 않으므로 낙성계약이며, 또 그 의사표시에는 특별한 방식이 없으므로 법률상 불요식 계약이다. ★★

ⓒ **사행계약** : 사행계약은 계약당사자가 이행하여야 할 급여의무 또는 급여내용의 전부 또는 일부가 계약성립의 처음부터 불확실성에 의존하여 있는 계약을 말한다. 보험계약은 우연한 사고의 발생으로 인하여 보험금액의 액수가 정해지므로 이른바 사행계약이다. ★★

ⓔ **영업적 상행위** : 보험의 인수는 영업으로 해야 하며 기본적 상행위이다. 영업과 관계없이 개별적으로 체결하거나, 영업에 부수하여 체결하는 계약은 그 내용이 보험의 성격을 가진다 하더라도 보험계약이 될 수 없다.

ⓜ **부합계약** : 보험계약은 성질상 다수의 가입자를 상대로 대량적으로 처리하므로 그 내용을 정형화해야 한다는 기술적 요청으로 보험자가 미리 작성한 보통보험약관에 의하여 계약을 체결하므로 부합계약성을 가진다. ★★

③ 보험계약의 관계자

보험자, 보험계약자, 피보험자, 보험수익자, 보험자의 보조자 등이 있다.

보험자	보험료를 받는 대신에 보험사고가 발생하는 경우에 <u>보험금 지급의무를 지는 보험회사</u>를 말한다. ★
보험계약자	자신의 이름으로 보험자와 보험계약을 체결하여 <u>보험료를 지불하는 의무를 진</u> 사람이다.
피보험자	• 손해보험에서는 피보험이익의 주체로서 보험사고가 발생함으로써 손해를 입는 자, 즉 손해배상의 보험금을 받을 입장에 있는 자를 말한다. ★ • 인보험(생명보험)에서는 사람의 생명 또는 신체에 관하여 보험이 붙여진 자를 말한다. ★
보험수익자	생명보험계약을 체결한 후 피보험자의 보험사고 시 보험금을 지급받게 되는 사람이다. <u>인보험에서만 존재한다</u>. ★

④ **보험계약의 유효조건** : 보험계약의 당사자, 보험의 목적, 보험사고, 보험기간, 보험료와 보험금액 등의 요소를 갖추어야 한다.

보험의 소멸시효
보험금청구권은 <u>3년간</u>, 보험료 또는 적립금의 반환청구권은 <u>3년간</u>, 보험료청구권은 <u>2년간</u> 행사하지 아니하면 시효의 완성으로 소멸한다(상법 제662조).

보험자의 파산선고와 계약해지
1. 보험자가 파산의 선고를 받은 때에는 보험계약자는 계약을 해지할 수 있다(상법 제654조 제1항).
2. 제1항의 규정에 의하여 해지하지 아니한 보험계약은 파산선고 후 3월을 경과한 때에는 그 효력을 잃는다(상법 제654조 제2항).

---

⑤ 보험계약의 효과

㉠ **보험자** : 보험증권교부의무, 보험금지급의무, 보험료반환의무, 이익배당의무 등을 진다.

보험증권교부의무	보험자는 보험계약이 성립한 때에는 지체 없이 보험증권을 작성하여 보험계약자에게 교부하여야 한다.
보험금지급의무	보험자는 보험사고가 발생한 경우에 피보험자 또는 보험수익자에게 보험금을 지급할 의무를 진다.

ⓛ 보험계약자, 피보험자, 보험수익자 : 보험료지급의무, 중요사항에 관한 고지의무, 위험변경증가 통지의무, 위험유지의무 등을 진다. ★

보험료지급의무	보험료 지급은 보험자의 책임이 전제이므로 보험계약자는 보험자에게 보험료를 지급하여야 한다.
중요사항에 관한 고지의무	보험계약자 또는 피보험자는 보험계약 당시에 보험계약과 관련된 중요한 사항을 보험자에게 고지하여야 한다.
위험변경증가 통지의무	보험계약자·피보험자는 보험계약서에 기재한 사항이 변경되었거나 사고가 생긴 때에는 이를 보험자에게 알려야 한다(보험자는 통지의무가 없다).
위험유지의무	보험계약자·피보험자·보험수익자는 보험계약을 체결할 당시에 보험료를 산출하는 데 기초가 되었던 위험을 보험기간동안 계속 유지하여야 한다.

2 손해보험

(1) 손해보험의 개념

① 손해보험의 의의 : 손해보험은 당사자의 일방(보험자)이 우연한 사고로 인하여 발생하게 되는 재산상의 손해를 보상할 것을 약정하고, 상대방(보험계약자)이 이에 대하여 보험료를 지급하는 보험이다(상법 제665조 내지 제726조). ★

② 상법상 규정 : 상법은 **보험계약자**와 피보험자에게 **손해방지의무**를 과하고 있으며, **보험자**에게 **잔존물대위**와 **청구권대위**를 인정하고 있다. ★

> **피보험이익**
> 피보험이익이란 보험계약의 목적(경제적 이해관계)을 말하며, 보험사고가 발생하면 손해를 입게 될 염려가 있는 이익으로 적법하고 금전으로 산정할 수 있는 이익이어야 한다. 피보험이익의 주체를 피보험자라 하며, 피보험이익은 손해보험 특유의 개념으로 인보험(생명보험)에는 인정할 여지가 없는 개념이다. ★★

(2) 손해보험의 목적대상

① **경제상의 재화** : 건물, 운송물, 선박, 기계 등 물건, 채권과 같은 무체물, 피보험자의 책임도 포함된다. ★

② **집합보험** : 피보험자의 가족과 사용인의 물건도 보험의 목적에 포함된다(상법 제686조) ★

③ **총괄보험** : 보험의 목적에 속한 물건이 보험기간 중에 수시로 교체된 경우에도 보험사고의 발생시에 현존한 물건은 보험의 목적에 포함된다. ★

④ **영업책임** : 피보험자의 대리인 또는 그 사업감독자의 제3자에 대한 책임도 보험의 목적에 포함된다.

(3) 손해보험증권의 기재사항

손해보험증권에는 다음의 사항을 기재하고 보험자가 기명날인 또는 서명하여야 한다(상법 제666조).

① 보험의 목적

② 보험사고의 성질

③ 보험금액

④ 보험료와 그 지급방법

⑤ 보험기간을 정한 때에는 그 시기와 종기

⑥ 무효와 실권의 사유

⑦ 보험계약자의 주소와 성명 또는 상호

⑧ 피보험자의 주소, 성명 또는 상호

⑨ 보험계약의 연월일

⑩ 보험증권의 작성지와 그 작성년월일

(4) 상법이 규정하는 손해보험의 종류(상법 제683조 내지 제726조의7) ★★

① **화재보험**(상법 제683조 내지 제687조) : 화재로 인하여 발생하는 손해의 보상을 목적으로 하는 보험이며, 화재로 손해를 입을 우려가 있는 유체물이 보험의 목적물이 된다.

② **운송보험**(상법 제688조 내지 제692조) ★

육상운송에 관한 사고로 인하여 생길 수 있는 손해의 보상을 목적으로 하는 보험이다. **보험의 목적물은 운송물**이며 여객은 운송의 대상은 될 수 있어도 운송보험의 목적물은 될 수 없다. 육상운송에는 육지·호수·항만운송이 포함된다.

③ **해상보험**(상법 제693조 내지 제718조) : 항해에 관한 사고로 인하여 생길 수 있는 손해의 보상을 목적으로 하며 **보험의 목적물은 선박 또는 적하물**이다.

④ **책임보험**(상법 제719조 내지 제725의2조) : **피보험자**가 보험기간 중에 발생한 사고로 인하여 **제3자에게 손해배상책임을 지는 경우**에 보험자가 이 손해를 보상해 주는 보험으로 **소극적 보험**에 속한다.

⑤ **재보험** : 보험사고로 인하여 부담할 책임에 대하여 다른 보험자와 체결하는 보험으로 이 재보험계약은 원보험계약의 효력에 영향을 미치지 아니한다(상법 제661조). 재보험에 관하여는 책임보험의 규정(상법 제719조 내지 제725조의2)을 준용(상법 제726조)하므로 이를 손해보험의 범위에 포함시킨다.

⑥ **자동차보험**(상법 제726조의2 내지 제726조의4) : 피보험자가 자동차를 소유·사용 또는 관리하는 동안에 발생한 사고로 인하여 생긴 손해에 대해 보험자가 보상책임을 지는 보험이다.

⑦ **보증보험**(상법 제726조의5 내지 제726조의7) : 보험계약자가 피보험자에게 계약상의 채무불이행 또는 법령상의 의무불이행으로 입힌 손해에 대해 보험자가 보상책임을 지는 보험이다(상법 제726조의5). 보증보험계약에 관하여는 그 성질에 반하지 아니하는 범위에서 보증채무에 관한 「민법」의 규정을 준용한다(상법 제726조의7).

3 인보험

(1) 인보험의 개념

인보험(Personal Insurance)은 **사람의 생명**이나 **신체에 관한 사고**로 인하여 생기는 손해에 대하여 보험금액, 기타의 급여를 지급할 것을 목적으로 하는 보험이다(상법 제727조 제1항). ★

(2) 인보험의 목적대상

① **자연인** : 사람의 생명 또는 신체(상법 제727조 제1항)
② **사망보험** : **15세 미만자, 심신상실자 또는 심신박약자는 피보험자로 할 수 없다**(상법 제732조). 다만, 심신박약자가 보험계약을 체결하거나 단체보험의 피보험자가 될 때에 의사능력이 있는 경우에는 예외로 한다. ★
③ **피보험자의 범위** : 피보험자가 하나인 개인보험과 단체의 구성원이 모두 피보험자가 되는 단체보험이 있다(상법 제735조의3).

> **인보험에서의 피보험자**
> 자신의 생명이나 신체를 보험에 붙인 자연인

(3) 인보험의 종류(상법 제730조 내지 제739조의3)

생명보험과 상해보험, 질병보험이 있으며 보험대위는 금지된다(상법 제729조).
① **생명보험(상법 제730조 내지 제736조)** : 생명보험은 당사자의 일방이 상대방 또는 제3자의 생사에 관하여 일정한 금액을 지급할 것을 약정하고 상대방이 이에 대하여 보수(보험료)를 지급하는 보험으로, 정액보험이다.
　㉠ **사망보험** : 피보험자의 사망을 보험사고로 한다.
　㉡ **생존보험** : 일정한 시기에 있어서의 피보험자의 생존을 보험사고로 한다(예 교육보험).
　㉢ **혼합보험** : 일정한 시기에 있어서의 피보험자의 생존 및 그 시기까지의 피보험자의 사망의 쌍방을 보험사고로 한다. ★
② **상해보험(상법 제737조 내지 제739조)** : 상해보험은 보험자가 피보험자의 신체의 상해를 보험사고로 하여 보험금액, 기타의 급여를 지급할 것을 약정하고 보험계약자가 보험료를 지급하는 보험이다. 상해보험에는 상해의 종류에 따른 정액보험과 상해로 인한 치료의 실비를 부담하는 부정액보험이 있다.
③ **질병보험(상법 제739조의2 내지 제739조의3)**
　㉠ 보험자가 피보험자의 질병에 관한 보험사고가 발생할 경우 보험금이나 그 밖의 급여를 지급할 책임을 부담하는 보험이다(상법 제739조의2).
　㉡ 질병보험에 관하여는 그 성질에 반하지 아니하는 범위에서 생명보험 및 상해보험에 관한 규정을 준용한다(상법 제739조의3).

01 다음 중 상법의 특색(이념)과 거리가 먼 것은?

① 영리성
② 집단성
③ 통일성
④ 개인책임의 가중과 경감

 쏙쏙 해설 •••

상법은 영리성, 집단성·반복성, 획일성·정형성, 공시주의, 기업책임의 가중과 경감, 기업의 유지 강화, 기술성·진보성, 세계성·통일성 등의 특색(이념)을 가진다.

정답 ❹

02 다음 중 상업등기에 관한 설명으로 틀린 것은?

① 영업에 관한 중요한 사항을 상법의 규정에 의하여 상업등기부에 등기하는 것을 말한다.
② 상인과 제3자와의 이해관계 있는 일정사항을 공시함으로써 거래의 안전을 도모하는 동시에, 상인의 신용을 유지하기 위하여 마련한 제도이다.
③ 상업등기부에는 상호, 성년자, 법정대리인, 지배인, 합명회사, 합자회사, 무한회사, 주식회사, 외국회사 등에 관한 9종이 있다.
④ 등기사항은 등기와 공고 후가 아니면 선의의 제3자에게 대항하지 못하고, 등기·공고가 있으면 제3자에게 대항할 수 있다.

쏙쏙 해설 •••

상업등기부의 종류에는 상호등기부, 미성년자등기부, 법정대리인등기부, 지배인등기부, 합자조합등기부, 합명회사등기부, 합자회사등기부, 유한책임회사등기부, 주식회사등기부, 유한회사등기부, 외국회사등기부의 11종이 있다〈상업등기법 개정 2018. 9. 18 개정, 2018. 12. 19 시행〉★

정답 ❸

03 주식회사 정관의 변태설립사항이 아닌 것은?

① 발기인의 성명과 주소
② 현물출자를 하는 자의 성명
③ 회사성립 후에 양수할 것을 약정한 재산의 가격
④ 회사가 부담할 설립비용

 쏙쏙 해설 •••

발기인이 받을 특별이익과 이를 받을 자의 성명이 변태설립사항에 해당하고 (상법 제290조 제1호), 발기인의 성명과 주소는 절대적 기재사항이다(상법 제289조).★

정답 ❶

 법령● 변태설립사항(상법 제290조)
다음의 사항은 정관에 기재함으로써 그 효력이 있다.
1. 발기인이 받을 특별이익과 이를 받을 자의 성명
2. 현물출자를 하는 자의 성명과 그 목적인 재산의 종류, 수량, 가격과 이에 대하여 부여할 주식의 종류와 수
3. 회사성립후에 양수할 것을 약정한 재산의 종류, 수량, 가격과 그 양도인의 성명
4. 회사가 부담할 설립비용과 발기인이 받을 보수액

04 상법상 주식회사에 관한 설명으로 옳지 않은 것은?

① 회사가 공고를 하는 방법은 정관의 절대적 기재사항이다.
② 회사가 가진 자기수식에도 의결권이 있다.
③ 각 발기인은 서면에 의하여 주식을 인수하여야 한다.
④ 창립총회에서는 이사와 감사를 선임하여야 한다.

 쏙쏙 해설 •••

② 회사가 가진 자기주식은 의결권이 없다(상법 제369조 제2항).★
① 상법 제289조 제1항 제7호★
③ 상법 제293조★
④ 상법 제312조

정답 ❷

05 회사의 권리능력에 관한 설명으로 잘못된 것은?

① 회사는 유증(遺贈)을 받을 수 있다.
② 회사는 상표권을 취득할 수 있다.
③ 회사는 다른 회사의 무한책임사원이 될 수 있다.
④ 회사는 명예권과 같은 인격권의 주체가 될 수 있다.

 쏙쏙 해설 •••

회사의 법인격은 법률이 부여한 것으로 그의 권리능력은 법률에 의하여 제한을 받는다. 즉, 상법은 "회사는 다른 회사의 무한책임 사원이 될 수 없다."는 규정을 두어 정책적 제한을 하고 있다(상법 제173조).★

정답 ❸

06 상법이 명시적으로 규정하고 있는 회사가 아닌 것은?

① 유한회사 ② 유한책임회사
③ 다국적회사 ④ 합자회사

 쏙쏙 해설 •••

상법에서 명시적으로 규정하고 있는 회사의 종류는 합명회사, 합자회사, 유한책임회사, 주식회사, 유한회사의 5종이다. 사원의 인적 신용이 회사신용의 기초가 되는 회사를 인적 회사(예 개인주의적 회사, 합명회사·합자회사)라 하고, 회사재산이 회사신용의 기초가 되는 회사를 물적 회사(예 단체주의적 회사, 주식회사·유한회사)라 한다.

정답 ❸

핵심만 콕

회사의 종류 ★★

구 분	유 형	내 용
인적 회사	합명회사	무한책임사원만으로 구성되는 회사
	합자회사	무한책임사원과 유한책임사원으로 구성되는 복합적 조직의 회사
물적 회사	유한회사	사원이 회사에 대하여 출자금액을 한도로 책임을 질 뿐, 회사채권자에 대하여 아무 책임도 지지 않는 사원으로 구성된 회사
	유한책임회사	주주들이 자신의 출자금액 한도에서 회사채권자에 대하여 법적인 책임을 부담하는 회사로서 이사, 감사의 선임의무가 없으며 사원 아닌 자를 업무집행자로 선임할 수 있다.
	주식회사	사원인 주주(株主)의 출자로 이루어지며 권리·의무의 단위로서의 주식으로 나누어진 일정한 자본을 가지고 모든 주주는 그 주식의 인수가액을 한도로 하는 출자의무를 부담할 뿐, 회사채무에 대하여 아무런 책임도 지지 않는 회사

07 상법상 주식회사 설립 시 정관의 절대적 기재사항이 아닌 것은?

① 목적
② 상호
③ 청산인
④ 본점의 소재지

 쏙쏙 해설 •••

청산인은 주식회사 정관의 기재사항이 아니고, 법원에 대한 신고사항이다(상법 제532조). ★

정답 ❸

법령 주식회사 설립 시 정관의 절대적 기재사항(상법 제289조)★★

① 발기인은 정관을 작성하여 다음의 사항을 적고 각 발기인이 기명날인 또는 서명하여야 한다.

1. 목적
2. 상호
3. 회사가 발행할 주식의 총수
4. 액면주식을 발행하는 경우 1주의 금액
5. 회사의 설립 시에 발행하는 주식의 수
6. 본점의 소재지
7. 회사가 공고를 하는 방법
8. 발기인의 성명·주민등록번호 및 주소

---

08 주식회사에 관한 다음 설명으로 옳지 않은 것은?

① 자본금은 특정 시점에서 회사가 보유하고 있는 재산의 현재 가치로서 주식으로 균등하게 분할되어 있다.

② 무액면주식의 발행도 허용되며, 액면주식이 발행되는 경우 1 주의 금액은 100원 이상 균일하여야 한다.

③ 주주는 주식의 인수가액을 한도로 출자의무를 부담할 뿐, 회 사의 채무에 대하여 책임을 지지 않는다.

④ 주권 발행 이후 주주는 자신의 주식을 자유롭게 양도 및 처분 을 할 수 있다.

쏙쏙 해설 •••

① 회사의 자본금은 상법에서 달리 규 정한 경우 외에는 발행주식의 액면 총액으로 한다(상법 제451조 제1항).
② 상법 제329조 제1항·제3항
③ 상법 제331조
④ 상법 제335조 제3항 반대해석

 정답 ❶

---

09 합명회사에 관한 설명으로 옳은 것은?

① 무한책임사원과 유한책임사원으로 조직한다.

② 2인 이상의 무한책임사원으로 조직한다.

③ 사원이 출자금액을 한도로 유한의 책임을 진다.

④ 사원은 주식의 인수가액을 한도로 하는 출자의무를 부담할 뿐이다.

쏙쏙 해설 •••

② 합명회사는 2인 이상의 무한책임사 원으로 조직된 회사이다(상법 제178 조). 무한책임사원이라 함은 회사에 대하여 출자의무와 회사채무에 대 한 직접·연대·무한의 책임을 부 담하는 사원을 말한다.
① 상법 제268조 합자회사
③ 상법 제553조 유한회사
④ 상법 제331조 주식회사

 정답 ❷

CHAPTER 05

핵심만 콕

회사의 종류 ★★

구 분	유 형	내 용
인적 회사	합명회사	무한책임사원만으로 구성되는 회사이다.
	합자회사	무한책임사원과 유한책임사원으로 구성되는 복합적 조직의 회사이다.
물적 회사	유한회사	사원이 회사에 대하여 출자금액을 한도로 책임을 질 뿐, 회사채권자에 대하여 아무 책임도 지지 않는 사원으로 구성된 회사이다.
	유한책임회사	주주들이 자신의 출자금액 한도에서 회사채권자에 대하여 법적인 책임을 부담하는 회사로서 이사, 감사의 선임의무가 없으며 사원 아닌 자를 업무집행자로 선임할 수 있다.
	주식회사	사원인 주주(株主)의 출자로 이루어지며 권리·의무의 단위로서의 주식으로 나누어진 일정한 자본을 가지고 모든 주주는 그 주식의 인수가액을 한도로 하는 출자의무를 부담할 뿐, 회사채무에 대하여 아무런 책임도 지지 않는 회사이다.

---

10 상법상 합명회사에 관한 규정이다. 다음 ( )에 들어갈 숫자로 옳은 것은?

> 회사의 설립의 무효는 그 사원에 한하여, 설립의 취소는 그 취소권 있는 자에 한하여 회사성립의 날로부터 ( )년 내에 소만으로 이를 주장할 수 있다.

① 1
② 2
③ 3
④ 4

 해설 •••

회사의 설립의 무효는 그 사원에 한하여, 설립의 취소는 그 취소권 있는 자에 한하여 회사성립의 날로부터 2년 내에 소만으로 이를 주장할 수 있다(상법 제184조 제1항).

정답 ❷

---

11 다음 중 2인 이상의 무한책임사원으로만 조직된 회사의 올바른 명칭은?

① 합명회사
② 합자회사
③ 유한회사
④ 주식회사

 해설 •••

2인 이상의 무한책임사원으로만 조직된 회사는 합명회사를 말한다.

정답 ❶

합명회사★★

구 분	내 용
구 성	2인 이상의 무한책임사원으로 조직된 회사이다.
책 임	무한책임사원이라 함은 회사에 대하여 출자의무와 아울러 회사채무에 대한 직접·연대·무한의 책임을 부담하는 사원을 말한다(회사의 업무를 직접 집행하고 회사를 대표할 권한을 가짐).
성 격	인적 신뢰도가 두터운 조직으로 사원이 소수임이 보통이고 형식적으로는 사단이지만 실질적으로는 조합에 가까운 성격을 띠고 있다(상법에 특별한 규정이 없는 한, 민법상의 조합의 규정 준용).
사원의 출자	금전, 현물, 노무, 신용 어느 것으로도 출자할 수 있고 사원의 수가 1인이 된 때 회사는 해산하나 다른 사원을 가입시켜 회사를 계속할 수 있다.

12 다음 중 회사의 해산사유에 해당하지 않는 것은?

① 사장단의 동의 또는 결의
② 존립기간의 만료
③ 정관으로 정한 사유의 발생
④ 법원의 해산명령·해산판결

사장단이 아닌 사원의 동의 또는 결의가 있어야 한다.

 ❶

상법상 회사의 공통된 해산사유
• 사원의 동의 또는 결의
• 정관으로 정한 사유의 발생
• 법원의 해산명령·해산판결
• 존립기간의 만료
• 회사의 합병·파산

13 회사의 종류에 따른 지배인의 선임방법으로 옳지 않은 것은?

① 합명회사 – 총사원 과반수의 결의
② 합자회사 – 무한책임사원 과반수의 결의
③ 주식회사 – 사원총회의 결의
④ 유한회사 – 이사 과반수 결의 또는 사원총회의 보통결의

주식회사의 지배인 선임방법은 이사회의 결의로 해야 한다.★

 ❸

회사별 지배인 선임방법 ★★

합명회사	총사원 과반수의 결의(업무집행사원이 있는 경우에도, 상법 제203조)
합자회사	무한책임사원 과반수의 결의(업무집행사원이 있는 경우에도, 상법 제274조)
주식회사	이사회 결의(상법 제393조 제1항)
유한회사	이사 과반수 결의 또는 사원총회의 보통결의(상법 제564조 제1항·제2항)

14 다음 중 상업사용인의 의무에 대한 설명으로 옳지 않은 것은?

① 상업사용인은 영업주의 허락이 없이는 본인이 아닌 제3자의 계산으로라도 영업주의 영업부류에 속한 거래를 할 수 없다.

② 상업사용인은 영업주의 허락 없이 다른 상인의 사용인이 되지 못한다.

③ 의무를 위반한 상업사용인은 영업주에 대하여 손해를 배상할 책임이 있다.

④ 의무를 위반하여 한 거래행위는 원칙적으로 무효이다.

쏙쏙 해설 •••

③·④ 의무를 위반한 거래행위라도 상거래의 안정을 위하여 거래행위 자체는 유효한 것으로 본다. 단, 영업주는 손해배상청구권, 해임권, 개입권의 행사가 가능하다.

①·② 상법 제17조

정답 ❹

15 상법상 자기명의로써 타인의 계산으로 물건 또는 유가증권의 매매를 영업으로 하는 자는?

① 중개업자

② 위탁매매인

③ 대리상

④ 운송주선인

쏙쏙 해설 •••

② 상법 제101조

① 중개업자(중개인) : 타인간의 상행위의 중개를 영업으로 하는 자(상법 제93조)

③ 대리상 : 일정한 상인을 위하여 상업사용인이 아니면서 상시 그 영업부류에 속하는 거래의 대리 또는 중개를 영업으로 하는 자(상법 제87조)

④ 운송주선인 : 자기의 명의로 물건운송의 주선을 영업으로 하는 자(상법 제114조)

정답 ❷

16 다음 중에서 회사의 능력에 대한 설명으로 가장 옳은 것은?

① 회사는 자연인과 완전히 동일한 권리능력을 갖는다.
② 회사는 다른 회사의 무한책임사원 또는 유한책임사원이 될 수 있다.
③ 판례는 회사의 권리능력이 정관에서 정한 목적범위 내로 제한된다고 한다.
④ 회사도 독립된 법인격을 가지므로 형법상 범죄능력을 가진다는 것이 학설과 판례의 태도이다.

쏙쏙 해설 •••

① 회사의 능력은 성질상·법령상 제한이 있다. 자연인의 특유한 권리의무인 신체·생명에 관한 권리 등은 가질 수 없다.
② 다른 회사의 무한책임사원이 될 수 없다(상법 제173조).
④ 회사는 형법상 범죄능력을 갖지 아니한다.

정답 ❸

17 다음 중에서 정관에 특별한 규정이 없는 경우에 신주발행사항을 결정하는 기관에 해당하는 것은?

① 이사회
② 주주총회
③ 대표이사
④ 감사위원회

쏙쏙 해설 •••

정관에 특별한 규정이 없는 경우에는 업무집행에 관한 의결기관인 이사회에서 신주발행사항을 결정한다.

정답 ❶

18 다음 중 상호의 양도에 관한 설명으로 옳지 않은 것은?

① 상호의 양도는 대항요건에 불과하여 등기하지 않으면 제3자에게 대항하지 못한다.
② 영업과 상호를 양수하였다고 하여 양도인의 채권·채무도 양수한 것으로 볼 수는 없다.
③ 영업과 함께 또는 영업을 폐지할 때 양도할 수 있다.
④ 상호의 양도는 재산적 가치가 인정되어 상속도 가능하다.

쏙쏙 해설 •••

영업과 상호를 양수하면 양도인의 채권·채무도 양수한 것으로 보는 것이 원칙이다.

정답 ❷

19 다음 중 상업등기부의 종류에 해당하지 않는 것은?

① 태 아
② 미성년자
③ 법정대리인
④ 상 호

쏙쏙 해설 •••

상업등기부의 종류에는 상호, 미성년자, 법정대리인, 지배인, 합자조합, 합명회사, 합자회사, 유한책임회사, 주식회사, 유한회사, 외국회사 등의 11종이 있다〈상업등기법 개정 2018. 9. 18 개정, 2018. 12. 19 시행〉.

정답 ❶

20 다음 중 상업등기의 특별한 효력에 해당하지 않는 것은?

① 회사의 설립 · 합병 · 분할은 등기로 효력이 발생하여 창설적 효력을 가진다.
② 하자의 치유, 설립시 또는 증자시 주식인수인의 인수 취소가 불가능한 보완적 효력을 가진다.
③ 등기관의 착오 · 제3자의 허위등기에 대하여 보호받을 수 있는 공신력을 가진다.
④ 인적회사사원의 책임소멸시효의 기산일로서의 기능을 하는 해제적 효력을 가진다.

쏙쏙 해설 •••

상업등기에는 공신력이 없기 때문에 등기관의 착오 · 제3자의 허위등기를 믿은 자는 보호받지 못한다.

정답 ❸

21 보험계약에 관한 설명으로 옳지 않은 것은?

① 사행계약(射倖契約)이 아니다.
② 유상(有償) · 쌍무(雙務)계약이다.
③ 불요식(不要式)의 낙성계약(諾成契約)이다.
④ 계약관계자에게 선의 또는 신의성실이 요구되는 선의계약이다.

쏙쏙 해설 •••

사행계약이란 계약당사자가 이행하여야 할 급여의무 또는 급여내용의 전부 또는 일부가 계약성립의 처음부터 불확실성에 의존하여 있는 계약을 말한다. 보험계약은 우연한 사고의 발생으로 인하여 보험금액의 액수가 정해지므로 대표적인 사행계약에 해당한다.

정답 ❶

- 보험계약은 보험사고의 발생을 전제로 보험계약자의 보험료지급에 대하여 보험자가 일정한 보험금액, 기타의 급여를 지급할 것을 약정하므로 유상계약이고, 보험계약자의 보험료지급채무와 보험자의 위험부담채무가 보험계약과 동시에 채무로서 이행되어야 하므로 대가관계에 있는 쌍무계약이다.
- 보험계약은 청약과 승낙이라는 당사자 쌍방의 의사표시의 합치만으로 성립하고 아무런 급여를 요하지 않으므로 낙성계약이며, 또 그 의사표시에는 특별한 방식이 없으므로 법률상 불요식계약이다.
- 고지의무위반으로 인한 계약해지(상법 제651조), 위험변경증가의 통지와 계약해지(상법 제652조), 보험자의 면책사유(상법 659조 제1항) 등에서 계약관계자에게 선의 또는 신의성실이 요구됨을 추론할 수 있다.

22 ( )에 들어갈 용어를 순서대로 나열한 것은?

보험계약은 ( )가 약정한 보험료를 지급하고 재산 또는 생명이나 신체에 불확정한 사고가 발생할 경우에 ( )가 일정한 보험금이나 그 밖의 급여를 지급할 것을 약정함으로써 효력이 생긴다.

① 피보험자, 보험수익자
② 피보험자, 보험계약자
③ 보험계약자, 피보험자
④ 보험계약자, 보험자

 해설 •••

보험계약은 당사자 일방(보험계약자)이 약정한 보험료를 지급하고 재산 또는 생명이나 신체에 불확정한 사고가 발생할 경우에 상대방(보험자)이 일정한 보험금이나 그 밖의 급여를 지급할 것을 약정함으로써 효력이 생긴다(상법 제638조).

정답 ④

23 보험계약의 성질로 옳지 않은 것은?

① 유상계약성
② 사행계약성
③ 쌍무계약성
④ 요식계약성

 해설 •••

보험계약은 청약과 승낙이라는 당사자 쌍방의 의사표시의 합치만으로 성립하고, 또한 특별한 방식을 요하지 않는 불요식 낙성계약이다.

정답 ④

CHAPTER 05

24 상법상 손해보험이 아닌 것은?

① 화재보험   ② 운송보험

③ 해상보험   ④ 생명보험

 쏙쏙 해설 •••

상법 제4편 제2장에 규정된 손해보험에는 화재보험, 운송보험, 해상보험, 책임보험, 자동차보험, 보증보험이 있다. 생명보험은 상해보험, 질병보험과 더불어 인보험(상법 제4편 제3장)에 해당한다. ★

정답 **④**

---

25 상법상 손해보험에 해당하는 것은 모두 몇 개인가?

ㄱ. 책임보험	ㄴ. 화재보험
ㄷ. 해상보험	ㄹ. 생명보험
ㅁ. 상해보험	ㅂ. 재보험

① 2개   ② 3개

③ 4개   ④ 5개

쏙쏙 해설 •••

상법 제4편 제2장의 손해보험에는 화재보험, 운송보험, 해상보험, 책임보험, 자동차보험, 보증보험이 있고 재보험은 책임보험의 규정을 준용하므로 손해보험에 포함시킨다. ㄹ(생명보험), ㅁ(상해보험)은 인보험에 해당한다.

정답 **③**

---

26 상법상 피보험이익에 관한 설명으로 틀린 것은?

① 인보험계약의 본질적인 요소이다.

② 적법하고 금전으로 산정할 수 있는 이익이어야 한다.

③ 보험계약의 동일성을 결정하는 기준이다.

④ 피보험이익의 주체를 피보험자라 한다.

쏙쏙 해설 •••

피보험이익이란 보험계약의 목적(경제적 이해관계)을 말하며, 보험사고가 발생하면 손해를 입게 될 염려가 있는 이익을 말한다. 피보험 이익은 손해보험 특유의 개념으로 인보험(생명보험)에는 인정할 여지가 없는 개념이다. ★★

정답 **①**

27 일정한 시기에 있어서의 피보험자의 생존 및 그 시기까지의 피보험자의 사망의 쌍방을 보험사고로 하는 것은?

① 사망보험　　　　　　② 생존보험

③ 혼합보험　　　　　　④ 책임보험

 해설 •••

① 사망보험 : 피보험자의 사망을 보험사고로 한다.

② 생존보험 : 일정한 시기에 있어서의 피보험자의 생존을 보험사고로 한다.

④ 책임보험 : 피보험자가 보험기간 중에 발생한 사고로 인하여 제3자에게 손해배상책임을 지는 경우에 보험자가 손해를 보상해 주는 보험이다.

 정답 ❸

28 다음 중 상법상 보험자의 면책사유에 해당하지 않는 것은?

① 보험사고가 보험계약자의 고의로 발생한 경우

② 보험사고가 피보험자의 실수로 발생한 경우

③ 보험사고가 보험계약자의 중대한 과실로 발생한 경우

④ 보험사고가 전쟁 기타의 변란으로 발생한 경우

 해설 •••

'실수'는 과실로 볼 수 있으며, 면책사유에는 해당되지 않는다.

 정답 ❷

보험자의 면책사유

• 보험사고가 보험계약자 또는 피보험자나 보험수익자의 고의 또는 중대한 과실로 인하여 생긴 때에는 보험자는 보험금액을 지급할 책임이 없다(상법 제659조 제1항).

• 보험사고가 전쟁 기타의 변란으로 인하여 생긴 때에는 당사자간에 다른 약정이 없으면 보험자는 보험금액을 지급할 책임이 없다(상법 제660조).

29 상법상 보험계약자의 의무가 아닌 것은?

① 보험료지급의무

② 보험증권교부의무

③ 위험변경증가 통지의무

④ 중요사항에 관한 고지의무

②는 보험계약자의 의무가 아닌 보험자가 지켜야 할 의무에 해당된다.

정답 ❷

보험계약의 효과

보험자의 의무	보험증권교부의무, 보험금지급의무, 보험료반환의무, 이익배당의무 등
보험계약자 · 피보험자 · 보험수익자의 의무	• 보험료지급의무 • 고지의무 : 보험계약자 또는 피보험자는 보험계약 당시에 보험계약과 관련된 중요한 사항을 보험자에게 고지하여야 한다. • 통지의무 : 보험계약자 · 피보험자는 보험계약서에 기재한 사항이 변경되었거나 사고가 생긴 때에는 이를 보험자에게 알려야 한다(보험자는 통지의무가 없다). • 위험유지의무 : 보험계약자 · 피보험자 · 보험수익자는 보험계약을 체결할 당시에 보험료를 산출하는데 기초가 되었던 위험을 증가시키는 행위를 하여서는 안 된다.

CHAPTER 06 사회법 일반

1 사회법의 이해와 노동법

1 사회법의 개념

(1) 사회법 등장의 배경 ★

① 근대 자본주의경제는 자유방임주의를 기반으로 하여 개인의 경제적 자유와 활동을 최대한 보장하고, 국가는 간섭을 최대한 축소함으로써 여러 가지 사회적 모순과 부조리가 발생하게 되었다.

② 기업의 집중과 독점화 현상, 부익부 빈익빈 현상, 주기적인 경제공황, 실업자 대량 발생 등의 문제점이 나타났다.

③ 이를 해결하기 위해 경제적 약자인 노동자를 보호하기 위한 **노동법**, 공정한 경쟁체제를 유지하기 위한 **경제법**, 모든 국민의 인간다운 최저생활 보장을 위한 **사회보장법**이 제정되었다.

④ 사회법이란 자본주의사회에서 일어나는 사회적 부조리를 해결하려는 수정자본주의에 입각한 법질서이다. 즉, 자본주의사회에 있어서 경제적 약자와 강자와의 생활을 간섭·조정·보호하는 실정법 질서이다.

(2) 사회법의 의의 및 특징

① **사회법의 의의** : 사회법은 개인주의, 영리주의, 자유주의를 기초로 하였던 시민사회의 법인 이른바 시민법에 대하여 공동사회의 인정, 공동이익의 중시, 국가규제의 허용 등을 특색으로 하는 현대산업사회의 새로운 법체계이다.

② **사회법의 대상** : 경제적 강자인 자본가를 규율하는 법인 동시에 경제적 약자인 노동자와 일반 국민 모두를 보호하는 법이다. ★

③ **사회법의 특징** ★

   ㉠ **시민법과의 공존** : 사회법은 종래의 시민법을 부정하는 것이 아니고, **시민법을 수정·보완**함으로써 독자적으로 시민법과 함께 현대자본주의의 법체계 안에서 공존한다.

   ㉡ **국민경제 발전의 목적** : 사회법은 독점자본주의가 야기한 각종 사회적·경제적 폐해를 시정하여 균형 있는 국민경제의 발전을 기하고 사회적·경제적 약자의 권익을 보호하여 국민복지의 균등실현을 도모함을 그 이념으로 채택하고 있다.

ⓒ **적극적 복지국가를 지향** : 사회법은 소유권의 자유나 계약의 자유를 기초로 하는 시장에서의 자유경쟁(보이지 않는 손)에 의해서가 아니라 국가의 규제를 수단 내지 도구로 하여 그 이념이나 목적을 실현하며, 적극적인 복지국가기능을 기본전제로 한다.

ⓔ **공 · 사법의 혼합경향** : 사회법에서는 종래 사법의 영역에 공권력이 개입함으로써 사법의 원리와 공법의 원리가 서로 교차하고 혼합되어 '사법의 공법화', '공법과 사법의 혼합 내지 침투', '공법에 의한 사법의 지배' 등과 같이 표현될 수 있는 법현상을 보인다.

④ **사회법의 공통된 일반적 법원리**

ⓐ 약자 보호(개별성 고려) : 사회에서 권세자나 무력자의 현실적 지위를 배려

ⓑ 분배적 정의 : 보상적 정의가 아닌 분배적 정의

ⓒ 사회나 국가가 대존재자로서 감시적 · 간섭적 기능을 수행

ⓓ 조화 : 종래 법률형식과 현재 법현실을 새로운 차원에서 조화 및 적응 노력

(3) 사법의 공법화 현상 ★

① 사적인 생활관계이지만 경우에 따라 정부가 나서 공적인 규제를 할 필요성에 의해 만들어진 것이 사회법이므로 이를 사법의 공법화 현상이라고 한다.

② 노동자와 사용자와의 관계는 사적인 관계이나, 점차 전국적인, 나아가 세계적인 조직을 갖춘 노동자 단체와 사용자 단체와의 대립은 사회적 혼란과 위기를 조성하므로 필요할 경우에는 정부가 관여하여 조정 · 통제할 필요성이 대두되었고 이에 대한 법적 근거를 위해 마련된 것이 노동법이다.

③ 사회법은 근대 시민법의 수정을 의미하며, 초기의 독점자본주의가 가져온 여러 가지 사회 · 경제적 폐해를 합리적으로 해결하기 위하여 제정된 법으로 국가에 의한 통제, 경제적 약자의 보호, 공법과 사법의 교차 영역으로 사권의 의무화, 사법의 공법화 등 법의 사회화 현상을 특징으로 한다. 따라서 계약자유의 원칙은 그 범위가 축소되고 계약 공정의 원칙으로 수정되었다.

2 노동법

(1) 노동법의 개념

① 노동법이란 자본주의사회에서 근로자가 인간다운 생활을 할 수 있도록 노동관계를 규율하는 법규범의 총체를 말한다. ★

② 노동법은 노동관계, 즉 근로자의 노동력 제공에 관련된 생활관계를 규율하는 법이다. 이 경우 노동은 독립적 노동이 아니라 **종속적 노동**을 의미한다. ★

③ 노동법은 근로자의 인간다운 생활의 실현을 기본이념으로 하는 법이다. 그러나 인간다운 생활의 실현이라는 이념은 **사유재산제, 시장경제, 개인의 자유** 등 자본주의사회의 필수적 요소를 전제로 이와 조화를 이루면서 추구되는 이념이지 이를 부정 · 침해하면서 추구되는 것은 아니다. ★

(2) 노동법의 체계

① 개별적 노동관계법과 집단적 노동관계법

구 분	내 용
개별적 노동관계법 (근로계약법)	• 근로자 개인과 사용자 사이의 근로계약의 체결·전개·종료를 둘러싼 관계를 규율하는 법을 말한다. • 국가에 의한 근로자의 보호 내지 계약자유의 수정·제한을 지도이념으로 한다.
집단적 노동관계법 (노동단체법, 노사관계법)	• 근로자의 노동관계상의 이익을 대변하는 노동단체의 조직·운영 및 노동단체와 사용자 측 사이의 단체교섭을 중심으로 전개되는 관계(노동운동관계)를 규율하는 법을 말한다. • 국가로부터의 자유(단결활동의 자유) 내지 집단적 노사자치를 지도이념으로 한다.

② 노사관계법

㉠ 근로자의 경영참가 내지 노사협의회를 둘러싼 근로자와 사용자 간의 관계를 규율하는 법('노사협의제도', '경영참가제도', '협동적 노사관계법'이라 부르기도 한다)

㉡ 노동시장에서의 근로자의 구직활동 등을 둘러싼 관계를 규율하는 법('고용증진제도', '노동시장에 관한 법'이라 부르기도 한다)

㉢ 노동위원회제도(나라에 따라서는 노동소송법이 확립되어 있기도 하다) 등을 규율하는 법

(3) 노동법의 법원

① 노동관계법령

㉠ **노동단체법 부문** : 노동조합 및 노동관계조정법, 국가공무원법 중 노동운동에 관한 규정, 공무원직장협의회의 설립·운영에 관한 법률, 교원의 노동조합설립 및 운영 등에 관한 법률 등

㉡ **근로계약법 부문** : 근로기준법, 최저임금법, 임금채권보장법, 근로자의 날 제정에 관한 법률, 남녀고용평등과 일·가정 양립 지원에 관한 법률, 산업안전보건법, 산업재해보상보험법, 선원법, 파견근로자보호 등에 관한 법률 등

㉢ **특수부문** : 근로자참여 및 협력증진에 관한 법률, 노동위원회법, 고용정책기본법, 직업안정법, 건설근로자의 고용개선 등에 관한 법률, 근로자직업능력개발법, 고용보험법, 고용상 연령차별금지 및 고령자고용촉진에 관한 법률, 장애인고용촉진 및 직업재활법 등

② 일반법과 협약 등

㉠ 헌법의 노동조항(제32조·제33조), 민법의 법인·법률행위·계약·고용·불법행위 등에 관한 법규들

㉡ 우리나라가 비준·공포한 ILO 협약들

㉢ 단체협약·취업규칙·조합규약·근로계약

③ 노동관행

　㉠ 취업규칙・단체협약・조합규약・근로계약 등으로 성문화되지 않은 채 노사관계의 현장에서 근로
　　조건・직장규율・시설관리・조합활동 등에 관하여 장기간 반복・계속 행하여진 처리방법을 말한다.

　㉡ 노동관행은 그 자체로서 특별한 법적 효력을 가지지 않지만, 근로조건에 관하여 일정한 취급이 이
　　의 없이 계속하여 행하여져 온 경우에는 근로계약 당사자 간에 묵시의 합의가 성립한 것으로 보거
　　나 당사자가 '이 사실인 관습에 따를 것'을 인정한 것으로 보아 근로계약의 내용으로 되고 그 효력을
　　인정받는다. ★

④ 노동법의 법원으로 인정되지 않는 것 ★★

　판례, 고용노동부 등의 예규・질의회신, 지침, 예규 등 행정해석은 노동법의 법원으로 인정되지 않는다.

(4) 법원의 적용순서 ★★

[법원의 적용순서]

① 상하위 규범들이 서로 충돌하는 경우에는 당연히 상위법 우선의 원칙에 따르지만, 하위규범이 근
　로자에게 더 유리할 때에는 하위규범이 우선 적용된다(유리한 조건 우선의 원칙).

② 동순위의 규범들이 서로 충돌하는 경우에는 신법 우선의 원칙과 특별법 우선의 원칙에 의하여 우선순
　위가 결정된다.

3　노동조합 및 노동관계조정법

(1) 목적과 용어정의

① 목적 : 이 법은 헌법에 의한 근로자의 **단결권・단체교섭권** 및 **단체행동권**을 보장하여 근로조건의 유지・개
　선과 근로자의 경제적・사회적 지위의 향상을 도모하고, 노동관계를 공정하게 조정하여 노동쟁의를
　예방・해결함으로써 산업평화의 유지와 국민경제의 발전에 이바지함을 목적으로 한다.

근로3권

단결권	근로자가 자주적으로 단결하여 근로조건・근로자의 지위의 향상・개선을 위하여 노동조합 기타 단결체를 조직・가입하거나 그 단결체를 운영할 권리
단체교섭권	노동조합이 주체가 되어 근로조건의 향상・개선과 근로자의 지위향상을 위하여 사용자와 자주적으로 교섭할 수 있는 권리
단체행동권	근로자가 근로조건의 향상・개선을 위하여 사용자에 대하여 단체적인 행동을 할 수 있는 권리

② 용어의 정의(노동조합법 제2조) ★★

    ㉠ **근로자** : 직업의 종류를 불문하고 임금·급료, 기타 이에 준하는 수입에 의하여 생활하는 자를 말한다(제1호).

    ㉡ **사용자** : 사업주, 사업의 경영담당자 또는 그 사업의 근로자에 관한 사항에 대하여 사업주를 위하여 행동하는 자를 말한다(제2호).

    ㉢ **사용자단체** : 노동관계에 관하여 그 구성원인 사용자에 대하여 조정 또는 규제할 수 있는 권한을 가진 사용자의 단체를 말한다(제3호).

    ㉣ **노동조합** : 근로자가 주체가 되어 자주적으로 단결하여 근로조건의 유지·개선, 기타 근로자의 경제적·사회적 지위의 향상을 도모함을 목적으로 조직하는 단체 또는 그 연합단체를 말한다(제4호).

> **노동조합으로 보지 않는 경우**
> • 사용자 또는 항상 그의 이익을 대표하여 행동하는 자의 참가를 허용하는 경우
> • 경비의 주된 부분을 사용자로부터 원조받는 경우 ★
> • 공제·수양 기타 복리사업만을 목적으로 하는 경우
> • 근로자가 아닌 자의 가입을 허용하는 경우. 다만, 해고된 자가 노동위원회에 부당노동행위의 구제신청을 한 경우는 중앙노동위원회의 재심판정이 있을 때까지는 근로자가 아닌 자로 해석해서는 안 된다. ★
> • 주로 정치운동을 목적으로 하는 경우 ★

    ㉤ **노동쟁의** : 노동조합과 사용자 또는 사용자단체(이하 '노동관계 당사자'라 한다) 간에 임금·근로시간·복지·해고, 기타 내우 등 **근로조건의 결정에 관한 주장의 불일치**로 인하여 발생한 분쟁상태를 말한다. 이 경우 주장의 불일치라 함은 당사자 간에 합의를 위한 노력을 계속하여도 더 이상 자주적 교섭에 의한 합의의 여지가 없는 경우를 말한다(제5호). ★

    ㉥ **쟁의행위** : **파업·태업·직장폐쇄, 기타 노동관계 당사자가 그 주장을 관철할 목적으로 행하는 행위와 이에 대항하는 행위**로서 업무의 정상적인 운영을 저해하는 행위를 말한다(제6호).

    ㉦ **정당행위** : **노동조합이 단체교섭·쟁의행위, 기타의 행위**로서 노동조합의 목적을 달성하기 위하여 한 **정당한 행위**에 대하여 적용된다. 다만, 어떠한 경우에도 폭력이나 파괴행위는 정당한 행위로 해석되어서는 아니 된다(노동조합법 제4조). ★

(2) 노동조합

① **노동조합의 조직·가입** : 근로자는 자유로이 노동조합을 조직하거나 이에 가입할 수 있다. 다만, 공무원과 교원에 대하여는 따로 법률로 정한다.

② **노동조합의 보호요건** ★★

이 법에 의하여 설립된 노동조합이 아니면 노동위원회에 노동쟁의의 조정 및 부당노동행위의 구제를 신청할 수 없고, 노동조합이라는 명칭을 사용할 수 없다(노동조합법 제7조 제1항·제3항).

③ 조세의 면제 ★

노동조합에 대하여는 그 사업체를 제외하고는 세법이 정하는 바에 따라 조세를 부과하지 아니한다(노동조합법 제8조).

④ 차별대우의 금지

노동조합의 조합원은 어떠한 경우에도 인종, 종교, 성별, 연령, 신체적 조건, 고용형태, 정당 또는 신분에 의하여 차별대우를 받지 아니한다(노동조합법 제9조).

⑤ 노동조합의 설립

노동조합을 설립하고자 하는 자는 신고서에 규약을 첨부하여 연합단체인 노동조합과 2 이상의 특별시·광역시·특별자치시·도·특별자치도에 걸치는 단위노동조합은 고용노동부장관에게, 2 이상의 시·군·구에 걸치는 단위노동조합은 특별시장·광역시장·도지사에게, 그 외의 노동조합은 특별자치시장·특별자치도지사·시장·군수·구청장에게 제출하여야 한다(노동조합법 제10조 제1항).

⑥ 총회 및 임시총회 ★

노동조합은 매년 1회 이상 총회를 개최하여야 하고, 대표자는 총회의 의장이 되며(노동조합법 제15조), 노동조합의 대표자는 필요하다고 인정할 때에는 임시총회 또는 임시대의원회를 소집할 수 있다(노동조합법 제18조 제1항).

⑦ 대의원회 ★

노동조합은 규약으로 총회에 갈음한 대의원회를 둘 수 있고, 대의원은 조합원의 직접·비밀·무기명투표에 의하여 선출되어야 하며, 임기는 규약으로 정하되 3년을 초과할 수 없다(노동조합법 제17조 제1항 내지 제3항).

(3) 단체교섭 및 단체협약

① 교섭 및 체결권한 : 노동조합의 대표자는 그 노동조합 또는 조합원을 위하여 사용자나 사용자단체와 교섭하고 단체협약을 체결할 권한을 가진다(노동조합법 제29조 제1항). ★

② 교섭 등의 원칙 : 노동조합과 사용자 또는 사용자단체는 신의에 따라 성실히 교섭하고 단체협약을 체결하여야 하며 그 권한을 남용하여서는 아니 된다. 또 노동조합과 사용자 또는 사용자단체는 정당한 이유 없이 교섭 또는 단체협약의 체결을 거부하거나 해태하여서는 아니 된다(노동조합법 제30조).

③ 단체협약의 유효기간 : 단체협약에는 2년을 초과하는 유효기간을 정할 수 없고, 단체협약에 그 유효기간을 정하지 아니한 경우 또는 기간을 초과하는 유효기간을 정한 경우에 그 유효기간은 2년으로 한다(노동조합법 제32조 제1항·제2항). ★

④ 기준의 효력 : 단체협약에 정한 근로조건, 기타 근로자의 대우에 관한 기준에 위반하는 취업규칙 또는 근로계약의 부분은 무효로 한다(노동조합법 제33조 제1항). ★

⑤ 일반적 구속력 : 하나의 사업 또는 사업장에 상시 사용되는 동종의 근로자 반수 이상이 하나의 단체협약의 적용을 받게 된 때에는 당해 사업 또는 사업장에 사용되는 다른 동종의 근로자에 대하여도 당해 단체협약이 적용된다(노동조합법 제35조).

(4) 쟁의행위

① **쟁의행위의 기본원칙** : 쟁의행위는 그 목적·방법 및 절차에 있어서 법령, 기타 사회질서에 위반되어서는 아니 되고 조합원은 노동조합에 의하여 주도되지 아니한 쟁의행위를 하여서는 아니 된다(노동조합법 제37조).

② **쟁의행위의 종류**

동맹파업	조합원이 단결하여 노동을 거부하는 것
보이콧 (Boycott)	노동자가 동맹하여 그 공장의 제품을 사지 않고 더 나아가 대중에게까지 호소·협력하여 사용자를 당황케 하는 것
피켓팅 (Picketing)	쟁의행위 참가자들이 당해 쟁의행위로 인하여 중단된 업무를 수행하려고 하는 자들에게 업무수행을 하지 말 것을 평화적으로 설득하거나 권고하는 것으로, 근로자들이 공장 근처나 사업장의 입구에서 파업의 방해자나 배신자를 감시하는 쟁의행위
태 업	작업장에서 의도적으로 작업을 태만히 하거나, 불완전한 제품을 만듦으로써 사용자에게 대항하는 행위

③ **노동조합의 지도와 책임**

㉠ 쟁의행위는 그 쟁의행위와 관계없는 자 또는 근로를 제공하고자 하는 자의 출입·조업, 기타 정상적인 업무를 방해하는 방법으로 행하여져서는 아니 되며, 쟁의행위의 참가를 호소하거나 설득하는 행위로서 폭행·협박을 사용하여서는 아니 된다(노동조합법 제38조 제1항).

㉡ 작업시설의 손상이나 원료·제품의 변질 또는 부패를 방지하기 위한 작업은 쟁의행위기간 중에도 정상적으로 수행되어야 한다(노동조합법 제38조 제2항). ★

㉢ 노동조합은 쟁의행위가 적법하게 수행될 수 있도록 지도·관리·통제할 책임이 있다(노동조합법 제38조 제3항).

㉣ **근로자의 구속제한** : 근로자는 쟁의행위기간 중에는 현행범 외에 이 법의 위반을 이유로 구속되지 아니한다(노동조합법 제39조). ★

④ **쟁의행위의 제한과 금지**

㉠ 노동조합의 쟁의행위는 그 조합원의 **직접·비밀·무기명투표**에 의한 **조합원 과반수의 찬성으로 결정**하지 아니하면 이를 행할 수 없다(노동조합법 제41조 제1항 전문). ★

㉡ 방위사업법에 의하여 지정된 주요방위산업체에 종사하는 근로자 중 전력, 용수 및 주로 방산물자를 생산하는 업무에 종사하는 자는 쟁의행위를 할 수 없으며, 주로 방산물자를 생산하는 업무에 종사하는 자의 범위는 대통령령으로 정한다(노동조합법 제41조 제2항).

㉢ 쟁의행위는 폭력이나 파괴행위 또는 생산, 기타 주요업무에 관련되는 시설과 이에 준하는 시설로서 대통령령이 정하는 시설을 점거하는 형태로 이를 행할 수 없다(노동조합법 제42조 제1항).

㉣ 사업장의 안전보호시설에 대하여 정상적인 유지·운영을 정지·폐지 또는 방해하는 행위는 쟁의행위로서 이를 행할 수 없다(노동조합법 제42조 제2항).

㉤ **사용자는 쟁의행위기간 중 그 쟁의행위로 중단된 업무의 수행을 위하여 당해 사업과 관계없는 자를 채용 또는 대체할 수 없다**(노동조합법 제43조 제1항). ★

ⓑ **사용자는 쟁의행위기간 중 그 쟁의행위로 중단된 업무를 도급 또는 하도급 줄 수 없다**(노동조합법 제43 조 제2항). ★

ⓢ 사용자는 **쟁의행위에 참가하여 근로를 제공하지 아니한 근로자**에 대하여는 그 기간 중의 **임금을 지급 할 의무가 없다**(노동조합법 제44조 제1항). ★

(5) 부당노동행위(사업자가 할 수 없는 부당노동행위, 노동조합법 제81조)

① 근로자가 **노동조합에 가입 또는 가입하려고 하였거나, 노동조합을 조직하려고 하였거나, 기타 노동조합의 업무를 위한 정당한 행위를 한** 것을 이유로 그 근로자를 해고하거나 그 근로자에게 **불이익을 주는 행위** (제1호)

② 근로자가 어느 노동조합에 가입하지 아니할 것 또는 탈퇴할 것을 고용조건으로 하거나, 특정한 노동조 합의 조합원이 될 것을 고용조건으로 하는 행위. 다만, 노동조합이 당해 사업장에 종사하는 **근로자의 3분의 2 이상**을 대표하고 있을 때에는 근로자가 그 노동조합의 조합원이 될 것을 고용조건으로 하는 단체협약의 체결은 예외로 하며, 이 경우 사용자는 근로자가 그 노동조합에서 제명된 것 또는 그 노동 조합을 탈퇴하여 새로 노동조합을 조직하거나 다른 노동조합에 가입한 것을 이유로 신분상 불이익한 행위를 할 수 없다(제2호). ★

③ 노동조합의 대표자 또는 노동조합으로부터 위임을 받은 자와의 단체협약체결, 기타의 단체교섭을 정 당한 이유 없이 거부하거나 해태하는 행위(제3호)

④ 근로자가 노동조합을 조직 또는 운영하는 것을 지배하거나 이에 개입하는 행위와 노동조합의 전임자에 게 급여를 지원하거나 **노동조합의 운영비를 원조하는 행위**. 다만, 근로자가 근로시간 중에 사용자와 협 의 또는 교섭하는 것을 사용자가 허용함은 무방하며, 또한 근로자의 후생자금 또는 경제상의 불행, 기타 재액의 방지와 구제 등을 위한 기금의 기부와 최소한의 규모의 노동조합사무소의 제공은 예외로 한다(제4호). * **노동조합 및 노동관계조정법(2010. 1. 1. 법률 제9930호로 개정된 것) 제81조 제4호 중 '노동조합의 운영비를 원조하는 행위'에 관한 부분은 헌법에 합치되지 아니한다[2018. 5. 31, 2012헌바90 헌법불합치].** 따라서 위 법률조항은 2019. 12. 31.을 시한으로 개정될 때까지 계속 적용된다. ★

⑤ 근로자가 정당한 단체행위에 참가한 것을 이유로 하거나 또는 노동위원회에 대하여 사용자가 이 조의 규정에 위반한 것을 신고하거나 그에 관한 증언을 하거나 기타 행정관청에 증거를 제출한 것을 이유로 그 근로자를 해고하거나 그 근로자에게 불이익을 주는 행위(제5호)

4 근로기준법

(1) 근로기준법의 목적과 기준 등

① **목적** : 헌법에 의하여 근로조건의 기준을 정함으로써 근로자의 기본적 생활을 보장·향상시키며 균형 있는 국민경제의 발전을 도모함을 목적으로 한다(근로기준법 제1조).

② **용어의 정의**(근로기준법 제2조 제1항) ★

근로자	직업의 종류와 관계없이 임금을 목적으로 사업이나 사업장에 근로를 제공하는 자(제1호)
사용자	사업주 또는 사업 경영 담당자, 그 밖에 근로자에 관한 사항에 대하여 사업주를 위하여 행위하는 자(제2호)
근 로	정신노동과 육체노동(제3호)
근로계약	근로자가 사용자에게 근로를 제공하고 사용자는 이에 대하여 임금을 지급하는 것을 목적으로 체결된 계약(제4호)
임 금	사용자가 근로의 대가로 근로자에게 임금, 봉급, 그 밖에 어떠한 명칭으로든지 지급하는 일체의 금품(제5호)

③ **근로조건의 기준** : 근로조건은 **최저기준**이므로 근로관계당사자는 이 기준을 이유로 근로조건을 낮출 수 없다(근로기준법 제3조). ★

④ **근로조건의 결정** : 근로조건은 근로자와 사용자가 **동등한 지위**에서 자유의사에 의하여 결정하여야 한다(근로기준법 제4조).

⑤ **근로조건의 준수** : 근로자와 사용자는 각자가 단체협약, 취업규칙과 근로계약을 지키고 성실하게 이행할 의무가 있다(근로기준법 제5조).

⑥ **균등처우** : 사용자는 근로자에 대하여 남녀의 차별적 대우를 하지 못하며 국적, 신앙 또는 사회적 신분을 이유로 근로조건에 대한 차별적 처우를 하지 못한다(근로기준법 제6조).

⑦ **강제근로의 금지** : 사용자는 폭행, 협박, 감금, 기타 정신상 또는 신체상의 자유를 부당하게 구속하는 수단으로써 근로자의 자유의사에 반하는 근로를 강요하지 못한다(근로기준법 제7조).

⑧ **폭행의 금지** : 사용자는 사고의 발생이나 그 밖의 어떠한 이유로도 근로자에게 폭행을 하지 못한다(근로기준법 제8조).

⑨ **중간착취의 배제** : 누구든지 법률에 의하지 아니하고는 영리로 타인의 취업에 개입하거나 중간인으로서 이익을 취득하지 못한다(근로기준법 제9조).

⑩ **공민권행사의 보장** : 사용자는 근로자가 근로시간 중에 선거권, 기타 공민권의 행사 또는 공의 직무를 집행하기 위하여 필요한 시간을 청구하는 경우에는 거부하지 못한다. 다만, 그 권리행사 또는 공의 직무를 집행함에 지장이 없는 한 청구한 시간을 변경할 수 있다(근로기준법 제10조).

⑪ **적용범위**

㉠ **상시 5인 이상의 근로자**를 사용하는 모든 사업 또는 사업장에 적용한다. 다만, **동거의 친족**만을 사용하는 사업 또는 사업장과 **가사사용인**에 대해서는 적용하지 아니한다(근로기준법 제11조 제1항).

㉡ 상시 4명 이하의 근로자를 사용하는 사업 또는 사업장에 대하여는 근로기준법의 일부 규정을 적용할 수 있다(근로기준법 제11조 제2항).

(2) 근로계약

① 의의 : 근로자가 사용자에게 근로를 제공하고 사용자는 이에 대하여 임금을 지급함을 목적으로 체결된 계약으로서(근로기준법 제2조 제1항 제4호), **계약의 형식이나 명칭 불문하고 명시 및 묵시의 계약 체결도 가능하며 반드시 서면으로 할 필요는 없다.** ★

② 근로계약의 체결 : **근로계약의 체결이나 임금청구는 친권자나 후견인이 대리할 수 없고**(근로기준법 제67조 제1항·제68조 반대해석), 미성년자가 독자적으로 할 수 있다(근로기준법 제68조).

③ 계약기간 : 근로계약은 기간을 정하지 아니한 것과 일정한 사업의 완료에 필요한 기간을 정한 것 외에는 그 기간은 **1년**을 초과하지 못한다(근로기준법 제16조).

④ 근로조건의 명시 ★

사용자는 **근로계약 체결시** 근로자에 대하여 **임금, 소정근로시간, 휴일, 연차유급휴가** 그 밖에 대통령령에 정하는 **근로조건을 명시하여야 한다**(근로기준법 제17조 제1항 전문). 이 경우 **임금의 구성항목·계산방법·지급방법·소정근로시간, 휴일 및 연차유급휴가에 관한 사항에 대하여는 서면으로 명시하고 근로자의 요구가 있는 때에는 이를 그 근로자에게 교부하여야 한다**(근로기준법 제17조 제2항).

⑤ 단시간 근로자의 근로조건 : 단시간근로자의 근로조건은 당해사업장의 동종근로자의 근로시간을 기준으로 산정한 비율에 따라 결정되어야 한다(근로기준법 제18조 제1항).

⑥ 금지사항

　㉠ 위약예정의 금지 : 사용자는 근로계약 불이행에 대한 위약금 또는 손해배상액을 예정하는 계약을 체결하지 못한다(근로기준법 제20조). ★

　㉡ 전차금 상계의 금지 : 사용자는 전차금이나 그 밖에 근로할 것을 조건으로 하는 전대채권과 임금을 상계하지 못한다(근로기준법 제21조).

　㉢ 강제 저금의 금지 : 사용자는 근로계약에 덧붙여 강제 저축 또는 저축금의 관리를 규정하는 계약을 체결하지 못한다(근로기준법 제22조 제1항).

　㉣ 해고 등의 제한 : 사용자는 근로자에게 정당한 이유 없이 해고, 휴직, 정직, 전직, 감봉, 그 밖의 징벌을 하지 못한다(근로기준법 제23조 제1항). 사용자가 경영상 이유에 의하여 근로자를 해고하려면 긴박한 경영상의 필요가 있어야 한다. 이 경우 경영 악화를 방지하기 위한 사업의 양도·인수·합병은 긴박한 경영상의 필요가 있는 것으로 본다(근로기준법 제24조 제1항). ★

⑦ 법 위반의 근로계약 : 근로기준법에서 정하는 **기준에 미치지 못하는 근로조건**을 정한 근로계약은 **그 부분에 한하여 무효로 하며, 무효로 된 부분은 근로기준법에서 정한 기준에 따른다**(근로기준법 제15조). ★

⑧ 근로조건의 위반

　㉠ 규정에 의하여 명시된 근로조건이 사실과 다를 경우에는 근로자는 근로조건위반을 이유로 손해배상을 청구할 수 있으며, 즉시 근로계약을 해제할 수도 있다(근로기준법 제19조 제1항). ★

　㉡ **근로자가 손해배상을 청구할 경우에는 노동위원회에 신청**할 수 있으며 근로계약이 해제되었을 경우에는 사용자는 취업을 목적으로 거주를 변경하는 근로자에게 귀향여비를 지급하여야 한다(근로기준법 제19조 제2항). ★

(3) 통상임금

① 의의 : 근로자에게 **정기적**이고 **일률적**으로 **소정의 근로 또는 총 근로에 대하여 지급**하기로 정한 시간급 금액, 일급 금액, 주급 금액, 월급 금액 또는 도급 금액을 말한다(근로기준법 시행령 제6조 제1항). ★

② 통상임금의 특성 : 통상임금은 임금의 명칭이나 지급주기의 장단 등 형식적인 기준이 아니라 임금의 객관적 성질이 통상임금의 법적 요건을 충족하여야 한다.

③ 적용범위 ★
  ㉠ 평균임금의 최저한도 보장(근로기준법 제2조 제2항)
  ㉡ 해고예고수당(근로기준법 제26조), 연장·야간·휴일근로수당(근로기준법 제56조), 연차유급휴가수당(근로기준법 제60조 제5항), 출산전후휴가급여(고용보험법 제76조)에 해당하는 수당 및 급여 산정의 기초

(4) 근로시간과 휴식

① 근로시간 : 1주 간의 근로시간은 **휴게시간을 제외**하고 **40시간을 초과**할 수 없고, 1일의 근로시간은 휴게시간을 제외하고 **8시간을 초과**할 수 없다. 이에 따른 근로시간을 산정함에 있어 작업을 위하여 근로자가 **사용자의 지휘·감독 아래에 있는 대기시간 등**은 근로시간으로 본다.

② 연장 근로의 제한 : **당사자 간에 합의**하면 1주간에 12시간을 한도로 근로시간을 연장할 수 있다(근로기준법 제53조 제1항).

③ 휴게 : 사용자는 근로시간이 **4시간인 경우에는 30분 이상**, 8시간인 경우에는 **1시간 이상**의 휴게시간을 **근로시간 도중**에 주어야 한다(근로기준법 제54조 제1항).

④ 휴일 : 사용자는 근로자에게 **1주일에 평균 1회 이상의 유급휴일**을 주어야 한다(근로기준법 제55조 제1항).

⑤ 연장·야간 및 휴일 근로 : 사용자는 연장근로와 야간근로 또는 휴일근로에 대하여는 통상임금의 **100분의 50 이상을 가산하여 지급**하여야 한다(근로기준법 제56조).

⑥ 유급휴가 : 사용자는 **1년간 80퍼센트 이상 출근**한 근로자에게 **15일의 유급휴가를 주어야 한다**(근로기준법 제60조 제1항).

(5) 근로시간의 유연화

① 탄력적 근로시간제 : 근로기준법상 2주 또는 3개월 이내의 일정한 단위기간을 평균하여 법정근로시간을 초과하지 않는 범위 내에서 특정한 날이나 특정한 주의 근로시간을 초과하여 근무할 수 있도록 운영하는 제도를 말한다(근로기준법 제51조 제1항·제2항).

② 선택적 근로시간제 : 일정한 단위기간동안 미리 정해진 총근로시간의 범위 내에서 개별근로자가 출퇴근시간을 자유롭게 선택할 수 있도록 운영하는 제도를 말한다(근로기준법 제52조).

(6) 재해보상

① **요양보상** : 근로자가 업무상 부상 또는 질병에 걸린 경우에는 사용자는 그 비용으로 필요한 요양을 행하거나 또는 필요한 요양비를 부담하여야 한다(근로기준법 제78조 제1항).

② **휴업보상** : 요양 중에 있는 근로자에 대하여는 사용자는 근로자의 요양 중 **평균임금의 100분의 60의 휴업보상**을 행하여야 한다(근로기준법 제79조 제1항). ★

③ **장해보상** : 근로자가 업무상 부상 또는 질병에 걸려 완치된 후 신체에 장해가 있는 경우에는 사용자는 그 장해정도에 따라 **평균임금에 별표에 정한 일수를 곱하여 얻은 금액의 장해보상**을 행하여야 한다(근로기준법 제80조 제1항).

　　※ **휴업보상, 장해보상의 예외** : 근로자가 중대한 과실로 인하여 업무상 부상 또는 질병에 걸리고 또한 사용자가 그 과실에 대하여 노동위원회의 인정을 받은 경우에는 휴업보상 또는 장해보상을 행하지 아니하여도 된다(근로기준법 제81조). ★

④ **보상청구권** : 보상을 받을 권리는 퇴직으로 인하여 변경되지 아니하며 **양도 또는 압류하지 못한다.**

(7) 취업규칙

① **취업규칙의 작성 · 신고** : **상시 10인 이상의** 근로자를 사용하는 사용자는 취업규칙을 작성하여 고용노동부장관에게 신고하여야 한다. 이를 변경하는 경우에 있어서도 또한 같다(근로기준법 제93조).

② **규칙의 작성 변경의 절차** : 사용자는 취업규칙의 작성 또는 변경에 관하여 당해 사업 또는 사업장에 **근로자의 과반수로 조직된 노동조합이 있는 경우에는 그 노동조합, 근로자의 과반수로 조직된 노동조합이 없는 경우에는 근로자의 과반수의 의견**을 들어야 한다. 다만, 취업규칙을 근로자에게 불리하게 변경하는 경우에는 그 동의를 얻어야 한다(근로기준법 제94조 제1항).

③ **위반의 효력** : 취업규칙에 정한 기준에 미달하는 근로조건을 정한 근로계약은 그 부분에 관하여는 **무효**로 한다. 이 경우에 있어서 무효로 된 부분은 취업규칙에 정한 기준에 의한다(근로기준법 제97조).

5 노동위원회법

(1) 노동위원회법의 목적과 종류

① **목적** : 노동위원회법은 노동관계에 있어서 판정 및 조정업무의 신속 · 공정한 수행을 위하여 노동위원회를 설치하고 그 운영에 관한 사항을 규정함으로써 노동관계의 안정과 발전에 이바지함을 목적으로 한다(노동위원회법 제1조).

② **노동위원회의 구성** : 노동위원회는 **근로자를 대표하는 위원**(근로자위원)과 **사용자를 대표하는 위원**(사용자위원) 및 **공익을 대표하는 위원**(공익위원)으로 구성한다(노동위원회법 제6조 제1항). ★

(2) 노동위원회의 지위 등

① 노동위원회는 그 권한에 속하는 업무를 **독립적으로 수행**한다(노동위원회법 제4조 제1항).

② 중앙노동위원회위원장은 중앙노동위원회 및 지방노동위원회의 예산·인사·교육훈련, 기타 행정사무를 총괄하며, 소속공무원을 지휘·감독한다(노동위원회법 제4조 제2항).

③ 중앙노동위원회위원장은 행정사무의 지휘·감독권의 일부를 대통령령이 정하는 바에 의하여 지방노동위원회위원장에게 위임할 수 있다(노동위원회법 제4조 제3항).

6 고용보험법과 국민연금법(우리나라의 4대보험법)

(1) 고용보험법

① **목적** : 고용보험법은 고용보험의 시행을 통하여 실업의 예방, 고용의 촉진 및 근로자의 직업능력의 개발과 향상을 꾀하고, 국가의 직업지도와 직업소개 기능을 강화하며, 근로자가 실업한 경우에 생활에 필요한 급여를 실시하여 근로자의 생활안정과 구직 활동을 촉진함으로써 경제·사회 발전에 이바지하는 것을 목적으로 한다(고용보험법 제1조).

② **용어의 정의**(고용보험법 제2조)

피보험자	보험에 가입되거나 가입된 것으로 보는 근로자, 고용보험에 가입하거나 가입된 것으로 보는 자영업자를 말한다(제1호). ★
이직(離職)	피보험자와 사업주 사이의 고용관계가 끝나게 되는 것을 말한다(제2호).
실 업	근로의 의사와 능력이 있음에도 불구하고 취업하지 못한 상태에 있는 것을 말한다(제3호). ★
실업의 인정	직업안정기관의 장이 수급자격자가 실업한 상태에서 적극적으로 직업을 구하기 위하여 노력하고 있다고 인정하는 것을 말한다(제4호).
보 수	근로소득에서 비과세 근로소득을 뺀 금액을 말한다. 다만, 휴직이나 그 밖에 이와 비슷한 상태에 있는 기간 중에 사업주 외의 자로부터 지급받는 금품 중 고용노동부장관이 정하여 고시하는 금품은 보수로 본다(제5호).
일용근로자	1개월 미만 동안 고용되는 자를 말한다(제6호).

③ **고용보험사업**

보험은 목적을 이루기 위하여 고용보험사업으로 고용안정·직업능력개발 사업, 실업급여, 육아휴직급여 및 출산전후휴가 급여 등을 실시한다(고용보험법 제4조 제1항). ★

④ **실업급여의 종류** : 실업급여는 구직급여와 취업촉진 수당으로 구분하는데, 취업촉진 수당에는 조기(早期)재취업 수당, 직업능력개발 수당, 광역 구직활동비, 이주비 등이 있다(고용보험법 제37조). ★

(2) 국민연금법

① **목적** : 국민연금법은 국민의 노령, 장애 또는 사망에 대하여 연금급여를 실시함으로써 국민의 생활 안정과 복지 증진에 이바지하는 것을 목적으로 한다(국민연금법 제1조).

② **용어의 정의**(국민연금법 제3조)

연금보험료	국민연금사업에 필요한 비용으로서 사업장가입자의 경우에는 부담금 및 기여금의 합계액을, 지역가입자·임의가입자 및 임의계속가입자의 경우에는 본인이 내는 금액을 말한다(제10호). ★
부담금	사업장가입자의 사용자가 부담하는 금액을 말한다(제11호). ★
기여금	사업장가입자가 부담하는 금액을 말한다(제12호). ★
사업장가입자	사업장에 고용된 근로자 및 사용자로서 국민연금에 가입된 자를 말한다(제6호).

③ **가입 대상**

국내에 거주하는 국민으로서 **18세 이상 60세 미만**인 자는 국민연금 가입 대상이 된다. 다만, 공무원, 군인, 교직원 및 별정우체국 직원, 그 밖에 대통령령으로 정하는 자는 제외한다(국민연금법 제6조). ★

④ **가입자의 분류**(국민연금법 제7조) ★

사업장가입자	사업장에 고용된 근로자 및 사용자로서 국민연금에 가입된 자를 말한다.
지역가입자	사업장가입자가 아닌 자로서 국민연금에 가입된 자를 말한다.
임의가입자	사업장가입자 및 지역가입자 외의 자로서 국민연금에 가입된 자를 말한다.
임의계속가입자	국민연금 가입자 또는 가입자였던 자가 가입자로 된 자를 말한다.

⑤ **법률상 국민연금의 특성** : 법률상 국민연금은 사회보험·공적연금·단일임금체계·부분적립방식이라는 특성을 지닌다.

⑥ **급여의 종류** : 국민연금법에 따른 급여의 종류는 **노령연금, 장애연금, 유족연금, 반환일시금**이 있다(국민연금법 제49조). ★

(3) 산업재해보상보험법

① **목적** : 근로자의 업무상의 재해를 신속·공정하게 보상, 재해근로자의 재활 및 사회 복귀를 촉진하기 위해 이에 필요한 보험시설을 설치·운영하고 재해 예방과 그 밖에 근로자의 복지 증진을 위한 사업을 시행하여 근로자 보호에 이바지하는 것을 목적으로 한다(산업재해보상보험법 제1조).

② **정의**(산업재해보상보험법 제5조)

㉠ 업무상의 재해 : 업무상의 사유에 따른 근로자의 부상·질병·장해 또는 사망을 말한다(제1호).

㉡ 근로자·임금·평균임금·통상임금 : 각각 근로기준법에 따른 근로자·임금·평균임금·통상임금을 말한다. 다만, 근로기준법에 따라 임금 또는 평균임금을 결정하기 어렵다고 인정되면 고용노동부장관이 정하여 고시하는 금액을 해당 임금 또는 평균임금으로 한다(제2호). ★

ⓒ 유족 : 사망한 자의 배우자(사실상 혼인 관계에 있는 자를 포함한다. 이하 같다)·자녀·부모·손자녀·조부모 또는 형제자매를 말한다(제3호). ★

ⓔ 치유 : 부상 또는 질병이 완치되거나 치료의 효과를 더 이상 기대할 수 없고 그 증상이 고정된 상태에 이르게 된 것을 말한다(제4호). ★

ⓜ 장해 : 부상 또는 질병이 치유되었으나 정신적 또는 육체적 훼손으로 인하여 노동능력이 상실되거나 감소된 상태를 말한다(제5호). ★

ⓗ 중증요양상태 : 업무상의 부상 또는 질병에 따른 정신적 또는 육체적 훼손으로 노동능력이 상실되거나 감소된 상태로서 그 부상 또는 질병이 치유되지 아니한 상태를 말한다(제6호). ★

ⓢ 진폐 : 분진을 흡입하여 폐에 생기는 섬유증식성 변화를 주된 증상으로 하는 질병을 말한다(제7호). ★

ⓞ 출퇴근 : 취업과 관련하여 주거와 취업장소 사이의 이동 또는 한 취업장소에서 다른 취업장소로의 이동을 말한다(제8호).

③ 업무상 재해의 인정 기준

근로자가 다음에 해당하는 사유로 부상·질병 또는 장해가 발생하거나 사망하면 업무상의 재해로 본다. 다만, 업무와 재해 사이에 상당인과관계가 없는 경우에는 그러하지 아니하다(산업재해보상보험법 제37조 제1항).

ⓖ 업무상 사고(제1호)
- 근로자가 근로계약에 따른 업무나 그에 따르는 행위를 하던 중 발생한 사고(가목)
- 사업주가 제공한 시설물 등을 이용하던 중 그 시설물 등의 결함이나 관리소홀로 발생한 사고(나목) ★
- 사업주가 주관하거나 사업주의 지시에 따라 참여한 행사나 행사준비 중에 발생한 사고(라목) ★
- **휴게시간 중 사업주의 지배관리 하에 있다고 볼 수 있는 행위로 발생한 사고**(마목) ★
- 그 밖에 업무와 관련하여 발생한 사고(바목) ★

ⓛ 업무상 질병(제2호)
- 업무수행 과정에서 물리적 인자, 화학물질, 분진, 병원체, 신체에 부담을 주는 업무 등 근로자의 건강에 장해를 일으킬 수 있는 요인을 취급하거나 그에 노출되어 발생한 질병(가목)
- **업무상 부상이 원인이 되어 발생한 질병**(나목)
- **근로기준법 제76조의2에 따른 직장 내 괴롭힘, 고객의 폭언 등으로 인한 업무상 정신적 스트레스가 원인이 되어 발생한 질병**(다목) [2019. 1. 15, 일부개정, 시행일 : 2019. 7. 16.]
- 그 밖에 업무와 관련하여 발생한 질병(라목)

ⓒ 출퇴근 재해(제3호)
- 사업주가 제공한 교통수단이나 그에 준하는 교통수단을 이용하는 등 **사업주 지배관리하에서 출퇴근하는 중 발생한 사고**(가목)
- 그 밖에 **통상적인 경로와 방법**으로 출퇴근하는 중 발생한 사고(나목)

(4) 국민건강보험법

① **목적** : 국민건강보험법은 국민의 질병·부상에 대한 예방·진단·치료·재활과 출산·사망 및 건강증 진에 대하여 보험급여를 실시함으로써 국민보건 향상과 사회보장 증진에 이바지함을 목적으로 한다 (국민건강보험법 제1조).

② **적용대상 등**(국민건강보험법 제5조)

　㉠ 국내에 거주하는 모든 국민은 가입자 또는 피부양자가 된다. 다만, 의료급여 수급자 등은 제외된다 (제1항). ★

　㉡ **피부양자** : 직장가입자에게 주로 생계를 의존하는 다음에 해당하는 사람으로서 소득 및 재산이 보건 복지부령으로 정하는 기준 이하에 해당하는 사람(제2항)

　　• 직장가입자의 배우자(제1호)

　　• 직장가입자의 직계존속(배우자의 직계존속 포함)(제2호)

　　• 직장가입자의 직계비속(배우자의 직계비속 포함)과 그 배우자(제3호)

　　• 직장가입자의 형제·자매(제4호)

③ **가입자의 종류**(국민건강보험법 제6조) ★

　㉠ **직장가입자** : 모든 사업장의 근로자 및 사용자와 공무원 및 교직원

　㉡ **지역가입자** : 직장가입자와 그 피부양자를 제외한 가입자

④ **보험자** : 국민건강보험공단(국민건강보험법 제13조)

⑤ **요양급여**(국민건강보험법 제41조) : 가입자와 피부양자의 질병, 부상, 출산 등에 대하여 진찰·검사, 약제· 치료재료의 지급, 처치·수술 및 그 밖의 치료, 예방·재활, 입원, 간호, 이송의 요양급여를 실시한다.

⑥ **요양기관**(국민건강보험법 제42조) : 의료기관, 약국, 한국희귀·필수의약품센터, 보건소·보건의료원 및 보건지소, 보건진료소

⑦ **보험료의 부담**(국민건강보험법 제76조) : 직장가입자가 50%, 사용자가 50%씩 부담한다. 지역가입자는 세대원 전원이 연대부담한다.

2 사회보장기본법

1 사회보장의 개념

(1) 사회보장의 정의

① 일반적 정의
  ㉠ 사회보장은 사회정책의 일부로서 국민의 생활을 보장하기 위한 국가정책이다.
  ㉡ 사회보장은 **소득재분배를 통해** 전체 국민의 **최저생활을 확보**하는 조치의 총체이다. ★
  ㉢ 사회보장은 일반적인 위기단계에 직면했을 때 자본주의 사회가 스스로 붕괴하는 것을 방지하기 위해 **임금 재분배를 통해** 사회적으로 국민의 **최저생활을 보장**하기 위한 제도이다.

② 국제노동기구(ILO)의 개념(광의의 사회보장)
  ㉠ 사회보장은 사회와 그 사회구성원들이 부딪치게 되는 일정한 위험에 대비해서 사회가 적절한 여러 기관을 통해 부조를 제공하는 것이다.
  ㉡ 전국민의 최저생활보장 및 모든 위험과 사고로부터 보호해야 하며 **공공기관을 통해서 보호·보장**되어야 한다.
  ㉢ ILO의 사회보장계획 : 고용의 촉진 및 고용수준의 유지, 국민소득의 증대 및 균등배분, 영양과 주택의 개선, 의료시설의 완비, 일반교육 및 취업교육 기회 확대

③ 베버리지보고서의 사회보장(협의의 사회보장)
  ㉠ 의미 : 질병·실업·재해 등으로 소득이 중단된 경우 또는 퇴직이나 사망으로 인한 부양상실에 대비하며 더 나아가 출생 및 사망 등에 관련된 특수한 지출을 보충하기 위한 소득보장
  ㉡ **사회보장실시의 전제조건** : 아동부양의 수당지급, 전면적 건강 및 요양급여, 대량실업방지를 위한 **완전 고용증대** ★

④ 사회보장기본법상 정의(사회보장기본법 제3조)

사회보장	출산, 양육, 실업, 노령, 장애, 질병, 빈곤 및 사망 등의 사회적 위험으로부터 모든 국민을 보호하고 국민 삶의 질을 향상시키는 데 필요한 소득·서비스를 보장하는 사회보험, 공공부조, 사회서비스를 말한다(제1호).
사회보험	국민에게 발생하는 사회적 위험을 보험의 방식으로 대처함으로써 국민의 건강과 소득을 보장하는 제도를 말한다(제2호).
공공부조 (公共扶助)	국가와 지방자치단체의 책임 하에 생활 유지 능력이 없거나 생활이 어려운 국민의 최저생활을 보장하고 자립을 지원하는 제도를 말한다(제3호).

사회서비스	국가·지방자치단체 및 민간부문의 도움이 필요한 모든 국민에게 복지, 보건의료, 교육, 고용, 주거, 문화, 환경 등의 분야에서 인간다운 생활을 보장하고 상담, 재활, 돌봄, 정보의 제공, 관련 시설의 이용, 역량 개발, 사회참여 지원 등을 통하여 국민의 삶의 질이 향상되도록 지원하는 제도를 말한다(제4호).
평생사회안전망	생애주기에 걸쳐 보편적으로 충족되어야 하는 기본욕구와 특정한 사회위험에 의하여 발생하는 특수욕구를 동시에 고려하여 소득·서비스를 보장하는 맞춤형 사회보장제도를 말한다(제5호).

사회보장법 관련 주요 법률
- 사회보장기본법
- 사회보험법 : 국민연금법, 국민건강보험법, 산업재해보상보험법, 고용보험법 등
- 공공부조법 : 국민기초생활보장법, 의료보호법 등
- 사회복지사업법 : 국민기초생활보장법, 아동복지법, 노인복지법, 장애인복지법, 한부모가족지원법, 영유아보육법, 성매매방지 및 피해자보호 등에 관한 법률, 정신건강증진 및 정신질환자 복지서비스 지원에 관한 법률, 성폭력방지 및 피해자 보호 등에 관한 법률, 가정폭력방지 및 피해자보호 등에 관한 법률 등(사회복지사업법 제2조 제1항)

국민기초생활보장법은 공공부조법이면서 동시에 사회복지사업법에 해당

(2) 사회보장의 기본원리 ★

① 사회정책으로서 **사회질서유지**에 기본적 목적이 있다.

② 개인의 경제적 곤란에 대한 사회적 개입으로 **최저수준의 보장**이다.

③ 사회보장을 **국가의 의무**로 보고 있으며, **강제성**을 띤다.

④ 수입이 있는 상태로의 **최단시간 내의 복귀**를 목적으로 한다.

⑤ **사회연대의식(사회적 책임)**을 강조한다.

(3) 사회보장의 기능 ★

① **정치적 기능(생활안정의 기능)** : 자본주의제도의 유지·존속과 사회질서의 유지

② **경제적 기능** : 소득재분배의 기능, 자본주의제도의 자동적인 안전장치, 건강한 노동력 공급 및 유지, 자본축적의 기능, 고용기회 창출, 구매력 촉진 등의 기능, 일반생활수준을 규정

③ **사회적 기능** : 최저생활보장의 기능과 사회적으로 소득재분배를 통한 이해·요구 등을 조정

④ **공적 기능** : 국민의 사회보장 권리의식을 일깨우고 국민의 정치참여 유도기능

2 사회보장의 구성

(1) 사회보험

① 사회적 공평성을 강조하며 사회구성원의 생활과 위험(질병, 상해, 실업, 노령 등)을 보험방식에 의해 보장함으로써 국민건강과 소득을 보장하고 생활보장을 실현시켜 주는 제도로서 가입을 의무화하고 있으며, 운영주체가 정부 및 공공기관이라는 특성이 있다.

② **기여자는 피고용인 + 고용주 + 정부의 보조**가 되며, 기여금은 개인의 소득에 따라 정해진다.

③ 급여는 개인의 욕구와 자산에 관계없이 주어지며, 각 개인의 기여금 정도에 따라 정해진다.

④ 사회보험은 주로 사회적 공평성을 강조하며, **연금보험 · 의료보험 · 고용보험 · 산업재해보상보험 등**이 있다. ★

(2) 공공부조

① 국가 및 지방자치단체의 책임 하에 **생활유지능력이 없거나 생활이 어려운 국민**에게 최저생활을 보장하고 자립을 지원하는 제도를 말한다(사회보장기본법 제3조 제3호). ★

② **최저한의 수준보장**으로 이들의 재정적 지원은 욕구를 조사한 후에 이루어지며, 재원은 일반 조세를 통해서 나오며 이 공공부조의 핵심은 **빈곤을 해결**하기 위한 것이다. ★

③ 우리나라의 경우 국가 또는 지방단체의 책임하에 생활유지능력이 없거나 생활이 어려운 국민의 최저생활을 보장하는 복지제도로서 **국민기초생활보장법, 의료급여법** 등이 해당된다. ★

④ 공공부조의 기본원리 ★

　　㉠ 국가책임의 원리

　　㉡ 최저생활보장의 원리

　　㉢ **보충성의 원리**

　　㉣ **자립조장의 원리**

　　㉤ **무차별평등의 원리**

　　㉥ 국가부담의 원리

　　㉦ 인간다운 생활보장의 원리

　　㉧ 보장청구권의 원리

⑤ 공공부조의 실시원칙 : **직권 및 신청에 의한 보장의 원칙, 필요즉응의 원칙,** 세대단위의 원칙, 기준 및 정도의 원칙 ★

(3) 사회서비스(사회복지사업)

① 국가·지방자치단체 및 민간부문의 도움이 필요한 모든 국민에게 복지, 보건의료, 교육, 고용, 주거, 문화, 환경 등의 분야에서 인간다운 생활을 보장하고 상담, 재활, 돌봄, 정보의 제공, 관련 시설의 이용, 역량 개발, 사회참여 지원 등을 통하여 국민의 삶의 질이 향상되도록 지원하는 제도를 말한다.

② **영유아보육법, 아동복지법, 한부모가족지원법, 장애인복지법, 노인복지법** 등이 해당된다. ★

③ 사회적인 장애를 가진 사람에 대하여 **개별적으로** 급부를 하거나 서비스를 제공한다는 의미에서 공공부조, 사회보험과 구별되고, **금전적인 급부**를 그 본래의 목적으로 **하지 않는다**는 점이 특징이다. ★

④ 사회서비스는 입법적 측면, 제도운영적 측면에서 공공부조와 밀접하다. ★

[각 사회보장제도의 비교]

구 분	사회보험	공공부조		사회서비스
주 체	국가(보험자)	국가(중앙 및 지자체)		사회복지법인
객 체	국 민	빈 민		요보호자
재 원	기여, 갹출금	조 세		재정보조금, 헌금
내 용	① 연금보험 ② 건강보험 ③ 고용보험 ④ 산재보험 ⑤ 노인장기요양보험 등 ⑥ 가족수당(외국입법례)	① 생계급여 ② 의료급여 ③ 교육급여 ④ 자활급여 ⑤ 주거급여	⑥ 장제급여 ⑦ 해산급여	① 시설보호 ② 아동복지 ③ 노인복지 ④ 장애인복지 ⑤ 가정복지

(4) 사회복지와 사회보장의 관계범위

① 협의의 사회보장 = 사회보험 + 공공부조 + 공중위생 + 사회복지(협의)

② 광의의 사회보장 = ① + 구호사업

③ 관련제도 = 주택대책 + 고용대책 + 실업대책

④ 광의의 사회복지 = ② + ③

3 사회보장기본법

(1) 목 적

사회보장에 관한 국민의 권리와 국가 및 지방자치단체의 책임을 정하고 사회보장정책의 수립·추진과 관련제도에 관한 기본적인 사항을 규정함으로써 국민의 복지증진에 이바지하는 것을 목적으로 한다(사회보장기본법 제1조).

(2) 기본이념

사회보장은 모든 국민이 다양한 사회적 위험으로부터 벗어나 행복하고 인간다운 생활을 향유할 수 있도록 자립을 지원하며, 사회참여·자아실현에 필요한 제도와 여건을 조성하여 사회통합과 행복한 복지사회를 실현하는 것을 기본 이념으로 한다(사회보장기본법 제2조).

(3) 주요 내용

① **국가 및 지방자치단체의 책임(사회보장기본법 제5조)**

㉠ 국가와 지방자치단체는 모든 국민의 인간다운 생활을 유지·증진하는 책임을 가진다(제1항).

㉡ 국가와 지방자치단체는 사회보장에 관한 책임과 역할을 합리적으로 분담하여야 한다(제2항). ★

㉢ 국가와 지방자치단체는 국가 발전수준에 부응하고 사회환경의 변화에 선제적으로 대응하며 지속가능한 사회보장제도를 확립하고 매년 이에 필요한 재원을 조달하여야 한다(제3항). ★★

㉣ 국가는 사회보장제도의 안정적인 운영을 위하여 중장기 사회보장 재정추계를 격년으로 실시하고 이를 공표하여야 한다(제4항). ★★

② **국민의 책임 규정(사회보장기본법 제7조)**

㉠ 모든 국민은 자신의 능력을 최대한 발휘하여 자립·자활(自活)할 수 있도록 노력하여야 한다(제1항).

㉡ 모든 국민은 경제적·사회적·문화적·정신적·신체적으로 보호가 필요하다고 인정되는 사람에게 지속적인 관심을 가지고 이들이 보다 나은 삶을 누릴 수 있는 사회환경 조성에 서로 협력하고 노력하여야 한다(제2항).

㉢ 모든 국민은 관계 법령에서 정하는 바에 따라 사회보장급여에 필요한 비용의 부담, 정보의 제공 등 국가의 사회보장정책에 협력하여야 한다(제3항).

③ **사회보장을 받을 권리(사회보장수급권, 사회보장기본법 제9조)**

모든 국민은 사회보장 관계 법령에서 정하는 바에 따라 사회보장급여를 받을 권리를 가진다.

> **외국인에 대한 적용(사회보장기본법 제8조)**
> 국내에 거주하는 외국인에게 사회보장제도를 적용할 때에는 <u>상호주의의 원칙</u>에 따르되, 관계 법령에서 정하는 바에 따른다. ★

CHAPTER 06

> **사회보장수급권의 보호(사회보장기본법 제12조)**
> 사회보장수급권은 관계 법령에서 정하는 바에 따라 <u>다른 사람에게 양도하거나 담보로 제공할 수 없으며, 이를 압류할 수 없다.</u> ★★
>
> **사회보장수급권의 포기(사회보장기본법 제14조)**
> ① 사회보장수급권은 정당한 권한이 있는 기관에 <u>서면으로 통지하여 포기할 수 있다.</u>
> ② 사회보장수급권의 <u>포기는 취소할 수 있다.</u>
> ③ 제1항에도 불구하고 사회보장수급권을 포기하는 것이 다른 사람에게 피해를 주거나 사회보장에 관한 관계 법령에 위반되는 경우에는 사회보장수급권을 포기할 수 없다.

④ 사회보장 급여의 수준(사회보장기본법 제10조)

　㉠ 국가와 지방자치단체는 모든 국민이 건강하고 문화적인 생활을 유지할 수 있도록 사회보장급여의 수준 향상을 위하여 노력하여야 하며, 국가는 관계 법령에서 정하는 바에 따라 최저보장수준과 최저임금을 매년 공표하여야 한다(제1항·제2항). ★

　㉡ 국가와 지방자치단체는 최저보장수준과 최저임금 등을 고려하여 사회보장급여의 수준을 결정하여야 한다(제3항). ★

[사회보장법의 규정] ★

구 분	사회보장법제
사회보험 관련법	국민연금법, 산업재해보상보험법, 국민건강보험법, 고용보험법, 공무원연금법 등
공공부조 관련법	국민기초생활보장법, 의료급여법, 재해구호법 등
사회서비스 관련법	장애인복지법, 노인복지법, 아동복지법, 한부모가족지원법, 성매매방지 및 피해자보호 등에 관한 법률, 영유아보육법 등

4　사회보험제도

(1) 사회보험의 개념

① 사회보험의 정의

　㉠ 전국민을 대상으로 하여 질병·노령·실업·사망 등으로 인한 **활동능력상실 및 감소가 발생**하였을 때 **보험방식에 의해 그것을 보상하는 제도**이다. ★

　㉡ 국민에게 보험가입을 법으로 강제하여 사회적 위험에 대비하는 제도로서, **연금보험, 건강보험, 고용보험, 산업재해보상보험, 노인장기요양보험, 가족수당(외국의 입법례)** 등이 있다. ★

　㉢ 보험기술을 이용하여 사회정책을 실현하려는 경제사회제도이다.

② 사회보험의 체계
  ㉠ 재원 : 기여제도에 의한 재원 조달로 **근로자의 기여금, 사용자의 부담금, 국가의 보조금** ★
  ㉡ 수혜자격요건 : 사망, 실업, 부상, 노령 등 사회적 위험에 기초해 급여를 제공한다.
  ㉢ 급여 : 각자의 급여수준은 통상 갹출액과 직접적인 관련이 없으며 그 이전의 소득과 가족수에 따라 이루어진다.
  ㉣ 대상 : 법령에 의거하여 **강제성의 원리**가 적용되며, **보편성의 원리**에 의해 모든 국민들에게 **균등한 기회**를 제공한다. 또 **능력주의**에 근거한다(근로능력 있는 대상자).

③ 사회보험의 특성 ★
  ㉠ **사회성** : 사회평등, 사회조화, 사회평화
  ㉡ **보험성** : 공통위험에 대한 공통부담원칙
  ㉢ **강제성** : 불균형 생활격차의 축소를 위하여 국가가 개입하여 재분배 실시
  ㉣ **부양성** : 국가, 기업주, 고소득층 등의 부담에 의하여 저소득층 자금의 부담 경감

(2) 사회보험과 사보험의 비교

① **사회보험과 사보험의 공통점** : 위험전가 및 확산, 가입·급부·재정조건의 유사, 급부와 갹출의 균형유지, 경제적 보상·욕구에 따른 사전 급부결정 불가

② **사회보험과 사보험의 차이점** ★

구 분	사회보험	사보험
제도의 목적	최저생계 또는 의료보장	개인적 필요에 따른 보장
보험가입	강제	임의
부양성	국가 또는 사회부양성	없음
수급권	법적 수급권	계약적 수급권
독점/경쟁	정부 및 공공기관의 독점	자유경쟁
공동부담 여부	공동부담의 원칙	본인부담위주
재원 부담	능력비례부담	개인의 선택
보험료 부당방식	주로 정율제	주로 소득정율제
보험료 수준	위험율 상당 이하 요율	경험율
보험자의 위험선택	불필요	필요
급여수준	균등급여	기여비례
인플레이션 대책	가능	취약
보험사고대상	인(人)보험	인(人), 물(物)보험
성 격	집단보험	개별보험

〈출처〉 4대 사회보험 정보연계센터 홈페이지

01 다음 중 독점기업의 폐해를 억제하기 위한 수정자본주의적 원리에 근거한 법을 무슨 법이라고 하는가?

① 헌 법　　　　　　② 행정법
③ 민 법　　　　　　④ 사회법

 쏙쏙 해설 •••

사회법이란 자본주의사회에서 일어나는 사회적 부조리를 해결하려는 수정자본주의에 입각한 법질서이다. 즉, 자본주의사회에 있어서 경제적 약자와 강자와의 생활을 간섭·조정·보호하는 실정법질서이다.

정답 ④

02 다음 중 독점기업의 폐해를 막기위한 수정자본주의적 원리는 무엇인가?

① 문화국가원리　　　　② 법치국가원리
③ 야경국가원리　　　　④ 사회국가원리

 쏙쏙 해설 •••

사회국가원리(복지국가원리)는 실질적 자유평등의 실현, 시민적 자유국가원리의 문제점 극복, 국가책임의 보충성 등을 내용으로 한다.

정답 ④

03 다음 중 사회법이 규율하는 올바른 대상에 해당하는 것은 어느 것인가?

① 자본가만 해당한다.
② 노동자만 해당한다.
③ 자본가와 노동자만 해당된다.
④ 자본가, 노동자, 국민 모두 해당된다.

 쏙쏙 해설 •••

사회법의 대상은 경제적 강자인 자본가를 규율하는 법인 동시에 경제적 약자인 노동자와 일반국민 모두를 보호하는 법이다.

정답 ④

04 다음 중 '법의 사회화' 또는 '사법의 공법화' 현상과 관계가 가장 먼 것은?

① 근로자의 경제적·사회적 지위의 향상
② 기본권 보장을 위한 사유재산제도의 확립 보장
③ 경제의 민주화를 위하여 경제에 관한 규제와 조정
④ 전국민의 기본적인 생계·보건·안전의 보장

 해설 •••

'법의 사회화', '사법의 공법화'라는 표현은 사회법을 나타내는 것이다. 사회법에는 노동법, 경제법, 사회보장법이 있다.

정답 ❷

05 근대 사법이 공법화 경향을 나타내고 있는 이유로 옳지 않은 것은?

① 계약자유의 범위의 확대
② 공공복리의 실현
③ 사회보장제도의 확충
④ 사권(私權)의 의무화

해설 •••

사회법은 근대 시민법의 수정을 의미하며, 초기의 독점자본주의가 가져온 여러 가지 사회·경제적 폐해를 합리적으로 해결하기 위해서 제정된 법으로 국가에 의한 통제, 경제적 약자의 보호, 공법과 사법의 교착 영역으로 사권의 의무화, 사법(私法)의 공법화 등 법의 사회화 현상을 특징으로 한다. 따라서 계약자유의 원칙은 그 범위가 축소되고 계약공정의 원칙으로 수정되었다.

정답 ❶

06 노동법상의 징계로 옳지 않은 것은?

① 감 봉
② 견 책
③ 경 고
④ 대기발령

 해설 •••

취업규칙 내지 단체협약상의 징계 : 감봉, 견책, 경고, 출근정지(정직) 및 징계해고 등

정답 ❹

07 다음 중 노동법상의 근로 3권이 아닌 것은?

① 근로권
② 단체행동권
③ 단결권
④ 단체교섭권

 해설 •••

근로자의 단결권, 단체행동권, 단체교섭권을 총칭하여 근로3권이라고 한다. 근로권은 근로의 능력과 의사를 가진 사람이 사회적으로 기회의 보장을 요구할 수 있는 권리로서 근로3권과 더불어 헌법에 의해서 보장된다.

정답 ❶

08 근로기준법에 관한 설명으로 옳지 않은 것은?

① 근로조건은 근로자와 사용자가 동등한 지위에서 자유의사에 의하여 결정되어야 한다.
② 근로자와 사용자는 각자가 단체협약, 취업규칙과 근로계약을 지키고 성실하게 이행할 의무가 있다.
③ 사용자는 중대한 사고발생을 방지하거나 국가안전보장을 위해 긴급한 필요가 있는 경우에 근로자를 폭행할 수 있다.
④ 사용자는 근로자가 근로시간 중에 선거권을 행사하기 위하여 필요한 시간을 청구하면 거부하지 못하지만 그 선거권을 행사하는 데에 지장이 없으면 청구한 시간을 변경할 수 있다.

해설 •••

③ 사용자가 근로자를 폭행할 수 있는 경우는 없다. 폭행시에는 형법상 폭행죄 등으로 처벌될 수 있다.
① 근로기준법 제4조
② 근로기준법 제5조
④ 근로기준법 제10조

정답 ❸

09 근로기준법상 근로조건에 관한 설명 중 틀린 것은?

① 근로기준법에서 정하는 근로조건은 최저기준이므로 근로관계당사자는 이 기준을 이유로 근로조건을 저하시킬 수 없다.
② 근로조건은 근로자와 사용자가 동등한 지위에서 자유의사에 의하여 결정하여야 한다.
③ 사용자가 경영상 이유에 의하여 근로자를 해고하고자 하는 경우에는 긴박한 경영상의 필요가 있어야 한다. 경영악화를 방지하기 위한 사업의 양도·인수·합병은 긴박한 경영상의 필요에 해당하지 않는다.
④ 근로기준법에서 정한 기준에 미치지 못하는 근로조건을 정한 근로계약은 그 부분에 한하여 무효로 하며, 무효로 된 부분은 근로기준법에 정한 기준에 의한다.

해설 •••

③ 근로기준법 제24조 제1항에는 "사용자가 경영상 이유에 의하여 근로자를 해고하려면 긴박한 경영상의 필요가 있어야 한다. 이 경우 경영악화를 방지하기 위한 사업의 양도·인수·합병은 긴박한 경영상의 필요가 있는 것으로 본다."라고 규정되어 있다.
① 근로기준법 제3조
② 근로기준법 제4조
④ 근로기준법 제15조

정답 ❸

10 노동법에 관한 다음 설명 중 틀린 것은?

① 노동기본권은 단결권, 단체교섭권, 단체행동권의 노동 3권을 말한다.

② 집단적 노사관계법에는 노동조합 및 노동관계조정법 등이 있다.

③ 단결권은 근로자가 사용자와 대등한 교섭력을 갖기 위하여 단결해서 집단을 형성할 수 있는 권리이다.

④ 근로자가 할 수 있는 쟁의행위에 직장폐쇄는 포함되지 않는다.

 해설 •••

노동기본권이라 함은 근로의 권리(헌법 제32조 제1항)와 근로3권(단결권·단체교섭권·단체행동권)을 포함하는 일체의 권리를 말한다.★

정답 **①**

근로3권(헌법 제33조)
• 단결권 : 근로자가 자주적으로 단결하여 근로지위 향상·개선을 위하여 노동조합 등 단결체를 조직·가입하거나 운영할 권리
• 단체교섭권 : 노동조합이 주체가 되어 근로조건의 향상·개선을 위하여 사용자와 자주적으로 교섭할 권리
• 단체행동권 : 근로자가 근로조건의 향상·개선을 위해 사용자에 대해 단체적인 행동을 할 권리

11 개별적 근로관계법과 집단적 노사관계법이 바르게 연결된 것은?

① 근로기준법 – 산업재해보상보험법

② 노동조합 및 노동관계조정법 – 직업안정법

③ 근로기준법 – 근로자참여 및 협력증진에 관한 법률

④ 노동조합 및 노동관계조정법 – 근로자참여 및 협력증진에 관한 법률

 해설 •••

① 개별적 근로관계법 – 개별적 근로관계법
② 집단적 근로관계법 – 개별적 근로관계법
③ 개별적 근로관계법 – 집단적 근로관계법
④ 집단적 근로관계법 – 집단적 근로관계법

정답 **③**

CHAPTER 06

개별적 근로관계법과 집단적 노사관계법★★
• 개별적 근로관계법(개개의 근로자와 사용자 간의 관계에 대한 법) : 근로기준법, 직업안정법, 산업재해보상보험법 등
• 집단적 노사관계법(사용자와 노동조합과의 관계에 대한 법) : 노동조합 및 노동관계조정법, 노동위원회법, 근로자참여 및 협력증진에 관한 법률 등

12 근로기준법상 근로계약에 관한 설명으로 옳은 것은?

① 미성년자의 임금청구는 친권자가 대리하여야 한다.

② 사용자는 긴박한 경영상의 필요가 있으면 근로자를 해고할 수 있다.

③ 사용자는 근로계약 불이행에 대한 위약금 예정 계약을 체결할 수 있다.

④ 근로자에 대한 해고는 반드시 서면으로 할 필요는 없다.

 쏙쏙 해설 •••

② 근로기준법 제24조 제1항

① 미성년자는 독자적으로 임금을 청구할 수 있다(근로기준법 제68조). 따라서 친권자가 미성년자의 임금청구를 대리할 필요가 없다.

③ 사용자는 근로계약 불이행에 대한 위약금 또는 손해배상액을 예정하는 계약을 체결하지 못한다(근로기준법 제20조).

④ 사용자가 근로자를 해고하려면 해고사유와 해고시기를 서면으로 통지하여야 한다(근로기준법 제27조 제1항).

정답 ❷

13 근로계약에 관한 설명 중 틀린 것은?

① 근로계약은 서면으로 작성되어야 효력이 있다.

② 단시간 근로자의 경우 근로계약서 작성이 의무화되어 있다.

③ 근로계약체결시 임금, 근로시간, 기타의 근로조건을 명시하여야 한다.

④ 임금의 구성항목, 계산방법 및 지불방법에 관한 사항은 서면으로 명시하여야 한다.

 쏙쏙 해설 •••

① 근로계약은 근로자가 사용자에게 근로를 제공하고 사용자는 이에 대하여 임금을 지급함을 목적으로 체결된 계약으로서, 계약형식이나 명칭을 불문하고 명시 및 묵시의 계약체결도 가능하므로 반드시 서면으로 해야 할 필요는 없다(쌍무・유상・낙성계약). ★

정답 ❶

 핵심만 콕)•••••

② 근로기준법 시행령 별표 2 제1호 가목

③ 근로기준법 제17조 제1항

④ 근로기준법 제17조 제2항 본문

14 다음 중 근로기준법상 임금에 대한 설명으로 틀린 것은?

① 종속노동관계에서 근로의 대상으로 지급되는 것인가의 여부가 중요한 기준이 된다.

② 법령, 단체협약, 취업규칙, 근로계약, 관행 등에 의해 사용자에게 지급의무가 지워져 있는 것을 말한다.

③ 은혜적·호의적으로 지급되는 금품은 임금에 포함되지 않는다.

④ 일체의 금품을 말하므로 출장소요경비의 지급도 임금에 포함된다.

 해설 •••

임금이란 사용자가 근로의 대가로 근로자에게 임금, 봉급, 그 밖에 어떠한 명칭으로든지 지급하는 일체의 금품으로 '근로의 대가'뿐만 아니라 근로자로 하여금 근로의 제공을 원활히 하게 하거나, 근로의욕을 고취시키기 위한 것도 포함된다. 그러나 법은 그 범위에서 의례적·임의적, 호의적·은혜적, 복지후생을 위한 시설이나 비용, 기업설비에 갈음하여 실비변상조로 지급되는 금품은 제외시키고 있다.

정답 ❹

15 다음 중 사용자의 부당노동행위가 아닌 것은?

① 노동조합의 조직행위를 이유로 근로자를 해고하는 행위

② 노동조합의 탈퇴를 고용조건으로 하는 행위

③ 노동조합 대표자에 대한 단체교섭 거부 행위

④ 쟁의기간 동안의 임금을 지급하지 않는 행위

 해설 •••

노동법과 판례는 무노동 무임금원칙이므로 사용자가 쟁의기간 동안의 임금을 지급하지 않는 행위가 부당노동행위가 되지 않는다.

정답 ❹

16 부당노동행위의 구제절차에 관한 설명으로 옳지 않은 것은?

① 부당노동행위로 인하여 그 권리를 침해당한 근로자는 노동위원회에 그 구제를 신청할 수 있다.

② 노동위원회에 대한 구제의 신청은 부당노동행위를 안 날로부터 6월 이내에 하여야 한다.

③ 노동위원회는 부당노동행위가 성립한다고 판정한 때에는 사용자에게 구제명령을 발하여야 한다.

④ 노동위원회의 구제명령은 행정소송의 제기에 의하여 그 효력이 정지되지 아니한다.

 해설 •••

①·② 사용자의 부당노동행위로 인하여 그 권리를 침해당한 근로자 또는 노동조합은 노동위원회에 그 구제를 신청할 수 있다(노동조합 및 노동관계조정법 제82조 제1항). 제1항의 규정에 의한 구제의 신청은 부당노동행위가 있은 날(계속하는 행위는 그 종료일)부터 3월 이내에 이를 행하여야 한다(동법 제82조 제2항).

③ 노동조합 및 노동관계조정법 제84조 제1항 본문

④ 노동조합 및 노동관계조정법 제86조

정답 ❷

17 근로기준법상 2주 또는 3개월 이내의 일정한 단위기간을 평균하여 법정근로시간을 초과하지 않는 범위 내에서 특정한 날이나 특정한 주의 근로시간을 초과하여 근무할 수 있도록 운영하는 제도는 무엇인가?

① 선택적 근로시간제   ② 탄력적 근로시간제

③ 연장근로제   ④ 유급휴가대체제도

 해설 •••

탄력적 근로시간제에 관한 설명이다 (근로기준법 제51조)

정답 ❷

18 통상임금에 관한 설명으로 옳지 않은 것은?

① 근로자에게 정기적, 일률적으로 소정 근로 또는 총근로에 대하여 지급하기로 정한 금액을 말한다.

② 근로자가 실제로 연장·야근·휴일근로를 제공하기 전에 미리 확정되어 있어야 한다.

③ 해고예고수당, 법정수당, 연차유급휴가수당 및 평균임금의 최고한도 보장의 산정 기초가 된다.

④ 임금의 명칭이나 지급주기의 장단 등 형식적인 기준이 아니라 임금의 객관적 성질이 통상임금의 법적 요건을 충족하여야 한다.

해설 •••

③ 통상임금은 평균임금의 최저한도 보장(근로기준법 제2조 제2항), 해고예고수당(근로기준법 제26조), 연장·야간·휴일근로수당(근로기준법 제56조), 연차유급휴가수당(근로기준법 제60조 제5항) 및 출산전후휴가급여(고용보험법 제76조) 등을 산정하는데 기초가 된다.

정답 ❸

19 쟁의행위 참가자들이 당해 쟁의행위로 인하여 중단된 업무를 수행하려고 하는 자들에게 업무수행을 하지 말 것을 평화적으로 설득하거나 권고하는 것은?

① 피케팅(picketing)   ② 직장폐쇄

③ 직장점거   ④ 보이콧(boycott)

 해설 •••

쟁의행위의 종류 중 피케팅에 관한 설명이다.

정답 ❶

쟁의행위의 종류

동맹파업	조합원이 단결하여 노동을 거부하는 것
보이콧(boycott)	노동자가 동맹하여 그 공장의 제품을 사지 않고 더 나아가 대중에게까지 호소·협력하여 사용자를 당황케 하는 것
직장점거	노동자가 단결을 유지하고 파업 중의 조업을 방해(저지)하기 위해 직장(사업장의 시설)을 점거하는 행위
직장폐쇄 (lockout)	노사쟁의가 일어났을 때 사용자가 자기의 주장을 관철시키기 위하여 공장·작업장을 폐쇄하는 일
피케팅 (picketing)	쟁의행위 참가자들이 당해 쟁의행위로 인하여 중단된 업무를 수행하려고 하는 자들에게 업무수행을 하지 말 것을 평화적으로 설득하거나 권고하는 것으로, 근로자들이 공장 근처나 사업장의 입구에서 파업의 방해자나 배신자를 감시하는 쟁의행위
태업(sabotage)	작업장에서 의도적으로 작업을 태만히 하거나, 불완전한 제품을 만듦으로써 사용자에게 대항하는 행위

20 헌법에 보장된 노동 3권, 즉 근로자의 단결권, 단체교섭권, 단체행동권에 관하여 구체적으로 규정하고 있는 법률은 무엇인가?

① 헌 법
② 근로기준법
③ 노동조합 및 노동관계조정법
④ 근로자참여 및 협력증진에 관한

 해설 •••

노동조합 및 노동관계조정법은 노동조합의 조직과 단체교섭에 관하여 규정한 법이다. 노동 3권의 구체적 보장을 통해 근로자의 근로조건의 유지·개선과 근로자의 복지를 증진시키려는 목적을 가진다.

정답 ❸

21 사회보장기본법에 관한 설명으로 옳지 않은 것은?

① 모든 국민은 사회보장 관계 법령에서 정하는 바에 따라 사회보장급여를 받을 권리를 가진다.
② 사회보장에 관한 주요 시책을 심의·조정하기 위하여 국무총리 소속으로 사회보장위원회를 둔다.
③ 국가와 지방자치단체는 모든 국민의 인간다운 생활을 유지·증진하는 책임을 가진다.
④ 사회보장수급권은 포기할 수 있으나, 그 포기는 취소할 수 없다.

 해설 •••

④ 사회보장수급권은 정당한 권한이 있는 기관에 서면으로 통지하여 포기할 수 있고(사회보장기본법 제14조 제1항), 사회보장수급권의 포기는 취소할 수 있다(사회보장기본법 제14조 제2항).
① 사회보장기본법 제9조
② 사회보장기본법 제20조 제1항
③ 사회보장기본법 제5조 제1항

 정답 ❹

CHAPTER 06

22 사회보장제도의 목적으로 가장 적합한 것은?

① 국민의 최대의 행복한 생활 보장
② 독점기업의 횡포 방지
③ 균형 있는 국민생활의 실현
④ 행복하고 인간다운 생활 보장

사회보장이란 사회의 연대책임하에 전국민의 기본적인 생계·보건·안전을 보장하는 국가의 종합적인 시책을 말한다.

정답 ❹

23 근로자의 업무상 재해보상과 재해근로자의 재활 및 사회 복귀를 촉진하고 이에 필요한 보험시설을 설치·운영하며 재해 예방과 그 밖에 근로자의 복지 증진을 위한 법률은?

① 근로복지기본법
② 근로자퇴직급여 보장법
③ 산업재해보상보험법
④ 임금채권보장법

이 법은 산업재해보상보험 사업을 시행하여 근로자의 업무상의 재해를 신속하고 공정하게 보상하며, 재해근로자의 재활 및 사회 복귀를 촉진하기 위하여 이에 필요한 보험시설을 설치·운영하고, 재해 예방과 그 밖에 근로자의 복지 증진을 위한 사업을 시행하여 근로자 보호에 이바지하는 것을 목적으로 한다(산업재해보상보험법 제1조).

정답 ❸

- 근로복지기본법은 근로복지정책의 수립 및 복지사업의 수행에 필요한 사항을 규정함으로써 근로자의 삶의 질을 향상시키고 국민경제의 균형 있는 발전에 이바지함을 목적으로 한다(근로복지기본법 제1조).
- 근로자퇴직급여 보장법은 근로자 퇴직급여제도의 설정 및 운영에 필요한 사항을 정함으로써 근로자의 안정적인 노후생활 보장에 이바지함을 목적으로 한다(근로자퇴직급여 보장법 제1조).
- 경기 변동과 산업구조 변화 등으로 사업을 계속하는 것이 불가능하거나 기업의 경영이 불안정하여, 임금 등을 지급받지 못하고 퇴직한 근로자 등에게 그 지급을 보장하는 조치를 마련함으로써 근로자의 생활안정에 이바지하는 것을 목적으로 한다(임금채권보장법 제1조).

24 산업재해보상보험법상 업무상 재해가 인정되는 사고에 해당하지 않는 것은?

① 휴게시간 중 사업주의 지배관리하에 있다고 볼 수 있는 행위로 발생한 사고

② 사업주가 주관하거나 사업주의 지시에 따라 참여한 행사나 행사준비 중에 발생한 사고

③ 사업주가 제공한 시설물 등을 이용하던 중 시설물의 결함이나 관리소홀로 발생한 사고

④ 근로자가 통상적인 경로와 방법으로 출퇴근 하던 중 출퇴근 경로 일탈 또는 중단이 있는 경우 해당 일탈 또는 중단 중의 사고 및 그 후의 이동 중의 사고

   해설 •••

"사업주가 제공한 교통수단이나 그에 준하는 교통수단을 이용하는 등 사업주의 지배관리하에서 출퇴근 중 발생한 사고로 부상·질병 또는 장해가 발생하거나 사망하면 업무상의 재해로 본다(산업재해보상보험법 제37조 제1항 제1호 다목)."고 규정되어 있었으나 헌법재판소의 헌법불합치 결정으로(헌재 2016. 9. 29. 2014헌바254) 2017. 10. 24. 법률 제14933호에 의하여 해당 조항이 삭제되었다. 대신에 일반 근로자도 통상적인 경로와 방법으로 출퇴근 하던 중 발생한 사고에 대하여 업무상 재해로 인정함으로써 산업재해의 한 종류로 출퇴근재해를 신설하였다. ★

정답 ❹

25 국민연금법상 국민연금의 특성으로 옳지 않은 것은?

① 사회보험

② 공적연금

③ 단일연금체계

④ 전부적립방식

  해설 •••

국민연금은 사회보험의 하나로 국가가 운영주체가 되는 공적연금이고 노후소득 보장체계의 안정성을 도모하기 위해 공적연금 등에 의해 지탱하는 단일연금체계이며 미래에 필요한 총 지출을 기금 적립금과 운용수익으로 완전히 충당할 수 없어 일정 부분만을 적립하고 나머지는 급여로 지출하는 부분적립방식을 따르고 있다.

정답 ❹

26 다음 중 사회보험과 사보험과의 올바른 차이가 아닌 것은 어느 것인가?

① 사회보험의 보험납부비용은 모두 당사자가 부담한다.
② 사회보험은 그 가입이 강제적이다.
③ 사회보험의 계약의 체결 및 해약 등에는 조건이 수반된다.
④ 사회보험의 수급자격과 보험료율 및 급부내용 등의 보험계약 내용은 법으로 정해져 있다.

 해설 •••

사회보험의 보험납부비용은 당사자뿐만 아니라 사회적 위험에 동일한 확률로 처해 있는 모든 해당 국민 개개인을 공동체로 서로 결합시킨 후, 그 부담을 국가, 사업주, 당사자에게 일정비율로 분산시킨다.

정답 ❶

27 사회보험법에 해당하지 않는 것은?

① 고용보험법
② 기초노령연금법
③ 산업재해보상보험법
④ 국민기초생활보장법

 해설 •••

"사회보험"이란 국민에게 발생하는 사회적 위험을 보험의 방식으로 대처함으로써 국민의 건강과 소득을 보장하는 제도를 말하는 것으로(사회보장기본법 제3조 제2호), 여기서 "사회적 위험"이란 질병, 장애, 노령, 실업, 사망 등을 의미한다. 우리나라의 4대사회보험제도에는 업무상의 재해에 대한 산업재해보상보험, 질병과 부상에 대한 건강보험 또는 질병보험, 사망·노령 등에 대한 연금보험, 실업에 대한 고용보험제도가 있다.

정답 ❹

 핵심만 콕

공공부조로서의 「국민기초생활 보장법」은 생활이 어려운 사람에게 필요한 급여를 실시하여 이들의 최저생활을 보장하고 자활을 돕는 것을 목적으로 하며(국민기초생활 보장법 제1조), 강제가입의 원칙, 국가관리의 원칙, 국가부담의 원칙이 적용되는 사회보험법과는 구별된다.

28 고용보험법상 고용보험사업으로 명시되지 않은 것은?

① 실업급여   ② 육아휴직 급여
③ 직업능력개발 사업   ④ 저소득층 생계비지원

 해설 •••

보험은 고용보험법상 목적을 이루기 위하여 고용보험사업으로 고용안정·직업능력개발 사업, 실업급여, 육아휴직 급여 및 출산 전·후 휴가 급여 등을 실시한다(고용보험법 제4조 제1항).★

 정답 ❹

29 (   )에 들어갈 내용은?

> 사회보장은 모든 국민이 다양한 사회적 위험으로부터 벗어나 행복한 복지사회를 실현하는 것을 기본 이념으로 한다. (   )는(은) 국가와 지방자치단체의 책임 하에 생활 유지 능력이 없거나 생활이 어려운 국민의 최저생활을 보장하고 자립을 지원하는 제도를 말한다.

① 사회보험
② 공공부조
③ 사회서비스
④ 평생사회안전망

 해설 •••

공공부조란 국가와 지방자치단체의 책임 하에 생활 유지 능력이 없거나 생활이 어려운 국민의 최저생활을 보장하고 자립을 지원하는 제도를 말한다(사회보장기본법 제3조 제3호).

 정답 ❷

 법령 ○

정의(사회보장기본법 제3조)
1. "사회보장"이란 출산, 양육, 실업, 노령, 장애, 질병, 빈곤 및 사망 등의 사회적 위험으로부터 모든 국민을 보호하고 국민 삶의 질을 향상시키는 데 필요한 소득·서비스를 보장하는 사회보험, 공공부조, 사회서비스를 말한다.★
2. "사회보험"이란 국민에게 발생하는 사회적 위험을 보험의 방식으로 대처함으로써 국민의 건강과 소득을 보장하는 제도를 말한다.★
3. "공공부조"(公共扶助)란 국가와 지방자치단체의 책임 하에 생활 유지 능력이 없거나 생활이 어려운 국민의 최저생활을 보장하고 자립을 지원하는 제도를 말한다.★
4. "사회서비스"란 국가·지방자치단체 및 민간부문의 도움이 필요한 모든 국민에게 복지, 보건의료, 교육, 고용, 주거, 문화, 환경 등의 분야에서 인간다운 생활을 보장하고 상담, 재활, 돌봄, 정보의 제공, 관련 시설의 이용, 역량 개발, 사회참여 지원 등을 통하여 국민의 삶의 질이 향상되도록 지원하는 제도를 말한다.★
5. "평생사회안전망"이란 생애주기에 걸쳐 보편적으로 충족되어야 하는 기본욕구와 특정한 사회위험에 의하여 발생하는 특수욕구를 동시에 고려하여 소득·서비스를 보장하는 맞춤형 사회보장제도를 말한다.

30 공공부조법의 고유한 특색이라고 볼 수 없는 것은?

① 보충성의 원리   ② 최저생활보장

③ 국가책임의 원리   ④ 차별적 평등의 원리

 해설 •••

④ 차별적 평등이 아니라 무차별 평등의 원칙이 공공부조법의 특색이다.

정답 **④**

공공부조법의 기본원리★
• 국가책임의 원리
• 보충성의 원리
• 무차별평등의 원리
• 인간다운 생활보장의 원리
• 최저생활보장의 원리
• 자립조장원리(자활조성의 원리)
• 국가부담의 원리
• 보장청구권의 원리

31 다음 중 베버리지보고서에서 말하는 사회보험의 기본원칙이 아닌 것은?

① 균일액의 최저생활비의 급여

② 행정책임의 통일

③ 완전고용

④ 피보험자의 분류

 해설 •••

완전고용은 베버리지보고서의 사회보험의 기본원칙이 아니다.

정답 **③**

베버리지보고서의 사회보험의 기본원칙★
• 균일한 생계급여의 원칙(균일액의 최저생활비 급여)
• 행정책임통합의 원칙
• 적용범위의 포괄성의 원칙
• 균일한 보험료 갹출의 원칙
• 충분한 급여의 원칙
• 피보험자의 분류(대상의 계층화의 원칙)

32 국민건강보험법상 직장가입자가 아닌 사람은?

① 사용자   ② 현역군인

③ 사립학교 교직원   ④ 2인 사업장 근로자

 해설 •••

현역군인은 국민건강보험법 제6조 제2항 단서 제2호의 직장가입자 제외 대상자이다.

정답 **②**

가입자의 종류(국민건강보험법 제6조)★
① 가입자는 직장가입자와 지역가입자로 구분한다.
② 모든 사업장의 근로자 및 사용자와 공무원 및 교직원은 직장가입자가 된다. 다만, 다음 각 호의 어느 하나에 해당하는 사람은 제외한다. 〈개정 2016. 5. 29.〉
　1. 고용 기간이 1개월 미만인 일용근로자
　2. 「병역법」에 따른 현역병(지원에 의하지 아니하고 임용된 하사를 포함한다), 전환복무된 사람 및 군간부후보생
　3. 선거에 당선되어 취임하는 공무원으로서 매월 보수 또는 보수에 준하는 급료를 받지 아니하는 사람
　4. 그 밖에 사업장의 특성, 고용 형태 및 사업의 종류 등을 고려하여 대통령령으로 정하는 사업장의 근로자 및 사용자와 공무원 및 교직원
③ 지역가입자는 직장가입자와 그 피부양자를 제외한 가입자를 말한다.
④ 삭제 〈2018. 12. 11.〉

33 고용보험법에서 규정하는 급여가 아닌 것은?

① 육아휴직 급여　② 요양급여
③ 구직급여　④ 출산전후휴가 급여

 해설 •••
② 요양급여는 산업재해보상보험법 제40조 이하에서 규정하고 있다.
① 고용보험법 제70조, ③ 고용보험법 제40조, ④ 고용보험법 제75조
정답 ❷

34 국민연금법에 관한 설명으로 옳은 것은?

① 만 20세 이상 만 70세 미만의 국내 거주 국민은 국민연금 가입대상이 된다.
② 부담금이란 사업장가입자의 근로자가 부담하는 금액을 말한다.
③ 기여금이란 사업장가입자가 부담하는 금액을 말한다.
④ 이 법을 적용할 때 배우자, 남편 또는 아내에는 사실상의 혼인관계에 있는 자는 제외된다.

 해설 •••
③ 국민연금법 제3조 제1항 제12호
① 국내에 거주하는 국민으로서 18세 이상 60세 미만인 자는 국민연금 가입 대상이 된다(국민연금법 제6조 본문).
② "부담금"이란 사업장가입자의 사용자가 부담하는 금액을 말한다(국민연금법 제3조 제1항 11호).
④ 이 법을 적용할 때 배우자, 남편 또는 아내에는 사실상의 혼인관계에 있는 자를 포함한다(국민연금법 제3조 제2항).
정답 ❸

CHAPTER 07 행정법 일반

1 행정법의 개요

1 행정법의 개념

(1) 행정법의 기본원리

① 법치행정주의

㉠ 법치주의는 국가가 국민의 자유와 권리를 제한하거나 새로운 의무를 부과하려 하는 경우에는 국회가 제정한 법률에 의하거나 법률에 근거를 두어야 한다는 원리를 말하며, 현행 헌법은 헌법재판소에 의한 위헌법률심사제도를 두었으며, 행정을 법률에 종속시키고, 행정소송의 관할권을 법원에 부여하였다.

㉡ 행정사건에 대한 재판청구권과 법원에 의한 행정처분심사권, 손실보상·국가배상(청구권), 청원권 등이 보장된다.

② 민주행정주의

㉠ 국가행정조직의 민주성은 행정조직법정주의로 국회가 이에 관여할 수 있게 되어 있고, 지방행정의 민주성은 헌법 제118조에서 지방자치제를 채택하여 보장하고 있다.

㉡ 또한 행정작용은 국회의 탄핵소추·국민의 청원 등에 의하여 그 민주성이 보장되고 있다.

③ 복지행정의 원리

모든 국민의 최저한도의 인간다운 생활을 보장하는 복지행정주의를 천명하고 있다.

(2) 행정법의 법원

① 행정법의 성문법원 : 헌법, 법률, 조약 및 국제법규, 명령, 자치법규

② 행정법의 불문법원 : 행정관습법, 판례법, 조리

2 행정법관계

(1) 의 의

① 행정법관계 : 행정상의 법률관계 가운데에서 특히 행정법이 규율하는 법률관계를 말한다.

② 행정상의 법률관계 : 국가 · 지방자치단체와 같은 행정주체가 당사자로 되어 있는 모든 법률관계를 말한다.

③ 기타 제관계 ★

㉠ 행정조직법적 관계와 행정작용법적 관계에서의 행정법관계만이 아니라 국고관계도 모두 포함된다.

㉡ 행정법관계도 본질적으로는 사법관계에서와 같은 권리 · 의무의 관계에 불과하나, 다만 행정법이 가지는 사법에 대한 특수성에 따라 사법관계에서와는 다른 법원리가 지배한다.

(2) 성 질

① 권력관계

㉠ 행정권의 주체에 대하여 우월한 지위를 인정하고, 그에 따르는 행위에 특수한 법적 효력이 인정되는 행정법관계이다. ★

㉡ 특히 반대의 취지를 명백하게 규정하고 있지 않으면, 명문규정의 유무에 관계없이 **원칙적으로 공법원리가 적용**되며, 그에 대한 법적인 분쟁은 행정쟁송사항이 된다. 이를 **본래적 공법관계**라고도 한다.

② 관리관계

㉠ 법이 공공복리의 실현을 위한 행정목적을 효율적으로 달성시키기 위하여 특수한 법적 규율을 인정하고 있는 행정법관계이다.

㉡ 본질적으로는 사법관계와 차이가 없으며, 특히 공법원리를 적용하기 위해서는 일반 사경제적 관계와 구별될 만한 공공성을 입증할 수 있는 실정법상의 근거가 있어야 한다.

㉢ **특별한 규정이 없는 한 사법원리가 적용**되고, 그에 대한 법적인 분쟁도 민사소송사항이다. 이를 전래적 공법관계라고도 한다. ★

③ **구별실익** : 행정법관계를 위와 같이 권력관계와 관리관계로 구별하는 것은, 실정법을 해석 · 적용하는 경우에 중요한 의미를 가지기 때문이다.

CHAPTER 07

(3) 행정법관계의 특수성

① **국가의사의 공정력 ★★**

행정법관계에 있어서의 행정주체의 행위는 당연무효인 경우를 제외하고는 **설혹 하자가 있는 경우라도 일단은 효력을 발생**하며, 취소권이 있는 기관이 취소할 때까지는 아무도 그 효력을 부정할 수 없다.

② **국가의사의 확정력(불가쟁력)** : 행정주체의 행위는 설혹 다툴 수 있는 것이라도 그 공공성으로 인한 법적 안정을 위하여 **일정한 기간이 경과된 후에는 그에 대하여 법적 분쟁을 할 수 없다.**

③ **국가의사의 강제력** : 행정주체의 의사에 위배되는 행위에 대하여는 법원을 거치지 않고 일단 행정청이 일정한 제재를 과하거나 당해 행정청에 의한 강제집행이 허용되는 것을 말한다. 행정청에 의한 제재는 행정상 의무의 위배에 대한 **행정형벌 또는 질서벌(과태료)을 의미**한다. 의무불이행에 대한 강제집행은 대집행이나 강제징수 등의 방법에 의한다. ★

공정력, 불가쟁력, 불가변력

공정력	행정행위의 성립에 하자가 있는 경우에도 그것이 중대 · 명백하여 무효로 인정되는 경우를 제외하고는, 권한 있는 기관에 의하여 취소되기까지 유효한 것으로 통용되는 힘을 말한다.
불가쟁력 (형식적 확정력)	행정행위의 상대방 기타 이해관계인은 원칙적으로 일정한 불복신청 기간 내에 행정쟁송을 통하여 행정행위의 효력을 다툴 수 있으나 쟁송제기기간이 경과하거나 법적 구제수단을 포기 또는 쟁송수단을 다 거친 후에는 더 이상 그에 대하여 다툴 수 없게 하는 행정행위의 효력을 말한다.
불가변력 (실질적 확정력)	행정행위가 발해진 이후 그 행정행위가 위법하거나 공익에 적합하지 않을 때에는 행정청은 직권에 의하여 이를 취소하거나 철회할 수 있는 것이 원칙이다. 그러나 일정한 경우 행정청 자신도 직권으로 자유로이 이를 취소 · 변경 · 철회할 수 없는바, 이를 불가변력 또는 실질적 확정력이라고 한다.

④ **권리의무의 특수성** : 사법관계에 있어서의 권리 · 의무가 당사자의 상반되는 이해관계를 내용으로 하는 데 반하여, 공법관계에서의 권리 · 의무는 **공공복리나 사회질서의 유지**라는 면에서 공통적이며 상대적이다. 따라서 그 이전이나 포기가 제한되거나 특별한 보호가 가하여진다. ★

⑤ **권리구제절차의 특수성**

㉠ **행정소송** : 행정소송의 관할은 민사소송과 같이 일반법원에 속하나, **임의적 행정심판전치주의**가 선택되고, 행정법원이 제1심 법원이 되며, 소송절차 면에서도 많은 특례가 인정된다. ★★

㉡ **행정상의 손실보전** : 행정주체의 적법한 공권력작용으로 인하여 개인에게 '**특별한 희생**'이 생긴 때에는 행정상의 적정한 **손실보상**이, **공무원의 직무상의 불법행위 또는 공공시설의 설치 · 관리상의 하자로 타인에게 손해를 끼친 때**에는 국가배상법에 의한 행정상의 **손해배상**을 하여야 한다.

(4) 행정주체

① 의 의
행정법관계에서 행정권을 행사하고 그의 법적 효과가 궁극적으로 귀속되는 당사자를 말한다.

② 종 류 ★★

국 가		고유의 행정주체
공공 단체	지방자치 단체	일정한 구역을 기초로 그 구역 내의 모든 주민에 대해 지배권을 행사하는 공공단체로, 보통 지방자치단체[서울특별시, 광역시, 특별자치시, 도 및 특별자치도와 시·군·자치구(행정 구는 제외)]와 특별지방자치단체(지방자치단체조합)가 있다.
	공공조합 (공사단)	특정한 국가목적을 위하여 설립된 인적결합체에 법인격이 부여된 것으로, 농업협동조합, 농 지개량조합, 산림조합, 상공회의소, 변호사회 등이 있다.
	공재단	재단의 설립자가 출연한 재산을 관리하기 위하여 설립된 공공단체로, 한국학중앙연구원, 한 국학술진흥재단 등이 있다.
	영조물 법인	행정주체에 의하여 특정한 국가목적에 계속적으로 봉사하도록 정하여진 인적·물적결합체 로, 각종의 공사, 국책은행, 서울대학교병원, 적십자병원, 한국과학기술원 등이 있다.
공무수탁사인		국가나 지방자치단체로부터 공권을 부여받아 자신의 이름으로 공권력을 행사하는 사인이나 사법인으로, 사인인 사업시행자, 학위를 수여하는 사립대학 총장, 선박항해 중인 선장, 별정 우체국장, 소득세의 원천징수의무자(판례는 행정주체성을 부정) 등이 있다.

(5) 공권과 공의무

① 공 권
⊙ **국가적 공권** : 행정주체가 우월한 지위에서 상대방인 개인 또는 단체에 대하여 가지는 권리로, 입법권, 경찰권, 형벌권, 재정권, 군정권, 공기업특권 등이 있다.
ⓛ **개인적 공권** : 행정객체인 개인이 국가 등 행정주체에 대하여 직접 자기를 위하여 일정한 이익을 주장할 수 있는 법률상의 힘으로, 자유권, 수익권, 참정권, 무하자재량행사권, 행정개입청구권 등이 있다.

② 공의무
⊙ **국가적 공의무** : 개인적 공권에 대응하여 국가 등 행정주체가 개인에 대하여 부담하는 의무로, 봉급지급의무, 국가배상지급의무, 손실보상지급의무 등이 있다.
ⓛ **개인적 공의무** : 국가적 공권에 대응하여 개인이 국가 등 행정주체에 대하여 부담하는 의무로, 국방의 의무, 납세의 의무, 근로의 의무, 교육의 의무 등이 있다.

3 행정법상의 법률요건과 법률사실

(1) 법률요건

① 행정법 관계의 발생·변경·소멸이라는 법률효과를 일으키는 원인행위의 총체를 말한다. ★

② 법률요건에는 법률행위, 준법률행위, 불법행위, 부당이득, 사무관리 등이 있다.

(2) 법률사실

① 법률요건을 개개의 구성요소로서 사람의 정신작용에 의한 용태와 정신작용과 무관한 사건으로 구분된다. ★

② 외부적 용태에는 사법행위(매매나 증여로 납세의무 발생), 적법행위(허가, 특허, 인가, 확인, 공증, 통지, 수리 등), 위법행위, 부당행위 등이 있다.

③ 내부적 용태에는 고 이루는의, 과실, 선의, 악의 등이 있다.

(3) 공법상의 사건

① **의의** : 공법상의 사건이란 행정법관계의 변동을 가져오는 개개의 자연적인 사실을 말한다.

② **기간** : 한 시점에서 다른 시점까지의 시간적 간격이다. 행정상의 기간계산은 법령에 특별한 규정이 있는 외에는 민법상의 기간의 계산에 관한 규정(민법 제155조 내지 제161조)에 의한다. ★

③ **시효** : 일정한 사실상태가 일정한 기간 동안 계속된 경우에 그 사실상태가 진실한 법률관계에 합치되는 것인지의 여부에 관계없이 그대로 그 상태를 존중함으로써 그것을 진실한 법률관계로 인정하는 태도이다. 법령에 특별한 규정이 없는 한 민법의 시효에 관한 규정(민법 제162조 내지 제184조)이 준용된다. ★

④ **제척기간** : 일정한 권리에 대하여 법률이 정한 존속기간이다. 이는 법률관계의 신속한 확정의 요구로 중단사유가 인정되지 않는 점이 시효와 다르다. ★

⑤ **주소와 거소**

   ⊙ **주소** : 주소에 관하여는 다른 법률에 특별한 규정이 없는 한 주민등록법에 의한 주민등록지가 된다. 또한 공법관계에서의 주소는 1개소에 한한다.

   ⓒ **거소** : 거소란 사람이 다소의 기간 동안 계속하여 거주하지만 그 장소와의 밀접도가 주소만 못한 곳이다.

(4) 공법상의 사무관리와 부당이득

① 공법상의 사무관리

　㉠ 행정법상 행정주체가 법률상 의무 없이 타인을 위하여 사무를 관리하는 것이다.

　㉡ 특별감독관계에 있는 사업에 대한 관리(강제관리와 수난구호, 행려병사자관리), 보호관리 등이 있다.

　㉢ 행정기관이 법규나 조리상 합리적이라고 인정되는 범위에서 인정된다. 특별한 규정이 없는 한 민법
　　의 규정(민법 제734조 이하)을 준용한다.

② 공법상의 부당이득

　㉠ 공법상 원인 없이 타인의 재산 또는 노무로 인하여 이익을 얻고 그로 인하여 타인에게 손해를 가한
　　자에게 그 이득의 반환을 요구하는 제도이다.

　㉡ 공법상 부당이득이 문제가 되는 때에는 이미 법률상의 원인 문제는 없어진 뒤이며, 경제적 견지에
　　서의 이해조절제도 등을 이유로 **사권으로 본다**(판례).

　㉢ 행정주체를 상대로 한 공법상의 부당이득반환청구권이 금전지급을 목적으로 하는 것이면 그 소멸시
　　효는 5년이다. ★

> **부당이득 관련 판례**
> 조세의 과오납이 부당이득이 되기 위하여는 납세 또는 조세의 징수가 실체법적으로나 절차법적으로 전혀 법률상의
> 근거가 없거나 과세처분의 하자가 중대하고 명백하여 당연무효이어야 하고, 과세처분의 하자가 단지 취소할 수
> 있는 정도에 불과할 때에는 과세관청이 이를 스스로 취소하거나 항고소송절차에 의하여 취소되지 않는 한 그로
> 인한 조세의 납부가 부당이득이 된다고 할 수 없다(대판 1994.11.11 94다28000). ★★

2　행정조직법

1　국가행정조직법

(1) 의 의

① 국가행정조직이란 국가의 행정을 담당하기 위하여 설치된 국가의 고유한 행정기관의 조직을 말하며, 넓
　게는 국가행정을 담당하는 모든 기관이며, 좁게는 행정관청만을 국가행정기관이라 한다.

② 국가행정기관은 대통령을 정점으로 국무총리, 행정각부 및 그의 소속기관과 감사원 등으로 이루어져
　있다.

③ 지역적 범위에 따라 중앙행정기관과 지방행정기관으로 구분된다.

④ 법률상의 지위, 권한, 주관사무의 종류와 내용 등을 표준으로 행정관청, 보조기관, 자문기관, 의결기관, 감사기관, 기업 및 공공시설기관으로 구분된다.

(2) 지역적 범위에 따른 국가행정기관

① 중앙행정조직

ㄱ 국가의 중앙행정조직은 헌법에 기본적 규정이 있고(대통령, 국무총리, 국무회의, 행정각부 등), 국가행정조직에 관한 일반법인 정부조직법 및 개개의 특별법에 의하여 규정되고 있다.

ㄴ 특별법으로서는 감사원법, 국가안전보장회의법, 국가정보원법·의무경찰대법(의무경찰대 설치 및 운영에 관한 법률), 검찰청법 등이 있다.

② 지방행정조직

ㄱ **보통지방행정기관** : 지방자치단체의 장인 서울특별시장, 부산·인천·광주·대전·대구·울산광역시장, 도지사 및 시장, 군수 또는 그 하급기관인 구청장, 읍장, 면장 등에게 위임하여 행한다.

ㄴ **특별지방행정기관** : 중앙행정기관이 그 소관사무를 분장하기 위하여 필요할 때에 대통령령으로 지방행정기관을 설치할 수 있다(정부조직법 제3조 제1항).

정부조직법의 주요사항

① 중앙행정기관의 설치와 조직 : 중앙행정기관의 설치와 직무범위는 법률로 정한다(정부조직법 제2조 제1항).

② 대통령의 행정감독권

ㄱ 대통령은 정부의 수반으로서 법령에 따라 모든 중앙행정기관의 장을 지휘·감독한다(정부조직법 제11조 제1항).

ㄴ 대통령은 국무총리와 중앙행정기관의 장의 명령이나 처분이 위법 또는 부당하다고 인정하면 이를 중지 또는 취소할 수 있다(정부조직법 제11조 제2항). ★

③ 대통령경호처 : 대통령 등의 경호를 담당하기 위하여 대통령경호처를 둔다(정부조직법 제16조 제1항).

④ 국가정보원 : 국가안전보장에 관련되는 정보·보안 및 범죄수사에 관한 사무를 담당하기 위하여 대통령 소속으로 국가정보원을 둔다(정부조직법 제17조 제1항). ★

⑤ 국가보훈처 : 국가유공자 및 그 유족에 대한 보훈, 제대군인의 보상·보호 및 보훈선양에 관한 사무를 관장하기 위하여 국무총리 소속으로 국가보훈처를 둔다(정부조직법 제22조의2 제1항).

⑥ 인사혁신처 : 공무원의 인사·윤리·복무 및 연금에 관한 사무를 관장하기 위하여 국무총리 소속으로 인사혁신처를 둔다(정부조직법 제22조의3 제1항).

⑦ 법제처 : 국무회의에 상정될 법령안·조약안과 총리령안 및 부령안의 심사와 그 밖에 법제에 관한 사무를 전문적으로 관장하기 위하여 국무총리 소속으로 법제처를 둔다(정부조직법 제23조 제1항).

⑧ 식품의약품안전처 : 식품 및 의약품의 안전에 관한 사무를 관장하기 위하여 국무총리 소속으로 식품의약품안전처를 둔다(정부조직법 제25조 제1항).

---

(3) 법률상의 지위, 권한 등에 따른 국가행정기관

① 행정관청

　⊙ 행정관청이란 행정에 관한 국가의 의사를 결정하고 외부에 표시하는 권한을 가진 행정기관으로, **의사기관**이라고도 한다(📖 각 부 장관). ★★

　ⓒ 행정관청에 대하여 **지방자치단체의 의사결정기관을 행정청**이라고 한다(📖 도지사, 시장, 군수 등). ★★

　ⓒ 행정관청은 구성원이 1인인 독임제(📖 외교부장관, 행정안전부장관)와 다수인인 합의제(📖 선거관리위원회, 토지수용위원회, 도시계획위원회 등)가 있다. ★

　ⓒ 행정관청은 국가의 의사를 결정하는 점에서 의결기관과 같으나, 그것을 외부에 표시할 수 있는 권한을 가진 점에서 의결기관과 다르다. 행정관청의 설치와 조직은 법으로 정한다.

② 보조기관 ★★

　⊙ 행정관청에 소속되어 **행정관청의 일을 보조**하는 국가행정기관이다(📖 각 부처의 차관, 차장, 실장, 국장, 과장 등).

　ⓒ 보조기관의 설치 및 그 사무분장(分掌)은 법률로 정하여진 것을 제외하고는 대통령령으로 정한다.

③ 자문기관

　⊙ 행정관청의 자문에 응하여 또는 자발적으로 행정관청의 의사결정에 참고 될 의사를 제공하는 행정기관이다(📖 각종의 심의회, 위원회 등).

　ⓒ 자문기관의 설치는 헌법(📖 국정자문회의[1989월 3월 29일 폐지], 국가안전보장회의, 민주평화통일자문회의 등)이나, 법률(📖 경제과학심의회의[1993년 폐지], 사회보장심의위원회[1996년 7월 13일 폐지], 도시계획위원회, 토지수용위원회 등)에 의하는 경우도 있으나, 대통령령에 의하는 것이 보통이다.

④ 의결기관 ★★

　⊙ 행정에 관하여 **의사를 결정할 수 있는 권한**을 가지는 **합의제 행정기관**을 의결기관이라 한다. 의사결정에만 그친다는 점에서 **외부에 표시할 권한을 가지는 행정관청과 다르고**, 단순한 자문적 의사의 제공에 그치는 **자문기관과는 행정관청을 구속한다는 점에서 다른 점**이 있다(📖 감사위원회, 소청심사위원회, 각종의 징계위원회 등).

　ⓒ 의결기관의 설치는 법률에 근거해야 한다.

⑤ 집행기관 ★

행정관청의 명을 받아 국가의사를 사실상 집행하는 기관이다(📖 경찰, 소방, 세무공무원 등). 실력의 행사로 국가의사를 강제적으로 실현함을 특색으로 한다.

⑥ 감사기관 ★

다른 행정관청의 행정사무나 회계처리를 검사하고 그 적부에 관해 감사하는 기관을 말한다(📖 감사원).

CHAPTER 07

⑦ **공기업기관** : 공기업의 관리운영을 임무로 하는 행정기관을 말한다.

⑧ **공공시설기관**(영조물기관) : 공공시설의 관리를 담당하는 공기업기관을 말한다(예 국립병원, 국립대학, 국립도서관 등).

2 자치행정조직법

(1) 의 의

① 국가가 행정을 그 스스로 행하는 외에 일정한 독립된 법인, 즉 공공단체로 하여금 공공의 행정을 행하게 하는 경우를 자치행정이라고 한다.

② 보통 지방자치행정이라고 하며 자치행정의 주체에는 공공단체 및 공법인이 있다.

(2) 공공단체 ★

① 공공단체란 **국가로부터 그 존립의 목적이 부여된 공법상의 법인**이다.

② 공공단체는 목적이 법률에 규정되고 설립조직이 강제되며, 국가적 공권 등이 부여되거나, 특별감독을 받는다.

③ 지방자치단체, 공공조합, 영조물법인, 즉 특정한 행정목적을 계속적으로 수행하기 위하여 독립된 인격이 부여된 공법상의 재단법인(예 한국조폐공사, 한국토지주택공사, 한국방송공사, 한국은행 등)이 있다.

(3) 지방자치단체

① 의의 : 지방자치를 헌법적으로 보장하고 있으며 보통지방자치단체와 특별지방자치단체(지방자치단체조합)가 있다.

② **지방자치단체의 주민의 자격** : 당해 자치단체의 구역 내에 주소만 있으면 인종·국적·성·행위능력의 유무를 불문한다. 주민은 재산·시설공용권 및 비용분담의무, 선거권 및 피선거권, 소청권 등이 있다.

③ **지방자치단체의 사무** : 지방자치단체는 관할 구역의 자치사무와 법령에 따라 지방자치단체에 속하는 사무를 처리한다(지방자치법 제9조 제1항). ★

④ 권한 : 자치입법권, 자치조직권, 자치행정권, 자치재정권을 가진다. ★

⑤ 종류 : 지방자치단체는 다음 두 가지 종류로 구분한다(지방자치법 제2조) ★

　㉠ **특별시, 광역시, 특별자치시, 도, 특별자치도**

　㉡ **시**(도의 관할 구역 안의 시), **군**(광역시, 특별자치시나 도의 관할 구역 안의 군), **구**(특별시와 광역시·특별자치시의 관할 구역 안의 구)(지방자치법 제3조 제2항 참조)

⑥ 기관 ★

단체의사를 결정하는 의결기관인 지방의회와 그것을 집행하는 집행기관으로서 일반행정집행기관인 자치단체의 장과 교육·학예 등의 집행기관인 교육위원회·교육감이 있다. 또 특별기관으로서 선거관리위원회 등이 있다.

⑦ 지방자치단체에 대한 국가의 감독

ㄱ 지방자치법 제1조의 '감독'은 입법권·사법권에 의한 '**합법성의 감독**'으로서 국가의 일반적인 권력적·후견적 감독은 아니다. **그러나 수임사무**의 처리에는 **일반적인 지휘·감독권이 인정**된다. ★

ㄴ 국가의 감독은 입법기관(법률제정과 국정조사권 등)에 의한 감독, 사법기관(예 재판에 의한 간접감독)에 의한 감독 등이 있다. 행정기관에 의한 감독, 행정상 쟁송의 재결 등의 방법에 의한 감독, 행정적 감독(예 사무감독, 보고, 승인, 명령·지정, 명령 처분의 취소·정지, 징계요구 등)이 있다.

(4) 지방자치기관의 권한 ★

① **지방자치단체장의 권한**: 통할대표권(지방자치법 제101조), 사무관리 및 집행권(지방자치법 제103조), 국가사무의 위임(지방자치법 제102조), 행정의 지휘·감독권 및 소속직원의 임면권(지방자치법 제105조), 주민투표부의권(지방자치법 제14조 제1항), 규칙제정권(지방자치법 제23조) 등이 있다.

② **지방의회의 권한**: 의결권(지방자치법 제39조 제1항), 출석답변요구권(지방자치법 제41조 제4항 등), 선거권(지방자치법 제48조 제1항·제2항), 자율권, 지방의회의원의 자격심사 및 제명권(지방자치법 제79조), 행정의 감사·조사권(지방자치법 제41조), 청원심사처리권(지방자치법 제58조), 조례의 제정권(지방자치법 제58조) 등이 있다.

(5) 주민의 권리와 의무

① 주민의 권리

소속재산 및 공공시설이용권, 균등한 행정혜택을 받을 권리(지방자치법 제13조 제1항), 선거권과 피선거권(지방자치법 제13조 제2항), 주민투표권(주민투표법 제5조), 지방의회에의 청원권(지방자치법 제73조 제1항), 행정쟁송권과 손해배상청구권, 손실보상청구권 등이 있다.

② 주민의 의무: 주민은 법령으로 정하는 바에 따라 소속 지방자치단체의 비용을 분담하여야 하는 의무를 진다(지방자치법 제21조).

CHAPTER 07

3 공무원

(1) 공무원의 개념

① **공무원법에서의 공무원** : 국가의 고용인으로서 국가공무를 담당하는 자를 말한다.

② **최광의의 공무원** : 일체의 공무담당자이며, 국가배상법상의 공무원이 이에 해당한다.

③ **광의의 공무원** : 국가 또는 자치단체와 **공법상 근무관계를 맺고 공무를 담당**하는 기관구성자이다.

④ **협의의 공무원** : 국가 또는 자치단체와 **특별권력관계를 맺고 공무를 담당**하는 기관구성자이다.

(2) 공무원의 권리

① **신분상의 권리** : 공무원은 법령이 정하는 사유와 절차에 의하지 않고는 그 신분과 직위로부터 일방적으로 배제되거나 그 직위에 속하는 직무의 집행을 방해당하지 아니하는 권리를 가진다(예 신분보유권, 직위보유권, 직무집행권, 직명사용권, 제복착용권, 쟁송제기권 등).

② **재산상의 권리** : 봉급청구권, 연금청구권 및 실비변상청구권 등이 있다.

(3) 공무원의 의무

① **성실의무(국가공무원법 제56조)** : 공법상 근무관계의 기본적 특질이며 윤리성을 그 본질로 한다. 따라서 단순한 고용관계에 있어서의 노무급부의무와 구별된다.

② **직무상 의무**

㉠ **법령준수의무(국가공무원법 제56조)·복종의무(국가공무원법 제57조)** : 복종의무는 소속 상관에 대한 의무로서 그를 위반하면 징계사유가 된다. 그러나 **직무명령이 법규는 아니므로 위법은 되지 않는다**. 직무 명령이 중대하고 명백한 법령위반으로 절대무효라고 판단되는 경우 외에는 단순히 법령해석상의 차이에 불과한 경우나 직무명령이 다소 부당하다고 인정되어도 그에 기속되어야 한다. 직무명령이 상급상관끼리 경합되면 **직근상관명령에 복종**하여야 한다.

㉡ **직무전념의무** : **직장이탈금지**(국가공무원법 제58조), **영리 업무 및 겸직 금지**(국가공무원법 제64조), **영예의 제한**(국가공무원법 제62조), **정치운동금지**(국가공무원법 제65조), **집단행위금지**(국가공무원법 제66조) 등의 의무가 있다.

㉢ 이외에 **친절·공정의무**(국가공무원법 제59조), **비밀엄수의무**(국가공무원법 제60조) 등이 있다.

③ **품위유지의무** : 특히 **경제적 청렴의무**를 포함한다. 그러나 단순한 공무원의 사생활까지는 미치지 아니한다. ★

(4) 우리나라 공무원제도의 기본원칙 ★

① 민주국가에서의 공무원은 자유롭게 국가에 고용된 근로자이며, 단순한 고용인이 아니라 국민 전체의 봉사자라는 윤리성도 지니고 있다.

② 우리나라 공무원제도는 민주적 공무원제도, 직업공무원제(신분보장·정치적 중립성·성적주의)를 근본으로 하고 있다.

(5) 공무원의 결격사유(국가공무원법 제33조)[개정 2018. 10. 16 시행일 2019. 4. 17] ★★

다음의 어느 하나에 해당하는 자는 공무원으로 임용될 수 없다.

① 피성년후견인 또는 피한정후견인

② 파산선고를 받고 복권되지 아니한 자

③ 금고 이상의 실형을 선고받고 그 집행이 종료되거나 집행을 받지 아니하기로 확정된 후 5년이 지나지 아니한 자

④ 금고 이상의 형을 선고받고 그 집행유예 기간이 끝난 날부터 2년이 지나지 아니한 자

⑤ 금고 이상의 형의 선고유예를 받은 경우에 그 선고유예 기간 중에 있는 자

⑥ 법원의 판결 또는 다른 법률에 따라 자격이 상실되거나 정지된 자

⑦ 공무원으로 재직기간 중 직무와 관련하여 「형법」 제355조 및 제356조에 규정된 죄를 범한 자로서 300만원 이상의 벌금형을 선고받고 그 형이 확정된 후 2년이 지나지 아니한 자

⑧ 성폭력범죄의 처벌 등에 관한 특례법 제2조에 규정된 죄를 범한 사람으로서 100만원 이상의 벌금형을 선고받고 그 형이 확정된 후 3년이 지나지 아니한 사람

⑨ 미성년자에 대한 다음 각 목의 어느 하나에 해당하는 죄를 저질러 파면·해임되거나 형 또는 치료감호를 선고받아 그 형 또는 치료감호가 확정된 사람(집행유예를 선고받은 후 그 집행유예기간이 경과한 사람을 포함한다)

  ㉠ 성폭력범죄의 처벌 등에 관한 특례법 제2조에 따른 성폭력범죄

  ㉡ 아동·청소년의 성보호에 관한 법률 제2조 제2호에 따른 아동·청소년대상 성범죄

⑩ 징계로 파면처분을 받은 때부터 5년이 지나지 아니한 자

⑪ 징계로 해임처분을 받은 때부터 3년이 지나지 아니한 자

(6) 공무원의 징계

① 징계사유(국가공무원법 제78조 제1항)

  ㉠ 국가공무원법 및 국가공무원법에 따른 명령을 위반한 경우

  ㉡ 직무상의 의무(다른 법령에서 공무원의 신분으로 인하여 부과된 의무를 포함한다)를 위반하거나 직무를 태만히 한 때

ⓒ 직무의 내외를 불문하고 그 체면 또는 위신을 손상하는 행위를 한 때

② **징계의 종류** : 파면, 해임, 강등, 정직, 감봉, 견책(국가공무원법 제79조)

3 행정작용법

1 행정입법

(1) 행정입법의 개념

① 국가 또는 자치단체와 같은 행정주체가 일반적·추상적인 규범을 정립하는 작용이다.

② 행정입법에는 국가행정권에 의한 입법(⑩ 대통령령, 총리령, 부령)과 자치입법이 있으며, 전자에는 법규의 성질을 가지는 법규명령과 그렇지 않은 행정규칙이 있고, 후자에는 제정주체에 따라 조례·규칙·교육규칙이 있다.

(2) 법규명령

① **법규명령의 의의** : 행정권이 정립하는 명령으로서 **법규의 성질**을 가지는 것이다.

② **법규명령의 종류**

ㄱ **법률에 대한 관계를 기준** : 위임명령과 독립명령(⑩ 헌법상 대통령의 긴급재정경제명령 및 긴급명령)

ㄴ **수권의 근거를 기준** : 직권명령과 위임명령

ㄷ **규정사항의 내용을 기준** : 위임명령과 집행명령

ㄹ **권한의 소재를 기준** : 대통령령·총리령·부령, 기타 중앙선거관리위원회의 규칙 등

(3) 행정규칙

① **의의** : 행정규칙이란 행정기관이 정립하는 일반적 규정으로서 **법규적 성질을 갖지 않는 것**을 말한다.

② **성질** : 법규로서의 성질이 없이 일면적 구속력만을 갖기 때문에 그에 위반하는 **행위의 효과는 행정조직의 내부**에만 미친다. ★

③ **근거** : 특별한 법률의 수권 없이도 행정권의 당연한 기능으로서 제정할 수 있다. 다만, 특정의 고시·훈령 등 법규의 보충명령의 성질이 있는 것은 그 법규의 구체적인 위임이 필요하다. ★

④ **종류** : 조직규칙(⑩ 사무분장규정·처무규정 등), 근무규칙(⑩ 훈령·통첩 등), 영조물규칙(⑩ 국·공립대학교 학칙 등), 감독규칙(⑩ 법관계의 내용에 따른 분류) 등이 있다.

(4) 자치입법

자치입법은 행정입법의 한 종류로서 조례·규칙·교육규칙 등이 있다.

2 행정행위

(1) 행정행위의 개념

① 행정행위는 발하는 주체에 따라 국가의 행정행위와 자치단체 등의 행정행위로 나눌 수 있다.

② 실정법상으로 인가, 허가, 면허, 결정, 재결 등의 명칭으로 불리고 있다.

(2) 행정행위의 종류

① 법률행위적·준법률행위적 행정행위(행위의 구성요소 내지 법률적 효과의 발생원인에 따른 분류)

 ㉠ 법률행위적 행정행위 : **의사표시를 구성요소**로 하고 그 의사의 내용에 따라 법률적 효과가 발생하는 행위이다(허가·하명·면제·특허·대리 등).

 ㉡ 준법률행위적 행정행위 : 의사표시 이외의 정신작용(예 인식·관념 등) 등의 표시를 요소로 하고 그 **법률적 효과**는 행위자의 의사 여하를 불문하고 **직접 법규가 정하는 바에 따라 발생**하는 행위이다(예 확인·공증·통지·수리 등).

② 기속행위와 재량행위(법규의 구속 정도에 따른 분류)

 ㉠ 기속행위 : 법규가 행정주체에 대하여 **어떠한 재량의 여지를 주지 아니하고** 오직 그 법규를 집행하도록 하는 경우이다(예 조세부과행위).

 ㉡ 재량행위 : 법규가 **행정기관에게 어느 범위까지 판단의 자유를 허용**하는 경우의 행정행위를 말한다. 법치주의원칙 아래에서 이는 공익이나 행정의 구체적 타당성을 위한 것으로 이 구분은 어디까지나 상대적이다.

③ 수익적·침익적·복효적 행정행위(상대방에 대한 효과에 따른 분류)

 ㉠ 수익적 행정행위 : 상대방에게 권리·이익의 부여, 권리에 대한 제한의 철폐 등 유리한 효과를 발생시키는 행정행위로 법률유보원칙이 완화되어 적용되는 특색을 보이며, **특허행위, 각종 급부제공행위** 등이 해당된다.

 ㉡ 침익적 행정행위 : 상대방에게 의무를 부과하거나 권리·이익을 침해·제한하는 등의 불이익한 효과를 발생시키는 행정행위로 **명령, 금지, 박권행위**, 수익적 행정행위의 취소나 철회 등이 있다. 부과적 행정행위, 불이익처분이라고도 한다.

 ㉢ 복효적 행정행위 : 상대방에 대해서는 수익적이나, 제3자에 대해서는 침익적으로 작용하거나 또는 그 역으로 작용하는 행위를 말한다(이를 제3자효적 행정행위라 한다). 예컨대, 甲에게 공해공장 건축허가를 하면 허가라는 하나의 행위가 甲에게는 이익이 되지만 인근주민에게는 불이익이 되는 경우이다.

④ 대인적 · 대물적 · 혼합적 행정행위(대상에 따른 분류)
  ㉠ 대인적 행정행위 : 순전히 사람의 학식, 기술, 경험과 같은 주관적 사정에 착안하여 행하여지는 행정행위를 지칭한다(예 의사면허, 운전면허, 인간문화재지정 등).
  ㉡ 대물적 행정행위 : 물건의 객관적 사정에 착안하여 행하여지는 행정행위를 말한다(예 자동차검사증교부, 건물준공검사, 자연공원지정, 물적 문화재지정, 목욕탕 영업허가 등).
  ㉢ 혼합적 행정행위 : 인적 · 주관적 사정과 물적 · 객관적 사정을 모두 고려하여 행하여지는 행정행위를 말한다(예 **중개업허가, 가스 · 석유 사업허가, 화학류 영업허가, 약국 영업허가** 등)
⑤ 단독(독립)적 · 쌍방적 행정행위(상대방의 협력 여부에 따른 분류)
  ㉠ 단독적 행정행위 : 상대방의 협력을 요건으로 하지 않는 행정행위로서 일방적 행정행위, 협의의 단독행위, 직권행위라고도 한다(예 **조세부과, 경찰하명, 허가의 취소, 공무원의 징계**).
  ㉡ 쌍방적 행정행위 : 상대방의 협력을 요건(유효요건 또는 적법요건)으로 하는 행정행위로서 허가, 인가, 특허와 같이 상대방의 신청을 요하는 행위와 공무원임명과 같이 상대방의 동의를 요하는 행위가 있으며, 신청 등이 없이 행한 행정행위는 무효로 된다.
⑥ 요식행위와 불요식행위(형식의 요부에 따른 분류)
  ㉠ 요식행위 : 관계법령이 일정한 서식, 날인, 기타 일정한 형식을 요하는 행정행위이다(예 납세고지서 발부, 징집영장발부, 대집행계고, 대집행영장통지, 독촉).
  ㉡ 불요식행위 : 일정한 형식을 요하지 않는 행정행위로서 원칙적인 형태이다. ★

(3) 행정행위(처분)의 내용

① 법률행위적 행정행위 : 의사표시를 구성요소로 하고 그 의사의 내용에 따라 법률적 효과가 발생하는 행위이다.
  ㉠ 명령적 행정행위 : 국민에게 특정한 의무를 명하여 자연적 자유를 제한하거나(하명), 부과된 의무를 해제하여 자연적 자유를 회복시키는 행위(허가 · 면제)이다. ★

하 명	일정한 행정목적을 위하여 개인에게 작위 · 부작위 · 지급 · 수인의 의무를 과하는 행정행위로서 특히 부작위의 의무를 과하는 하명을 금지라고도 한다.
허 가	일반적 금지를 특정한 경우에 해제하여 적법하게 그 행위를 할 수 있도록 자연의 자유를 회복하여 주는 행정행위이다. 허가의 효과는 일반적으로 과하여진 부작위의무의 소멸이므로 적극적으로 새로운 권리를 설정하는 것은 아니다.
면 제	법령 또는 그에 의거한 행정행위에 의하여 일반적으로 과하여진 작위 · 지급 · 수인의 의무를 특정한 경우에 소멸시키는 행정행위이다. 그 면제하는 의무가 부작위는 아닌 점이 허가와 구별된다.

© **형성적 행정행위** : 행정객체에게 특정한 권리나 능력 등의 법률상 힘이나 포괄적 법률관계, 기타 법률상 힘을 형성시키는 법률행위이다. ★

특 허	특정인에게 일정한 권리·권력 또는 포괄적 법률관계를 설정·변경·소멸시키는 행정행위이다. 특허를 받은 자는 특허된 법률상의 힘을 제3자에 대하여 법적으로 주장·행사할 수 있으며, 특허에 대한 침해는 권리의 침해가 된다.
인 가	개인이 제3자와의 관계에서 하는 법률적 행위를 보충함으로써 그 법률적 행위의 효력을 완성시켜 주는 행정행위이다(보충적 행정행위). 인가는 행정객체의 출원을 전제로 해서만 행하여질 수 있다.
대 리	타인이 하여야 할 행위를 행정청이 갈음하여 함으로써 본인이 한 것과 같은 법적 효과를 발생시키는 행정행위이다. 이는 사법상의 대리나 행정관청의 대리와는 달리 법정대리라 할 수 있다.

② **준법률행위적 행정행위** ★

의사표시 이외의 정신작용(인식·관념 등) 등의 표시를 요소로 하고 그 법률적 효과는 행위자의 의사 여하를 불문하고 직접 법규가 정하는 바에 따라 발생하는 행위이다.

㉠ **확인** : 특정한 법률사실 또는 법률관계의 존부(存否)·정부(正否)에 관하여 의문이나 분쟁이 있는 경우에 행정청이 이를 공권적으로 판단·확정하는 행정행위이다.

㉡ **공증** : 특정한 법률관계의 존재를 공적으로 증명하는 행정행위이다. 공증은 이러한 것에 공적인 증거력을 발생시킨다.

㉢ **통지** : 특정인 또는 불특정다수인에 대하여 특정한 사실을 알리는 행정행위이다. 통지의 효과는 직접 법령에 의하여 발생하는 바, 구체적 내용은 각 법령 규정에 따라서 다르다.

㉣ **수리** : 타인의 행정청에 대한 행위를 유효한 것으로서 수령하는 행정행위이다. 수리는 수동적인 인식표시행위인 점에서 단순한 도달이나 접수와는 다르다. 수리의 법적 효과는 법령이 정하는 바에 의한다.

법률행위적 행정행위와 준법률행위적 행정행위(처분) ★★

법률행위적 행정행위	명령적 행위	하명, 허가, 면제
	형성적 행위	특허, 인가, 대리
준법률행위적 행정행위		확인, 공증, 통지, 수리

(4) 행정행위의 성립과 효력발생요건

① **행정행위의 성립요건** ★

㉠ **주체** : 행정행위는 **정당한 권한을 가지는 행정청**에 의하여야 하고, **적법하게 구성된 행정기관의 정상적인 의사**에 의한 것이어야 한다. 또한, 타기관과의 협력이 요구된 경우에는 소정의 협력이 있어야 하고, 권한 내의 사항에 관한 행위를 하여야 한다.

ⓒ 내용 : 법률상·사실상 실현가능하고 객관적으로 명확해야 한다. 또한, 법령과 공익에 부합되어야 하며, 절차와 형식을 갖추어야 한다.

② 행정행위의 효력발생요건 ★

보통 법규나 부관에 특별한 규정이 없는 한 성립과 동시에 발생하나, 수령을 요하는 행정행위는 상대방에 도달함으로써 발생한다.

(5) 행정행위의 부관

① 의의 : 행정행위의 일반적인 효과를 제한하기 위하여 주된 의사표시에 붙여진 종된 의사표시이다. ★

② 부관의 종류

조 건	행정행위의 효력의 발생 또는 소멸을 발생이 불확실한 장래의 사실에 의존하게 하는 행정청의 의사표시로서, 조건성취에 의하여 당연히 효력을 발생하게 하는 정지조건과 당연히 그 효력을 상실하게 하는 해제조건이 있다.
기 한	행정행위의 효력의 발생 또는 소멸을, 발생이 장래에 도래할 것이 확실한 사실에 의존하게 하는 행정청의 의사표시로서, 기한의 도래로 행정행위가 당연히 효력을 발생하는 시기와 당연히 효력을 상실하는 종기가 있다.
부 담	행정행위의 주된 의사표시에 부가하여 그 상대방에게 작위·부작위·급부·수인의무를 명하는 행정청의 의사표시로서, 특허·허가 등의 수익적 행정행위에 붙여지는 것이 보통이다.
철회권의 유보	행정행위의 주된 의사표시에 부수하여, 장래 일정한 사유가 있는 경우에 그 행정행위를 철회할 수 있는 권리를 유보하는 행정청의 의사표시이다(숙박업 허가를 하면서 성매매행위를 하면 허가를 취소한다는 경우).

(6) 행정행위의 무효

① 의의 : 행정행위가 중대하고 명백한 하자로 인하여 행정행위로서의 외형은 존재하나 처음부터 당연히 행정행위로서의 효력이 발생하지 못하는 것을 말한다.

② 무효의 원인 : 실정법적 규정이 없기 때문에 학설과 판례에 의한다.

주체상의 하자	정당한 권한을 가지지 아니하는 행정기관의 행위는 무효이다. 즉, 공무원이 아닌 자의 행위, 적법하게 구성되지 아니한 합의제 행정기관의 행위, 타기관의 필요적 협력을 받지 아니하고 한 행위 등이 이에 해당된다. 행정기관의 권한 외의 행위는 원칙적으로 무효이다. 행정기관의 정상의 의사에 의하지 아니한 행위, 즉 전혀 의사 없이 한 행위나 의사결정에 하자 있는 행위 등이 그것이다.
내용상의 하자	내용이 불분명하거나 실현이 불가능한 행위로서 사실상 불능인 행위와 법률상 불능인 행위가 있다.
절차상의 하자	법률상 필요한 상대방의 신청이나 동의가 없는 행위, 필요적 고지 없이 한 행위, 소정의 청문, 기타 의견진술의 기회를 부여하지 아니하고 한 행위, 이해관계인의 필요적인 참여 없이한 행위 등이다.
형식상의 하자	서면에 의하지 아니한 행위, 필요적 기재가 없는 행위, 행정기관의 서명·날인이 없는 행위 등이 있다.

(7) 행정행위의 취소

① 의 의 ★

㉠ 행정행위의 취소 : 그 성립에 흠이 있음에도 불구하고 일단 유효하게 성립한 행정행위에 대하여 그 성립에 흠이 있음을 이유로 권한 있는 기관이 그 효력의 전부 또는 일부를 **원칙적으로 행위시로 소급하여 상실시키는 행위**를 말한다.

㉡ 철회와의 구별 : **철회**는 아무런 흠이 없이 유효·적법하게 성립한 행정행위를 **그 효력을 장래에 존속시킬 수 없는 새로운 사유의 발생을 이유로 소멸**시킨다. 즉, 행정행위의 성립에 흠의 유무에 따라 구별된다.

② 종 류

㉠ 법원에 의한 취소와 행정청에 의한 취소

㉡ 쟁송취소와 직권취소

㉢ 수익적 행정행위의 취소와 부과적 행정행위의 취소 등.

③ 취소권자 ★

㉠ 직권취소 : 정당한 권한을 가진 **처분청과 감독청**

㉡ 쟁송취소 : **행정청 외의 법원**과 예외적으로 **제3기관**(소청심사위원회·국세심판소)

④ 취소사유

㉠ 단순위법(경미한 법규위반 및 조리법위반)

㉡ 부당(공익위반)의 경우

⑤ 취소의 제한 ★

㉠ 수익적 행정행위에 있어서는 법적 안정성 및 법률적합성원리에서 신뢰보호원칙으로 바뀌고 있다.

㉡ 직권취소에 있어서는 취소에 의해서 달성하려는 공익상의 필요와 상대방 또는 제3자의 신뢰보호와 법률생활안정·기득권존중 등의 요청을 비교형량하여 구체적으로 타당성 있게 결정해야 한다.

⑥ 취소의 절차

직권취소의 경우, 그에 관한 규정이 없는 것이 보통이나, 쟁송취소의 경우에는 행정심판법(재결)·행정소송법(판결) 등의 형식에 의한다.

⑦ 취소의 효과 ★

직권취소는 그 소급 여부가 구체적인 이익형량에 따라 다르며 확정력이 발생하지 아니한다. 그러나 **쟁송취소는 원칙적으로 기왕에 소급**한다.

> **행정행위의 무효와 취소의 구별기준**
> 하자 있는 행정처분이 당연무효가 되기 위해서는 그 하자가 법규의 중요한 부분을 위반한 중대한 것으로서 객관적으로 명백한 것이어야 하며, 하자가 중대하고 명백한 것인지 여부를 판별함에 있어서는 그 법규의 목적, 의미, 기능 등을 목적론적으로 고찰함과 동시에 구체적 사안 자체의 특수성에 관하여도 합리적으로 고찰함을 요한다.

(8) 그 밖의 행정의 주요 행위형식

① 행정상의 확약

일정한 행정작용을 하거나 하지 않을 것을 내용으로 하는 행정청의 구속력 있는 약속 또는 자기구속
적 의사표시이다(예 어업면허에 선행하는 우선순위의 결정, **공무원에 대한 승진약속, 주민에 대한 개발
약속** 등)

② 행정계획

행정주체가 장래 일정기간 내에 도달하고자 하는 목표를 설정하고, 그 목표를 상호관련성 있는 행정수
단의 조정과 종합화의 과정을 통하여 실현하기 위한 여러 행정시책의 계획 또는 그 설정행위이다(예
국토종합계획, 도시 · 군계획 등).

③ 공법상의 계약 ★

공법적 효과의 발생을 목적으로 하는 복수당사자 사이의 반대방향의 의사합치에 의하여 성립되는
비권력적 쌍방행위이다(예 **교육사무위탁**, 도로 · 하천의 경비분담에 관한 협의, **전문직 공무원 등 임용
계약, 별정우체국장의 지정** 등).

④ 공법상의 합동행위 ★

공법적 효과의 발생을 목적으로 하는 복수당사자 사이의 동일방향의 의사표시의 합치에 의하여 성립하
는 비권력적 쌍방행위이다(예 지방자치단체 간의 협의, **지방자치단체조합을 설립하는 행위**, 공공조합연
합회를 설립하는 행위, 정관작성행위 등).

⑤ 행정상의 사실행위 ★

일정한 법률효과의 발생을 목적으로 하는 것이 아니라 직접적으로는 일정한 사실상의 결과만을 발생
하는 일체의 행정주체의 행위형식이다(예 **행정지도, 공물 · 영조물의 설치 · 관리행위, 행정조사, 즉시강
제, 대집행실행행위**, 쓰레기수거, 학교수업 등).

⑥ 행정지도 ★★

행정주체가 지도 · 조언 · 권고 등의 방법으로 국민이나 기타 관계자의 행동을 유도하여 그 의도하
는 바를 실현하기 위하여 행하는 비권력적 사실행위이다(예 **물가의 억제를 위한 지도, 장학지도**, 중소
기업의 기술지도 등).

⑦ 비공식 행정작용 ★

실제로는 빈번히 이용됨에도 불구하고 법적 성격 · 요건 · 효과 · 절차 등이 일반적으로 법에 정해져
있지 않은 행정작용으로, **법적 구속력을 발생하지 않는 일체의 행정작용**이다(예 **경고와 권고, 협상, 조정**,
화해, 설득, 정보제공 등).

⑧ 행정의 자동화작용

행정의 자동화작용(행정자동기계결정)이란 자동기계에 의한 동일 또는 동종의 다수 행정청의 의사를
결정하거나 행정을 집행하는 경우에 자동정보처리시설을 이용하여 행하는 것을 말한다(예 자동감응장
치에 의해 가동되는 교통신호, **학생의 학교배정, 세금, 기타 공과금의 부과 결정** 등).

⑨ 행정의 사법적 활동

종래 광의의 국고행정 중 사법형식에 의하여 행정목적을 수행하는 행정활동으로서 일정한 공법적 규율을 받는 것을 말한다(예 공사의 도급계약·노무자의 고용계약, 행정의 영리적 활동, 기업에 대한 자금지원·채무의 보증 등).

3 행정행위의 효력

(1) (내용상) 구속력

행정행위가 그 내용에 따라 **관계행정청, 상대방 및 관계인에 대하여 일정한 법적 효과를 발생하는 힘**으로 모든 행정행위에 당연히 인정되는 실체법적 효력을 말한다.

(2) 공정력 ★

비록 행정행위에 하자가 있는 경우에도 그 하자가 중대하고 명백하여 당연무효인 경우를 제외하고는, **권한 있는 기관에 의해 취소될 때까지는 일응 적법 또는 유효**한 것으로 보아 누구든지(상대방은 물론 제3의 국가기관도) 그 효력을 부인하지 못하는 힘을 말한다.

(3) 구성요건적 효력 ★

유효한 행정행위가 존재하는 이상 모든 국가기관은 그 존재를 존중하고 스스로의 판단에 대한 기초로 삼아야 한다는 효력을 말한다(**국가기관에 대한 효력**).

(4) 존속력 ★

① 불가쟁력(형식적 확정력) : 행정행위에 대한 쟁송제기기간이 경과하거나 쟁송수단을 다 거친 경우에는 **상대방 또는 이해관계인**은 더 이상 그 행정행위의 효력을 다툴 수 없게 되는 효력을 말한다.
② 불가변력(실질적 확정력) : 일정한 경우 행정행위를 발한 **행정청 자신**도 행정행위의 하자 등을 이유로 직권으로 취소·변경·철회할 수 없는 제한을 받게 되는 효력을 말한다.

(5) 강제력

강제력에는 제재력과 자력집행력이 있다.
① 제재력 : 행정법상 의무위반자에게 처벌을 가할 수 있는 힘을 말한다.
② 자력집행력 : 행정법상 의무불이행자에게 의무의 이행을 강제할 수 있는 힘을 말한다.

CHAPTER 07

4 행정절차법과 정보공개법

(1) 행정절차법

① 행정절차법의 의의와 목적

    ㉠ **행정절차법의 의의** : 행정권의 발동인 행정작용을 행함에 있어 거치는 절차로서 행정청이 각종 처분, 명령, 정책, 제도 등을 제정·수립하거나 변경하는 경우에 이에 대한 합리적인 기준과 공정한 절차를 마련하고, 국민의 의견을 직접 듣고 반영할 수 있는 기회를 보장하는 데 있다.

    ㉡ **행정절차법의 목적** : 행정절차에 관한 공통적인 사항을 규정하여 국민의 행정참여를 도모함으로써 행정의 공정성·투명성 및 신뢰성을 확보하고 국민의 권익을 확보함을 목적으로 한다.

② 행정절차법의 주요내용

    ㉠ 처분·신고·행정상 입법예고·행정예고 및 행정지도의 절차에 관하여 다른 법률에 특별한 규정이 없는 경우에 적용되는 일반법이다(행정절차법 제3조 제1항).

    ㉡ 적용제외(행정절차법 제3조 제2항) ★

- 국회 또는 지방의회의 의결을 거치거나 동의 또는 승인을 받아 행하는 사항
- 법원 또는 군사법원의 재판에 의하거나 그 집행으로 행하는 사항
- 헌법재판소의 심판을 거쳐 행하는 사항
- 각급 선거관리위원회의 의결을 거쳐 행하는 사항
- 감사원이 감사위원회의의 결정을 거쳐 행하는 사항
- 형사(刑事), 행형(行刑) 및 보안처분 관계 법령에 따라 행하는 사항
- 국가안전보장·국방·외교 또는 통일에 관한 사항 중 행정절차를 거칠 경우 국가의 중대한 이익을 현저히 해칠 우려가 있는 사항
- 심사청구, 해양안전심판, 조세심판, 특허심판, 행정심판, 그 밖의 불복절차에 따른 사항
- 병역법에 따른 징집·소집, 외국인의 출입국·난민인정·귀화, 공무원 인사 관계 법령에 따른 징계와 그 밖의 처분, 이해 조정을 목적으로 하는 법령에 따른 알선·조정·중재(仲裁)·재정(裁定) 또는 그 밖의 처분 등 해당 행정작용의 성질상 행정절차를 거치기 곤란하거나 거칠 필요가 없다고 인정되는 사항과 행정절차에 준하는 절차를 거친 사항으로서 대통령령으로 정하는 사항

    ㉢ 행정청은 처분의 처리기준 및 처리기간을 미리 설정·공표하여야 한다(행정절차법 제19조·제20조). ★

    ㉣ 당사자에게 의무부과와 권익침해처분의 경우에는 사전통지 및 청문 등의 의견청취를 하며, 처분의 근거와 이유를 명시하도록 한다(행정절차법 제21조 내지 제23조). ★

    ㉤ 청문·공청회는 법령에 규정된 것과 행정청이 필요하다고 인정하는 경우에 실시한다(행정절차법 제22조·제28조·제29조). ★

ⓑ 일정한 사항을 행정청에 통지함으로써 신고가 끝나는 경우 해당 기관에 도달된 때 신고의무가 이행된 것으로 본다(행정절차법 제40조). ★

ⓢ 국민의 일상생활과 밀접한 법령 등을 제정·개정·폐지하거나 정책·제도·계획수립의 경우는 미리 예고하여 국민의 참여와 정부정책에 대한 국민의 협조를 유도한다(행정절차법 제41조 내지 제47조).

ⓞ 행정지도는 부당하게 강요하지 않고 상대방에게 의견 제출의 기회를 주도록 할 수 있다(행정절차법 제48조·제50조).

> **행정지도 관련 판례**
> 항고소송의 대상이 되는 행정처분은 행정청의 공법상의 행위로서 상대방 또는 기타 관계자들의 법률상 지위에 직접적으로 법률적인 변동을 일으키는 행위를 말하는 것이므로 세무당국이 소외 회사에 대하여 원고와의 주류거래를 일정기간 중지하여 줄 것을 요청한 행위는 권고 내지 협조를 요청하는 권고적 성격의 행위(행정지도)로서 소외 회사나 원고의 법률상의 지위에 직접적인 법률상의 변동을 가져오는 행정처분이라고 볼 수 없는 것이므로 항고소송의 대상이 될 수 없다(대판 1980.10.27, 80누395).

(2) 공공기관의 정보공개에 관한 법률(정보공개법)

① 의 의

공공기관의 정보공개에 관한 법률은 행정권이 보유·관리하는 다양한 정보에 대한 국민의 자유로운 접근권을 인정하여 국민의 알 권리를 보장하고, 아울러 국정에 대한 국민의 참여와 국정운영의 투명성을 확보하려는 데 있다(정보공개법 제1조).

② 주요내용

㉠ 정보공개대상은 공공기관이 직무상 작성·취득하여 관리하고 있는 문서(전자문서 포함), 도면, 사진, 필름, 테이프, 슬라이드, 그 밖에 이에 준하는 매체 등이다(정보공개법 제2조 제1호).

㉡ 정보공개대상기관은 국가기관, 지방자치단체, 공공기관의 운영에 관한 법률 제2조에 따른 공공기관, 그 밖에 대통령령으로 정한 기관으로 한다(정보공개법 제2조 제3호). ★

㉢ 공공기관이 보유·관리하는 정보는 공개를 원칙으로 하되, 국가안보, 외교관계 등 국익정보와 개인의 사생활에 관한 정보 등은 공개하지 아니하도록 한다(정보공개법 제3조·제9조). ★

㉣ 공공기관은 정보공개청구를 받은 날부터 10일 이내에 공개 여부를 결정하여야 하고, 제3자와 관련이 있는 공개대상 정보는 그 사실을 제3자에게 지체 없이 통지하여 의견을 청취할 수 있도록 한다(정보공개법 제11조). ★

㉤ 정보 비공개결정의 통지를 받은 청구인은 이의신청, 행정심판을 청구할 수 있도록 한다(정보공개법 제18조·제19조).

CHAPTER 07

5 특별행정작용법

(1) 의 의

특별행정작용법이란 국가 또는 지방자치단체 등의 행정주체가 행정목적을 달성하기 위하여 하는 일체의 행정활동에 관한 법이다.

(2) 내 용 ★

특별행정작용법의 구체적인 내용은 시대와 국가에 따라 차이가 있으나, 현대 복지국가의 행정작용은 근대 야경국가적 시민국가의 소극적인 질서유지작용에서 탈피하여 적극적으로 국민의 복리증진을 위해 개입하고 급부·조정하는 등 그 범위가 확대되고 있다.

(3) 분 류

특별행정작용법 각론은 크게 질서행정(경찰행정), 복리행정, 재무행정, 군사행정으로 나눌 수 있다.

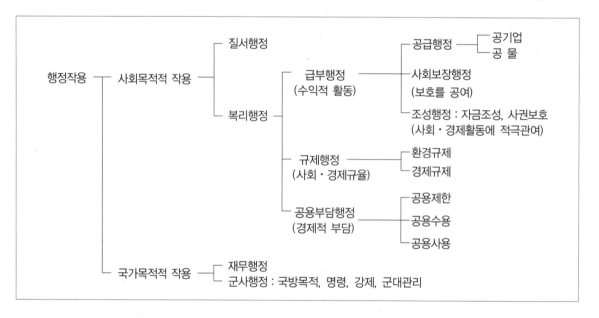

4   행정작용의 실효성 확보

1   행정상 강제집행

(1) 강제집행의 의의 ★★

행정상의 강제집행은 행정법상 의무의 불이행에 대하여 행정권이 의무자의 신체 또는 재산에 직접 실력을 가하여 그 의무를 이행시키거나 이행된 것과 동일한 상태를 실현시키는 작용이다.

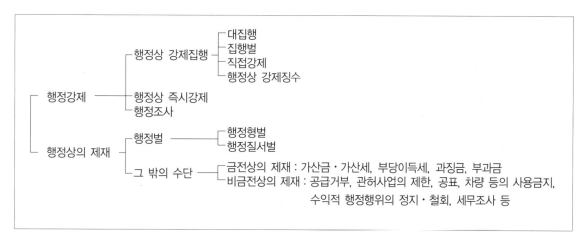

(2) 법적 근거

행정상의 강제집행은 권력작용인 만큼 엄격한 법률적 근거를 요한다. 일반법에는 행정대집행법과 국세징수법이 있으며, 특별법으로는 공익사업을 위한 토지 등의 취득 및 보상에 관한 법률, 출입국관리법, (구)해군기지법, 산림기본법, 방어해면법 등이 있다.

(3) 강제집행의 수단 ★

① **행정대집행** : 행정대집행은 의무자가 의무를 불이행한 데 대한 제1차적 수단으로 당해 행정청이 의무자가 행할 작위를 스스로 행하거나 또는 제3자로 하여금 이를 행하게 하고 그 비용을 의무자로부터 징수하는 것이다(⑩ 철거명령을 따르지 않은 무허가건물의 강제철거).

   ※ 행정대집행법상 대집행은 '**계고 → 대집행영장 통지 → 대집행의 실행 → 비용의 징수**' 순으로 이루어진다.

② **직접강제** : 직접강제란 의무자가 의무를 이행하지 아니하는 경우에 직접적으로 의무자의 신체 또는 재산에 실력을 가함으로써 행정상 필요한 상태를 실현하는 작용이다(⑩ 해군 작전구역 내에 정박하는 선박의 작전수역 외로 강제이동).

③ **행정상의 강제징수** : 강제징수란 사인이 국가 또는 지방자치단체에 대해 부담하고 있는 공법상 금전급 부의무를 불이행한 경우에 행정청이 강제적으로 그 의무가 이행된 것과 같은 상태를 실현하는 작용을 말한다(예 미납된 세금의 강제징수).

④ **강제금** : 강제금(이행강제금)이란 비대체적 작위의무·부작위의무·수인의무의 불이행시에 일정 금액 의 금전이 부과될 것임을 의무자에게 미리 계고함으로써 의무이행의 확보를 도모하는 강제수단을 말한 다. 경우에 따라서는 강제금이 대체적 작위의무의 강제를 위해서도 사용될 수 있을 것이다.

2 행정상의 즉시강제와 행정벌

(1) 행정상 즉시강제

① **의의** : 행정상 장해가 존재하거나 장해의 발생이 목전에 급박한 경우에 성질상 **개인에게 의무를 명해 서는 공행정 목적을 달성할 수 없거나**, 또는 **미리 의무를 명할 시간적 여유가 없는 경우**에 개인에게 의 무를 명함이 없이 행정기관이 직접 개인의 신체나 재산에 실력을 가해 행정상 필요한 상태의 실현을 목적으로 하는 작용을 말한다(예 마약중독자의 강제수용, 전염병 환자의 강제입원, 위험의 방지를 위한 출입 등).

② **근거** : 법치행정의 원리상 엄격한 법률의 근거를 요한다(예 경찰관 직무집행법, 소방기본법, 마약류 관 리에 관한 법률, 감염병의 예방 및 관리에 관한 법률 등).

③ **수단** : 경찰관 직무집행법에 따른 수단, 각 행정법규에 따른 수단
  ㉠ **경찰관 직무집행법이 규정하는 수단** : 무기사용, 보호조치, 위험발생방지조치, 범죄의 예방과 제지 조치, 임시영치 등
  ㉡ **각 행정법규가 규정하는 수단** : 대인적 강제, 대물적 강제, 대가택강제

(2) 행정벌

① **의의** : 행정벌이란 행정의 상대방인 국민이 행정법상 의무를 위반하는 경우에 일반통치권에 의하여 그 의무 위반자에게 과해지는 제재로서의 처벌을 의미한다.

② **근거** : 죄형법정주의 원칙상 당연히 법률의 근거를 요하며 소급입법은 허용되지 않는다(헌법 제13조 제 1항). 행정입법에의 위임도 그 처벌대상인 행위의 종류 또는 성질 및 벌의 최고한도를 구체적으로 정하 여야 한다.

③ 종류 : 행정형벌, 행정질서벌
  ㉠ **행정형벌** : 형법에 규정되어 있는 형명(刑名)의 벌(사형·징역·금고·벌금·구류)이 가해지는 행정벌을 의미한다.
  ㉡ **행정질서벌** : 일반사회의 법익에 직접 영향을 미치지는 않으나 행정상의 질서에 장해를 야기할 우려가 있는 의무위반에 대해 과태료가 가해지는 제재를 말한다. 행정질서벌은 형법총칙이 적용되지 아니한다.

5 행정상의 손실(손해)전보

1 손해배상제도

(1) **손해배상제도의 의의 ★**

국가나 지방자치단체의 위법한 행위로 인하여 사인이 손해를 입은 경우에 그 사인은 국가에 대하여 손해의 배상을 청구할 수 있는 바, 이것이 손해배상제도이다. 헌법규정에 따라 제정된 국가배상법에 따르면, 국가의 배상책임은 공무원의 위법한 직무집행행위로 인한 배상책임(국가배상법 제2조)과 영조물의 설치·관리상의 하자로 인한 배상책임(국가배상법 제5조)의 두 가지를 규정하고 있다.

(2) **공무원의 위법한 직무행위로 인한 손해의 배상**

① **배상책임의 요건** : 공무원 또는 공무를 위탁받은 사인이 그 직무를 집행하면서 **고의 또는 과실로 법령에 위반하여 타인에게 손해**를 가하였을 때에는 국가나 지방자치단체는 그 손해를 배상할 책임이 있다(국가배상법 제2조 제1항).
② **공무원의 직무행위**
  ㉠ **공무원** : 소속을 불문하고 널리 국가나 지방자치단체의 사무를 수행하는 자를 말한다. 공무를 위탁받은 사인도 여기의 공무원에 해당한다. ★
  ㉡ **직무행위** : 국가배상법 제5조의 영조물의 설치·관리와 관련된 직무를 제외한 모든 공법상의 행정작용을 말한다. ★
  ㉢ **직무를 집행하면서** : 직무집행행위뿐만 아니라 널리 외형상으로 직무집행행위와 관련있는 행위를 포함한다. ★

③ **위법행위** : 고의 또는 과실로 법령에 위반되는 행위이어야 한다.

　　㉠ **고의·과실** : 고의란 어떠한 위법행위의 발생 가능성을 인식하고 그 결과를 인용하는 것을 말하고, 과실이란 부주의로 인하여 어떠한 위법한 결과를 초래하는 것을 말한다.

　　㉡ **법령위반** : 법률과 명령의 위반이라는 의미뿐 아니라 널리 성문법·불문법과 신의성실·인권존중·사회질서 등 법원칙에의 위반도 포함한다. ★

④ **손해의 발생** : 타인에게 발생한 손해이어야 한다.

　　㉠ **타인** : 위법행위를 한 자나 바로 그 행위에 가담한 자를 제외한 모든 피해자를 의미한다. 따라서 타인에는 공무원도 포함될 수 있다. ★

　　㉡ **손해** : 가해행위로부터 발생한 모든 손해를 의미한다. 재산상의 손해인가 비재산상의 손해인가를 가리지 않는다.

(3) 영조물 설치관리상의 하자로 인한 배상책임

① **배상책임의 요건** : 도로·하천, 그 밖의 공공의 **영조물의 설치 또는 관리에 하자가 있기 때문에 타인에게 손해를 발생**하게 하였을 때에는 국가나 지방자치단체는 그 손해를 배상하여야 한다(국가배상법 제5조 제1항).

② **도로·하천, 그 밖의 영조물** : 공적 목적에 제공된 물건인 **공물을 의미**한다. 자연공물인가 인공공물인가를 가리지 않는다. 다만 공공시설(공물)이 아닌 국공유의 사물(국유잡종재산)은 제외된다. ★

③ **설치 또는 관리의 흠(하자)** : 공물 자체가 항상 갖추어야 할 **객관적인 안전성을 결여**한 것을 말한다. 불가항력에 의한 행위는 설치·관리상의 하자가 아니다. ★

④ **손해의 발생** : 손해의 종류 여하를 묻지 아니하며, 손해와 영조물의 흠(하자) 사이에는 인과관계가 있어야 한다.

(4) 손해배상의 내용

① **정당한 배상** : 헌법은 정당한 배상을 지급할 것을 규정하고 있다(헌법 제29조 제1항). 국가배상법은 생명·신체에 대한 침해와 물건의 멸실·훼손으로 인한 손해에 관해서는 배상금액의 기준을 정해 놓고 있다. 그 밖의 손해에 대해서는 불법행위와 상당인과관계가 있는 범위 내의 손해를 기준으로 하고 있다(국가배상법 제3조 제1항 내지 제4항).

② **양도의 금지** ★

　　생명·신체의 침해에 대한 배상청구권은 이를 양도하거나 압류하지 못한다(국가배상법 제4조).

③ **이중배상의 금지** ★

　　피해자가 군인·군무원·경찰공무원·예비군대원으로서 전투훈련 등 직무집행과 관련하여 전사·순직 또는 공상을 입은 경우에, 다른 법령에 의한 보상을 지급받을 수 있을 때에는, 국가배상법 및 민법에 의한 손해배상을 청구하지 못한다(헌법 제29조 제2항, 국가배상법 제2조 제1항).

④ 배상책임자 ★

국가 또는 지방자치단체가 그 손해에 대한 배상책임을 지는 경우에, 그 공무원의 선임·감독자와 봉급·급여 등의 비용부담자가 동일하지 않을 때에는 피해자는 그 어느 쪽에 대하여도 선택적 청구권을 행사할 수 있다(국가배상법 제6조 제1항 참조).

⑤ 소멸시효 ★

국가배상청구권에는 단기 소멸시효가 인정된다. 그 시효기간은 손해 및 가해자를 안 날로부터 3년, 불법행위를 한 날로부터 5년이다.

2 손실보상제도

(1) 의 의 ★

손실보상제도란 국가나 지방자치단체가 **공공의 필요에 의한 적법한 권력행사를 통하여 사인의 재산권에 특별한 희생**을 가한 경우(예 정부나 지방자치단체의 청사 건설을 위하여 사인의 토지를 수용하는 경우)에 재산권의 보장과 공적 부담 앞의 평등이라는 견지에서 사인에게 적절한 보상을 해주는 제도를 말한다.

(2) 법적 근거 ★

현재로서 손실보상에 관한 단일의 통일 법전은 없다. 실정법적 근거로는 공익사업을 위한 토지 등의 취득 및 보상에 관한 법률, 징발법, 건축법, 하천법, 도로법 등이 있다.

(3) 헌법규정의 성질

헌법은 제23조 제3항에서 "공공의 필요에 의한 재산권의 수용·사용 또는 제한 및 그에 대한 보상은 법률로써 하되, 정당한 보상을 지급하여야 한다."고 규정하고 있다.

(4) 요건의 검토

① 손실보상청구권이 인정되는 침해는 **공공의 필요**를 위한 것이어야 한다. 순수 국고목적은 여기의 공공필요에 해당하지 않는다.

② 손실보상청구권을 가져오는 **침해는 재산권에 대한 것**이어야 한다. 물권인가 채권인가를 가리지 아니하며, 공법상의 권리인가 사법상의 권리인가도 문제되지 아니한다. ★

③ **침해는 적법한 것**이어야 한다. 위법한 침해라면 기본적으로 손해배상청구권의 문제가 된다.

④ 손실보상이 주어지기 위해서는 피해자에게 가해진 피해가 **특별한 희생**에 해당하는 것이어야 한다.

3 행정심판제도

(1) 행정심판의 의의

행정심판은 행정청의 위법·부당한 처분, 그 밖에 공권력의 행사·불행사 등으로 인하여 권익을 침해당한 자가 행정기관에 대하여 그 시정을 구하는 행정쟁송이다(행정심판법 제1조 참조). 행정심판에 불복하는 경우에는 행정소송을 제기할 수 있다.

(2) 행정심판제도의 활용(고지제도) ★

고지제도는 행정의 민주화, 행정의 신중·적정·합리화를 도모하기 위한 제도이다. 고지제도는 개인의 권익보호의 강화에 기여한다. 고지제도는 불복고지라고 불리기도 한다. 고지에는 직권고지와 신청에 의한 고지의 두 종류가 있다(행정심판법 제58조).

① **직권고지** : 행정심판법은 사인이 행정심판제도를 활용할 수 있도록 하기 위하여 고지제도를 두고 있다. 즉, 행정청이 처분을 서면으로 하는 경우에는 그 상대방에게 처분에 관하여 행정심판을 제기할 수 있는지의 여부, 제기하는 경우의 심판청구절차 및 청구기간을 알려야 한다(제1항).

② **신청에 의한 고지** : 행정청은 이해관계인으로부터 해당 처분이 행정심판의 대상이 되는 처분인지의 여부와 행정심판의 대상이 되는 경우에 소관위원회 및 청구기간에 관하여 알려줄 것을 요구받은 때에는 지체 없이 이를 알려야 한다. 이 경우에 서면으로 알려줄 것을 요구받은 때에는 서면으로 알려 주어야 한다(제2항).

(3) 행정심판의 종류(행정심판법 제5조)

구 분	내 용
취소심판(제1호)	행정청의 위법 또는 부당한 처분의 취소 또는 변경을 구하는 행정심판을 말한다.
무효 등 확인심판(제2호)	행정청의 처분의 효력 유무 또는 존재 여부에 대한 확인을 구하는 행정심판을 말한다.
의무이행심판(제3호)	당사자의 신청에 대한 행정청의 위법 또는 부당한 거부처분이나 부작위에 대하여 일정한 처분을 할 것을 구하는 행정심판을 말한다.

(4) 행정심판의 대상 ★

① **행정청의 처분 또는 부작위**에 대하여 다른 법률에 특별한 규정이 있는 경우를 제외하고는 행정심판법에 의하여 행정심판을 제기할 수 있다(행정심판법 제3조 제1항).

② 대통령의 처분 또는 부작위에 대하여는 다른 법률에 특별한 규정이 있는 경우를 제외하고는 행정심판을 제기할 수 없다(행정심판법 제3조 제2항).

(5) 행정심판의 심판기관(행정심판법 제6조)

① 감사원, 국정원장, 대통령 소속기관의 장, 국회사무총장·법원행정처장·헌법재판소사무처장 및 중앙선관위사무총장, 국가인권위원회, 그 밖에 지위·성격의 독립성과 특수성 등이 인정되어 대통령령으로 정하는 행정청 또는 그 소속 행정청의 처분 또는 부작위(이하 "처분 등")에 대하여는 당해 행정청에 두는 행정심판위원회에서 심리·재결한다(제1항).

② ① 외의 국가행정기관의 장 또는 그 소속 행정청, 시·도지사 및 교육감 및 의회, 지방자치단체조합 등 관계 법률에 따라 국가·지방자치단체·공공법인 등이 공동으로 설립한 행정청의 처분 등에 대하여는 국민권익위원회에 두는 중앙행정심판위원회에서 한다(제2항).

③ 시·도 소속 행정청, 시·군·자치구의 장, 소속 행정청 또는 의회, 시·군·자치구·공공법인 등이 공동으로 설립한 행정청의 처분 등에 대하여는 시·도지사 소속으로 두는 행정심판위원회에서 한다(제3항).

④ 대통령령으로 정하는 국가행정기관 소속 특별지방행정기관의 장의 처분 등에 대하여는 해당 행정청의 직근 상급행정기관에 두는 행정심판위원회에서 한다(제4항).

(6) 심판청구기간 등 ★★

① 심판청구기간 : 행정심판청구는 **처분이 있음을 알게 된 날부터 90일 이내 청구**하여야 하고, **처분이 있었던 날부터 180일이 지나면 청구하지 못한다**(행정심판법 제27조 제1항·제3항 본문).

② 재결 : 재결은 **서면**으로 하여야 하며(행정심판법 제46조 제1항), 원칙적으로 피청구인 또는 위원회가 심판청구를 받은 날로부터 **60일 이내**에 하여야 한다. 다만, 부득이한 사정이 있는 경우에는 위원장이 직권으로 **30일을 연장**할 수 있다(행정심판법 제45조 제1항).

③ 재결의 기속력 : 재결은 피청구인과 그 밖의 관계행정청을 기속한다(행정심판법 제49조 제1항). 재결에 대하여는 다시 심판청구를 할 수 없다(행정심판법 제51조).

4 행정소송제도

(1) 행정소송의 의의

① 행정소송이란 행정법규의 적용과 관련하여 위법하게 권리나 이익이 침해된 자가 소송을 제기하고 법원이 이에 대하여 심리·판단을 행하는 형식의 행정쟁송을 말한다. 행정소송에 관한 일반법으로 행정소송법이 있다.

② 행정소송은 관련 사인의 권리를 보호·구제하고 행정법질서를 확보하고 행정의 효율성을 확보하는 것을 목적으로 한다.

(2) 행정소송의 종류(행정소송법 제3조) ★

① 행정의 적법·타당성의 보장 및 개인의 권리·이익의 보호를 목적으로 하는 <u>주관적 쟁송(항고소송·당사자소송)</u>과 행정의 적법·타당성만을 목적으로 하는 <u>객관적 쟁송(민중소송·기관소송)</u>이 있다.

② <u>항고소송에는 취소소송·무효 등 확인소송·부작위위법확인소송이 있다</u>(행정소송법 제4조).

> **행정소송의 종류(행정소송법 제3조)**
> • 항고소송 : 행정청의 처분 등이나 부작위에 대하여 제기하는 소송(제1호)
> • 당사자소송 : 행정청의 처분 등을 원인으로 하는 법률관계에 관한 소송 그 밖에 공법상의 법률관계에 관한 소송으로서 그 법률관계의 한쪽 당사자를 피고로 하는 소송(제2호)
> • 민중소송 : 국가 또는 공공단체의 기관이 법률에 위반되는 행위를 한 때에 <u>직접 자기의 법률상 이익과 관계없이 그 시정을 구하기 위하여 제기하는 소송</u>(제3호)
> • 기관소송 : 국가 또는 공공단체의 기관 상호간에 있어서의 권한의 존부 또는 그 행사에 관한 다툼이 있을 때에 이에 대하여 제기하는 소송(다만, 헌법재판소법 제2조의 규정에 의하여 헌법재판소의 관장사항으로 되는 소송은 제외)(제4호)

(3) 행정소송의 관할 법원

① 행정소송법에서 정한 행정사건과 다른 법률에 의하여 행정법원의 권한에 속하는 사건의 **제1심 관할 법원은 행정법원**이다. ★

② 행정법원이 설치되지 아니한 지역은 지방법원에서 관할한다. 행정소송은 3심급제를 채택하여 제1심 판결에 대한 **항소사건은 고등법원이 심판**하고, 상고사건은 대법원이 관할한다. ★

(4) 행정소송의 판결

행정소송의 경우에도 민사소송의 경우와 마찬가지로 크게 중간판결과 종국판결로 나누어지고, 종국판결은 다시 각하판결·기각판결(사정판결 포함)·인용판결 등으로 구분된다.

구 분	내 용
각하판결	소송의 제기요건의 결여로 인하여 본안의 심리를 거부하는 판결을 말한다. 각하판결은 소의 대상인 처분 등의 위법성에 대한 판단은 아니므로 원고는 결여된 요건을 보완하여 다시 소를 제기할 수 있고, 아울러 법원은 새로운 소에 대하여 판단하여야 한다. ★
기각판결	원고의 청구가 이유 없다고 하여 배척하는 판결로, 해당 처분이 위법하지 않거나 단순히 부당한 것인 때에 행해지는 판결이다.
사정판결 (행정소송법 제28조)	원고의 청구가 이유 있다고 인정하는 경우에도 행정처분을 취소하는 것이 현저히 공공복리에 적합하지 아니하다고 인정하는 때에는 법원이 원고의 청구를 기각하는 판결을 말한다. ★
인용판결	원고의 청구가 이유 있음을 인정하여 행정청의 위법한 처분 등의 취소·변경을 행하거나(취소소송의 경우), 행정청의 처분 등의 효력 유무 또는 존재여부의 확인을 내용으로 하는 판결을 하거나(무효 등 확인소송의 경우), 행정청의 부작위가 위법하다는 부작위의 위법을 확인하는 판결(부작위위법확인소송의 경우)을 의미한다(행정소송법 제4조).

01 다음은 행정처분에 관한 설명이다. 타당하지 않은 것은?

① 행정처분은 행정청이 행하는 공권력 작용이다.

② 행정처분에는 조건을 부가할 수 없다.

③ 경미한 하자있는 행정처분에는 공정력이 인정된다.

④ 행정처분에 대해서만 항고소송을 제기할 수 있다.

 쏙쏙 **해설** •••

행정행위(처분)의 부관이란 행정행위의 일반적인 효과를 제한하기 위하여 주된 의사표시에 붙여진 종된 의사표시로 행정처분에 대하여 부가할 수 있다. 부관의 종류에는 조건, 기한, 부담 등이 있다.

정답 ❷

 핵심만 **콕**

부관의 종류는 다음과 같은 것이 있다.

• 조건 : 행정행위의 효력의 발생 또는 소멸을 발생이 불확실한 장래의 사실에 의존하게 하는 행정청의 의사표시로서, 조건 성취에 의하여 당연히 효력을 발생하게 하는 정지조건과 당연히 그 효력을 상실하게 하는 해제조건이 있다.

• 기한 : 행정행위의 효력의 발생 또는 소멸을 발생이 장래에 도래할 것이 확실한 사실에 의존하게 하는 행정청의 의사표시로서, 기한의 도래로 행정행위가 당연히 효력을 발생하는 시기와 당연히 효력을 상실하는 종기가 있다.

• 부담 : 행정행위의 주된 의사표시에 부가하여 그 상대방에게 작위·부작위·급부·수인의무를 명하는 행정청의 의사표시로서, 특허·허가 등의 수익적 행정행위에 붙여지는 것이 보통이다.

• 철회권의 유보 : 행정행위의 주된 의사표시에 부수하여, 장래 일정한 사유가 있는 경우에 그 행정행위를 철회할 수 있는 권리를 유보하는 행정청의 의사표시이다(숙박업 허가를 하면서 윤락행위를 하면 허가를 취소한다는 경우).

02 다음 중 행정행위의 특징으로 볼 수 없는 것은?

① 행정처분에 대한 내용적인 구속력인 기판력

② 일정기간이 지나면 그 효력을 다투지 못하는 불가쟁성

③ 당연무효를 제외하고는 일단 유효함을 인정받는 공정력

④ 법에 따라 적합하게 이루어져야 하는 법적합성

 쏙쏙 **해설** •••

기판력은 확정된 재판의 판단 내용이 소송당사자와 후소법원을 구속하고, 이와 모순되는 주장·판단을 부적법으로 하는 소송법상의 효력을 말하는 것으로 행정행위의 특징과는 관련 없다.

정답 ❶

03 지방자치단체에서 제정한 법을 무엇이라고 하는가?

① 조 례   ② 규 칙

③ 지방자치법   ④ 조 약

 해설 •••

지방자치단체의 자치입법으로는 지방 의회가 법령의 범위 내에서 그 사무에 관하여 정하는 조례와 지방자치단체 의 장이 법령과 조례의 범위 내에서 그 권한에 속하는 사무에 관하여 정하는 규칙이 있다.

정답 ❶

04 다음 중 행정주체와 국민과의 관계를 가장 잘 나타낸 것은?

① 권력관계이다.

② 공법관계뿐이다.

③ 사법관계이다.

④ 사법관계일 때도 있고 공법관계일 때도 있다.

 해설 •••

행정주체와 국민과의 관계는 행정주체 인 국가의 물품공급계약관계, 공사도 급계약관계, 국가의 회사주식매입관 계, 국채모집관계 등과 같이 상호 대등 한 당사자로서 사법관계일 때도 있고, 행정주체와 국민은 법률상 지배자와 종 속관계의 위치로 인·허가 및 그 취소, 토지의 수용 등과 같이 행정주체가 국 민에게 일방적으로 명령·강제할 수 있는 공법관계일 때도 있다.

정답 ❹

05 다음 중 행정행위에 해당하는 것은?

① 도로의 설치   ② 건축허가

③ 국유재산의 매각   ④ 토지수용에 관한 협의

해설 •••

건축허가는 법률행위적 행정행위 중 명 령적 행위에 속한다.

정답 ❷

 핵심만 콕

행정행위의 구분

법률행위적 행정행위	명령적 행위	하명, 허가, 면제
	형성적 행위	특허, 인가, 대리
준법률행위적 행정행위		확인, 공증, 통지, 수리

06 행정법상 행정주체에 해당하지 않는 것은?

① 국 가
② 지방자치단체장
③ 영조물법인
④ 공무수탁사인

 해설 •••

"행정주체"란 국가와 공공단체 등 공권력의 담당자를 말한다. 경우에 따라서는 사인(私人)도 권력 주체가 될 수 있다. 행정주체는 국가나 공공단체가 행정활동을 하기 위해 그 의사를 결정하고 집행하는 행정기관과 구분된다. 지방자치단체장의 경우에는 행정주체가 아닌, 행정기관에 해당한다.

정답 ❷

07 손해배상과 손실보상의 가장 본질적 구별기준은?

① 침해의 위법·적법성 여부
② 고의·과실
③ 공무원 직무행위
④ 손해액수

 해설 •••

손해배상은 위법한 침해이고, 손실보상은 적법한 침해에 대한 보상이다.

정답 ❶

 핵심만 콕

• 손실보상제도 : 국가나 지방자치단체가 공공의 필요에 의한 적법한 권력행사를 통하여 사인의 재산권에 특별한 희생을 가한 경우(예 정부나 지방자치단체의 청사 건설을 위하여 사인의 토지를 수용하는 경우)에 재산권의 보장과 공적 부담 앞의 평등이라는 견지에서 사인에게 적절한 보상을 해주는 제도를 말한다.
• 손해배상제도 : 국가나 지방자치단체의 위법한 행위로 인하여 사인이 손해를 입은 경우에 그 사인은 국가에 대하여 손해의 배상을 청구할 수 있는 바, 이것이 손해배상제도이다.

08 행정청이 건물의 철거 등 대체적 작위의무의 이행과 관련하여 의무자가 행할 작위를 스스로 행하거나 또는 제3자로 하여금 이를 행하게 하고 그 비용을 의무자로부터 징수하는 행정상의 강제집행 수단은?

① 행정대집행
② 행정벌
③ 직접강제
④ 행정상 즉시강제

해설 •••

행정상 강제집행 수단 중 대체적 작위의무의 불이행에 대하여 행정청이 의무자가 행할 작위를 스스로 행하거나 제3자로 하여금 이를 행하게 하고 그 비용을 의무자로부터 징수하는 것은 행정대집행이다.

정답 ❶

핵심만 콕

행정작용의 실효성 확보수단 ★★

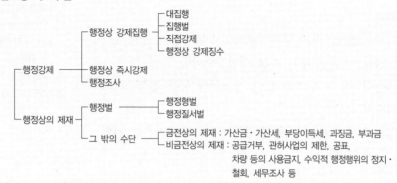

- **행정상 강제집행** : 행정법상 의무의 불이행에 대하여 행정권이 의무자의 신체 또는 재산에 직접 실력을 가하여 그 의무를 이행시키거나 이행된 것과 동일한 상태를 실현시키는 작용이다.
- **행정대집행** : 의무자가 의무를 불이행한 데 대한 제1차적 수단으로 당해 행정청이 의무자가 행할 작위를 스스로 행하거나 또는 제3자로 하여금 이를 행하게 하고 그 비용을 의무자로부터 징수하는 것이다(예 철거명령을 따르지 않은 무허가건물의 강제철거).
- **행정벌** : 행정의 상대방인 국민이 행정법상 의무를 위반하는 경우에 일반통치권에 의하여 그 의무 위반자에게 과해지는 제재로서의 처벌을 의미한다. 행정벌의 종류에는 행정형벌과 행정질서벌이 있다.
- **직접강제** : 의무자가 의무를 이행하지 아니하는 경우에 직접적으로 의무자의 신체 또는 재산에 실력을 가함으로써 행정상 필요한 상태를 실현하는 작용이다(예 해군 작전구역 내에 정박하는 선박의 작전수역 외로 강제이동).
- **행정상 즉시강제** : 행정상 장해가 존재하거나 장해의 발생이 목전에 급박한 경우에 성질상 개인에게 의무를 명해서는 공행정 목적을 달성할 수 없거나 또는 미리 의무를 명할 시간적 여유가 없는 경우에 개인에게 의무를 명함이 없이 행정기관이 직접 개인의 신체나 재산에 실력을 가해 행정상 필요한 상태의 실현을 목적으로 하는 작용(예 마약중독자의 강제수용, 감염병 환자의 강제입원, 위험의 방지를 위한 출입 등)

---

09 다음 중 행정법상의 대체적 작위의무의 불이행에 대하여 당해 행정청이 스스로 또는 제3자로 하여금 이행하게 하고 그 비용을 의무자로부터 징수하는 것은?

① 집행벌
② 대집행
③ 행정상 강제징수
④ 공공징수

 해설 •••

대집행(代執行)
- **개념** : 대체적 작위의무, 즉 타인이 대신하여 행할 수 있는 의무의 불이행이 있는 경우 당해 행정청이 불이행된 의무를 스스로 행하거나 제3자로 하여금 이행하게 하고, 그 비용을 의무자로부터 징수하는 것을 말한다.
- **절차** : 행정대집행법상 대집행은 '계고 → 대집행영장에 의한 통지 → 대집행의 실행 → 비용의 징수' 순으로 이루어진다.

정답 ❷

10 행정기관에 관한 설명으로 옳은 것은?

① 행정청의 자문기관은 합의제이며, 그 구성원은 공무원으로 한정된다.

② 보좌기관은 행정조직의 내부기관으로서 행정청의 권한 행사를 보조하는 것을 임무로 하는 행정기관이다.

③ 국무조정실, 각 부의 차관보·실장·국장 등은 행정조직의 보조기관이다.

④ 행정청은 행정주체의 의사를 결정하여 외부에 표시하는 권한을 가진 기관이다.

 쏙쏙 해설 •••

① 행정관청은 구성원이 1인인 독임제(외교부장관, 행정안전부장관)와 다수인인 합의제(선거관리위원회, 토지수용위원회, 도시계획위원회 등)가 있다.

② 보좌기관(X) → 보조기관(O)

③ 보조기관(X) → 보좌기관(O)

정답 ❹

11 행정주체가 아닌 것은?

① 한국은행　　　　② 서울특별시

③ 대한민국　　　　④ 경찰청장

 쏙쏙 해설 •••

행정주체는 국가나 지방자치단체, 공공조합, 공재단, 영조물법인 등의 공공단체와 공무수탁사인을 말하며, 경찰청장은 행정관청에 해당한다.

정답 ❹

12 권력관계에 있어서 국가와 기타 행정주체의 의사는 비록 설립에 흠이 있을지라도 당연무효의 경우를 제외하고는 일단 적법·유효하다는 추정을 받으며, 권한 있는 기관이 직권 또는 쟁송절차를 거쳐 취소하기 전에는 누구라도 이에 구속되고 그 효력을 부정하지 못하는 우월한 힘이 있는데, 이를 행정행위의 무엇이라고 하는가?

① 확정력　　　　② 불가쟁력

③ 공정력　　　　④ 강제력

쏙쏙 해설 •••

① 확정력에는 형식적 확정력(불가쟁력)과 실질적 확정력(불가변력)이 있다.

② 행정행위의 상대방 기타 이해관계인이 더 이상 그 효력을 다툴 수 없게 되는 힘을 의미한다.

④ 강제력에는 행정법상 의무위반자에게 처벌을 가할 수 있는 제재력과 행정법상 의무불이행자에게 의무의 이행을 강제할 수 있는 자력집행력이 있다.

정답 ❸

13 행정행위에 관한 설명으로 옳지 않은 것은?

① 내용이 명확하고 실현가능하여야 한다.
② 법률상 절차와 형식을 갖출 필요는 없다.
③ 법률의 규정에 위배되지 않아야 한다.
④ 정당한 권한을 가진 자의 행위라야 한다.

행정행위는 법률에 근거를 두어야 하고 (법률유보), 법령에 반하지 않아야 한다(법률우위). 따라서, 법률상의 절차와 형식을 갖추어야 한다.

정답 ❷

14 지방자치단체의 조직에 관한 설명으로 옳지 않은 것은?

① 지방자치단체에 주민의 대의기관인 의회를 둔다.
② 지방자치단체의 장은 주민이 보통·평등·직접·비밀선거에 따라 선출한다.
③ 지방자치단체의 장은 법령의 범위 안에서 자치에 관한 조례를 제정할 수 있다.
④ 지방자치단체의 종류는 법률로 정한다.

③ 지방자치단체는 법령의 범위 안에서 그 사무에 관하여 조례를 제정할 수 있다(지방자치법 제22조 본문).
① 지방자치법 제30조
② 지방자치법 제94조
④ 헌법 제117조 제2항

정답 ❸

15 행정행위에 취소사유가 있다고 하더라도 당연무효가 아닌 한 권한 있는 기관에 의해 취소되기 전에는 유효한 것으로 통용되는 것은 행정행위의 어떠한 효력 때문인가?

① 강제력
② 공정력
③ 불가변력
④ 형식적 확정력

비록 행정행위에 하자가 있는 경우라도 그 하자가 중대하고 명백하여 당연무효인 경우를 제외하고는 권한 있는 기관에 의해 취소되기까지 유효한 것으로 보는 것은 행정행위의 효력 중 공정력 때문이다.

정답 ❷

CHAPTER 07

행정행위의 효력 ★★

- **구성요건적 효력** : 유효한 행정행위가 존재하는 이상 모든 국가기관은 그 존재를 존중하고 스스로의 판단에 대한 기초로 삼아야 한다는 효력
- **공정력** : 비록 행정행위에 하자가 있는 경우에도 그 하자가 중대하고 명백하여 당연무효인 경우를 제외하고는, 권한 있는 기관에 의해 취소될 때까지는 일응 적법 또는 유효한 것으로 보아 누구든지(상대방은 물론 제3의 국가기관도) 그 효력을 부인하지 못하는 효력
- **구속력** : 행정행위가 그 내용에 따라 관계행정청, 상대방 및 관계인에 대하여 일정한 법적 효과를 발생하는 힘으로, 모든 행정행위에 당연히 인정되는 실체법적 효력
- **형식적 존속력**
  - 불가쟁력(형식적 확정력)
    행정행위에 대한 쟁송제기기간이 경과하거나 쟁송수단을 다 거친 경우에는 상대방 또는 이해관계인은 더 이상 그 행정행위의 효력을 다툴 수 없게 되는 효력
  - 불가변력(실질적 확정력)
    일정한 경우 행정행위를 발한 행정청 자신도 행정행위의 하자 등을 이유로 직권으로 취소·변경·철회할 수 없는 제한을 받게 되는 효력
- **강제력**
  - 제재력 : 행정법상 의무위반자에게 처벌을 가할 수 있는 힘을 말한다.
  - 자력집행력 : 행정법상 의무불이행자에게 의무의 이행을 강제할 수 있는 힘을 말한다.

---

16 법무부장관이 외국인 A에게 귀화를 허가한 경우, 선거관리위원장은 귀화 허가가 무효가 아닌 한 귀화허가에 하자가 있더라도 A가 한국인이 아니라는 이유로 선거권을 거부할 수 없고, 법무부장관의 귀화허가에 구속되는 행정행위의 효력은 무엇인가?

① 공정력
② 구속력
③ 형식적 존속력
④ 구성요건적 효력

 해설 •••

유효한 행정행위가 존재하는 이상 모든 국가기관은 그 존재를 존중하고 스스로의 판단에 대한 기초로 삼아야 한다는 것으로 구성요건적 효력을 말한다. ★

 정답 ❹

공정력	비록 행정행위에 하자가 있는 경우에도 그 하자가 중대하고 명백하여 당연무효인 경우를 제외하고는, 권한 있는 기관에 의해 취소될 때까지는 일응 적법 또는 유효한 것으로 보아 누구든지(상대방은 물론 제3의 국가기관도) 그 효력을 부인하지 못하는 효력	
구속력	행정행위가 그 내용에 따라 관계행정청, 상대방 및 관계인에 대하여 일정한 법적 효과를 발생하는 힘으로, 모든 행정행위에 당연히 인정되는 실체법적 효력	
존속력	불가쟁력(형식적)	행정행위에 대한 쟁송제기기간이 경과하거나 쟁송수단을 다 거친 경우에는 상대방 또는 이해관계인은 더 이상 그 행정행위의 효력을 다툴 수 없게 되는 효력
	불가변력(실질적)	일정한 경우 행정행위를 발한 행정청 자신도 행정행위의 하자 등을 이유로 직권으로 취소·변경·철회할 수 없는 제한을 받게 되는 효력

17 행정기관에 관한 설명으로 옳은 것은?

① 다수 구성원으로 이루어진 합의제 행정청이 대표적인 행정청의 형태이며 지방자치단체의 경우 지방의회가 행정청이다.
② 감사기관은 다른 행정기관의 사무나 회계처리를 검사하고 그 적부에 관해 감사하는 기관이다.
③ 자문기관은 행정청의 내부 실·국의 기관으로 행정청의 권한 행사를 보좌한다.
④ 의결기관은 행정청의 의사결정에 참여하는 권한을 가진 기관이지만 행정청의 의사를 법적으로 구속하지는 못한다.

 쏙쏙 해설 •••

① 독임제 행정청이 원칙적인 형태이고, 지자체의 경우 지자체장이 행정청에 해당한다.
③ 자문기관은 행정기관의 자문에 응하여 행정기관에 전문적인 의견을 제공하거나, 자문을 구하는 사항에 관하여 심의·조정·협의하는 등 행정기관의 의사결정에 도움을 주는 행정기관을 말한다.
④ 의결기관은 의사결정에만 그친다는 점에서 외부에 표시할 권한을 가지는 행정관청과 다르고, 행정관청을 구속한다는 점에서 단순한 자문적 의사의 제공에 그치는 자문기관과 다르다.

정답 ❷

18 국가공무원법에 명시된 공무원의 복무의무가 아닌 것은?

① 범죄 고발의 의무 ② 친절·공정의 의무
③ 비밀엄수의 의무 ④ 정치운동의 금지

 쏙쏙 해설 •••

국가공무원법에 명시된 공무원의 복무는 ②·③·④ 외에 성실의무, 복종의무 등이 있다.(국가공무원법 제7장)

정답 ❶

19 국가공무원법상 공무원에 대한 징계에 해당하지 않는 것은?

① 직위해제 ② 감 봉
③ 견 책 ④ 강 등

 쏙쏙 해설 •••

국가공무원법상의 징계의 종류는 파면, 해임, 강등, 정직, 감봉, 견책으로 나뉜다(국가공무원법 제79조).★★

정답 ❶

CHAPTER 07 | 적중예상문제 **445**

20 하자 있는 행정행위가 다른 행정행위의 적법요건을 갖춘 경우, 다른 행정행위의 효력발생을 인정하는 것은?

① 하자의 승계
② 행정행위의 철회
③ 행정행위의 직권취소
④ 하자 있는 행정행위의 전환

 해설 ···

① 2 이상의 행정행위가 연속적으로 행하여진 경우, 선행 행정행위에 하자가 있으면 후행 행정행위에 하자가 없더라도 선행 행정행위를 이유로 하여 이를 다툴 수 있는지의 문제이다.
② 처분청이 어떤 사유로 인하여 유효하게 성립된 행정행위를 장래에 향하여 소멸시키는 행정행위이다.
③ 유효한 행정행위를 처분청 등이 어떠한 사유로 인하여 직권으로 그 효력을 소멸시키는 것이다.

정답 ④

21 국가배상에 관한 다음 설명 중 맞는 것은?

① 도로건설을 위해 자신의 토지를 수용당한 개인은 국가배상청구권을 가진다.
② 공무원이 직무수행 중에 적법하게 타인에게 손해를 입힌 경우 국가가 배상책임을 진다.
③ 도로·하천 등의 설치 또는 관리에 하자가 있어 손해를 받은 개인은 국가가 배상책임을 진다.
④ 공무원은 어떤 경우에도 국가배상청구권을 행사할 수 없다.

 해설 ···

③ 도로·하천 등의 설치 또는 관리의 하자로 인한 손해에 대하여는 국가 또는 지방자치단체는 국가배상법 제5조의 영조물책임을 진다.

정답 ③

 핵심만 콕 ·········

① 도로건설을 위해 토지를 수용당한 경우에는 위법한 국가작용이 아니라 적법한 국가작용이므로 개인은 손실보상청구권을 갖는다.
② 공무원이 직무수행 중에 적법하게 타인에게 손해를 입힌 경우 국가는 배상책임이 없다.
④ 공무원도 국가배상법 제2조나 제5조의 요건을 갖추면 국가배상청구권을 행사할 수 있다. 다만, 군인·군무원·경찰공무원 또는 예비군대원의 경우에는 일정한 제한이 있다.

22 위법·부당한 행정행위로 인하여 권익을 침해당한 자가 행정기관에 그 시정을 구하는 절차를 무엇이라 하는가?

① 행정소송
② 행정심판
③ 행정상 손해배상제도
④ 행정상 손실보상제도

쏙쏙 해설 •••

행정쟁송제도에서 행정기관에 대하여 위법·부당한 행정행위의 취소·변경을 구하는 절차는 행정심판이고, 행정심판에 의해 구제받지 못한 때 최종적으로 법원에 구제를 청구하는 제도가 행정소송이다.

정답 ❷

23 다음의 ㉠과 ㉡이 의미하는 행정구제제도의 명칭이 바르게 연결된 것은?

> ㉠ 지방자치단체가 건설한 교량이 시공자의 흠으로 붕괴되어 지역주민들에게 상해를 입혔을 때, 지방자치단체가 상해를 입은 주민들의 피해를 구제해 주었다.
> ㉡ 도로확장사업으로 인하여 토지를 수용당한 주민들의 피해를 국가가 변상하여 주었다.

① ㉠ 손실보상, ㉡ 행정소송
② ㉠ 손해배상, ㉡ 행정심판
③ ㉠ 행정소송, ㉡ 손실보상
④ ㉠ 손해배상, ㉡ 손실보상

쏙쏙 해설 •••

㉠은 시공자의 흠이라는 위법한 행정행위에 대한 것이므로 손해배상을, ㉡은 정당한 법집행에 대한 것이므로 손실보상이 타당하다.

정답 ❹

24 행정심판법상 행정심판의 종류가 아닌 것은?

① 부작위위법확인심판
② 의무이행심판
③ 무효 등 확인심판
④ 취소심판

쏙쏙 해설 •••

행정심판은 취소심판, 무효 등 확인심판, 의무이행심판의 세 가지로 구분한다(행정심판법 제5조).

정답 ❶

25 행정기관이 그 소관 사무의 범위에서 일정한 행정목적을 실현하기 위하여 특정인에게 일정한 행위를 하거나 하지 아니하도록 지도, 권고, 조언 등을 하는 행정작용은 무엇인가?

① 행정예고   ② 행정계획
③ 행정지도   ④ 의견제출

 쏙쏙 해설 •••

행정기관이 그 소관 사무의 범위에서 일정한 행정목적을 실현하기 위하여 특정인에게 일정한 행위를 하거나 하지 아니하도록 지도, 권고, 조언 등을 하는 비권력적 사실행위를 행정지도라고 한다. 지도, 권고, 조언에서 행정지도임을 유추할 수 있다.

정답 ❸

26 행정청이 타인의 법률행위를 보충하여 그 행위의 효력을 완성시켜 주는 행정행위의 강학상의 용어는 무엇인가?

① 인 가   ② 면 제
③ 허 가   ④ 특 허

쏙쏙 해설 •••

② 법령 또는 법령에 따른 행정행위에 의해 과해진 작위·수인·급부의무를 해제하는 행정행위
③ 일반적 금지(부작위 의무)를 특정한 경우에 해제하여 적법하게 일정한 사실행위 또는 법률행위를 할 수 있도록 하는 행정행위
④ 특정인을 위하여 새로운 법률상의 힘을 부여하는 행위

정답 ❶

27 경찰관이 목전에 급박한 장해를 제거할 필요가 있거나 그 성질상 미리 의무를 명할 시간적 여유가 없을 때, 자신이 근무하는 국가중요시설에 무단으로 침입한 자의 신체에 직접 무기를 사용하여 저지하는 행위는?

① 행정대집행   ② 행정상 즉시강제
③ 행정상 강제집행   ④ 집행벌

쏙쏙 해설 •••

행정상 장해가 존재하거나 장해의 발생이 목전에 급박한 경우, 성질상 개인에게 의무를 명해서는 공행정 목적을 달성할 수 없거나 또는 미리 의무를 명할 시간적 여유가 없거나 또는 미리 의무를 명할 시간적 여유가 없는 경우에 개인에게 의무를 명함이 없이 행정기관이 직접 개인의 신체에 직접 실력을 가하여 행정상 필요한 상태의 실현을 목적으로 하는 행위를 행정상 즉시강제라 한다.

정답 ❷

28 행정쟁송절차이다. ( ) 안에 해당되는 말의 순서로 알맞은 것은?

```
                            시정 ↑
위법·부당한행정처분 →  (          ) →  (          ) →
                       취소, 변경, 청구      소의 제기

(          ) →  (          )
     항 소           상 고
```

① 지방법원 → 고등법원 → 대법원 → 헌법재판소
② 고등법원 → 대법원 → 행정기관 → 헌법재판소
③ 당해 행정관청 → 행정법원 → 고등법원 → 대법원
④ 상급감독관청 → 지방법원 → 대법원 → 헌법재판소

 쏙쏙 해설 •••

행정소송법에서 정한 행정사건과 다른 법률에 의하여 행정법원의 권한에 속하는 사건의 제1심 관할 법원은 행정법원이다(행정법원이 설치되지 아니한 지역의 경우 지방법원이 관할), 행정소송은 3심급제를 채택하여 제1심 판결에 대한 항소사건은 고등법원이 심판하고, 상고사건은 대법원이 관할한다.

정답 ❸

29 타인의 범죄행위로 생명과 신체에 중대한 피해를 받은 자가 취할 수 있는 조치는 무엇인가?

① 국가를 상대로 손해배상을 청구할 수 있다.
② 검찰청에 범죄피해자구조를 청구할 수 있다.
③ 헌법상 보장된 형사보상을 청구할 수 있다.
④ 검찰청에 행정심판을 청구할 수 있다.

 쏙쏙 해설 •••

② 타인의 범죄행위로 생명과 신체에 중대한 피해를 받은 자는 검찰청(각 지방검찰청에 범죄피해구조심의회를 두는데 이를 지구심의회라 한다)에 범죄피해자구조를 청구할 수 있다.★

정답 ❷

👆 **핵심만 콕** ················

① 공무원이 직무를 집행하면서 고의 또는 과실로 법령을 위반하여 손해를 입힌 경우에 그 피해자는 국가 또는 지방자치단체를 상대로 손해배상을 청구할 수 있다.★
③ 무죄재판을 받은 자는 구금이나 형의 집행에 대하여 국가를 상대로 형사보상을 청구할 수 있다.★
④ 행정청의 위법 또는 부당한 처분 그 밖에 공권력의 행사·불행사 등으로 인한 국민의 권리 또는 이익이 침해된 경우에는 행정청을 상대로 행정심판을 청구할 수 있다.

CHAPTER 07

30 행정상 강제집행이 아닌 것은?

① 즉시강제   ② 강제징수

③ 직접강제   ④ 이행강제금

해설 •••

행정상 강제집행에는 대집행, 집행벌(이행강제금), 직접강제, 강제징수가 있다. 즉시강제는 행정상 장해가 존재하거나 장해의 발생이 목전에 급박한 경우에 성질상 개인에게 의무를 명해서는 공행정 목적을 달성할 수 없거나 또는 미리 의무를 명할 시간적 여유가 없는 경우에 개인에게 의무를 명함이 없이 행정기관이 직접 개인의 신체나 재산에 실력을 가해 행정상 필요한 상태의 실현을 목적으로 하는 작용을 말한다.

정답 ❶

31 행정심판에 의해 구제받지 못한 자가 위법한 행정행위에 대하여 최종적으로 법원에 구제를 청구하는 절차는?

① 헌법소원   ② 손해배상청구

③ 손실보상청구   ④ 행정소송

해설 •••

행정쟁송제도 중 행정소송에 관한 설명이다. 행정심판은 행정관청의 구제를 청구하는 절차를 말한다.

정답 ❹

32 관할행정청 甲이 乙의 경비업 허가신청에 대해 거부처분을 한 경우, 이에 불복하는 乙이 제기할 수 있는 행정심판은 무엇인가?

① 당사자심판   ② 부작위위법확인심판

③ 거부처분부당확인심판   ④ 의무이행심판

해설 •••

을(乙)은 의무이행심판 청구를 통하여 관할행정청의 거부처분에 대해 불복의사를 제기할 수 있다. 의무이행심판이란 당사자의 신청에 대한 행정청의 위법 또는 부당한 거부처분이나 부작위에 대하여 일정한 처분을 하도록 하는 행정심판을 말한다.

정답 ❹

33 행정작용에 관한 설명으로 옳지 않은 것을 모두 고른 것은?

> ㄱ. 하명은 명령적 행정행위이다.
> ㄴ. 인가는 형성적 행정행위이다.
> ㄷ. 공증은 법률행위적 행정행위이다.
> ㄹ. 공법상 계약은 권력적 사실행위이다.

① ㄱ, ㄴ   ② ㄱ, ㄷ
③ ㄴ, ㄹ   ④ ㄷ, ㄹ

 해설 •••

공증은 확인·통지·수리와 함께 준법률행위적 행정행위에 속하며, 공법상 계약은 비권력적 공법행위이다.

정답 ❹

34 행정작용 중 원칙적으로 비권력적 사실행위에 해당하는 것은?

① 공법상 계약   ② 행정상 즉시강제
③ 행정처분   ④ 행정지도

 해설 •••

행정지도는 비권력적 사실행위에 해당되기 때문에 원칙적으로 처분성이 부정된다. 다만, 행정지도에 불응한 것에 대해 불이익한 처분을 받은 경우에는 그 처분에 대해 행정쟁송이 가능하다.

정답 ❹

35 행정주체가 국민에 대하여 명령·강제하고, 권리나 이익(利益)을 부여하는 등 법을 집행하는 행위를 무엇이라고 하는가?

① 행정조직   ② 행정처분
③ 행정구제   ④ 행정강제

 해설 •••

행정행위는 행정처분이라고도 함에 유의하여야 한다.

정답 ❷

36 행정법상 행정작용에 관한 설명으로 옳지 않은 것은?

① 기속행위는 행정주체에 대하여 재량의 여지를 주지 않고 그 법규를 집행하도록 하는 행정행위를 말한다.

② 특정인에게 새로운 권리나 포괄적 법률관계를 설정해주는 특허는 형성적 행정행위이다.

③ 의사표시 이외의 정신작용 등의 표시를 요소로 하는 행위는 준법률행위적 행정행위이다.

④ 개인에게 일정한 작위의무를 부과하는 하명은 형성적 행정행위이다.

 쏙쏙 해설 ...

하명은 명령적 행정행위이다.

정답 ❹

 핵심만 콕

법률행위적 행정행위와 준법률행위적 행정행위★★

법률행위적 행정행위		준법률행위적 행정행위
명령적 행위	형성적 행위	
하명, 면제, 허가	특허, 인가, 대리	공증, 통지, 수리, 확인

37 다음 중 준법률행위 행정행위에 해당하는 것은?

① 하 명   ② 특 허

③ 승 인   ④ 공 증

 쏙쏙 해설 ...

준법률행위적 행정행위에는 공증, 수리, 통지, 확인 등이 있고, 법률행위적 행정행위에는 명령적 행정행위(하명, 허가, 면제)와 형성적 행정행위(특허, 인가, 공법상 대리)가 있다.

정답 ❹

08 경찰관직무집행법

1 경찰관직무집행법의 목적(경찰관직무집행법 제1조)

경찰관직무집행법은 국민의 자유와 권리를 보호하고 사회공공의 질서를 유지하기 위한 경찰관(**국가경찰공무원만 해당**)의 직무 수행에 필요한 사항을 규정함을 목적으로 하며, 이 법에 규정된 경찰관의 직권은 그 직무 수행에 필요한 최소한도에서 행사되어야 하며 남용되어서는 아니 된다. ★

2 경찰관 직무 등

1 직무의 범위(경찰관직무집행법 제2조) ★

(1) 국민의 생명·신체 및 재산의 보호(제1호)

(2) 범죄의 예방·진압 및 수사(제2호)

(3) 범죄피해자 보호(제2호의2)

(4) 경비, 주요 인사(人士) 경호 및 대간첩·대테러 작전 수행(제3호)

(5) 치안정보의 수집·작성 및 배포(제4호)

(6) 교통 단속과 교통 위해(危害)의 방지(제5호)

(7) 외국 정부기관 및 국제기구와의 국제협력(제6호)

(8) 그 밖에 공공의 안녕과 질서 유지(제7호)

2 불심검문(경찰관직무집행법 제3조)

(1) 불심검문의 대상자

경찰관은 다음의 어느 하나에 해당하는 사람을 **정지시켜 질문할 수 있다**(제1항).

① 수상한 행동이나 그 밖의 주위 사정을 합리적으로 판단하여 볼 때 어떠한 죄를 범하였거나 범하려 하고 있다고 의심할 만한 상당한 이유가 있는 사람(제1호)

② 이미 행하여진 범죄나 행하여지려고 하는 범죄행위에 관한 사실을 안다고 인정되는 사람(제2호)

(2) 불심검문의 절차 및 방법

① 임의동행 : 경찰관은 불심검문의 대상에게 **정지시킨 장소에서 질문을 하는 것이 그 사람에게 불리**하거나 **교통에 방해**가 된다고 인정될 때에는 질문을 하기 위하여 가까운 경찰서·지구대·파출소 또는 출장소 (지방해양경찰관서를 포함하며, 이하 "경찰관서"라 한다)로 동행할 것을 요구할 수 있다. 이 경우 **동행을 요구받은 사람은 그 요구를 거절할 수 있다**(제2항).

② 불심검문의 조사내용 : 경찰관은 불심검문의 대상에게 질문을 할 때에 그 사람이 흉기를 가지고 있는지를 조사할 수 있다(제3항).

③ 불심검문의 조사방법

㉠ **경찰관은** 불심검문의 대상에게 질문을 하거나 임의동행을 요구할 경우 **자신의 신분을 표시하는 증표를 제시**하면서 **소속과 성명을 밝히고 질문이나 동행의 목적과 이유를 설명**하여야 하며, 동행을 요구하는 경우에는 **동행 장소를 밝혀야** 한다(제4항).

㉡ **경찰관은** 임의동행한 사람의 **가족이나 친지 등에게** 동행한 경찰관의 신분, 동행 장소, 동행 목적과 이유를 알리거나 본인으로 하여금 즉시 **연락할 수 있는 기회를 주어야** 하며, **변호인의 도움을 받을 권리가 있음을 알려야** 한다(제5항).

㉢ 경찰관은 임의동행에 따라 동행한 사람을 **6시간**을 초과하여 경찰관서에 머물게 할 수 없다(제6항). ★

㉣ **경찰관직무집행법** 규정에 따라 질문을 받거나 동행을 요구받은 사람은 **형사소송에 관한 법률**에 따르지 아니하고는 **신체를 구속**당하지 아니하며, 그 의사에 반하여 **답변**을 **강요**당하지 아니한다(제7항). ★

3 보호조치 등(경찰관직무집행법 제4조)

(1) 보호조치 등의 대상

경찰관은 수상한 행동이나 그 밖의 주위 사정을 합리적으로 판단해 볼 때 다음의 어느 하나에 해당하는 것이 명백하고 응급구호가 필요하다고 믿을 만한 상당한 이유가 있는 사람(이하 "**구호대상자**"라 한다)을 **발견하였을 때에는** 보건의료기관이나 공공구호기관에 **긴급구호를 요청**하거나 **경찰관서에 보호**하는 등 **적절한 조치를 할 수 있다**(제1항). ★★

① **정신착란**을 일으키거나 **술에 취하**여 자신 또는 다른 사람의 **생명·신체·재산에 위해를 끼칠 우려**가 있는 사람(제1호)

② **자살**을 **시도**하는 사람(제2호)

③ 미아, 병자, 부상자 등으로서 **적당한 보호자가 없으며** 응급구호가 필요하다고 인정되는 사람. **다만, 본인이 구호를 거절**하는 경우는 **제외**한다(제3호). ★

(2) 보호조치 등의 절차

① 긴급구호를 요청받은 보건의료기관이나 공공구호기관은 **정당한 이유** 없이 긴급구호를 **거절**할 수 없다(제2항).

② **경찰관**은 보호조치 등을 하는 경우에 구호대상자가 휴대하고 있는 무기·흉기 등 **위험을 일으킬 수 있는** 것으로 인정되는 물건을 **경찰관서에 임시로 영치(領置)하여 놓을 수 있다**(제3항). ★

③ 경찰관은 보호조치 등을 하였을 때에는 **지체 없이** 구호대상자의 가족, 친지 또는 그 밖의 **연고자**에게 그 사실을 알려야 하며, **연고자가 발견되지 아니할 때**에는 구호대상자를 **적당한 공공보건의료기관이나 공공구호기관에 즉시 인계하여야 한다**(제4항). ★

④ 경찰관은 구호대상자를 공공보건의료기관이나 공공구호기관에 **인계하였을 때**에는 **즉시** 그 사실을 **소속 경찰서장이나 해양경찰서장에게 보고하여야** 한다(제5항). ★

⑤ **보고를 받은 소속 경찰서장이나 해양경찰서장**은 대통령령으로 정하는 바에 따라 구호대상자를 인계한 **사실**을 **지체 없이 해당 공공보건의료기관 또는 공공구호기관의 장 및 그 감독행정청에 통보하여야** 한다(제6항).

⑥ 보호조치 등에 따른 **구호대상자를 경찰관서에서 보호하는** 기간은 24시간을 초과할 수 없고, ②의 물건을 경찰관서에 임시로 **영치하는** 기간은 **10일**을 초과할 수 없다(제7항). ★★

4 위험 발생의 방지 등(경찰관직무집행법 제5조)

(1) 조치 실행 요건

경찰관은 사람의 생명 또는 신체에 위해를 끼치거나 재산에 중대한 손해를 끼칠 우려가 있는 천재(天災), 사변(事變), 인공구조물의 파손이나 붕괴, 교통사고, 위험물의 폭발, 위험한 동물 등의 출현, 극도의 혼잡, 그 밖의 위험한 사태가 있을 때 **다음의 조치를 할 수 있다**(제1항).

① 그 장소에 모인 사람, 사물(事物)의 관리자, 그 밖의 관계인에게 필요한 **경고**를 하는 것(제1호)

② 매우 긴급한 경우에는 **위해를 입을 우려가 있는 사람**을 필요한 한도에서 **억류**하거나 **피난**시키는 것(제2호)

③ 그 장소에 있는 사람, 사물의 관리자, 그 밖의 관계인에게 **위해**를 **방지**하기 위하여 **필요**하다고 인정되는 **조치**를 하게 하거나 직접 그 조치를 하는 것(제3호)

(2) 조치의 내용 및 절차

① **경찰관서의 장**은 대간첩 작전의 수행이나 소요(騷擾) 사태의 진압을 위하여 필요하다고 인정되는 상당한 이유가 있을 때에는 대간첩 작전지역이나 경찰관서·무기고 등 **국가중요시설**에 대한 **접근** 또는 **통행**을 **제한**하거나 **금지할 수 있다**(제2항).

② **경찰관**은 (1)의 조치를 하였을 때에는 **지체 없이** 그 사실을 **소속 경찰관서의 장에게 보고하여야** 한다(제3항).

③ 조치를 하거나 이에 대한 보고를 받은 경찰관서의 장은 관계 기관의 협조를 구하는 등 적절한 조치를 하여야 한다(제4항).

5 범죄의 예방과 제지(경찰관직무집행법 제6조)

경찰관은 범죄행위가 목전(目前)에 행하여지려고 하고 있다고 인정될 때에는 이를 **예방**하기 위하여 관계인에게 필요한 **경고**를 하고, 그 행위로 인하여 사람의 **생명·신체**에 **위해**를 끼치거나 **재산**에 **중대한 손해**를 끼칠 **우려**가 있는 긴급한 경우에는 그 행위를 제지할 수 있다.

6 위험 방지를 위한 출입(경찰관직무집행법 제7조)

(1) 요건

경찰관은 위험 발생의 방지 등(제5조 제1항·제2항) 및 범죄의 예방과 제지(제6조)에 따른 위험한 사태가 발생하여 사람의 생명·신체 또는 재산에 대한 위해가 임박한 때에 그 위해를 방지하거나 피해자를 구조하기 위하여 부득이하다고 인정하면 합리적으로 판단하여 필요한 한도에서 다른 사람의 토지·건물·배 또는 차에 출입할 수 있다(제1항).

(2) 절차

① 흥행장(興行場), 여관, 음식점, 역, 그 밖에 많은 사람이 출입하는 장소의 관리자나 그에 준하는 관계인은 경찰관이 범죄나 사람의 생명·신체·재산에 대한 위해를 예방하기 위하여 해당 장소의 영업시간이나 해당 장소가 일반인에게 공개된 시간에 그 장소에 출입하겠다고 요구하면 정당한 이유 없이 그 요구를 거절할 수 없다(제2항). ★

② 경찰관은 대간첩 작전 수행에 필요할 때에는 작전지역에서 ①에 따른 장소를 검색할 수 있다(제3항).

③ 경찰관은 제1항부터 제3항까지의 규정에 따라 필요한 장소에 출입할 때에는 그 신분을 표시하는 증표를 제시하여야 하며, 함부로 관계인이 하는 정당한 업무를 방해해서는 아니 된다(제4항).

7 사실의 확인 등(경찰관직무집행법 제8조)

(1) 요건

① **경찰관서의 장**은 직무 수행에 필요하다고 인정되는 상당한 이유가 있을 때에는 국가기관이나 공사(公私) 단체 등에 **직무 수행에 관련된 사실을 조회할 수 있다**(제1항 본문). ★

② 다만, **긴급한 경우**에는 **소속 경찰관으로 하여금 현장에 나가** 해당 기관 또는 단체의 장의 **협조를 받아** 그 사실을 확인하게 할 수 있다(제1항 단서). ★

(2) 절차

경찰관은 다음의 직무를 수행하기 위하여 **필요하면 관계인에게 출석**하여야 하는 **사유·일시** 및 **장소**를 명확히 적은 **출석 요구서를 보내** 경찰관서에 **출석**할 것을 **요구할 수 있다**(제2항).

① 미아를 인수할 보호자 확인(제1호)

② 유실물을 인수할 권리자 확인(제2호)

③ 사고로 인한 사상자(死傷者) 확인(제3호)

④ 행정처분을 위한 교통사고 조사에 필요한 사실 확인(제4호)

8 보고(경찰관직무집행법 시행령 제7조)

국가경찰공무원은 다음의 조치를 한 때에는 소속 국가경찰관서의 장에게 이를 보고하여야 한다.
(1) 법 제3조 제2항의 규정에 의한 동행요구를 한 때(제1호)
(2) 법 제4조 제1항의 규정에 의한 긴급구호요청 또는 보호조치를 한 때(제2호)
(3) 법 제4조 제3항의 규정에 의한 임시영치를 한 때(제3호)
(4) 법 제6조 제1항의 규정에 의하여 범죄행위를 제지한 때(제4호)
(5) 법 제7조 제2항 및 제3항의 규정에 의하여 다수인이 출입하는 장소에 대하여 출입 또는 검색을 한 때(제6호)
(6) 법 제8조 제1항 단서의 규정에 의한 사실확인을 한 때(제7호)

9 국제협력(경찰관직무집행법 제8조의2)

경찰청장 또는 해양경찰청장은 이 법에 따른 경찰관의 직무수행을 위하여 외국 정부기관, 국제기구 등과 자료 교환, 국제협력 활동 등을 **할 수 있다.** ★

3 경찰장비 및 경찰장구 등의 사용

1 경찰장비의 사용 등(경찰관직무집행법 제10조)

(1) **경찰장비의 정의**

무기, 경찰장구(警察裝具), 최루제(催淚劑)와 그 발사장치, 살수차, 감식기구(鑑識機具), 해안 감시기구, 통신기기, 차량·선박·항공기 등 경찰이 직무를 수행할 때 필요한 장치와 기구를 말한다(제2항). ★★

(2) **경찰장비의 사용요건**

① 경찰관은 직무수행 중 경찰장비를 사용할 수 있다. 다만, 사람의 생명이나 신체에 위해를 끼칠 수 있는 경찰장비(이하 "**위해성 경찰장비**"라 한다)를 사용할 때에는 필요한 **안전교육과 안전검사를 받은 후 사용하여야** 한다(제1항). ★

② 경찰관은 경찰장비를 함부로 개조하거나 경찰장비에 임의의 장비를 부착하여 일반적인 사용법과 달리 사용함으로써 다른 사람의 생명·신체에 위해를 끼쳐서는 아니 된다(제3항). ★

③ 위해성 경찰장비는 필요한 최소한도에서 사용하여야 한다(제4항).

④ **경찰청장은 위해성 경찰장비를 새로 도입**하려는 경우에는 **대통령령**으로 정하는 바에 따라 **안전성 검사를 실시**하여 그 안전성 검사의 **결과보고서를 국회 소관 상임위원회에 제출하여야** 한다. 이 경우 **안전성 검사에는 외부 전문가를 참여시켜야 한다**(제5항). ★

⑤ **위해성 경찰장비의 종류** 및 그 **사용기준, 안전교육·안전검사의 기준** 등은 **대통령령**으로 정한다(제6항).

위해성 경찰장비의 종류(위해성 경찰장비의 사용기준 등에 관한 규정 제2조)
- 경찰장구 : 수갑·포승(捕繩)·호송용포승·경찰봉·호신용경봉·전자충격기·방패 및 전자방패(제1호)
- 무기 : 권총·소총·기관총(기관단총을 포함한다. 이하 같다)·산탄총·유탄발사기·박격포·3인치포·함포·크레모아·수류탄·폭약류 및 도검(제2호)
- 분사기·최루탄등 : 근접분사기·가스분사기·가스발사총(고무탄 발사겸용을 포함한다. 이하 같다) 및 최루탄(그 발사장치를 포함한다. 이하 같다)(제3호)
- 기타장비 : 가스차·살수차·특수진압차·물포·석궁·다목적발사기 및 도주차량차단장비(제4호)

---

2 경찰장구의 사용(경찰관직무집행법 제10조의2)

(1) 경찰장구의 정의

경찰관이 휴대하여 범인 검거와 범죄 진압 등의 직무 수행에 사용하는 **수갑, 포승(捕繩), 경찰봉, 방패 등**을 말한다(제2항) (주의 : 무기는 경찰장구에 해당하지 않는다). ★★

(2) 경찰장구의 사용요건

경찰관은 다음의 직무를 수행하기 위하여 필요하다고 인정되는 상당한 이유가 있을 때에는 그 사태를 합리적으로 판단하여 필요한 한도에서 경찰장구를 사용할 수 있다(제1항). ★★

① **현행범**이나 **사형·무기** 또는 **장기 3년 이상의 징역**이나 **금고**에 해당하는 **죄를 범한 범인의 체포 또는 도주 방지**(제1호)

② 자신이나 다른 사람의 **생명·신체의 방어 및 보호**(제2호)

③ **공무집행**에 대한 **항거(抗拒) 제지**(제3호)

3 분사기 등의 사용(경찰관직무집행법 제10조의3)

(1) 분사기의 정의

「총포·도검·화약류 등의 안전관리에 관한 법률」에 따른 **분사기**를 말하며, 그에 사용하는 **최루 등의 작용제**를 **포함**한다. ★

(2) 분사기 등의 사용요건

경찰관은 다음의 직무를 수행하기 위하여 **부득이한 경우**에는 **현장책임자가 판단**하여 **필요한 최소한의 범위**에서 분사기 또는 최루탄을 사용할 수 있다. ★
① 범인의 **체포** 또는 범인의 **도주 방지**(제1호)
② **불법집회·시위로** 인한 자신이나 다른 사람의 **생명·신체와 재산** 및 **공공시설 안전에 대한 현저한 위해의 발생 억제**(제2호)

4 무기의 사용(경찰관직무집행법 제10조의4)

(1) 무기의 정의

사람의 생명이나 **신체에 위해**를 끼칠 수 있도록 제작된 **권총·소총·도검 등**을 말한다(제2항).

(2) 사용요건

① 경찰관은 범인의 체포, 범인의 도주 방지, 자신이나 다른 사람의 생명·신체의 방어 및 보호, 공무집행에 대한 항거의 제지를 위하여 필요하다고 인정되는 상당한 이유가 있을 때에는 그 사태를 합리적으로 판단하여 필요한 한도에서 무기를 사용할 수 있다(제1항 본문).
② 다만, **다음**의 어느 하나에 **해당**할 때를 제외하고는 사람에게 **위해**를 끼쳐서는 아니 된다(제1항 단서).
　㉠ 형법에 규정된 **정당방위**와 **긴급피난**에 해당할 때(제1호)
　㉡ 다음의 어느 하나에 해당하는 때에 그 행위를 방지하거나 그 행위자를 체포하기 위하여 무기를 사용하지 아니하고는 다른 수단이 없다고 인정되는 상당한 이유가 있을 때(제2호)
　　• **사형·무기** 또는 **장기 3년 이상의 징역**이나 **금고**에 해당하는 **죄**를 범하거나 범하였다고 의심할 만한 충분한 이유가 있는 사람이 경찰관의 직무집행에 **항거하거나 도주하려고 할 때**(가목)
　　• 체포·구속영장과 압수·수색영장을 집행하는 과정에서 경찰관의 직무집행에 **항거하거나 도주하려고 할 때**(나목)

- 제3자가 가목 또는 나목에 해당하는 사람을 도주시키려고 경찰관에게 **항거할 때**(다목)
- 범인이나 소요를 일으킨 사람이 무기·흉기 등 위험한 물건을 지니고 **경찰관으로부터 3 회 이상 물건을 버리라는 명령이나 항복하라는 명령을 받고도** 따르지 아니하면서 **계속 항거할 때**(라목)

  © 대간첩 작전 수행 과정에서 **무장간첩이 항복하라는 경찰관의 명령을 받고도 따르지 아니할 때**(제3호)

③ 대간첩·대테러 작전 등 **국가안전에 관련되는 작전을 수행할 때**에는 **개인화기**(個人火器) 외에 **공용화기** (共用火器)를 **사용**할 수 있다(제3항). ★

5 사용기록의 보관(경찰관직무집행법 제11조)

살수차(경찰관직무집행법 제10조 제2항), **분사기**(경찰관직무집행법 제10조의3), **최루탄 또는 무기**(경찰관 직무집행법 제10조의4)를 **사용**하는 경우 그 책임자는 **사용 일시·장소·대상, 현장책임자, 종류, 수량 등을 기록하여 보관하여야** 한다. ★

4 손실보상 및 보상금 지급

1 손실보상(경찰관직무집행법 제11조의2)

(1) 손실보상의 요건

국가는 **경찰관의 적법한 직무집행**으로 인하여 다음의 어느 하나에 해당하는 손실을 입은 자에 대하여 정당한 보상을 하여야 한다(제1항). ★

① 손실발생의 원인에 대하여 **책임이 없는 자가 생명·신체 또는 재산상의 손실을 입은 경우**(손실발생의 원인에 대하여 책임이 없는 자가 경찰관의 직무집행에 **자발적**으로 **협조**하거나 **물건을 제공**하여 **생명·신체 또는 재산상의 손실을 입은 경우**를 포함한다)(제1호)

② 손실발생의 원인에 대하여 **책임이 있는 자가 자신의 책임에 상응하는 정도를 초과하는 생명·신체 또는 재산상의 손실을 입은 경우**(제2호)

(2) 손실보상을 위한 방법

① 손실보상을 청구할 수 있는 권리는 **손실이 있음을 안 날부터 3년, 손실이 발생한 날부터 5년간** 행사하지 아니하면 시효의 완성으로 소멸한다(제2항). ★★

② 손실보상신청 사건을 심의하기 위하여 손실보상심의위원회를 둔다(제3항). ★

③ 경찰청장 또는 지방경찰청장은 손실보상심의위원회의 심의·의결에 따라 보상금을 지급하고, 거짓 또는 부정한 방법으로 보상금을 받은 사람에 대하여는 해당 보상금을 환수하여야 한다(제4항). ★

④ 보상금이 지급된 경우 손실보상심의위원회는 대통령령으로 정하는 바에 따라 경찰위원회에 심사자료와 결과를 보고하여야 한다. 이 경우 경찰위원회는 손실보상의 적법성 및 적정성 확인을 위하여 필요한 자료의 제출을 요구할 수 있다(제5항).

⑤ 경찰청장 또는 지방경찰청장은 보상금을 반환하여야 할 사람이 대통령령으로 정한 기한까지 그 금액을 납부하지 아니한 때에는 국세 체납처분의 예에 따라 징수할 수 있다(제6항).

⑥ 손실보상의 기준, 보상금액, 지급 절차 및 방법, 손실보상심의위원회의 구성 및 운영, 환수절차, 그 밖에 손실보상에 관하여 필요한 사항은 대통령령으로 정한다(제7항).

손실보상의 기준 및 보상금액(경찰관직무집행법 시행령 제9조)

① 손실보상을 할 때 물건을 멸실·훼손한 경우에는 다음의 기준에 따라 보상한다.
  1. 손실을 입은 물건을 수리할 수 있는 경우 : 수리비에 상당하는 금액
  2. 손실을 입은 물건을 수리할 수 없는 경우 : 손실을 입은 당시의 해당 물건의 교환가액
  3. 영업자가 손실을 입은 물건의 수리나 교환으로 인하여 영업을 계속할 수 없는 경우 : 영업을 계속할 수 없는 기간 중 영업상 이익에 상당하는 금액

② 물건의 멸실·훼손으로 인한 손실 외의 재산상 손실에 대해서는 직무집행과 상당한 인과관계가 있는 범위에서 보상한다.

③ 법 제11조의2 제1항에 따라 손실보상을 할 때 생명·신체상의 손실의 경우에는 별표의 기준에 따라 보상한다.

④ 법 제11조의2 제1항에 따라 보상금을 지급받을 사람이 동일한 원인으로 다른 법령에 따라 보상금 등을 지급받은 경우 그 보상금 등에 상당하는 금액을 제외하고 보상금을 지급한다.

손실보상심의위원회의 설치 및 구성(경찰관직무집행법 시행령 제11조)

① 경찰관직무집행법 제11조의2 제3항에 따라 소속 경찰공무원의 직무집행으로 인하여 발생한 손실보상청구 사건을 심의하기 위하여 **경찰청, 해양경찰청, 지방경찰청 및 지방해양경찰청에 손실보상심의위원회를 설치한다.** ★★

② 위원회는 위원장 1명을 포함한 **5명 이상 7명 이하의 위원으로 구성한다.** ★★

③ 위원회의 위원은 소속 경찰공무원과 다음 각 호의 어느 하나에 해당하는 사람 중에서 **경찰청장등이 위촉하거나 임명한다.** 이 경우 위원의 **과반수 이상은 경찰공무원이 아닌 사람으로 하여야 한다.** ★★
  1. 판사·검사 또는 변호사로 5년 이상 근무한 사람
  2. 고등교육법 제2조에 따른 학교에서 법학 또는 행정학을 가르치는 부교수 이상으로 5년 이상 재직한 사람
  3. 경찰 업무와 손실보상에 관하여 학식과 경험이 풍부한 사람

---

④ **위촉위원**의 임기는 2년으로 한다.

⑤ 위원회의 사무를 처리하기 위하여 **위원회에 간사 1명을 두되,** 간사는 소속 **경찰공무원** 중에서 **경찰청장등이** 지명한다. ★

위원장(경찰관직무집행법 시행령 제12조)

① 위원장은 위원 중에서 호선(互選)한다. ★

② 위원장은 위원회를 대표하며, 위원회의 업무를 총괄한다.

③ 위원장이 부득이한 사유로 직무를 수행할 수 없는 때에는 위원장이 미리 지명한 위원이 그 직무를 대행한다. ★

손실보상심의위원회의 운영(경찰관직무집행법 시행령 제13조)

① 위원장은 위원회의 회의를 소집하고, 그 의장이 된다.

② 위원회의 회의는 재적위원 과반수의 출석으로 개의(開議)하고, 출석위원 과반수의 찬성으로 의결한다. ★

③ 위원회는 심의를 위하여 필요한 경우에는 관계 공무원이나 관계 기관에 사실조사나 자료의 제출 등을 요구할 수 있으며, 관계 전문가에게 필요한 정보의 제공이나 의견의 진술 등을 요청할 수 있다. ★

보상금의 환수절차(경찰관직무집행법 시행령 제17조의2)

① 경찰청장 또는 지방경찰청장은 법 제11조의2 제4항에 따라 보상금을 환수하려는 경우에는 위원회의 심의·의결에 따라 환수 여부 및 환수금액을 결정하고, 거짓 또는 부정한 방법으로 보상금을 받은 사람에게 다음 각 호의 내용을 서면으로 통지해야 한다.
   1. 환수사유
   2. 환수금액
   3. 납부기한
   4. 납부기관

② 법 제11조의2 제6항에서 "대통령령으로 정한 기한"이란 제1항에 따른 통지일부터 40일 이내의 범위에서 경찰청장 또는 지방경찰청장이 정하는 기한을 말한다.

③ 제1항 및 제2항에서 규정한 사항 외에 보상금 환수절차에 관하여 필요한 사항은 경찰청장이 정한다.

경찰위원회 보고 등(경찰관직무집행법 시행령 제17조의3)

① 법 제11조의2 제5항에 따라 위원회(경찰청 및 지방경찰청에 설치된 위원회만 해당한다. 이하 이 조에서 같다)는 보상금 지급과 관련된 심사자료와 결과를 반기별로 경찰위원회에 보고해야 한다.

② 경찰위원회는 필요하다고 인정하는 때에는 수시로 보상금 지급과 관련된 심사자료와 결과에 대한 보고를 위원회에 요청할 수 있다. 이 경우 위원회는 그 요청에 따라야 한다.

2 범인검거 등 공로자 보상(경찰관직무집행법 제11조의3)

(1) 보상금 지급 대상

경찰청장, 지방경찰청장 또는 경찰서장은 다음의 어느 하나에 해당하는 사람에게 **보상금을 지급할 수 있다**(제1항). ★★

① 범인 또는 범인의 **소재**를 **신고**하여 **검거하게 한** 사람(제1호)

② **범인**을 **검거**하여 경찰공무원에게 **인도**한 사람(제2호)

③ **테러범죄의 예방활동에 현저한 공로가** 있는 사람(제3호)

④ 그 밖에 ①부터 ③까지의 규정에 준하는 사람으로서 **대통령령**으로 정하는 사람(제4호)

> 범인검거 등 공로자 보상금 지급 대상자(경찰관직무집행법 시행령 제18조)
> ① **범인의 신원을 특정할 수 있는 정보를 제공**한 사람(제1호)
> ② 범죄사실을 입증하는 **증거물을 제출**한 사람(제2호)
> ③ 그 밖에 범인 검거와 관련하여 경찰 수사 활동에 협조한 사람 중 보상금 지급 대상자에 해당한다고 법 제11조의3 제2항에 따른 **보상금심사위원회가 인정하는 사람**(제3호) ★

(2) 보상금심사위원회의 보상금 지급 절차

① **경찰청장, 지방경찰청장 및 경찰서장**은 보상금 지급의 심사를 위하여 **대통령령**으로 정하는 바에 따라 **각각 보상금심사위원회를 설치·운영하여야 한다**(제2항). ★

> 보상금심사위원회의 심사사항(경찰관직무집행법 시행령 제19조 제3항 및 제4항)
> ③ 보상금심사위원회는 다음의 사항을 심사·의결한다.
>   1. 보상금 지급 대상자에 해당하는 지 여부
>   2. 보상금 지급 금액
>   3. 보상금 환수 여부
>   4. 그 밖에 보상금 지급이나 환수에 필요한 사항
> ④ 보상금심사위원회의 회의는 재적위원 과반수의 찬성으로 의결한다.

② 보상금심사위원회는 **위원장 1명을 포함한 5명 이내의 위원**으로 구성한다(제3항). ★

③ 보상금심사위원회의 위원은 소속 경찰공무원 중에서 경찰청장, 지방경찰청장 또는 경찰서장이 임명한다(제4항). ★

④ **경찰청장, 지방경찰청장 또는 경찰서장**은 보상금심사위원회의 심사·의결에 따라 보상금을 지급하고, 거짓 또는 부정한 방법으로 보상금을 받은 사람에 대하여는 해당 보상금을 환수한다(제5항).

⑤ 경찰청장, 지방경찰청장 또는 경찰서장은 보상금을 반환하여야 할 사람이 대통령령으로 정한 기한까지 그 금액을 납부하지 아니한 때에는 국세 체납처분의 예에 따라 징수할 수 있다(제6항).

⑥ 보상 대상, 보상금의 지급 기준 및 절차, 보상금심사위원회의 구성 및 심사사항, 환수절차, 그 밖에 보상금 지급에 관하여 필요한 사항은 대통령령으로 정한다(제7항).

범인검거 등 공로자 보상금의 환수절차(경찰관직무집행법 시행령 제21조의2)

① 경찰청장, 지방경찰청장 또는 경찰서장은 법 제11조의3 제5항에 따라 보상금을 환수하려는 경우에는 보상금심사위원회의 심사·의결에 따라 환수 여부 및 환수금액을 결정하고, 거짓 또는 부정한 방법으로 보상금을 받은 사람에게 다음 각 호의 내용을 서면으로 통지해야 한다.
  1. 환수사유
  2. 환수금액
  3. 납부기한
  4. 납부기관
② 법 제11조의3 제6항에서 "대통령령으로 정한 기한"이란 제1항에 따른 통지일부터 40일 이내의 범위에서 경찰청장, 지방경찰청장 또는 경찰서장이 정하는 기한을 말한다.

---

5 벌칙 등

1 유치장의 설치(경찰관직무집행법 제9조)

법률에서 정한 절차에 따라 체포·구속된 사람 또는 신체의 자유를 제한하는 판결이나 처분을 받은 사람을 수용하기 위하여 **경찰서와 해양경찰서에 유치장을 둔다.** ★★

2 벌칙(경찰관직무집행법 제12조)

경찰관직무집행법에 규정된 **경찰관의 의무를 위반**하거나 **직권**을 **남용**하여 다른 사람에게 해를 끼친 사람은 **1년 이하의 징역이나 금고에 처한다.** ★★

01 경찰관직무집행법에 대한 내용으로 가장 적절하지 않은 것은?

① 경찰관직무집행법 제2조는 직무의 범위에서 '범죄피해자 보호'를 규정하고 있다.

② 법률에서 정한 절차에 따라 체포·구속된 사람 또는 신체의 자유를 제한하는 판결이나 처분을 받은 사람을 수용하기 위하여 경찰서와 해양경찰서에 유치장을 둔다.

③ 경찰관은 '현행범이나 사형·무기 또는 장기 3년 이상의 징역이나 금고에 해당하는 죄를 범한 범인의 체포 또는 도주 방지', '자신이나 다른 사람의 생명·신체의 방어 및 보호', '공무집행에 대한 항거 제지'의 직무를 수행하기 위하여 필요하다고 인정되는 상당한 이유가 있을 때에는 그 사태를 합리적으로 판단하여 필요한 한도에서 경찰장구를 사용할 수 있다.

④ 경찰청장은 위해성 경찰장비를 새로 도입하려는 경우에는 대통령령으로 정하는 바에 따라 안전성 검사를 실시하여 그 안전성 검사의 결과보고서를 경찰위원회에 제출하여야 한다. 이 경우 안전성 검사에는 외부 전문가를 참여시켜야 한다.

 쏙쏙 해설 •••

경찰청장은 위해성 경찰장비를 새로 도입하려는 경우에는 대통령령으로 정하는 바에 따라 안전성 검사를 실시하여 그 안전성 검사의 결과보고서를 **국회 소관 상임위원회**에 제출하여야 한다. 이 경우 안전성 검사에는 외부 전문가를 참여시켜야 한다(경찰관직무집행법 제10조 제5항).★

정답 ④

 핵심만 콕 ⋯⋯⋯⋯⋯⋯⋯⋯⋯⋯⋯⋯⋯⋯⋯⋯⋯⋯⋯⋯⋯⋯⋯⋯⋯⋯⋯⋯⋯⋯⋯⋯⋯⋯⋯⋯

① 경찰관직무집행법 제2조 제2호의2
② 경찰관직무집행법 제9조
③ 경찰관직무집행법 제10조의2 제1항★

02 경찰관직무집행법 및 동법 시행령상 손실보상에 대한 설명으로 가장 적절하지 않은 것은?

① 보상을 청구할 수 있는 권리는 손실이 있음을 안 날부터 3년, 손실이 발생한 날부터 5년간 행사하지 아니하면 시효의 완성으로 소멸한다.

② 소속 경찰공무원의 직무집행으로 인하여 발생한 손실보상청구 사건을 심의하기 위하여 경찰청, 해양경찰청, 지방경찰청, 지방해양경찰청, 경찰서 및 해양경찰서에 손실보상심의 위원회(이하 "위원회"라 한다)를 설치하며, 위원회는 위원장 1명을 포함한 5명 이상 7명 이하의 위원으로 구성한다.

③ 보상금은 일시불로 지급하되, 예산 부족 등의 사유로 일시금으로 지급할 수 없는 특별한 사정이 있는 경우에는 청구인의 동의를 받아 분할하여 지급할 수 있다.

④ 보상금은 다른 법률에 특별한 규정이 있는 경우를 제외하고는 현금으로 지급하여야 한다.

 해설 •••

소속 경찰공무원의 직무집행으로 인하여 발생한 손실보상청구 사건을 심의하기 위하여 경찰청, 해양경찰청, 지방경찰청 및 지방해양경찰청에 손실보상심의위원회(이하 "위원회"라 한다)를 설치하며, 위원회는 위원장 1명을 포함한 5명 이상 7명 이하의 위원으로 구성한다(경찰관직무집행법 시행령 제11조 제1항·제2항). 경찰서 및 해양경찰서에는 위원회가 설치되어 있지 않다.★

정답 ❷

 핵심만 콕 ·················

① 경찰관직무집행법 제11조의2 제2항
③ 경찰관직무집행법 시행령 제10조 제6항
④ 경찰관직무집행법 시행령 제10조 제5항

03 경찰관직무집행법상 경찰청장, 지방경찰청장 또는 경찰서장이 범인검거 등 공로자로 보상금을 지급하여야 할 대상이 아닌 사람은?

① 범인 또는 범인의 소재를 신고하여 검거하게 한 사람
② 범인을 검거하여 경찰공무원에게 인도한 사람
③ 테러범죄의 예방활동에 현저한 공로가 있는 사람
④ 범인 체포에 대한 압수 및 수색영장을 집행한 사람

 해설 •••

공로자 보상금 지급 대상자에 해당하지 않는 자는 ④이다.

정답 ❹

CHAPTER 08

법령 • 범인검거 등 공로자 보상(경찰관직무집행법 제11조의3, 동법 시행령 제18조)
• 범인 또는 범인의 소재를 신고하여 검거하게 한 사람
• 범인을 검거하여 경찰공무원에게 인도한 사람
• 테러범죄의 예방활동에 현저한 공로가 있는 사람
• 범인의 신원을 특정할 수 있는 정보를 제공한 사람
• 범죄사실을 입증하는 증거물을 제출한 사람
• 그 밖에 범인 거거와 관련하여 경찰 수사 활동에 협조한 사람 중 보상금 지급 대상자에 해당한다고 보상금심사위원회가 인정하는 사람

04 경찰관직무집행법상 명시된 경찰관의 경찰장구 · 분사기 · 최루탄 · 무기 등의 사용 관련 규정에 대한 설명으로 가장 적절하지 않은 것은?

① 경찰장구는 사형 · 무기 또는 장기 3년 이상의 징역이나 금고에 해당하는 죄를 범한 범인의 체포 또는 도주 방지를 위해서 사용할 수 있다.

② 분사기 및 최루탄은 공무집행에 대한 항거의 제지를 위해서 사용할 수 있다.

③ "무기"라 함은 인명 또는 신체에 위해를 가할 수 있도록 제작된 권총 · 소총 · 도검 등을 말한다.

④ 살수차 · 분사기 · 최루탄 · 무기를 사용하는 경우 그 책임자는 사용일시 · 장소 · 대상, 현장 책임자, 종류, 수량 등을 기록하여 보관하여야 한다.

🖐️ **쏙쏙 해설** •••

범인의 체포 또는 범인의 도주 방지 또는 불법집회 · 시위로 인한 자신이나 다른 사람의 생명 · 신체와 재산 및 공공시설 안전에 대한 현저한 위해의 발생 억제를 위하여 부득이한 경우에는 현장 책임자가 판단하여 **필요한 최소한의 범위**에서 분사기(총포 · 도검 · 화약류 등의 안전관리에 관한 법률에 따른 분사기를 말하며, 그에 사용하는 **최루 등의 작용제를 포함**) 또는 최루탄을 사용할 수 있다(경찰관직무집행법 제10조의3). ★

정답 ❷

 핵심만 콕

① 경찰관직무집행법 제10조의2 제1항
③ 경찰관직무집행법 제10조의4 제2항
④ 경찰관직무집행법 제11조

05 경찰관직무집행법상 보호조치 등의 구호대상자로 볼 수 없는 것은?

① 정신착란을 일으켜 자신 또는 다른 사람의 생명·신체·재산에 위해를 끼칠 우려가 있는 사람

② 술에 취하여 자신 또는 다른 사람의 생명·신체·재산에 위해를 끼칠 우려가 있는 사람

③ 미아 등으로서 본인이 구호를 거절하는 경우라도 응급구호가 필요하다고 인정되는 사람

④ 병자, 부상자 등으로서 적당한 보호자가 없으며 응급구호가 필요하다고 인정되는 사람

미아, 병자, 부상자 등으로서 적당한 보호자가 없으며 응급구호가 필요하다고 인정되는 사람. 다만, 본인이 구호를 거절하는 경우는 제외한다(경찰관직무집행법 제4조 제1항 제3호).★

정답 ❸

06 경찰관직무집행법 제2조 제7호의 개괄적 수권조항 인정 여부에 있어 찬성측의 논거로 옳은 것은 몇 개인가?

⊙ 경찰권의 성질상 경찰권의 발동사태를 상정해서 경찰권 발동의 요건·한계를 입법기관이 일일이 규정한다는 것은 불가능하다.

ⓛ 법률유보의 원칙상 경찰관을 발동하기 위해서는 개별적인 작용법에 의한 구제적인 법적 수권을 필요로 한다는 견해이다.

ⓒ 개괄적 수권조항으로 인한 경찰권 남용의 가능성은 조리상의 한계 등으로 충분히 통제가 가능하다.

ⓔ 경찰관직무집행법 제2조 제7호는 단지 경찰의 직무범위만을 정한 것으로서 본질적으로는 조직법적 성질의 규정이다.

ⓜ 개괄적 수권조항은 개별조항이 없는 경우에만 보충적으로 적용하면 된다.

① 1개 ② 2개
③ 3개 ④ 4개

ⓛ·ⓔ이 경찰관직무집행법 제2조 제7호의 개괄적 수권조항 반대측의 논거에 해당한다.

정답 ❸

핵심만 콕

경찰관직무집행법 제2조 제7호의 개괄적 수권조항 인정 여부

긍정설	부정설
• 경찰권의 성질상 경찰권의 발동사태를 상정해서 경찰권 발동의 요건·한계를 입법기관이 일일이 규정한다는 것은 불가능하기 때문에 일반 조항이 필요하다. • 개괄적 수권조항은 개별조항이 없는 경우에만 보충적으로 적용하면 된다. ★ • 일반조항으로 인한 경찰권 발동의 남용 가능성은 조리상의 한계 등으로 충분히 통제될 수 있다.	• 경찰작용의 분야가 법률유보의 본령이었음을 근거로 하여 경찰권을 발동하기 위하여는 개괄적 수권조항의 존재만으로는 불충분하다는 견해, 즉 법률유보의 원칙상 경찰권을 발동하기 위하여는 개별적인 작용법에 의한 구체적인 법적 수권을 필요로 한다는 견해이다. • 경찰관직무집행법 제2조 제7호는 경찰의 직무범위만을 규정한 것으로서 본질적으로 조직법적 성질을 가진다는 견해이다. ★

07 경찰관직무집행법에 대한 다음 설명 중 옳은 것은 모두 몇 개인가?

㉠ 미아·병자·부상자 등으로서 적당한 보호자가 없으며 응급의 구호를 요한다고 인정되는 경우 당해인이 이를 거절하는 때에도 보호조치를 할 수 있다.

㉡ 위험 발생의 방지를 위한 조치수단 중 긴급을 요할 때 '억류 또는 피난조치를 할 수 있는 대상자'로 규정된 자는 그 장소에 모인 사람, 사물의 관리자, 그 밖의 관계인이다.

㉢ 법 제10조의4에 따른 무기를 사용하는 경우 그 책임자는 사용 일시·장소·대상, 현장책임자, 종류, 수량 등을 기록하여 보관하여야 한다.

㉣ 이 법에 규정된 경찰관의 의무를 위반하거나 직권을 남용하여 다른 사람에게 해를 끼친 사람은 1년 이하의 징역이나 금고에 처한다.

㉤ 손실보상을 청구할 수 있는 권리는 손실이 있음을 안 날로부터 2년, 손실이 발생한 날로부터 5년간 행사하지 아니하면 시효의 완성으로 소멸한다.

① 1개   ② 2개
③ 3개   ④ 4개

 해설 •••

옳은 지문은 ㉢, ㉣ 2개이다.
㉢ 경찰관직무집행법 제11조
㉣ 경찰관직무집행법 제12조

정답 ❷

㉠ 미아·병자·부상자 등으로서 적당한 보호자가 없으며 응급구호가 필요하다고 인정되는 사람을 발견하였을 때에는 보건의료기관이나 공공구호기관에 긴급구호를 요청하거나 경찰관서에 보호하는 등 적절한 조치를 할 수 있다. **다만, 본인이 구호를 거절하는 경우는 제외한다**(경찰관직무집행법 제4조 제1항 제3호).★★

㉡ 경찰관은 매우 긴급한 경우에는 위해를 입을 우려가 있는 사람을 필요한 한도에서 **억류**하거나 **피난**시킬 수 있다(경찰관직무집행법 제5조 제1항 제2호).★

㉢ 손실보상을 청구할 수 있는 권리는 손실이 있음을 안 날부터 3년, 손실이 발생한 날부터 5년간 행사하지 아니하면 시효의 완성으로 소멸한다(경찰관직무집행법 제11조의2 제2항).★

08 경찰관직무집행법상 불심검문에 대한 다음 설명 중 옳지 않은 것은?

① 경찰관은 거동불심자를 정지시켜 질문을 할 때에 그 사람이 흉기를 가지고 있는지 여부를 조사할 수 있다.

② 경찰관은 거동불심자를 정지시켜 질문을 할 때에 미리 진술거부권이 있음을 상대방에게 고지하여야 한다.

③ 경찰관은 질문을 하거나 동행을 요구할 경우 자신의 신분을 표시하는 증표를 제시하면서 소속과 성명을 밝히고 질문이나 동행의 목적과 이유를 설명하여야 하며, 동행을 요구하는 경우에는 동행 장소를 밝혀야 한다.

④ 경찰관은 불심검문한 사람을 정지시킨 장소에서 질문을 하는 것이 그 사람에게 불리하거나 교통에 방해가 된다고 인정될 때에는 질문을 하기 위하여 가까운 경찰서·지구대·파출소 또는 출장소로 동행할 것을 요구할 수 있다.

쏙쏙 해설 •••

진술거부권은 피고인·피의자·증인·감정인 등이 질문 또는 신문에 대하여 진술을 거부할 수 있는 권리이다. 불심검문은 이에 속하는 작용이 아니기 때문에 상대방에게 진술거부권을 고지할 필요가 없다.★

정답 ❷

① 경찰관직무집행법 제3조 제3항
③ 경찰관직무집행법 제3조 제4항
④ 경찰관직무집행법 제3조 제2항

CHAPTER 08

09 경찰관직무집행법상 경찰장비에 대한 다음의 설명 중 옳은 것은 모두 몇 개인가?

> ㉠ 위해성 경찰장비의 종류 · 사용기준 · 안전교육 · 안전검사의 기준 등은 대통령령인 경찰관직무집행법 시행령으로 정한다.
>
> ㉡ 경찰장비란 무기, 경찰장구, 최루제와 그 발사장치, 살수차, 감식기구, 해안 감시기구, 통신기기, 차량 · 선박 · 항공기 등 경찰이 직무를 수행할 때 필요한 장치와 기구를 말한다.
>
> ㉢ 경찰장구, 살수차, 분사기, 최루탄, 무기 등의 경찰 장비를 사용하는 경우에 그 책임자는 사용 일시, 사용 장소, 현장책임자, 종류, 수량 등을 기록하여 보관하여야 한다.
>
> ㉣ 위해성 경찰장비의 안전성 검사에는 반드시 외부의 전문가를 참여시켜야 한다.
>
> ㉤ 위해성 경찰장비는 필요한 최소한도에서 사용하여야 한다.

① 1개   ② 2개
③ 3개   ④ 4개

㉠ 위해성 경찰장비의 종류 및 그 사용기준, 안전교육 · 안전검사의 기준 등은 **대통령령(위해성 경찰장비의 사용기준 등에 관한 규정)으로 정한다**(경찰관직무집행법 제10조 제6항). ★

㉢ 제10조 제2항에 따른 **살수차**, 제10조의3에 따른 **분사기**, **최루탄 또는** 제10조의4에 따른 **무기를 사용하는 경우(경찰장구 ✕)** 그 책임자는 사용 일시 · 장소 · 대상, 현장책임자, 종류, 수량 등을 기록하여 보관하여야 한다(경찰관직무집행법 제11조). ★★

위해성 경찰장비의 종류(위해성 경찰장비의 사용기준 등에 관한 규정 제2조)
1. 경찰장구 : 수갑 · 포승(捕繩) · 호송용포승 · 경찰봉 · 호신용경봉 · 전자충격기 · 방패 및 전자방패
2. 무기 : 권총 · 소총 · 기관총(기관단총을 포함한다. 이하 같다) · 산탄총 · 유탄발사기 · 박격포 · 3인치포 · 함포 · 크레모아 · 수류탄 · 폭약류 및 도검
3. 분사기 · 최루탄등 : 근접분사기 · 가스분사기 · 가스발사총(고무탄 발사겸용을 포함한다. 이하 같다) 및 최루탄(그 발사장치를 포함한다. 이하 같다)
4. 기타장비 : 가스차 · 살수차 · 특수진압차 · 물포 · 석궁 · 다목적발사기 및 도주차량차단장비

10 경찰관직무집행법에 대한 다음의 설명으로 옳은 것은?

① 경찰청장은 경찰관의 직무수행을 위하여 외국 정부기관, 국제기구 등과 자료 교환, 국제협력 활동 등을 해야 한다.

② 경찰관직무집행법 제1조는 국가경찰의 민주적인 관리·운영과 효율적인 임무수행을 위하여 국가경찰의 직무 범위와 그 밖에 필요한 사항을 규정함을 목적으로 한다.

③ 경찰청장은 위해성 경찰장비를 새로 도입하려는 경우 안전성 검사를 실시하여 그 안전성 검사의 결과보고서를 국회의장에게 제출하여야 한다.

④ 경찰관의 직권은 그 직무 수행에 필요한 최소한도에서 행사되어야 하며 남용되어서는 안 된다.

쏙쏙 해설 •••

④ 경찰관직무집행법 제1조 제2항

정답 ❹

핵심만 콕

① **경찰청장 또는 해양경찰청장은** 이 법에 따른 경찰관의 직무수행을 위하여 외국 정부기관, 국제기구 등과 자료 교환, 국제협력 활동 등을 **할 수 있다**(경찰관직무집행법 제8조의2). ★

② 경찰법에 대한 목적이다. 경찰관직무집행법은 국민의 자유와 권리를 보호하고 사회공공의 질서를 유지하기 위한 경찰관(국가경찰공무원만 해당한다)의 직무 수행에 필요한 사항을 규정함을 목적으로 한다(경찰관직무집행법 제1조 제1항).

③ **경찰청장은 위해성 경찰장비를 새로 도입**하려는 경우에는 **대통령령으로** 정하는 바에 따라 **안전성 검사를 실시하여** 그 안전성 검사의 **결과보고서를 국회 소관 상임위원회에 제출하여야 한다.** 이 경우 안전성 검사에는 **외부 전문가를 참여시켜야 한다**(경찰관직무집행법 제10조 제5항). ★★

11 경찰관직무집행법상 다음 설명 중 가장 적절하지 않은 것은?

① 경찰관서의 장은 직무 수행에 필요하다고 인정되는 상당한 이유가 있을 때에는 국가기관이나 공사(公私) 단체 등에 직무 수행에 관련된 사실을 조회할 수 있다.

② 경찰관서의 장은 대간첩 작전의 수행이나 소요(騷擾) 사태의 진압을 위하여 필요하다고 인정되는 상당한 이유가 있을 때에는 대간첩 작전지역이나 경찰관서·무기고 등 국가중요시설에 대한 접근 또는 통행을 제한하거나 금지할 수 있다.

③ 경찰관은 범죄행위가 목전(目前)에 행하여지려고 하고 있다고 인정될 때에는 이를 예방하기 위하여 관계인에게 필요한 경고를 하고, 그 행위로 인하여 사람의 생명·신체에 위해를 끼치거나 재산에 중대한 손해를 끼칠 우려가 있는 긴급한 경우에는 그 행위를 제지할 수 있다.

④ 경찰관은 인공구조물의 파손이나 붕괴의 사태를 조치하였을 때에는 지체 없이 그 사실을 손실보상심의위원회에게 보고하여야 한다.

 해설 •••

경찰관은 사람의 생명 또는 신체에 위해를 끼치거나 재산에 중대한 손해를 끼칠 우려가 있는 천재(天災), 사변(事變), 인공구조물의 파손이나 붕괴, 교통사고, 위험물의 폭발, 위험한 동물 등의 출현, 극도의 혼잡, 그 밖의 위험한 사태의 조치를 하였을 때에는 **지체 없이 그 사실을 소속 경찰관서의 장에게 보고하여야** 한다(경찰관직무집행법 제5조 제3항).★

정답 ❹

👆 **핵심만 콕** ....

① 경찰관직무집행법 제8조 제1항 제1문
② 경찰관직무집행법 제5조 제2항
③ 경찰관직무집행법 제6조

---

12 국가경찰공무원이 소속 국가경찰관서의 장에게 보고하여야 하는 경우가 아닌 것은?

① 수갑·포승·경찰봉 등 경찰장구를 사용한 때

② 정신착란을 일으켜 다른 사람의 신체에 위해를 끼칠 우려가 있어 긴급구호요청 또는 보호조치를 한 때

③ 흉기 등 위험을 일으킬 수 있는 것으로 인정되는 물건을 임시영치한 때

④ 사람의 생명·신체에 위해를 끼친 범죄행위를 제지한 때

 해설 •••

②·③·④·⑤의 조치를 한 국가경찰공무원은 소속 국가경찰관서의 장에게 이를 보고하여야 하나, ①의 경우에는 보고의무가 없다.

정답 ❶

법령

보고(경찰관직무집행법 시행령 제7조)★
국가경찰공무원은 다음의 조치를 한 때에는 소속 국가경찰관서의 장에게 이를 보고하여야 한다.
1. 법 제3조 제2항의 규정에 의한 **동행요구를 한 때**
2. 법 제4조 제1항의 규정에 의한 **긴급구호요청 또는 보호조치를 한 때**
3. 법 제4조 제3항의 규정에 의한 **임시영치를 한 때**
4. 법 제6조 제1항의 규정에 의하여 **범죄행위를 제지한 때**
6. 법 제7조 제2항 및 제3항의 규정에 의하여 **다수인이 출입하는** 장소에 대하여 **출입 또는 검색을 한 때**
7. 법 제8조 제1항 단서의 규정에 의한 **사실확인을 한 때**

13 경찰관직무집행법상 다음 설명 중 가장 적절하지 않은 것은?

① 흥행장(興行場), 여관, 음식점, 역, 그 밖에 많은 사람이 출입하는 장소의 관리자나 그에 준하는 관계인은 경찰관이 범죄나 사람의 생명·신체·재산에 대한 위해를 예방하기 위하여 해당 장소의 영업시간이나 해당 장소가 일반인에게 공개된 시간에 그 장소에 출입하겠다고 요구하면 정당한 이유 없이 그 요구를 거절할 수 없다.

② 경찰관은 범인이나 소요를 일으킨 사람이 위험한 물건을 지니고 경찰관으로부터 2회 이상 물건을 버리라는 명령이나 항복하라는 명령을 받고도 따르지 아니하면서 계속 항거할 때 행위자를 체포하기 위하여 무기를 사용하지 않고 다른 수단이 없을 경우 무기를 사용할 수 있다.

③ 법률에서 정한 절차에 따라 체포·구속된 사람 또는 신체의 자유를 제한하는 판결이나 처분을 받은 사람을 수용하기 위하여 경찰서와 해양경찰서에 유치장을 둔다.

④ 경찰관은 범죄행위가 목전(目前)에 행하여지려고 하고 있다고 인정될 때에는 이를 예방하기 위하여 관계인에게 필요한 경고를 하고, 그 행위로 인하여 사람의 생명·신체에 위해를 끼치거나 재산에 중대한 손해를 끼칠 우려가 있는 긴급한 경우에는 그 행위를 제지할 수 있다.

 해설 •••

경찰관은 범인이나 소요를 일으킨 사람이 위험한 물건을 지니고 경찰관으로부터 **3회 이상** 물건을 버리라는 명령이나 항복하라는 명령을 받고도 따르지 아니하면서 계속 항거할 때 행위자를 체포하기 위하여 무기를 사용하지 않고서는 다른 수단이 없을 경우 무기를 사용하여 부득이 사람에게 위해를 끼칠수 있다(경찰관직무집행법 제10조의4 제1항 단서 제2호 라목).

정답 ❷

 핵심만 콕

① 경찰관직무집행법 제7조 제2항
③ 경찰관직무집행법 제9조
④ 경찰관직무집행법 제6조

무기의 사용(경찰관직무집행법 제10조의4)

① 경찰관은 범인의 체포, 범인의 도주 방지, 자신이나 다른 사람의 생명·신체의 방어 및 보호, 공무집행에 대한 항거의 제지를 위하여 필요하다고 인정되는 상당한 이유가 있을 때에는 그 사태를 합리적으로 판단하여 필요한 한도에서 무기를 사용할 수 있다. 다만, 다음 각 호의 어느 하나에 해당할 때를 제외하고는 사람에게 위해를 끼쳐서는 아니 된다.

1. 「형법」에 규정된 정당방위와 긴급피난에 해당할 때
2. 다음 각 목의 어느 하나에 해당하는 때에 그 행위를 방지하거나 그 행위자를 체포하기 위하여 무기를 사용하지 아니하고는 다른 수단이 없다고 인정되는 상당한 이유가 있을 때
   가. 사형·무기 또는 장기 3년 이상의 징역이나 금고에 해당하는 죄를 범하거나 범하였다고 의심할 만한 충분한 이유가 있는 사람이 경찰관의 직무집행에 항거하거나 도주하려고 할 때
   나. 체포·구속영장과 압수·수색영장을 집행하는 과정에서 경찰관의 직무집행에 항거하거나 도주하려고 할 때
   다. 제3자가 가목 또는 나목에 해당하는 사람을 도주시키려고 경찰관에게 항거할 때
   라. 범인이나 소요를 일으킨 사람이 무기·흉기 등 위험한 물건을 지니고 경찰관으로부터 3회 이상 물건을 버리라는 명령이나 항복하라는 명령을 받고도 따르지 아니하면서 계속 항거할 때
3. 대간첩 작전 수행 과정에서 무장간첩이 항복하라는 경찰관의 명령을 받고도 따르지 아니할 때

14 경찰관직무집행법에 관한 다음 설명 중 가장 적절하지 않은 것은?

① 경찰관직무집행법은 직무의 범위에 국민의 생명·신체 및 재산의 보호에 관한 규정을 명문으로 두고 있다.

② 경찰관은 경찰장비를 함부로 개조하거나 경찰장비에 임의의 장비를 부착하여 일반적인 사용법과 달리 사용함으로써 다른 사람의 생명·신체에 위해를 끼쳐서는 아니 된다.

③ 대간첩·대테러 작전 등 국가안전에 관련되는 작전을 수행할 때에는 개인화기(個人火器) 외에 공용화기(共用火器)를 사용할 수 있다.

④ 경찰장구라 함은 경찰관이 휴대하여 범인검거와 범죄진압 등 직무수행에 사용하는 무기, 수갑, 포승, 경찰봉, 방패 등을 말한다.

쏙쏙 해설 •••

무기는 **경찰장구에 해당하지 않는다.** "경찰장구"라 함은 경찰관이 휴대하여 범인검거와 범죄진압 등 직무수행에 사용하는 "수갑·포승·경찰봉·방패 등"을 말한다(경찰관직무집행법 제10조의2 제2항). ★

정답 ❹

① 경찰관직무집행법 제2조 제1호
② 경찰관직무집행법 제10조 제3항
③ 경찰관직무집행법 제10조의4 제3항

15 경찰관직무집행법상 손실보상심의위원회에 대한 설명으로 옳지 않은 것은 몇 개인가?

> ㉠ 위원회는 위원장 1명을 포함한 5명 이상 7명 이하의 위원으로 구성한다.
> ㉡ 위원회의 위원의 과반수 이상은 경찰공무원이 아닌 사람으로 하여야 한다.
> ㉢ 위원장은 위원회를 대표하며, 위원회의 업무를 총괄한다.
> ㉣ 위원장이 부득이한 사유로 직무를 수행할 수 없는 때에는 경찰총장이 미리 지명한 위원이 그 직무를 대행한다.
> ㉤ 위원회의 회의는 재적위원 3분의 1의 출석으로 개의(開議)하고, 출석위원 과반수의 찬성으로 의결한다.

① 1개
② 2개
③ 3개
④ 4개

 해설 •••

㉣ 위원장이 부득이한 사유로 직무를 수행할 수 없는 때에는 **위원장이 미리 지명한 위원이 그 직무를 대행**한다(경찰관직무집행법 시행령 제12조 제3항). ★

㉤ **위원회의 회의는 재적위원 과반수 출석으로 개의(開議)하고, 출석위원 과반수의 찬성으로 의결**한다(경찰관직무집행법 시행령 제13조 제2항). ★★

정답 ❷

 핵심만 콕 ....

㉠ 경찰관직무집행법 시행령 제11조 제2항
㉡ 경찰관직무집행법 시행령 제11조 제3항
㉢ 경찰관직무집행법 시행령 제12조 제2항

CHAPTER 08

16 경찰관직무집행법상 경찰장비에 관한 다음 설명 중 가장 적절하지 않은 것은?

① 경찰관은 직무수행 중 경찰장비를 사용할 수 있다. 다만, 사람의 생명이나 신체에 위해를 끼칠 수 있는 경찰장비를 사용할 때에는 필요한 안전교육과 안전 검사를 받은 후 사용하여야 한다.

② 경찰청장은 위해성 경찰장비를 새로 도입하려는 경우에는 대통령령으로 정하는 바에 따라 안전성 검사를 실시하여 그 안전성 검사의 결과보고서를 국회 소관 상임위원회에 제출하여야 한다. 이 경우 안전성 검사에는 외부 전문가를 참여시킬 수 있다.

③ 경찰관이 휴대하여 범인 검거와 범죄 진압 등의 직무 수행에 사용하는 수갑, 포승, 경찰봉, 방패는 "경찰장구"에 해당한다.

④ 경찰관은 현행범이나 사형·무기 또는 장기 3년 이상의 징역이나 금고에 해당하는 죄를 범한 범인의 체포 또는 도주 방지를 위한 직무를 수행하기 위해서 필요하다고 인정되는 상당한 이유가 있을 때에는 그 사태를 합리적으로 판단하여 필요한 한도에서 경찰장구를 사용할 수 있다.

 쏙쏙 해설 •••

경찰청장은 위해성 경찰장비를 새로 도입하려는 경우에는 **대통령령으로 정**하는 바에 따라 **안전성 검사**를 실시하여 그 안전성 검사의 **결과보고서를 국회 소관 상임위원회에 제출하여야** 한다. 이 경우 **안전성 검사에는 외부 전문가를 참여시켜야** 한다(경찰관 직무집행법 제10조 제5항).★

정답 ❷

 핵심만 콕 ....

① 경찰관직무집행법 제10조 제1항
③ 경찰관직무집행법 제10조의2 제2항
④ 경찰관직무집행법 제10조의2 제1항 제1호

17 경찰관직무집행법상 다음 ( ) 안에 들어갈 숫자의 합은?

> ㉠ 불심검문을 위하여 가까운 경찰관서로 검문대상자를 동행한 경우, 그 검문대상자로 하여금 ( )시간을 초과하여 경찰관서에 머물게 할 수 없다.
> ㉡ 경찰관은 보호조치를 하는 경우에 구호대상자가 휴대하고 있는 무기·흉기 등 위험을 일으킬 수 있는 것으로 인정되는 물건을 경찰관서에 임시로 영치하여 놓을 수 있다. 이때 경찰관서에 임시로 영치하는 기간은 ( )일을 초과할 수 없다.
> ㉢ 손실보상을 청구할 수 있는 권리는 손실이 있음을 안 날부터 ( )년, 손실이 발생한 날로부터 5년간 행사하지 아니하면 시효의 완성으로 소멸한다.
> ㉣ 이 법에 규정된 경찰관의 의무를 위반하거나 직권을 남용하여 다른 사람에게 해를 끼친 사람은 ( )년 이하의 징역이나 금고에 처한다.

① 20
② 21
③ 22
④ 23

 쏙쏙 해설 •••

괄호 안에 들어갈 숫자의 총합은 6+10+3+1=20이다.

정답 ❶

 핵심만 콕

㉠ 불심검문을 위하여 가까운 경찰관서로 검문대상자를 동행한 경우, 그 검문대상자로 하여금 **6시간**을 초과하여 경찰관서에 머물게 할 수 없다(경찰관직무집행법 제3조 제6항).★
㉡ 경찰관은 보호조치를 하는 경우에 구호대상자가 휴대하고 있는 무기·흉기 등 위험을 일으킬 수 있는 것으로 인정되는 물건을 경찰관서에 임시로 영치하여 놓을 수 있다. 이때 경찰관서에 **임시로 영치하는 기간은 10일**을 초과할 수 없다(경찰관직무집행법 제4조 제7항).★
㉢ 손실보상을 청구할 수 있는 권리는 **손실이 있음을 안 날부터 3년**, 손실이 발생한 날로부터 5년간 행사하지 아니하면 시효의 완성으로 소멸한다(경찰관직무집행법 제11조의2 제2항).★
㉣ 이 법에 규정된 **경찰관의 의무를 위반**하거나 **직권을 남용**하여 다른 사람에게 해를 끼친 사람은 1년 이하의 징역이나 **금고에 처한다**(경찰관직무집행법 제12조).★

18 경찰관직무집행법상 불심검문에 대한 설명으로 틀린 것은 모두 몇 개인가?

> ㉠ 경찰관은 수상한 행동이나 그 밖의 주위 사정을 합리적으로 판단하여 볼 때 어떠한 죄를 범하였거나 범하려 하고 있다고 의심할 만한 상당한 이유가 있는 사람을 정지시켜 질문하여야 한다.
>
> ㉡ 경찰관은 이미 행하여진 범죄나 행하여지려고 하는 범죄행위에 관한 사실을 안다고 인정되는 사람을 정지시켜 질문할 수 있다.
>
> ㉢ 경찰관은 불심검문 대상자를 정지시킨 장소에서 질문을 하는 것이 그 사람에게 불리하거나 교통에 방해가 된다고 인정될 때에는 질문을 하기 위하여 가까운 경찰관서로 동행할 것을 요구할 수 있다. 이 경우 동행을 요구받은 사람은 그 요구를 거절할 수 없다.
>
> ㉣ 경찰관은 불심검문 대상자에게 질문을 할 때에 그 사람이 흉기를 가지고 있는지를 조사하여야 한다.
>
> ㉤ 경찰관은 불심검문을 하거나 동행을 요구할 경우 자신의 신분을 표시하는 증표를 제시하면서 소속과 성명을 밝히고 질문이나 동행의 목적과 이유를 설명하여야 한다.

① 1개   ② 2개
③ 3개   ④ 4개

쏙쏙 해설 •••

옳지 않은 지문은 ㉠, ㉢, ㉣ 3개이다.
㉡ 경찰관직무집행법 제3조 제항 제2호
㉤ 경찰관직무집행법 제3조 제4항

정답 ❸

핵심만 콕

㉠ **경찰관은** 수상한 행동이나 그 밖의 주위 사정을 합리적으로 판단하여 볼 때 어떠한 죄를 범하였거나 범하려 하고 있다고 의심할 만한 상당한 이유가 있는 사람을 **정지시켜 질문할 수 있다**(경찰관직무집행법 제3조 제1항 제1호).

㉢ 경찰관은 불심검문 대상자를 정지시킨 장소에서 질문을 하는 것이 그 사람에게 불리하거나 교통에 방해가 된다고 인정될 때에는 질문을 하기 위하여 가까운 경찰서·지구대·파출소 또는 출장소(지방해양경비안전관서를 포함하며, 이하 "경찰관서"라 한다)로 동행할 것을 요구할 수 있다. 이 경우 **동행을 요구받은 사람은 그 요구를 거절할 수 있다**(경찰관직무집행법 제3조 제2항).

㉣ 경찰관은 불심검문 대상자에게 질문을 할 때에 그 사람이 흉기를 가지고 있는지를 **조사할 수 있다**(경찰관직무집행법 제3조 제3항).

19 경찰관직무집행법상 경찰장구의 사용 기준으로 가장 적절하지 않은 것은?

① 현행범이나 사형·무기에 해당하는 죄를 범한 범인의 체포
② 불법집회·시위로 인한 자신이나 다른 사람의 생명·신체와 재산 및 공공시설 안전에 대한 현저한 위해의 발생 억제
③ 자신이나 다른 사람의 생명·신체의 방어 및 보호
④ 공무집행에 대한 항거 제지

 해설 •••

②는 경찰관직무집행법상 '분사기 등의 사용(제10조의3)'에 해당한다.
①·③·④는 경찰장구의 사용 기준에 해당한다(경찰관직무집행법 제10조의2 제1항).

정답 ②

분사기 등의 사용(경찰관직무집행법 제10조의3)
경찰관은 다음 각 호의 직무를 수행하기 위하여 부득이한 경우에는 현장책임자가 판단하여 필요한 최소한의 범위에서 분사기(총포·도검·화약류 등의 안전관리에 관한 법률에 따른 분사기를 말하며, 그에 사용하는 최루 등의 작용제를 포함한다) 또는 최루탄을 사용할 수 있다.
1. 범인이 체포 또는 범인의 도주 방지
2. 불법집회·시위로 인한 자신이나 다른 사람의 생명·신체와 재산 및 공공시설 안전에 대한 현저한 위해의 발생 억제

20 경찰관직무집행법에 관한 다음 설명 중 옳은 것은 모두 몇 개인가?

> ㉠ 유치장에 관한 규정을 두고 있다.
> ㉡ "경찰장비"란 무기, 경찰장구, 최루제와 그 발사장치, 살수차, 감식기구, 해안 감시기구, 통신기기, 차량·선박·항공기 등 경찰이 직무를 수행할 때 필요한 장치와 기구를 말한다.
> ㉢ 손실보상청구권은 손실이 있음을 안 날부터 2년, 손실이 발생한 날부터 5년간 행사하지 아니하면 시효의 완성으로 소멸한다.
> ㉣ "경찰장구"란 경찰관이 휴대하여 범인 검거와 범죄 진압 등의 직무 수행에 사용하는 수갑, 포승, 경찰봉, 방패 등을 말한다.
> ㉤ 위해성 경찰장비는 필요한 최대한도에서 사용하여야 한다.

① 1개   ② 2개
③ 3개   ④ 4개

옳은 지문은 ㉠, ㉡, ㉣ 3개이다.
㉠ 경찰관직무집행법 제9조
㉡ 경찰관직무집행법 제10조 제2항
㉣ 경찰관직무집행법 제10조의2 제2항

정답 ③

㉢ 보상을 청구할 수 있는 권리는 **손실이 있음을 안 날부터 3년**, 손실이 발생한 날부터 5년간 행사하지 아니하면 시효의 완성으로 소멸한다(경찰관직무집행법 제11조의2 제2항).★
㉤ 위해성 경찰장비는 필요한 **최소한도**에서 사용하여야 한다(경찰관직무집행법 제10조 제4항).

21 경찰관직무집행법상 불심검문에 관한 다음 설명 중 가장 적절하지 않은 것은?

① 경찰관은 불심검문 시 그 장소에서 질문을 하는 것이 그 사람에게 불리하거나 교통에 방해가 된다고 인정될 때에는 질문을 하기 위하여 가까운 경찰관서로 동행할 것을 요구할 수 있다. 이 경우 동행을 요구받은 사람은 그 요구를 거절할 수 있다.

② 경찰관은 질문을 하거나 동행을 요구할 경우 자신의 신분을 표시하는 증표를 제시하면서 소속과 성명을 밝히고 질문이나 동행의 목적과 이유를 설명하여야 하며, 동행을 요구하는 경우에는 동행 장소를 밝혀야 한다.

③ 질문을 받거나 동행을 요구받은 사람은 형사소송에 관한 법률에 따르지 아니하고는 신체를 구속당하지 아니하며, 그 의사에 반하여 답변을 강요당하지 아니한다.

④ 경찰관은 동행한 사람의 가족이나 친지 등에게 동행한 경찰관의 신분, 동행 장소, 동행 목적과 이유를 알리거나 본인으로 하여금 즉시 연락할 수 있는 기회를 주어야 하나, 변호인의 도움을 받을 권리가 있음을 알릴 필요는 없다.

 해설 •••

경찰관은 동행한 사람의 가족이나 친지 등에게 동행한 경찰관의 신분, 동행 장소, 동행 목적과 이유를 알리거나 본인으로 하여금 즉시 연락할 수 있는 기회를 주어야 하며, 변호인의 도움을 받을 권리가 있음을 알려야 한다(경찰관직무집행법 제3조 제5항).

정답 **④**

 핵심만 콕 ....

① 경찰관직무집행법 제3조 제2항 제1문
② 경찰관직무집행법 제3조 제4항
③ 경찰관직무집행법 제3조 제7항

22 경찰관직무집행법상 다음 설명 중 가장 적절하지 않은 것은?

① 경찰관서의 장은 대간첩 작전의 수행이나 소요 사태의 진압을 위하여 필요하다고 인정되는 상당한 이유가 있을 때에는 대간첩 작전지역이나 경찰관서·무기고 등 국가중요시설에 대한 접근 또는 통행을 제한하거나 금지할 수 있다.

② 경찰관은 범죄행위가 목전에 행하여지려고 하고 있다고 인정될 때에는 이를 예방하기 위하여 관계인에게 필요한 경고를 하고, 그 행위로 인하여 사람의 생명·신체에 위해를 끼치거나 재산에 중대한 손해를 끼칠 우려가 있는 긴급한 경우에는 그 행위를 제지할 수 있다.

③ 법률에서 정한 절차에 따라 체포·구속된 사람 또는 신체의 자유를 제한하는 판결이나 처분을 받은 사람을 수용하기 위하여 경찰서와 해양경찰서에 유치장을 둔다.

④ 경찰관 직무의 범위에 외국 정부기관 및 국제기구와의 국제협력은 규정되어 있지 않다.

 해설 •••

④는 경찰관직무집행법 제2조 제6호에 규정되어 있다.

정답 ④

 핵심만 콕 ·············

① 경찰관직무집행법 제5조 제2항
② 경찰관직무집행법 제6조
③ 경찰관직무집행법 제9조

23 경찰관직무집행법상 경찰관의 무기사용 시 상대방에게 위해를 주어서는 아니 되는 경우로 가장 적절한 것은?

① 자기 또는 타인의 생명·신체에 대한 방호
② 무장간첩이 투항명령을 받고도 불응하는 때
③ 형법상 정당방위·긴급피난에 해당하는 때
④ 무기를 소지한 자가 3회 이상 투기·투항명령에 불응하며 항거하는 때

 해설 •••

① 경찰관이 무기사용 시 상대방에게 위해를 주어서는 아니 되는 경우에 해당한다(경찰관직무집행법 제10조의4 제1항 단서 반대해석).
②·③·④ 경찰관의 무기사용 시 위해수반 요건에 해당하는 경우이다(경찰관직무집행법 제10조의4 제1항 단서 각호).

정답 ①

CHAPTER 08

24 경찰관직무집행법상 손실보상에 대한 설명으로 틀린 것은 모두 몇 개인가?

> ㉠ 보상을 청구할 수 있는 권리는 손실이 있음을 안 날로부터 1년, 손실이 발생한 날로부터 3년간 행사하지 아니하면 시효의 완성으로 소멸한다.
> ㉡ 소속 경찰공무원의 직무집행으로 인하여 발생한 손실보상청구 사건을 심의하기 위하여 경찰청, 지방경찰청 및 경찰서에 손실보상심의위원회를 설치한다.
> ㉢ 보상금은 다른 법률에 특별한 규정이 있는 경우를 제외하고는 현금으로 지급하여야 하고, 일시불로 지급하되 예산부족 등의 사유로 일시금으로 지급할 수 없는 특별한 사정이 있는 경우에는 청구인의 동의를 받아 분할하여 지급할 수 있다.
> ㉣ 물건의 멸실·훼손으로 인한 손실 외의 재산상 손실에 대해서는 직무집행과 상당한 인과관계가 있는 범위에서 보상한다.

① 1개 ② 2개
③ 3개 ④ 4개

옳지 않은 지문은 ㉠, ㉡ 2개이다.
㉢ 경찰관직무집행법 시행령 제10조 제5항·제6항
㉣ 경찰관직무집행법 시행령 제9조 제2항

정답 ❷

 핵심만 콕

㉠ 보상을 청구할 수 있는 권리는 **손실이 있음을 안 날로부터 3년**, 손실이 **발생한 날로부터 5년**간 행사하지 아니하면 시효의 완성으로 소멸한다(경찰관직무집행법 제11조의2 제2항).★

㉡ 소속 경찰공무원의 직무집행으로 인하여 발생한 손실보상청구 사건을 심의하기 위하여 **경찰청, 해양경찰청, 지방경찰청 및 지방해양경찰청**에 손실보상심의위원회(이하 "위원회"라 한다)를 **설치한다**(경찰관직무집행법 시행령 제11조 제1항).★★

25 경찰관직무집행법에 관한 다음 설명 중 옳지 않은 것은 모두 몇 개인가?

> ㉠ 국민의 자유와 권리를 보호하고 사회공공의 질서를 유지하기 위한 경찰관(국가경찰공무원만 해당한다)의 직무수행에 필요한 사항을 규정함을 목적으로 한다.
> ㉡ 경비, 주요 인사 경호 및 대간첩·대테러 작전 수행을 직무범위로 규정하고 있다.
> ㉢ 경찰공무원은 직무수행을 위하여 필요하면 무기를 휴대할 수 있다고 규정하고 있다.
> ㉣ 경찰관서의 장은 대간첩 작전의 수행이나 소요 사태의 진압을 위하여 필요하다고 인정되는 상당한 이유가 있을 때에는 대간첩 작전지역이나 경찰관서·무기고 등 국가중요시설에 대한 접근 또는 통행을 제한하거나 금지하여야 한다.
> ㉤ 이 법에 규정된 경찰관의 직권은 그 직무 수행에 필요한 최소한도에서 행사되어야 하며 남용되어서는 아니 된다는 비례의 원칙을 규정하고 있다.

① 1개 ② 2개
③ 3개 ④ 없다

 해설 •••

옳지 않은 지문은 ㉢, ㉣ 2개이다.
㉠ 경찰관직무집행법 제1조 제1항
㉡ 경찰관직무집행법 제2조 제3호
㉤ 경찰관직무집행법 제1조 제2항

정답 ❷

 핵심만 콕

㉢ 무기의 휴대에 관하여는 경찰관직무집행법이 아닌 경찰공무원법에서 규정하고 있다. ★★
• 무기의 **휴대**에 관한 **근거법** : **경찰공무원법** 제20조 제2항
• 무기의 **사용**에 관한 **근거법** : **경찰관직무집행법** 제10조의4
㉣ 경찰관서의 장은 대간첩 작전의 수행이나 소요사태의 진압을 위하여 필요하다고 인정되는 상당한 이유가 있을 때에는 대간첩 작전지역이나 경찰관서·무기고 등 국가중요시설에 대한 접근 또는 통행을 제한하거나 금지할 수 있다(경찰관직무집행법 제5조 제2항).

26 다음은 경찰관직무집행법 제4조 보호조치를 설명한 것이다. 가장 적절한 것은?

① 경찰관은 수상한 거동 그 밖의 주위의 사정을 합리적으로 판단하여 보호조치대상자에 해당함이 명백하고 응급의 구호가 필요하다고 믿을 만한 상당한 이유가 있는 자를 발견한 때에는 보건의료기관 또는 공공구호기관에 긴급구호를 요청하거나 경찰관서에 보호하는 등 적절한 조치를 하여야 한다.

② 경찰관이 보호조치를 한 때에는 지체 없이 이를 피구호자의 가족·친지 기타 연고자에게 그 사실을 통지하여야 하며, 연고자가 발견되지 아니할 때에는 피보호자를 적당한 공중보건의료기관이나 공공구호기관에 즉시 인계하여야 한다.

③ 경찰관서에서의 보호조치는 12시간을 초과할 수 없다.

④ 미아·병자·부상자 등으로서 적당한 보호자가 없으며 응급의 구호를 요한다고 인정되면 당해인이 거절하더라도 보호조치가 가능하다.

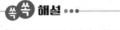 **쏙쏙 해설 •••**

② 경찰관직무집행법 제4조 제4항

정답 ❷

 핵심만 콕 ....

① **경찰관**은 수상한 행동이나 그 밖의 주위 사정을 합리적으로 판단해 볼 때 다음 각 호의 어느 하나에 해당하는 것이 명백하고 응급구호가 필요하다고 믿을 만한 상당한 이유가 있는 사람(이하 "구호대상자"라 한다)을 발견하였을 때에는 **보건의료기관이나 공공구호기관에 긴급구호를 요청하거나 경찰관서에 보호하는 등 적절한 조치를 할 수 있다**(경찰관직무집행법 제4조 제1항).

③ **구호대상자**를 경찰관서에서 **보호**하는 **기간**은 **24시간**을 초과할 수 없고, **물건**을 경찰관서에 임시로 **영치**하는 기간은 **10일**을 초과할 수 없다(경찰관직무집행법 제4조 제7항).★★

④ 미아·병자·부상자 등으로서 적당한 보호자가 없으며 응급의 구호를 요한다고 인정되는 사람 중에서 **본인이 구호를 거절하는 경우를 제외**하고는 보건의료기관이나 공공구호기관에 긴급구호를 요청하거나 경찰관서에 보호하는 등 적절한 조치를 취할 수 있다(경찰관직무집행법 제4조 제5항).★

27 경찰관직무집행법에서 제5조 위험 발생의 방지 조치의 내용으로 적절치 않은 것은?

① 극도의 혼잡한 장소에 모인 사람에게 필요한 경고를 할 수 있다.

② 국가중요시설에 대한 접근 또는 통행 제한·금지조치 또는 보고를 받은 경찰관서의 장은 관계 기관의 협조를 구하는 등 적절한 조치를 하여야 한다.

③ 인공구조물의 붕괴의 위험이 있는 장소에 있는 사람에게 필요하다고 인정되는 조치를 하거나 직접 그 조치를 할 수 있다.

④ 경찰관은 위험 발생 방지 조치를 하였을 때에는 지체 없이 그 사실을 경찰청장에게 보고하여야 한다.

 해설 •••

경찰관은 위험 발생의 방지 조치를 하였을 때에는 지체 없이 그 사실을 소속 경찰관서의 장에게 보고하여야 한다 (경찰관직무집행법 제5조 제3항)

정답 ❹

 핵심만 콕

① 경찰관직무집행법 제5조 제1항 제1호
② 경찰관직무집행법 제5조 제4항
③ 경찰관직무집행법 제5조 제1항 제3호

28 경찰관직무집행법에 관한 다음 설명 중 옳지 않은 것은?

① 경찰관은 위험한 사태가 발생하여 사람의 생명에 대한 위해가 임박한 때에는 피해자를 구조하기 위하여 부득이하다고 인정하면 합리적으로 판단하여 필요한 한도에서 다른 사람의 토지·건물·배 또는 차에 출입할 수 있다.

② 경찰관은 미아를 인수할 보호자 확인의 직무 수행을 위해 관계인에게 출석하여야 하는 사유·일시 및 장소를 명확히 적은 출석 요구서를 보내 경찰관서에 출석할 것을 요구할 수 있다.

③ 해양경찰청장은 경찰관직무집행법에 따른 경찰관의 직무수행을 위하여 외국 정부기관, 국제기구 등과 자료 교환, 국제협력 활동 등을 할 수 있다

④ 경찰서장은 위해성 경찰장비를 새로 도입하려는 경우에는 안전성 검사를 실시하여 그 안전성 검사의 결과보고서를 국회 소관 상임위원회에 제출하여야 한다.

 해설 •••

경찰청장은 위해성 경찰장비를 새로 도입하려는 경우에는 대통령령으로 정하는 바에 따라 안전성 검사를 실시하여 그 안전성 검사의 결과보고서를 국회 소관 상임위원회에 제출하여야 한다. 이 경우 안전성 검사에는 외부 전문가를 참여시켜야 한다(경찰관직무집행법 제10조 제5항). ★

정답 ❹

CHAPTER 08

① 경찰관직무집행법 제7조 제1항
② 경찰관직무집행법 제8조 제2항 제1호
③ 경찰관직무집행법 제8조의2

29 경찰관직무집행법에서 경찰관의 직무수행에 해당하지 않는 것은?

① 국민의 생명·신체 및 재산의 보호

② 범죄피해자 보호

③ 치안정보의 수집·작성 및 배포

④ 사인 간의 권리관계 또는 개인의 사생활에 관한 사항

쏙쏙 **해설** •••

사인 상호간의 권리관계 또는 개인의 사생활에 관한 사항은 민사적인 사안으로 원칙적으로 경찰관의 직무범위에 해당하지 않는다.

정답 ❹

법령 ○ 경찰관의 직무범위(경찰관직무집행법 제2조)
• 국민의 생명·신체 및 재산의 보호
• 범죄의 예방·진압 및 수사
• 범죄피해자 보호
• 경비, 주요 인사(人士) 경호 및 대간첩·대테러 작전 수행
• 치안정보의 수집·작성 및 배포
• 교통 단속과 교통 위해(危害)의 방지
• 외국 정부기관 및 국제기구와의 국제협력
• 그 밖에 공공의 안녕과 질서 유지

30 경찰관직무집행법에 대한 설명으로 옳지 않은 것은?

① 경찰관은 불심검문에 해당하는 사람에게 질문을 할 때에 그 사람이 흉기를 가지고 있는지를 조사할 수 있다.

② 경찰관은 불심검문에 따라 동행한 사람을 6시간을 초과하여 경찰관서에 머물게 할 수 없다.

③ 자살을 시도하는 사람을 발견하였을 때에는 보건의료기관이나 공공구호기관에 긴급구호를 요청하거나 경찰관서에 보호하는 등 적절한 조치를 할 수 있다.

④ 이 법에 규정된 경찰관의 의무를 위반하거나 직권을 남용하여 다른 사람에게 해를 끼친 사람은 2년 이하의 징역이나 금고에 처한다.

 해설 •••

이 법에 규정된 경찰관의 의무를 위반하거나 직권을 남용하여 다른 사람에게 해를 끼친 사람은 1년 이하의 징역이나 금고에 처한다(경찰관직무집행법 제12조).

정답 ❹

핵심만 콕

① 경찰관직무집행법 제3조 제3항
② 경찰관직무집행법 제3조 제6항
③ 경찰관직무집행법 제4조 제1항 제2호

CHAPTER 08

참고문헌

- 최종고, 법학통론, 박영사, 2019
- 김향기, 법학개론, 대명출판사, 2018
- 홍성찬, 법학개론, 박영사, 2007
- 유병태, 경비지도사 법학개론, 백산출판사, 2017
- 남궁승태, 법학개론 : 경비지도사, 엑스퍼트, 2019
- 박상기, 법학개론, 박영사, 2018
- 권영성, 헌법학원론, 법문사, 2010
- 허영, 헌법이론과 헌법, 박영사, 2017
- 황남기, 황남기 헌법, 찬글, 2019
- 김준호, 민법강의, 법문사, 2019
- 곽윤직, 민법총칙, 박영사, 2013
- 김재형, 물권법, 박영사, 2015
- 곽윤직, 채권총론, 박영사, 2012
- 곽윤직, 채권각론, 박영사, 1998
- 양창수, 민법입문, 박영사, 2018
- 호문혁, 민사소송법, 법문사, 2016
- 호문혁, 민사소송법 원론, 법문사, 2012
- 이재상, 형법총론, 박영사, 2019
- 이재상, 형법각론, 박영사, 2019
- 신동운, 형법총론, 법문사, 2019
- 신동운, 형법각론, 법문사, 2018
- 이재상, 형사소송법, 박영사, 2019
- 정찬형, 상법강의 상, 박영사, 2019
- 정찬형, 상법강의 하, 박영사, 2019
- 최기원, 상법학원론, 박영사, 2008
- 홍정선, 신행정법특강, 박영사, 2017
- 김동희, 행정법 1, 박영사, 2019
- 장태주, 행정법개론, 법문사, 2011
- 법제처 홈페이지, http://www.law.go.kr

좋은 책을 만드는 길
독자님과 함께하겠습니다.

도서나 동영상에 궁금한 점, 아쉬운 점, 만족스러운 점이
있으시다면 어떤 의견이라도 말씀해 주세요.
시대고시기획은 독자님의 의견을 모아 더 좋은 책으로 보답하겠습니다.

www.sidaegosi.com

2020 정부청사 청원경찰 단기완성 법학개론

초 판 발 행	2020년 01월 30일(인쇄 2020년 01월 14일)
발 행 인	박영일
책 임 편 집	이해욱
저 자	청원경찰교육연구회
편 집 진 행	이재성 · 이호욱 · 김경수
표 지 디 자 인	김도연
편 집 디 자 인	장하늬 · 하한우
발 행 처	(주)시대고시기획
출 판 등 록	제 10-1521호
주 소	서울시 마포구 큰우물로 75 [도화동 538 성지 B/D] 9F
전 화	1600-3600
팩 스	02-701-8823
홈 페 이 지	www.sidaegosi.com
I S B N	979-11-254-6746-5 (13320)
정 가	22,000원

경비지도사
합격을 꿈꾸는 수험생들에게...

기출문제 정복으로
실력 다지기

이론 파악으로
기본 다지기

1단계

기출문제집

최신 기출문제와 상세한
해설을 통해 학습내용을
확인하고 학습방향을
설정하고자 하는 수험생!

2단계

기본서 + 종합본

시험의 중요개념과
핵심이론을 파악하고
기초를 잡고 싶은 수험생!

정성을 다해 만든 경비지도사 도서들을
꿈을 향해 도전하는 수험생 여러분들께 드립니다.

도서 및 동영상 강의 안내
1600-3600
www.**sdedu**.co.kr

조문별로
관계 법령 완벽 공략

꼼꼼하게
실전 마무리

고난도 문제로
완전 정복

경비지도사 합격

3단계

4단계

5단계

관계 법령 암기노트

관계 법령을 직접 쓰고
달달달 외우면서 완벽히
공략하고 싶은 수험생!

최종점검 FINAL
모의고사

모의고사를 통해 기출문제를
보완하고 시험 전 완벽한
마무리를 원하는 수험생!

고득점 심화
모의고사

고난도의 심화 모의고사를 통해
실력을 최종 점검하고 확실하게
합격하고 싶은 수험생!

※ 본 도서의 세부 구성 및 이미지는 변동될 수 있습니다.